Kompendien
für Studium, Praxis und Fortbildung

Alexander Brade | Anette Ebner

Baurecht Sachsen

4., vollständig neu bearbeitete Auflage

Die Deutsche Nationalbibliothek verzeichnet diese Publikation in
der Deutschen Nationalbibliografie; detaillierte bibliografische
Daten sind im Internet über http://dnb.d-nb.de abrufbar.

ISBN 978-3-8487-7029-8 (Print)
ISBN 978-3-7489-1152-4 (ePDF)

4., vollständig neu bearbeitete Auflage 2024
© Nomos Verlagsgesellschaft, Baden-Baden 2024. Gesamtverantwortung für Druck und
Herstellung bei der Nomos Verlagsgesellschaft mbH & Co. KG. Alle Rechte, auch die des
Nachdrucks von Auszügen, der fotomechanischen Wiedergabe und der Übersetzung, vorbe-
halten. Gedruckt auf alterungsbeständigem Papier.

Vorwort

Seit Jahren fehlt für Ausbildung und Praxis eine aktuelle Darstellung des sächsischen Baurechts. Hier ist sie. Seit dem Erscheinen der Vorauflage im Jahr 2005 hat sich die Rechtslage erheblich geändert. Ihren Anfang nahm diese Entwicklung im Bauplanungsrecht mit dem Gesetz zur Verbesserung des vorbeugenden Hochwasserschutzes vom 03.05.2005 und fand ihren vorläufigen Schlusspunkt mit dem Gesetz zur Stärkung der Digitalisierung im Bauleitplanverfahren vom 03.07.2023. Auch die Sächsische Bauordnung war Gegenstand zahlreicher Änderungen – die letzte größere Reform erfolgte mit dem Vierten Gesetz zur Änderung der Sächsischen Bauordnung vom 01.06.2022.

Das Kompendium stellt die besonders wichtigen Bereiche des Bauplanungsrechts, d.h. das Recht der Bauleitplanung einerseits, das von Frau Ebner bearbeitet wurde, und das von Herrn Dr. Brade bearbeitete Recht der Vorhabenzulassung andererseits dar. Darauf folgt eine kompakte Darstellung des landesspezifischen Bauordnungsrechts, die von Herrn Dr. Brade verfasst wurde. Fragen des Rechtsschutzes sowie des Nachbarschutzes, die wir beide gemeinsam bearbeitet haben, runden die Darstellung ab. Adressaten des Werks sind vor allem Studierende und Referendare (hier wie auch sonst sind alle Geschlechter mitgemeint), für die das öffentliche Baurecht zum Pflichtstoff in beiden juristischen Staatsprüfungen zählt. Daneben sind diejenigen angesprochen, die sich beruflich mit dem öffentlichen Baurecht befassen; zu diesem Zweck haben wir die Auflistung zahlreicher Beispiele beibehalten. Außerdem finden sich Nachweise der neuesten Rechtsprechung, namentlich des BVerwG sowie des OVG Bautzen.

Grundlegend überarbeitet haben wir die Art der Darstellung. Der Nachbarschutz bildet kein eigenes Kapitel mehr, sondern wird im Rahmen des Rechtsschutzes behandelt. Die kleinen Übungsfälle am Ende des Buches sind durch vier Fälle auf Examensniveau ersetzt und in die jeweiligen Kapitel integriert worden. Dabei erfolgt die Darstellung getrennt nach den jeweiligen bauplanungs- bzw. bauordnungsrechtlichen Aspekten; zusammengeführt werden die Fälle im Kapitel zum Rechtsschutz, das sich den prozessualen Fragen widmet und deshalb auch als Einstieg in die Thematik dienen kann. Ergänzt wurde das Werk um zahlreiche Schemata, grafische Darstellungen, Literatur- sowie Übungshinweise, die zum besseren Verständnis beitragen sollen.

Das Werk befindet sich auf dem Stand September 2023.

Leipzig/Chemnitz im September 2023
Dr. Alexander Brade, LL.M. (Harvard)   Anette Ebner

Die Autoren
Herr Dr. Brade ist Habilitand an der Universität Leipzig. Er ist Mitautor des Standardwerks zur Sächsischen Bauordnung (Jäde/Dirnberger et. al.).
Frau Ebner ist Richterin am Verwaltungsgericht Chemnitz und seit vielen Jahren im Baurecht und in der Referendarausbildung tätig.

Inhaltsübersicht

Inhaltsverzeichnis 9

Verzeichnis der Fälle und Übersichten 17

Erster Teil: Allgemeines 19

§ 1 Funktion des Baurechts 19

§ 2 Rechtsgrundlagen des Baurechts 20

§ 3 Gesetzgebungszuständigkeit auf dem Gebiet des Baurechts 21

§ 4 Abgrenzung Bauplanungsrecht – Bauordnungsrecht 25

Zweiter Teil: Bauplanungsrecht 27

§ 5 Bauleitplanung 27

§ 6 Bauplanungsrechtliche Zulässigkeit von Vorhaben 104

Dritter Teil: Bauordnungsrecht 185

§ 7 Grundlagen 185

§ 8 Materiell-rechtliche Regelungen des Bauordnungsrechts 188

§ 9 Formelles Bauordnungsrecht 204

Vierter Teil: Rechtsschutz im Baurecht 245

§ 10 Baurechtliche Einzelentscheidungen 245

§ 11 Bauleitpläne 299

Stichwortverzeichnis 313

Inhaltsverzeichnis

Verzeichnis der Fälle und Übersichten	17
Erster Teil: Allgemeines	**19**
§ 1 Funktion des Baurechts	19
§ 2 Rechtsgrundlagen des Baurechts	20
§ 3 Gesetzgebungszuständigkeit auf dem Gebiet des Baurechts	21
A. Bundesrecht	21
B. Landesrecht	24
§ 4 Abgrenzung Bauplanungsrecht – Bauordnungsrecht	25
Zweiter Teil: Bauplanungsrecht	**27**
§ 5 Bauleitplanung	27
A. Allgemeines	27
I. Funktion der Bauleitplanung	28
II. Planungshoheit der Gemeinde	29
B. Bauleitplanverfahren	30
I. Allgemeines	30
II. Ablauf des Verfahrens	31
1. Aufstellungsbeschluss (§ 2 Abs. 1 S. 2 BauGB)	31
2. Umweltprüfung (§ 2 Abs. 4 BauGB), Entwurf des Bauleitplans und der Begründung (§ 2a BauGB)	32
3. Frühzeitige Öffentlichkeits- und Behördenbeteiligung (§§ 3 Abs. 1, 4 Abs. 1 BauGB)	33
4. Förmliche Öffentlichkeits- und Behördenbeteiligung (§§ 3 Abs. 2, 4 Abs. 2 BauGB) und erneute Öffentlichkeits- und Behördenbeteiligung (§ 4a Abs. 3 BauGB)	34
5. Beschlussfassung über Flächennutzungsplan bzw. Bebauungsplan (§ 10 Abs. 1 BauGB)	37
6. Genehmigung des Flächennutzungsplans (§ 6 BauGB) bzw. Genehmigung des Bebauungsplans (§ 10 Abs. 2 BauGB)	38
7. Ausfertigung des Bebauungsplans (§ 4 Abs. 3 S. 1 SächsGemO)	39
8. Bekanntmachung des Flächennutzungsplans (§§ 6 Abs. 5, 6a BauGB) bzw. des Bebauungsplans (§§ 10 Abs. 3, 10a BauGB, § 4 Abs. 3 S. 1 SächsGemO)	40
9. Besonderheiten des einfachen und beschleunigten Verfahrens (§§ 13, 13a und 13b BauGB)	41
10. Außerkrafttreten von Bebauungsplänen	43
C. Materiell-rechtliche Anforderungen der Bauleitplanung	44
I. Allgemeines	44
II. Strikt zu beachtende Planungsleitsätze	45
1. Erforderlichkeit (§ 1 Abs. 3 BauGB)	45

	2. Anpassung an die Ziele der Raumordnung (§ 1 Abs. 4 BauGB)	48
	3. Interkommunale Abstimmung (§ 2 Abs. 2 BauGB)	50
	4. Fachplanung	51
	5. Naturschutz: Natura 2000-Gebiete (§ 1a Abs. 4 BauGB) und Artenschutz	52
	6. Verhältnis Flächennutzungsplan – Bebauungsplan (§ 8 Abs. 2-4 BauGB)	53
	a) Bebauungsplan gemäß dem Entwicklungsgebot (§ 8 Abs. 2 S. 1 BauGB)	54
	b) Bebauungsplan im Parallelverfahren (§ 8 Abs. 3 BauGB)	55
	c) Selbstständiger Bebauungsplan (§ 8 Abs. 2 S. 2 BauGB)	55
	d) Vorzeitiger Bebauungsplan (§ 8 Abs. 4 BauGB)	55
	7. Allgemeingültige Planungsprinzipien	56
	a) Gebot konkreter Planung	56
	b) Gebot positiver Planung	57
	c) Bestimmtheitsgebot	57
	8. Inhalt der Bauleitpläne	58
	a) Flächennutzungsplan (§ 5 BauGB)	58
	b) Einfacher und qualifizierter Bebauungsplan (§ 9 BauGB)	59
	c) Vorhabenbezogener Bebauungsplan	66
III.	Abwägung (§ 1 Abs. 7 BauGB)	68
	1. Allgemeines	68
	2. Abwägungsgrundsätze	70
	a) Abwägungsbereitschaft	70
	b) Abwägungsmaterial	72
	c) Rücksichtnahmegebot, Trennungsgebot und Abstandsgebot	76
	d) Gebot der Lastenverteilung	77
	e) Gebot der Konfliktbewältigung	77
	3. Die Überprüfung der Abwägung	78
	a) Abwägungsausfall	79
	b) Abwägungsdefizit	79
	c) Abwägungsfehleinschätzung	79
	d) Abwägungsdisproportionalität	80
	e) Fehlerfolgen	80
D. Fehlerhafte Bauleitpläne		82
	I. Verletzung von Verfahrens- und Formvorschriften des BauGB	83
	II. Verletzung von Verfahrens- und Formvorschriften der SächsGemO	84
	III. Verletzung von materiell-rechtlichen Vorschriften	86
	IV. Fehlerbehebung durch ein ergänzendes Verfahren	86
E. Sicherung der Bauleitplanung		94
	I. Veränderungssperre	96
	II. Zurückstellung	100
	III. Vorkaufsrechte (§§ 24 ff. BauGB)	101

Inhaltsverzeichnis

§ 6 Bauplanungsrechtliche Zulässigkeit von Vorhaben — 104
A. Bedeutung und System der §§ 29 ff. BauGB — 104
B. Vorhaben i.S.d. § 29 Abs. 1 BauGB — 105
  I. Begriff der baulichen Anlage — 106
    1. Grundsätze — 106
    2. Einzelfälle baulicher Anlagen — 107
  II. Errichtung, Änderung und Nutzungsänderung — 108
C. Bauvorhaben im Geltungsbereich eines Bebauungsplans (§ 30 BauGB) — 110
  I. Einführung — 110
  II. Kein Widerspruch zu den Festsetzungen des (qualifizierten) Bebauungsplans — 112
    1. Allgemeines — 112
    2. Art der baulichen Nutzung (§§ 2-15 BauNVO) — 112
      a) Einzelne Baugebiete — 113
      b) Gebietsübergreifend zulässige Nutzungen (§§ 12-14 BauNVO) — 118
      c) Erfordernis der Gebietsverträglichkeit — 119
      d) Unzulässigkeit im Einzelfall gemäß § 15 BauNVO — 120
    3. Maß der baulichen Nutzung (§§ 16-21a BauNVO) — 121
    4. Bauweise und überbaubare Grundstücksfläche (§§ 22, 23 BauNVO) — 122
D. Ausnahmen und Befreiungen (§ 31 BauGB) — 123
  I. Ausnahme, § 31 Abs. 1 BauGB — 124
  II. Befreiung, § 31 Abs. 2 BauGB — 125
    1. Grundzüge der Planung nicht berührt — 125
    2. Befreiungstatbestände im Einzelnen (§ 31 Abs. 2 Nr. 1-3 BauGB) — 126
      a) Gründe des Wohls der Allgemeinheit — 126
      b) Städtebauliche Vertretbarkeit — 127
      c) Offensichtlich nicht beabsichtigte Härte — 127
    3. Vereinbarkeit mit öffentlichen Belangen — 128
  III. Rechtsfolgen und Verfahrensfragen — 128
  IV. Besondere Regelungen für Asylbegehrenden- und Flüchtlingsunterkünfte — 129
E. Bauvorhaben im unbeplanten Innenbereich (§ 34 BauGB) — 133
  I. Abgrenzung Innenbereich – Außenbereich — 135
    1. Ortsteil — 136
    2. Bebauungszusammenhang — 138
    3. Abgrenzung durch Satzung (§ 34 Abs. 4-6 BauGB) — 139
  II. Einfügen in die Eigenart der näheren Umgebung — 141
    1. Grundtatbestand des § 34 Abs. 1 BauGB — 141
    2. § 34 Abs. 2 BauGB i.V.m. §§ 2-11 BauNVO — 145
    3. Sonderregelungen für Bestandsbauten (§ 34 Abs. 3a BauGB) — 145
  III. Gesunde Wohn- und Arbeitsverhältnisse, Ortsbild (§ 34 Abs. 1 S. 2 BauGB) — 146
  IV. Schädliche Auswirkungen auf zentrale Versorgungsbereiche (§ 34 Abs. 3 BauGB) — 147

F.	Bauvorhaben im Außenbereich (§ 35 BauGB)	150
	I. Privilegierte Vorhaben (§ 35 Abs. 1 BauGB)	152
	1. Land- und forstwirtschaftliche Betriebe (Nr. 1)	153
	2. Gartenbauliche Erzeugung (Nr. 2)	154
	3. Ortsgebundene Einrichtungen (Nr. 3)	155
	4. Vorhaben, die im Außenbereich ausgeführt werden sollen (Nr. 4)	155
	5. Wind- und Wasserenergie (Nr. 5)	157
	6. Energetische Nutzung von Biomasse (Nr. 6)	158
	7. Kerntechnische Anlagen (Nr. 7)	159
	8. Nutzung solarer Strahlungsenergie (Nr. 8)	159
	II. Sonstige Vorhaben (§ 35 Abs. 2 BauGB)	159
	III. Öffentliche Belange (§ 35 Abs. 3 BauGB)	160
	1. Einzelne Belange des § 35 Abs. 3 S. 1 BauGB	160
	a) Widerspruch zu Darstellungen des Flächennutzungsplans (Nr. 1)	160
	b) Widerspruch zu Darstellungen von Fachplänen (Nr. 2)	161
	c) Schädliche Umweltauswirkungen (Nr. 3)	161
	d) Unwirtschaftliche Aufwendungen (Nr. 4)	162
	e) Naturschutz und Landschaftspflege (Nr. 5)	162
	f) Agrarstruktur, Wasserwirtschaft und Hochwasserschutz (Nr. 6)	163
	g) Splittersiedlungen (Nr. 7)	163
	h) Funktionsfähigkeit von Funkstellen und Radaranlagen (Nr. 8)	164
	i) Sonstige Belange i.S.d. § 35 Abs. 3 S. 1 BauGB	164
	2. Ziele der Raumordnung (§ 35 Abs. 3 S. 2 BauGB)	164
	3. Ausweisung an anderen Standorten (§ 35 Abs. 3 S. 3 BauGB)	165
	IV. Bestandsschutz gemäß § 35 Abs. 4 BauGB	166
	1. Allgemeines	166
	2. Einzelne teilprivilegierte Vorhaben i.S.d. § 35 Abs. 4 BauGB	168
	a) Nutzungsänderung land- oder forstwirtschaftlicher Gebäude (Nr. 1)	168
	b) Neuerrichtung von Wohngebäuden (Nr. 2)	168
	c) Wiederaufbau zerstörter Gebäude (Nr. 3)	169
	d) Änderung erhaltenswerter Gebäude (Nr. 4)	169
	e) Erweiterung von Wohngebäuden (Nr. 5)	170
	f) Erweiterung gewerblicher Betriebe (Nr. 6)	170
	g) Unterbringung von Flüchtlingen oder Asylbegehrenden, § 246 Abs. 9, 13 BauGB	170
	V. Ausführung von Vorhaben, Sicherungsmaßnahmen (§ 35 Abs. 5 BauGB)	171
	VI. Außenbereichssatzung (§ 35 Abs. 6 BauGB)	171
G.	Bauen im Vorgriff auf einen Bebauungsplan (§ 33 BauGB)	177
H.	Gemeindliches Einvernehmen (§ 36 BauGB)	179
	I. Begriff und Notwendigkeit des Einvernehmens	179
	II. Maßstab für die Einvernehmenserteilung	180
	III. Verfahrensfragen	181
	IV. Amtshaftung	182
I.	Bauvorhaben des Bundes und der Länder (§ 37 BauGB)	182
J.	Erschließung des Bauvorhabens	182

Inhaltsverzeichnis 13

Dritter Teil: Bauordnungsrecht 185

§ 7 Grundlagen 185
    A. Funktion und Bestandteile des Bauordnungsrechts 185
    B. Grundbegriffe und Akteure 186

§ 8 Materiell-rechtliche Regelungen des Bauordnungsrechts 188
    A. Abstandsflächen und Abstände (§ 6 SächsBO) 188
        I. Allgemeines 188
        II. Grundanforderungen 189
        III. Lage der Abstandsflächen 191
        IV. Maß und Berechnung der Abstandsflächen 191
        V. Abstandsflächenrechtlich irrelevante bauliche Anlagen 193
    B. Verunstaltungsverbot (§ 9 SächsBO) 194
    C. Werbeanlagen (§ 10 SächsBO) 195
        I. Bauliche und andere Anlagen 195
        II. Materiell-rechtliche Anforderungen 197
        III. Werbeanlagen im Außen- und Innenbereich 197
        IV. Sonstige Vorgaben 198
    D. Stellplätze, Garagen und Abstellplätze für Fahrräder (§ 49 SächsBO) 199
        I. Stellplatz- und Garagenpflicht 199
        II. Stellplatzablösung 200
    E. Sonstige materiell-rechtliche Vorschriften des Bauordnungsrechts ... 201
        I. Bebauung des Grundstücks 201
        II. Anforderungen an die Bauausführung 202
        III. Nutzungsbedingte Anforderungen 202

§ 9 Formelles Bauordnungsrecht 204
    A. Präventive Bauaufsicht 204
        I. Genehmigungspflicht 205
            1. Baugenehmigungspflichtige Vorhaben (§ 59 SächsBO) 205
            2. Vorrang anderer Gestattungsverfahren (§ 60 SächsBO) 206
            3. Verfahrensfreie Vorhaben (§ 61 SächsBO) 207
                a) Einzelne Vorhaben 207
                b) Nutzungsänderung, Instandhaltung und Beseitigung 208
            4. Genehmigungsfreistellung (§ 62 SächsBO) 209
        II. Das Genehmigungsverfahren 210
            1. Die Bauaufsichtsbehörden (§ 57 SächsBO) 210
            2. Ablauf des Verfahrens 210
                a) Genehmigungspflichtige Vorhaben 210
                b) Verfahren bei Genehmigungsfreistellung 213
        III. Die Baugenehmigung 215
            1. Voraussetzungen für die Erteilung der Baugenehmigung 215
                a) Bauplanungs- und Bauordnungsrecht 215

		b) Aufgedrängtes Fachrecht	216
	2.	Abweichungen, Ausnahmen und Befreiungen (§ 67 SächsBO)	219
	3.	Nebenbestimmungen	220
	4.	Form, Begründung und Bekanntgabe	222
	5.	Rechtswirkungen der Baugenehmigung	223
		a) Beginn und Folgen der Wirksamkeit	223
		b) Dauer der Wirksamkeit	224
	IV.	Typengenehmigung (§ 72a SächsBO)	227
	V.	Teilbaugenehmigung (§ 74 SächsBO)	228
	VI.	Der Vorbescheid (§ 75 SächsBO)	228
B.	Repressive Bauaufsicht		231
	I.	Die Beseitigungsanordnung (§ 80 S. 1 SächsBO)	231
		1. Voraussetzungen: Formelle und materielle Illegalität	231
		2. Adressat	233
		3. Rechtsfolge: Ermessen	234
		a) Regelermessen	234
		b) Verhältnismäßigkeit	235
		c) Gleichheitsgrundsatz	236
		d) Verwirkung	236
	II.	Nutzungsuntersagung (§ 80 S. 2 SächsBO)	237
	III.	Baueinstellung (§ 79 SächsBO)	238
	IV.	Maßnahmen nach § 58 Abs. 2 S. 2 SächsBO	239
C.	Bauüberwachung und Baulast		242
	I.	Bauüberwachung (§§ 81, 82 SächsBO)	242
	II.	Die Baulast (§ 83 SächsBO)	242

Vierter Teil: Rechtsschutz im Baurecht 245

§ 10 Baurechtliche Einzelentscheidungen 245

A.	Rechtsschutz des Bauherrn		246
	I.	Erteilung einer Baugenehmigung	246
		1. Hauptsacherechtsschutz	247
		2. Einstweiliger Rechtsschutz	250
	II.	Anfechtung bauaufsichtlicher Verfügungen	251
		1. Hauptsacherechtsschutz	251
		2. Einstweiliger Rechtsschutz	252
B.	Rechtsschutz des Nachbarn		254
	I.	Allgemeines	255
		1. Begriff des Nachbarn	256
		2. Rechtsstellung des Nachbarn	258
		a) Unterteilung des Drittschutzes	258

b) Einzelne drittschützende Normen	261
II. Anfechtung der Baugenehmigung	272
1. Hauptsacherechtsschutz	272
a) Zulässigkeit	273
b) Begründetheit	278
2. Einstweiliger Rechtsschutz	283
III. Anspruch auf Einschreiten	286
1. Hauptsacherechtsschutz	287
2. Einstweiliger Rechtsschutz	292
IV. Nachbarschutz bei öffentlichen Einrichtungen	294
C. Rechtsschutz der Gemeinde	296
I. Hauptsacherechtsschutz	296
II. Einstweiliger Rechtsschutz	298

§ 11 Bauleitpläne 299

A. Hauptsacherechtsschutz	300
I. Zulässigkeit	300
1. Statthaftigkeit	301
a) Flächennutzungsplan	301
b) Bebauungsplan	301
2. Antragsbefugnis	302
a) Natürliche oder juristische Personen	302
b) Behörden	305
c) Sonderfall: Rechtsbehelfsbefugnis anerkannter Umweltschutzvereinigungen	306
3. Antragsfrist	306
4. Rechtsschutzbedürfnis	307
5. Antragsgegner	307
II. Begründetheit	308
B. Einstweiliger Rechtsschutz	311

Stichwortverzeichnis   313

Verzeichnis der Fälle und Übersichten

1. Auszug aus dem Flächennutzungsplan der Stadt Freiberg — 59
2. Auszug aus dem Bebauungsplan Nr. 036 der Stadt Freiberg — 66
3. Übersicht zur Abwägungsfehlerlehre — 80
4. Prüfungsschema: Rechtmäßigkeit eines Bebauungsplans — 88
5. Fall 1: Bebauungsplan „Junges Familien Wohnen" (Rechtmäßigkeit des Bebauungsplans) — 89
6. Prüfungsschema: Zulässigkeit von Vorhaben gemäß §§ 29 ff. BauGB — 104
7. Prüfungsschema: § 30 Abs. 1 BauGB i.V.m. §§ 2ff. BauNVO — 112
8. Prüfungsschema: § 31 BauGB (Ausnahme und Befreiung) — 124
9. Fall 2: Mehrgeschosser am Wannsee (bauplanungsrechtliche Zulässigkeit) — 130
10. Prüfungsschema: § 34 BauGB (Innenbereich) — 135
11. Klarstellungs- und Einbeziehungssatzung „Schilfbruchstraße", Gemeinde Uetze — 141
12. Fall 3: „Spirituosenkiosk" im reinen Wohngebiet (bauplanungsrechtliche Zulässigkeit) — 147
13. Prüfungsschema: Vorhaben im Außenbereich (§ 35 BauGB) — 152
14. Fall 4: Mobilfunk-Sendeanlage (bauplanungsrechtliche Zulässigkeit) — 171
15. Prüfungsschema: Zulässigkeit nach § 33 Abs. 1 BauGB — 177
16. Abstandsflächen: Grundkonstellation — 189
17. Abstandsflächen bei Dachneigungen — 192
18. Prüfungsschema: Voraussetzungen der Erteilung einer Baugenehmigung — 215
19. Fall 4: Mobilfunk-Sendeanlage (Erteilung Baugenehmigung) — 226
20. Fall 2: Mehrgeschosser am Wannsee (Erteilung Baugenehmigung) — 230
21. Fall 3: „Spirituosenkiosk" im reinen Wohngebiet (Nutzungsuntersagung) — 240
22. Prüfungsschema: Klage des Bauherrn auf Erteilung einer Baugenehmigung — 246
23. Fall 4: Mobilfunk-Sendeanlage (Erfolgsaussichten der Klage) — 248
24. Prüfungsschema: Klage des Bauherrn gegen eine bauaufsichtliche Verfügung — 251
25. Prüfungsschema: Einstweiliger Rechtsschutz des Bauherrn gegen bauaufsichtliche Verfügung — 252
26. Prüfungsschema: Klage des Nachbarn gegen eine Baugenehmigung — 273
27. Übersicht zu den wichtigsten nachbarschützenden Normen des Bauplanungsrechts — 274
28. Fall 2: Mehrgeschosser am Wannsee (Erfolgsaussichten der Klage) — 279

29. Prüfungsschema: Einstweiliger Rechtsschutz des Nachbarn gegen eine Baugenehmigung ... 283

30. Prüfungsschema: Klage des Nachbarn auf bauaufsichtliches Einschreiten ... 287

31. Fall 3: „Spirituosenkiosk" im reinen Wohngebiet (Erfolgsaussichten der Klage) ... 289

32. Prüfungsschema: Einstweiliger Rechtsschutz des Nachbarn auf bauaufsichtliches Einschreiten ... 292

33. Prüfungsschema: Zulässigkeit einer Normenkontrolle gegen einen Bebauungsplan ... 300

34. Fall 1: Bebauungsplan „Junges Familien Wohnen" (Erfolgsaussichten der Anträge) ... 309

Erster Teil: Allgemeines

§ 1 Funktion des Baurechts

Das öffentliche Baurecht dient dem **Interessenausgleich** zwischen der durch Art. 14 Abs. 1 S. 1 GG geschützten Baufreiheit des Grundstückseigentümers[1] und dem Interesse der Allgemeinheit an einer möglichst sinnvollen Nutzung des in der Bundesrepublik Deutschland nur beschränkt vorhandenen Bodens.[2] Daher kann nicht jeder einfach bauen, wo er will und wie er will, vielmehr muss gewährleistet sein, dass hinreichend unbebauter Raum z.B. für Verkehr, Landwirtschaft, Naturschutz, Erholung usw. vorhanden ist. Dieser Interessenausgleich setzt eine gesetzliche Regelung des Bauens voraus; eine unbeschränkte Baufreiheit würde innerhalb kürzester Zeit zu erheblichen Missständen führen. Baufreiheit besteht daher nur in den Grenzen des öffentlichen Baurechts, das im Sinne des Art. 14 Abs. 1 S. 2 GG Inhalts- und Schrankenbestimmung des Eigentums ist. Die baurechtlichen Vorschriften dienen insoweit dem Ausgleich zwischen der Privatnützigkeit des Eigentums gemäß Art. 14 Abs. 1 S. 1 GG und der Sozialpflichtigkeit des Eigentums gemäß Art. 14 Abs. 2 GG.[3]

1

---

1 BVerfGE 35, 263; BVerwGE 42, 115; 120, 130; BGHZ 60, 112.
2 BVerwGE 88, 191.
3 BVerwGE 101, 364.

§ 2 Rechtsgrundlagen des Baurechts

1   Eine gesetzliche Regelung des öffentlichen Baurechts erfolgte erst im 20. Jahrhundert. Im 19. Jahrhundert gab es zwar bereits baurechtliche Vorschriften,[1] unter anderem das **Allgemeine Baugesetz für das Königreich Sachsen** nebst Ausführungsverordnung vom 01.07.1900. Zu den zunächst im Wesentlichen „baupolizeirechtlichen" Vorschriften kamen auch mehr und mehr „städtebaurechtliche" Vorschriften hinzu. Eine gewisse Vereinheitlichung brachte dann die Reichsgesetzgebung von 1919 bis 1933 und 1933 bis 1945. Ein deutsches Baugesetzbuch entstand jedoch zunächst nicht.

2   Nach 1945 bestand das allgemeine Bedürfnis nach einer Planung des Wiederaufbaus. Die alten Bundesländer erließen dazu zunächst Trümmer-, Aufbau- und Planungsgesetze. Auch die DDR erließ 1950 ein Aufbaugesetz. In der Bundesrepublik Deutschland wurde sodann die Schaffung eines bundeseinheitlichen Baurechts in Angriff genommen, eines Baugesetzbuches für die Bundesrepublik Deutschland. Weil Zweifel über den Umfang der Gesetzgebungszuständigkeit des Bundes und der Länder entstanden, wurde nach dem damaligen, dann aufgehobenen § 97 BVerfGG ein **Rechtsgutachten des Bundesverfassungsgerichts** über die Gesetzgebungszuständigkeiten auf dem Gebiet des Baurechts eingeholt, auf das sogleich zurückzukommen ist.

---

1   Nachweise dazu und zum Folgenden bei Ernst/Zinkahn/Bielenberg/Krautzberger/*Krautzberger* Einl. Rn. 1 ff.

§ 3 Gesetzgebungszuständigkeit auf dem Gebiet des Baurechts

Das BVerfG hat in dem Rechtsgutachten vom 16.06.1954[1] dem Bund die Zuständigkeit zur gesetzlichen Regelung der städtebaulichen Planung, der Baulandumlegung, des Bodenverkehrs, der Erschließung sowie der dazu gehörenden Bodenbewertung zuerkannt und auf die Verbindung zwischen städtebaulicher Planung und Raumordnung und Landesplanung hingewiesen, eine Bundesgesetzgebungskompetenz für das Bauordnungsrecht aber verneint.[2]   1

Konkurrierende Bundesgesetzgebungskompetenz (Art. 74 Abs. 1 Nr. 18 GG) für das „Bodenrecht" besteht daher auch heute für die städtebauliche Planung (§§ 1-44 und §§ 136-191 BauGB), das Bodenverkehrsrecht (§§ 19-28 BauGB), die Baulandumlegung (§§ 45-122 BauGB), das Erschließungsrecht (§§ 123-135 BauGB) und die Bodenbewertung (§§ 192-199 BauGB). **Ländergesetzgebungskompetenz** (Art. 70 Abs. 1 GG) besteht demgegenüber für das Bauordnungsrecht. Das Recht der Raumordnung und Landesplanung gehört nicht mehr zum Baurecht. Die vormalige Rahmengesetzgebungskompetenz des Bundes (Art. 75 Abs. 1 Nr. 4 GG a.F.) ist mit der Föderalismusreform durch die konkurrierende Gesetzgebungskompetenz des Bundes mit Abweichungsmöglichkeit der Länder ersetzt worden (Art. 74 Abs. 1 Nr. 31, 72 Abs. 3 S. 1 Nr. 4 GG).

Das Bundesverfassungsgericht hat sich zuletzt in seinem Urteil **„Windenergieanlagen im Wald"** vom 27.09.2022 mit der Gesetzgebungskompetenz des Bundes für das Bodenrecht (Art. 74 Abs. 1 Nr. 18 GG), für Naturschutz und Landschaftspflege (Art. 74 Abs. 1 Nr. 29 GG) und für die Raumordnung (Art. 74 Abs. 1 Nr. 31 GG) und der Gesetzgebungskompetenz der Länder befasst. Dies geschah aus Anlass des § 10 Abs. 1 S. 2 ThürWaldG, der ausnahmslos die Änderung der Nutzungsart Wald zur Errichtung von Windenergieanlagen verbot und damit jeden Bau von Windenergieanlagen in Waldgebieten verhinderte.[3] „**Bodenrecht**" ist danach die flächenbezogene Ordnung der Nutzung von Grund und Boden durch öffentlich-rechtliche Normen, die Grund und Boden unmittelbar zum Gegenstand haben, also Normen, die die rechtlichen Beziehungen des Menschen zu Grund und Boden regeln, indem sie den Flächen Nutzungsfunktionen zuweisen und diese voneinander abgrenzen. Rechtlicher Anknüpfungspunkt ist die Inanspruchnahme von Grund und Boden, Regelungsgegenstand ist die flächenhafte Gestaltung eines Nutzungsregimes. Bodenrechtliche Bestimmungen regeln insbesondere die Koordinierung und ausgleichende Zuordnung konkurrierender Bodennutzungen und Bodenfunktionen; sie vermeiden und lösen spezifische Bodennutzungskonflikte und gleichen bodenrechtliche Spannungslagen aus. Davon erfasst sind Vorschriften zur rechtlichen Qualität des Bodens, die generell regeln, in welcher Weise Grundstücke genutzt werden, also eine „verstetigte Standardnutzung"; prägend ist die Flächenzuweisung für eine bestimmte Nutzung, die andere Nutzungen an diesem Standort im Wesentlichen ausschließt; das aber wollte – unzulässigerweise – § 10 Abs. 1 S. 2 ThürWaldG regeln.

A. Bundesrecht

Auf der Grundlage des Rechtsgutachtens des BVerfG erging das **Bundesbaugesetz (BBauG)** vom 23.06.1960 (BGBl. I S. 341). Daneben gab es das **Städtebauförderungsgesetz** (StBauFG) vom 27.07.1971 (BGBl. I S. 1225). Bundesbaugesetz und Städtebauförderungsgesetz wurden dann durch das **Baugesetzbuch (BauGB)** vom 08.12.1986 (BGBl. I S. 2253) zu einem einheitlichen   2

---

1 BVerfGE 3, 407.
2 Dazu Ernst/Zinkahn/Bielenberg/Krautzberger/*Krautzberger* Einl. Rn. 56 ff.
3 BVerfG NVwZ 2022, 580; dazu *Poschmann/Schleicher* NVwZ 2023, 369.

Gesetz zusammengefasst. Zur Förderung des Wohnungsbaus erging am 17.05.1990 (BGBl. I S. 926) außerdem das **Maßnahmengesetz zum Baugesetzbuch (BauGB-MaßnG)**.

Aufgrund des Staatsvertrages zur Schaffung einer Währungs-, Wirtschafts- und Sozialunion zwischen der Bundesrepublik Deutschland und der Deutschen Demokratischen Republik wurden mit der **Bauplanungs- und Zulassungsverordnung** (BauZVO) vom 20.06.1990 (GBl. I S. 739) in der DDR wesentliche Teile des Baugesetzbuches eingeführt. Darüber hinaus erging die **Bauordnung** (BauO) vom 20.07.1990 (GBl. I S. 929, 959). Das geltende Baurecht der DDR, unter anderem die Deutsche Bauordnung für die DDR von 1958, war damit im Wesentlichen außer Kraft gesetzt. Mit dem Wirksamwerden des Einigungsvertrages zum 03.10.1990 galt das Baugesetzbuch dann auch in den neuen Bundesländern.

Am 01.01.1998 trat das **Bau- und Raumordnungsgesetz** (BauROG) vom 18.08.1997 (BGBl. I S. 2081) in Kraft; Übergangs- und Sonderregelungen wurden integriert oder aufgegeben, das Städtebaurecht für alle Bundesländer vereinheitlicht und fortentwickelt; erstmals war ein einheitliches Städtebaurecht für alle Bundesländer vorhanden.

Sodann folgten weitere, vor allem durch das Europarecht veranlasste Änderungen, unter anderem mit dem Zweiten Gesetz zur Änderung des Bundesnaturschutzgesetzes vom 30.04.1998 (BGBl. I S. 823), dem Gesetz zur Umsetzung der UVP-Richtlinie, der IVU-Richtlinie und weiterer EG-Richtlinien vom 27.07.2001 (BGBl. I S. 1950) und dem Gesetz zur Neuregelung des Rechts des Naturschutzes und der Landschaftspflege und zur Anpassung anderer Rechtsvorschriften vom 25.03.2002 (BGBl. I S. 1193). Mit diesen Änderungen wurden insbesondere der Umweltbericht eingeführt und die Vorschriften zur Öffentlichkeits- und Behördenbeteiligung modifiziert.

Am 20.07.2004 trat dann das **Europarechtsanpassungsgesetz Bau (EAG-Bau)** vom 24.06.2004 (BGBl. I S. 1359) in Kraft.[4] Es diente vor allem der Umsetzung der Richtlinie 2001/42/EG über die Prüfung der Umweltauswirkungen bestimmter Pläne und Programme vom 27.06.2001 und der Richtlinie 2003/35/EWG über die Beteiligung der Öffentlichkeit bei der Ausarbeitung bestimmter umweltbezogener Pläne und Programme vom 26.05.2003. Das Gesetz ordnete insbesondere die Beteiligung im Bauleitplanverfahren neu, führte hinsichtlich der europarechtlichen Umweltprüfung neue Elemente ein und fasste auch die Vorschriften zur Planerhaltung neu. Auch die Vorschriften zur bauplanungsrechtlichen Zulässigkeit von Vorhaben erfuhren zahlreiche Veränderungen. Hinzu kamen die Zurückstellung im Flächennutzungsplanverfahren und im besonderen Städtebaurecht neue Vorschriften zum Stadtumbau und zur Sozialen Stadt.

Es folgten im Wesentlichen das Gesetz zur Verbesserung des vorbeugenden **Hochwasserschutzes** vom 03.05.2005 (BGBl. I S. 1224) und das Gesetz zur Erleichterung von Planungsvorhaben für die **Innenentwicklung** der Städte vom 21.12.2006 (BGBl. I S. 3316)[5], letzteres insbesondere mit einem beschleunigten Verfahren für Bebauungspläne der Innenentwicklung, dem Bebauungsplan zur Steuerung des Einzelhandels im Innenbereich und der Möglichkeit, im vorhabenbezogenen Bebauungsplan nur die Art der Nutzung festzusetzen, das Vorhaben aber im Durchführungsvertrag festzulegen. Dann folgte das Gesetz zur Förderung des **Klimaschutzes** bei der Entwicklung in den Städten und Gemeinden vom 22.07.2011 (BGBl. I S. 1509) und das Gesetz zur **Stärkung der Innenentwicklung** in den Städten und Gemeinden und weiteren Fortentwicklung des Städtebaurechts vom 11.06.2013 (BGBl. I S. 1548)[6], u.a. mit dem Bebauungsplan zur Steuerung von Vergnügungsstätten im Innenbereich. Es folgte das Gesetz zur Einführung einer Länderöffnungsklausel zur Vorgabe von Mindestabständen zwischen

---

4 Zum EAG-Bau: *Battis/Krautzberger/Löhr* NJW 2004, 2553; *Finkelnburg* NVwZ 2004, 903; *Upmeier* BauR 2004, 1382.
5 Dazu *Krautzberger/Stüer* DVBl 2007, 160.
6 Dazu *Berkemann* DVBl 2013, 815; *Stüer* DVBl 2012, 1017.

Windenergieanlagen und zulässigen Nutzungen vom 15.07.2014 (BGBl. I S. 954) und das Gesetz über Maßnahmen im Bauplanungsrecht zur Erleichterung der **Unterbringung von Flüchtlingen** vom 20.11.2014 (BGBl. I S. 1748) und sodann mit dem gleichen Anliegen Art. 6 des Asylverfahrensbeschleunigungsgesetzes vom 10.10.2015 (BGBl. I S. 1722)[7]. Darauf folgte die **Städtebaurechtsnovelle 2017**[8], u.a. mit dem Gesetz zur Umsetzung der UVP-Richtlinie 2014/52/EU im Städtebaurecht und zur Stärkung des neuen Zusammenlebens in der Stadt vom 04.05.2017 (BGBl. I S. 1057), mit dem das Bauleitplanverfahren weiter verändert, die Berücksichtigung der Wohnbedürfnisse der Bevölkerung betont und das urbane Gebiet in die BauNVO eingeführt wurde, dem Gesetz über ergänzende Vorschriften zu Rechtsbehelfen in Umweltangelegenheiten nach der Richtlinie 2003/35/EG (**Umweltrechtsbehelfsgesetz**) vom 25.05.2017 (BGBl. I S. 1298)[9], dem Gesetz zur weiteren Verbesserung des Hochwasserschutzes und zur Vereinfachung von Verfahren des Hochwasserschutzes (**Hochwasserschutzgesetz II**) vom 30.06.2017 (BGBl. I S. 2193), dem **Gesetz zur Modernisierung des Rechts der Umweltverträglichkeitsprüfung** vom 20.07.2017 (BGBl. I S. 2808) und der **Bekanntmachung** der ab dem 01.10.2017 geltenden **Neufassung des Baugesetzbuches** (BGBl. I S. 3634).

Die nächsten Änderungen waren Art. 6 des Gesetzes zum Schutz der Bevölkerung bei einer epidemischen Notlage von nationaler Tragweite vom 27.03.2020 (BGBl. I S. 587), das Gesetz zur Sicherstellung ordnungsgemäßer Planungs- und Genehmigungsverfahren während der COVID-19-Pandemie (**Planungssicherstellungsgesetz**) vom 20.05.2020 (BGBl. I S. 1041)[10], Art. 2 des Gesetzes zur Vereinheitlichung des Energieeinsparrechts für Gebäude und zur Änderung weiterer Gesetze vom 08.08.2020 (BGBl. I S. 1728) und zuletzt das Gesetz zur Mobilisierung von Bauland (**Baulandmobilisierungsgesetz**) vom 14.06.2021 (BGBl. I S. 1802)[11], das schwerpunktmäßig das Anliegen des Wohnungsbaus verfolgt und u.a. den Bebauungsplan zur Wohnraumversorgung und Gebiete mit einem angespannten Wohnungsmarkt in das BauGB und das dörfliche Wohngebiet in die BauNVO einführte.

Es folgte nach kleineren Änderungen das **Gesetz zur Erhöhung und Beschleunigung des Ausbaus von Windenergieanlagen an Land** vom 20.07.2022 (BGBl. I S. 1353), das zum 01.02.2023 in Kraft trat. Mit diesem wird das Windenergieflächenbedarfsgesetz (WindBG) eingeführt, ergänzend erfolgten Änderungen unter anderem im ROG und im BauGB, dort in §§ 5 Abs. 2b, 9a, 35 Abs. 1 Nr. 5, 245e und 249 BauGB[12]. Hinzu kamen das **Gesetz zur sofortigen Verbesserung der Rahmenbedingungen für erneuerbare Energien im Städtebaurecht** vom 04.01.2023 (BGBl I Nr. 6) und mit ihm u.a. erneute Änderungen in § 35 und § 249 BauGB sowie die neuen §§ 249a, 249b BauGB, sowie das teils bereits am 29.03.2023 in Kraft getretene und teils zum 28.09.2023 in Kraft getretene **Gesetz zur Änderung des Raumordnungsgesetzes und anderer Vorschriften** (ROGÄndG) vom 28.03.2023 (BGBl I Nr. 88).[13] Darauf folgte schließlich das im Wesentlichen bereits am 07.07.2023 in Kraft getretene **Gesetz zur Stärkung der Digitalisierung im Bauleitplanverfahren und zur Änderung weiterer Vorschriften** vom 03.07.2023 (BGBl. I Nr. 176). Es enthält u.a. Änderungen der §§ 3 Abs. 2, 4 Abs. 2, 4a, 13 BauGB sowie Folgeänderungen. Es gelten die allgemeine Überleitungsvorschrift § 233 Abs. 1 BauGB sowie die (neue) Überleitungsvorschrift § 245f BauGB, wonach u.a. die Frist des § 6 Abs. 1 BauGB ab Eingang des Genehmigungsantrages nach dem 07.07.2023 auf einen Monat verkürzt wird (§ 245f Abs. 1

---

7 Dazu *Battis/Mischang/Reidt* NVwZ 2014, 1609; 2015, 1633; *Krautzberger/Stüer* DVBl 2015, 73.
8 Dazu *Krautzberger/Stüer* DVBl 2018, 7.
9 Zur Rechtsprechung des BVerwG zum Umweltrechtsbehelfsgesetz *Berkemann* DVBl 2020, 1.
10 Dazu *Krautzberger/Stüer* DVBl 2020, 910.
11 Zum Baulandmobilisierungsgesetz: *Battis/Mitschang/Reidt* NVwZ 2021, 905; *Hornmann* NVwZ 2021, 1275; *Muckel/Ogorek* JA 2021, 881; *Scheidler* NVwZ 2021, 1272.
12 Dazu *Faßbender/Brade* NuR 2022, 813; *Herzer* BauR 2023, 550; *Kment* NVwZ 2022, 1153; *Rheinschmitt* ZUR 2022, 278; *Stüer* BauR 2022, 1005.
13 Dazu *Decker* ZfBR 2023, 319; *Jaenicke* ZUR 2023, 291; *Meurers* UPR 2023, 41; *Spannowsky* ZfBR 2023, 18.

BauGB). Der § 31 Abs. 2 Nr. 1 BauGB wird um den „zügigen Ausbau der erneuerbaren Energien" erweitert. Die §§ 245e, 249, 249a BauGB erfahren ebenfalls Änderungen. Mit § 246c BauGB eingeführt werden zudem Vorschriften für den Wiederaufbau im Katastrophenfall.

Das BauGB wird ergänzt durch die **Baunutzungsverordnung (BauNVO)** vom 26.06.1962 (BGBl. I S. 429), die durch mehrere Novellen überarbeitet und deren ab 01.10.2017 geltende Neufassung sodann bekannt gemacht wurde (BGBl. I S. 3786). Weitere Änderungen der Baunutzungsverordnung enthalten nunmehr wieder auch das Baulandmodernisierungsgesetz, das Gesetz zur sofortigen Verbesserung der Rahmenbedingungen für erneuerbare Energien im Städtebaurecht und das Gesetz zur Stärkung der Digitalisierung im Bauleitplanverfahren und zur Änderung weiterer Vorschriften.

B. Landesrecht

3 Die in die Gesetzgebungskompetenz der Länder fallenden Landesbauordnungen orientieren sich an der **Musterbauordnung** (MBO) der seit 1948 bestehenden Bauministerkonferenz (ARGEBAU). Ziel der 1959 erarbeiteten, mehrfach fortgeschriebenen und 2002 neu beschlossenen Musterbauordnung[14] war und ist es, eine einheitliche, zeitgemäße und in ihrer Anwendung einfache Bauordnung zu schaffen.[15] Änderungen erfolgten mit Beschlüssen vom 21.08.2012 (MBO 2012), vom 13.05.2016, vom 22.02.2019, vom 27.09.2019 und vom 25.09.2020.

Im Gebiet der ehemaligen DDR galt zunächst die BauO als Landesrecht fort, die durch Gesetz vom 17.07.1992 (SächsGVBl. S. 363) in die **Sächsische Bauordnung** überführt und geändert und am 19.08.1992 (SächsGVBl. S. 375) neu bekannt gemacht wurde. Am 01.05.1999 trat das **Gesetz zur Vereinfachung des Baurechts im Freistaat Sachsen** vom 18.03.1999 (SächsGVBl. S. 85) in Kraft, das durch das Gesetz zur Neuregelung des Landesplanungsrechts vom 14.12.2001 (SächsGVBl. S. 716, 724) und das Gesetz zur Einführung eines Gesetzes über die Umweltverträglichkeitsprüfung im Freistaat Sachsen (SächsUVPG) vom 01.09.2003 (SächsGVBl. S. 418) geändert und durch das **Gesetz zur Neufassung der Sächsischen Bauordnung und zur Änderung anderer Gesetze** vom 28.05.2004 (SächsGVBl. S. 200) abgelöst worden ist. Nach mehreren Änderungen erfolgten **drei Gesetze zur Änderung der Sächsischen Bauordnung**, vom 04.10.2011 (SächsGVBl. S. 377), vom 16.12.2015 (SächsGVBl. S. 670, 2016 S. 38) und vom 27.10.2017 (SächsGVBl. S. 588), letzteres geändert durch Art. 2 des Gesetzes vom 11.12.2018 (SächsGVBl. S. 706) und durch Art. 6 der Verordnung vom 12.04.2021 (SächsGVBl. S. 517). Am 01.06.2022 folgte schließlich das **Vierte Gesetz zur Änderung der Sächsischen Bauordnung** (SächsGVBl. S. 365), zuletzt geändert durch Art. 24 des Haushaltsbegleitgesetzes 2023/2024 vom 20.12.2022 (SächsGVBl. S. 705), der eine Anpassung an das Windenergieflächenbedarfsgesetz enthält.

Die Sächsische Bauordnung wird ergänzt durch die **Durchführungsverordnung zur Sächsischen Bauordnung** (DVOSächsBO) vom 02.09.2004 (SächsGVBl. S. 427), zuletzt geändert durch Art. 7 der Verordnung vom 14.04.2021 (SächsGVBl. S. 517) und die **Verwaltungsvorschrift des Sächsischen Staatsministeriums des Innern zur Sächsischen Bauordnung** (VwVSächsBO) vom 18.02.2015 (SächsABl. S. 59, 363), zuletzt geändert durch die Verwaltungsvorschrift vom 09.05.2019 (SächsABl. S. 782), zuletzt enthalten in der Verwaltungsvorschrift vom 10.12.2021 (SächsABl. SDr. S. 246).

---

14 Dazu *Jäde* NVwZ 2003, 668.
15 Dazu *Schulte* DVBl 2004, 925.

§ 4 Abgrenzung Bauplanungsrecht – Bauordnungsrecht

Die theoretische Abgrenzung von Bauplanungsrecht und Bauordnungsrecht ist einfach. Das **Bauplanungsrecht** beschäftigt sich mit dem „Bodenrecht"[1], also damit, ob, wo, womit und wie ein Grundstück bebaut werden darf; es geht dabei um die Vereinbarkeit des Bauvorhabens mit seiner Umgebung. Das Bauplanungsrecht ist Inhalts- und Schrankenbestimmung des Eigentums und konkretisiert dessen Sozialpflichtigkeit; es schränkt die Baufreiheit zum Wohl der Allgemeinheit in einem dem Einzelnen zumutbaren Umfang ein.[2] Das **Bauordnungsrecht** andererseits bestimmt vor allem die Ausführung des Bauvorhabens; es stellt materielle Anforderungen an das Bauvorhaben, z.B. an Konstruktion und Gestaltung, aber auch formelle Anforderungen, indem es z.B. (präventiv) Genehmigungs- und andere Verfahren regelt und (repressiv) ein Eingreifen ermöglicht. Das Bauordnungsrecht ist damit vor allem, aber nicht nur Gefahrenabwehrrecht.

1

Die theoretisch klare Abgrenzung zwischen Bauplanungsrecht und Bauordnungsrecht ist praktisch aber nicht immer durchführbar, gewisse Überschneidungen sind unvermeidbar. So wird z.B. der Abstand zwischen Gebäuden sowohl bauplanungsrechtlich durch Festsetzung der offenen Bauweise gemäß § 22 Abs. 1 und 2 BauNVO sowie seitlicher Baugrenzen gemäß § 23 BauNVO als auch bauordnungsrechtlich durch die (der Belichtung der Gebäude und dem Brandschutz dienenden) Abstandsflächenvorschriften gemäß § 6 SächsBO geregelt.[3] § 9 Abs. 1 Nr. 2a BauGB ermöglicht die Festsetzung von vom Bauordnungsrecht abweichenden Maßen der Tiefe der Abstandsflächen durch Bebauungsplan, § 89 Abs. 1 Nr. 6 SächsBO ebensolches durch örtliche Bauvorschrift, auch zur Gestaltung des Ortsbildes. Die Verunstaltung des Orts- und Landschaftsbildes findet sich in § 35 Abs. 3 S. 1 Nr. 5 BauGB, in § 9 SächsBO und – für Werbeanlagen[4] – in § 10 Abs. 2 S. 2 SächsBO. Sog. großflächige Werbeanlagen sind in Wohngebieten bauplanungsrechtlich unzulässig, weil sie dem Gebietscharakter widersprechen.[5] Sie sind dort aber auch gemäß § 10 Abs. 4 SächsBO unzulässig. Schließlich überschneiden sich auch Eingriffsbefugnisse. So kann z.B. der Abbruch eines Gebäudes auf § 179 BauGB oder auf § 80 S. 1 SächsBO gestützt werden. Die Liste lässt sich fortsetzen.

2

---

1 Dazu bereits § 3 Rn. 1.
2 BVerwGE 101, 364; vgl. zum verfassungsrechtlichen Standort des öffentlichen Baurechts *Kment* Öffentliches Baurecht I § 3.
3 BVerwGE 88, 191; zum Vorrang des Bauplanungsrechts bei Grenzbauten gemäß § 6 Abs. 1 S. 3 SächsBO: *Götze/Illek* SächsVBl 2021, 285.
4 Zu Schnittpunkten zwischen Bauordnungsrecht und Bauplanungsrecht am Beispiel von Werbeanlagen: *Jäde* ZfBR 2010, 34.
5 BVerwGE 40, 94; 91, 234; 129, 318.

Zweiter Teil:
Bauplanungsrecht

§ 5 Bauleitplanung

Zur Einführung: *Becker-Rosenfelder*, Basiswissen: Bauleitplanung und Baugenehmigungsverfahren, ZAP 2022, 1175; *Böhm*, Recht der Bauleitplanung, JA 2013, 81; *Dürr*, Die Klausur im Baurecht, JuS 2007, 521; *Göckler/Höscher/Zinger*, ÖR-Klausurbearbeitung: Grundlagenwissen rund um den Bebauungsplan, JA 2020, 1309; *Voßkuhle/Kaiser*, Grundwissen – Öffentliches Recht: Der Bebauungsplan, JuS 2014, 1074

Zur Vertiefung: *Beaucamp*, Der Einfluss der Eigentumsfreiheit des Art. 14 GG auf das öffentliche Baurecht, JA 2018, 487; *Bienek/Reidt*, Bauplanungsrechtliche Fragen im Zusammenhang mit der Unterbringung von Flüchtlingen und Asylbegehrenden, BauR 2015, 422; *Boeddinghaus*, Neues zur Art und zum Maß der baulichen Nutzung, BauR 2013, 1601; *Lindner*, Die Wettbewerbsneutralität des Bauplanungsrechts, GewArch 2022, 362

Zur Übung: *Beh*, ZJS 2019, 483 (Fortgeschrittenenklausur – Verpflichtungsklage, Abgrenzung Innen- und Außenbereich); *Fontana/Eh*, JuS 2023, 142 (Fortgeschrittenenklausur – Windenergieanlagen, Flächennutzungsplan); *Goldhammer/Hofmann*, JuS 2014, 434 (1. Staatsexamen – einstweiliger Rechtsschutz); *Groh*, JuS 2020, 161 (2. Staatsexamen – einstweiliger Rechtsschutz, Bürgerbegehren); *Lenk*, JuS 2020, 782 (Aktenvortrag – Bürgerbegehren); *Hyckel*, Jura 2016, 424 (2. Staatsexamen – einstweiilger Rechtsschutz, Genehmigung, Bebauungsplan, Abwägung); *Kahl*, JA 2005, 280 (1. Staatsexamen – Normenkontrolle); LJPA, SächsVBl 2017, 60 u. 92 (2. Staatsexamen, 2012/2 – immissionsschutzrechtlicher Vorbescheid, Verpflichtungsklage); *Möller*, JuS 2011, 340 (Fortgeschrittenenklausur – einstweiliger Rechtsschutz); *Möller*, Jura 2011, 54 (Hausarbeit – Rechtsschutz der Gemeinde); *Reinhard*, Jura 2014, 242 (Fortgeschrittenenklausur – Vorbescheid, Bebauungsplan der Innenentwicklung); *Richter/Sokol*, JA 2011, 521 (1. Staatsexamen – Normenkontrolle); *Schmidt*, JA 2012, 838 (Hausarbeit – Vorbescheid); *Wilhelm*, JuS 2016, 1108 (1. Staatsexamen – Untätigkeitsklage, Befreiung)

A. Allgemeines

Hinweis: Die Bauleitplanung und Planerhaltung sind Prüfungsgebiete des Pflichtfachs Öffentliches Recht - Besonderes Verwaltungsrecht der staatlichen Pflichtfachprüfung der Ersten Juristischen Prüfung (§ 14 Abs. 3 Nr. 8 c) bb) SächsJAPO). Sie zählen zu den „Grundzügen des Baurechts". Grundzüge umfassen die gesetzliche Systematik sowie die wesentlichen Normen und Rechtsinstitute (§ 14 Abs. 5 SächsJAPO), Pflichtfächer umfassen stets auch ihre Bezüge zum Europarecht (§ 14 Abs. 4 SächsJAPO). Bauleitplanung und Planerhaltung sind damit auch Prüfungsgebiete der Zweiten Juristischen Staatsprüfung, dies unter Berücksichtigung der Ergänzung und Vertiefung in der praktischen Ausbildung (§ 44 Abs. 2 S. 1 SächsJAPO). Gleiches gilt für das Kommunalrecht (§ 14 Abs. 3 Nr. 8 c) cc) SächsJAPO).

Zum Recht der Bauleitplanung werden zunächst allgemeine Grundsätze dargestellt. Auf das Bauleitplanverfahren folgen sodann die materiell-rechtlichen Anforderungen. Vorschriften der Planerhaltung werden – soweit vorhanden – beim jeweiligen Verfahrensschritt bzw. bei der jeweiligen Anforderung benannt, später aber nochmals zusammengefasst, bevor die Sicherung der Bauleitplanung den Abschluss der Darstellung zum Recht der Bauleitplanung bildet.

I. Funktion der Bauleitplanung

2   Die **Bauleitplanung** ist das zentrale städtebauliche Gestaltungselement.[1] Eine Art Präambel der Bauleitplanung ist **§ 1 Abs. 5 BauGB**. Bauleitpläne sollen danach eine nachhaltige städtebauliche Entwicklung, die die sozialen, wirtschaftlichen und umweltschützenden Anforderungen auch in Verantwortung gegenüber künftigen Generationen miteinander in Einklang bringt, und eine dem Wohl der Allgemeinheit dienende sozialgerechte Bodennutzung unter Berücksichtigung der Wohnbedürfnisse der Bevölkerung gewährleisten. Bauleitpläne sollen dazu beitragen, eine menschenwürdige Umwelt zu sichern und die natürlichen Lebensgrundlagen zu schützen und zu entwickeln sowie den Klimaschutz und die Klimaanpassung, insbesondere auch in der Stadtentwicklung fördern, sowie die städtebauliche Gestalt und das Orts- und Landschaftsbild baukulturell zu erhalten und zu entwickeln, vorrangig durch Maßnahmen der Innenentwicklung.

Nach **§ 1 Abs. 1 BauGB** ist es Aufgabe der Bauleitpläne, die bauliche und sonstige Nutzung der Grundstücke in der Gemeinde nach Maßgabe des BauGB vorzubereiten und zu leiten. Das BauGB geht mithin vom **Grundsatz der Planmäßigkeit** der städtebaulichen Entwicklung und Ordnung aus.[2] Dieser Grundsatz bedeutet, dass die bauliche und sonstige Nutzung von Grundstücken nicht allein dem Willen[3] bzw. Nichtwollen des Grundstückseigentümers[4], dem „Spiel der freien Kräfte" und Einzelfallentscheidungen nach §§ 34, 35 BauGB überlassen werden soll, sondern der Lenkung und Ordnung durch Planung bedarf.[5]

3   Die Bauleitplanung obliegt nach §§ 1 Abs. 3 S. 1, 2 Abs. 1 S. 1 BauGB den **Gemeinden in eigener Verantwortung**. Diese haben – jedenfalls dem Grundsatz nach – für ihr Gebiet eine umfassende Planung vorzunehmen, wobei nicht nur die spezifischen Belange einer baulichen Nutzung zu berücksichtigen sind, sondern alle öffentlichen und privaten Belange erfasst und planerisch bewältigt werden müssen. Bauleitpläne müssen dabei in einer **objektiven Beziehung** zur städtebaulichen Ordnung stehen, auf subjektive Ordnungsvorstellungen des Gemeinderates kommt es nicht an.[6] § 1 Abs. 1 BauGB ist daher verletzt, wenn ein Bauleitplan bei objektiver Betrachtung nicht städtebaulichen, sondern sonstigen Belangen dient, etwa dem privaten Interesse eines Einzelnen durch Legalisierung eines illegal hergestellten gewerblichen Lagerplatzes im Außenbereich,[7] privaten und zugleich fiskalischen Interessen der Gemeinde durch Abwendung eines Entschädigungsanspruchs[8] oder fiskalischen Zwecken wie dem Verkauf gemeindeeigener Grundstücke als Bauland[9]. Unbedenklich ist es dagegen, wenn private Bauwünsche den Anstoß zu einem städtebaulich sinnvollen Bebauungsplan geben.[10]

Beispiel:

■ BVerwG NVwZ 1996, 888: Ein Bebauungsplan ist unwirksam, wenn er eine Fehlentwicklung ermöglicht, städtebaulich „Unordnung" schafft, indem er inmitten eines neuen Wohnbaugebietes ein etwa 3.500 m² großes Grundstück unbeplant lässt, weil der Eigentümer nicht bereit ist, das Grundstück an die Gemeinde zu verkaufen.

4   Das BauGB sieht in **§ 1 Abs. 2 BauGB** im Grundsatz ein **zweistufiges Planungsverfahren** vor. Die Gemeinde erstellt zunächst (für das gesamte Gemeindegebiet) den Flächennutzungsplan als vorbereitenden Bauleitplan und anschließend (für die einzelnen Teile des Gemeindegebietes)

---

1   BVerwGE 119, 25.
2   BVerwGE 119, 25.
3   OVG Lüneburg NVwZ 1990, 576.
4   BVerwG BauR 2022, 1024.
5   BVerwGE 119, 25.
6   BVerwGE 34, 301; 45, 309.
7   VGH Mannheim NuR 1996, 36.
8   VGH Mannheim NVwZ-RR 2002, 630.
9   VGH Mannheim VBlBW 2002, 124; 2012, 108.
10 VGH Mannheim VBlBW 1995, 241; NVwZ-RR 2005, 773.

A. Allgemeines

Bebauungspläne als verbindliche Bauleitpläne. Durch diese Zweistufigkeit soll gewährleistet werden, dass die Gemeinde sich zunächst Gedanken machen muss über die grundsätzliche Nutzung des Gemeindegebiets und die räumliche Zuordnung der verschiedenen Nutzungen (z.B. Wohnen, Gewerbe, Sport, Verkehrswege), ehe sie für einen bestimmten Bereich im Detail plant.

Die Bauleitpläne stellen nicht die einzige Planungsentscheidung dar, die für die Ausgestaltung der Nutzung des Gebiets einer Gemeinde bedeutsam ist. Hinzu kommen zum einen **überörtliche Planungsentscheidungen** der Raumordnungs- und Landesplanung[11] und zum anderen **fachplanerische Planungsentscheidungen**[12]. Für die **Fachplanung** sind nicht die Gemeinden, sondern staatliche Behörden zuständig. Die Fachplanung bezieht sich jeweils nur auf eine bestimmte staatliche Aufgabe (z.b. Straßenbau, Abfallbeseitigung) und soll nur diese Aufgabe lösen. Demgegenüber stellt die Bauleitplanung eine Gesamtplanung dar, die die Nutzung des Gemeindegebiets unter allen in Betracht kommenden Gesichtspunkten regeln soll. Alle Fachplanungen wirken sich auf die kommunale Bauleitplanung aus und müssen daher mit ihr abgestimmt werden. Daher sehen §§ 4, 13 Abs. 2 S. 1 Nr. 3, 13a Abs. 2 Nr. 1 BauGB eine Beteiligung der Fachplanungsträger im Bauleitplanverfahren vor; bestehende Fachplanungen und fachplanerische Festsetzungen sollen dazu nach § 5 Abs. 4 bzw. § 9 Abs. 6 BauGB nachrichtlich in den Flächennutzungsplan bzw. Bebauungsplan aufgenommen werden. Der Träger einer Fachplanung hat gemäß § 7 S. 1 BauGB außerdem seine Planungen dem Flächennutzungsplan insoweit anzupassen, als er dem Flächennutzungsplan nicht widersprochen hat.[13] Der Widerspruch kann gemäß § 7 S. 3 und 4 BauGB auch noch nachträglich erfolgen, sofern sich die Sachlage nach Inkrafttreten des Flächennutzungsplans geändert hat, z.b. durch eine neue Biotop-Kartierung.[14] Ein Widerspruch ist allerdings entbehrlich, wenn die Gemeinde selbst nicht mehr am Flächennutzungsplan festhält.[15]

Beispiel:

■ VGH Mannheim NVwZ-RR 1996, 17: Die Naturschutzbehörde beabsichtigt, einen stillgelegten Steinbruch mit seltener Fauna und Flora auf Antrag der Gemeinde als Naturschutzgebiet festzusetzen, obwohl er im Flächennutzungsplan als Gewerbefläche dargestellt ist; die Gemeinde hat bereits das Verfahren zur Änderung des Flächennutzungsplans eingeleitet.

Außerdem muss der Fachplanungsträger bei seinen Planungen die städtebaulichen Belange der Gemeinde, insbesondere die Auswirkungen des Vorhabens auf die vorhandenen Baugebiete, aber auch konkrete verfestigte gemeindliche Planungen berücksichtigen.[16] Damit das geschieht, steht der Gemeinde unabhängig von den jeweiligen fachplanerischen Vorschriften ein sich aus Art. 28 Abs. 2 S. 1 GG ergebender Anspruch auf Anhörung vor dem Erlass einer fachplanerischen Entscheidung zu.[17]

II. Planungshoheit der Gemeinde

Die Bauleitplanung ist nach §§ 1 Abs. 3 S. 1, 2 Abs. 1 S. 1 BauGB **Aufgabe der Gemeinde**. Diese Regelung trägt der **Planungshoheit** der Gemeinde Rechnung. Denn die Frage, ob die Gemeinde in einem bestimmten Bereich die Gewerbeansiedlung fördern, Wohngebäude

---

11 Dazu § 5 Rn. 41. Ferner *Jarass/Schnittker/Milstein* JuS 2011, 215; zur räumlichen Gesamtplanung außerhalb des BauGB *Kment* Öffentliches Baurecht I § 17 ff.
12 Dazu § 5 Rn. 44. Zur Bauleitplanung im System des raumbedeutsamen Planungsrechts: Raumordnungsplanung – Fachplanung *Will* Öffentliches Baurecht Rn. 32 ff., 37 ff.; vgl. auch *Deutsch* ZUR 2021, 67.
13 BVerwGE 138, 226; 159, 1; NVwZ 2019, 313; zur planungspraktischen Bedeutung von § 7 BauGB: *Mitschang* ZfBR 2017, 28.
14 BVerwGE 112, 373.
15 VGH München NuR 2002, 412.
16 BVerwGE 127, 95 – Flughafen Leipzig-Halle; 159, 1.
17 BVerfGE 56, 298; NVwZ 1997, 169.

schaffen oder für Erholungs- und Freizeiträume sorgen will, ist eine primär kommunalpolitische Entscheidung, die ausschließlich der Gemeinde- bzw. Stadtrat zu treffen und zu verantworten hat. Die Bauleitplanung ist dementsprechend eine **weisungsfreie Pflichtaufgabe**, also eine **Selbstverwaltungsangelegenheit** der Gemeinde (§ 2 Abs. 1 u. 2 S. 1 SächsGemO). Die Planungshoheit ist Bestandteil der durch **Art. 28 Abs. 2 S. 1 GG** bzw. **Art. 84 Abs. 1 SächsVerf** institutionell gewährleisteten kommunalen Selbstverwaltung. Ob sie zum Kernbereich dieser Garantie zählt, der auch vom Gesetzgeber nicht angetastet werden kann, hat das BVerfG bisher offengelassen.[18] Klar ist aber, dass die Planungshoheit der Gemeinde nur wegen überörtlicher Interessen von höherem Gewicht eingeschränkt werden darf.[19]

Beispiele:

- BVerfGE 56, 298: Die Anlage eines Militärflugplatzes ist auch dann zulässig, wenn dadurch die bauliche Nutzung des Gemeindegebiets eingeschränkt wird.
- BVerfGE 76, 107: Die Stadt Wilhelmshaven muss es hinnehmen, dass etwa ein Drittel ihres Gebiets durch ein Landesgesetz als Gebiet für die Ansiedlung von Großindustrie mit Anschluss an ein seeschifffahrtstiefes Fahrwasser vorgesehen wird, weil sie über den einzigen dafür geeigneten Hafen verfügt.
- VerfGH NRW NVwZ 2009, 1287: Das generelle Verbot von Factory-Outlet-Centern mit mehr als 5.000 m² Verkaufsfläche in Gemeinden mit weniger als 100.000 Einwohnern verstößt gegen Art. 28 Abs. 2 GG.

7 Die einer Gemeinde nach dem BauGB obliegenden Aufgaben können auch übertragen werden (§ 203 Abs. 1, 2 BauGB), um diese Aufgaben in einem größeren Raum wirkungsvoller wahrnehmen zu können. § 204 Abs. 1 BauGB ermöglicht es benachbarten Gemeinden, einen **gemeinsamen Flächennutzungsplan** aufzustellen; Gemeinden und sonstige öffentliche Planungsträger können sich ferner zu einem **Planungsverband** zusammenschließen (§ 205 Abs. 1 BauGB), der an deren Stelle die Bauleitpläne aufstellt; die Planungshoheit der Gemeinde geht insoweit auf den Planungsverband über.[20] Ein Planungsverband darf auch zwangsweise zusammengeschlossen werden (§ 205 Abs. 2 BauGB), wenn dies zum Wohle der Allgemeinheit dringend geboten ist.[21] Ein Planungsverband ist insbesondere bei Planungsmaßnahmen sinnvoll, die über das Gebiet einer Gemeinde hinausgehen. Die erforderliche Koordination kann allerdings auch durch eine interkommunale Abstimmung (§ 2 Abs. 2 BauGB) bei der Aufstellung verfahrensmäßig getrennter, aber inhaltlich übereinstimmender Bebauungspläne erfolgen.[22] Die Bauleitplanung kann schließlich auch auf einen **Zweckverband** übertragen werden (§ 44 Abs. 1 SächsKomZG).[23] Ist eine Gemeinde Mitglied eines **Verwaltungsverbandes** oder einer **Verwaltungsgemeinschaft**, gehen die Aufgaben der vorbereitenden Bauleitplanung gemäß § 7 Abs. 1 Nr. 2 SächsKomZG bzw. § 36 Abs. 3 i.V.m. § 7 Abs. 1 Nr. 2 SächsKomZG auf den Verwaltungsverband bzw. die erfüllende Gemeinde der Verwaltungsgemeinschaft über; diese und nicht die Gemeinde stellen dann den Flächennutzungsplan auf.

Hinweis: Fragen kommunaler Zusammenarbeit sind nur selten Gegenstand von Klausuren.

B. Bauleitplanverfahren

I. Allgemeines

8 Bauleitpläne können nur im **Verfahren gemäß §§ 2 ff. BauGB** entstehen. Einen bloß als wirksam erachteten und daher auch angewandten „gewohnheitsrechtlichen" Bebauungsplan gibt es

---

18 BVerfGE 56, 298; 76, 107; 95, 1; 103, 332.
19 BVerfGE 79, 127; 141, 144.
20 BVerwG NVwZ 2019, 415.
21 OVG Münster BRS 84 Nr. 50.
22 VGH Mannheim VBlBW 1983, 106 – Teststrecke Daimler-Benz; OVG Lüneburg DÖV 2023, 266.
23 Dazu OVG Bautzen BeckRS 2014, 129877, nachfolgend BVerwG BeckRS 2016, 54063.

nicht.[24] Die **Ausgestaltung des Verfahrens gemäß §§ 2 ff.** BauGB ist die des Europarechtsanpassungsgesetzes Bau (EAG-Bau), mit dem der Gesetzgeber vor allem Richtlinien zur Beteiligung und Umweltprüfung und damit den europarechtlichen Ansatz umgesetzt hat, dass durch eine umfangreiche Behörden- und Öffentlichkeitsbeteiligung die inhaltliche Qualität der Planung gesichert und dass insbesondere ein hohes Umweltschutzniveau gewährleistet wird[25]. Die §§ 2 ff. BauGB gelten nicht nur für die **Aufstellung** von Bauleitplänen, sondern auch für ihre **Änderung, Ergänzung** und **Aufhebung** (§ 1 Abs. 8 BauGB), bei bestimmten Änderungen oder Ergänzungen kann die Gemeinde aber das vereinfachte Verfahren anwenden (§ 13 Abs. 1 S. 1 Alt. 1 BauGB). Auch in anderen Fällen kann das **vereinfachte Verfahren** angewandt werden (§ 13 Abs. 1 S. 1 Alt. 2-3 BauGB), in weiteren Fällen das **beschleunigte Verfahren** (§§ 13a Abs. 1, 13b BauGB).[26] In allen Verfahren kann die Vorbereitung und Durchführung bestimmter Verfahrensschritte gemäß **§ 4b S. 1 BauGB** einem **Dritten** übertragen werden; das kann auch der Vorhabenträger eines vorhabenbezogenen Bebauungsplans sein. Im Falle der Übertragung muss aber sichergestellt sein, dass die Gemeinde alle relevanten Informationen für die dann von ihr vorzunehmende Abwägung erhält.[27]

Ergänzt werden die §§ 2 ff. BauGB durch die **kommunalrechtlichen Vorschriften**[28]. Sie regeln z.B., welches Organ (Organkompetenz) innerhalb der Gemeinde (Verbandskompetenz) für welchen Verfahrensschritt zuständig ist. So ist der Beschluss des Flächennutzungsplans und der Bebauungsplansatzung ausschließlich dem Gemeinde- bzw. Stadtrat vorbehalten (§ 28 Abs. 2 Nr. 4 SächsGemO), während andere Verfahrensschritte wie der Aufstellungs- oder Auslegungsbeschluss auch beschließenden Ausschüssen übertragen werden können, und wieder andere Verfahrensschritte dem Bürgermeister obliegen, z.B. die Ausfertigung der Bebauungsplansatzung (§ 4 Abs. 3 S. 1 SächsGemO). Ebenso kommunalrechtlich geregelt ist, wie eine ortsübliche Bekanntmachung zu erfolgen hat, also eine öffentliche Bekanntmachung in der jeweiligen Gemeinde. Es gilt insoweit die Haupt- oder Bekanntmachungssatzung der Gemeinde. Für Gemeinden gilt aber auch die Kommunalbekanntmachungsverordnung, die mit § 8 Abs. 1 KomBekVO beispielsweise weitergehende Anforderungen an eine Ersatzbekanntmachung enthält als § 10 Abs. 3 BauGB[29].

II. Ablauf des Verfahrens

Der Ablauf des Verfahrens bestimmt sich nach den §§ 2 ff. BauGB, wobei die meisten Vorschriften für das Flächennutzungs- und Bebauungsplanverfahren gleichermaßen gelten, während einzelne Vorschriften dem (Regel)Bebauungsplanverfahren vorbehalten sind; für das vereinfachte Verfahren ist § 13 Abs. 2-3 BauGB und für das beschleunigte Verfahren ist § 13a Abs. 2-4 BauGB zu beachten.

1. Aufstellungsbeschluss (§ 2 Abs. 1 S. 2 BauGB)

Nach den entsprechenden Vorüberlegungen in der Gemeinde beschließt die Gemeinde i.d.R. zunächst, einen Bauleitplan aufzustellen. Dieser **Aufstellungsbeschluss**, der den Planbereich bezeichnen muss (sog. **Anstoßfunktion**), aber noch keine Aussage über den Inhalt des Bau-

---

24 BVerwGE 55, 369; BRS 76 Nr. 48.
25 BT-Drs. 15/2250 S. 31 ff., 45.
26 Dazu § 5 Rn. 27 ff.
27 BVerwG ZfBR 2014, 371; VGH Kassel BeckRS 2015, 48314.
28 Dazu § 5 Rn. 21, 24, 25 u. 93 f.
29 Dazu § 5 Rn. 25.

leitplans enthalten muss,[30] ist ortsüblich bekannt zu machen (§ 2 Abs. 1 S. 2 BauGB). Der Aufstellungsbeschluss ist indes keine Wirksamkeitsvoraussetzung für den späteren Bauleitplan, da eine Verletzung des § 2 Abs. 1 S. 2 BauGB **unbeachtlich** ist, **§ 214 Abs. 1 S. 1 Nr. 2 BauGB**.[31] Der Aufstellungsbeschluss ist aber erforderlich, wenn die Gemeinde ihre Bebauungsplanung durch eine Veränderungssperre (§ 14 BauGB) oder durch eine Zurückstellung (§ 15 Abs. 1 u. 2 BauGB) bzw. ihre Flächennutzungsplanung durch eine Zurückstellung (§ 15 Abs. 3 BauGB) sichern will[32]. Der Aufstellungsbeschluss für einen Bebauungsplan ist zudem eine der Voraussetzungen für die bauplanungsrechtliche Zulässigkeit gemäß § 33 BauGB[33].

Hinweis: In der Klausursituation ist zu empfehlen, zuerst nach den möglichen Fehlern im Bauleitplanverfahren zu suchen und sogleich im Anschluss an den jeweiligen Fehler die Vorschriften der Planerhaltung (§§ 214, 215 BauGB) anzusprechen[34].

2. Umweltprüfung (§ 2 Abs. 4 BauGB), Entwurf des Bauleitplans und der Begründung (§ 2a BauGB)

12   Nach einem Aufstellungsbeschluss veranlasst die Gemeinde eine **Umweltprüfung** (UP)[35], in der die voraussichtlichen erheblichen Umweltauswirkungen nach den Vorgaben der **Anlage 1** zum BauGB ermittelt und in einem **Umweltbericht** beschrieben und bewertet werden (§ 2 Abs. 4 S. 1-3 BauGB). Die Umweltprüfung tritt gemäß § 50 Abs. 1 UVPG an die Stelle der Umweltverträglichkeitsprüfung (UVP, vgl. §§ 4 ff. UVPG) bzw. ersetzt gemäß § 50 Abs. 2 UVPG die Strategische Umweltprüfung (SUP, vgl. §§ 33 ff. UVPG). Das Ergebnis der Umweltprüfung ist in der Abwägung zu berücksichtigen (§ 2 Abs. 4 S. 4 BauGB). Die Umweltprüfung dient der Aufarbeitung des umweltrelevanten Abwägungsmaterials und der Strukturierung des Abwägungsvorgangs, ohne den Umweltbelangen Abwägungsvorrang zu geben. Ist für das Plangebiet oder Teile davon bereits eine Umweltprüfung erfolgt, soll die erneute Umweltprüfung auf zusätzliche oder andere erhebliche Umweltauswirkungen beschränkt werden (§ 2 Abs. 4 S. 5 BauGB).

Hinweis: Die Einzelheiten einer Umweltprüfung sind nicht klausurrelevant, allenfalls ist ihr Ergebnis bei der Frage eines Abwägungsfehlers von Bedeutung. Die sog. Abwägungsfehlerlehre spielt zwar auch für die formelle Rechtmäßigkeit eines Bauleitplans eine Rolle; an den Prüfungspunkt „Umweltprüfung, Entwurf des Bebauungsplans und der Begründung" schließt sich daher im unten dargestellten Prüfungsschema[36] *die Ermittlung und Bewertung des Abwägungsmaterials (§ 2 Abs. 3 BauGB) an. Aus didaktischen Gründen wird die Abwägung (einschließlich der Fehlerlehre) aber einheitlich als Teil der materiellen Rechtmäßigkeit behandelt.*[37]

Die Gemeinde veranlasst auch einen **Entwurf des Bauleitplans**, dem gemäß § 2a S. 1 BauGB eine Begründung beizufügen ist, in der – entsprechend dem Stand des Verfahrens – zum einen die Ziele, Zwecke und wesentlichen Auswirkungen des Bauleitplans (§ 2a S. 2 Nr. 1 BauGB) und zum anderen – im Umweltbericht als gesondertem Teil der Begründung (§ 2a S. 3 BauGB) – die aufgrund der Umweltprüfung ermittelten und bewerteten Belange des Umweltschutzes (§ 2a S. 2 Nr. 2 BauGB) darzustellen sind. Die endgültige Begründung wird später dem Flächennut-

---

30 BVerwGE 51, 121.
31 BVerwGE 79, 200.
32 Dazu § 5 Rn. 100 ff.
33 Dazu § 6 Rn. 123 ff.
34 Dazu ausführlich § 5 Rn. 91 ff.
35 Dazu im Einzelnen *Kment* Öffentliches Baurecht I § 5 Rn. 17 ff.
36 Dazu § 5 Rn. 97.
37 Dazu § 5 Rn. 84 ff.

zungsplan (§ 5 Abs. 5 BauGB) bzw. dem Bebauungsplan (§ 9 Abs. 8 BauGB) beigefügt, wird aber kein Planbestandteil.[38]

Eine Verletzung des § 2a BauGB ist gemäß **§ 214 Abs. 1 S. 1 Nr. 3, S. 2 BauGB** beachtlich. Unbeachtlich ist dabei, wenn der Entwurf der Begründung unvollständig ist bzw. in Bezug auf den Umweltbericht nur in unwesentlichen Punkten unvollständig ist;[39] ist die Begründung in wesentlichen Punkten unvollständig, hat die Gemeinde auf Verlangen Auskunft zu erteilen, wenn ein berechtigtes Interesse dargelegt wird. Ein danach noch beachtlicher Fehler kann allerdings gemäß **§ 215 Abs. 1 S. 1 Nr. 1 BauGB** unbeachtlich werden, also dann, wenn er nicht innerhalb eines Jahres seit Bekanntmachung des Bauleitplans gerügt wird und ordnungsgemäß auf die Voraussetzungen für die Geltendmachung der Verletzung von Vorschriften und die Rechtsfolgen hingewiesen worden ist (§ 215 Abs. 2 BauGB).

3. Frühzeitige Öffentlichkeits- und Behördenbeteiligung (§§ 3 Abs. 1, 4 Abs. 1 BauGB)

Hinweis: Gemäß § 4a Abs. 2 BauGB kann die frühzeitige Öffentlichkeitsbeteiligung gemäß § 3 Abs. 1 BauGB gleichzeitig mit der frühzeitigen Behördenbeteiligung gemäß § 4 Abs. 1 BauGB durchgeführt werden. Gleiches gilt für die förmliche Öffentlichkeits- und Behördenbeteiligung gemäß § 3 Abs. 2 und § 4 Abs. 2 BauGB.

Die **frühzeitige Beteiligung der Öffentlichkeit** dient der möglichst frühzeitigen Unterrichtung und Erörterung (§ 3 Abs. 1 S. 1 BauGB). Genaueres ist im Gesetz nicht geregelt, weder die Art und Weise der Unterrichtung und Erörterung, noch der Zeitpunkt, sondern nur, dass über die allgemeinen Ziele und Zwecke, die in Betracht kommenden unterschiedlichen Lösungen und die voraussichtlichen Auswirkungen der Planung zu unterrichten und Gelegenheit zur Äußerung und Erörterung zu geben ist. Voraussetzung der Beteiligung ist daher, dass sich die Planung bereits verdichtet hat, aber eben noch nicht verfestigt ist. Die Beteiligung dient erst einmal der Vervollständigung des Planungsmaterials. Unter bestimmten Voraussetzungen kann von Unterrichtung und Erörterung abgesehen werden (§ 3 Abs. 1 S. 3 BauGB), das gilt auch im vereinfachten Verfahren (§ 13 Abs. 2 S. 1 Nr. 1 BauGB) und im beschleunigten Verfahren (§ 13a Abs. 2 Nr. 1 BauGB). 13

Im Rahmen der **frühzeitigen Beteiligung der Behörden und sonstigen Träger öffentlicher Belange, deren Aufgabenbereich durch die Planung berührt werden kann**,[40] sind diese entsprechend § 3 Abs. 1 S. 1 Hs. 1 BauGB zu unterrichten und zur Äußerung aufzufordern (§ 4 Abs. 1 S. 1-2 BauGB). Zu den Trägern öffentlicher Belange zählen wegen § 2 Abs. 2 S. 2 BauGB auch die Nachbargemeinden.[41] Im vereinfachten wie im beschleunigten Verfahren kann davon wiederum abgesehen werden (§§ 13 Abs. 2 S. 1 Nr. 1, 13a Abs. 2 Nr. 1 BauGB). 14

Eine Verletzung der §§ 3 Abs. 1, 4 Abs. 1 BauGB ist gemäß **§ 214 Abs. 1 S. 1 Nr. 2 BauGB unbeachtlich**,[42] denn auch diese Vorschriften sind – wie der § 2 Abs. 1 S. 2 BauGB, der einen Aufstellungsbeschluss fordert – nicht in § 214 Abs. 1 S. 1 Nr. 2 BauGB genannt.

---

38 BVerwGE 120, 239.
39 Dazu BVerwGE 134, 264.
40 Zu Beispielen für Behörden und Träger öffentlicher Belange *Kment* Öffentliches Baurecht I § 5 Rn. 50 ff.; zur grenzüberschreitenden Beteiligung nach § 4a Abs. 5 BauGB *Kment* Öffentliches Baurecht I § 5 Rn. 65 ff.
41 BVerwG DVBl 1973, 34 zur formellen Abstimmung; zum materiellen Abgestimmtsein gemäß § 2 Abs. 2 BauGB § 5 Rn. 43.
42 Dazu BVerwG NVwZ-RR 2003, 172; NVwZ 2012, 1338.

4. Förmliche Öffentlichkeits- und Behördenbeteiligung (§§ 3 Abs. 2, 4 Abs. 2 BauGB) und erneute Öffentlichkeits- und Behördenbeteiligung (§ 4a Abs. 3 BauGB)

Hinweis: Aufgrund des am 07.07.2023 in Kraft getretenen Gesetzes zur Stärkung der Digitalisierung im Bauleitplanverfahren und zur Änderung weiterer Vorschriften[43] wird insbesondere die (erneute) förmliche Öffentlichkeitsbeteiligung zukünftig anders ausgestaltet sein. Die Entwurfsauslegung wird im Internet erfolgen, zusätzlich sind „eine oder mehrere andere leicht zu erreichende Zugangsmöglichkeiten" zur Verfügung zu stellen, z.B. „durch eine öffentliche Auslegung". Es bleibt bei einer ortsüblichen Bekanntmachung, nunmehr „vor Beginn der Veröffentlichungsfrist". Stellungnahmen sollen dann „elektronisch" übermittelt werden. Zu beachten ist, dass vor dem Inkrafttreten der Gesetzesänderung förmlich eingeleitete Verfahren nach dem bisher geltenden Recht abgeschlossen werden, soweit nichts anderes bestimmt ist (§ 233 Abs. 1 S. 1 BauGB). Ist mit gesetzlich vorgeschriebenen einzelnen Verfahrensschritten noch nicht begonnen worden, können diese auch nach den nunmehr geltenden Vorschriften des BauGB durchgeführt werden (§ 233 Abs. 1 S. 2 BauGB).

15 Gemäß § 4 Abs. 2 S. 1 BauGB holt die Gemeinde die **Stellungnahmen der Behörden und sonstigen Träger öffentlicher Belange, deren Aufgabenbereich durch die Planung berührt werden kann,** zum Planentwurf und der Begründung ein. Die Stellungnahmen sind **innerhalb eines Monats, nicht jedoch in weniger als 30 Tagen** abzugeben, die Frist kann ggf. verlängert werden (§ 4 Abs. 2 S. 2 BauGB). Die Stellungnahmen sollen sich auf den Aufgabenbereich beschränken, über bedeutsame eigene beabsichtigte oder bereits eingeleitete Pläne ist Aufschluss zu geben (§ 4 Abs. 2 S. 3 BauGB), für die Ermittlung und Bewertung des Abwägungsmaterials zweckdienliche Informationen sind zur Verfügung zu stellen (§ 4 Abs. 4 S. 4 BauGB). Die Stellungnahmen können dabei **auch elektronisch** eingeholt werden (§ 4a Abs. 4 S. 2-3 BauGB [a.F.]). Im vereinfachten Verfahren (§ 13 Abs. 2 S. 1 Nr. 3 Alt. 1 BauGB) wie im beschleunigten Verfahren (§ 13a Abs. 2 Nr. 1 BauGB) genügt auch eine angemessene Frist für die Stellungnahme der berührten Behörden und sonstigen Träger öffentlicher Belange.

16 Die wichtigste Beteiligung im Bauleitplanverfahren stellt die **Beteiligung der Öffentlichkeit** gemäß § 3 Abs. 2 BauGB im sog. **(Entwurfs)Auslegungsverfahren** dar, in dem der (beschlussfähige) Entwurf des Bauleitplans mit der Begründung und den nach Einschätzung der Gemeinde[44] wesentlichen, bereits vorliegenden umweltbezogenen Stellungnahmen **für die Dauer eines Monats, mindestens jedoch für die Dauer von 30 Tagen,**[45] oder bei Vorliegen eines wichtigen Grundes für die Dauer einer angemessenen längeren Frist öffentlich ausgelegt wird (**§ 3 Abs. 2 S. 1 BauGB**). Oft ergeht dazu ein „Auslegungsbeschluss"[46], der nicht im BauGB geregelt ist, die Bedeutung des Auslegungsverfahrens aber betont. Zunächst sind **Ort** und **Dauer** der Auslegung sowie Angaben zu den verfügbaren Arten umweltbezogener Informationen **mindestens eine Woche vorher**[47] ortsüblich bekannt zu machen; dabei ist darauf hinzuweisen, dass Stellungnahmen während der Auslegungsfrist abgegeben werden können[48] und dass nicht fristgerecht abgegebene Stellungnahmen bei der Beschlussfassung über den Bauleitplan unberücksichtigt bleiben können (**§ 3 Abs. 2 S. 2 BauGB [a.F.]**). Die Behörden und Träger öffentlicher Belange sollen vor der Auslegung benachrichtigt werden (**§ 3 Abs. 3 S. 3 BauGB [a.F.]**). Bei Flächennutzungsplänen erfolgt ergänzend ein Hinweis auf § 7 Abs. 3 S. 1 UmwRG (**§ 3 Abs. 3 BauGB**). Die Bekanntmachung nach § 3 Abs. 2 S. 2 BauGB (a.F.) und die Unterlagen nach § 3 Abs. 2 S. 1 BauGB sind zusätzlich in das **Internet** einzustellen und über ein zentrales Internetportal des Landes

---

43 Dazu § 3 Rn. 2.
44 Dazu BVerwG NVwZ 2015, 232; VGH Mannheim NuR 2011, 369.
45 BVerwGE 40, 363; BGHZ 59, 396.
46 BVerwGE 79, 200.
47 BVerwGE 40, 363; BRS 24 Nr. 15; 66 Nr. 47.
48 VGH Mannheim BauR 2019, 1564.

zugänglich zu machen (§ 4a Abs. 4 S. 1 BauGB [a.F.]). Im vereinfachten Verfahren (§ 13 Abs. 2 S. 1 Nr. 2 Alt. 1, S. 2 BauGB) genügt wie im beschleunigten Verfahren (§ 13a Abs. 2 Nr. 1 BauGB) wiederum auch eine angemessene Frist für die Stellungnahme der betroffenen Öffentlichkeit, es muss aber darauf hingewiesen werden, dass von einer Umweltprüfung abgesehen wird (§ 13 Abs. 3 S. 2 BauGB).

Hinweis: Die Wochenfrist nach § 3 Abs. 2 S. 2 BauGB (a.F.) ist eine Ereignisfrist nach § 187 Abs. 1 BGB; der erste Tag zählt also nicht mit (z.b. Bekanntmachung am 13.10., Fristbeginn am 14.10., Fristende am 20.10., 24 Uhr). Dagegen ist die Monatsfrist (30-Tage-Frist) des § 3 Abs. 2 S. 1 BauGB eine Ablauffrist nach § 187 Abs. 2 BGB, bei welcher der erste Tag mitzählt und das Fristende gemäß §§ 188 Abs. 2, 193 BGB berechnet wird (z.b. Bekanntmachung am 21.10., Fristbeginn am 21.10., Fristende am 21.11., 24 Uhr).

Die **Bekanntmachung** gemäß § 3 Abs. 2 S. 2 BauGB (a.F.) muss wiederum die sog. **Anstoßfunktion** erfüllen. Sie muss also geeignet sein, das Informations- und Beteiligungsinteresse derer zu wecken, die an der Bauleitplanung interessiert oder von der Bauleitplanung betroffen sind,[49] z.B. die Eigentümer von Grundstücken im Plangebiet. Sie muss dazu das **Plangebiet** bezeichnen, z.B. durch eine geläufige geografische Bezeichnung; nicht ausreichend ist dagegen die Angabe einer Nummer oder einer Ortslage[50]. Sie muss die in den vorhandenen Stellungnahmen und Unterlagen behandelten **Umweltthemen** nach Themenblöcken zusammengefasst, schlagwortartig charakterisieren und dabei sinntragende Begriffe aus deren Titel aufgreifen – auch die Arten verfügbarer Umweltinformationen, die die Gemeinde für unwesentlich hält und daher nicht auszulegen beabsichtigt[51]. Eine bloße Auflistung der Stellungnahmen, zu allgemein gehaltene Schlagworte, die die Umweltthemen nicht erkennen lassen bzw. mehrere Umweltthemen umfassen können, genügen nicht, auch nicht der Hinweis auf den Umweltbericht[52]. Auch vom Überschreiten bestimmter Relevanzschwellen kann die Hinweispflicht nicht abhängig gemacht werden.[53] Ebenso wenig entfällt sie, wenn der Umweltbericht zu der Einschätzung kommt, der Bauleitplan wirke sich nicht aus.[54] Die Bekanntmachung muss auch **Ort** und **Dauer** der Auslegung angeben. Der Auslegungsort muss dabei genau bezeichnet sein, das Dienstzimmer muss aber nicht benannt werden.[55] Ausreichend ist grundsätzlich die Auslegung während der Dienst- oder Sprechzeiten.[56] Die **Auslegung** selbst muss so sein, dass Entwurf, Begründung und Stellungnahmen so vor Ort bereit liegen, dass ohne Weiteres – ohne Fragen und ohne Ersuchen an die Bediensteten – Einsicht genommen werden kann; eine kurze Nachfrage ist aber zumutbar[57]. Es darf jedenfalls nicht so sein, dass einzelne Unterlagen erst gesucht werden müssen oder diese nur auf Bitte herausgegeben werden.[58]

Während der Auslegungsfrist kann jedermann eine **Stellungnahme** abgeben, schriftlich zur Niederschrift der Gemeinde[59] oder auch mittels E-Mail[60]. Einwendungen müssen so konkret sein, dass die Gemeinde erkennen kann, in welcher Hinsicht ggf. noch weitere Ermittlungen

---

49 BVerwGE 55, 369; 69, 344; 133, 98; NVwZ 2023, 667; zu letzterem *Schröer/Kümmel* NVwZ 2023, 670.
50 BVerwG NVwZ 2001, 203; OVG Berlin-Brandenburg ZfBR 2007, 810; VGH Mannheim NVwZ-RR 2009, 953.
51 BVerwGE 165, 387; 147, 206 – auch zum Unterschied zwischen umweltbezogenen Stellungnahmen mit Selektionsrecht der Gemeinde (§ 3 Abs. 2 S. 1 BauGB) und umweltbezogenen Informationen ohne Selektionsrecht der Gemeinde (§ 3 Abs. 2 S. 2 BauGB).
52 BVerwG NVwZ 2015, 232.
53 BVerwG ZfBR 2015, 159.
54 BVerwG NVwZ 2016, 84.
55 BVerwGE 133, 98; BauR 2017, 1967; OVG Bautzen SächsVBl 2000, 115.
56 BVerwG NJW 1981, 594; VGH Mannheim VBlBW 2001, 58.
57 VGH Mannheim BauR 2016, 2032.
58 Dazu VGH Mannheim ESVGH 24, 99; VBlBW 1999, 178; NVwZ-RR 1999, 496.
59 BVerwG NVwZ-RR 1997, 514.
60 OVG Münster BauR 2020, 226.

erforderlich sind.[61] Die fristgerecht abgegebenen Stellungnahmen sind zu prüfen,[62] das Ergebnis der Prüfung ist mitzuteilen (§ 3 Abs. 2 S. 4 BauGB [a.F.], jetzt S. 6); die Mitteilung ist aber keine Wirksamkeitsvoraussetzung,[63] auch kein Verwaltungsakt[64] und muss nicht vor der Beschlussfassung über den Bauleitplan erfolgen[65]. Bei mehr als 50 Stellungnahmen mit im Wesentlichen gleichem Inhalt kann die Mitteilung durch die Möglichkeit der Einsichtnahme in das Ergebnis der Prüfung ersetzt werden (§ 3 Abs. 2 S. 5 BauGB [a.F.], jetzt S. 7). Werden die Bauleitpläne zur Genehmigung vorgelegt, sind die nicht berücksichtigten Stellungnahmen mit einer Stellungnahme der Gemeinde beizufügen (§ 3 Abs. 2 S. 6 BauGB [a.F.], jetzt S. 8). Ein Versäumnis der Stellungnahmefrist hat zur Folge, dass die Gemeinde die Stellungnahme nicht prüfen und das Ergebnis der Prüfung nicht mitteilen braucht (§ 3 Abs. 2 S. 4 BauGB [a.F.], jetzt S. 6).

Im Verfahren der Öffentlichkeits- und Behördenbeteiligung nicht rechtzeitig abgegebene Stellungnahmen können gemäß (**§ 4a Abs. 6 S. 1 BauGB** [a.F.], jetzt Abs. 5 S. 1), bei der Beschlussfassung über den Bauleitplan unberücksichtigt bleiben, sofern die Gemeinde deren Inhalt nicht kannte oder nicht hätte kennen müssen und deren Inhalt für die Rechtmäßigkeit der Bauleitplanung nicht von Bedeutung ist; in der Bekanntmachung zur Öffentlichkeitsbeteiligung (§ 3 Abs. 2 S. 2 BauGB [a.F.]) muss darauf aber hingewiesen worden sein (§ 4a Abs. 6 S. 2 BauGB [a.F.], jetzt Abs. 5 S. 2).

19 Wird der Entwurf des Bauleitplans nach der förmlichen Öffentlichkeits- und Behördenbeteiligung **geändert oder ergänzt**,[66] ist er gemäß **§ 4a Abs. 3 S. 1 BauGB** erneut auszulegen und es sind erneut die Stellungnahmen einzuholen. Es kann dann zur Letztfassung des Entwurfs des Bauleitplans Stellung genommen werden.[67] Die Regelung gilt nur für den Planentwurf selbst,[68] eine Änderung seiner Begründung löst grundsätzlich keine Pflicht zur erneuten Beteiligung aus.[69] Eine erneute Beteiligung ist ausnahmsweise auch dann entbehrlich, wenn Änderungen nur klarstellende Bedeutung haben und eine erneute Beteiligung „Förmelei" wäre[70] oder wenn die Änderung dem Vorschlag eines Betroffenen entspricht und Dritte dadurch nicht abwägungsrelevant berührt werden[71]. Die Gemeinde hat bei dieser erneuten Beteiligung **verschiedene Möglichkeiten**, das Verfahren zu beschleunigen. Sie kann bestimmen, dass **Stellungnahmen nur zu den geänderten oder ergänzten Teilen** abgegeben werden können, worauf[72] in der erneuten Bekanntmachung gemäß § 3 Abs. 2 S. 2 BauGB (a.F.) hinzuweisen ist (§ 4a Abs. 3 S. 2 BauGB), oder die Dauer der Auslegung und die Frist zur Stellungnahme angemessen **verkürzen**[73]. Werden durch die Änderung oder Ergänzung die Grundzüge der Planung nicht berührt, kann sie die Einholung der Stellungnahmen auf die von der Änderung oder Ergänzung **betroffene Öffentlichkeit** sowie die **berührten Behörden oder sonstigen Träger öffentlicher Belange** beschränken (§ 4a Abs. 3 S. 4 BauGB) oder ein **vereinfachtes Verfahren** durchführen (§ 13 Abs. 1 S. 1 Alt. 1 BauGB). Im vereinfachten Verfahren genügt es auch, der betroffenen Öffentlichkeit Gelegenheit zur Stellungnahme innerhalb angemessener Frist zu geben (§ 13 Abs. 2 S. 1 Nr. 2 Alt. 1 BauGB), worauf in der erneuten Bekanntmachung gemäß § 3 Abs. 2 S. 2 BauGB wiederum

---

61 BVerwGE 138, 84.
62 Dazu BVerwGE 110, 118; NVwZ 2000, 676.
63 BVerwG BauR 2009, 609.
64 BVerwG NVwZ 2000, 676.
65 BVerwG NVwZ 2003, 206.
66 Dazu BVerwGE 133, 98; NVwZ 2010, 777.
67 BVerwG BauR 2016, 1269.
68 OVG Lüneburg BauR 2015, 1624.
69 Zur Änderung des Umweltberichts BVerwGE 158, 182.
70 BVerwGE 133, 98; NVwZ 2010, 1026; ZfBR 2020, 676.
71 BVerwG NVwZ 1988, 822; BRS 86 Nr. 22; ZfBR 2018, 601.
72 BVerwG NVwZ 2014, 1170.
73 VGH Mannheim VBlBW 2013, 143 (zwölf Tage unangemessen kurz).

B. Bauleitplanverfahren

hinzuweisen ist (§ 13 Abs. 2 S. 2 BauGB); ebenso verhält es sich hinsichtlich der berührten Behörden und sonstigen Trägern öffentlicher Belange (§ 13 Abs. 2 S. 1 Nr. 3 BauGB).

Eine Verletzung des § 3 Abs. 2, § 4 Abs. 2, § 4a Abs. 3, Abs. 4 S. 1 und Abs. 5 S. 2, § 13 Abs. 2 S. 1 Nr. 2, auch in Verbindung mit § 13a Abs. 2 Nr. 1 und § 13 BauGB, ist gemäß **§ 214 Abs. 1 S. 1 Nr. 2 BauGB** beachtlich, es sei denn, eine der sog. internen Unbeachtlichkeitsklauseln des § 214 Abs. 1 S. 1 Hs. 2 BauGB greift, weil zwar einzelne Personen, Behörden oder sonstige Träger öffentlicher Belange nicht beteiligt worden sind, die entsprechenden Belange aber unerheblich waren oder in der Entscheidung berücksichtigt worden sind (a), nur einzelne Angaben, welche Arten umweltbezogener Informationen verfügbar sind, gefehlt haben (b), trotz Vorliegen eines wichtigen Grundes für die Verlängerung der Auslegungsfrist keine Verlängerung erfolgt ist, die Begründung für das Nichtvorliegen eines wichtigen Grundes aber nachvollziehbar ist (d), das ins Internet Eingestellte nicht über das zentrale Internetportal des Landes zugänglich ist (e), im vereinfachten Verfahren nicht angegeben worden ist, dass von einer Umweltprüfung abgesehen wird (f) oder die Voraussetzungen für die Durchführung einer eingeschränkten Beteiligung verkannt worden sind (g). Ein danach noch beachtlicher Fehler kann gemäß **§ 215 Abs. 1 S. 1 Nr. 1 BauGB** wiederum ohne fristgerechte Rüge durch Zeitablauf unbeachtlich werden.

Für den gemäß § 3 Abs. 2 BauGB öffentlich ausgelegten Entwurf der Begründung gilt wiederum **§ 214 Abs. 1 S. 1 Nr. 3, S. 2 BauGB**. Eine Verletzung des § 3 Abs. 2 BauGB bedeutet einen beachtlichen Fehler, wobei allerdings unbeachtlich ist, wenn der Entwurf der Begründung unvollständig ist bzw. in Bezug auf den Umweltbericht nur in unwesentlichen Punkten unvollständig ist; ist die Begründung in wesentlichen Punkten unvollständig, hat die Gemeinde auf Verlangen Auskunft zu erteilen, wenn ein berechtigtes Interesse dargelegt wird. Ein danach noch beachtlicher, aber nicht gerügter Fehler kann ebenfalls mit Zeitablauf unbeachtlich werden, **§ 215 Abs. 1 S. 1 Nr. 1 BauGB**.

5. Beschlussfassung über Flächennutzungsplan bzw. Bebauungsplan (§ 10 Abs. 1 BauGB)

Nach Abschluss der (erneuten) Öffentlichkeits- und Behördenbeteiligung bildet die Gemeinde ihren endgültigen planerischen Willen und **beschließt** nach den geltenden kommunalrechtlichen Vorschriften[74] den **Flächennutzungsplan** bzw. den **Bebauungsplan als Satzung** (§ 10 Abs. 1 BauGB), womit zugleich die Prüfung der abgegebenen Stellungnahmen (§ 3 Abs. 2 S. 4 BauGB) und die abschließende Abwägung erfolgt;[75] der Satzungsbeschluss wird daher oft als Abwägungs- und Satzungsbeschluss bezeichnet. Dafür müssen die abgegebenen Stellungnahmen dem Gemeinde- bzw. Stadtrat nicht im Einzelnen vorliegen. Es genügt, die Stellungnahmen so zur Kenntnis zu geben, dass man sich mit ihrem Inhalt auseinandersetzen und nachfragen kann.[76] So können z.B. die abgegebenen Stellungnahmen in einer Verwaltungsvorlage tabellarisch zusammengefasst, mit ihren Kernaussagen aufgelistet und einem Entscheidungsvorschlag gegenübergestellt werden.[77] Nicht erforderlich, aber üblich ist eine Beschlussfassung zu den einzelnen Komplexen vor der eigentlichen Beschlussfassung. Die Beschlussfassung erfolgt durch den Gemeinde- bzw. Stadtrat in ordnungsgemäß einberufener (§ 36 Abs. 3 SächsGemO) öffentlicher (§ 37 Abs. 1 S. 1 SächsGemO) Sitzung.[78]

Eine fehlende Beschlussfassung über den Flächennutzungsplan oder die Satzung ist gemäß **§ 214 Abs. 1 S. 1 Nr. 4 Alt. 1 BauGB** beachtlich und kann nicht gemäß § 215 BauGB unbeachtlich

---

74 BVerwGE 117, 58.
75 BVerwGE 110, 118.
76 OVG Münster BRS 81 Nr. 4.
77 BVerwGE 110, 118; OVG Bautzen SächsVBl 2001, 34.
78 VGH Mannheim DVBl 2011, 912; OVG Bautzen BeckRS 2022, 13930.

werden (vgl. § 215 Abs. 1 S. 1 Nr. 1 BauGB). Die Nichtöffentlichkeit einer Sitzung fällt nicht unter § 214 Abs. 1 BauGB („Verfahrens- und Formvorschriften dieses Gesetzbuches"), sondern ist ein kommunalrechtlich beachtlicher Fehler[79]; ein Unbeachtlichwerden dieses Fehlers ist ausgeschlossen (vgl. § 4 Abs. 4 S. 2 Nr. 2 SächsGemO). Ein ergänzendes Verfahren (§ 214 Abs. 4 BauGB) ist indessen jeweils möglich.[80]

6. Genehmigung des Flächennutzungsplans (§ 6 BauGB) bzw. Genehmigung des Bebauungsplans (§ 10 Abs. 2 BauGB)

22 Der **Flächennutzungsplan** bedarf für seine Wirksamkeit gemäß § 6 Abs. 1 BauGB der Genehmigung. Das Gleiche gilt gemäß § 10 Abs. 2 BauGB für einen **Bebauungsplan** gemäß § 8 Abs. 2 S. 2, Abs. 3 S. 2 und Abs. 4 BauGB, also für Bebauungspläne, die nicht gemäß § 8 Abs. 2 S. 1 BauGB aus dem Flächennutzungsplan entwickelt worden sind[81]. § 6 Abs. 2 und 4 BauGB sind insoweit entsprechend anzuwenden. Zuständig für die Genehmigung sind gemäß **§ 85 Abs. 1-2 SächsBO** die Landkreise bzw. die Landesdirektion Sachsen. Für die Genehmigungsbehörde gilt § 216 BauGB, d. h. sie prüft die Rechtswirksamkeit des Bauleitplans ohne Berücksichtigung der §§ 214, 215 BauGB[82]. Ein Bebauungsplan, der gemäß § 8 Abs. 2 S. 1 BauGB aus dem Flächennutzungsplan **entwickelt worden ist**, bedarf demgegenüber **keiner Genehmigung**. Als Satzung ist er aber der Rechtsaufsichtsbehörde unverzüglich nach seinem Erlass anzuzeigen (§ 4 Abs. 3 S. 3 SächsGemO), die kommunalaufsichtlich tätig werden kann (§§ 113 ff. SächsGemO), wenn sie ihn für rechtswidrig erachtet; sie kann ihn z. B. beanstanden und notfalls auch aufheben.

23 Die Genehmigung darf nur versagt werden, wenn der Bauleitplan nicht ordnungsgemäß zustande gekommen ist oder Rechtsvorschriften widerspricht (§ 6 Abs. 2 BauGB). Über die Genehmigung ist binnen drei Monaten – einem Monat bei Eingang nach dem 07.07.2023, § 245f Abs. 1 BauGB – zu entscheiden, aus wichtigen Gründen kann die Frist auf Antrag um i. d. R. bis zu drei Monate verlängert werden;[83] die Gemeinde ist von der Fristverlängerung in Kenntnis zu setzen (§ 6 Abs. 4 S. 1-3 BauGB). Die Genehmigung gilt als erteilt, wenn sie nicht innerhalb der Frist unter Angabe von Gründen abgelehnt wird (§ 6 Abs. 4 S. 4 BauGB). Räumliche oder sachliche Teile des Flächennutzungsplans können von der Genehmigung ausgenommen werden,[84] wenn Versagungsgründe nicht ausgeräumt werden können (§ 6 Abs. 3 BauGB). Die Genehmigung wie die als erteilt geltende Genehmigung können bis zur Bekanntmachung des Bauleitplans zurückgenommen werden[85].

Können Versagungsgründe ausgeräumt werden, ist die Genehmigung mit Auflagen, sog. **Maßgaben** zu erteilen. Damit wird erklärt, dass die Genehmigung erteilt wird, wenn bestimmte Änderungen erfolgen.[86] Solche Maßgaben sind unbedenklich, solange sie klarstellende oder nur redaktionelle Änderungen enthalten.[87] Bei inhaltlichen Maßgaben hat dagegen i. d. R. erneut eine Beteiligung zu erfolgen.[88] Die Gemeinde muss sich die Änderungen schließlich durch einen ergänzenden oder erneuten Beschluss bzw. Satzungsbeschluss, einen sog. **Beitrittsbeschluss**, zu

---

79 Dazu § 5 Rn. 93 f.
80 Dazu § 5 Rn. 94.
81 Dazu § 5 Rn. 49 ff.
82 Dazu § 5 Rn. 91 ff.
83 Dazu BVerwG NVwZ 2006, 932.
84 BVerwG NVwZ 2021, 421.
85 BVerwG SächsVBl 1998, 236.
86 BVerwG BRS 25 Nr. 23; NVwZ 2010, 1026.
87 BVerwG NVwZ 1991, 673; BRS 49 Nr. 22; VGH Kassel NVwZ 1993, 906.
88 BVerwG BauR 2012, 53.

eigen machen.[89] Kommt die Gemeinde der Maßgabe nach, ist eine nochmalige Genehmigung nicht erforderlich.[90]

Fehlt es an der erforderlichen Genehmigung, ist das gemäß **§ 214 Abs. 1 S. 1 Nr. 4 Alt. 2 BauGB** beachtlich und kann nicht gemäß § 215 BauGB unbeachtlich werden (vgl. § 215 Abs. 1 S. 1 Nr. 1 BauGB). Ein ergänzendes Verfahren (§ 214 Abs. 4 BauGB) ist allerdings möglich.

7. Ausfertigung des Bebauungsplans (§ 4 Abs. 3 S. 1 SächsGemO)

Die Bebauungsplansatzung muss gemäß **§ 4 Abs. 3 S. 1 SächsGemO** vom Bürgermeister ausgefertigt werden, nach dem Satzungsbeschluss und der ggf. gemäß § 10 Abs. 2 S. 1 BauGB erforderlichen Genehmigung, aber vor der Bekanntmachung gemäß § 10 Abs. 3 S. 1 BauGB. Diese Reihenfolge ergibt sich daraus, dass „Ausfertigungsreife" erst nach der Genehmigung besteht, weil die Genehmigung Maßgaben enthalten kann[91] und daraus folgende Unsicherheiten vor der Ausfertigung des Bebauungsplans geklärt sein müssen[92]. Ohne die Vorschrift des § 4 Abs. 3 S. 1 SächsGemO ergäbe sich das Erfordernis der Ausfertigung aus dem Rechtsstaatsprinzip.[93] Die Ausfertigung ist Wirksamkeitsvoraussetzung und daher von Amts wegen zu prüfen, einer Rüge bedarf es nicht.[94]

24

Ausfertigung bedeutet die Herstellung einer Originalurkunde der vom Gemeinde- bzw. Stadtrat beschlossenen Satzung durch handschriftliche Unterzeichnung unter Angabe des Ausfertigungsdatums.[95] Eine Ausfertigungsformel ist nicht erforderlich, ebenso nicht, dass alle Bestandteile des Bebauungsplans ausgefertigt werden; besteht ein Bebauungsplan z.B. aus einem Text und einem Plan, genügt es, den Satzungstext auszufertigen und durch eindeutige Angaben im Satzungstext oder auf andere Weise jeden Zweifel an der Zugehörigkeit des Plans zum Satzungstext auszuschließen, diesen gewissermaßen durch eine „gedankliche Schnur" mit dem Satzungstext zu verbinden[96]. Nur ein Verweis im ausgefertigten Plan auf die Satzung reicht nicht aus.[97] Nicht ausreichend ist auch die Unterzeichnung der Niederschrift über die Sitzung, in der der Satzungsbeschluss gefasst worden ist. Denn bei der Unterzeichnung der Niederschrift über den wesentlichen Gang der Sitzung, in der auch der Wortlaut der Beschlüsse enthalten ist (§ 40 Abs. 1 S. 1 SächsGemO), durch den Vorsitzenden des Gemeinde- bzw. Stadtrats (§ 40 Abs. 2 S. 1 SächsGemO) und der Ausfertigung von Satzungen durch den Bürgermeister (§ 4 Abs. 3 S. 1 SächsGemO) handelt es sich um zwei unterschiedliche, nebeneinander erforderliche Vorgänge[98]. Ob die Ausfertigung zu den persönlichen Pflichten des Bürgermeisters gehört, bei denen er sich – außer bei Verhinderung – nicht durch einen Stellvertreter oder Beigeordneten vertreten lassen darf (§ 54 SächsGemO), ist bisher offengelassen worden,[99] dürfte aber zu bejahen sein.

Durch die Ausfertigung wird die **Identität (Authentizität)** des Bebauungsplans beurkundet, d.h. die Übereinstimmung der Satzung mit dem Inhalt des Satzungsbeschlusses; zugleich hat die Ausfertigung als Abschluss des Rechtsetzungsverfahrens vor der Bekanntmachung **Beurkundungs- und Gewährleistungsfunktion**[100]. Eine Legalitätsfunktion der Ausfertigung dahingehend, dass

---

89 BVerwGE 75, 262; OVG Bautzen SächsVBl 2001, 34; BRS 69 Nr. 23.
90 BVerwG NVwZ 1997, 896; OVG Bautzen SächsVBl 2001, 34.
91 Dazu § 5 Rn. 23.
92 BVerwG NVwZ-RR 1996, 630; OVG Bautzen SächsVBl 2011, 261.
93 BVerwGE 137, 242 (zu einem sächsischen Regionalplan).
94 OVG Bautzen SächsVBl 2001, 79; 2014, 173.
95 BVerwGE 88, 204; OVG Bautzen SächsVBl 2001, 79.
96 BVerwG NVwZ 1990, 258; 1992, 371; OVG Bautzen SächsVBl 2001, 79; VGH München NVwZ-RR 2003, 669.
97 OVG Bautzen SächsVBl 2001, 79.
98 OVG Bautzen BRS 73 Nr. 24; BeckRS 2018, 49931.
99 OVG Bautzen SächsVBl 2014, 173.
100 BVerwGE 137, 242; OVG Bautzen SächsVBl 2011, 261.

mit der Ausfertigung die Beachtung aller gesetzlicher Wirksamkeitsvoraussetzungen bezeugt wird, ist dagegen zweifelhaft.[101] Ein Ausfertigungsfehler ist ein kommunalrechtlich beachtlicher Fehler, der nicht unbeachtlich werden kann (vgl. § 4 Abs. 4 S. 2 Nr. 1 SächsGemO). Er kann aber durch ein ergänzendes Verfahren (§ 214 Abs. 4 BauGB) behoben werden.[102]

8. Bekanntmachung des Flächennutzungsplans (§§ 6 Abs. 5, 6a BauGB) bzw. des Bebauungsplans (§§ 10 Abs. 3, 10a BauGB, § 4 Abs. 3 S. 1 SächsGemO)

25 Die Erteilung der Genehmigung des Flächennutzungsplans ist **ortsüblich bekannt zu machen** (§ 6 Abs. 5 S. 1 BauGB), ebenso die Erteilung der Genehmigung des Bebauungsplans oder – soweit eine Genehmigung nicht erforderlich ist – der Beschluss des Bebauungsplans (§ 10 Abs. 3 S. 1 BauGB). Dabei muss wiederum der Anstoßfunktion genügt und z.B. das Plangebiet bezeichnet werden. Mit der Bekanntmachung wird der **Flächennutzungsplan wirksam** (§ 6 Abs. 5 S. 2 BauGB), der **Bebauungsplan tritt in Kraft** (§ 10 Abs. 3 S. 4 BauGB). Die Gemeinde kann keinen anderen Zeitpunkt für das Wirksamwerden bzw. Inkrafttreten bestimmen, das ist nur im ergänzenden Verfahren (§ 214 Abs. 4 BauGB) möglich[103]. Mit der Bekanntmachung ist die Einsicht in den Bauleitplan zu ermöglichen, sonst wird er erst wirksam bzw. tritt erst in Kraft, wenn er zur Einsichtnahme zur Verfügung gestellt wird.[104] Beim Bebauungsplan tritt die Ersatzbekanntmachung gemäß § 10 Abs. 3 S. 1 BauGB an die Stelle der sonst für Satzungen vorgeschriebenen Veröffentlichung (§ 10 Abs. 3 S. 5 BauGB). Der Bebauungsplan selbst wird also nicht veröffentlicht; das Rechtsstaatsprinzip verlangt auch keine bestimmte Form der Veröffentlichung einer Norm, sondern lediglich, dass sich jeder Betroffene verlässlich Kenntnis vom Inhalt der Norm verschaffen kann, was § 10 Abs. 3 S. 1-3 BauGB gewährleistet[105]. Ergänzend gilt für die Bebauungsplansatzung **§ 4 Abs. 3 S. 1 SächsGemO**. Einer Bekanntmachungsanordnung des Bürgermeisters bedarf es nicht, der bekanntgemachte Bebauungsplan muss aber auf der zuvor erstellten Ausfertigung beruhen.[106] Zudem gilt für die Ersatzbekanntmachung **§ 8 Abs. 1 Nr. 2 KomBekVO**, wonach „an einer bestimmten Verwaltungsstelle" auszulegen ist, was nicht nur die Angabe der Anschrift des Auslegungsortes erfordert, sondern auch die Angabe des jeweiligen Dienstzimmers; die in der Vorschrift auch enthaltene Befristung gilt dagegen nicht, denn der Bebauungsplan ist gemäß § 10 Abs. 3 S. 2 BauGB dauerhaft zur Einsichtnahme „bereitzuhalten"[107].

26 Dem Flächennutzungsplan beizufügen ist neben der **Begründung** mit den Angaben nach § 2a BauGB (§ 5 Abs. 5 BauGB) eine sog. **zusammenfassende Erklärung** (§§ 6 Abs. 5 S. 3, 6a Abs. 1 BauGB). Gleiches gilt für den Bebauungsplan (§§ 10 Abs. 3 S. 2, Abs. 8, 10a Abs. 1 BauGB). Die Unterlagen sind **beizufügen**, sie werden nicht Teil des Flächennutzungsplans bzw. des Bebauungsplans.[108] Jeder kann den **Flächennutzungsplan**, die Begründung und die zusammenfassende Erklärung einsehen und über deren Inhalt Auskunft verlangen (§ 6 Abs. 5 S. 3 BauGB); der wirksame Flächennutzungsplan mit der Begründung und zusammenfassenden Erklärung soll ergänzend auch in das Internet eingestellt und über ein zentrales Internetportal des Landes zugänglich gemacht werden (§ 6a Abs. 2 BauGB). Der **Bebauungsplan** ist mit der Begründung und der zusammenfassenden Erklärung zu jedermanns Einsicht bereitzuhalten, über den Inhalt ist auf Verlangen Auskunft zu geben (§ 10 Abs. 3 S. 2 BauGB). In der Bekannt-

---

101 OVG Bautzen SächsVBl 2001, 220.
102 BVerwGE 88, 204.
103 Dazu § 5 Rn. 94.
104 BVerwGE 71, 150.
105 BVerfGE 65, 283; BVerwG NVwZ 2010, 1567.
106 OVG Bautzen BeckRS 2016, 44688.
107 OVG Bautzen SächsVBl 2001, 170.
108 BVerwGE 120, 239; 137, 74.

machung ist außerdem darauf hinzuweisen, wo der Bebauungsplan eingesehen werden kann (§ 10 Abs. 3 S. 3 BauGB). Der in Kraft getretene Bebauungsplan mit der Begründung und zusammenfassenden Erklärung soll ebenfalls ergänzend in das Internet eingestellt und über ein zentrales Internetportal des Landes zugänglich gemacht werden (§ 10a Abs. 2 BauGB). Ohne Bekanntmachung wird der Flächennutzungsplan nicht wirksam und der Bebauungsplan tritt nicht in Kraft. Ist der mit der Bekanntmachung verfolgte Hinweiszweck nicht erreicht worden, ist das gemäß **§ 214 Abs. 1 S. 1 Nr. 4 Alt. 3 BauGB** beachtlich und kann nicht gemäß § 215 BauGB unbeachtlich werden (vgl. § 215 Abs. 1 S. 1 Nr. 1 BauGB). Ein ergänzendes Verfahren (§ 214 Abs. 4 BauGB) ist möglich. Für die Begründung des Flächennutzungsplans (§ 5 Abs. 1 S. 2 Hs. 2, Abs. 5 BauGB) und die Begründung des Bebauungsplans (§ 9 Abs. 8 BauGB) gilt wiederum **§ 214 Abs. 1 S. 1 Nr. 3, S. 2 BauGB und § 215 Abs. 1 S. 1 Nr. 1 BauGB**[109].

9. Besonderheiten des einfachen und beschleunigten Verfahrens (§§ 13, 13a und 13b BauGB)

Hinweis: Das vereinfachte Verfahren (§ 13 BauGB) kann nicht in ein beschleunigtes Verfahren (§ 13a BauGB) umgedeutet werden, dazu unterscheiden sich die Verfahrensanforderungen und der Verfahrenszweck zu sehr.[110] *Die Klausurrelevanz beider Verfahrensarten ist trotz ihrer praktischen Relevanz bisher gering.*

Das **vereinfachte Verfahren** gemäß **§ 13 BauGB** erlaubt es, einige **Beteiligungsschritte** des Regelverfahrens **auszulassen** bzw. zu **verkürzen** (§ 13 Abs. 2 BauGB) sowie von der **Umweltprüfung** (§ 2 Abs. 4 BauGB) **abzusehen** (§ 13 Abs. 3 S. 1 BauGB); auf Letzteres ist bei der Beteiligung gemäß § 3 Abs. 2 BauGB hinzuweisen (§ 13 Abs. 3 S. 2 BauGB). Abgesehen wird u.a. auch vom Umweltbericht (§ 2a BauGB) und der zusammenfassenden Erklärung (§§ 6a Abs. 1, 10a Abs. 1 BauGB), ein Monitoring (§ 4c BauGB) findet nicht statt (§ 13 Abs. 3 S. 1 BauGB). Europarechtlich gilt dies als unbedenklich.[111] Das vereinfachte Verfahren kann zunächst (§ 13 Abs. 1 S. 1 Alt. 1 BauGB) angewandt werden bei der **Änderung oder Ergänzung eines Bauleitplans**, wenn diese die Grundzüge der Planung[112] nicht berühren, es also im Grundsatz bei der vorhandenen Bebauung (bestandssichernder Bebauungsplan) bzw. bei der bisherigen Planungskonzeption der Gemeinde bleibt[113]. Bei einer Änderung des Baugebietstypus ist das i.d.R. aber nicht mehr der Fall.[114] Des Weiteren kann das vereinfachte Verfahren angewandt werden bei der **Aufstellung** eines **Bebauungsplans für den Innenbereich** (§ 34 BauGB), wenn sich der aus der vorhandenen Eigenart der näheren Umgebung ergebende Zulässigkeitsmaßstab nicht wesentlich verändert (§ 13 Abs. 1 S. 1 Alt. 2 BauGB), oder wenn ein solcher Bebauungsplan lediglich Festsetzungen gemäß § 9 Abs. 2a oder 2b BauGB[115] enthält (§ 13 Abs. 1 S. 1 Alt. 3 BauGB). In allen Fällen ist **Voraussetzung**, dass nicht die Zulässigkeit von UVP-pflichtigen Vorhaben vorbereitet oder begründet wird (§ 13 Abs. 1 S. 1 Nr. 1 BauGB), dass keine Anhaltspunkte für eine Beeinträchtigung der in § 1 Abs. 6 Nr. 7b BauGB genannten Schutzgüter, also für die Erhaltungsziele und den Schutzzweck von Natura 2000-Gebieten[116] bestehen (§ 13 Abs. 1 S. 1 Nr. 2 BauGB), ebenso keine Anhaltspunkte dafür, dass bei der Planung Pflichten zur Vermeidung oder Begrenzung der Auswirkungen von Störfällen zu beachten sind (§ 13 Abs. 1 S. 1 Nr. 3 BauGB). Darüber hinaus

---
109 Dazu § 5 Rn. 12 u. 20.
110 BVerwG BeckRS 2016, 112186.
111 BVerwG NVwZ 2009, 1289.
112 Dazu § 6 Rn. 40.
113 BVerwGE 133, 98.
114 BVerwGE 134, 264.
115 Dazu § 5 Rn. 58 u. 65 (sektorale Bebauungspläne).
116 Dazu § 5 Rn. 45.

28 kann das vereinfachte Verfahren bei der **Aufhebung** eines **vorhabenbezogenen Bebauungsplans**[117] angewandt werden (§ 12 Abs. 6 BauGB); bei der **Aufstellung** einer **Entwicklungs- oder Ergänzungssatzung** als Innenbereichssatzung ist es anzuwenden (§ 34 Abs. 6 S. 1 BauGB), ebenso bei der **Aufstellung** einer **Außenbereichssatzung** (§ 35 Abs. 6 S. 5 BauGB).

28 Das **beschleunigte Verfahren** gemäß § 13a BauGB ermöglicht für Bebauungspläne der **Innenentwicklung** mit bestimmen **Flächenobergrenzen** (§ 13a Abs. 1 S. 2 Nr. 1 u. 2, S. 3 BauGB) die **Verfahrenserleichterungen des einfachen Verfahrens** (§ 13a Abs. 2 Nr. 1 BauGB) sowie ein zeitweises **Abweichen vom Flächennutzungsplan**, wenn die geordnete städtebauliche Entwicklung nicht beeinträchtigt wird (§ 13a Abs. 2 S. 1 Nr. 2 BauGB). Bei Bebauungsplänen gemäß § 13a Abs. 1 S. 2 Nr. 1 BauGB mit weniger als 20.000 m² Grundfläche wird **zudem fingiert**, dass ein Eingriff in Natur und Landschaft[118] nicht erfolgt (§§ 13a Abs. 2 Nr. 4, 1a Abs. 3 S. 6 BauGB); ein Ausgleich des Eingriffs ist daher nicht erforderlich. Bei Bebauungsplänen gemäß § 13a Abs. 1 S. 1 Nr. 2 BauGB mit mehr als 20.000 m² und weniger als 70.000 m² gibt es gemäß § 13a Abs. 1 Nr. 2 BauGB **nur** eine **Vorprüfung des Einzelfalls** nach Anlage 2 zum BauGB, nicht aber eine Umweltprüfung. Der Bebauungsplan der Innenentwicklung ist gleichwohl ein „vollwertiger" Bebauungsplan.[119] **Maßnahmen der Innenentwicklung** sind entsprechend der Bodenschutzklausel (vgl. § 1a Abs. 2 S. 1 BauGB) die Wiedernutzbarmachung von Flächen, die Nachverdichtung sowie andere Maßnahmen der Innenentwicklung,[120] die der städtebaulichen Entwicklung des Plangebiets dienen,[121] z.B. durch Erhaltung, Erneuerung, Fortentwicklung, Anpassung oder Umbau[122]. Innenentwicklung erfasst nicht nur den bauplanungsrechtlichen Innenbereich, sondern auch Flächen mit tatsächlichen Siedlungsbereichen,[123] zu denen auch die sog. Konversionsflächen[124] oder die von Bebauung umgebenen sog. Außenbereichsinseln im Innenbereich[125] gehören. Eine Entwicklung außerhalb von Siedlungsbereichen ermöglicht § 13a BauGB nicht.[126] Das gilt auch für bereits beplante, aber noch nicht bebaute Flächen.[127] Das beschleunigte Verfahren ist aber wiederum **ausgeschlossen**, wenn durch den Bebauungsplan die Zulässigkeit von UVP-pflichtigen Vorhaben begründet wird (§ 13a Abs. 1 S. 4 BauGB), wenn Anhaltspunkte für eine Beeinträchtigung der in § 1 Abs. 6 Nr. 7b BauGB genannten Schutzgüter oder dafür bestehen, dass bei der Planung Pflichten zur Vermeidung oder Begrenzung der Auswirkungen von Störfällen zu beachten sind (§ 13a Abs. 1 S. 5 BauGB). Die genannten Abweichungen von den europarechtlichen Umweltregelungen werden als zulässige Ausnahmen beurteilt.[128] Beim beschleunigten Verfahren bedarf es der **ortsüblichen Bekanntmachung**, dass der Bebauungsplan im beschleunigten Verfahren ohne Durchführung einer Umweltprüfung aufgestellt werden soll, im Fall des § 13a Abs. 1 S. 2 Nr. 1 BauGB einschließlich der hierfür wesentlichen Gründe (§ 13a Abs. 3 S. 1 Nr. 1 BauGB), und – wenn keine frühzeitige Beteiligung gemäß § 3 Abs. 1 BauGB stattfindet – wo sich die Öffentlichkeit über die allgemeinen Ziele und Zwecke sowie die wesentlichen Auswirkungen der Planung unterrichten kann und dass sich die Öffentlichkeit innerhalb einer bestimmten Frist zur Planung äußern kann (§ 13a Abs. 3 S. 1 Nr. 2 BauGB). Die Bekanntmachung kann mit der ortsüblichen Bekanntmachung gemäß § 2

---

117 Dazu § 5 Rn. 68 ff.
118 Dazu § 5 Rn. 77.
119 BVerwG ZfBR 2020, 850.
120 Dazu BVerwGE 153, 174.
121 BVerwG ZfBR 2021, 873.
122 BVerwG ZfBR 2017, 680.
123 BVerwG NVwZ 2020, 1686 u. 1758.
124 BayVerfGH NVwZ-RR 2009, 825. Zu vormals militärisch genutzten Flächen auch § 6 Rn. 54.
125 Dazu BVerwG BeckRS 2023, 18347; VGH Mannheim NVwZ-RR 2014, 171; BauR 2015, 783; OVG Koblenz BauR 2019, 922 (nicht bei seit Jahrzehnten bestehender Parkfläche mit altem Baumbestand).
126 BVerwGE 153, 174.
127 BVerwG ZfBR 2020, 850.
128 BVerwG NVwZ 2020, 1686; ZfBR 2021, 873.

Abs. 1 S. 2 BauGB verbunden werden (§ 13a Abs. 3 S. 2 BauGB), im Fall des § 13a Abs. 1 S. 2 Nr. 2 BauGB erfolgt die Bekanntmachung nach Abschluss der Vorprüfung im Einzelfall (§ 13a Abs. 3 S. 3 BauGB).

Hinweis: Außerhalb der Siedlungsbereiche sollte bis zum 31.12.2022 der § 13b BauGB für Flächen im Anschluss an den Bebauungszusammenhang Bebauungspläne zur Wohnnutzung mit einer Flächenoberbegrenzung von 10.000 m² ermöglichen; der entsprechende Satzungsbeschluss wäre bis zum 31.12.2024 zu fassen[129]. Das BVerwG hat den § 13b BauGB mit Urteil vom 18.07.2023 (4 CN 3.22) aber für unionsrechtswidrig erachtet.

Eine Verletzung des § 13 Abs. 2 S. 1 Nr. 2 und 3 BauGB, auch in Verbindung mit § 13a Abs. 2 Nr. 1 BauGB, ist gemäß **§ 214 Abs. 1 S. 1 Nr. 2 BauGB** beachtlich; dabei unbeachtlich ist, wenn bei Anwendung des § 13 Abs. 3 S. 2 BauGB die Angabe darüber, dass von einer Umweltprüfung abgesehen wird, unterlassen wurde (f) oder bei Anwendung des § 13 BauGB, auch in Verbindung mit § 13a Abs. 2 Nr. 1 BauGB, die Voraussetzungen für die Durchführung der Beteiligung nach diesen Vorschriften verkannt worden ist (g). Ein danach noch beachtlicher Fehler kann gemäß **§ 215 Abs. 1 S. 1 Nr. 1 BauGB** unbeachtlich werden.

Ergänzend gilt für Bebauungspläne im beschleunigten Verfahren nach § 13a BauGB, **§ 214 Abs. 2a BauGB**; ein Unterbleiben des Hinweises gemäß § 13a Abs. 3 BauGB ist danach unbeachtlich (Nr. 2), im Falle des § 13a Abs. 1 S. 2 Nr. 2 BauGB gilt die Vorprüfung des Einzelfalls unter bestimmten Voraussetzungen als ordnungsgemäß durchgeführt (Nr. 3), die Beurteilung, dass kein Ausschlussgrund gemäß § 13a Abs. 1 S. 4 BauGB vorliegt, gilt unter bestimmten Voraussetzungen als zutreffend; andernfalls besteht ein beachtlicher Mangel (Nr. 4). Ein danach noch beachtlicher Fehler kann gemäß **§ 215 Abs. 1 S. 2 BauGB** unbeachtlich werden.

10. Außerkrafttreten von Bebauungsplänen

Hinweis: Während die Wirksamkeit von Bebauungsplänen oft zentrale Frage einer Klausur ist, spielen außer Kraft getretene Bebauungspläne kaum eine Rolle.

Bauleitpläne gelten grundsätzlich solange, bis sie wirksam aufgehoben[130] oder wirksam geändert, also ersetzt werden[131]. Bebauungspläne können wie andere Rechtsnormen aber ausnahmsweise durch die Bildung entgegenstehenden Gewohnheitsrechts unwirksam werden, wenn sie z.B. seit Langem nicht mehr angewandt werden, weil sie vor langer Zeit in Kraft getreten, aber zwischenzeitlich in Vergessenheit geraten sind oder allgemein für unwirksam gehalten werden.[132] Außerdem können die anders als andere Rechtsnormen „wirklichkeitsbezogenen" und „auf Erfüllung angelegten" Bebauungspläne[133] – auch einzelne Festsetzungen – wegen einer tatsächlich ganz andersartigen Entwicklung gegenstands- und damit **funktionslos** werden, wobei die Abweichung zwischen Bebauungsplan und tatsächlicher Situation so deutlich erkennbar sein muss, dass das Vertrauen auf die Fortgeltung des Bebauungsplans nicht mehr schutzwürdig ist.[134] An eine solche Funktionslosigkeit sind aber strenge Anforderungen zu stellen. Es genügt nicht, dass die Gemeinde ihre städtebauliche Konzeption geändert hat,[135] die Verwirklichung des

---

129 Zur Unwirksamkeit eines Bebauungsplans aufgrund unzulässiger Wahl des beschleunigten Verfahrens OVG Münster BeckRS 2022, 2801.
130 BVerwG BauR 2017, 1498.
131 BVerwGE 85, 289.
132 BVerwGE 28, 282 (gewohnheitsrechtliche Derogation).
133 BVerwG NJW 1977, 2325.
134 BVerwGE 54, 5; 122, 207; 133, 77; zum Funktionsloswerden eines Bebauungsplans: *Scheidler* BauR 2020, 550.
135 BVerwG NVwZ-RR 1997, 513.

Bebauungsplans nur derzeit, aber nicht auf Dauer unmöglich ist[136] oder sich die andersartige Entwicklung auf einen Teilbereich beschränkt[137]. Wenn der Bebauungsplan oder die jeweilige Festsetzung noch geeignet sind, einen sinnvollen Beitrag zur städtebaulichen Ordnung zu leisten, sind sie wirksam.[138] Die Funktionslosigkeit und damit Unwirksamkeit eines Bebauungsplans kann im Wege der Normenkontrolle festgestellt werden,[139] i.d.R. erfolgt die Feststellung aber inzident nach Ablauf der Antragsfrist für die Normenkontrolle, z.b. wenn abweichend vom Bebauungsplan gebaut werden soll und dazu geltend gemacht, dieser sei aufgrund der bereits vorhandenen Abweichungen funktionslos.

Beispiele:

- BVerwG BauR 2010, 2060: Die Festsetzung einer Verkehrsfläche in einem jahrzehntealten Bebauungsplan ist funktionslos, wenn der ursprünglich geplante Ausbau der Stadtautobahn seither nicht verwirklicht und die Ausbauabsicht endgültig aufgegeben worden ist.
- BVerwG NVwZ 2001, 1055: Die Festsetzung eines Dorfgebietes in einem Bebauungsplan wird wegen Funktionslosigkeit unwirksam, wenn dort nur noch Wohnhäuser und keine Wirtschaftsstellen land- oder forstwirtschaftlicher Betriebe (mehr) vorhanden sind und auch mit deren Errichtung in absehbarer Zeit nicht zu rechnen ist, weil es keine Flächen mehr gibt, auf denen sich eine solche Wirtschaftsstelle sinnvoll realisieren ließe.
- BVerwG NVwZ-RR 2000, 411: Ein Bebauungsplan für ein Gewerbegebiet ist nicht bereits deshalb ganz oder teilweise wegen Funktionslosigkeit außer Kraft getreten, weil auf einer Teilfläche planwidrig ein großflächiges Einrichtungshaus entstanden ist.

C. Materiell-rechtliche Anforderungen der Bauleitplanung

I. Allgemeines

31 Die Gemeinde kann sich bei der Aufstellung der Bauleitpläne nicht auf „planerisch freiem Feld" betätigen, sondern unterliegt vielfältigen tatsächlichen und rechtlichen Bindungen; häufig besteht „mehr Bindung als Freiheit".[140] Dabei ist bei den rechtlichen Bindungen zu unterscheiden zwischen den – nachfolgend dargestellten – zwingenden gesetzlichen Anforderungen, also **strikt zu beachtenden Planungsleitsätzen**,[141] die nicht durch planerische Abwägung überwunden werden können einerseits, wie etwa die Anpassung an die Ziele der Raumordnung (§ 1 Abs. 4 BauGB)[142] oder das Verbot der Ausweisung neuer Baugebiete in festgesetzten Überschwemmungsgebieten im Außenbereich (§ 78 Abs. 1 S. 1 WHG)[143], und den sog. **Abwägungsdirektiven** andererseits, die zu den Planungsleitlinien[144] zählen und nur eine möglichst weitgehende Beachtung in der Abwägung verlangen.[145] Die zwingenden gesetzlichen Anforderungen sind sozusagen „vor die Klammer zu ziehen" und stehen außerhalb der Abwägung.

---

136 BVerwG NVwZ-RR 1998, 415.
137 BVerwG NVwZ-RR 2000, 411.
138 BVerwGE 108, 71.
139 BVerwGE 108, 107. Dazu § 11 Rn. 10.
140 BVerwGE 45, 309.
141 BVerwGE 71, 163.
142 Dazu BVerwG NVwZ 2018, 507.
143 Dazu BVerwGE 149, 373; OVG Bautzen BeckRS 2023, 7639.
144 Zur Abgrenzung der Planungsleitsätze zu den allgemeinen Planungsleitlinien des § 1 Abs. 5 BauGB sowie den konkreten bzw. besonderen Planungsleitlinien des § 1 Abs. 6 BauGB: *Stollmann/Beaucamp* Öffentliches Baurecht § 7 Rn. 29 ff.; *Kment* Öffentliches Baurecht I § 4 Rn. 58 ff. verwendet für § 1 Abs. 5-6 BauGB dagegen die Begriffe Planungsziele, -grundsätze oder -leitlinien.
145 BVerwGE 143, 24.

II. Strikt zu beachtende Planungsleitsätze

1. Erforderlichkeit (§ 1 Abs. 3 BauGB)

Staatliche wie kommunale Planungen werden nicht um ihrer selbst willen vorgenommen, sondern um bestimmte öffentliche Aufgaben zu verfolgen, die der Koordinierung mit anderen öffentlichen Belangen oder privaten Interessen bedürfen. Bei allen Planungsentscheidungen sind deshalb die Planrechtfertigung, die Planungsschranken und die Abwägung zu prüfen. Das gilt auch in der Bauleitplanung.[146] Diese ist der Gemeinde nicht zur beliebigen Handhabung, sondern als öffentliche Aufgabe anvertraut, die sie nach Maßgabe des BauGB im Interesse einer geordneten städtebaulichen Entwicklung zu erfüllen hat.[147]

32

Nach § 1 Abs. 3 S. 1 Hs. 1 BauGB haben die Gemeinden die Bauleitpläne aufzustellen, sobald und soweit es für die städtebauliche Entwicklung und Ordnung erforderlich ist. Das setzt voraus, dass der Gemeinde mit der Planungsbefugnis aus den §§ 1 Abs. 1, 2 Abs. 1 S. 1 BauGB zugleich ein Planungsfreiraum eingeräumt wird. Das **Planungsermessen** der Gemeinde umfasst neben dem „Wie" auch das „Ob" und „Wann", stellt also ein Entschließungs- und Gestaltungsermessen der Gemeinde dar.[148] Maßgebend sind dabei ihre eigenen städtebaulichen Vorstellungen,[149] wobei die Gemeinde auch „planerische Zurückhaltung" üben darf. Der Vorbehalt der städtebaulichen Erforderlichkeit bewirkt dabei, dass sich das planerische Ermessen der Gemeinde zu einer strikten **Planungspflicht** verdichten kann, wenn qualifizierte städtebauliche Gründe von besonderem Gewicht vorliegen; zugleich setzt er inhaltliche Schranken. § 1 Abs. 3 S. 1 BauGB verbindet somit das **Gebot erforderlicher Planungen mit dem Verbot nicht erforderlicher Planungen**.[150]

33

Beispiele:
- BVerwGE 119, 25: Eine Gemeinde muss wegen des interkommunalen Abstimmungsgebotes des § 2 Abs. 2 BauGB einen Bebauungsplan für einen im Innenbereich entstandenen „Gewerbepark" aufstellen, der zu einem deutlichen Kaufkraftabfluss aus der Nachbargemeinde führt.
- BVerwGE 142, 1: Ein Krematorium mit Abschiedsraum ist als Anlage für kulturelle Zwecke in einem Gewerbegebiet auch nicht ausnahmsweise zulässig und bedarf zur Bewältigung der gegenläufigen Nutzungskonflikte einer Bebauungsplanung.

Die **Erforderlichkeit** i.S.d. § 1 Abs. 3 S. 1 BauGB ist ein unbestimmter Rechtsbegriff, der im Grundsatz der **vollen gerichtlichen Kontrolle** unterliegt.[151] Dieser Grundsatz wird aber dadurch relativiert, dass in die Erforderlichkeit zahlreiche Prognosen einfließen, z.B. zum zukünftigen Bedarf an Gewerbeflächen und Wohnungen oder zur Bevölkerungsentwicklung,[152] und sich die Erforderlichkeit maßgeblich nach der jeweiligen planerischen Konzeption der Gemeinde für deren zukünftige Entwicklung bestimmt.[153] Die **planerische Konzeption** der Gemeinde als solche ist dagegen **gerichtlich nicht vollständig nachprüfbar**.[154] Der Nachweis eines unabweisbaren Planungsbedürfnisses[155] oder eines bereits konkreten Bedarfs[156] ist nicht erforderlich, typischerweise handelt es sich um eine „**Angebotsplanung**". Die Gemeinde kann aber auch „**Städtebaupolitik**" nach ihren Ordnungs- und Entwicklungsvorstellungen betreiben,[157] solange sie sich im Rahmen des nach der vorgegebenen Situation (Lage und Funktion der Gemeinde)

34

---

146 BVerwGE 146, 137.
147 BVerwGE 119, 15.
148 BVerwGE 119, 25.
149 BVerwGE 114, 247.
150 BVerwGE 119, 25; 142, 1; 153, 16.
151 BVerwGE 34, 301.
152 VGH München BeckRS 2021, 41411.
153 BVerwG NVwZ 1999, 1338; BVerwGE 119, 25.
154 BVerfG NVwZ 2001, 1280; 2003, 71.
155 BVerwG NVwZ 2005, 324.
156 VGH Mannheim NVwZ-RR 2001, 716; BauR 2020, 588.
157 BVerwGE 133, 310.

Vertretbaren hält.[158] § 1 Abs. 3 S. 1 BauGB setzt der Bauleitplanung damit nur eine „erste, wenn auch strikt bindende Schranke, die lediglich grobe und einigermaßen offensichtliche Missgriffe ausschließt".[159]

35 Die Erforderlichkeit einer Bauleitplanung ist nicht nur dann gegeben, wenn öffentliche Belange ohne den Bauleitplan größeren Schaden nehmen würden. Es reicht vielmehr aus, wenn es **vernünftigerweise geboten** ist, die bauliche Entwicklung durch eine vorherige Planung zu ordnen[160] und wenn die Bauleitplanung einen Beitrag zur Förderung des Planungskonzeptes leistet.[161] So darf die Gemeinde bereits eingeleitete Entwicklungen in geordnete Bahnen lenken.

Beispiel:

- VGH Mannheim BauR 2005, 57: Die Gemeinde verlängert eine Straße, um ein bestehendes Wohngebiet an eine neue Umgehungsstraße anzuschließen („gemeindliche Verkehrspolitik").

Eine Bauleitplanung kann auch erforderlich sein, wenn es darum geht, eine unerwünschte Veränderung des bestehenden Zustands zu verhindern.

Beispiele:

- BVerwG BauR 2012, 1067: Erhaltung einer bestehenden Grünfläche im Hangbereich der Stadt Stuttgart, um die Durchlüftung der Innenstadt zu gewährleisten.
- BVerwG 68, 360: Änderung eines Bebauungsplans, um die unerwünschte Ansiedelung eines Einkaufszentrums zu verhindern.

Da das BauGB von dem Grundsatz der Planmäßigkeit und daher davon ausgeht, dass eine Bebauung aufgrund vorheriger Planung erfolgen soll, ist eine Bauleitplanung dann nicht erforderlich, wenn sie auf keiner positiven planerischen Konzeption beruht und der Förderung von Zielen dient, für deren Verwirklichung die Planungsinstrumente des BauGB nicht bestimmt sind.[162]

Beispiel:

- BVerwGE 40, 258: Die Gemeinde weist ein im Außenbereich gelegenes Gelände als Fläche für land- und forstwirtschaftliche Nutzung aus, nicht aber um diese Nutzung zu fördern, sondern wegen der damit verbundenen „Nebenwirkung" eines weitgehenden Bauverbots, um so nämlich sicherzustellen, dass die Gewinnung der dort vorkommenden Braunkohle nicht durch eine Bebauung (nach Auslaufen der Baubeschränkungsanordnung) erschwert werden wird.

36 Allerdings kann eine Gemeinde „**Auffangplanung**" betreiben, um den Status quo z.B. durch Festsetzung einer Fläche für die landwirtschaftliche Nutzung gemäß § 9 Abs. 1 Nr. 18a BauGB[163], von Flächen oder Maßnahmen zum Schutz der Natur gemäß § 9 Abs. 1 Nr. 20 BauGB[164] oder einer Grünfläche gemäß § 9 Abs. 1 Nr. 15 BauGB[165] zu erhalten, wenn dies aus städtebaulichen Erwägungen geboten ist. Nicht ausreichend als planerischer Belang ist aber das allgemeine Interesse an der Erhaltung von Planungsmöglichkeiten („**Freihaltebelang**").[166]

Bauleitpläne sind ferner nicht erforderlich, wenn sie nur dazu dienen, den begünstigten Grundstückseigentümern den Verkauf von Bauland zu ermöglichen, obwohl die Gemeinde in diesem Bereich keine Bebauung wünscht,[167] oder wenn zur Förderung privater Interessen eine

---

158 BVerwGE 119, 25; 153, 16.
159 BVerwGE 38, 152; 133, 310; 146, 37; 153, 16.
160 BVerwGE 92, 8; NVwZ 1999, 1338.
161 BVerwGE 114, 137; 153, 16; OVG Münster DVBl 2017, 386.
162 BVerwGE 119, 25; 146, 137.
163 BVerwG NVwZ 1991, 875.
164 BVerwG NVwZ 1991, 62.
165 BVerwGE 81, 111.
166 BVerwGE 100, 388.
167 VGH Mannheim ESVGH 16, 21.

C. Materiell-rechtliche Anforderungen der Bauleitplanung 47

sonst unzulässige und städtebaulich verfehlte Bebauung ermöglicht werden soll („**Gefälligkeitsplanung**").[168]

Die Erforderlichkeit der Bauleitplanung kann aber nicht bereits deshalb in Zweifel gezogen werden, weil sie auf **private Bauwünsche** zurückgeht. Es ist eher die Regel, dass die Gemeinden nicht „ins Blaue hinein" planen, sondern Bauinteressenten den Anstoß für eine Bauleitplanung geben. Das ist unbedenklich, will die Gemeinde damit nicht ausschließlich private Bauwünsche fördern, sondern die städtebauliche Ordnung fortentwickeln.[169]

Beispiele:

- OVG Münster NVwZ 1999, 79: Eine Stadt im Ruhrgebiet stellt auf Anregung eines Kaufhauskonzerns auf dem Gelände einer ehemaligen Kohlenzeche einen Bebauungsplan für ein Sondergebiet „Warenhaus" nach § 11 Abs. 3 BauNVO mit 16.000 m² Verkaufsfläche auf.
- VGH Mannheim DÖV 2015, 388: Die Gemeinde stellt für ein Gebiet neben einem bestehenden Werksgelände einen Bebauungsplan für ein Gewerbegebiet auf, um dem bestehenden Werk die Erweiterung zu ermöglichen („projektbezogene Angebotsplanung").

Nicht erforderlich ist eine Bauleitplanung schließlich, wenn ihrer Verwirklichung dauerhaft oder auf absehbare Zeit unüberwindbare rechtliche oder tatsächliche Hindernisse im Weg stehen, die Bauleitplanung also „**vollzugsunfähig**" ist.[170] Das ist vor allem dann der Fall, wenn der Vollzug des Plans gegen Natur- oder Immissionsschutzrecht verstieße, aber auch bei unüberwindbaren finanziellen Hindernissen[171]; dazu braucht es keiner letzten Gewissheit, sondern einer Prognose im Einzelfall, ob die Annahme gerechtfertigt ist, dass die Bauleitplanung bzw. einzelne ihrer Darstellungen bzw. Festsetzungen realistischerweise umgesetzt werden können; kann davon nicht ausgegangen werden, verstößt der Bauleitplan gegen § 1 Abs. 3 S. 1 BauGB.[172]

37

Beispiele:

- BVerwGE 117, 351: Im Geltungsbereich einer Landschaftsschutzverordnung besteht ein naturschutzrechtliches Bauverbot, aber keine Ausnahme- oder Befreiungslage; mit einer Ausnahme oder Befreiung ist also nicht zu rechnen.
- BVerwGE 120, 239: Die durch Bebauungsplan festgesetzte Straße kann in den nächsten 10 Jahren nicht gebaut werden.

Eine Gemeinde darf mit der Bauleitplanung grundsätzlich auch städtebauliche Ziele verfolgen, die mehr auf Bewahrung als auf Veränderung der vorhandenen Situation zielen. Es steht ihr frei, gerade beabsichtigte Vorhaben zum Anlass zu nehmen, um Bauleitplanung zu betreiben, um diese Vorhaben zu verhindern. Ihre Bauleitplanung ist nur dann als „**Negativplanung**" **unzulässig**, wenn sich ihre planerische Konzeption in dieser „Verhinderungsplanung" erschöpft und darüber hinaus kein positives Planungsziel erkennen lässt oder wenn positive Planungsziele nur vorgeschoben werden,[173] z.B. eine „Feigenblattplanung"[174] getroffen wird. Eine **zulässige** „Negativplanung" liegt aber vor, wenn die Gemeinde durch die Aufstellung oder Änderung eines Bebauungsplans eine bauliche Fehlentwicklung verhindern will.

38

Beispiele:

- BVerwGE 68, 360: Die Gemeinde ändert einen Bebauungsplan, um die unerwünschte Ansiedlung eines Einkaufszentrums zu verhindern.
- BVerwG BauR 1991, 165: Eine Gemeinde weist eine Außenbereichsfläche als landwirtschaftliche Nutzfläche aus, um in einem landschaftlich reizvollen Bereich Kiesabbau zu verhindern (vgl. dazu auch BVerwG NVwZ 1991, 62 – Verhinderung von Gipsabbau).

---

168 BVerwG BRS 71 Nr. 16; NVwZ 2015, 1537.
169 BVerwG NVwZ-RR 1993, 456; VGH Mannheim NVwZ 1996, 271; NVwZ-RR 1997, 684.
170 BVerwGE 119, 25; 146, 137; 153, 16; 158, 122.
171 BVerwGE 116, 144.
172 BVerwGE 150, 101; BeckRS 2020, 35315.
173 BVerwG NVwZ 1991, 875; 1994, 685; 1999, 878 u. 984; BauR 2012, 1067; BRS 88 Nr. 35; VGH München NVwZ-RR 2018, 222; OVG Bautzen SächsVBl 2000, 193; BeckRS 2022, 13797.
174 BVerwGE 122, 109.

- BVerwGE 122, 109: Eine Gemeinde stellt im Flächennutzungsplan zur Errichtung von Windenergieanlagen lediglich eine dafür nicht geeignete Fläche dar, um Windenergieanlagen auf dem Gemeindegebiet generell zu verhindern.

Hinweis: Die Frage, ob ggf. eine unzulässige Verhinderungs- bzw. Negativplanung vorliegt, ist immer wieder klausurrelevant.

39 Die Erforderlichkeit bezieht sich nicht nur auf den Bauleitplan als solchen, sondern auch auf die **einzelnen Festsetzungen**.[175] Ein Planungskonzept kann nicht solche planerischen Festsetzungen rechtfertigen, die nicht geeignet sind, dieses Ziel zu fördern.[176] § 1 Abs. 3 S. 1 BauGB hat insoweit die **generelle Erforderlichkeit der Planung** im Auge, während die Einzelheiten einer konkreten planerischen Lösung nach Maßgabe des Abwägungsgebotes zu überprüfen sind.[177]

40 Auch wenn die Aufstellung eines Bauleitplans gemäß § 1 Abs. 3 S. 1 BauGB erforderlich ist, kann nur die Rechtsaufsichtsbehörde nach §§ 112 ff. SächsGemO die Gemeinde zur Aufstellung des Bauleitplans zwingen.[178] Den an einer Bebauung ihrer Grundstücke interessierten Grundstückseigentümern steht dagegen nach § 1 Abs. 3 S. 2 BauGB **kein Anspruch auf Bauleitplanung** zu; dieser Grundsatz gilt ausnahmslos.[179] Ebenso wenig gibt es einen Anspruch auf Fortführung einer begonnenen Bauleitplanung[180] oder auf Fortbestand einer bestehenden Bauleitplanung.[181] Das folgt bereits aus § 1 Abs. 8 BauGB. Die Gemeinde kann unter denselben Voraussetzungen, unter denen ein Bauleitplan aufgestellt wird, auch einen bestehenden Bauleitplan ändern oder aufheben. Wird dadurch die zulässige Nutzung von Grundstücken in einem Bebauungsplangebiet eingeschränkt oder aufgehoben, können allerdings Entschädigungsansprüche nach §§ 39 ff. BauGB entstehen.[182]

Beispiel:

- VGH Mannheim ESVGH 23, 196: Wenn der Bebauungsplan eine öffentliche Grünfläche ausweist, besteht weder ein Anspruch der Bewohner des Plangebiets auf Schaffung der Grünfläche noch auf ein Einschreiten der Bauaufsichtsbehörde gegen eine Zweckentfremdung der Grünfläche als Abstellplatz für Kraftfahrzeuge.

2. Anpassung an die Ziele der Raumordnung (§ 1 Abs. 4 BauGB)

41 Die Raumordnung für den Gesamtraum der Bundesrepublik Deutschland und dessen Teilräume regelt das Raumordnungsgesetz (**ROG**) mittels Raumordnungsplänen, raumordnerischer Zusammenarbeit und Abstimmung raumbedeutsamer Planungen und Maßnahmen (§ 1 Abs. 1 ROG). Das Gesetz zur Raumordnung und Landesplanung im Freistaat Sachsen, das Landesplanungsgesetz (**SächsLPlG**), regelt Ergänzungen zum und Abweichungen vom ROG (§ 1 Abs. 1 SächsLPlG)[183]. **Ziele der Raumordnung** sind gemäß § 3 Abs. 1 Nr. 2 ROG verbindliche Vorgaben in Form von räumlich und sachlich bestimmten oder bestimmbaren, vom Träger der Raumordnung abschließend abgewogenen textlichen oder zeichnerischen Festlegungen in Raumordnungsplänen zur Entwicklung, Ordnung und Sicherung des Raums.[184] Sie sind zu unterscheiden von den Grundsätzen der Raumordnung (§ 3 Abs. 1 Nr. 3 ROG), die nur die

---

175 BVerwGE 120, 239; 133, 310.
176 BVerwG BauR 2013, 1402.
177 BVerwGE 116, 144; 146, 137; 153, 16. Zur Abwägung § 5 Rn. 71 ff.
178 BVerwGE 119, 25.
179 BVerwG NVwZ 1983, 92; BauR 2012, 627; OVG Bautzen SächsVBl 1996, 113.
180 BVerwG NVwZ-RR 1997, 213; BGHZ 109, 380.
181 BVerwG DVBl 1969, 213; VGH Mannheim VBlBW 2012, 108.
182 BGH NVwZ 1995, 413; 2005, 239; OLG München NVwZ-RR 1998, 282.
183 Zu den überörtlichen Planungsentscheidungen *Jarass/Schnittker/Milstein* JuS 2011, 215 und § 5 Rn. 5.
184 Zur Abgrenzung zwischen Raumordnungs- und Baurecht: OVG Münster BauR 2010, 426.

C. Materiell-rechtliche Anforderungen der Bauleitplanung

Funktion von Abwägungsdirektiven haben.[185] Ob es sich um ein Ziel oder einen Grundsatz handelt, beurteilt sich nach dem materiellen Gehalt, nicht nach der Bezeichnung.[186] Auch raumordnerische Aussagen mit Regel-Ausnahme-Struktur können Ziele der Raumordnung sein, wenn neben den Regel- auch die Ausnahmevoraussetzungen mit hinreichender Bestimmtheit oder wenigstens Bestimmbarkeit festgelegt werden;[187] Soll-Vorschriften sind Ziele der Raumordnung, wenn die Voraussetzungen für eine Ausnahme von der Zielbindung durch Auslegung hinreichend bestimmt oder wenigstens bestimmbar sind.[188] Ziele der Raumordnung finden sich im Landesentwicklungsplan (§ 3 SächsLPlG), in Regionalplänen (§ 4 SächsLPlG) und in Braunkohleplänen (§ 5 SächsLPlG). Der **Landesentwicklungsplan** 2013 (LEP 2013), eine Rechtsverordnung i.S.d. § 7 Abs. 1 SächsLPlG, enthält Ziele und Grundsätze zur raumstrukturellen Entwicklung, z.B. zu den zentralen Orten und Verbünden, zu Gemeinden mit besonderen Gemeindefunktionen, zu Verbindungs- und Entwicklungsachsen, zur länderübergreifenden Zusammenarbeit und zur Europäischen Metropolregion Mitteldeutschland, des Weiteren zur Regional-, Siedlungs-, Wirtschafts-, Verkehrs- und Freiraumentwicklung, zur technischen Infrastruktur und zur Daseinsvorsorge. **Regionalpläne** werden von den in Sachsen vier Regionalen Planungsverbänden als Satzung erlassen (§§ 7 Abs. 2, 9 SächsLPlG). Sie enthalten zur Siedlungs- und Raumstruktur insbesondere Festlegungen zu den zentralen Orten und Verbünden der untersten Stufe (Grundzentren), zu Versorgungs- und Siedlungskernen, zu Schwerpunktbereichen für Siedlungsentwicklungen, zu regional bedeutsamen Verbindungs- und Entwicklungsachsen und zu regionalen Grünzügen und Grünzäsuren (§ 4 Abs. 2 SächsLPlG). Den Regionalen Planungsverbänden obliegt auch die Umsetzung des Windenergieflächenbedarfsgesetzes (§ 4a SächsLPlG). **Braunkohlepläne** sind Teilregionalpläne für den Braunkohletagebau, bei stillgelegten Braunkohletagebauen sind sie als Sicherungsrahmenplan aufzustellen (§ 5 Abs. 1 SächsLPlG).

Nach **§ 1 Abs. 4 BauGB** sind die Bauleitpläne **den Zielen der Raumordnung anzupassen**, die Gemeinden sind also strikt an raumordnerische Zielvorgaben gebunden.[189] Die Gemeinde hat die Ziele in den genannten Plänen als vorgegebene Beschränkungen ihrer Planungshoheit ihren Bauleitplänen zugrunde zu legen (§ 4 Abs. 1 S. 1 ROG),[190] vorausgesetzt, sie sind formell und materiell ordnungsgemäß.[191] Sie muss in eigener Verantwortung prüfen, ob ihre Bauleitplanung dem § 1 Abs. 4 BauGB genügt.[192] Die Anpassungspflicht ist Folge des mehrstufigen Planungssystems der räumlichen Gesamtplanung,[193] bei dem die gemeindliche Bauleitplanung als nachgeordnete unterste Ebene der Planungshierarchie eingebunden ist.[194] Die raumordnerischen Ziele sind daher der gemeindlichen Abwägung „rechtlich vorgelagert", „gleichsam vor die Klammer des Abwägungsprozesses gezogen".[195] Die Bindung der Gemeinde darf allerdings nicht so weit gehen, dass der Gemeinde kein substanzieller Raum für eigene anderweitige Planung mehr bleibt.[196] Einzelne gebietsscharfe Festlegungen sind aber zulässig.[197] Eine Bindung der Gemeinde setzt

42

---

185 BVerwGE 119, 54.
186 BVerwGE 119, 54.
187 BVerwGE 119, 54; 140, 54.
188 BVerwGE 138, 301.
189 BVerwGE 90, 329; 119, 25; 141, 144.
190 Dazu auch BVerwG NVwZ 2007, 953: wird nach Beschlussfassung und vor Bekanntmachung eines Bebauungsplans ein Ziel der Raumordnung rechtswirksam, darf der Bebauungsplan nicht bekannt gemacht werden.
191 BVerwGE 141, 144; OVG Lüneburg ZfBR 2012, 265.
192 BVerwG BeckRS 2020, 29950.
193 Zur räumlichen Gesamtplanung außerhalb des BauGB *Kment* Öffentliches Baurecht I §§ 17 f.; zur Bauleitplanung im System des raumbedeutsamen Planungsrechts *Will* Öffentliches Baurecht Rn. 32 ff.
194 BVerwGE 125, 116.
195 BVerwGE 90, 329; 119, 25; 125, 116.
196 BVerwG NVwZ 2006, 932.
197 BVerwGE 118, 181.

ferner voraus, dass die Gemeinde bei der Festlegung der raumordnerischen Ziele beteiligt worden ist. Das bedeutet zwar nicht, dass die Gemeinde ihre Zustimmung erteilt haben muss, sie muss aber zumindest gehört worden sein, sodass ihre planerischen Vorstellungen in die raumordnerischen Entscheidungen einfließen konnten.[198] Zudem darf die kommunale Bauleitplanung nur insoweit eingeschränkt werden, als dies zur Wahrung gewichtigerer überörtlicher Belange erforderlich ist.[199] Die Pflicht zur Anpassung an die Ziele der Raumordnung besteht nicht nur bei der Aufstellung eines neuen Bauleitplans, sondern dauerhaft. Die Gemeinden sind daher auch verpflichtet, bereits bestehende Bauleitpläne zu ändern oder aufzuheben,[200] wenn diese inhaltlich in Widerspruch zu einer später in Kraft getretenen raumordnerischen Festlegung stehen. Eine raumordnerisch bedingte (Erst)Planungspflicht besteht auch dann, wenn bei Fortschreiten der planlosen städtebaulichen Entwicklung die Verwirklichung der raumordnerischen Ziele auf unüberwindbare tatsächliche oder rechtliche Hindernisse stoßen oder wesentlich erschwert würde.[201] Dann sind die Gemeinden zur erstmaligen Aufstellung eines Bebauungsplans verpflichtet.[202]

Beispiel:

- BVerwGE 119, 25: Die im Regionalplan als Unterzentrum ausgewiesene Gemeinde muss durch Aufstellung eines Bebauungsplans verhindern, dass in einem faktischen Gewerbegebiet mehrere großflächige Einzelhandelsbetriebe (§ 11 Abs. 3 BauNVO) zugelassen werden, wenn nach dem Regionalplan großflächige Einzelhandelsbetriebe nur in Oberzentren errichtet werden sollen; zwischen der übergeordneten Landesplanung und der Bauleitplanung muss eine „umfassende materielle Konkordanz" gewährleistet sein.

Gemäß **§ 2 Abs. 2 S. 2 Alt. 1 BauGB** können sich Gemeinden umgekehrt auf die ihnen durch Ziele der Raumordnung zugewiesenen Funktionen berufen.

Beispiele:

- VGH Mannheim NVwZ-RR 2008, 369: Ein Mittelzentrum nach Landesentwicklungsplan kann sich gegen ein im benachbarten Kleinzentrum geplantes Einkaufszentrum zur Wehr setzen, wenn nach dem Regionalplan Einkaufszentren nur in Ober- und Mittelzentren errichtet werden dürfen.
- OVG Bautzen SächsVBl 2018, 319: Eine im Regionalplan als Grundzentrum ausgewiesene Gemeinde kann sich gegen den Bebauungsplan der benachbarten, im Regionalplan als Mittelzentrum ausgewiesenen Gemeinde für einen Ersatzschulneubau nahe der Gemeindegrenze wehren; die Ziele der Raumordnung, die einer Gemeinde eine sie gegenüber anderen Gemeinden begünstigende Funktion zuweisen, sind als subjektive gemeindliche Abwehrrechte verteidigungsfähig.

3. Interkommunale Abstimmung (§ 2 Abs. 2 BauGB)

43 Gemäß **§ 2 Abs. 2 S. 1 BauGB** sind die **Bauleitpläne benachbarter Gemeinden aufeinander abzustimmen**. Die Gemeinde muss bei der Aufstellung ihrer Bauleitpläne auch die Planungen anderer Planungsträger berücksichtigen, insbesondere die Planung benachbarter Gemeinden, weil sie sonst deren Planungshoheit verletzen.[203] Benachbart meint nicht nur angrenzende Gemeinden, sondern alle, die von Auswirkungen gewichtiger Art betroffen werden. Die Vorschrift stellt zwar eine besondere Ausprägung des Abwägungsgebotes des § 1 Abs. 7 BauGB dar,[204] beinhaltet aber eine **materielle Abstimmungspflicht**, ein „**Abgestimmtsein**". Die Gemeinde muss die Planungen, aber auch andere städtebauliche Belange der Nachbargemeinde beachten. Ausdrücklich genannt werden in § 2 Abs. 2 S. 2 Alt. 2 BauGB die Auswirkungen auf zentrale

---

198 BVerwGE 95, 123; 118, 181.
199 Dazu § 5 Rn. 6.
200 BVerwGE 119, 25.
201 BVerwGE 119, 25.
202 Dazu auch BVerwG ZfBR 2020, 59.
203 BVerwGE 40, 323; 117, 25.
204 BVerwGE 117, 25. Zur Abwägung § 5 Rn. 71 ff.

C. Materiell-rechtliche Anforderungen der Bauleitplanung

Versorgungsbereiche in Nachbargemeinden; gerade bei der Planung von Einkaufszentren und großflächigen Einzelhandelsbetrieben (§ 11 Abs. 3 BauNVO) verlangt das interkommunale Abstimmungsgebot also eine Koordination der gemeindlichen Belange, es besteht ein „qualifizierter Abstimmungsbedarf".[205] Die **formelle Abstimmungspflicht**, also die Beteiligung der Nachbargemeinde im Bauleitplanverfahren, ist demgegenüber in §§ 4, 4a BauGB geregelt.[206]

Beispiele:

- BVerwGE 40, 323 (Krabbenkamp): Die Pflicht zur interkommunalen Abstimmung ist verletzt, wenn die Gemeinde unmittelbar an der Gemeindegrenze im Anschluss an die Bebauung in der Nachbargemeinde ein neues Wohngebiet ausweist, obwohl dieses Wohngebiet von dem bebauten Gebiet der planenden Gemeinde mehrere Kilometer entfernt liegt. Vor einer solchen Bauleitplanung ist mit der benachbarten Gemeinde eine Vereinbarung über die sog. Folgelasten (Schule, kulturelle und soziale Einrichtungen, Erschließung) zu schließen, weil die Bewohner des neuen Wohngebiets erfahrungsgemäß die Einrichtungen der Nachbargemeinde benutzen werden.
- BVerwGE 84, 209: Es verstößt gegen § 2 Abs. 2 BauGB, wenn die Gemeinde unmittelbar an der Grenze und in Nachbarschaft eines Wohngebiets der Nachbargemeinde einen Schlachthof plant (zur Abstimmungspflicht für einen Windpark OVG Lüneburg NVwZ 2001, 452 und VGH Mannheim VBlBW 2016, 430).
- OVG Greifswald NVwZ 2000, 826: Die Planung eines Sondergebietes für einen Möbelmarkt verpflichtet die Gemeinde nicht deshalb zur Abstimmung mit der Nachbargemeinde, weil dort ein Möbelhaus besteht und die Nachbargemeinde dessen Niedergang, den Verlust von Arbeitsplätzen und eine Einbuße an Gewerbesteuern befürchtet. § 2 Abs. 2 BauGB schützt die Nachbargemeinde nicht vor Veränderungen ihrer wirtschaftlichen oder finanziellen Situation (dazu auch VGH Mannheim NJW 1977, 1465 – Massa-Markt: Die Gemeinde muss nicht ihre eigene wirtschaftliche Entwicklung zurückstellen, um die Nachbargemeinde zu schonen).

Die Pflicht zur interkommunalen Abstimmung setzt nicht voraus, dass die Nachbargemeinde ihre Planungsvorstellungen bereits verwirklicht hat oder aber ihre Planungsabsichten zumindest hinreichend konkretisiert worden sind oder gemeindliche Einrichtungen erheblich beeinträchtigt werden.[207] Materieller Abstimmungsbedarf besteht wie ausgeführt bereits, wenn „unmittelbare Auswirkungen gewichtiger Art" auf städtebauliche Belange der Nachbargemeinde in Betracht kommen[208] bzw. deren Belange mehr als nur geringfügig betroffen sind.[209] Mit zunehmender Konkretisierung der Planung der Nachbargemeinde steigt aber deren Schutzwürdigkeit.[210] Allerdings bedeutet es keineswegs einen Vorrang der Belange der Nachbargemeinde. Dies ist erst dann der Fall, wenn es zu einer unzumutbaren Beeinträchtigung der Nachbargemeinde kommt, beispielsweise durch einen im Einzelfall erheblichen Kaufkraftabfluss aus der Nachbargemeinde.[211]

4. Fachplanung

Bei der Bauleitplanung zu berücksichtigen sind auch die Planungen weiterer Planungsträger, wobei den Fachplanungen **Vorrang** zukommt. Zum **Verhältnis Bauleitplanung – Fachplanung** regelt zum einen **§ 7 S. 1-2 BauGB**, dass in der Behördenbeteiligung beteiligte öffentliche Planungsträger ihre Planungen dem Flächennutzungsplan insoweit anzupassen haben, als sie diesem nicht widersprochen haben; wird aufgrund veränderter Sachlage eine abweichende Fachplanung erforderlich, gilt **§ 7 S. 3-6 BauGB**. Zum anderen regeln **§§ 5 Abs. 4, 9 Abs. 6 BauGB**, dass bestehende Fachplanungen und fachplanerische Festsetzungen nachrichtlich in

44

---

205 BVerwGE 117, 25.
206 BVerwGE 40, 323. Dazu § 5 Rn. 14.
207 BVerwGE 84, 209; 117, 25.
208 BVerwGE 40, 323.
209 BVerwG NVwZ 2010, 1026.
210 BVerwG NVwZ 2010, 1026.
211 BVerwGE 117; 25 – FOC Zweibrücken; als Faustformel gilt: mehr als 10 %, vgl. dazu OVG Münster BauR 2014, 221.

den Flächennutzungsplan bzw. Bebauungsplan aufgenommen werden, in Aussicht genommene fachplanerische Festsetzungen sollen im Flächennutzungsplan vermerkt werden. **Fachplanung** ist z.B. die Straßenplanung (§ 17 FStrG bzw. § 39 SächsStrG), die Festsetzung von Natur- und Landschaftsschutzgebieten, Naturparks und Biosphärenreservaten (§§ 23 ff. BNatSchG) sowie von Wasserschutzgebieten (§ 51 WHG) oder die Planung von Bahnanlagen (§ 18 AEG), Flugplätzen (§§ 6, 8 LuftVG), Hochspannungs- und Gasversorgungsleitungen (§ 43 EnWG), Abfalldeponien (§ 35 Abs. 2 KrWG) sowie des Gewässerausbaus (§ 68 WHG). Jede Fachplanung hat mithin auch Auswirkungen auf die gemeindliche Bauleitplanung. Die Fachplanung erfolgt i.d.R. im Wege der Planfeststellung oder einem sonstigen Verfahren mit planfeststellender oder vergleichbarer Wirkung unter Beteiligung auch der Gemeinde.[212] **§ 38 BauGB** regelt sodann, dass die §§ 29-37 BauGB in diesen Fällen keine Anwendung finden.[213] Für die Gemeinden hat dies zur Folge, dass sie bei der Aufstellung ihrer Bauleitpläne auf insoweit hinreichend verfestigte Fachplanungen anderer öffentlicher Planungsträger Rücksicht nehmen müssen, wobei der **Prioritätsgrundsatz** gilt.[214] Das Verhältnis Bauleitplanung – Fachplanung bereitet im Einzelfall allerdings erhebliche rechtliche Schwierigkeiten,[215] weil die genannten gesetzlichen Regelungen zur Lösung des Konflikts zwischen Bauleitplanung und Fachplanung unzureichend sind; das zeigt sich z.B. im Verhältnis zur luftverkehrsrechtlichen Planfeststellung, die auch die bauplanungsrechtliche Zulässigkeit von Hochbauten feststellt (§ 8 Abs. 4 S. 1 LuftVG).[216]

Hinweis: Das Verhältnis Bauleitplanung – Fachplanung ist insgesamt wenig klausurrelevant.

5. Naturschutz: Natura 2000-Gebiete (§ 1a Abs. 4 BauGB) und Artenschutz

45   Die Bauleitplanung muss auch den Anforderungen des **Natura 2000-Gebietsschutzes** genügen.[217] Fehlt es insoweit an der naturschutzrechtlichen Verträglichkeit, ist die Bauleitplanung unzulässig. Auch die Natura 2000-Gebiete setzen der Bauleitplanung daher absolute Grenzen, die nicht im Wege der Abwägung überwunden werden können,[218] was auch für sog. potenzielle oder faktische Schutzgebiete gilt[219]. Soweit ein Natura 2000-Gebiet (§ 1 Abs. 6 Nr. 7b BauGB, §§ 7 Abs. 1 Nr. 8, 32 BNatSchG), also ein Schutzgebiet nach **Flora-Fauna-Habitat-Richtlinie** (RL 92/43/EWG) oder **Vogelschutzrichtlinie** (RL 2009/147/EG), in seinen für die Erhaltungsziele oder den Schutzzweck maßgeblichen Bestandteilen durch eine Planung innerhalb oder außerhalb des Gebietes erheblich beeinträchtigt werden kann, sind gemäß **§ 1a Abs. 4 BauGB** die Vorschriften des BNatSchG über die Durchführung und die Zulässigkeit von derartigen Eingriffen einschließlich der Einholung der Stellungnahme der Europäischen Kommission anzuwenden. Denn alle Veränderungen und Störungen, die zu einer erheblichen Beeinträchtigung eines Natura 2000-Gebietes in seinen für die Erhaltungsziele oder den Schutzzweck maßgeblichen Bestandteilen führen können, sind unzulässig (§ 33 Abs. 1 S. 1 BNatSchG), und nur unter bestimmten Voraussetzungen können Ausnahmen zugelassen werden (§ 33 Abs. 1 S. 2 BNatSchG); auf Bauleitpläne sind dabei gemäß § 36 S. 1 Nr. 2, S. 2 BNatSchG die Vorschriften des § 34 Abs. 1-5 BNatSchG mit Ausnahme des § 34 Abs. 1 S. 1 BNatSchG entsprechend anwendbar. Das bedeutet: Sind nach der **Vorprüfung** erhebliche Beeinträchtigungen auszuschließen, bedarf es keiner Verträglichkeitsprüfung im Bauleitplanverfahren. Ist ein Bauleitplan dagegen

---

212 BVerwGE 70, 242.
213 Dazu § 6 Rn. 2.
214 BVerwG NVwZ 2003, 207.
215 BVerwGE 70, 244; 79, 318; 100, 388.
216 Dazu *Deutsch* UPR 2019, 431.
217 BVerwGE 120, 276; OVG Münster BauR 2015, 1785; NVwZ-RR 2020, 142; OVG Koblenz UPR 2020, 388.
218 BVerwGE 120, 276; NVwZ 2014, 1022.
219 Dazu EuGH NVwZ 2005, 311; BVerwG NVwZ 2014, 1022.

C. Materiell-rechtliche Anforderungen der Bauleitplanung

nach Vorprüfung geeignet, ein Natura 2000-Gebiet erheblich zu beeinträchtigen,[220] ist eine **Verträglichkeitsprüfung** durchzuführen, in der nachzuweisen ist, dass eine Beeinträchtigung ausgeschlossen ist; bleiben daran Zweifel, ist die Bauleitplanung unzulässig, es sei denn, sie kann unter strikter Wahrung der eng auszulegenden Voraussetzungen des § 34 Abs. 3-5 BNatSchG zugelassen werden.[221] Unterbleibt die Verträglichkeitsprüfung, ist der Bauleitplan unwirksam und vollzugsunfähig; ein ergänzendes Verfahren gemäß § 214 Abs. 4 BauGB ist indes möglich.[222]

Ebenso vollzugsunfähig können Bauleitpläne aus Gründen des **Artenschutzrechts** (§§ 44 ff. BNatSchG) sein.[223] Die artenschutzrechtlichen Zugriffs- und Beeinträchtigungsverbote entfalten zwar nur mittelbar Bedeutung für die Bauleitplanung, weil sie auf Verwirklichungshandlungen bezogen sind und daher unmittelbar nur für die Zulassungsentscheidung gelten, z.B. für eine auf der Grundlage eines Bebauungsplans erteilte Baugenehmigung. Einer Bauleitplanung, deren Verwirklichung aber auf unüberwindbare artenschutzrechtliche Hindernisse treffen würde, fehlt jedoch die Erforderlichkeit i.S.d. § 1 Abs. 3 BauGB. Das Erfordernis der Vollzugsfähigkeit sichert insoweit die Beachtung der artenschutzrechtlichen Verbote bereits im Bauleitplanverfahren. Dementsprechend bedarf es bereits im Bauleitplanverfahren einer vorausschauenden Prüfung, ob der Verwirklichung der Planung unüberwindbare artenschutzrechtliche Hindernisse entgegenstehen, oder aber überwindbare Hindernisse, weil eine sog. **Befreiungslage** (§ 67 BNatSchG) vorliegt, in die „hineingeplant" werden kann. Dazu sind die voraussichtlich betroffenen Arten sowie Art und Umfang ihrer voraussichtlichen Betroffenheit insoweit zu ermitteln und zu bewerten, dass ihre Intensität und Tragweite erfasst werden können. So können z.B. artenschutzrechtliche Bedenken der Darstellung einer Fläche für Windenergieanlagen im Flächennutzungsplan entgegenstehen.[224]

46

Hinweis: Der Natura 2000-Gebietsschutz sowie der Artenschutz im Einzelnen sind typischerweise nicht Thema von Klausuren. Das Ergebnis einer Natura 2000 Vor- oder Verträglichkeitsprüfung bzw. das Ergebnis der Prüfung einer artenschutzrechtlichen Befreiungslage kann aber ggf. bei der Frage der Vollzugsfähigkeit und damit der Frage der Erforderlichkeit einer Bauleitplanung eine Rolle spielen.

6. Verhältnis Flächennutzungsplan – Bebauungsplan (§ 8 Abs. 2-4 BauGB)

§ 1 Abs. 2 BauGB unterscheidet vorbereitende Bauleitpläne (Flächennutzungspläne) und verbindliche Bauleitpläne (Bebauungspläne). Die Bauleitplanung ist also zweistufig.[225] Während der Bebauungsplan nach § 10 BauGB als Satzung beschlossen wird, enthält das BauGB keine Aussage über die **Rechtsnatur des Flächennutzungsplans**. Der Flächennutzungsplan ist nach der Ausgestaltung, die er in den §§ 5 ff. BauGB gefunden hat, keine Satzung,[226] sondern wird oft als hoheitliche Maßnahme eigener Art bezeichnet, da er gemäß § 7 BauGB unmittelbar nur gegenüber Behörden wirkt[227]. Eine mittelbare Wirkung kann er allerdings in der bauplanungsrechtlichen Zulässigkeit nach § 35 Abs. 3 S. 1 Nr. 1 und S. 3 BauGB entfalten.[228] Der Flächennutzungsplan erstreckt sich nach § 5 Abs. 1 BauGB über das gesamte Gemeindegebiet. Er enthält ein

47

---

220 BVerwGE 128, 1.
221 BVerwGE 120, 276; 146, 176; 149, 229.
222 BVerwGE 130, 299.
223 Dazu BVerwGE 117, 351; BauR 1997, 978; OVG Münster BauR 2015, 1785; OVG Koblenz BauR 2019, 922; *Armbrecht* BayVBl 2011, 396; *Schusters* VBlBW 2009, 174.
224 BVerwG BeckRS 2020, 35315. Zu § 35 Abs. 3 S. 3 BauGB § 6 Rn. 105 ff.
225 Dazu bereits § 5 Rn. 4.
226 BVerwGE 124, 132; 128, 382.
227 Dazu § 5 Rn. 56.
228 BVerwGE 146, 40.

grobes Planungsraster, d.h. nur Grundzüge,²²⁹ braucht aber ein schlüssiges Gesamtkonzept.²³⁰ Im Flächennutzungsplan werden deshalb i.d.R. Bauflächen dargestellt, nicht bereits einzelne Baugebiete (§ 5 Abs. 2 Nr. 1 BauGB, § 1 Abs. 1 BauNVO); nur die überörtlichen Verkehrswege und die innerörtlichen Hauptverkehrszüge finden Berücksichtigung, nicht dagegen sonstige Straßen (§ 5 Abs. 2 Nr. 3 BauGB). Eine Besonderheit stellt der sachliche Teilflächennutzungsplan dar (§ 5 Abs. 2b BauGB), der für die Zwecke des § 35 Abs. 3 S. 3 BauGB (Steuerung gemäß § 35 Abs. 1 Nr. 2 bis 6 BauGB privilegierter Außenbereichsvorhaben) oder des § 249 Abs. 2 BauGB (kommunale Teilflächenziele für Windenergieanlagen) aufgestellt werden kann, was auch für Teile des Gemeindegebietes gilt.

Nach ihrem Verhältnis zum Flächennutzungsplan lassen sich folgende **vier Bebauungsplantypen** unterscheiden:

a) Bebauungsplan gemäß dem Entwicklungsgebot (§ 8 Abs. 2 S. 1 BauGB)

48 Auf der Basis des groben Planungsrasters des Flächennutzungsplans ist nach § 8 Abs. 2 S. 1 BauGB der Bebauungsplan aufzustellen. Der Bebauungsplan muss allerdings dem Flächennutzungsplan nicht in allen Einzelheiten entsprechen, vielmehr ist der Bebauungsplan aus dem Flächennutzungsplan zu entwickeln. Das bedeutet sowohl Bindung an die Darstellungen des Flächennutzungsplans als auch Freiheit, die Grundkonzeption des Flächennutzungsplans planerisch fortzuschreiben, wobei die Grundkonzeption nicht verändert werden darf.²³¹

Beispiele:

- BVerwGE 48, 70: Wenn der Flächennutzungsplan Gelände als Grünfläche darstellt, darf die Gemeinde keinen Bebauungsplan für ein Wohn- oder Gewerbegebiet aufstellen.
- BVerwG NVwZ 2000, 197: Unbedeutende Änderungen der Grenzen des zu bebauenden Gebiets gegenüber dem Außenbereich verstoßen nicht gegen § 8 Abs. 2 S. 1 BauGB, eine Fläche von 2,2 ha kann aber nicht mehr als unbedeutend angesehen werden.
- BVerwG NVwZ-RR 2003, 406: Bei einer Darstellung im Flächennutzungsplan als Wald (§ 5 Abs. 2 Nr. 9b BauGB) darf im Bebauungsplan eine Fläche zum Schutz, zur Pflege und zur Entwicklung von Boden, Natur und Landschaft (§ 9 Abs. 1 Nr. 20 BauGB) festgesetzt werden.

Allerdings können, soweit erforderlich, auch im Flächennutzungsplan bereits Baugebiete dargestellt werden (§ 1 Abs. 2 BauNVO). Der Flächennutzungsplan darf die Art der Bodennutzung jedoch nicht insgesamt mit einer Detailliertheit und Konkretheit darstellen, wie sie für einen Bebauungsplan typisch ist; die Darstellungen dürfen nur einzelne Aspekte der Bodennutzung betreffen²³². Soweit der Flächennutzungsplan bereits derart konkrete Festlegungen enthält, bleibt für den Bebauungsplan kaum noch ein eigener Gestaltungsspielraum.

Eine Verletzung des Entwicklungsgebotes ist gemäß **§ 214 Abs. 2 Nr. 2 BauGB** unbeachtlich, wenn der Bebauungsplan die sich aus dem Flächennutzungsplan ergebende geordnete städtebauliche Entwicklung nicht beeinträchtigt;²³³ dabei ist auf das gesamte Gemeindegebiet abzustellen²³⁴. Ein danach beachtlicher Fehler kann gemäß **§ 215 Abs. 1 Nr. 2 BauGB** unbeachtlich werden.

---

229 BVerwGE 26, 287; 48, 70; 124, 132.
230 BVerwGE 122, 109.
231 BVerwGE 48, 70; 70, 171; NVwZ 2000, 197 u. 1430; BauR 2004, 123; vgl. aber auch § 13a Abs. 2 Nr. 2 BauGB.
232 BVerwGE 124, 132.
233 OVG Münster NVwZ-RR 2000, 574.
234 BVerwG NVwZ 2000, 197.

C. Materiell-rechtliche Anforderungen der Bauleitplanung

b) Bebauungsplan im Parallelverfahren (§ 8 Abs. 3 BauGB)

Mit der Aufstellung, Änderung, Ergänzung oder Aufhebung eines Bebauungsplans kann gleichzeitig auch der Flächennutzungsplan aufgestellt, geändert oder ergänzt werden (§ 8 Abs. 3 S. 1 BauGB). Will eine Gemeinde ohne Flächennutzungsplan bzw. in Abweichung von ihrem Flächennutzungsplan also einen Bebauungsplan erlassen, kann sie das gemäß § 8 Abs. 3 S. 1 BauGB im sog. **Parallelverfahren** machen. Damit ist eine zeitliche und inhaltliche Übereinstimmung zwischen Bebauungsplan- und Flächennutzungsplanverfahren gemeint.[235] Der Bebauungsplan kann vor dem Flächennutzungsplan in Kraft gesetzt werden, wenn nach dem Stand der Planungsarbeiten anzunehmen ist, dass der Bebauungsplan aus den zukünftigen Darstellungen des Flächennutzungsplans entwickelt sein wird (§ 8 Abs. 3 S. 2 BauGB). Eine Planreife muss also prognostizierbar sein. Ein Parallelverfahren liegt aber nicht mehr vor, wenn mit dem Verfahren zur Änderung des Flächennutzungsplans erst begonnen wird, nachdem der Bebauungsplan bereits in Kraft getreten ist.[236] Ein Verstoß gegen § 8 Abs. 3 BauGB, ohne dass die geordnete städtebauliche Entwicklung beeinträchtigt wird, ist gemäß **§ 214 Abs. 2 Nr. 4 BauGB** allerdings unbeachtlich. Ein danach beachtlicher Fehler kann schließlich wiederum gemäß **§ 215 Abs. 1 S. 1 Nr. 2 BauGB** unbeachtlich werden.

c) Selbstständiger Bebauungsplan (§ 8 Abs. 2 S. 2 BauGB)

Ein Flächennutzungsplan ist nicht erforderlich, wenn der Bebauungsplan ausreicht, um die städtebauliche Entwicklung zu ordnen (§ 8 Abs. 2 S. 2 BauGB); das wird indes allenfalls in kleinen Gemeinden der Fall sein, wobei eine abstrakte Betrachtungsweise anzustellen ist.[237] Ein Flächennutzungsplan ist auch nicht erforderlich, wenn die Bebauung nur einen kleinen Teil des Gemeindegebietes betrifft und mit seinen Festsetzungen die Grundzüge der Planung, die etwa bereits durch vorhandene Bebauung vorgezeichnet sind, nicht berührt; hier kommt es freilich auf eine konkrete Betrachtungsweise an.[238]

Beispiele:
- VGH Mannheim VBlBW 1985, 21: Der Bebauungsplan umfasst nur ein 1,6 ha großes, bereits weitgehend bebautes Gebiet.
- VGH Mannheim NVwZ-RR 2006, 522: Der Bebauungsplan regelt nur den Standort von zwei Windenergieanlagen im regionalplanerischen Vorranggebiet.

Beurteilt die Gemeinde die Anforderungen an die Aufstellung eines selbstständigen Bebauungsplans unrichtig, ist dies gemäß **§ 214 Abs. 2 Nr. 1 Alt. 1 BauGB** unbeachtlich. Ein bewusster Rechtsverstoß ist dagegen nicht unbeachtlich.[239] Ein danach beachtlicher Fehler kann gemäß **§ 215 Abs. 1 S. 1 Nr. 2 BauGB** unbeachtlich werden.

d) Vorzeitiger Bebauungsplan (§ 8 Abs. 4 BauGB)

Die Gemeinde kann schließlich gemäß § 8 Abs. 4 S. 1 BauGB auch dann einen Bebauungsplan aufstellen, ändern, ergänzen oder aufheben, bevor der Flächennutzungsplan aufgestellt ist, wenn dringende Gründe es erfordern und der Bebauungsplan der beabsichtigten städtebaulichen Entwicklung nicht entgegenstehen wird.[240] Dringende Gründe sind anzunehmen, wenn die Gründe die für einen sofortigen Bebauungsplan sprechen, erheblich gewichtiger sind als

---

235 BVerwGE 70, 171.
236 BVerwGE 70, 171.
237 VGH Mannheim BauR 1983, 222; VBlBW 1985, 21.
238 VGH Mannheim VBlBW 1985, 21; BauR 1983, 222; VGH Kassel ESVGH 18, 200.
239 BVerwG NVwZ 1985, 745.
240 BVerwG NVwZ 2000, 197; *Herzer* UPR 2023, 49.

das Festhalten an dem Verfahren, wonach der Bebauungsplan aus dem Flächennutzungsplan entwickelt werden muss; auf die Frage, ob die Gemeinde diese Gründe zu vertreten hat, kommt es nicht an.[241]

Beispiel:
- BVerwG NVwZ 1985, 745: Zur Beseitigung der Wohnungsnot ist dringend die Schaffung weiterer Baugebiete erforderlich.

Gilt bei Gebiets- oder Bestandsänderungen von Gemeinden oder anderen Änderungen der Zuständigkeit für die Aufstellung von Flächennutzungsplänen ein Flächennutzungsplan fort, kann ein vorzeitiger Bebauungsplan auch aufgestellt werden, bevor der Flächennutzungsplan geändert oder ergänzt worden ist (§ 8 Abs. 4 S. 2 BauGB). Die Gemeinde ist unter den Voraussetzungen des § 8 Abs. 4 BauGB zwar berechtigt, einen Bebauungsplan aufzustellen, ohne dass ein Flächennutzungsplan besteht. Das Entwicklungsgebot des § 8 Abs. 2 S. 1 BauGB verlangt aber, dass die Gemeinde in einem solchen Fall wenigstens nachträglich einen Flächennutzungsplan aufstellt, der die Festsetzungen des Bebauungsplans übernimmt. § 8 Abs. 4 BauGB findet im Übrigen auch Anwendung, wenn die Gemeinde zwar einen Flächennutzungsplan aufgestellt hat, dieser aber unwirksam ist.[242]

Wenn die Gemeinde die Anforderungen an die in § 8 Abs. 4 S. 1 BauGB bezeichneten dringenden Gründe nicht richtig beurteilt, ist dies gemäß **§ 214 Abs. 2 Nr. 1 Alt. 2 BauGB** unbeachtlich. Die Vorschrift findet allerdings nur Anwendung, wenn sich die Gemeinde bewusst ist, dass ein vorzeitiger Bebauungsplan aufgestellt wird, aber infolge fehlerhafter Auslegung des § 8 Abs. 4 BauGB die Voraussetzungen dieser Vorschriften für gegeben hält oder sie aus Unkenntnis nicht beachtet. Setzt sich die Gemeinde dagegen bewusst über das Entwicklungsgebot hinweg, ist der Bebauungsplan unwirksam.[243] Ein danach beachtlicher Fehler kann gemäß **§ 215 Abs. 1 S. 1 Nr. 2 BauGB** unbeachtlich werden.

7. Allgemeingültige Planungsprinzipien

52 Die Gemeinde muss schließlich bei der Bauleitplanung auch die allgemeingültigen Planungsleitsätze beachten, die zwar nicht gesetzlich geregelt, aber jeder Planung immanent sind und letztlich aus dem **Rechtsstaatsprinzip** abgeleitet werden. Verstöße dagegen führen stets zur Unwirksamkeit des Bauleitplans.

a) Gebot konkreter Planung

53 Der Bebauungsplan wird zwar gemäß § 10 Abs. 1 BauGB als **Satzung** erlassen und ist damit ein Gesetz im materiellen Sinn, das i.S.d. Art. 14 Abs. 1 S. 2 GG Inhalt und Schranken des (Grund-)Eigentums bestimmt.[244] Dennoch trifft er grundsätzlich keine abstrakt-generellen Regelungen, sondern muss konkrete Einzelausweisungen über die zulässige Bebauung oder sonstige Nutzung der von ihm erfassten Grundstücke enthalten.[245]

Beispiel:
- BVerwGE 50, 114: Eine Gemeinde erlässt einen Bebauungsplan, nach dem im ganzen bebauten Gebiet Freiflächen zu bepflanzen sind und für das Fällen großer Bäume eine Genehmigung erforderlich ist. Der Bebauungsplan ist unwirksam, weil er Vorschriften aufstellt, die ohne konkret-individuelle Beziehung zu den betroffenen Plangebieten stehen, sondern eine unbeschränkte Vielzahl von Fällen in einem mit fortschreitender Bebauung sich ausdehnenden Gebiet abstrakt regeln.

---

241 BVerwG NVwZ 1985, 745.
242 BVerwG DVBl 1992, 574.
243 BVerwG NVwZ 1985, 745; 2000, 197.
244 BVerwG NVwZ 2003, 727.
245 BVerwGE 50, 114.

C. Materiell-rechtliche Anforderungen der Bauleitplanung

b) Gebot positiver Planung

Der Bebauungsplan muss Festsetzungen enthalten, die positiv bestimmen, welche bauliche oder sonstige Nutzung zulässig ist. Die Gemeinde darf keine unzulässige Negativplanung betreiben.[246]

54

Hinweis: Es ist Ihnen in Klausursituationen überlassen, ob Sie dieses Gebot bei der Erforderlichkeit (§ 1 Abs. 3 BauGB) oder an dieser Stelle ansprechen; Doppelnennungen sollten Sie allerdings möglichst vermeiden.

c) Bestimmtheitsgebot

Der Bebauungsplan muss bestimmt sein. Er darf z.b. nicht durch Übermalungen oder Korrekturen missverständlich sein.[247] Auch inhaltlich muss er so bestimmt sein, dass die Betroffenen wissen, welchen Beschränkungen ihr Grundstück unterworfen bzw. welchen Belastungen es – insbesondere durch Immissionen – ausgesetzt sein wird.[248] Es genügt aber, wenn der Inhalt der Festsetzungen durch Auslegung ermittelt werden kann.[249] Dazu kann insbesondere die Planbegründung herangezogen werden.[250]

55

Beispiele:

- BVerwG NVwZ 1995, 692: Die Festsetzung einer Fläche für den Gemeinbedarf ohne jede nähere Konkretisierung ist unbestimmt (vgl. zur Festsetzung eines Erholungsgebietes VGH Mannheim BRS 42 Nr. 14).
- VGH Mannheim BRS 35 Nr. 8: Eine Festsetzung der Gebäudehöhe auf „etwa 7,50 m" ist unbestimmt (vgl. auch VGH Mannheim BauR 2019, 1400: gleiches gilt bei unklarem unterem Bezugspunkt, nämlich einer Geländeoberfläche ohne Höhenangaben).
- VGH Mannheim VBlBW 1997, 383: Ein Bebauungsplan ist unwirksam, wenn in zwei ausgefertigten Planexemplaren die Grenzen des Plangebietes unterschiedlich eingezeichnet sind.
- OVG Münster NVwZ 1984, 452: Eine identische Fläche wird zugleich als Gewerbegebiet und als Fläche für den Gemeinbedarf ausgewiesen; widersprüchliche Festsetzungen sind wegen fehlender Bestimmtheit unwirksam.
- OVG Münster BRS 50 Nr. 18: Eine fehlende Abgrenzung verschiedener Baugebiete führt zur Unwirksamkeit wegen mangelnder Bestimmtheit.
- OVG Münster BauR 1997, 436: Ein Ausschluss „zentrumstypischer Einzelhandelsbetriebe" in einem Gewerbegebiet ist wegen Unbestimmtheit unwirksam; dagegen ist es zulässig, bei Einzelhandelsbetrieben einzelne Branchen auszuschließen (dazu auch BVerwG NVwZ-RR 1999, 9).
- OVG Bautzen SächsVBl 2000, 115: Ein Bebauungsplan, der eine nicht maßstabsgetreue Karte verwendet, ist unwirksam.

Für das Bestimmtheitsgebot gilt allerdings derselbe Grundsatz wie für das Gebot der Konfliktbewältigung, dass nämlich nicht alles geregelt werden muss, was geregelt werden kann, sondern dass „planerische Zurückhaltung" geübt werden darf.[251] Der Grundsatz der Bestimmtheit ist erst dann verletzt, wenn sich der Inhalt der Festsetzungen des Bebauungsplans auch nicht durch die Heranziehung der Begründung[252] konkretisieren lässt und die Ungewissheit über die zukünftige Bebauung gemäß den Festsetzungen des Bebauungsplans für die Planbetroffenen nicht mehr zumutbar ist.

---

246 Dazu § 5 Rn. 38.
247 BVerwG BRS 56 Nr. 33; OVG Münster BRS 50 Nr. 5.
248 VGH Mannheim BauR 2020, 588; zum Bestimmtheitsgebot bei der Bauleitplanung: *Scheidler* ZfBR 2021, 509.
249 BVerwG BauR 2011, 1118.
250 BVerwGE 120, 239.
251 BVerwG NVwZ 1998, 1179; dazu auch § 5 Rn. 33 u. 83.
252 BVerwG BauR 1988, 448; VGH Mannheim BRS 42 Nr. 14; OVG Koblenz NVwZ-RR 2013, 254.

Beispiele:

- BVerwG BRS 47 Nr. 4: Ein Bebauungsplan, der ein Leitungsrecht über ein fremdes Grundstück festlegt, muss nicht bestimmen, in welcher Tiefe die Leitung zu verlegen ist.
- BVerwGE 42, 5: Die Festsetzung einer Grünfläche ohne nähere Konkretisierung ist zwar nicht mangels Bestimmtheit unwirksam, lässt aber nur die Anlage einer begrünten Fläche zu, nicht aber die Anlage von z.B. Sportanlagen oder Kinderspielplätzen (dazu auch BVerwG NVwZ 1998, 1179; VGH Mannheim VBlBW 1986, 349).
- OVG Münster NVwZ-RR 1995, 435: Die Festsetzung eines Sportplatzes erfüllt die Anforderungen an die Bestimmtheit, auch wenn die Sportart nicht angegeben wird.

8. Inhalt der Bauleitpläne

a) Flächennutzungsplan (§ 5 BauGB)

56   Der Inhalt des **Flächennutzungsplans**[253] ergibt sich aus § 5 BauGB. Danach ist für das **ganze Gemeindegebiet** die sich aus der beabsichtigten städtebaulichen Entwicklung ergebende Art der Bodennutzung in den Grundzügen darzustellen (§ 5 Abs. 1 S. 1 BauGB), **insbesondere** die Bauflächen (§ 5 Abs. 2 Nr. 1 BauGB), aber z.B. auch die Hauptverkehrswege (§ 5 Abs. 2 Nr. 3 BauGB) und Hauptversorgungsanlagen (§ 5 Abs. 2 Nr. 4 BauGB), die Grünflächen (§ 5 Abs. 2 Nr. 5 BauGB), die Flächen für Landwirtschaft und Wald (§ 5 Abs. 2 Nr. 4 BauGB) und die Flächen für naturschutzrechtliche Ausgleichsmaßnahmen (§ 5 Abs. 2a BauGB). Dafür braucht es ein sog. gesamträumliches Planungskonzept für das gesamte Gemeindegebiet.[254] Weil Flächen ausgenommen werden können (§ 5 Abs. 1 S. 2 BauGB), kann es auch **Teilflächennutzungspläne** geben. Für das ganze, aber auch für Teile des Gemeindegebiets besteht zudem die Möglichkeit eines sog. **sachlichen Teilflächennutzungsplans** (§ 5 Abs. 2b BauGB) für die Zwecke des § 35 Abs. 3 S. 3 oder des § 249 Abs. 2 BauGB. Auch eingeschränkte Genehmigungen können zu räumlichen und sachlichen Teilflächennutzungsplänen führen (§ 6 Abs. 3, Abs. 4 S. 1 Hs. 2 BauGB).

Der (vorbereitende) Flächennutzungsplan ist das „grobe Raster",[255] aus dem nach § 8 Abs. 2 S. 1 BauGB die (verbindlichen) Bebauungspläne zu entwickeln sind[256]. Der Flächennutzungsplan enthält, da er keine Rechtsnorm ist, Darstellungen (vgl. dazu § 5 Abs. 1 S. 1, § 15 Abs. 3, § 35 Abs. 3 S. 1 Nr. 1 u. S. 3 BauGB), im Gegensatz zum Bebauungsplan, der Festsetzungen (§ 9 BauGB) enthält. Im Flächennutzungsplan sollen zudem bestimmte Flächen gekennzeichnet werden (§ 5 Abs. 3 BauGB), andere festgesetzte Planungen und Nutzungsregelungen sollen nachrichtlich übernommen (§ 5 Abs. 4 S. 1 BauGB) und beabsichtigte vermerkt werden (§ 5 Abs. 4 S. 2 BauGB); vergleichbares gilt für Überschwemmungsgebiete, Risikogebiete und Hochwasserentstehungsgebiete (§ 5 Abs. 4a BauGB).

Hinweis: Flächennutzungspläne kommen in Klausuren weitaus seltener vor als Bebauungspläne, sind wegen § 35 Abs. 3 S. 3 BauGB aber durchaus von Bedeutung. Auch die Frage, ob einer Flächennutzungsplanänderung die Genehmigung erteilt werden kann[257]*, war bereits Gegenstand von Klausuren.*

---

253   Zum Flächennutzungsplan und dessen Inhalt im Einzelnen *Kment* Öffentliches Baurecht I § 6.
254   BVerwGE 122, 109.
255   BVerwGE 48, 70; 124, 132.
256   Dazu § 5 Rn. 48.
257   Dazu § 6 Rn. 105 ff. Zu Windenergieanlagen § 6 Rn. 86 f.

C. Materiell-rechtliche Anforderungen der Bauleitplanung

Auszug aus dem Flächennutzungsplan der Stadt Freiberg[258] (Buchstabe D markiert den Franz-Mehring-Platz[259]):

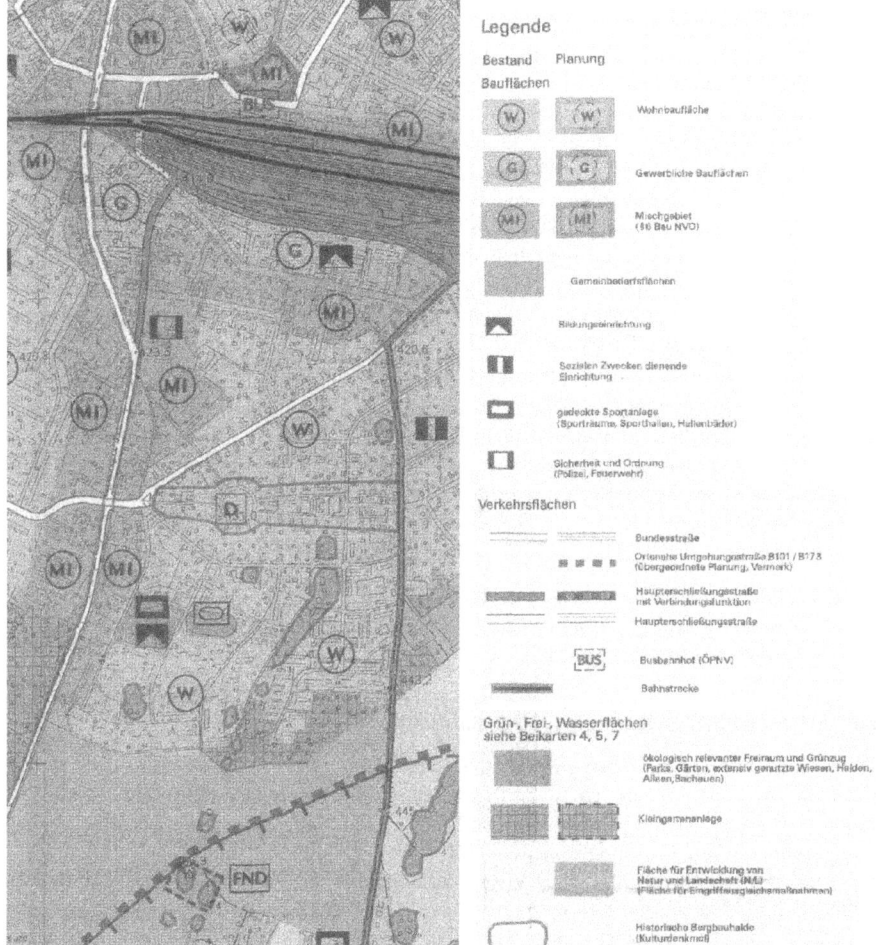

b) Einfacher und qualifizierter Bebauungsplan (§ 9 BauGB)

Der Inhalt eines **Bebauungsplans**[260] ist in § 9 BauGB geregelt. Bedeutsam für alle Bebauungspläne ist zunächst **§ 9 Abs. 7 BauGB**, wonach der Bebauungsplan die Grenzen seines räumlichen Geltungsbereichs festsetzt. Der Geltungsbereich kann auch nur ein Grundstück oder aber zwei räumlich voneinander getrennte Grundstücke[261] umfassen. § 9 BauGB enthält eine abschließen-

---

258 Abrufbar unter: https://www.freiberg.de/leben-und-freizeit/wohnen-und-bauen/bauleitplaene (zuletzt am 10.07.2023).
259 Zum entsprechenden Bebauungsplan § 5 Rn. 67.
260 Zum Bebauungsplan und dessen Inhalt im Einzelnen *Kment* Öffentliches Baurecht I § 7.
261 BVerwG NVwZ 1997, 1216.

de Regelung, die Gemeinde hat also **kein Festsetzungsfindungsrecht**.[262] So kann z.B. keine Festsetzung eines „Wohngebietes für Einheimische"[263] oder eines „Bürgerwindparks"[264] erfolgen. Den Umfang der Festsetzungen, also wie viele und welche Festsetzungen erfolgen sollen, gibt § 9 BauGB dagegen nicht vor.

Die Gemeinde kann einen sog. **qualifizierten Bebauungsplan** (§ 30 Abs. 1 BauGB) mit Festsetzungen über die Art und das Maß der baulichen Nutzung, die überbaubaren Grundstücksflächen und die örtlichen Verkehrsflächen aufstellen, oder aber einen Bebauungsplan, der die Voraussetzungen des § 30 Abs. 1 BauGB nicht erfüllt, also einen sog. **einfachen Bebauungsplan** (§ 30 Abs. 3 BauGB).[265] **Besondere einfache Bebauungspläne** sind die in § 9 Abs. 2a, Abs. 2b, Abs. 2c Alt. 1 und Abs. 2d BauGB geregelten (sektoralen) Bebauungspläne für den Innenbereich (§ 34 BauGB); sie ermöglichen Festsetzungen zur Erhaltung und Entwicklung zentraler Versorgungsbereiche, auch im Interesse einer verbrauchernahen Versorgung der Bevölkerung und der Innenentwicklung der Gemeinden,[266] zur Wohnraumversorgung, in Bezug auf Vergnügungsstätten[267] sowie zur Vermeidung und Verringerung der Folgen von Störfällen; letztere können auch in bereits beplanten Gebieten getroffen werden (§ 9 Abs. 2c Alt. 2 BauGB).

Bedeutsam für den typischen qualifizierten Bebauungsplan sind vor allem § 9 Abs. 1 Nr. 1 und 2 BauGB, wonach die Art und das Maß der baulichen Nutzung, die Bauweise, die überbaubaren und die nicht überbaubaren Grundstücksflächen und die Stellung der baulichen Anlagen festgesetzt werden können. Zur Konkretisierung ist die BauNVO heranzuziehen, eine aufgrund von § 9a BauGB ergangene Rechtsverordnung.[268] Nicht an die Festsetzungen des § 9 BauGB und die BauNVO gebunden ist die Gemeinde dagegen bei einem sog. **vorhabenbezogenen Bebauungsplan** (§ 30 Abs. 2 i.V.m. § 12 Abs. 3 S. 2 Hs. 1 BauGB).[269]

Hinweis: Typischer Prüfungsgegenstand von Klausuren sind Festsetzungen zu Art und Maß der baulichen Nutzung, es geht gelegentlich aber auch um die Bauweise (Stichwort: Doppelhaus) und die überbaubaren Grundstücksflächen.

aa) Art der baulichen Nutzung (§§ 1-15 BauNVO)

59   Die **§§ 2-9 BauNVO** enthalten einen Katalog von Baugebieten.[270] Dieser Katalog ist für die Gemeinde bindend. Weitere Arten von Baugebieten können von ihr nicht geschaffen werden, es gilt sog. Typenzwang (§ 1 Abs. 3 S. 2 BauNVO).[271] Für weitere Baugebietsarten besteht im Hinblick auf die Variationsmöglichkeiten des § 1 Abs. 4-10 BauNVO i.d.R. auch kein Bedürfnis. Für Sondergebiete nach §§ 10, 11 BauNVO gibt es keine abschließende Typisierung; § 1 Abs. 4-10 BauNVO findet keine Anwendung (§ 1 Abs. 3 S. 3 BauNVO). Sondergebiete müssen sich aber wesentlich von den Baugebieten nach §§ 2-9 BauNVO unterscheiden.[272] Die **§§ 2-9 BauNVO** sind jeweils so aufgebaut, dass in Abs. 1 der Vorschriften die allgemeine Zweckbestimmung der Baugebiete definiert wird, in Abs. 2 bestimmte bauliche Anlagen als regelmäßig zulässig festgesetzt werden und Abs. 3 diejenigen Anlagen anführt, die im Wege einer Ausnahme nach § 31 Abs. 1 BauGB zugelassen werden können.

---

262 BVerwGE 92, 56; 107, 256; 115, 77.
263 BVerwGE 92, 56.
264 OVG Schleswig NuR 2014, 299.
265 Dazu § 6 Rn. 10.
266 BVerwG BauR 2013, 1991; BeckRS 2021, 25223.
267 VGH Mannheim BauR 2020, 1145.
268 Dazu § 6 Rn. 10 ff.
269 Dazu § 5 Rn. 68 ff.
270 Im Einzelnen § 6 Rn. 14 ff.
271 BVerwG ZfBR 1995, 143; BauR 1991, 169 u. 301; BauR 2012, 466; 2022, 603.
272 BVerwGE 134, 117; 147, 138; BauR 2002, 1348.

C. Materiell-rechtliche Anforderungen der Bauleitplanung 61

Durch die Festsetzung der Baugebiete im Bebauungsplan werden die Vorschriften der §§ 2-14 BauNVO Bestandteil des Bebauungsplans (§ 1 Abs. 3 S. 2 BauNVO); maßgeblich ist die Fassung der BauNVO zum Zeitpunkt des Inkrafttretens des Bebauungsplans.[273] Die Gemeinden können allerdings nach **§ 1 Abs. 4-6 BauNVO** abweichende Regelungen treffen, auch beschränkt auf Teile des Baugebiets (§ 1 Abs. 8 BauNVO). **§ 1 Abs. 4 S. 1 BauNVO** ermöglicht eine sog. **horizontale Gliederung** eines Baugebiets nach der Art der zulässigen Nutzung oder der Art der Betriebe und Anlagen und deren besonderen Bedürfnissen und Eigenschaften; **§ 1 Abs. 4 S. 2 BauNVO** erlaubt eine solche Gliederung auch für mehrere Gewerbe- oder Industriegebiete im Verhältnis zueinander.

Beispiel:

- BVerwGE 161, 53: Gemäß § 1 Abs. 4 S. 1 Nr. 2 BauNVO können zur Gliederung von Baugebieten für einzelne Teilgebiete verschieden hohe Lärmemissionskontingente (immissionswirksame Flächenschallleistungspegel – IFSP) festgesetzt werden.[274]

Gemäß **§ 1 Abs. 5 BauNVO** können bestimmte allgemein zulässige Nutzungen ausgeschlossen oder nur ausnahmsweise zugelassen werden, gemäß **§ 1 Abs. 6 BauNVO** können weiter alle oder einzelne vorgesehene Ausnahmen ausgeschlossen oder allgemein zulässig werden, das Regel-Ausnahme-Verhältnis also abgeändert werden; die allgemeine Zweckbestimmung des Baugebiets muss aber gewahrt bleiben. Eine solche abweichende Gestaltung darf daher nicht dazu führen, dass der Gebietscharakter als solcher verloren geht.[275]

Beispiele:

- BVerwGE 133, 377: In einem Dorfgebiet dürfen Anlagen der Land- und Forstwirtschaft nicht ausgeschlossen werden (vgl. auch VGH Mannheim VBlBW 1997, 139).
- BVerwGE 159, 322: Im allgemeinen Wohngebiet darf nicht jede andere Nutzung außer Wohnen ausgeschlossen werden, weil dadurch ein reines Wohngebiet entsteht (vgl. auch BVerwG NVwZ 1999, 1340).
- OVG Bautzen SächsVBl 2022, 228: Die Zweckbestimmung eines Industriegebietes wird verfehlt, wenn Gewerbebetriebe ab einem gewissen Störgrad im gesamten Plangebiet durch Festsetzung von Lärmmissionskontingenten ausgeschlossen werden (vgl. auch BVerwG BauR 2021, 1259).

Die Abweichung muss aus städtebaulichen Gründen erfolgen, mithin aus Gründen, die gemäß § 1 Abs. 7 BauGB im Rahmen der Abwägung zu berücksichtigen sind.

Beispiele:

- BVerwGE 77, 308; NVwZ 1991, 264: Der Ausschluss von Vergnügungsstätten in einem Kerngebiet ist unzulässig, wenn dadurch „der Jugend die heile Welt" erhalten werden soll; dieses Ziel ist nicht mit Hilfe des § 1 BauNVO, sondern mit Hilfe des Jugendschutzgesetzes zu verfolgen.
- OVG Saarlouis BRS 58 Nr. 31: In einem Mischgebiet darf die Zulässigkeit einer chemischen Reinigung, die nicht mit dem sog. Nassreinigungsverfahren arbeitet, ausgeschlossen werden, wenn besondere städtebauliche Gründe (dichte Bebauung mit Wohnungen, Gastronomie und Lebensmittelverkaufsstellen sowie Nachbarschaft eines Kindergartens) vorliegen.

Die Abweichung muss sich des Weiteren an das System der BauNVO halten, die bei der Art der Nutzung vorhabenbezogen typisiert.[276]

Beispiele:

- BVerwGE 110, 193: Die Gemeinde darf für Lärmimmissionen keine Summenpegel an der Grenze eines Kerngebietes zu einem Wohngebiet festsetzen (sog. Zaunwerte), die sich auf mehrere im Plangebiet ansässige Betriebe oder Anlagen beziehen.
- BVerwGE 131, 86: Die Gemeinde darf zur Steuerung des Einzelhandels keine baugebietsbezogenen vorhabenunabhängigen Verkaufsflächenobergrenzen festsetzen; dadurch würde ein „Windhundrennen" möglicher Investoren um die Verkaufsflächen eingeleitet und es bestünde die Möglichkeit, dass Grundeigentümer bei Erschöpfung des Kontingents von der kontingentierten Nutzung ausgeschlossen wären.

---

273 BVerwG BRS 54 Nr. 60; OVG Münster NVwZ-RR 2004, 649.
274 Dazu *Fricke/Schmitt* BauR 2023, 531; *Menke* NVwZ 2022, 444.
275 BVerwG NVwZ 2005, 324.
276 BVerwGE 131, 86.

60 Die Gemeinde kann im Bebauungsplan gemäß § 1 Abs. 7-9 BauNVO auch sehr detaillierte Festsetzungen treffen, wenn dieses durch besondere städtebauliche Gründe gerechtfertigt wird; die allgemeine planerische Rechtfertigung nach § 1 Abs. 3 BauGB genügt hierfür aber nicht.

Beispiel:
- BVerwG NVwZ 1985, 338: In einem Sondergebiet für Beherbergungsbetriebe können Küchen und Kochstellen in Zuordnung zu einzelnen Zimmern untersagt werden, um zu verhindern, dass Beherbergungsbetriebe in Zweitwohnungsanlagen umgewandelt werden können.

§ 1 Abs. 7 BauNVO ermöglicht es, aus besonderen städtebaulichen Gründen, auch beschränkt auf Teile eines Baugebiets (§ 1 Abs. 8 BauNVO), in einzelnen Geschossen, Ebenen oder sonstigen Teilen baulicher Anlagen bestimmte Nutzungsarten vorzuschreiben, also eine sog. **vertikale Gliederung** vorzunehmen.[277] Das ist häufig in Kerngebieten der Fall, in denen das Erdgeschoss für Ladengeschäfte, das Obergeschoss für sonstige gewerbliche oder freiberufliche Nutzungen und die darüber liegenden Geschosse für Wohnzwecke vorgesehen werden.

Schließlich kann die Gemeinde bei Anwendung von § 1 Abs. 5-8 BauNVO gemäß **§ 1 Abs. 9 BauNVO** noch weiter ausdifferenzierte Festsetzungen treffen. Voraussetzung dafür sind bestimmte städtebauliche Gründe gerade für diese Ausdifferenzierung.[278] Der Unterschied zwischen § 1 Abs. 5 BauNVO und § 1 Abs. 9 BauNVO, nach denen jeweils bestimmte Arten der baulichen Nutzung ausgeschlossen werden können, besteht darin, dass § 1 Abs. 5 BauNVO nur den Ausschluss einer der in §§ 2 ff. BauNVO ausdrücklich genannten Arten der baulichen Nutzung zulässt, beispielsweise die in § 7 Abs. 2 Nr. 3 BauNVO genannten Vergnügungsstätten oder Einzelhandelsbetriebe, während § 1 Abs. 9 BauNVO auch den Ausschluss von Unterarten ermöglicht, z.B. aus der Nutzungsart Vergnügungsstätten die Unterarten Diskothek oder Spielhalle[279] und aus der Nutzungsart Einzelhandelsbetriebe solche mit bestimmten Sortimenten[280].

§ 1 Abs. 10 BauNVO ermöglicht es der Gemeinde, bei der Überplanung eines bereits überwiegend bebauten Gebietes[281] zu regeln, dass bestimmte vorhandene bauliche Anlagen[282] auch dann geändert, erweitert oder erneuert werden können, wenn dieses nach den Festsetzungen des Bebauungsplans sonst unzulässig wäre. Die Vorschrift ist auf **Gemengelagen** ausgerichtet und soll verhindern, dass aufgrund der Festsetzung eines Bebauungsplans einseitig die eine Nutzungsart zulässig, die andere Nutzungsart aber unzulässig ist; es soll die Fortentwicklung des vorhandenen Baubestands gewährleistet sein.[283] Die vorhandenen baulichen Anlagen erhalten damit „erweiterten Bestandsschutz".[284] Das bedeutet aber nicht, dass die Gemeinde von der Möglichkeit der Festsetzungen gemäß § 1 Abs. 10 BauNVO Gebrauch machen muss; dies ist allein von einer ordnungsgemäßen Abwägung abhängig.[285]

bb) Maß der baulichen Nutzung (§§ 16-21 BauNVO)

61 Der Bebauungsplan kann ferner nach §§ 16 ff. BauNVO das Maß der baulichen Nutzung bestimmen, indem er die Grundflächen-, Geschossflächen- und Baumassenzahl, die Zahl der

---

277 BVerwGE 88, 268; OVG Münster ZfBR 2007, 351; VGH Mannheim NVwZ-RR 2012, 11; VGH München BayVBl 2015, 564.
278 BVerwGE 77, 317; BauR 2008, 325; ZfBR 2020, 675; OVG Münster BauR 1997, 436; BauR 2012, 750; VGH Mannheim NVwZ-RR 2002, 556; 2012, 11.
279 BVerwGE 77, 317; VGH Mannheim NVwZ-RR 2012, 11.
280 BVerwGE 133, 310.
281 Dazu VGH Mannheim DÖV 2015, 388.
282 BVerwG NVwZ 2008, 214; VGH Mannheim BauR 2014, 504.
283 BVerwG NVwZ 2012, 318; BauR 2002, 1665; VGH München BauR 2000, 699.
284 BVerwG BRS 84 Nr. 9; ZfBR 2016, 493. Zum Bestandsschutz allgemein § 6 Rn. 109 ff.
285 BVerwG NVwZ 1996, 894; VGH Mannheim BauR 2015, 1365.

C. Materiell-rechtliche Anforderungen der Bauleitplanung

Vollgeschosse sowie die Höhe baulicher Anlagen festlegt (§ 16 Abs. 2 BauNVO). Wenn der Bebauungsplan das Maß der baulichen Nutzung regelt, muss er gemäß § 16 Abs. 3 Nr. 1 BauNVO die Grundflächenzahl oder die Größe der Grundfläche der baulichen Anlagen bestimmen, sonst ist er unwirksam.[286]

Die **Grundflächenzahl** ergibt sich nach § 19 BauNVO aus dem Verhältnis zwischen der von baulichen Anlagen überdeckten Grundfläche und der Grundstücksfläche. Die **Geschossflächenzahl** ist nach § 20 Abs. 2 BauNVO das Verhältnis der Fläche aller Vollgeschosse (vgl. dazu § 20 Abs. 1 BauNVO, § 90 Abs. 2 SächsBO) zur Grundstücksfläche. Dabei können Aufenthaltsräume in Nicht-Vollgeschossen, beispielsweise im Keller- oder Dachgeschoss nach § 20 Abs. 3 S. 2 BauNVO mitzurechnen sein,[287] nicht aber Flächen von Nebenanlagen oder Grenzgaragen (§ 20 Abs. 4 BauNVO). Die Gemeinde erhält dazu in § 17 Abs. 1 BauNVO Orientierungswerte. Für die **Höhe baulicher Anlagen sind nach § 18 Abs. 1 BauNVO** die erforderlichen Bezugspunkte zu bestimmen, der obere entweder mit der Firsthöhe (Gesamthöhe) oder dem Schnittpunkt von Außenwand und Dach; auch der untere Bezugspunkt muss klar bestimmt werden.[288]

Hinweis: Grundflächen- und/oder Geschossflächenzahlen sind selten Thema von Klausuren. Wenn es um sie geht, enthält der Sachverhalt zumeist Angaben zur festgesetzten Grund- und/oder Geschossflächenzahl und zu der des Vorhabens. Diese müssen verglichen werden. Gerechnet werden muss i.d.R. nicht.

cc) Bauweise und überbaubare Grundstücksfläche (§§ 22, 23 BauNVO)

Der Bebauungsplan kann nach § 22 Abs. 1 BauNVO offene oder geschlossene Bauweise festsetzen. **Offene Bauweise** bedeutet, dass die Gebäude einen seitlichen Grenzabstand aufweisen (§ 22 Abs. 2 S. 1 BauNVO), während sie bei **geschlossener Bauweise** ohne seitlichen Grenzabstand errichtet werden (§ 22 Abs. 3 BauNVO). **Offene Bauweise** bedeutet aber nicht, dass nur Einzelhäuser errichtet werden dürfen, sondern auch Doppelhäuser oder Hausgruppen (Reihenhäuser) bis 50 m Länge (§ 22 Abs. 2 S. 1 u. 2 BauNVO). Der Begriff des Doppelhauses setzt dabei voraus, dass jede Doppelhaushälfte auf einem eigenen Grundstück steht, das Gebäude aber gleichwohl als bauliche Einheit in Erscheinung tritt.[289] Nach § 22 Abs. 4 BauNVO kann im Bebauungsplan auch eine abweichende Bauweise festgesetzt werden, z.B. eine sog. **halb offene Bauweise**, bei der die Grundstücke nur einseitig an der Grundstücksgrenze errichtet werden.[290]

Während die bauliche Nutzung durch die Festsetzung von Grund- und Geschossflächenzahlen nur abstrakt, d.h. nicht auf das einzelne Grundstück bezogen geregelt wird, kann die Gemeinde durch die Festsetzung von **Baulinien und Baugrenzen (§ 23 BauNVO)** auch bis ins Detail die Bebauung jedes einzelnen Grundstücks festlegen. **Baulinien** (§ 23 Abs. 2 BauNVO) zwingen dazu, auf dieser Linie zu bauen; **Baugrenzen** (§ 23 Abs. 3 BauNVO) dürfen nicht überschritten werden,[291] das Bauvorhaben darf aber dahinter zurückbleiben. Durch die Festsetzung eines sog. **Baufensters**, d.h. Baugrenzen oder sogar Baulinien auf allen vier Seiten, kann die Gemeinde den Standort und auch Grundriss eines Gebäudes festlegen. Baulinien und Baugrenzen gelten aber nicht nur für Gebäude, sondern für alle baulichen Anlagen,[292] nach § 23 Abs. 5 BauNVO aber nicht für Nebenanlagen i.S.d. § 14 BauNVO[293] oder für die nach Landesrecht in den

---
286 BVerwG NVwZ 1996, 894; VGH Mannheim BauR 2019, 1400.
287 Dazu BVerwGE 147, 138; NVwZ 2006, 1065.
288 VGH Mannheim BauR 2019, 1400.
289 BVerwGE 148, 290; NVwZ 2015, 1769; ZfBR 2015, 702; BauR 2016, 790.
290 BVerwG BauR 2018, 215.
291 Dazu BVerwG BauR 1999, 1435.
292 BVerwG NVwZ 2002, 90.
293 BVerwG NVwZ 2013, 1014.

Abstandsflächen zulässigen Anlagen (vgl. dazu § 6 Abs. 8 SächsBO)[294], wenn im Bebauungsplan nichts anderes festgesetzt ist.

dd) Sonstige Festsetzungen im Bebauungsplan

Hinweis: Wenn nicht die typischen, sondern ganz andere Festsetzungen eines Bebauungsplans Gegenstand einer Klausur sind, geht es im Regelfall darum, ob die getroffene Festsetzung ihre Rechtsgrundlage in § 9 Abs. 1 Nr. 1-26 BauGB findet und hinreichend bestimmt ist.

63 Neben diesen in nahezu allen Bebauungsplänen anzutreffenden Regelungen lässt **§ 9 Abs. 1 BauGB** noch eine Vielzahl anderer Festsetzungen zu, die hier nicht im Einzelnen dargestellt werden können. Deshalb sollen zunächst nur einige Beispiele aus der Rechtsprechung des BVerwG vorgestellt werden, bevor auf zwei Regelungen näher eingegangen wird: So kann nach § 9 Abs. 1 Nr. 6 BauGB die höchstzulässige Zahl der Wohnungen in Wohngebäuden durch eine absolute Zahl oder eine Verhältniszahl festgesetzt werden.[295] Nr. 10 ermöglicht wiederum die Festsetzung von Flächen, die von Bebauung freizuhalten sind, nicht aber von Flächen, die von bestimmten Arten von Bebauung freizuhalten sind.[296] Keine private Grünfläche gemäß Nr. 15 ist eine solche für den überwiegend fremdnützigen Gebrauch.[297] Nr. 18b erlaubt die Festsetzung „Fläche für Wald", nicht aber „Fläche für Laubmischwald".[298] Gemäß Nr. 23a können Gebiete, in denen zum Schutz vor schädlichen Umwelteinwirkungen bestimmte luftverunreinigende Stoffe nicht oder nur beschränkt verwendet werden dürfen, festgesetzt werden; die Festsetzung von CO_2-Emissionsgrenzwerten ist davon nicht gedeckt.[299] Das Pflanzgebot Nr. 25 umfasst Anpflanz- oder Erhaltungsfestsetzung.[300] Zu den nach Nr. 26 festsetzbaren Flächen für Aufschüttungen, Abgrabungen und Stützmauern, soweit sie zur Herstellung des Straßenkörpers erforderlich sind, gehört schließlich auch die Festsetzung „Straßenböschungen".[301]

64 Größere Schwierigkeiten bereiten oft Nr. 11 und Nr. 24: **§ 9 Abs. 1 Nr. 11 BauGB** erlaubt nicht nur Verkehrsflächen und Verkehrswege im Zuge eines Baugebiets,[302] sondern auch die sog. isolierte Straßenplanung, d.h. die Aufstellung eines Bebauungsplans, der nur die Festsetzung einer Straße enthält.[303] Die Planungsbefugnis ist dabei nicht auf Gemeindestraßen beschränkt, sondern erfasst auch sog. klassifizierte Straßen.[304] Ferner können nach § 9 Abs. 1 Nr. 11 BauGB auch Verkehrsflächen mit besonderer Zweckbestimmung (Fußweg, Radweg, Fußgängerzone, Parkfläche) festgesetzt werden.[305] Unzulässig sind dagegen verkehrsrechtliche Anordnungen, etwa Einbahnstraßenregelungen oder Geschwindigkeitsbegrenzungen, weil hierfür die Straßenverkehrsbehörde zuständig ist.[306]

§ 9 Abs. 1 Nr. 24 BauGB lässt Anordnungen zum Schutz vor schädlichen Umwelteinwirkungen zu; in der Praxis betrifft dieses vor allem den Verkehrs- und Gewerbelärm. In Betracht kommt etwa die Festsetzung von Lärmschutzwällen oder -wänden als aktiver Schallschutz[307] oder –

---

294 Dazu § 8 Rn. 14.
295 BVerwG DVBl 1999, 238; BeckRS 2005, 22694.
296 BVerwG NVwZ 2021, 1557.
297 BVerwG BauR 2023, 896.
298 BVerwGE 150, 101.
299 BVerwGE 159, 356.
300 BVerwG NVwZ 2015, 158.
301 BVerwGE 134, 355.
302 Dazu VGH Mannheim DVBl 2015, 442.
303 BVerwGE 72, 172; 117, 58; NVwZ 1994, 275.
304 Dazu § 17b Abs. 2 FStrG, § 39 Abs. 7 SächsStrG; OVG Münster NVwZ-RR 1997, 687.
305 VGH Mannheim BauR 2006, 1271.
306 BVerwGE 95, 333.
307 VGH Mannheim BRS 81 Nr. 22.

C. Materiell-rechtliche Anforderungen der Bauleitplanung

für den passiven Schallschutz – die Verpflichtung zum Einbau von Schallschutzfenstern[308], die immissionshemmende Ausführung von Außenwänden eines Gebäudes[309] oder die Verpflichtung zu einer bestimmten Anordnung bestimmter Zimmer im Gebäudeinnern[310]. Ist eine solche Festsetzung getroffen worden, haben die dadurch Begünstigten Anspruch auf die Verwirklichung der Festsetzungen.[311] Es muss sich aber um technische Vorkehrungen handeln, die Festsetzung von Emissionskontingenten ist unzulässig.[312]

Gemäß **§ 9 Abs. 2 BauGB** kann in besonderen Fällen festgesetzt werden, dass bestimmte Nutzungen und Anlagen nur für einen bestimmten Zeitraum zulässig oder bedingt zulässig oder bedingt unzulässig sind; die Folgenutzung soll festgesetzt werden. Das bedeutet ein „Baurecht auf Zeit",[313] das beispielsweise dazu dienen soll, ohne Änderung oder Aufhebung des Bebauungsplans Zwischen- oder Anschlussnutzungen zu ermöglichen.

§ 9 Abs. 2a, 2b und 2d BauGB ermöglichen ferner sog. sektorale Bebauungspläne zur Steuerung von Einzelhandel, Vergnügungsstätten und Wohnraumversorgung im Innenbereich, **§ 9 Abs. 2c BauGB** einen Bebauungsplan zur Vermeidung und Verringerung der Folgen von Störfällen.

Hinweis: Diese besonderen Bebauungspläne, gerade zur Steuerung des Einzelhandels, sind häufig, aber wenig klausurrelevant.

Nach **§ 9 Abs. 4 BauGB** können auch bauordnungsrechtliche Regelungen als Festsetzungen in den Bebauungsplan aufgenommen werden (vgl. § 89 Abs. 2 SächsBO). Bebauungspläne enthalten zumeist solche Regelungen, z.B. zur äußeren Gestaltung der Gebäude, der Einfriedungen oder der unbebauten Flächen der bebauten Grundstücke (§ 89 Abs. 1 Nr. 1 u. 5 SächsBO). Voraussetzung solcher Festsetzungen ist allerdings, dass diese bauordnungsrechtlichen Zielen dienen.[314]

Gemäß **§ 9 Abs. 5 BauGB** sollen auch im Bebauungsplan bestimmte Flächen gekennzeichnet werden, gemäß **§ 9 Abs. 6 BauGB** sollen Festsetzungen nach anderen gesetzlichen Vorschriften, etwa Wasser- oder Landschaftsschutzgebiete oder Festsetzungen aufgrund Planfeststellungen sowie Kulturdenkmale nach Landesrecht nachrichtlich in den Bebauungsplan übernommen werden. Nachrichtlich übernommen werden sollen auch festgesetzte Überschwemmungsgebiete, Risikogebiete und Hochwasserentstehungsgebiete, noch nicht festgesetzte sollen im Bebauungsplan vermerkt werden (**§ 9 Abs. 6a BauGB**). Kennzeichnung, nachrichtliche Übernahme und Vermerke dienen lediglich dem Verständnis und der Information; sie sind keine Festsetzungen.

---

308 BVerwG NJW 1995, 2572.
309 BVerwGE 108, 248.
310 BVerwG ZfBR 2015, 579; zum Kostenerstattungsanspruch BVerwGE 80, 184.
311 BVerwG DVBl 1988, 1167; OVG Lüneburg BauR 1993, 456.
312 BVerwGE 161, 53; NVwZ 1994, 1009; BauR 2007, 856.
313 Dazu BVerwGE 158, 163; VGH Mannheim BeckRS 2015, 54508.
314 Dazu BVerwG BauR 1997, 999; 2005, 1752; VGH Mannheim VBlBW 1996, 69; DVBl 2015, 442; BauR 1988, 310; OVG Koblenz DVBl 2009, 56; BauR 2013, 1265; VGH Kassel NVwZ-RR 2007, 746.

67 Auszug aus dem Bebauungsplan Nr. 036 – Wohngebiet Franz-Mehring-Platz – der Stadt Freiberg:[315]

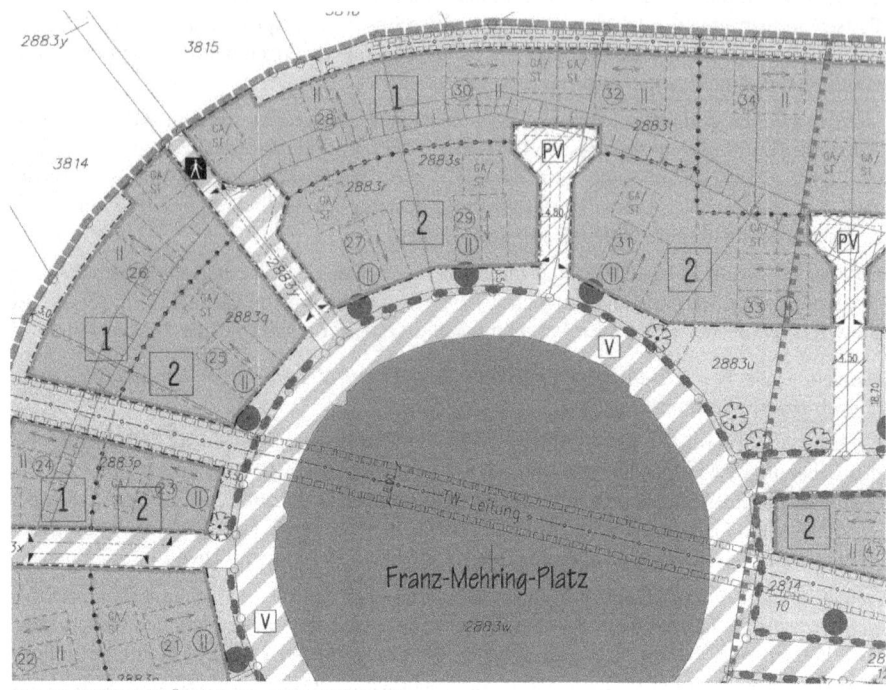

c) Vorhabenbezogener Bebauungsplan

68 Nicht an § 9 BauGB und nicht an die BauNVO gebunden ist die Gemeinde gemäß § 12 Abs. 2 S. 2 Hs. 1 BauGB beim **vorhabenbezogenen Bebauungsplan**, mit dem die Gemeinde die Zulässigkeit von Vorhaben bestimmen kann (§ 12 Abs. 1 S. 1 BauGB). Ein vorhabenbezogener Bebauungsplan

---

315 Abrufbar unter: https://www.freiberg.de/leben-und-freizeit/wohnen-und-bauen/bauleitplaene (zuletzt am 10.07.2023). Zum entsprechenden Flächennutzungsplan bereits § 5 Rn. 57.

C. Materiell-rechtliche Anforderungen der Bauleitplanung

kann daher sehr individuelle Regelungen enthalten, § 9 BauGB und die BauNVO haben aber auch insoweit Leit- und Orientierungsfunktion.[316] Der vorhabenbezogene Bebauungsplan ist ausgerichtet auf einen **Vorhabenträger** als Investor und dessen **konkretes Vorhaben**,[317] wobei der Vorhabenträger zum Zeitpunkt des Erlasses des vorhabenbezogenen Bebauungsplans als Grundstückseigentümer oder sonst privatrechtlich gesichert in der Lage sein muss, das Vorhaben zu verwirklichen.[318] Dass der vorhabenbezogene Bebauungsplan im Interesse des Vorhabenträgers erfolgt, steht der Erforderlichkeit gemäß § 1 Abs. 3 BauGB nicht entgegen.[319] Seine Besonderheit besteht in einer „Paketlösung", nämlich einem mit der Gemeinde abgestimmten **Vorhaben- und Erschließungsplan** des Vorhabenträgers,[320] einem **Durchführungsvertrag** zwischen der Gemeinde und dem Vorhabenträger und sodann dem **vorhabenbezogenen Bebauungsplan** der Gemeinde[321], der auch einzelne Flächen außerhalb des Vorhaben- und Erschließungsplans einbeziehen kann (§ 12 Abs. 4 BauGB);[322] der Vorhaben- und Erschließungsplan wird dabei Bestandteil des vorhabenbezogenen Bebauungsplans (§ 12 Abs. 3 S. 1 BauGB).

Der Vorhabenträger, der bereit und in der Lage ist, ein Vorhaben nebst Erschließungsmaßnahmen innerhalb einer bestimmten Frist durchzuführen und die Planungs- und Erschließungskosten ganz oder teilweise zu tragen, beantragt dazu bei der Gemeinde die Einleitung eines vorhabenbezogenen Bebauungsplanverfahrens. Die Gemeinde entscheidet über diesen Antrag nach pflichtgemäßem Ermessen (§ 12 Abs. 2 S. 1 BauGB), ein Rechtsanspruch des Vorhabenträgers (vgl. auch § 1 Abs. 3 S. 2 BauGB) besteht insoweit nicht.[323] Entscheidet sich die Gemeinde für die Einleitung des Verfahrens, schließen die Gemeinde und der Vorhabenträger den Durchführungsvertrag, was vor dem Satzungsbeschluss gemäß § 10 Abs. 1 BauGB geschehen muss (vgl. § 12 Abs. 1 S. 1 BauGB), sonst ist der Bebauungsplan unwirksam.[324] Auch ohne eine Regelung zur Umsetzungsfrist ist der Bebauungsplan unwirksam.[325] Auf Antrag des Vorhabenträgers oder sofern es die Gemeinde für erforderlich hält, informiert die Gemeinde dann über den voraussichtlich erforderlichen Untersuchungsrahmen der Umweltprüfung (§ 12 Abs. 2 S. 2 BauGB). Trotz abgeschlossenen Durchführungsvertrages ist die Gemeinde berechtigt, ein vorhabenbezogenes Bebauungsplanverfahren aus sachlichen Gründen zu beenden, ohne dass der Vorhabenträger Schadensersatz für seine bisherigen Aufwendungen verlangen kann;[326] bei einer „grundlosen" Verfahrenseinstellung kann sich die Gemeinde aber wegen Verletzung der Amtspflicht zu konsequentem Verhalten schadensersatzpflichtig machen.[327]

Der enge Bezug zwischen vorhabenbezogenem Bebauungsplan und Vorhaben ist später etwas gelockert worden. Gemäß § 12 Abs. 3a S. 1 BauGB kann inzwischen im vorhabenbezogenen Bebauungsplan auch ein Baugebiet der BauNVO oder eine bauliche oder sonstige Nutzung allgemein festgesetzt werden. Erfolgt eine solche Festsetzung, ist in entsprechender Anwendung des § 9 Abs. 2 BauGB weiter festzusetzen, dass im Rahmen der festgesetzten Nutzungen nur

---

316 BVerwGE 116, 296.
317 BVerwGE 116, 296; NVwZ 2018, 1235; BauR 2019, 1400 (Kubatur bzw. Mindestmaße müssen im Wesentlichen festgelegt sein).
318 OVG Bautzen BeckRS 2008, 3000.
319 OVG Lüneburg DVBl 2010, 733. Dazu bereits § 5 Rn. 36.
320 Zur Unwirksamkeit eines vorhabenbezogenen Bebauungsplans insbesondere wegen Mängeln des Vorhaben- und Erschließungsplanes zur Ausweisung eines Sondergebietes für Windenergieanlagen OVG Lüneburg BeckRS 2021, 18143.
321 OVG Münster BauR 2006, 1275.
322 Dazu OVG Bautzen SächsVBl 2008, 115; 2012, 114.
323 VGH Mannheim NVwZ 2000, 1060.
324 OVG Bautzen SächsVBl 1998, 59; VGH München NVwZ-RR 2002, 260; VGH Mannheim NVwZ-RR 2003, 407; VBlBW 2009, 348; OVG Münster BauR 2006, 1275.
325 VGH München KommunalPraxis BY 2020, 147.
326 OVG Bautzen SächsVBl 2021, 254; OVG Lüneburg BauR 2009, 777.
327 BGH NVwZ 2006, 1207.

solche Vorhaben zulässig sind, zu deren Durchführung sich der Vorhabenträger im Durchführungsvertrag verpflichtet. § 12 Abs. 3a S. 2 BauGB ermöglicht dann eine Änderung des Durchführungsvertrages oder den Abschluss eines neuen Durchführungsvertrages, der vorhabenbezogene Bebauungsplan selbst muss nicht geändert werden.

Weil der vorhabenbezogene Bebauungsplan auch von der finanziellen Leistungsfähigkeit des Vorhabenträgers abhängt, muss die Gemeinde diese prüfen und kann entsprechende Nachweise verlangen.[328] Ein Wechsel des Vorhabenträgers bedarf daher auch der Zustimmung der Gemeinde (§ 12 Abs. 5 BauGB). Wird der vorhabenbezogene Bebauungsplan nicht fristgerecht durchgeführt, soll die Gemeinde den Bebauungsplan ggf. im vereinfachten Verfahren (§ 13 BauGB) aufheben (§ 12 Abs. 6 S. 1 u. 3 BauGB). Schadensersatzansprüche des Vorhabenträgers gegen die Gemeinde können in diesem Fall nicht geltend gemacht werden (§ 12 Abs. 6 S. 2 BauGB).

III. Abwägung (§ 1 Abs. 7 BauGB)

1. Allgemeines

Zur Einführung: *Bernhardt*, Das baurechtliche Abwägungsgebot zwischen richterlicher Rechtsfortbildung und gesetzlicher Regelung, JA 2008, 166; *Martini/Finkenzeller*, Die Abwägungsfehlerlehre, JuS 2012, 126; *Scheidler*, Die Abwägung als Kernstück der gemeindlichen Bauleitplanung, KommJur 2019, 405

Zur Vertiefung: *Berkemann*, Zur Abwägungsdogmatik: Stand und Bewertung, ZUR 2016, 323; *Erbguth*, Abwägung als Wesensmerkmal rechtsstaatlicher Planung – die Anforderungen des Rechtsstaatsprinzips, UPR 2010, 281; *Lege*, Abkehr von der „sog. Abwägungsfehlerlehre"?, DÖV 2015, 361; *Scheidler*, Die Zusammenstellung des Abwägungsmaterials bei der Bauleitplanung, KommunalPraxis BY 2022, 170

Hinweis: Die Abwägung in der Bauleitplanung ist etwas Besonderes. Im BauGB finden sich dafür aber lediglich „Leitplanken". Letztendlich gilt: die Abwägung muss nachvollziehbar und ihr Ergebnis vertretbar sein. Auf dem Weg dorthin können der Gemeinde Fehler unterlaufen. Diese werden nach wie vor unter dem Schlagwort „Abwägungsfehlerlehre" zusammengefasst. 2004 trat dann das Europarechtsanpassungsgesetz Bau in Kraft und mit ihm § 2 Abs. 3 und § 214 Abs. 1 S. 1 Nr. 1 u. Abs. 3 S. 2 BauGB. Waren Abwägungsfehler zuvor stets materiell-rechtliche Fehler, wird seither zumeist zwar an der Abwägungsfehlerlehre festgehalten, aber unterschieden zwischen Abwägungsvorgangsfehlern als Verfahrensfehlern und Abwägungsergebnisfehlern als materiell-rechtlichen Fehlern. Abwägungsergebnisfehler sind dabei stets beachtlich und können nie unbeachtlich werden, sie führen zur Unwirksamkeit der Bauleitplanung. Abwägungsvorgangsfehler dagegen können ggf. beachtlich sein und zudem unbeachtlich werden, egal ob sie Verfahrensfehler sind oder nicht. In Klausuren aus gerichtlicher Perspektive genügt es daher, mögliche Abwägungsfehler herauszuarbeiten, diese zuzuordnen und die Planerhaltungsvorschriften zu prüfen.

71 Die **gerechte Abwägung öffentlicher und privater Belange gegeneinander und untereinander** gemäß § 1 Abs. 7 BauGB stellt das zentrale Gebot[329] und zugleich das zentrale Problem der Bauleitplanung dar. Dabei ist zu unterscheiden zwischen der Auslegung der Begriffe, mit denen die privaten und öffentlichen Belange bezeichnet werden, und der Abwägung der zutreffend erkannten privaten und öffentlichen Belange. Die Auslegung der insbesondere in den Planungsleitlinien § 1 Abs. 5-6 BauGB, ergänzt durch § 1a BauGB, genannten Begriffe ist **gerichtlich voll**

---

328 OVG Bautzen NVwZ 1995, 181; OVG Greifswald BauR 2006, 1432; VGH München BRS 78 Nr. 4.
329 BVerwGE 34, 301; 45, 309.

C. Materiell-rechtliche Anforderungen der Bauleitplanung

überprüfbar, weil es sich hierbei um **unbestimmte Rechtsbegriffe** handelt.[330] Demgegenüber ist mit der Abwägung gemäß § 1 Abs. 7 BauGB ein **planerischer Gestaltungsfreiraum** verbunden.[331] Während verwaltungsrechtliche Vorschriften i.d.R. einem „Konditionalprogramm" folgen (wenn – dann), sind die Planungsleitsätze und Planungsleitlinien und insbesondere die Abwägung ein „Finalprogramm"[332], in dem der Zweck der Planung die eingesetzten Mittel rechtfertigen muss; die planungsrechtlichen Vorschriften geben den Weg der Bauleitplanung vor, nicht aber das Ergebnis der Bauleitplanung. Das „Finalprogramm" ist daher von einer Gewichtung des gewollten Planungsziels einerseits und der dadurch positiv oder negativ betroffenen öffentlichen oder privaten Belange andererseits abhängig. Bauleitplanung ist also ein Willensbildungsprozess mit den Elementen Erkennen, Werten und Wollen.[333] Die eigentliche **Abwägungsentscheidung** ist daher nur **eingeschränkt überprüfbar**.

Aus der Fassung des § 1 Abs. 7 BauGB ergibt sich, dass der Gesetzgeber weder den öffentlichen noch den privaten Belangen (Interessen) den Vorrang einräumen wollte;[334] alle Belange sind abstrakt gleichwertig, daran hat auch Art. 20a GG nichts geändert[335]. Die Gemeinde muss im Einzelfall entscheiden, welche Belange gewichtiger sind, sodass andere Belange zurücktreten müssen. Der Grundsatz der **Gleichgewichtigkeit aller Belange** erfährt allerdings eine Ausnahme durch die sog. **Abwägungsdirektiven**, die teils zu den Planungsleitlinien[336] zählen und eine Art Gewichtungsvorgabe[337] dahingehend enthalten, dass ihre Belange möglichst weitgehend Beachtung finden sollen; im Rahmen der planerischen Abwägung können sie aber durch andere Belange von besonderem Gewicht überwunden werden.[338] Sie werden auch als Optimierungsgebote bezeichnet.[339] Zu diesen Abwägungsdirektiven gehört namentlich der Trennungsgrundsatz des § 50 S. 1 BImSchG, also die Trennung von Wohn- und sonstigen schutzwürdigen Gebieten und immissionsträchtigen Anlagen[340]. Ob auch die sog. Bodenschutzklausel des § 1a Abs. 2 S. 1 BauGB und die naturschutzrechtliche Eingriffsregelung des § 1a Abs. 3 BauGB dazu zählen[341], wird unterschiedlich beantwortet.[342]

Das Gebot gerechter Abwägung der von der Bauleitplanung betroffenen öffentlichen und privaten Belange ergibt sich nicht nur aus § 1 Abs. 7 BauGB, es ist vielmehr Ausdruck des in Art. 20 Abs. 3 GG verankerten **Rechtsstaatsprinzips**.[343] Diese verfassungsrechtliche Verankerung des Abwägungsgebots ist vor allem deshalb bedeutsam, weil der Gesetzgeber dadurch gehindert ist, das Abwägungsgebot einzuschränken und etwa einen regelmäßigen Vorrang öffentlicher Belange vor privaten Belangen festzuschreiben.

Die Abwägung zwischen den verschiedenen miteinander in Widerstreit stehenden oder sich ergänzenden öffentlichen Belangen (insbesondere denen des § 1 Abs. 5-6 BauGB und des § 1a Abs. 2-3 u. 5 BauGB) und den privaten Belangen ist das eigentliche Betätigungsfeld gemeindlicher

---

330 BVerwGE 34, 301; 45, 309; NVwZ 2004, 287; BGHZ 66, 322.
331 BVerwGE 34, 301; 141, 171; NVwZ 2009, 1489.
332 *Battis* in: Battis/Krautzberger/Löhr § 1 Rn. 88 f.; *Berkemann* ZUR 2016, 323 (324).
333 *Kment* Öffentliches Baurecht I § 4 Rn. 24.
334 BVerwGE 34, 301; 47, 144; 92, 231.
335 BVerwG NVwZ-RR 2003, 171.
336 Zur Abgrenzung der Planungsleitsätze zu den allgemeinen Planungsleitlinien des § 1 Abs. 5 BauGB sowie zu den konkreten bzw. besonderen Planungsleitlinien des § 1 Abs. 6 BauGB: *Stollmann/Beaucamp* Öffentliches Baurecht § 7 Rn. 29 ff.
337 *Berkemann* ZUR 2016, 323 (328).
338 BVerwGE 71, 163; 143, 24.
339 BVerwGE 90, 329; NVwZ 2022, 1549.
340 BVerwG NVwZ 2007, 831.
341 Dazu BVerwGE 128, 238; BauR 2008, 1416; NVwZ 1997, 1213.
342 Ablehnend *Kment* Öffentliches Baurecht I § 4 Rn. 61; vgl. zur „neuen Abwägungsdirektive des § 2 EEG": *Parzefall* NVwZ 2022, 1592.
343 BVerwGE 41, 67; 64, 33.

Planungshoheit.[344] Die Gemeinde ist bei der Abwägung der öffentlichen und privaten Belange jedoch nicht völlig frei, denn sie hat neben den Planungsleitsätzen und -leitlinien vor allem auch der Eigentumsgarantie aus Art. 14 GG Rechnung zu tragen. Bauleitpläne sind **Inhalts- und Schrankenbestimmungen des Eigentums** i.S.d. Art. 14 Abs. 1 S. 2 GG,[345] auch wenn sie die bisherige Rechtslage zum Nachteil bestimmter Grundstückseigentümer ändern.[346] Die Gemeinde ist entsprechend dem Grundsatz der Verhältnismäßigkeit gehalten, die schutzwürdigen Interessen der Eigentümer und die Belange des Gemeinwohls in einen gerechten Ausgleich und in ein ausgewogenes Verhältnis zu bringen.[347] Die für die Planung sprechenden Interessen müssen daher um so gewichtiger sein, je stärker z.b. die Festsetzungen eines Bebauungsplans die Privatnützigkeit der betroffenen Grundstücke beschränken oder gar ausschließen.[348]

Beispiele:

- BVerfG NVwZ 1999, 979: Für ein bisher privat genutztes Innenstadtgrundstück mit Baulandqualität kann eine öffentliche Grünfläche oder eine Fläche für den Gemeinbedarf festgesetzt werden, wenn ein besonderes öffentliches Interesse an der Ausweisung einer Parkanlage und einem späteren Kindergarten auf dieser Fläche besteht.
- VGH Mannheim VBlBW 2015, 37: Auf einem Privatgrundstück darf nicht auf Vorrat eine Gemeinbedarfsfläche festgesetzt werden, wenn offen ist, welche Gemeinbedarfsanlagen errichtet werden sollen.

2. Abwägungsgrundsätze

Die Gemeinde hat die folgenden **allgemeingültigen Abwägungsgrundsätze** zu beachten.

a) Abwägungsbereitschaft

73 Die Gemeinde muss bei der Planung für alle in Betracht kommenden **Planungsalternativen** offen sein, d.h. sie darf nicht von vornherein auf eine bestimmte Planung festgelegt sein. Das Gebot der Abwägungsbereitschaft wird verletzt, wenn – so die Rechtsprechung – die Gemeinde „naheliegende", „sich ernsthaft anbietende", „ernsthaft in Betracht kommende" oder „sich aufdrängende" alternative Planungsmöglichkeiten nicht in ihre Erwägungen einbezieht,[349] etwa weil die Planung von vornherein auf ein bestimmtes Ergebnis fixiert ist. § 2a S. 2 Nr. 2 BauGB, Anlage 1 Nr. 2d zum BauGB geht noch darüber hinaus: Danach sind im Umweltbericht die „in Betracht kommenden anderweitigen Planungsmöglichkeiten" und die wesentlichen Gründe für die gewählte Planungsalternative anzugeben, was freilich mehr der Ermittlung des Abwägungsmaterials als der Abwägung selbst dient.

74 Das Gebot der Abwägungsbereitschaft gerät in der kommunalen Praxis nicht selten in Widerstreit mit der Notwendigkeit, bereits bei der Bauleitplanung auf die Bedürfnisse und Wünsche derjenigen einzugehen, die später dort bauen wollen.

Beispiele:

- VGH Mannheim VBlBW 1983, 106: Die Gemeinde stellt einen Bebauungsplan für eine Auto-Teststrecke auf, der von der Auto-Firma zuvor in allen Einzelheiten entsprechend den Bedürfnissen der Firma entworfen worden war.
- VGH Mannheim VBlBW 2007, 182: Die Gemeinde stellt nach Abschluss eines Rahmenvertrages mit dem Investor einen Bebauungsplan für ein Thermal- und Erlebnisbad mit Gesundheitszentrum auf.

---

344 Dazu § 5 Rn. 6.
345 BVerfGE 79, 174; NVwZ 2003, 727.
346 BVerfG NVwZ 1999, 979; BVerwGE 47, 144; 116, 194; BRS 74 Nr. 20.
347 BVerfG NVwZ 2012, 429.
348 BVerwG NVwZ 1988, 727; ZfBR 2013, 576.
349 BVerwG NVwZ 2003, 485 u. 1263; 2009, 986; OVG Koblenz BauR 2011, 1127; VGH Mannheim BRS 82 Nr. 9; BauR 2019, 1564.

C. Materiell-rechtliche Anforderungen der Bauleitplanung 71

Das BVerwG hat hierzu festgestellt, dass die Vorstellung, die Bauleitplanung müsse frei von jeder Bindung erfolgen, lebensfremd sei; gerade bei größeren Objekten, etwa der Ansiedelung eines Industriebetriebs oder der Planung eines neuen Stadtteils, sei häufig mehr Bindung als planerische Freiheit vorhanden.[350] In der Tat lässt sich ein Industriegebiet häufig nur dann sinnvoll planen, wenn die Bedürfnisse der einzelnen Industrieunternehmen an die Verkehrswege oder die Notwendigkeit von immissionsschützenden Maßnahmen vorher abgesprochen werden;[351] das gleiche gilt für andere Großobjekte wie Krankenhäuser, Universitäten oder Einkaufszentren. Jede Vorentscheidung der Gemeinde vor der Bauleitplanung für unzulässig zu halten, wäre daher nicht richtig, auch wenn das BauGB grundsätzlich von der planerischen Freiheit der Gemeinde ausgeht, und zwar bis zur Entscheidung des Gemeinde- bzw. Stadtrats nach der Öffentlichkeits- und Behördenbeteiligung. Die Grenze bilden **Vorabbindungen**, die die planerische Freiheit infrage stellen:[352] Die Vorentscheidung muss deshalb sachlich gerechtfertigt sein. Dabei muss die planungsrechtliche Zuständigkeitsordnung gewahrt bleiben, d.h. es muss, soweit die Planung dem Gemeinde- bzw. Stadtrat obliegt, dessen Mitwirkung an der Vorentscheidung in einer Weise gesichert werden, die es gestattet, die Vorentscheidung auch dem Gemeinde- bzw. Stadtrat zuzurechnen. Sie darf auch inhaltlich nicht zu beanstanden sein und muss insbesondere den Anforderungen genügen, denen sie genügen müsste, wenn sie als Bestandteil des abschließenden Abwägungsvorgangs getroffen würde. Diese letzte Voraussetzung ist selbstverständlich, denn ein gegen § 1 Abs. 7 BauGB verstoßender Bebauungsplan ist auch dann unwirksam, wenn er auf einer Vorabbindung der Gemeinde beruht.

Aus der Rechtsprechung des BVerwG darf aber nicht der Schluss gezogen werden, dass die Gemeinde sich, sofern die angeführten Voraussetzungen vorliegen, gegenüber einem Bauinteressenten durch eine Zusage oder einen öffentlich-rechtlichen **Vertrag** zur Aufstellung eines Bauleitplans verbindlich verpflichten könne. Für die Bauleitplanung stellt § 1 Abs. 3 S. 2 Hs. 2 BauGB ausdrücklich fest, dass ein Anspruch auf Aufstellung eines Bauleitplans auch nicht durch Vertrag begründet werden kann,[353] was ebenso im Fall eines vorhabenbezogenen Bebauungsplans gilt, bei dem die Gemeinde nach pflichtgemäßem Ermessen über die Einleitung eines Bebauungsplanverfahrens entscheidet (§ 12 Abs. 2 S. 1 BauGB). Unzulässig ist daher eine Zusage der Gemeinde, einen Bauleitplan aufzustellen.[354] Gleiches gilt für eine vertragliche Absprache mit einer anderen Gemeinde, in der einen oder in beiden Gemeinden sich zur Aufstellung eines Bauleitplans zu verpflichten.[355] Nichtsdestotrotz können sich Ansprüche auf Schadensersatz ergeben, wenn die Gemeinde beim Vertragspartner trotz ihrer Befugnis zur Bauleitplanung durch ein Verhalten außerhalb der Bauleitplanung, z.B. durch den Verkauf eines Grundstücks als Bauland, einen Vertrauenstatbestand geschaffen hat, dass ein Bauleitplan aufgestellt werden wird.[356]

75

Hinweis: Vom Blickwinkel der sog. Abwägungsfehlerlehre aus, sind die sich aus „a) Abwägungsbereitschaft" und – im Folgenden – aus „b) Abwägungsmaterial" ergebenden Abwägungsgrundsätze bereits im Rahmen der formellen Rechtmäßigkeit anzusprechen; bei Nichtbeachtung handelt es sich entweder um einen Fall des Abwägungsausfalls (bei a) bzw. um einen Fall des Abwägungsdefizits oder der Abwägungsfehleinschätzung (bei b).[357]

---

350 BVerwGE 45, 309.
351 OVG Münster NVwZ-RR 2001, 635.
352 Zu den daraus folgenden Anforderungen BVerwGE 45, 309; kritisch Kment Öffentliches Baurecht I § 4 Rn. 29.
353 BVerwG BauR 1982, 30; BRS 67 Nr. 55; BGH NVwZ 2006, 1207.
354 BVerwG BauR 2012, 627.
355 BVerwG NVwZ 2006, 458.
356 BGHZ 71, 386; NVwZ 2006, 1207; OVG Lüneburg BRS 40 Nr. 32.
357 Dazu § 5 Rn. 85 f.

b) Abwägungsmaterial

76 Die Gemeinde kann nur dann eine dem rechtsstaatlichen Abwägungsgebot entsprechende Planungsentscheidung treffen, wenn sie alle von der Bauleitplanung betroffenen öffentlichen und privaten Belange in die Abwägung einstellt. Gerade die Zusammenstellung des Abwägungsmaterials bereitet in der Praxis Schwierigkeiten und führt zu Fehlern, ggf. mit der Folge der Unwirksamkeit des Bebauungsplans.

Gemäß **§ 2 Abs. 3 BauGB** sind daher bei Aufstellung von Bauleitplänen die Belange, die für die Abwägung von Bedeutung sind (**Abwägungsmaterial**), **zu ermitteln** und **zu bewerten**. Elemente der Ermittlung und Bewertung sind dabei neben der Begründung des Entwurfs des Bauleitplans (§ 2a BauGB) insbesondere die Öffentlichkeitsbeteiligung (§ 3 BauGB) und die Behördenbeteiligung (§ 4 BauGB), die gemäß § 4a Abs. 1 BauGB der vollständigen Ermittlung und zutreffenden Bewertung der berührten Belange dienen.

Von Bedeutung sind alle Belange, die „**nach Lage der Dinge**" in die Abwägung einzustellen sind.[358] Dazu gehören alle Belange, angefangen mit denen, deren Betroffenheit mehr als geringfügig und als abwägungserheblich erkennbar ist,[359] bis hin zu den Belangen, deren Betroffenheit offensichtlich ist und sich aufdrängt.[360] Der Umfang dessen, was zu ermitteln und zu bewerten ist, ist grundsätzlich sehr weit.[361] Und je bedeutsamer der Belang ist und je schwerwiegender die Auswirkungen der Planung sind, um so mehr Ermittlungssensibilität und -intensität ist zu fordern und umso mehr „Aufwand" ist zu betreiben.[362]

Das gilt insbesondere für die Umweltbelange, erst recht, wenn bereits Hinweise z.B. auf Altlasten[363] oder schädliche Umwelteinwirkungen[364] vorhanden sind. Die Umweltprüfung gemäß § 2 Abs. 4 BauGB hat insoweit den Aufwand erhöht, nicht aber das Gewicht der Umweltbelange in der Abwägung verändert, wie § 2 Abs. 4 S. 4 und § 1a Abs. 2 S. 3, Abs. 3 S. 1 und Abs. 5 S. 2 BauGB zeigen. Denn danach ist das Ergebnis der für die Belange des Umweltschutzes nach §§ 1 Abs. 6 Nr. 7, 1a BauGB durchzuführenden **Umweltprüfung**,[365] in der die voraussichtlichen erheblichen Umwelteinwirkungen ermittelt und in einem **Umweltbericht** (§ 2a S. 2 Nr. 2, 3 BauGB) beschrieben und bewertet werden, gemäß § 2 Abs. 4 S. 4 BauGB in der Abwägung gemäß § 1 Abs. 7 BauGB zu berücksichtigen. Nichts anderes gilt gemäß § 1a Abs. 3 S. 1 BauGB für die naturschutzrechtliche Eingriffsregelung.[366]

Hinweis: Wie bereits ausgeführt, sind nicht die Einzelheiten, sondern allenfalls das Ergebnis einer Umweltprüfung hier klausurrelevant. Ebenso verhält es sich mit der naturschutzrechtlichen Eingriffsregelung. Wie bei den Natura 2000-Gebieten und dem Artenschutz[367] soll zum besseren Verständnis aber auch die naturschutzrechtliche Eingriffsregelung in der nachfolgenden Randnummer als Exkurs in Grundzügen dargestellt werden.

---

358 BVerwGE 34, 301; 45, 309.
359 BVerwG NVwZ-RR 1994, 490.
360 BVerwG BauR 2013, 456.
361 BVerwGE 128, 118.
362 OVG Koblenz DVBl 1991, 452.
363 Dazu BGH NJW 1989, 976; 1991, 2701.
364 Dazu BVerwG NVwZ 1997, 1213 u. 1215.
365 Zu Fehlern bei der Umweltprüfung und Planerhaltung *Kümper* ZfBR 2022, 540.
366 Dazu *Kment* Öffentliches Baurecht I § 4 Rn. 39 f.; *Meckler* BauR 2022, 1431; zu den Grundstrukturen des Naturschutzrechts: *Glaser* JuS 2010, 209.
367 Dazu § 5 Rn. 45 f.

C. Materiell-rechtliche Anforderungen der Bauleitplanung

Eingriffe in Natur und Landschaft sind Veränderungen der Gestalt oder der Nutzung von Grundflächen oder Veränderungen des Grundwasserspiegels, die die Leistungs- und Funktionsfähigkeit des Naturhaushaltes oder das Landschaftsbild erheblich beeinträchtigen können (§ 14 Abs. 1 BNatSchG, § 9 SächsNatSchG), was praktisch bei allen größeren Bauvorhaben in bisher nicht baulich genutzten Bereichen der Fall ist.

Beispiele:
- BVerwG BauR 2002, 751: Windenergieanlage; BVerwGE 112, 41: innerstädtisches Industriegebiet.
- VGH Mannheim RdL 2013, 332: Sport- und Freizeitanlage; NVwZ-RR 2005, 773: Hochregallager.

Der Eingriff in Natur und Landschaft erfolgt zwar nicht durch den Bauleitplan selbst, sondern durch das spätere Bauen, die naturschutzrechtliche Eingriffsregelung ist aber gemäß § 1a Abs. 3 S. 1 BauGB bereits im Bauleitplanverfahren abzuarbeiten, denn gemäß § 18 Abs. 2 S. 1 BNatSchG sind die §§ 14 ff. BNatSchG auf Vorhaben gemäß §§ 30 und 33 BauGB nicht anzuwenden. Gemäß § 13 BNatSchG sind erhebliche Beeinträchtigungen von Natur und Landschaft vorrangig zu vermeiden, während nicht vermeidbare erhebliche Beeinträchtigungen durch Ausgleichs- oder Ersatzmaßnahmen oder – ist dies nicht möglich – durch den Ersatz in Geld zu kompensieren sind. Entscheidend ist die **Vermeidbarkeit der Beeinträchtigung**, nicht die Vermeidbarkeit des Eingriffs, weil jeder Eingriff dadurch vermieden werden kann, dass er unterlassen wird.³⁶⁸ Unvermeidbare Beeinträchtigungen sind gemäß § 15 Abs. 1 S. 3 BNatSchG zu begründen und gemäß § 15 Abs. 2 S. 1 BNatSchG durch Maßnahmen des Naturschutzes und der Landschaftspflege auszugleichen (Ausgleichsmaßnahmen) oder zu ersetzen (Ersatzmaßnahmen), wobei Ausgleich ein Wiederherstellen in gleichartiger Weise bedeutet (§ 15 Abs. 2 S. 2 BNatSchG) und Ersatz ein Herstellen in gleichwertiger Weise (§ 15 Abs. 2 S. 3 BNatSchG). Die genaue Abgrenzung von **Ausgleichs- und Ersatzmaßnahmen** ist wegen § 200a BauGB, wonach Darstellungen für Flächen zum Ausgleich und Festsetzungen für Flächen oder Maßnahmen zum Ausgleich i.S.d. § 1a Abs. 3 S. 2 BauGB auch Ersatzmaßnahmen umfassen, ohne praktische Bedeutung.

Beispiele:
- BVerwG NVwZ 2002, 1103: 50 m breite Grünbrücke über eine Autobahn.
- OVG Schleswig NVwZ 2002, 1103: Ersetzung einer alten Feldhecke durch eine doppelt so große neue Feldhecke.

---

368 BVerwGE 104, 144; VGH Mannheim VBlBW 2001, 362.

> Ein Eingriff darf gemäß § 15 Abs. 5 BNatSchG nicht zugelassen oder durchgeführt werden, wenn die Beeinträchtigungen nicht zu vermeiden oder nicht in angemessener Frist auszugleichen oder zu ersetzen sind und die Belange des Naturschutzes und der Landschaftspflege bei der Abwägung aller Anforderungen an Natur und Landschaft anderen Belangen, z.B. den Belangen von Freizeit und Erholung, im Rang vorgehen. Ein Ausgleich ist gemäß § 1a Abs. 3 S. 6 BauGB nicht erforderlich, wenn die Eingriffe bereits vor der planerischen Entscheidung erfolgt sind oder zulässig waren; das kommt insbesondere in Betracht, wenn zuvor bereits Baurecht bestand; bei Bebauungsplänen zur Innenentwicklung wird es gemäß § 13a Abs. 2 Nr. 4 BauGB unterstellt. Die Eingriffsregelung ist gemäß § 1a Abs. 3 S. 1 BauGB in der Abwägung zu berücksichtigen, das bedeutet, dass die Gemeinde die zu erwartenden Eingriffe ermitteln und bewerten und sich Gedanken über einen Ausgleich machen muss,[369] und zwar im Rahmen der Umweltprüfung (§ 2 Abs. 4 S. 1 BauGB). Die Gemeinde kann sich auch für einen Verzicht auf Ausgleich entscheiden, wenn dieser z.B. zu kostenaufwendig ist oder ökologisch nur eine geringfügige Verbesserung eintreten würde.[370] Der Ausgleich erfolgt gemäß § 1a Abs. 3 S. 2 BauGB durch geeignete Darstellungen (§ 5 Abs. 2a BauGB) bzw. durch Festsetzungen als Flächen oder Maßnahmen zum Ausgleich, was gemäß § 1a Abs. 3 S. 3 BauGB auch an anderer Stelle als dem Ort des Eingriffs erfolgen kann, gemäß § 9 Abs. 1a BauGB z.B. in einem anderen Bebauungsplan.[371] Auch kann gemäß §§ 1a Abs. 3 S. 4, 11 Abs. 1 S. 1 Nr. 2 BauGB die Durchführung des Ausgleichs in einem städtebaulichen Vertrag geregelt werden[372] oder auf sonstige geeignete Weise erfolgen.[373] Die in einem Bebauungsplan festgesetzten Maßnahmen zum Ausgleich sind entweder vom Vorhabenträger durchzuführen (§ 135a Abs. 1 BauGB) oder aber – was i.d.R. sinnvoller ist – von der Gemeinde (§ 135a Abs. 2 S. 1 BauGB) im Wege des sog. **Sammelausgleichs**.[374] Die Gemeinde kann die ihr dadurch entstandenen Kosten gemäß § 135a Abs. 2-4 BauGB auf den Vorhabenträger oder die Grundstückseigentümer umlegen.

78 Die Betroffenheit von Belangen – und zwar nicht nur von Umweltbelangen – muss für die Gemeinde erkennbar sein. Die Gemeinde kann nicht alles sehen; sie muss nicht berücksichtigen, was sie nicht sieht und auch nicht zu sehen braucht.[375]

Beispiel:
- VGH Mannheim NVwZ-RR 2020, 200: Eine Gemeinde muss nicht in den Behördenakten ihrer Dienststellen nach abwägungsrelevanten Vorgängen suchen. Es ist Sache der von der Bauleitplanung Betroffenen, auch bereits aktenkundige Einwände gegen die Planung im Rahmen der Öffentlichkeitsbeteiligung nochmals vorzubringen.

Soweit eine Fachbehörde eine Stellungnahme abgegeben hat, kann die Gemeinde grundsätzlich davon ausgehen, dass diese die ihr anvertrauten öffentlichen Belange zutreffend anführt, und braucht insoweit keine weiteren Ermittlungen mehr anzustellen.[376] In Einzelfällen kann es aber auch geboten sein, zur Ermittlung des Abwägungsmaterials Sachverständige einzuschalten.[377]

---

369 BVerwGE 104, 68; 104, 144; 104, 353; NVwZ 2008, 216.
370 VGH Mannheim NVwZ-RR 2002, 9.
371 BVerwG BauR 2004, 40.
372 BVerwGE 104, 353; OVG Koblenz NVwZ-RR 2003, 629.
373 BVerwGE 117, 58.
374 BVerwG BauR 2000, 1460; NVwZ 2007, 223.
375 BVerwGE 59, 87; 131, 100.
376 BVerwG BauR 2013, 456; VGH Mannheim VBlBW 2019, 159.
377 BVerwG BauR 2004, 1132; NVwZ 2007, 831; OVG Münster ZfBR 2009, 583.

C. Materiell-rechtliche Anforderungen der Bauleitplanung

Beispiele:

- OVG Münster BauR 2014, 1430: Zusätzlicher Verkehrslärm durch ein neues Wohngebiet ist gutachterlich zu ermitteln, wenn eine unzumutbare Beeinträchtigung für die bestehenden Wohnhäuser nicht offensichtlich ausscheidet.
- VGH Mannheim BauR 2017, 977: Bei Festsetzung eines Industriegebietes für einen Betrieb einer bestimmten Branche muss die Gemeinde eine Immissionsprognose für einen typischen Betrieb dieser Branche erstellen lassen (dazu auch OVG Lüneburg NVwZ-RR 2001, 499 – neues Gewerbegebiet neben Wohngebiet).

Abwägungsrelevant können nicht nur die Interessen der Eigentümer von im Plangebiet gelegenen Grundstücken oder aber auch von außerhalb des Plangebiets gelegenen, von der Planung aber dennoch betroffenen Grundstücken sein (Art. 14 Abs. 1 S. 1 GG), sondern auch diejenigen von Pächtern und Mietern,[378] etwa am Schutz vor Verkehrslärmbelastungen, auch wenn sie außerhalb des Plangebietes wohnen (Art. 2 Abs. 2 S. 1 GG).

Beispiel:

- BVerwGE 107, 215: Eine bewaldete Fläche wird im Bebauungsplan als Kleingartenfläche mit Vereinsheim und Parkplätzen festgesetzt. Der Eigentümer eines Grundstücks mit Wohnhaus am Rande der bewaldeten Fläche befürchtet eine unzumutbare Störung durch Freizeitlärm.

Da § 1 Abs. 7 BauGB von privaten Belangen und nicht von privaten Rechten spricht, müssen auch Interessen in die Abwägung eingestellt werden, die kein subjektives Recht darstellen.[379]

Beispiele:

- VGH Mannheim VBlBW 2012, 108: Bei einer Planänderung ist das Interesse der Anwohner an der Beibehaltung des bisherigen Zustandes abwägungsrelevant, auch wenn eine sie nur tatsächlich begünstigende Festsetzung entfällt, so bei erstmaliger Bebaubarkeit von Gärten, die bislang als Ruhe- und Erholungsbereich zur Verfügung standen.
- VGH Mannheim BauR 2020, 109: Das konkrete Interesse eines Landwirts an einer Betriebserweiterung ist abwägungsrelevant, auch wenn weder Art. 14 GG noch der Bestandsschutz einen Anspruch auf eine Betriebserweiterung einräumen; das gilt nicht bei einer unrealistischen Erweiterungsabsicht (zum Erweiterungsinteresse eines Gewerbebetriebs BVerwGE 59, 87; NVwZ 1989, 245).
- BVerwG NVwZ 1994, 683; NVwZ-RR 1999, 278; BauR 2007, 2041: Die Beeinträchtigung durch eine Steigerung des Verkehrslärms ist auch dann abwägungsrelevant, wenn die Zumutbarkeitsgrenze der Verkehrslärmschutzverordnung nicht überschritten wird.

Nicht abwägungsrelevant sind dagegen private Belange, die in der konkreten Planungssituation keinen städtebaulich relevanten Bezug haben.[380] Nicht in die Abwägung einzustellen sind daher rein wirtschaftliche Belange, insbesondere das Interesse an der Erhaltung einer günstigen Marktlage, denn das Bauplanungsrecht ist wettbewerbsneutral.

Beispiel:

- BVerwG NVwZ 1990, 555; 1991, 980; 1994, 683; BauR 1997, 435; VGH Mannheim BauR 2015, 1273: Das Interesse eines vorhandenen Einzelhandelsgeschäfts an der Verhinderung der Ansiedlung eines Einkaufszentrums ist bei der Abwägung nicht zu berücksichtigen.

Auch objektiv geringfügige[381] bzw. geringwertige oder mit einem Makel behaftete und daher nicht schutzwürdige Belange[382] sind nicht abwägungsrelevant.

---

378 BVerwGE 107, 215.
379 BVerwGE 107, 215.
380 BVerwGE 107, 215.
381 Zur Geringfügigkeitsschwelle bei zusätzlichem Verkehr BVerwG NVwZ 2000, 807; BauR 2012, 76; VGH Kassel NVwZ-RR 2004, 635; bei Verkehr auf einer an einem Hotel vorbeiführenden Zuwegung zu einem sog. Ruheforst BVerwG NVwZ 2017, 563; bei Einschränkung der Besonnung VGH Mannheim BauR 2015, 1984.
382 BVerwGE 59, 87; NVwZ 2004, 1120.

Beispiele:

- OVG Bautzen SächsVBl 2000, 276: Keine Abwägungserheblichkeit, wenn die gewerbliche Nutzung, die gegen die heranrückende Wohnbebauung angeführt wird, sowohl formell als auch materiell baurechtswidrig ist.
- VGH Mannheim BauR 2007, 1103: Für die Abwägung ohne Bedeutung ist das Berufen auf ein Abwehrrecht gegen eine bestimmte Festsetzung, wenn zuvor auf das Abwehrrecht verzichtet worden ist.
- BVerwG BauR 2007, 1711; NVwZ 2004, 1120: Das Interesse, dass das eigene Grundstück in den Geltungsbereich eines Bebauungsplans einbezogen wird, ist als solches nicht schutzwürdig.
- VGH Mannheim BauR 2015, 1482: Das Interesse am Fortbestand einer privaten Grünfläche auf dem Nachbargrundstück anstelle eines Kfz-Stellplatzes für das benachbarte Wohnhaus ist nicht schutzwürdig.
- BVerwG NVwZ 2000, 1413: Das Interesse an der Erhaltung der Aussicht ist i.d.R. nicht abwägungsrelevant (dazu auch OVG Bautzen SächsVBl 2018, 285; ferner VGH Mannheim BauR 1998, 85 – Ausnahme bei außergewöhnlicher Aussichtslage – freier Blick auf Bodensee und Schweizer Alpen).

Eine Verletzung des § 2 Abs. 3 BauGB ist gemäß **§ 214 Abs. 1 S. 1 Nr. 1 BauGB** nur dann beachtlich, wenn die von der Planung berührten Belange, die der Gemeinde bekannt waren oder hätten bekannt sein müssen, in wesentlichen Punkten nicht zutreffend ermittelt oder bewertet worden sind und wenn der Mangel offensichtlich und auf das Ergebnis des Verfahrens von Einfluss gewesen ist. Ein danach noch beachtlicher Fehler kann gemäß **§ 215 Abs. 1 S. 1 Nr. 1 BauGB** unbeachtlich werden.

c) Rücksichtnahmegebot, Trennungsgebot und Abstandsgebot

81 Das Gebot gerechter Abwägung beinhaltet auch das **Gebot der Rücksichtnahme** im Sinne der Verpflichtung der Gemeinde, bei der Bauleitplanung unzumutbare Beeinträchtigungen benachbarter Grundstücke zu vermeiden.[383] Das bedeutet aber nicht, dass sich aus der Grundstückssituation ergebende Nutzungsmöglichkeiten zu unterlassen oder einzuschränken sind, nur weil dadurch benachbarte Grundstücke betroffen werden. Vielmehr sind auch die Belange der insoweit betroffenen Grundstücke zum Schutz deren individueller Interessen mit abzuwägen; daraus ergibt sich der Umfang der Verpflichtung zur Rücksichtnahme.

Diese Verpflichtung kommt insbesondere im sog. **Trennungsgebot** bzw. **Trennungsgrundsatz** des § 50 S. 1 Alt. 1 BImSchG zum Ausdruck,[384] wonach für eine bestimmte Nutzung vorgesehene Flächen einander so zuzuordnen sind, dass schädliche Umwelteinwirkungen auf die ausschließlich oder überwiegend dem Wohnen dienenden Gebiete sowie auf sonstige schutzbedürftige Gebiete soweit wie möglich vermieden werden.

Beispiel:

- OVG Bautzen SächsVBl 1999, 134: Allgemeines Wohngebiet neben einer industriell in drei Schichten betriebenen Getränkeabfüllanlage.

Zur Bewältigung der immissionsschutzrechtlichen Nutzungskonflikte kommt nicht nur die **Trennung** der Gebiete in Betracht, indem zwischen den Wohn- und sonstigen schutzbedürftigen Gebieten und den anderen Gebieten ein hinreichend großer Abstand geschaffen wird (dazwischen kann ggf. ein Mischgebiet ausgewiesen werden). In Betracht kommt auch eine **Gliederung** z.B. eines Gewerbegebiets, etwa in der Form, dass zum Wohngebiet hin nur nicht oder nicht wesentlich störende, also emissionsarme Gewerbebetriebe errichtet werden dürfen (sog. eingeschränkte Gewerbegebiete – GEe).[385] Alternativ können in einem Gewerbegebiet gemäß § 1 Abs. 4 S. 1 Nr. 2 BauNVO sog. immissionswirksame Flächenschallleistungspegel –

---

383 BVerwGE 45, 309; 107, 215.
384 BVerwGE 143, 24.
385 OVG Münster BRS 58 Nr. 30.

C. Materiell-rechtliche Anforderungen der Bauleitplanung 77

IFSP[386] bzw. Lärmemissionskontingente[387] festgesetzt werden. Außerdem kann der erforderliche Schutz vor Immissionen durch die Festsetzung von Flächen oder besondere Vorkehrungen gemäß § 9 Abs. 1 Nr. 24 BauGB, z.B. einen Lärmschutzwall, gewährleistet werden. Besondere Schwierigkeiten ergeben sich dabei bei der Überplanung bereits bebauter Gebiete, insbesondere vorhandenen Gemengelagen.[388] Das Trennungsgebot beansprucht in diesen Fällen keine strikte Geltung; bewältigungsbedürftige Konflikte dürfen allerdings nicht ungelöst bleiben[389].

Hinweis: Zudem gilt bei Störfallbetrieben i.S.d. SEVESO-III-Richtlinie das störfallrechtliche Abstandsgebot des § 50 S. 1 Alt. 2 BImSchG.[390]

d) Gebot der Lastenverteilung

Wenn ein Bebauungsplan, etwa für die Anlage von öffentlichen Verkehrsflächen oder die Schaffung öffentlicher Einrichtungen, die Inanspruchnahme oder Beeinträchtigung von Privatgrundstücken verlangt, dann müssen die dadurch entstehenden Belastungen möglichst gleichmäßig auf alle Grundstückseigentümer verteilt werden.[391] Ausreichend ist, wenn dem Gebot der Lastenverteilung durch ein Umlegungsverfahren (§§ 45 ff. BauGB) Rechnung getragen wird.[392] Private Flächen dürfen für öffentliche Zwecke nur herangezogen werden, wenn keine geeignete Fläche im Eigentum der öffentlichen Hand zur Verfügung steht, denn die Privatnützigkeit des Eigentums an einem Grundstück soll möglichst erhalten bleiben.[393]

82

e) Gebot der Konfliktbewältigung

Der Bauleitplan muss zumindest diejenigen Darstellungen bzw. Festsetzungen enthalten, die zur Bewältigung der ihm zurechenbaren städtebaulichen Konflikte notwendig sind; es gilt das sog. Gebot der Konfliktbewältigung.[394] Es entspricht dem Gebot der Problembewältigung, das vom BVerwG bei der Planfeststellung nach §§ 17 ff. FStrG entwickelt worden ist.[395] Es darf danach in der Bauleitplanung kein lösungsbedürftiges Problem, etwa die Erschließung der Baugrundstücke,[396] eine drohende Kellerüberschwemmung durch Flächenversiegelung[397] oder die Bewältigung immissionsschutzrechtlicher Fragen beim Nebeneinander von Wohnen und Gewerbe[398], ausgeklammert werden.

83

Beispiel:
- OVG Bautzen SächsVBl 2001, 34: Es verstößt gegen das Gebot der Konfliktbewältigung, wenn die Gemeinde bei zwei Grundstücken inmitten des Geltungsbereichs eines Bebauungsplans keine Festsetzungen trifft, um der Entscheidung zwischen den Interessen der Eigentümer an einer Bebauungsmöglichkeit und dem öffentlichen Interesse an der Freihaltung der Flächen auszuweichen.

---

386 BVerwG NVwZ-RR 1997, 522; NVwZ 1998, 1067; 1999, 414; *Fischer/Tegeder* NVwZ 2005, 30; vgl. auch OVG Bautzen SächsVBl 1999, 134 – keine Umrechnung eines sog. Zaunwerts in einen IFSP; dazu auch § 5 Rn. 59.
387 BVerwG BauR 2014, 59; zu einem vorhabenbezogenen Bebauungsplan mit nur einem festgesetzten Lärmimmissionskontingent: BVerwG BauR 2018, 1086.
388 BVerwG NVwZ 1992, 663.
389 BVerwG BRS 76 Nr. 23; NVwZ 2007, 821.
390 Dazu BVerwG BRS 81 Nr. 195; VGH Kassel BauR 2015, 1282.
391 BVerwG NVwZ-RR 2000, 533; NVwZ 2002, 1506.
392 BVerfG NVwZ 2003, 727.
393 BVerfG NVwZ 2005, 324; VGH Mannheim BauR 2020, 588.
394 BVerwGE 143, 24; 147, 379; NVwZ 2010, 1246.
395 BVerwGE 61, 295.
396 BVerwG NVwZ-RR 1995, 130; BauR 2015, 1620.
397 BVerwGE 116, 144.
398 OVG Münster NWVBl 2004, 309.

Das BVerwG[399] hat aber auch klargestellt, dass bei der Bauleitplanung nicht bereits alle möglicherweise auftretenden Konflikte gelöst werden müssen, sondern die Konfliktbewältigung in das nachfolgende Genehmigungsverfahren verlagert werden darf (sog. **Konflikttransfer**),[400] z.B. in das Baugenehmigungsverfahren, das immissionsschutzrechtliche Genehmigungsverfahren,[401] das wasserrechtliche Erlaubnisverfahren[402] oder das Umlegungsverfahren[403]. Das setzt aber zum einen voraus, dass der Konflikt überhaupt erkannt worden ist, und zum anderen, dass der Konflikt im nachgelagerten Verwaltungsverfahren auch bewältigt werden kann. Es muss also bei vorausschauender Betrachtung sichergestellt sein, dass planungsbedingte Konflikte letztlich sachgerecht gelöst werden.[404]

Beispiele:

- BVerwG BauR 1988, 448: Ein Bebauungsplan für eine Schule muss nicht bereits festzulegen, wo die für den Nachbarn besonders störenden Sportanlagen der Schule errichtet werden sollen.
- BVerwGE 143, 24: Bei der Planung eines Sondergebietes für ein Forschungs- und Produktionszentrum für die Entwicklung von Tierimpfstoffen darf zur Bewältigung möglicher Konflikte durch luftgetragene Krankheitserreger (sog. Bioaerosole) auf das Gentechnikrecht verwiesen werden, das bei der Anlagenzulassung und Genehmigung der Arbeiten zur Anwendung kommt.
- VGH Mannheim VBlBW 1991, 19: Bei der Aufstellung eines Bebauungsplans für einen Hotelkomplex kann die Frage von Lärmschutzmaßnahmen zugunsten der Nachbarschaft dem Baugenehmigungsverfahren vorbehalten bleiben.
- VGH Mannheim NVwZ-RR 2005, 157: Bautechnische Fragen müssen nicht im Bebauungsplan gelöst werden, wenn feststeht, dass sie lösbar sind.

Das BVerwG spricht in diesem Zusammenhang von „**planerischer Zurückhaltung**"; nicht alles, was zulässigerweise geregelt werden kann, muss auch in jedem Fall geregelt werden.[405] Es reicht beispielsweise aus, wenn bei Lärmimmissionen einer Straße nachträgliche Schutzmaßnahmen verlangt werden können.[406] Diese Rechtsprechung führt im Ergebnis dazu, dass ein Bebauungsplan nur dann wegen unterbliebener Konfliktbewältigung unwirksam ist, wenn eine nachträgliche Konfliktlösung nicht mehr möglich ist,[407] etwa die Lärmbelastung durch eine Straße oder eine Industrieanlage so hoch ist, dass sie auch durch Schallschutzmaßnahmen nicht mehr auf ein zumutbares Maß reduziert werden kann. Zeitlich begrenzte Probleme, die sich aus der Realisierung eines Bebauungsplans durch Bauarbeiten ergeben, gehören dagegen regelmäßig nicht zu den Konflikten, die der Bebauungsplan selbst lösen muss.[408]

3. Die Überprüfung der Abwägung

84 Die Frage, inwieweit Planungsentscheidungen aufsichtsbehördlich und verwaltungsgerichtlich überprüfbar sind, ist in der Rechtsprechung geklärt: „Das Gebot gerechter Abwägung ist verletzt, wenn eine sachgerechte Abwägung überhaupt nicht stattfindet. Es ist verletzt, wenn in die Abwägung an Belangen nicht eingestellt wird, was nach Lage der Dinge in sie eingestellt werden muss. Es ist ferner verletzt, wenn die Bedeutung der betroffenen privaten Belange verkannt, oder wenn der Ausgleich zwischen den von der Planung berührten öffentlichen Belangen in einer Weise vorgenommen wird, die zur objektiven Gewichtung einzelner Belange außer

---

399 BVerwGE 69, 30.
400 BVerwG BauR 2018, 1086 – wegen der Konkretisierung des Vorhabens im vorhabenbezogenen Bebauungsplan kein Konflikttransfer.
401 BVerwGE 69, 30.
402 VGH Mannheim BauR 2020, 441.
403 VGH Mannheim NVwZ 2015, 1537.
404 BVerwG BauR 2014, 1736; VGH Mannheim BauR 2020, 441.
405 BVerwGE 67, 334; 119, 45; NVwZ-RR 1998, 483.
406 BVerwG NVwZ 1998, 953.
407 BVerwGE 143, 24.
408 BVerwG BRS 84 Nr. 17.

C. Materiell-rechtliche Anforderungen der Bauleitplanung 79

Verhältnis steht. Innerhalb des so gezogenen Rahmens wird das Abwägungsgebot jedoch nicht verletzt, wenn sich die zur Planung berufene Gemeinde in der Kollision zwischen verschiedenen Belangen für die Bevorzugung des einen und damit notwendig für die Zurückstellung des anderen entscheidet".[409]

Diese Grundsätze werden seitdem zur Überprüfung von Bauleitplänen herangezogen.[410] Die einzelnen Fehler der Abwägung werden nach der daraus folgenden „**Abwägungsfehlerlehre**" bezeichnet mit Abwägungsausfall, Abwägungsdefizit, Abwägungsfehleinschätzung und Abwägungsdisproportionalität.[411]

Hinweis: Abwägungsausfall, -defizit und -fehleinschätzung sind im Rahmen der formellen Rechtmäßigkeit anzusprechen, während die Abwägungsdisproportionalität die materielle Rechtmäßigkeit betrifft.[412]

a) Abwägungsausfall

Ein Abwägungsausfall liegt vor, wenn innerhalb des Bauleitplanverfahrens gar keine Abwägung stattfindet. 85

Beispiel:

- OVG Berlin-Brandenburg BeckRS 2011, 48367: Eine Gemeinde sieht sich bei der Festsetzung der Standorte für Windenergieanlagen an die Vorgaben eines bestimmten Unternehmens gebunden[413].

b) Abwägungsdefizit

Ein Abwägungsdefizit tritt auf, wenn die Gemeinde nicht alle Belange in die Abwägung einstellt, die nach Lage der Dinge hätten eingestellt werden müssen. 86

Beispiele:

- VGH Mannheim BRS 70 Nr. 160: Der Gemeinderat beschließt die Ausweisung eines allgemeinen Wohngebiets in der Nachbarschaft einer Hautleimfabrik, ohne sich über die von dieser Fabrik ausgehenden Geruchsemissionen zu informieren (dazu auch OVG Bautzen SächsVBl 1999, 134 – Lärmimmissionen).
- OVG Koblenz NVwZ 1992, 190: Bei der Aufstellung eines Bebauungsplans wird einem Verdacht, der Boden enthalte Altlasten, nicht weiter nachgegangen. Die Gemeinde muss zwar nicht von sich aus Ermittlungen über Altlasten anstellen, aber einem auftauchenden Verdacht nachgehen.
- VGH Kassel NVwZ-RR 1995, 73: Der Gemeinderat übersieht, dass das neue Baugebiet im Geltungsbereich einer Landschaftsschutzverordnung liegt (vgl. auch OVG Bautzen SächsVBl 2001, 15 – im neuen Baugebiet liegt ein Biotop).
- OVG Lüneburg NVwZ-RR 2001, 499: Der Gemeinderat lässt bei der Planung eines neuen Wohngebiets den Verkehrslärm einer daran vorbeiführenden Straße außer Betracht bzw. geht von einem viel zu niedrigen Verkehrsaufkommen aus.
- VGH Mannheim BauR 2017, 977: Die Gemeinde befasst sich bei der Planung eines eingeschränkten Industriegebietes nur mit den Auswirkungen eines ansiedlungswilligen untypischen Industriebetriebes.

c) Abwägungsfehleinschätzung

Eine Abwägungsfehleinschätzung liegt vor, wenn die Gemeinde das Gewicht betroffener Belange verkennt. 87

---

409 BVerwGE 34, 301.
410 OVG Bautzen SächsVBl 1999, 134.
411 Dazu auch *Böhm* Jus 2013, 81; *Voßkuhle/Kaiser* Jus 2014, 1074.
412 Dazu § 5 Rn. 89. Zum Prüfungsschema § 5 Rn. 97.
413 Zur Vorabbindung der Gemeinde § 5 Rn. 74.

Beispiele:

- OVG Münster BauR 1993, 691: Der Gemeinderat verharmlost die Gesundheitsgefahr durch eine Schwermetall-Verunreinigung des Bodens.
- VGH Mannheim NVwZ-RR 1997, 684: Der Gemeinderat stuft ein reines Wohngebiet wegen der Immissionen durch eine wieder eröffnete Bahnlinie zu einem allgemeinen Wohngebiet ab und verkennt dabei, dass für beide Gebiete dieselben Immissionswerte gelten.
- OVG Koblenz BRS 49 Nr. 17: Bei der Festsetzung einer zur Verkehrsberuhigung bestimmten Pflasterung einer innerörtlichen Straße werden die für die Anwohner unzumutbaren Lärmbelästigungen nicht richtig erkannt.
- VGH Mannheim VBlBW 2002, 203: Der Gemeinderat nimmt zu Unrecht an, der betroffene Grundstückseigentümer sei mit der Ausweisung als Grünfläche einverstanden.
- VGH München NZBau 2012, 33: Die Gemeinde geht bei einem Bebauungsplan für eine Hotelerweiterung fälschlich davon aus, dass beim Parkplatzlärm die Geräuschspitzen durch Schließen des Kofferraums der Pkw keine Rolle spiele.

d) Abwägungsdisproportionalität

88 Abwägungsdisproportionalität meint, dass die Gemeinde den Ausgleich zwischen den betroffenen Belangen in einer Weise vorgenommen hat, die zur objektiven Gewichtung einzelner Belange außer Verhältnis steht.

Beispiele:

- OVG Lüneburg BRS 47 Nr. 16: Der Bebauungsplan ist abwägungsfehlerhaft, wenn die verkehrstechnisch optimale Gestaltung eines Buswendeplatzes dazu führt, dass ein Landwirtschaftsbetrieb räumlich so eingeengt wird, dass seine Existenzfähigkeit gefährdet ist.
- OVG Münster BRS 70 Nr. 48: Die Gemeinde geht bei der Planung eines neuen Fußballstadions von einer zu niedrigen Zahl der erforderlichen Stellplätze aus.
- VGH Mannheim VBlBW 2015, 343: Die Gemeinde plant zur Umsetzung ihrer Konzeption eines innerörtlichen Wegenetzes einen öffentlichen Fuß- und Radweg über ein bisher weitgehend ungestört gelegenes Wohngrundstück nur wenige Meter von dessen Terrasse entfernt, ohne dass hinreichend gewichtige Gründe für das Wegekonzept sprechen.

Übersicht zur Abwägungsfehlerlehre:

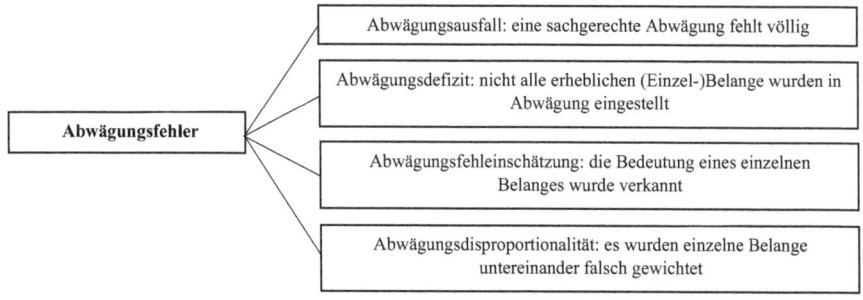

e) Fehlerfolgen

89 Aus der Feststellung eines Abwägungsfehlers folgt aber nicht, dass ein Bauleitplan unwirksam ist. Denn die Bedeutung eines Abwägungsfehlers wird durch **§ 214 Abs. 1 S. 1 Nr. 1 und Abs. 3 S. 2 Hs. 2 BauGB** und **§ 215 Abs. 1 S. 1 Nr. 1 und Nr. 3 BauGB** erheblich eingeschränkt. Gemäß § 214 Abs. 1 S. 1 Nr. 1 BauGB ist ein Mangel bei der Ermittlung und Bewertung der von der Planung betroffenen Belange gemäß § 2 Abs. 3 BauGB nur dann beachtlich, wenn der Mangel offensichtlich und auf das Ergebnis des Bauleitplanverfahrens von Einfluss gewesen ist. Auch

C. Materiell-rechtliche Anforderungen der Bauleitplanung

§ 214 Abs. 3 S. 2 Hs. 2 BauGB bestimmt, dass Mängel im Abwägungsvorgang nur erheblich sind, wenn sie offensichtlich sind und auf das Abwägungsergebnis von Einfluss gewesen sind. § 214 Abs. 3 S. 2 Hs. 2 BauGB zeigt, dass zwischen dem **Abwägungsvorgang** und dem **Abwägungsergebnis** unterschieden wird. Aus der Zusammenschau des § 214 Abs. 1 S. 1 Nr. 1 und Abs. 3 S. 2 Hs. 2 BauGB und § 215 Abs. 1 S. 1 Nr. 1 und Nr. 3 BauGB folgt nämlich, dass Verfahrensfehler in Bezug auf § 2 Abs. 3 BauGB und Fehler im Abwägungsvorgang unbeachtlich werden können, Mängel im Abwägungsergebnis aber nicht, denn in § 215 Abs. 1 S. 1 Nr. 3 BauGB findet sich nur das Wort Abwägungsvorgang, nicht aber das Wort Abwägungsergebnis. Mängel im Abwägungsergebnis führen daher zur Unwirksamkeit des Bauleitplans. Weiter ist dem § 214 Abs. 3 S. 2 Hs. 1 BauGB zu entnehmen, dass Mängel, die Gegenstand der Regelung des § 214 Abs. 1 S. 1 Nr. 1 BauGB sind, nicht als Mängel der Abwägung geltend gemacht werden können; Fehler bei der Ermittlung und Bewertung sind also Verfahrensfehler im Abwägungsvorgang; für „übrige" Abwägungsvorgangsfehler gilt § 214 Abs. 3 S. 2 Hs. 2 BauGB.

Hinweis: Diese komplizierten gesetzlichen Regelungen lassen sich nur verstehen, wenn man im Blick behält, welches Problem der Gesetzgeber beim Europarechtsanpassungsgesetz Bau hatte: die Abwägungsfehlerlehre war ständige Rechtsprechung, das Europarecht forderte aber die Anpassung an seine Vorstellung, dass insbesondere verfahrensrechtliche Regelungen die inhaltliche Qualität einer Planung gewährleisten, und auch die Anpassung an seine Begriffe. Der Gesetzgeber entschied sich für die „Verfahrensgrundnorm" § 2 Abs. 3 BauGB und für die Begriffe „ermitteln" und „bewerten", wobei Letzteres aber nicht mit dem Gewichten im Sinne der Abwägungsfehlerlehre korrespondiert, sondern eher ein Auswerten des ermittelten Abwägungsmaterials im Sinne einer allgemeinen Einschätzung von Wert und Bedeutung der betroffenen Belange bedeutet. Das Abwägungsmaterial soll damit sicht- und verarbeitbar werden. Führt man Abwägungsfehlerlehre und Europarechtsanpassungsgesetz zusammen, lassen sich Abwägungsausfall (nichts ermittelt und bewertet), Abwägungsdefizit (nicht alles ermittelt, was nach Lage der Dinge hätte ermittelt werden und bewertet werden müssen) und Abwägungsfehleinschätzung (ermittelt, aber unzutreffend ausgewertet), als (ggf. beachtliche) Verfahrensfehler im Abwägungsvorgang einordnen, die unbeachtlich werden können (§§ 214 Abs. 1 S. 1 Nr. 1, 215 Abs. 1 S. 1 Nr. 1 BauGB). Die Abwägungsdisproportionalität ist dagegen ein Abwägungsergebnis- und damit Inhaltsfehler, der beachtlich ist und nicht unbeachtlich werden kann (§§ 214 Abs. 3 S. 2 Hs. 2, 215 Abs. 1 S. 1 Nr. 3 BauGB). Ein Abwägungsergebnisfehler ohne Abwägungsvorgangsfehler ist danach nicht denkbar, ein Abwägungsergebnis nur zu beanstanden, wenn eine fehlerfreie Abwägung schlechterdings nicht zu demselben Ergebnis führen könnte.[414]

Zu ergänzen bleibt, dass das BVerwG im Hinblick darauf, dass das Abwägungsgebot verfassungsrechtlich in Art. 20 Abs. 3 GG verankert ist und Art. 19 Abs. 4 GG auch gegenüber Bauleitplänen einen effektiven Rechtsschutz garantiert, eine **einschränkende Auslegung** des § 214 Abs. 1 S. 1 Nr. 1, Abs. 3 S. 2 Hs. 2 BauGB für geboten hält.[415] **Offensichtlich** sind danach nicht nur solche Abwägungsmängel, die ohne Weiteres erkennbar sind, sondern alle Mängel, die sich objektiv eindeutig, etwa mit Hilfe von Akten, Gemeinderatsprotokollen oder sonstigen Beweismitteln nachweisen lassen.[416] Das BVerwG unterscheidet insoweit zwischen der äußeren, objektiv nachweisbaren und der inneren, subjektiven Seite des Abwägungsvorgangs;[417] letztere ist für die Wirksamkeit eines Bauleitplans nicht von Bedeutung. Ein Mangel bei der Abwägung ist allerdings

90

---

414 BVerwGE 138, 12.
415 BVerwGE 64, 33; BauR 2013, 440.
416 BVerwGE 64, 33; VGH Mannheim BauR 2015, 1794.
417 BVerwG BauR 2010, 272.

dann nicht offensichtlich, wenn er nicht positiv feststellbar ist, sondern sich nur aus dem Fehlen entsprechender Erwägungen im Gemeinderatsprotokoll ergeben könnte.[418]

Beispiel:

- OVG Lüneburg NVwZ-RR 1998, 19: Ein offensichtlicher Abwägungsfehler liegt vor, wenn der Gemeinderat annimmt, eine gewerbliche Nutzung sei aufgegeben worden und daher ein Wohngebiet festsetzt, während in Wirklichkeit die bisherige gewerbliche Nutzung nur durch eine andere gewerbliche Nutzung ersetzt wurde.

Für die Offensichtlichkeit eines Abwägungsfehlers kommt es nur auf die tatsächlichen Verhältnisse, nicht aber auf die rechtliche Bewertung an. Ein Fehler kann daher auch dann offensichtlich sein, wenn die rechtliche Einordnung der tatsächlichen Verhältnisse erhebliche Schwierigkeiten bereitet.[419] Rechtsfehler sind dagegen immer offensichtlich.

Die in § 214 Abs. 1 S. 1 Nr. 1, Abs. 3 S. 2 Hs. 2 BauGB verlangte **Kausalität** zwischen dem Mangel im Abwägungsvorgang und dem Abwägungsergebnis ist dann gegeben, wenn die konkrete Möglichkeit besteht, dass der Gemeinde- bzw. Stadtrat ohne den Mangel eine andere Planungsentscheidung getroffen hätte, falls er den Fehler im Abwägungsvorgang vermieden hätte.[420] Das bedeutet im Ergebnis, dass nachweisbare Fehler im Abwägungsvorgang nur dann beachtlich sind, wenn eine andere Planung ernsthaft in Betracht kam. Die Ergebnisrelevanz darf daher nur dann verneint werden, wenn konkrete Anhaltspunkte dafür nachweisbar sind, dass auch bei Vermeidung des Mangels die gleiche Entscheidung getroffen worden wäre.[421]

Beispiele:

- BVerwGE 64, 333: Der Gemeinderat nimmt zu Unrecht an, ein nach seiner Lage für eine Wohnbebauung geeignetes Grundstück liege noch im Landschaftsschutzgebiet, und weist es deshalb im Bebauungsplan nicht als Baugelände aus.
- BVerwGE 128, 238: Der Gemeinderat ermittelt bei der Ausweisung eines Wohngebiets neben einer Autobahn nicht die Möglichkeiten aktiven Schallschutzes durch Lärmschutzwälle oder -wände.

D. Fehlerhafte Bauleitpläne

Zur Einführung: *Brinktrine*, Fehlerfolgen bei Verwaltungsakten und Satzungen am Beispiel von Maßnahmen der Bauaufsicht und des Bebauungsplans, JA 2021, 1036; *Meng*, Zur Überprüfung von Bebauungsplänen in der Rechtsprechung des Sächsischen Oberverwaltungsgerichts, Teil 1: Unbeachtlichkeit von Mängeln nach § 215 BauGB und Ewigkeitsfehler nach Bundesrecht, SächsVBl 2018, 29; *ders.*, Zur Überprüfung von Bebauungsplänen in der Rechtsprechung des Sächsischen Oberverwaltungsgerichts, Teil 2: Ewigkeitsfehler nach sächsischem Landesrecht, SächsVBl 2018, 81

Zur Vertiefung: *Dillmann/Mohrenstein/Vielberg/Zemke*, Woran scheitern Bebauungspläne?, BauR 2018, 179; *Kümper*, Fehler bei der Umweltprüfung – Perspektiven der Planerhaltung bei Bauleitplänen und Raumordnungsplänen, ZfBR 2022, 540; *Otto*, Mitwirkung eines befangenen Ratsmitglieds im Bebauungsplanverfahren, DVP 2000, 198; *Pfab*, Die Bedeutung kommunalrechtlicher Verfahrensanforderungen für das Bauleitplanverfahren, Jura 1999, 625; *Rubel*, Planerhaltung – Von Horst Sendler bis zum Umweltrechtsbehelfsgesetz, DVBl 2019, 600; *Scheidler*, Heilung und Unbeachtlichkeit von Fehlern in der Bauleitplanung – Eine Betrachtung der Planerhaltungsvorschriften §§ 214 bis 216 BauGB, UPR 2018, 496; *ders.*, Planerhaltung bei fehlerhaften Bebauungsplänen, ZfBR 2019, 336; *v. Komorowski/Kupfer*, Der Bebauungsplan -

---

418 BVerwG NVwZ 1992, 663; 1998, 956; VGH Mannheim VBlBW 2012, 108.
419 BVerwG NVwZ 1998, 956.
420 BVerwGE 64, 33; BauR 2004, 1130; OVG Bautzen SächsVBl 1999, 134; VGH Mannheim NVwZ-RR 2002, 641.
421 BVerfG NVwZ 2016, 524; VGH Mannheim BauR 2016, 2043.

D. Fehlerhafte Bauleitpläne

Rechtmäßigkeit, Fehlerfolgen und Kontrolle unter besonderer Berücksichtigung der Rechtsprechung des VGH Baden-Württemberg, VBlBW 2003, 1, 49 u. 100

Rechtsfolge von formellen und materiellen Fehlern beim Erlass einer Rechtsnorm ist nach allgemeinen Grundsätzen die Rechtswidrigkeit und Unwirksamkeit der Norm.[422] Die §§ 214-216 BauGB machen hiervon in erheblichem Umfang Ausnahmen.[423] Der Gesetzgeber hat im Interesse der sog. **Planerhaltung** nicht nur für den Flächennutzungsplan und den Bebauungsplan, sondern auch für die anderen Satzungen nach dem BauGB (vgl. § 214 Abs. 1 S. 1 BauGB: Verfahrens- und Formvorschriften dieses Gesetzbuchs) die sonst allgemeingültigen Regeln über die Rechtsfolgen von Fehlern bei Normen durchbrochen und mit **§§ 214 Abs. 1-3, 215 BauGB** durch ein System von unbeachtlichen, nur auf fristgerechte Rüge beachtlichen und auch ohne Rüge stets beachtlichen Fehlern ersetzt.[424] Dieses führt dazu, dass es neben den herkömmlichen Instituten der „rechtmäßigen und wirksamen" Norm sowie der „rechtswidrigen und unwirksamen" Norm nunmehr auch die „zwar rechtswidrige, aber gleichwohl wirksame" Norm (bei unbeachtlichen Fehlern sowie bei beachtlichen Fehlern nach Ablauf der Rügefrist) und die „schwebend unwirksame" Norm (bei beachtlichen Fehlern und offener Rügefrist) gibt, und damit unbeachtliche Fehler, zeitlich befristet beachtliche Fehler und immer beachtliche Fehler, sog. Ewigkeitsfehler. **§ 214 Abs. 4 BauGB** schränkt die Fehlerfolgen weiter ein, denn danach kann ein Fehler ggf. auch durch ein ergänzendes Verfahren behoben werden. **§ 216 BauGB** stellt aber klar, dass die Genehmigungsbehörde die Rechtmäßigkeit ohne die Einschränkungen der §§ 214, 215 BauGB zu prüfen[425] und die Genehmigung ggf. zu versagen hat. Für das Gericht gilt diese Einschränkung nicht.

91

Auch im Landesrecht finden sich Unbeachtlichkeitsregelungen, nämlich in **§ 4 Abs. 4 SächsGemO** für Verfahrens- und Formfehler bei Satzungen (entsprechendes gilt gemäß § 4 Abs. 5 SächsGemO für den Flächennutzungsplan) sowie in **§ 20 Abs. 5 S. 2-3 SächsGemO** für die Mitwirkung befangener Gemeinde- bzw. Stadtratsmitglieder. Das BauGB gilt insoweit nicht (vgl. § 214 Abs. 1 S. 1 BauGB: Verfahrens- und Formvorschriften dieses Gesetzbuchs).

I. Verletzung von Verfahrens- und Formvorschriften des BauGB

Gemäß **§ 214 Abs. 1 S. 1 BauGB** ist eine Verletzung der dort genannten Verfahrens- und Formvorschriften des BauGB zunächst beachtlich. Eine Verletzung der dort nicht genannten Vorschriften ist dagegen unbeachtlich, z.B. ein Fehler bei der sog. frühzeitigen Öffentlichkeitsbeteiligung, weil § 214 Abs. 1 S. 1 Nr. 2 Hs. 1 BauGB nur § 3 Abs. 2 BauGB nennt, nicht aber § 3 Abs. 1 BauGB. Ggf. sind zunächst beachtliche Fehler aber doch unbeachtlich, denn es gibt auch sog. interne Unbeachtlichkeitsklauseln, z.B. in § 214 Abs. 1 S. 1 Nr. 2 Hs. 2 BauGB oder in § 214 Abs. 1 S. 1 Nr. 3 Hs. 2 BauGB. Insgesamt geht es in § 214 Abs. 1 S. 1 BauGB um Fehler in Bezug auf das Abwägungsmaterial (Nr. 1)[426], die Öffentlichkeits- und Behördenbeteiligung (Nr. 2)[427], die Begründung (Nr. 3)[428] sowie die Beschlussfassung, die Genehmigung und die Bekanntmachung des Flächennutzungsplans oder der Satzung (Nr. 4)[429]. Für Bebauungspläne im beschleunigten Verfahren gemäß § 13a BauGB gilt ergänzend **§ 214 Abs. 2a Nr. 2 BauGB**.

92

---

422 Zum rechtsnormähnlichen Charakter bestimmter Flächennutzungspläne § 11 Rn. 2.
423 Näher *Kment* Öffentliches Baurecht I § 11; speziell zum Spannungsverhältnis der Planerhaltungsregelungen zum Europarecht *Kment* § 11 Rn. 56 und *Meng* SächsVBl 2018, 29 (31); OVG Bautzen SächsVBl 2017, 238; 2018, 33.
424 Dazu BT-Drs. 10/4630 S. 51, 54 u. 156.
425 BVerwGE 64, 33.
426 Dazu § 5 Rn. 76 ff.
427 Dazu § 5 Rn. 13 ff. u. 15 ff.
428 Dazu § 5 Rn. 12, 20 u. 26.
429 Dazu § 5 Rn. 21, 22 f. u. 25 f.

Die nach § 214 Abs. 1 S. 1 Nr. 1-3 BauGB beachtliche Verletzung von Verfahrens- und Formvorschriften muss **innerhalb eines Jahres**[430] seit Bekanntmachung des Flächennutzungsplans oder der Satzung schriftlich gegenüber der Gemeinde unter Darlegung des die Verletzung begründenden Sachverhalts geltend gemacht werden, sonst wird der Fehler unbeachtlich (**§ 215 Abs. 1 S. 1 Nr. 1 BauGB**). Für § 215 Abs. 1 S. 1 BauGB ist es ausreichend, dass irgendjemand sich auf einen Verfahrens- oder Formfehler beruft. Nicht ausreichend ist es dagegen, dass im Rahmen der Öffentlichkeitsbeteiligung (§ 3 Abs. 2 BauGB) Einwendungen erhoben worden sind.[431] Die **Rüge** gemäß § 215 Abs. 1 S. 1 BauGB muss **schriftlich gegenüber der Gemeinde** erfolgen; der maßgebende Sachverhalt ist darzulegen.[432] Verlangt wird insoweit „Substanziierung und Konkretisierung".[433] Eine nur pauschale Rüge ist damit ausgeschlossen, denn die Rüge soll die Gemeinde in die Lage versetzen, festzustellen, ob Anlass zur Fehlerbehebung besteht.[434] Die Rüge muss rechtzeitig bei der Gemeinde eingehen.[435] Ausreichend ist es auch, wenn die Rüge in einem Prozess erhoben wird, an dem die Gemeinde beteiligt ist, der Gemeinde die schriftsätzlich erhobene Rüge übermittelt wird und die Rüge der Gemeinde fristgemäß zugeht.[436] Eine fristgerechte Rüge wirkt für und gegen jedermann.[437] Die Gemeinde muss die Rügen dokumentieren, ggf. muss gerichtlich ermittelt werden, ob fristgerechte Rügen vorliegen.[438] Voraussetzung für ein Unbeachtlichwerden durch Zeitablauf ist jedoch stets (**§ 215 Abs. 2 BauGB**), dass bei der Inkraftsetzung des Flächennutzungsplans oder der Satzung ein entsprechender **Hinweis** auf die Voraussetzungen für die Geltendmachung der Verletzung und die Rechtsfolgen erfolgt ist.[439] Insoweit gelten ähnlich strenge Anforderungen hinsichtlich Vollständigkeit und Klarheit wie bei einer Rechtsbehelfsbelehrung.[440]

Die nach **§ 214 Abs. 1 S. 1 Nr. 4 BauGB** beachtliche Verletzung von Verfahrens- und Formvorschriften kann dagegen nicht unbeachtlich werden, denn die Nr. 4 des § 214 Abs. 1 S. 1 BauGB ist in § 215 Abs. 1 S. 1 Nr. 1 BauGB nicht genannt. Es handelt sich insoweit um schwerwiegende formelle Fehler und damit um sog. Ewigkeitsfehler. Vor Ablauf der Jahresfrist sind damit alle Verfahrens- und Formfehler von Amts wegen von den Gerichten zu beachten, ohne fristgerechte Rüge danach nur noch die des § 214 Abs. 1 S. 1 Nr. 4 BauGB. Sie betreffen rechtsstaatlich unverzichtbare Mindestanforderungen an eine Normsetzung, sodass eine Beschränkung der Fehlerfolgen nicht in Betracht kommt.

II. Verletzung von Verfahrens- und Formvorschriften der SächsGemO

93 Der für Satzungen (§ 4 Abs. 1 S. 1 SächsGemO) und damit auch für Bebauungspläne (§ 10 Abs. 1 BauGB) anzuwendende **§ 4 Abs. 4 SächsGemO** schließt mit § 4 Abs. 4 S. 2 SächsGemO eine Unbeachtlichkeit von Fehlern in Bezug auf die Ausfertigung der Satzung (Nr. 1)[441] und die Öffentlichkeit der Sitzung, die Genehmigung und Bekanntmachung der Satzung (Nr. 2)[442] sogleich aus; diese schwerwiegenden Fehler sind wiederum sog. Ewigkeitsfehler. Durch Zeitablauf unbeachtlich werden können danach aber auch andere Verfahrens- und Formfehler dann nicht,

---

430 Zur Fristberechnung und zur Nichtanwendbarkeit des § 167 ZPO: OVG Bautzen SächsVBl 2017, 283.
431 VGH Mannheim VBlBW 2009, 186.
432 BVerwG DVBl 1982, 1095.
433 BVerwG BauR 2020, 79.
434 BVerwG BauR 2013, 55; 2020, 79; ZfBR 2015, 270.
435 BVerwG ZfBR 2012, 666; 2015, 270.
436 BVerwG BauR 2018, 1982; VGH Mannheim BauR 2015, 1089; OVG Schleswig BeckRS 2014, 58704.
437 BVerwG BauR 2001, 1888.
438 BVerwG BauR 2020, 827.
439 Dazu VGH Mannheim BauR 2010, 118; 2019, 465.
440 BVerwG ZfBR 2012, 666; OVG Bautzen SächsVBl 2014, 232.
441 Dazu § 5 Rn. 24.
442 Dazu § 5 Rn. 22 f. u. 25 f.

D. Fehlerhafte Bauleitpläne 85

wenn der Bürgermeister dem Beschluss wegen Gesetzeswidrigkeit widersprochen hat (§ 4 Abs. 4 S. 2 Nr. 3 SächsGemO), der Beschluss vor Ablauf der Jahresfrist rechtsaufsichtlich beanstandet worden ist (§ 4 Abs. 4 S. 2 Nr. 4a SächsGemO) oder die Verletzung der Verfahrens- oder Formvorschrift gegenüber der Gemeinde unter Bezeichnung des Sachverhalts, der die Verletzung begründen soll, schriftlich geltend gemacht worden ist (§ 4 Abs. 4 S. 3 Nr. 4b SächsGemO). Für Letzteres gilt wiederum, dass die Rüge von jedermann für jedermann erhoben werden kann, dass der rechtzeitige Eingang der schriftlichen Rüge bei der Gemeinde ausreicht und z.B. auch ein rechtzeitig übermittelter Schriftsatz in einem gerichtlichen Verfahren gegen die Gemeinde genügt. Voraussetzung ist gemäß § 4 Abs. 4 S. 4 SächsGemO aber, dass zuvor ein entsprechender Hinweis erfolgt ist. Erforderlich sind Hinweise auf beide Unbeachtlichkeitsregelungen, also ein Hinweis gemäß § 215 Abs. 2 BauGB und ein Hinweis gemäß § 4 Abs. 4 S. 4 SächsGemO.

Eine weitere Verletzung der kommunalrechtlichen Verfahrens- und Formvorschriften stellt auch die Mitwirkung von **befangenen Gemeinderäten** beim Satzungsbeschluss dar. Gemäß **§ 20 Abs. 1 SächsGemO** darf ein Mitglied des Gemeinderats weder beratend noch entscheidend mitwirken, wenn dieser in der Angelegenheit bereits in anderer Eigenschaft tätig geworden ist oder wenn die Entscheidung ihm selbst oder bestimmten Personen einen unmittelbaren Vorteil oder Nachteil bringen kann.[443] Durch diese Regelung soll bereits der böse Schein einer Interessenkollision vermieden werden.[444] Ein rechtlich geschütztes Interesse ist dafür nicht erforderlich, ausreichend sind auch wirtschaftliche oder ideelle Vor- oder Nachteile.[445] Ganz entfernt liegende Möglichkeiten einer Befangenheit genügen dafür aber nicht, weil sonst die Arbeit des Gemeinde- bzw. Stadtrats blockiert würde.[446] Bei im öffentlichen Dienst stehenden Gemeinderäten ist eine Befangenheit deshalb nicht schon dann anzunehmen, wenn dem Dienstherrn ein Grundstück im Bebauungsplangebiet gehört, sondern erst dann, wenn die dienstlichen Aufgaben des Gemeinderats oder seiner Behörde unmittelbar betroffen werden.[447]

94

Beispiele (für Befangenheit):
- VGH Mannheim NVwZ-RR 1993, 97; 1998, 63; OVG Münster NVwZ-RR 1996, 220; OVG Koblenz NVwZ-RR 2000, 103: Ein Gemeinderat ist Eigentümer eines Grundstücks im Bebauungsplangebiet. Das Gleiche gilt für einen Gemeinderat als Mieter einer Wohnung im Bebauungsplangebiet (BVerwGE 110, 36; VGH Mannheim NVwZ-RR 1997, 183; OVG Koblenz DVBl 2011, 696).
- VGH Mannheim BRS 27 Nr. 23; VGH Kassel NVwZ-RR 1993, 156: Ein Gemeinderat ist Eigentümer eines Grundstücks, das zwar außerhalb des Bebauungsplangebiets liegt, aber durch die Verwirklichung des Bebauungsplans unmittelbar betroffen würde.
- VGH Mannheim BRS 35 Nr. 22: Ein Gemeinderat hat beruflich, z.B. als Architekt, ein Interesse an der Verwirklichung des Bebauungsplans. Dabei reicht allerdings nicht das allgemeine Interesse an möglichen Aufträgen aus, vielmehr muss bereits eine konkrete Aussicht auf einen Auftrag bestehen.
- VGH Mannheim VBlBW 1987, 24: Der Inhaber des einzigen Baumarkts am Ort ist bei der Ausweisung eines Sondergebiets „Baumarkt" befangen.

Die Mitwirkung eines befangenen Gemeinderates führt gemäß **§ 20 Abs. 5 S. 1 SächsGemO** zur Rechtswidrigkeit des Satzungsbeschlusses, ohne dass es darauf ankommt, ob dessen Teilnahme an Beratung und/oder Beschlussfassung Einfluss auf das Ergebnis hatte.[448] Ebenso ist ohne Belang, ob das befangene Gemeinderatsmitglied an den vorausgegangenen Entscheidungen mitgewirkt hat, weil der Satzungsbeschluss alle zuvor getroffenen Entscheidungen bestätigt.[449] Die Mitwirkung eines befangenen Gemeinderats bleibt gemäß **§ 20 Abs. 5 S. 2-3 SächsGemO**

---

443 Dazu VGH Kassel NVwZ-RR 2014, 563.
444 OVG Koblenz BauR 2016, 1728; VGH Mannheim BauR 2016, 2032.
445 VGH Mannheim BauR 2006, 952.
446 OVG Münster BauR 1979, 477; VGH Mannheim BauR 2005, 57.
447 OVG Koblenz NVwZ 1984, 6.
448 OVG Bautzen SächsVBl 1994, 161; zu einem in der irrigen Annahme einer Befangenheit nicht anwesenden bzw. ausgeschlossenen Mitglied: VGH Mannheim BRS 46 Nr. 8.
449 BVerwGE 79, 200; OVG Koblenz NVwZ-RR 2000, 198.

aber nur dann beachtlich, wenn – wie ausgeführt – der Bürgermeister der Beschlussfassung widersprochen hat (§ 4 Abs. 4 S. 2 Nr. 3 SächsGemO), der Fehler innerhalb eines Jahres seit der Bekanntmachung der Satzung entweder beanstandet worden ist (§ 4 Abs. 4 S. 2 Nr. 4a Sächs-GemO) oder schriftlich gegenüber der Gemeinde gerügt worden ist, worauf bei der Bekanntmachung gemäß § 4 Abs. 4 S. 4 SächsGemO hinzuweisen war.[450]

Bei der Aufstellung eines **Flächennutzungsplans** scheidet eine Befangenheit i.d.R. aus. Der Flächennutzungsplan erstreckt sich über das ganze Gemeindegebiet, sodass kein Gemeinderat mitwirken könnte, wenn die Befangenheitsgrundsätze angewandt würden.[451] Er ist auch nur vorbereitend und nicht verbindlich, so dass es an der Unmittelbarkeit eines Vor- oder Nachteils fehlen dürfte. Anderes kann ggf. bei einem sachlichen Teilflächennutzungsplan (§ 5 Abs. 2b BauGB) gelten.[452]

Ein weiterer kommunalrechtlicher Verfahrensfehler kann die fehlerhafte **Einberufung der Sitzung des Gemeinde- bzw. Stadtrats** sein (§ 36 Abs. 3-4 SächsGemO), weil dieser gemäß der zwingenden Verfahrensvorschrift des § 39 Abs. 1 S. 1 SächsGemO nur in einer ordnungsgemäß einberufenen und geleiteten Sitzung beraten und beschließen kann.[453] Eine Verletzung von Form oder Frist der Ladung eines Gemeinderatsmitglieds gilt aber als geheilt, wenn das Gemeinderatsmitglied zur Sitzung erscheint und den Mangel nicht spätestens bei Eintritt in die Tagesordnung der Sitzung geltend macht, worauf zu Beginn der Sitzung auch hinzuweisen ist (§ 39 Abs. 1 S. 2-3 SächsGemO).

III. Verletzung von materiell-rechtlichen Vorschriften

95 Grundsätzlich gilt, namentlich für § 1 Abs. 3 S. 1 BauGB, § 1 Abs. 4 BauGB[454], aber auch für Festsetzungsinhalte und deren Bestimmtheit[455], dass die **Verletzung von materiell-rechtlichen Vorschriften stets beachtlich** ist und keine Möglichkeit des Unbeachtlichwerdens durch Zeitablauf besteht. Es handelt sich um materiell-rechtliche Ewigkeitsfehler.[456] Das gilt letztlich auch für den Abwägungsergebnisfehler.[457] Eine Ausnahme bilden die **§§ 214 Abs. 2, 215 Abs. 1 S. 1 Nr. 2 und Abs. 2 BauGB**, die Unbeachtlichkeitsregelungen im Hinblick auf das Verhältnis Flächennutzungsplan – Bebauungsplan enthalten. Des Weiteren enthalten **§§ 214 Abs. 2a Nr. 3 und 4, 215 Abs. 1 S. 2 und Abs. 2 BauGB** ergänzende Unbeachtlichkeitsregelungen im Fall der Verletzung von materiell-rechtlichen Vorschriften für Bebauungspläne im beschleunigten Verfahren nach § 13a BauGB.

IV. Fehlerbehebung durch ein ergänzendes Verfahren

96 Gemäß **§ 214 Abs. 4 BauGB** können Bauleitpläne durch ein ergänzendes Verfahren zur Behebung von Fehlern auch rückwirkend in Kraft gesetzt werden.[458] § 214 Abs. 4 BauGB findet für **alle Arten von Fehlern** Anwendung, also auf Verfahrens- und Formfehler nach dem BauGB oder der SächsGemO,[459] aber auch auf materiell-rechtliche Fehler, betreffend das BauGB oder

---

450 Dazu OVG Bautzen SächsVBl 2004, 161.
451 OVG Münster BauR 1979, 477.
452 Dazu Frey/Stiefvater NVwZ 2014, 249.
453 Dazu zuletzt OVG Bautzen BeckRS 2022, 13930; BeckRS 2022, 40836.
454 Nicht bei bestandskräftiger Zielabweichungsentscheidung: OVG Bautzen BeckRS 2016, 116337.
455 OVG Bautzen BeckRS 2016, 44688 – zu „weißen Flecken" im Bebauungsplan ohne jede Festsetzung.
456 Dazu Meng SächsVBl 2018, 29 (31).
457 Dazu bereits § 5 Rn. 88 f.
458 BVerwG BauR 2010, 1894; NVwZ 2018, 322.
459 BVerwGE 110, 118.

D. Fehlerhafte Bauleitpläne

die BauNVO, z.B. eine Verletzung des § 1 Abs. 4 BauGB[460] oder des § 2 Abs. 2 BauGB, betreffend aber auch andere entgegenstehende Rechtsvorschriften[461]. Ist sich eine Gemeinde nicht sicher, ob ihr Bauleitplan fehlerbehaftet ist, kann sie **auch vorsorglich** ein ergänzendes Verfahren durchführen. Der ursprüngliche Bauleitplan verliert seine rechtliche Wirkung erst dann, wenn das ergänzende Verfahren fehlerfrei beendet worden ist.[462]

Ergänzendes Verfahren bedeutet, dass das Bauleitplanverfahren ab dem Stadium, in dem der Fehler passiert ist, nochmals durchgeführt wird, also der Fehler in dem betroffenen Verfahrensschritt korrigiert wird und die weiteren Verfahrensschritte wiederholt werden;[463] das kann auch im vereinfachten Verfahren (§ 13 BauGB) erfolgen. So kann z.b. eine unterbliebene Ausfertigung eines Bebauungsplans vom Bürgermeister ohne Beteiligung des Gemeinde- bzw. Stadtrates nachgeholt und der Bebauungsplan rückwirkend in Kraft gesetzt werden;[464] ein Gemeinde- bzw. Stadtratsbeschluss ist dagegen erforderlich, wenn dessen Beschlussfassung oder ein vorheriger Verfahrensschritt fehlerhaft waren[465]. Mit Abschluss des ergänzenden Verfahrens, also mit der erneuten ortsüblichen Schlussbekanntmachung, entsteht (ex nunc) ein neuer Bauleitplan, ein neuer Bebauungsplan kann dann (erneut) Gegenstand eines Normenkontrollverfahrens werden.[466] Rügemöglichkeiten, die sich nicht auf wiederholte Verfahrensschritte des ursprünglichen Bauleitplanverfahrens beziehen und bereits verfristet sind, werden dagegen nicht neu eröffnet.[467]

Ein ergänzendes Verfahren scheidet aber aus, wenn wie bei einem erstmaligen Verfahren nahezu alle Verfahrensschritte erneut durchgeführt werden müssen.[468] Sein Anwendungsbereich ist auch insofern begrenzt, als durch ein ergänzendes Verfahren die Grundzüge der Planung nicht verändert werden dürfen; die Identität des Bauleitplans muss erhalten bleiben.[469] Es darf sich daher nur um punktuelle Änderungen und Ergänzungen des ursprünglichen Plans handeln,[470] z.B. um die Anordnung von Ausgleichsmaßnahmen nach §§ 1a Abs. 3, 9 Abs. 1a BauGB[471] oder Immissionsschutzmaßnahmen nach § 9 Abs. 1 Nr. 24 BauGB[472]. Auch kann die mangelnde Bestimmtheit einzelner Festsetzungen eines Bebauungsplans behoben werden.[473] Es dürfen überdies nur Fehler bereinigt werden, die den „Kern der Abwägungsentscheidung" nicht berühren.[474] Der Fehler darf also nicht das „Grundgerüst der Abwägung"[475] betreffen, er darf nicht von solcher Art und Schwere sein, dass die Planung als Ganzes von vornherein infrage gestellt wird[476] oder zu einem grundlegend anderen Bauleitplan führt[477]; die Umwandlung eines reinen in ein allgemeines Wohngebiet im Rahmen eines ergänzenden Verfahrens berührt z.B. nicht stets die Grundzüge der Planung,[478] während eine Umwandlung in ein Mischgebiet

---

460 BVerwGE 119, 54 zu § 1 Abs. 4 BauGB.
461 Dazu BVerwG NVwZ 2003, 1259; 2004, 226.
462 BVerwGE 133, 98.
463 BVerwGE 152, 379; BauR 2017, 655.
464 BVerwG NVwZ-RR 1997, 515; NVwZ 2001, 203.
465 BVerwG NVwZ 1997, 893; 2001, 203.
466 BVerwGE 92, 266; BauR 2017, 1677.
467 BVerwG ZfBR 2017, 370; 2019, 274.
468 OVG Bautzen SächsVBl 1999, 134.
469 BVerwG BRS 85 Nr. 42.
470 BVerwGE 119, 54.
471 Dazu BVerwG NVwZ 2000, 1053.
472 Dazu OVG Lüneburg NVwZ-RR 2002, 172.
473 BVerwG NVwZ 2002, 1385.
474 BVerwGE 110, 193; NVwZ 1999, 414 u. 420; 2000, 676 u. 1053; 2001, 431; 2002, 1385; BRS 84 Nr. 152.
475 BT-Drs. 13/6392 S. 74.
476 OVG Bautzen SächsVBl 1999, 134.
477 VGH Kassel NVwZ-RR 2002, 830.
478 BVerwG BauR 2009, 1862.

unzulässig wäre. Die „Reparatur" ist daher zusammenfassend nur möglich bei punktuellen Nachbesserungen bei ansonsten intakter Gesamtplanung.[479]

Ein Bauleitplan kann nach Durchführung eines ergänzenden Verfahrens **rückwirkend** auf den Zeitpunkt der ersten Schlussbekanntmachung (ex tunc) in Kraft gesetzt werden. Eine nachträgliche Änderung der tatsächlichen oder rechtlichen Verhältnisse steht dem nicht entgegen, weil es nach § 214 Abs. 3 S. 1 BauGB auf die Sach- und Rechtslage im Zeitpunkt der Beschlussfassung über den Bauleitplan ankommt. Wenn sich die Verhältnisse ausnahmsweise allerdings so grundlegend geändert haben, dass der Bauleitplan inzwischen einen funktionslosen Inhalt hätte oder das ursprünglich unbedenkliche Abwägungsergebnis nunmehr unhaltbar geworden ist,[480] kann der ursprüngliche Bauleitplan auch durch ein ergänzendes Verfahren nicht mehr fehlerfrei werden[481].

97 ▶ **Prüfungsschema: Rechtmäßigkeit eines Bebauungsplans**
I. Formelle Rechtmäßigkeit
 1. Aufstellungsbeschluss (§ 2 Abs. 1 S. 2 BauGB)
 2. Umweltprüfung (§ 2 Abs. 4 BauGB), Entwurf des Bebauungsplans und der Begründung (§ 2a BauGB)
  (zu den Fehlerfolgen §§ 214 Abs. 1 S. 1 Nr. 3, S. 2, 215 Abs. 1 S. 1 Nr. 1 BauGB)
 3. Ermittlung und Bewertung des Abwägungsmaterials (§ 2 Abs. 3 BauGB): Abwägungsausfall, Abwägungsdefizit und/oder Abwägungsfehleinschätzung?
  (dazu §§ 214 Abs. 1 S. 1 Nr. 1, Abs. 3 S. 2 Hs. 1, 215 Abs. 1 S. 1 Nr. 1 BauGB)
 4. Frühzeitige Öffentlichkeits- und Behördenbeteiligung (§§ 3 Abs. 1, 4 Abs. 1 BauGB)
 5. Förmliche Öffentlichkeits- und Behördenbeteiligung (§§ 3 Abs. 2, 4 Abs. 2 BauGB), ggf. erneute förmliche Öffentlichkeits- und Behördenbeteiligung (§ 4a Abs. 3 BauGB)
  (dazu §§ 214 Abs. 1 S. 1 Nr. 2, 215 Abs. 1 S. 1 Nr. 1 BauGB und §§ 214 Abs. 1 S. 1 Nr. 3, S. 2, 215 Abs. 1 S. 1 Nr. 1 BauGB)
 6. Beschlussfassung über den Bebauungsplan (§ 10 Abs. 1 BauGB)
  (dazu § 214 Abs. 1 S. 1 Nr. 4 Alt. 1 BauGB)
 7. Ggf. Genehmigung des Bebauungsplans (§ 10 Abs. 2 BauGB)
  (dazu § 214 Abs. 1 S. 1 Nr. 4 Alt. 2 BauGB)
 8. Ausfertigung des Bebauungsplans (§ 4 Abs. 3 S. 1 SächsGemO)
  (dazu § 4 Abs. 4 S. 2 Nr. 1 SächsGemO)
 9. Bekanntmachung des Bebauungsplans (§§ 10 Abs. 3, 10a BauGB, § 4 Abs. 3 S. 1 SächsGemO)
  (dazu § 214 Abs. 1 S. 1 Nr. 4 Alt. 3 BauGB, §§ 214 Abs. 1 S. 1 Nr. 3, S. 2, 215 Abs. 1 S. 1 Nr. 1 BauGB und § 4 Abs. 4 S. 2 Nr. 2 SächsGemO)
II. Materielle Rechtmäßigkeit
 1. Erforderlichkeit der Planung (§ 1 Abs. 3 BauGB): keine unzulässige Negativplanung und keine Vollzugsunfähigkeit
 2. Anpassung an die Ziele der Raumordnung (§ 1 Abs. 4 BauGB)
 3. Interkommunale Abstimmung (§ 2 Abs. 2 BauGB)
 4. Vorrang der Fachplanung

---

479 VGH München NVwZ 2000, 822.
480 BVerwG BauR 2008, 1418.
481 BVerwG BauR 2010, 1894.

D. Fehlerhafte Bauleitpläne

5. Anforderungen des Natura 2000-Gebietsschutzes (§ 1a Abs. 4 BauGB) und Artenschutzrecht
6. Verhältnis Flächennutzungsplan – Bebauungsplan (§ 8 Abs. 2-4 BauGB) (dazu §§ 214 Abs. 2, 215 Abs. 1 S. 1 Nr. 2 BauGB)
7. Planungsprinzipien: konkrete, positive und bestimmte Planung
8. Inhalt des Bebauungsplans (§ 9 BauGB)
9. Abwägung (§ 1 Abs. 7 BauGB): Abwägungsdisproportionalität? (dazu §§ 214 Abs. 3 S. 1, S. 2 Hs. 2, 215 Abs. 1 S. 1 Nr. 3 BauGB)

▶ **Fall 1: Bebauungsplan „Junges Familien Wohnen" (nach u.a. OVG Bautzen SächsVBl 2018, 285 u. BeckRS 2018, 49931)**

Die kleine Gemeinde G, die neben der großen Stadt S liegt, beschließt die Aufstellung eines qualifizierten Bebauungsplans „Junges Familien Wohnen" und macht diesen Beschluss ortsüblich bekannt. Sie will mit dem Bebauungsplan insbesondere Familien mit Kindern und Bauwunsch aus der Stadt S anlocken und so den Bestand ihres Kindergartens und ihrer Grundschule sichern. Entstehen soll das Wohngebiet mit 50 Einfamilienhäusern auf einem mehrere Hektar großen Hanggrundstück im Anschluss an die bisherige Ortslage der Gemeinde. Das Grundstück reicht bis an eine weitere Nachbargemeinde heran. Im Flächennutzungsplan der Gemeinde ist es als „Fläche für die Landwirtschaft" dargestellt. Die Gemeinde lässt durch ein von ihr beauftragtes Planungsbüro einen Entwurf des Bebauungsplans fertigen und Unterlagen zusammenstellen. Des Weiteren lässt sie für die Umweltprüfung zu den verschiedenen Belangen des Umweltschutzes Fachgutachten einholen sowie zum Thema schädliche Umwelteinwirkungen ein Gutachten zum Verkehrslärm, weil die nahe des Plangebiets gelegene Bundesstraße stark befahren ist. Auf diesen Grundlagen aufbauend wird der Umweltbericht erstellt, ebenso erfolgt die weitere Begründung des Bebauungsplans. Der Entwurf des Bebauungsplans mit Begründung und Umweltbericht und den aus Sicht der Gemeinde wesentlichen bereits vorliegenden Fachgutachten wird nach entsprechender ortsüblicher Bekanntmachung, in der – neben den anderen Hinweisen – auch auf die Themen der vorliegenden umweltbezogenen Informationen hingewiesen wird, vom 30.01. – 28.02.2023 öffentlich ausgelegt. Etwa in der gleichen Zeit erfolgt auch die Behördenbeteiligung.
Während dieser Zeit erhebt X, der am Ortsrand der Gemeinde wohnt und dort ein Ausflugslokal betreibt, schriftlich Einwendungen gegen die beabsichtigte Planung. Er will kein „Wohngebiet für Städter", sondern dass alles so bleibt, wie es ist. Er will insbesondere nicht, dass – statt ausschließlich weiter und freier Landschaft – 50 Einfamilienhäuser in den Blick geraten, wenn man von der Sommerterrasse seines Lokals in Richtung talwärts schaut. Das mache sein Lokal im Sommer weniger attraktiv als bisher. Auch Y meldet sich in dieser Zeit und teilt schriftlich mit, dass er das Grundstück des Plangebietes für viele Jahre gepachtet habe und dort ganzjährig Highland-Rinder halte. Er sei für seinen landwirtschaftlichen Betrieb auf das Grundstück angewiesen. Die Planungen der Gemeinde bedrohten die Existenz seines Betriebes. Erst am 15.03.2023 wendet sich auch Z an die Gemeinde G, der im Tal, bereits in der Nachbargemeinde gelegen, eine Anlage zur Mast von 10.000 Schweinen betreibt, auf einem unmittelbar an das Plangebiet angrenzenden Grundstück. Die von seinem Tierhaltungsbetrieb ausgehenden sehr intensiven Gerüche würden zu erheblichen Belästigungen im gesamten Wohngebiet führen.
Der Gemeinderat der Gemeinde G befasst sich in seiner Sitzung mit allen ihm vorliegenden Unterlagen und allen eingegangenen Stellungnahmen, auch mit denen von X, Y und Z, weist deren Einwendungen aber zurück. X habe kein Recht auf eine freie Aussicht. Hinsichtlich der Einwendungen des Y sei es so, dass dieser nur der Pächter sei, während der Eigentümer des

Grundstücks der Gemeinde gerade vorgeschlagen habe, sein Grundstück für das geplante Wohngebiet zu nutzen. Z habe seine Einwendungen zu spät vorgebracht.
Der Gemeinderat befasst sich auch damit, wie sichergestellt werden könne, dass wirklich Familien mit Kindern bauen werden, und entschließt sich dazu, in dem Bebauungsplan u.a. festzusetzen: „Art der baulichen Nutzung: Reines Wohngebiet für Familien mit mindestens einem Kind unter 6 Jahren; entscheidend ist der Zeitpunkt der Antragstellung im Baugenehmigungs- oder Genehmigungsfreistellungsverfahren", „Maß der baulichen Nutzung: zwei Vollgeschosse", „Bauweise: Einzelhäuser". Sodann beschließt der Gemeinderat den Bebauungsplan als Satzung. Der Bürgermeister der Gemeinde G unterzeichnet die Niederschrift über die Gemeinderatssitzung und veranlasst sogleich, dass der Bebauungsplan ortsüblich bekannt gemacht wird. Das geschieht am 15.04.2023.
Gleich am 17.04.2023 beschwert sich Z nochmals bei der Gemeinde G. Es könne doch nicht sein, dass zum Thema „Geruch" überhaupt nichts untersucht worden sei, wo doch bekannt sei, dass „die Städter" mit der „Landluft" nicht klarkommen würden. Ein Normenkontrollverfahren leitet er aber nicht ein.
X und Y stellen dagegen durch ihre Rechtsanwälte alsbald nach dem 15.04.2023 frist- und ordnungsgemäß Normenkontrollanträge. Sie wiederholen das bisherige Vorbringen von X und Y. Der Rechtsanwalt des X trägt in seiner Antragsschrift zusätzlich zu dem bisherigen auch vor, dass der Bebauungsplanentwurf zu kurz und nicht mit allen Fachgutachten ausgelegen habe. Dessen Antragsschriftsatz ist der Gemeinde ebenfalls alsbald und jedenfalls noch vor Ablauf von einem Jahr ab Bekanntgabe des Bebauungsplans übermittelt worden.
Aufgabe: Erweist sich der Bebauungsplan „Junges Familien Wohnen" als rechtmäßig?
Zu den prozessualen Aspekten dieses Falles § 11 Rn. 19 f. ◀

▶ **Lösung:**

Der Bebauungsplan „Junges Familien Wohnen" müsste formell und materiell rechtmäßig sein.

I. Formelle Rechtmäßigkeit

1. Aufstellungsbeschluss
Die Gemeinde G hat gemäß § 2 Abs. 1 S. 2 BauGB einen Aufstellungsbeschluss für den Bebauungsplan gefasst und ortsüblich bekannt gemacht.

2. Umweltprüfung, Entwurf des Bebauungsplans und der Begründung
Eine Umweltprüfung gemäß § 2 Abs. 4 BauGB ist erfolgt. Es liegt ein Bebauungsplanentwurf vor, ebenso ein Entwurf der Begründung des Bebauungsplans (§ 2a S. 1, S. 2 Nr. 1 BauGB). Der Umweltbericht, der die aufgrund der Umweltprüfung ermittelten und bewerteten Belange des Umweltschutzes darstellt (§ 2a S. 2 Nr. 2 BauGB), ist Bestandteil der Begründung (§ 2a S. 3 BauGB). Die Gemeinde durfte insoweit ein Planungsbüro und Fachgutachter einschalten (§ 4b S. 1 BauGB).

Hinweis: Urteilsstil erscheint für I. 1. u. 2 angezeigt, da sich dort ersichtlich keine weiteren Probleme ergeben.

3. Ermittlung und Bewertung des Abwägungsmaterials
Gemäß § 2 Abs. 3 BauGB sind die Belange, die für die Abwägung gemäß § 1 Abs. 7 BauGB von Bedeutung sind, zu ermitteln und zu bewerten, das sog. Abwägungsmaterial ist also zusammenzustellen und auszuwerten. Zur vollständigen Ermittlung und zutreffenden Bewertung dient gemäß § 4a Abs. 1 BauGB insbesondere die Öffentlichkeits- und Behördenbeteiligung.
In wesentlichen Punkten unzureichende Ermittlungen („Abwägungsdefizit") oder unzutreffende Bewertungen („Abwägungsfehleinschätzung") sind gemäß § 214 Abs. 1 S. 1 Nr. 1 BauGB beachtliche Fehler, wenn die Belange der Gemeinde bekannt waren oder

D. Fehlerhafte Bauleitpläne

hätten bekannt sein müssen, und wenn der Fehler offensichtlich und auf das Ergebnis des Verfahrens von Einfluss gewesen ist.[482]

Die Gemeinde hat sich in keiner Weise mit den Geruchsemissionen der Schweinemastanlage des Z und mit insoweit möglichen Geruchsimmissionen für das geplante Wohngebiet befasst, obwohl sich die Schweinemastanlage auf einem unmittelbar an das Plangebiet angrenzenden Grundstück befindet, wenn auch in der Nachbargemeinde, und der Gemeinde daher hätte bekannt sein müssen. Sie hatte auch nur ein Lärmgutachten beauftragt, aber kein Geruchsgutachten. Für den Konflikt zwischen der Schweinemastanlage und der Wohnbebauung gelten aber das Trennungsgebot und der Grundsatz der Konfliktbewältigung im Bebauungsplanverfahren.[483] Das hätte die Gemeinde erkennen müssen. Die nicht rechtzeitig abgegebene Stellungnahme des Z durfte sie daher nicht unberücksichtigt lassen (§ 4a Abs. 6 BauGB). Die Möglichkeit schädlicher Umwelteinwirkungen durch Geruch ist ein für die Abwägung beachtlicher Belang und damit ein wesentlicher Punkt i.S.d. § 214 Abs. 1 S. 1 Nr. 1 BauGB. Das gleiche gilt für das Interesse des Z, dass die heranrückende Wohnbebauung möglichst nicht zu Einschränkungen für seinen Schweinemastbetrieb führen soll. Die insoweit unzureichende Ermittlung („Abwägungsdefizit") ist auch offensichtlich. Beleg dafür ist die Niederschrift der Gemeinderatssitzung, in der der Hinweis auf mögliche schädliche Umwelteinwirkungen durch Geruch als zu spät abgetan wird. Der Ermittlungsfehler war auch ergebnisbeeinflussend. Denn es besteht die konkrete Möglichkeit, dass ohne den Ermittlungsfehler die Planung anders ausgefallen wäre. In Anbetracht einer möglichen Geruchsbelästigung durch 10.000 Mastschweine liegt nahe, dass zwischen einem Wohngebiet und der Schweinemastanlage Abstand gehalten werden muss. Hätte der Gemeinderat die Emissionen der Schweinemastanlage in seine Überlegungen mit eingestellt, erscheint es konkret möglich, dass er anders geplant hätte. Auch hat Z den Fehler gemäß § 215 Abs. 1 S. 1 Nr. 1, Abs. 2 BauGB innerhalb Jahresfrist gerügt.

Die Gemeinde hat sich ggf. auch in unzutreffender Weise, nämlich zu wenig, mit den Belangen des Y als Pächter des Grundstücks befasst, der vorgetragen hat, dass er für seine Freiland-Rinderhaltung auf das Grundstück angewiesen ist. Sie hat nur auf die Belange des Eigentümers des Grundstücks abgestellt, der selbst die Überplanung seines Grundstücks vorgeschlagen hat. Die Belange des Pächters an einem eingerichteten und ausgeübten landwirtschaftlichen Betrieb, der durch die Planungen der Gemeinde ggf. in seiner Existenz gefährdet wird, stehen aber für sich, sie gehen nicht in den Belangen des Eigentümers auf. Das bedeutet wiederum einen Ermittlungs- und Bewertungsfehler („Abwägungsfehleinschätzung"), der objektiv feststellbar ist; ob er auch kausal ist, kann aufgrund des bereits festgestellten Fehlers in Bezug auf Z hier offenbleiben.

Hinsichtlich des § 2 Abs. 3 BauGB liegt damit ein beachtlicher Verfahrensfehler vor.

4. Frühzeitige Öffentlichkeits- und Behördenbeteiligung
Eine frühzeitige Beteiligung gemäß §§ 3 Abs. 1, 4 Abs. 1 BauGB ist nicht erfolgt. Daraus folgt aber kein beachtlicher Fehler, denn in § 214 Abs. 1 S. 1 Nr. 2 BauGB sind diese Vorschriften nicht genannt.[484]

5. Förmliche Öffentlichkeits- und Behördenbeteiligung
Die förmliche Behördenbeteiligung gemäß § 4 Abs. 2 BauGB ist erfolgt.

---

482 Dazu allgemein § 5 Rn. 90 f.
483 Dazu bereits § 5 Rn. 83.
484 Dazu § 5 Rn. 13 f.

Auch die förmliche Öffentlichkeitsbeteiligung, also das sog. Entwurfsauslegungsverfahren gemäß § 3 Abs. 2 S. 1-2 BauGB, fand statt. Fraglich ist aber, ob die Auslegung den gesetzlichen Anforderungen entsprach. Die Auslegung dauerte vom 30.01.-28.02.2023. Auslegt wurden der Entwurf des Bebauungsplans, die Begründung mit dem Umweltbericht und den aus Sicht der Gemeinde wesentlichen bereits vorliegenden Fachgutachten. Ein Verstoß gegen § 3 Abs. 2 BauGB ist gemäß § 214 Abs. 1 S. 1 Nr. 2 BauGB ein beachtlicher Verfahrensfehler, der gemäß § 215 Abs. 1 S. 1 Nr. 1 BauGB unbeachtlich wird, wenn er nicht innerhalb eines Jahres seit Bekanntmachung des Bebauungsplans schriftlich gegenüber der Gemeinde gerügt worden ist, soweit zuvor – wie hier – der Hinweis gemäß § 215 Abs. 1 BauGB erfolgt war.

X hat insoweit gegenüber der Gemeinde innerhalb der Jahresfrist Rüge dahingehend erhoben, dass die Entwurfsauslegung zu kurz war. Die Rüge erfolgte im Antragsschriftsatz der Normenkontrolle, der der Gemeinde vor Ablauf der Jahresfrist übermittelt worden ist. § 3 Abs. 2 S. 1 BauGB verlangt eine Auslegung für die Dauer eines Monats, mindestens jedoch für die Dauer von 30 Tagen. Für die Fristberechnung kommt es darauf an, wann der Bebauungsplan ausgelegt worden ist; es gilt § 187 Abs. 2 S. 1 BGB. Der Tag der Auslegung zählt also mit. Nach § 188 Abs. 2 S. 1 BGB endet eine Frist, die nach Monaten bestimmt ist, im Falle des § 187 Abs. 2 BGB mit dem Ablauf desjenigen Tages des letzten Monats, welcher dem Tag vorhergeht, der durch seine Benennung oder seine Zahl dem Anfangstag der Frist entspricht. Danach wäre die Frist am 29.02.2023 abgelaufen. Da 2023 kein Schaltjahr ist, gibt es den 29. Februar nicht. Es greift also § 188 Abs. 3 BGB. Danach endet die Frist, wenn bei einer nach Monaten bestimmten Frist in dem letzten Monat der für ihren Ablauf maßgebende Tag fehlt, mit dem Ablauf des letzten Tages dieses Monats. Im vorliegenden Fall endete die Frist also am 28.02.2023, sodass die Monatsfrist des § 3 Abs. 2 S. 1 BauGB eingehalten worden ist. Auch die Mindestauslegungsdauer von 30 Tagen ist gewahrt.

X hat insoweit auch gerügt, dass der Bebauungsplanentwurf nebst Begründung und Umweltbericht aber nicht mit allen damals bereits vorhandenen Fachgutachten ausgelegen habe. § 3 Abs. 2 S. 1 BauGB eröffnet der Gemeinde – anders als § 3 Abs. 2 S. 2 BauGB – aber einen Beurteilungsspielraum, welche der bereits vorliegenden umweltbezogenen Stellungnahmen „wesentlich" und somit auszulegen sind. Außerdem ist der Umweltbericht mit ausgelegt worden, in den die zu diesem Stand des Verfahrens bereits vorhandenen umweltbezogenen Stellungnahmen eingearbeitet sind.

Hinsichtlich § 3 Abs. 2 BauGB liegt folglich kein beachtlicher Verfahrensfehler vor.

6. Beschlussfassung über den Bebauungsplan
Der Gemeinderat der Gemeinde G hat den Bebauungsplan gemäß § 10 Abs. 1 BauGB als Satzung beschlossen.

7. Genehmigung des Bebauungsplans
Der Bebauungsplan bedarf gemäß § 10 Abs. 2 BauGB der Genehmigung, weil er nicht gemäß § 8 Abs. 2 S. 1 BauGB aus dem Flächennutzungsplan („Fläche für die Landwirtschaft") entwickelt worden ist. Eine Genehmigung liegt nicht vor. Das ist ein gemäß § 214 Abs. 1 S. 1 Nr. 4 Alt. 2 BauGB beachtlicher Fehler, der nicht gemäß § 215 Abs. 1 S. 1 Nr. 1 BauGB unbeachtlich werden kann.

Hinsichtlich des § 10 Abs. 2 BauGB liegt somit ein beachtlicher Verfahrensfehler vor.

8. Ausfertigung des Bebauungsplans
Gemäß § 4 Abs. 3 S. 1 SächsGemO ist eine Satzung und damit auch der Bebauungsplan vom Bürgermeister auszufertigen. Die Unterzeichnung der Niederschrift über den wesentlichen Gang der Sitzung des Gemeinderats, in der auch der Wortlaut der

D. Fehlerhafte Bauleitpläne

gefassten Beschlüsse enthalten ist (§ 40 Abs. 1 S. 1 SächsGemO), durch den Bürgermeister als Vorsitzenden des Gemeinderates (§ 40 Abs. 2 S. 1 SächsGemO) ist ein ganz anderer Vorgang als die Ausfertigung einer Satzung und ersetzt daher die Ausfertigung nicht.[485] Die fehlende Ausfertigung ist ein gemäß § 4 Abs. 4 S. 2 Nr. 1 SächsGemO beachtlicher Fehler.

Hinsichtlich des § 4 Abs. 3 S. 1 SächsGemO liegt ein (kommunalrechtlich) beachtlicher Verfahrensfehler vor.

9. Bekanntmachung des Bebauungsplans
Die Bekanntmachung des Bebauungsplans ist gemäß §§ 10 Abs. 3, 10a BauGB, § 4 Abs. 3 S. 1 SächsGemO erfolgt.

10. Zwischenergebnis
Der Bebauungsplan „Junges Familien Wohnen" ist formell rechtswidrig.

II. Materielle Rechtmäßigkeit
Fraglich ist, ob er sich als materiell rechtmäßig erweist.

1. Erforderlichkeit der Planung
Dafür müsste die Planung zunächst erforderlich gewesen sein, § 1 Abs. 3 BauGB. Das ist zu bejahen. Dem steht nicht entgegen, dass der Eigentümer des Grundstücks, auf dem das Wohngebiet entstehen soll, eine Überplanung vorgeschlagen hat. Für eine unzulässige sog. „Gefälligkeitsplanung" ist nichts ersichtlich.[486]

Hinweis: Bei der Prüfung der Rechtmäßigkeit eines Bebauungsplans (zumal bei der materiellen Rechtmäßigkeit) ist zu empfehlen, nur auf die Schwerpunkte des Sachverhalts einzugehen. Es lag daher beispielsweise fern, auf die Anpassung an die Ziele der Raumordnung (§ 1 Abs. 4 BauGB) oder den Vorrang der Fachplanung[487] einzugehen.

2. Verhältnis Flächennutzungsplan – Bebauungsplan
Gemäß § 8 Abs. 2 S. 1 BauGB ist ein Bebauungsplan aus dem Flächennutzungsplan zu „entwickeln". Das ist hier nicht der Fall, weil die Festsetzung „Wohngebiet" keine Fortschreibung der Darstellung „Fläche für die Landwirtschaft" ist. Die Verletzung des § 8 Abs. 2 S. 1 BauGB ist auch ein gemäß § 214 Abs. 2 Nr. 2 BauGB beachtlicher Fehler, weil die sich aus dem Flächennutzungsplan ergebende geordnete städtebauliche Entwicklung (Fläche für die Landwirtschaft – keine Baufläche, nunmehr Wohngebiet) beeinträchtigt worden ist. Dieser Fehler kann gemäß § 215 Abs. 1 S. 1 Nr. 2, Abs. 2 BauGB durch Zeitablauf unbeachtlich werden, wenn er nicht (mehr) innerhalb eines Jahres nach Bekanntmachung des Bebauungsplans schriftlich gegenüber der Gemeinde gerügt wird.

Hinsichtlich des § 8 Abs. 2 S. 1 BauGB liegt damit ein beachtlicher materieller Fehler vor, der ggf. aber durch Zeitablauf unbeachtlich werden kann.

3. Inhalt des Bebauungsplans
Gemäß § 9 Abs. 1 BauGB können in einem Bebauungsplan die in den Nr. 1-26 aufgezählten Festsetzungen getroffen werden, insbesondere Festsetzungen zu Art und Maß der baulichen Nutzung (Nr. 1) und zur Bauweise (Nr. 2). Während die Festsetzung von zwei Vollgeschossen (vgl. dazu § 16 Abs. 1, Abs. 2 Nr. 3 BauNVO) und von „Einzelhäusern" (vgl. dazu § 22 Abs. 2 BauGB) unproblematisch ist, erweist sich die Festsetzung zur Art der baulichen Nutzung „Reines Wohngebiet für Familien mit mindestens einem Kind unter 6 Jahren ..." als unzulässig. Die Festsetzung eines reinen Wohngebietes (vgl. dazu

---

485 Vgl. OVG Bautzen BeckRS 2018, 49931.
486 Dazu allgemein § 5 Rn. 36.
487 Dazu § 5 Rn. 41 bzw. 44.

§§ 1 Abs. 3 S. 1-2, 4 BauNVO) mit dieser Einschränkung ist weder von § 9 Abs. 1 Nr. 1 BauGB gedeckt, noch von § 9 Abs. 1 Nr. 7 BauGB. Ein darüber hinaus gehendes „Festsetzungs(er)findungsrecht" der Gemeinde gibt es nicht. Nur Festsetzungen auf Grundlage des § 9 BauGB sind zulässige Inhalts- und Schrankenbestimmungen des Eigentums.[488] Hinsichtlich des § 9 Abs. 1 BauGB liegt damit ein beachtlicher materieller Fehler vor.

4. Abwägung

Mängel, die Gegenstand des § 214 Abs. 1 S. 1 Nr. 1 BauGB sind, können gemäß § 214 Abs. 3 S. 2 Hs. 1 BauGB nicht als Mängel der Abwägung geltend gemacht werden (zum Abwägungsdefizit und zur Abwägungsfehleinschätzung bereits I. 3.). Das bedeutet, ein (formeller) Mangel im Abwägungsvorgang führt nicht dazu, dass zugleich auch das Abwägungsergebnis mit einem (materiellen) Mangel behaftet ist. Das Abwägungsergebnis ist erst dann zu beanstanden, wenn eine fehlerfreie Nachholung der erforderlichen Abwägung schlechterdings nicht zum selben Ergebnis führen könne, weil anderenfalls der Ausgleich zwischen den von der Planung berührten öffentlichen Belangen in einer Weise vorgenommen würde, der zur objektiven Gewichtung einzelner Belange außer Verhältnis steht („Abwägungsdisproportionalität"). Die Grenzen der planerischen Gestaltungsfreiheit müssen überschritten sein, es muss sich um ein unhaltbares Abwägungsergebnis handeln.

Anhaltspunkte dafür, dass das Abwägungsergebnis im vorliegenden Fall keinesfalls haltbar ist, liegen nicht vor. Hierzu bedarf es zunächst der Ermittlung und Bewertung der Geruchsemissionen und -immissionen, z.B. durch ein Gutachten, in das eine Vielzahl von Faktoren einfließen (Haltungsart der Schweinemast, Anzahl der Mastdurchgänge, Lüftungs- und Filteranlagen der Anlage, Tallage des Schweinemastbetriebes und Hanglage des Wohngebietes, Hauptwindrichtung usw.).

III. Ergebnis

Der Bebauungsplan „Junges Familien Wohnen" erweist sich als formell und materiell und damit insgesamt rechtswidrig.

E. Sicherung der Bauleitplanung

Zur Einführung: *Böhm*, Recht der Bauleitplanung, JA 2013, 81; *Güster*, Die Veränderungssperre (§ 14 BauGB) in der (bayerischen) Baurechtsklausur – Ein Kurzbeitrag zum Basiswissen mit klausurtaktischen Hinweisen, JA 2017, 928; *Hager/Kirchberg*, Veränderungssperre, Zurückstellung von Baugesuchen und faktische Bausperren – Voraussetzungen, aktuelle Probleme, Haftungsfragen, NVwZ 2002, 400; *Scheidler*, Die Veränderungssperre als Instrument zur Sicherung der gemeindlichen Planung, KommunalPraxis BY 2021, 342; *ders.*, Die gesetzlichen Vorkaufsrechte der Gemeinde im Baugesetzbuch, KommunalPraxis BY 2021, 378

Zur Vertiefung: *Frey*, Der angehaltene Windkraft-Flächennutzungsplan – Möglichkeiten und Grenzen der Planungssicherungsinstrumente im Rahmen der Windkraftplanung, BauR 2015, 201; *Graf*, Freistellung von den Wirkungen einer Veränderungssperre analog § 14 III BauGB – Neue Erkenntnisse beim sog. veränderungssperrenrechtlichen Bestandsschutz, NVwZ 2004, 1435; *Hinsch*, Zurückstellung nach § 15 III BauGB – Mittel zur Sicherung seiner Konzentrationsplanung, NVwZ 2007, 770; *Kronisch*, Irrtümer bei der Ausübung des gemeindlichen Vorkaufsrechts, NordÖR 2018, 366; *ders.*, Zur Rolle der gemeindlichen Vorkaufsrechte bei der Sicherung bezahlbaren Wohnraums, NVwZ 2019, 1471; *Külpmann*, Einvernehmensfrist bei der Zurückstellung eines Baugesuchs, jurisPR-BVerwG 2015/15 Anm. 6; *Kümper*, Sicherung der Überplanung von Innenbereichsflächen durch Veränderungssperre und Zurückstellung von

---

[488] Dazu § 5 Rn. 58.

Baugesuchen, ZfBR 2020, 135; *Leroux/Sittig*, Die Bedeutung einer außer Vollzug gesetzten Veränderungssperre im Rahmen der Zurückstellung nach § 15 Abs. 1 BauGB, BauR 2016, 595; *Marquard*, Die Anrechnung faktischer Zurückstellungszeiten auf die Dauer der Veränderungssperre analog § 17 Abs. 1 S. 2 BauGB, NVwZ 2022, 453; *Raschke*, Zurückstellung nach § 15 Abs. 3 BauGB im Genehmigungsverfahren für Windenergieanlagen, ZfBR 2015, 119; *Rieger*, Die Änderung des § 15 Abs. 3 BauGB durch die BauGB-Novelle 2013 – ein Schlag ins Wasser?, ZfBR 2014, 535; *Sennenkamp*, Die Anrechnung faktischer Zurückstellungen auf die Geltungsdauer von Veränderungssperren, BauR 2014, 640; *Spieler*, Veränderungssperre und Zurückstellung von Bauvorhaben nach rechtskräftiger Verurteilung zur Erteilung der Baugenehmigung, BauR 2008, 1397; *Wirsing/Beathalter*, Gemeindliche Vorkaufsrechte nach dem BauGB – Vertiefung und Aktuelles, VBlBW 2023, 8

Zur Übung: *Bauer/von Cube/Heinig*, JuS 2006, 152 (1. Staatsexamen – Rechtsschutz der Gemeinde, Veränderungssperre); *Faber*, JuS 2019, 1084 (Fortgeschrittenenklausur – Klage gegen eine Zurückstellung); *Freund*, JuS 1999, 590 (2. Staatsexamen – Vorbescheid, Veränderungssperre); *Konrad*, JA 2002, 788 (Fortgeschrittenenklausur – Erteilung einer Baugenehmigung, Inzidentkontrolle einer Veränderungssperre); *Müller-Terpitz/Pech*, ZJS 2010, 389 (1. Staatsexamen – Aufhebung Baugenehmigung); *Rappenglix*, JuS 2018, 685 (Fortgeschrittenenklausur – Anwaltsklausur, Veränderungssperre); *Winkler*, JA 2008, 274 (Fortgeschrittenenklausur – Widerspruch gegen einen Vorbescheid, Missachtung eines Zurückstellungsantrages)

Zur **Sicherung der Bauleitplanung** und ihrer planerischen Ziele vor tatsächlichen Veränderungen während eines **Bebauungsplanverfahrens** ermöglicht das BauGB der Gemeinde, eine **Veränderungssperre** (§ 14 BauGB) zu erlassen oder bei der Baugenehmigungsbehörde eine sog. **Zurückstellung** (Aussetzung bzw. vorläufige Untersagung) zu beantragen (§ 15 Abs. 1 BauGB). Für Sanierungsgebiete und Entwicklungsbereiche gelten die Regelungen nicht (§§ 14 Abs. 4, 15 Abs. 2, 17 Abs. 6 BauGB). Während eines **Flächennutzungsplanverfahrens** eröffnet § 15 **Abs. 3 BauGB** der Gemeinde die Möglichkeit der Zurückstellung der Entscheidung über die Zulässigkeit bestimmter, im Außenbereich privilegierter Vorhaben, um die Steuerung dieser Außenbereichsvorhaben mittels Flächennutzungsplanung gemäß § 35 Abs. 3 S. 3 BauGB abzusichern. Vergleichbare **Planungssicherungsinstrumente** finden sich in der Raumordnungs- und Landesplanung[489] oder der Fachplanung[490]. Sie dienen allesamt dazu, für eine begrenzte Zeit jede Bautätigkeit zu unterbinden. Anlass für den Einsatz von Plansicherungsinstrumenten in der Bauleitplanung ist typischerweise ein beabsichtigtes, aber städtebaulich nicht (mehr) erwünschtes Vorhaben. Die Gemeinde kann darauf mit einem Bebauungsplanverfahren und einer Veränderungssperre[491] bzw. einem Zurückstellungsantrag reagieren, oder mit einem Flächennutzungsplan(änderungs)verfahren und einem Zurückstellungsantrag. Das ist **jederzeit** möglich, auch während eines anhängigen Genehmigungsverfahrens (auch nach Erteilung des gemeindlichen Einvernehmens),[492] Widerspruchsverfahrens oder eines verwaltungsgerichtlichen Verfahrens,[493] sogar noch nach dessen Abschluss, um eine danach zu erteilende Genehmigung zu verhindern[494].

100

Hinweis: Auch die Sicherung der Bauleitplanung durch Veränderungssperre und Zurückstellung sind Prüfungsgebiete des Pflichtfachs Öffentliches Recht – Besonderes Verwaltungsrecht (§§ 14 Abs. 3 Nr. 8 c) bb), 44 Abs. 2 S. 1 SächsJAPO). Auch sie zählen zu den „Grundzügen des Baurechts" (dazu § 14 Abs. 5 SächsJAPO). Veränderungssperren sind Gegenstand von Normenkontrollklau-

---

489 Dazu § 12 Abs. 2 ROG.
490 Vgl. z.B. § 19 AEG, § 9a FStrG, § 8a LuftVG, § 28a PBefG, § 86 WHG u. § 15 WStrG.
491 BVerwG BauR 2004, 1352.
492 VGH Kassel BRS 24 Nr. 141.
493 OVG Lüneburg BRS 38 Nr. 111.
494 BVerwG NVwZ 2003, 214 – Vollstreckungsgegenklage.

suren, aber auch von Klausuren, in denen es um die bauplanungsrechtliche Zulässigkeit von Vorhaben geht, der ggf. eine Veränderungssperre entgegensteht, deren Wirksamkeit dann zumeist inzident zu überprüfen ist. Tritt eine wirksame Veränderungssperre in Kraft, kann sie auch Gegenstand einer (Fortsetzungs-)Feststellungsklage dahingehend sein, dass zu prüfen ist, ob das Vorhaben zuvor bauplanungsrechtlich zulässig war. Eine abgelehnte Zurückstellung kann Thema einer Verpflichtungsklage einer Gemeinde sein, eine erteilte Zurückstellung wiederum Thema einer Anfechtungsklage des dadurch drittbetroffenen Bauherren. Bei Anordnung der sofortigen Vollziehung einer Zurückstellung geht es in Klausuren auch um einstweiligen Rechtsschutz.

I. Veränderungssperre

101 Voraussetzung einer Veränderungssperre ist zunächst, dass die Gemeinde gemäß § 2 Abs. 1 BauGB einen (wirksamen) **Beschluss über die Aufstellung, Änderung oder Ergänzung** eines Bebauungsplans[495] gefasst und den Beschluss ortsüblich bekannt gemacht hat.[496] Die Veränderungssperre wird sodann gemäß **§ 16 Abs. 1 BauGB** als **Satzung** beschlossen und ist gemäß **§ 16 Abs. 2 BauGB** ortsüblich bekannt zu machen, auch im Wege der Ersatzbekanntmachung (§ 16 Abs. 2 S. 2 BauGB). Der Beschluss über die Aufstellung des Bebauungsplans und der Satzungsbeschluss über die Veränderungssperre können in derselben Gemeinde- bzw. Stadtratssitzung gefasst[497] und beide Beschlüsse können gemeinsam bekannt gegeben werden[498]. Für die Veränderungssperre als Satzung nach dem BauGB gelten die **Planerhaltungsvorschriften** (§ 214 Abs. 1 S. 1 BauGB).[499] Als Satzung unterliegt die Veränderungssperre der **Normenkontrolle**, außerdem kann diese **inzident** zu überprüfen sein, z.B. in einem Verfahren auf Erteilung einer Genehmigung.[500]

Die Veränderungssperre erfolgt „**zur Sicherung der Planung**". Dafür ist nicht notwendig, dass bereits Klarheit über die endgültige Konzeption des Bebauungsplans besteht. Es genügt, dass ein Mindestmaß dessen erkennbar ist, was Inhalt des Bebauungsplans werden soll,[501] sofern überhaupt eine positive Planungskonzeption erkennbar ist[502]. Es darf also nicht so sein, dass der Inhalt der Planung noch völlig offen ist[503] oder es ausschließlich darum geht, ein beabsichtigtes Vorhaben zu verhindern[504]. Zweck muss es sein, eine hinreichend bestimmte Bebauungsplanung zu sichern,[505] die durch städtebauliche Gründe gerechtfertigt ist[506]. Unschädlich ist es, wenn die Bebauungsplankonzeption fehlerhaft oder rechtlich bedenklich ist, soweit die Mängel im Bebauungsplanverfahren noch behebbar sind.[507] Das Abwägungsgebot des § 1 Abs. 7 BauGB gilt für die Veränderungssperre nicht.[508] Zwischen Aufstellungsbeschluss und Veränderungssperre muss

---

495 Nicht eines vorhabenbezogenen Bebauungsplans, vgl. § 12 Abs. 3 S. 2 Hs. 2 BauGB.
496 BVerwG NVwZ 1993, 471; VGH Mannheim BauR 2020, 613; zur Ersetzung des Aufstellungsbeschlusses durch den Beschluss zur frühzeitigen Öffentlichkeitsbeteiligung: OVG Greifswald BauR 2010, 192.
497 BVerwG NVwZ 1989, 661; OVG Münster BauR 2007, 517; VGH Mannheim NVwZ-RR 2014, 931.
498 BVerwGE 120, 138; NVwZ 1993, 471; OVG Weimar NVwZ-RR 2002, 415; zu einem Fall der Bekanntmachung der Veränderungssperre vor Bekanntmachung des Aufstellungsbeschlusses und der daraufhin erfolgenden Bekanntmachung des Aufstellungsbeschlusses und der Veränderungssperre: BVerwG NVwZ 1993, 471.
499 BVerwG NVwZ 2007, 954; VGH München BayVBl 2009, 369.
500 OVG Weimar NVwZ-RR 2002, 415.
501 BVerwGE 51, 121; 144, 82; BeckRS 2020, 16436.
502 OVG Lüneburg BauR 2000, 73; VGH Mannheim VBlBW 2002, 200; NVwZ-RR 2003, 546.
503 OVG BauR 2008, 328; OVG Münster DVBl 2022, 612.
504 BVerwG ZfBR 2021, 561; OVG Münster NVwZ-RR 1997, 602; OVG Weimar BauR 2009, 1631. Dazu bereits § 5 Rn. 38.
505 BVerwG ZfBR 2021, 561; OVG Münster ZfBR 2021, 774; DVBl 2022, 612.
506 BVerwG NVwZ 1994, 685; OVG Münster NVwZ-RR 1997, 602.
507 BVerwGE 120, 138; OVG Bautzen SächsVBl 2000, 193; VGH Mannheim NVwZ-RR 2010, 11 u. 522.
508 BVerwG BRS 84 Nr. 52.

E. Sicherung der Bauleitplanung

aber ein zeitlicher Zusammenhang bestehen; je länger der Aufstellungsbeschluss zurückliegt, desto eher fehlt es an einer sicherungsfähigen Planung. Die Veränderungssperre dient der Sicherung der Planung „**im zukünftigen Planbereich**". Der Planbereich des Aufstellungsbeschlusses muss daher eindeutig bezeichnet sein, er muss aber nicht mit dem späteren Geltungsbereich des Bebauungsplans identisch sein. Der Geltungsbereich der Veränderungssperre darf über den des Aufstellungsbeschlusses nicht hinausgehen,[509] er kann bei einem nur beschränkten Sicherungsbedürfnis aber auch nur ein Grundstück bzw. einige Grundstücke[510] umfassen (Individualsperre).

Rechtsfolge einer Veränderungssperre ist gemäß **§ 14 Abs. 1 BauGB**, dass Vorhaben i.S.d. § 29 BauGB nicht durchgeführt werden dürfen, insbesondere also bauliche Anlagen nicht errichtet, geändert oder in ihrer Nutzung geändert werden dürfen (§ 29 Abs. 1 Alt. 1 BauGB), und dass bauliche Anlagen nicht beseitigt werden dürfen (**Nr. 1**). Rechtsfolge ist weiter, dass auch sonstige erhebliche oder wesentlich wertsteigernde (tatsächliche) Veränderungen von Grundstücken und baulichen Anlagen unzulässig sind (**Nr. 2**). § 14 Abs. 1 BauGB ist abschließend. Die darin enthaltenden Verbote sind in der Satzung festzulegen, alle zugleich oder auch nur einzelne Verbote, z.B. durch Verweis auf die jeweilige gesetzliche Regelung. Einen über § 14 Abs. 1 Nr. 1 u. 2 BauGB hinausgehenden Inhalt kann die Gemeinde der Veränderungssperre nicht geben. Die Veränderungssperre begründet ein **materielles Veränderungsverbot**, also im Falle der Nr. 1 einen Versagungsgrund im Baugenehmigungs- oder Zustimmungsverfahren bzw. einen Untersagungsgrund im Genehmigungsfreistellungsverfahren sowie im Falle der Nr. 2, also bei genehmigungs-, zustimmungs- und anzeigefreien Veränderungen, soweit diese erheblich oder wesentlich sind, die Möglichkeit, dagegen bauaufsichtlich einzuschreiten. Der Erlass einer (wirksamen) Veränderungssperre „blockiert" also ein bauplanungsrechtlich eigentlich zulässiges Vorhaben; wird es dennoch ausgeführt, hat die Gemeinde Anspruch auf bauaufsichtliches Einschreiten.[511]

Ausnahmen von einer Veränderungssperre können im Einvernehmen mit der Gemeinde[512] zugelassen werden, wenn überwiegende öffentliche Belange nicht entgegenstehen (§ 14 Abs. 2 BauGB). Das ist dann der Fall, wenn das Vorhaben die Verwirklichung des Bebauungsplans nicht beeinträchtigt,[513] also die Durchführung der Planung nicht unmöglich macht oder wesentlich erschwert (vgl. § 15 Abs. 1 S. 1 BauGB), ansonsten ist eine Ausnahme nicht zulässig.[514] Die Ausnahmegenehmigung beseitigt das Verbot der Veränderungssperre und macht den Weg frei für die erforderliche eigentliche Genehmigung des Vorhabens. Die Zulassung der Ausnahme steht im Ermessen der Baugenehmigungsbehörde, das sich ggf. zu einer Pflicht verdichten kann, wenn nämlich das Vorhaben gemäß § 33 BauGB zulässig ist[515] oder unter dem Gesichtspunkt des Folgenbeseitigungsanspruchs ein Anspruch auf Zulassung einer Ausnahme besteht, wenn vor Inkrafttreten der Veränderungssperre ein Antrag zu Unrecht abgelehnt wurde und das Vorhaben die Planungen der Gemeinde nicht berührt.[516]

Von der Veränderungssperre nicht berührt werden gemäß § 14 Abs. 3 BauGB Unterhaltungsarbeiten (Alt. 3) und die Fortführung einer bisher ausgeübten Nutzung (Alt. 4). Gleiches gilt für Vorhaben, die vor dem Inkrafttreten der Veränderungssperre **baurechtlich genehmigt** worden sind (Alt. 1), und für Vorhaben, von denen die Gemeinde nach Maßgabe des Bauordnungsrechts

---

509 BVerwG NVwZ 2004, 984.
510 BVerwGE 51, 121.
511 VGH Mannheim VBlBW 1997, 141; OVG Weimar BauR 1999, 164.
512 Zu einem Fall der Ersetzung des gemeindlichen Einvernehmens: BVerwG NVwZ-RR 2017, 717.
513 VGH Mannheim VBlBW 1985, 140; BauR 2003, 68.
514 BVerwG ZfBR 1989, 171.
515 VGH Mannheim NJW 1986, 149.
516 BVerwG NJW 1968, 2350; NVwZ 1993, 473.

Kenntnis erlangt hat und **mit deren Ausführung** vor dem Inkrafttreten der Veränderungssperre **hätte begonnen werden dürfen** (Alt. 2), was wiederum das Genehmigungsfreistellungsverfahren meint. Baurechtlich genehmigt ist ein Vorhaben, wenn eine Baugenehmigung erteilt ist oder – im vereinfachten Baugenehmigungsverfahren (§ 69 Abs. 5 SächsBO) – als erteilt gilt und nicht erloschen ist, nicht aber, wenn eine Baugenehmigung hätte erteilt werden müssen.[517] Baurechtlich genehmigt ist ein Vorhaben auch dann,[518] wenn ein **bauplanungsrechtlicher Vorbescheid**, eine sog. Bebauungsgenehmigung, erteilt worden ist; auch diese setzt sich (als vorweggenommener bauplanungsrechtlicher Teil der Baugenehmigung mit Bindungswirkung für die Baugenehmigung) gegenüber der Veränderungssperre durch.[519] Ob auch die Erteilung des gemeindlichen Einvernehmens für ein „baurechtlich genehmigt" genügt, ist offen.[520] Streitig ist auch, ob ein Widerruf (§ 1 S. 1 SächsVwVfZG i.V.m. § 49 Abs. 2 Nr. 4 VwVfG) von Bau- oder Bebauungsgenehmigung möglich ist.[521] Ohne Belang ist jedenfalls, wenn ein Nachbar die Genehmigung anficht; der Vertrauensschutz des § 14 Abs. 3 BauGB wird dadurch nicht beseitigt.[522] Anders verhält es sich, wenn der Bauherr selbst oder die Gemeinde dies tut.[523] Die Ausführung von Vorhaben, die dem **Genehmigungsfreistellungsverfahren** (§ 62 SächsBO) unterfallen, darf gemäß § 62 Abs. 3 S. 3 SächsBO mit Ablauf von drei Wochen ab Bestätigung des Datums des Eingangs der vollständigen Unterlagen begonnen werden, es sei denn, der Baubeginn ist innerhalb dieser Frist untersagt worden.[524] **Verfahrensfreie Vorhaben** werden dagegen von einer Veränderungssperre erfasst, selbst wenn mit ihrer Errichtung bereits vor Inkrafttreten der Veränderungssperre begonnen worden ist.[525]

Hinweis: Bei § 14 Abs. 3 Alt. 1 u. 2 BauGB ist also darauf zu achten, was zuerst war; nur bei einer Genehmigung oder einer zulässigen Bauausführung vor dem Zeitpunkt des Inkrafttretens der Veränderungssperre setzt sich das Vorhaben gegenüber der Veränderungssperre durch, sonst setzt sich die Veränderungssperre durch.

104 Die **Geltungsdauer** der Veränderungssperre beträgt nach **§ 17 Abs. 1 S. 1 BauGB zwei Jahre**. Vor Ablauf der Veränderungssperre kann die Gemeinde die Veränderungssperre nach § 17 Abs. 1 S. 3 BauGB durch Satzung um ein Jahr **verlängern**, vor Ablauf der drei Jahre dann nochmals um ein weiteres Jahr auf insgesamt vier Jahre (§ 17 Abs. 2 BauGB), wenn besondere Umstände dies erfordern.[526] Das BauGB geht im Anschluss an die Rechtsprechung des BGH[527] davon aus, dass auch eine umfangreiche Planung in drei Jahren abgeschlossen sein kann. Besondere Umstände sind daher nur anzunehmen, wenn der Gemeinde wegen des ganz außergewöhnlichen Umfangs oder der ganz außergewöhnlichen Schwierigkeit der Planung aus von ihr nicht zu vertretenden Umständen die Aufstellung des Bebauungsplans innerhalb von drei Jahren unmöglich war.[528] Planungsverzögerungen infolge unzureichender Personalausstattung oder einer unnötig großen Dimensionierung des Bebauungsplangebiets[529], unnötig langer Verhandlungen mit der

---

517 BVerwG BRS 18 Nr. 60; VGH Mannheim VBlBW 1999, 266.
518 Zur entsprechenden Anwendung im immissionsschutzrechtlichen Verfahren VG Mainz LKRZ 2009, 356.
519 BVerwGE 69, 1; NVwZ 2003, 214; VGH München BayVBl 2000, 314. Zum Vorbescheid § 9 Rn. 45 f.
520 BVerwGE 120, 138.
521 Verneinend VGH Mannheim VBlBW 2001, 323; am Fallbeispiel: *Stollmann/Beaucamp* Öffentliches Baurecht § 10 Rn. 35.
522 OVG Lüneburg NVwZ 1990, 685; 1999, 1005; VGH Mannheim VBlBW 2001, 323.
523 VGH München BayVBl 1987, 210.
524 Dazu BVerwGE 39, 154 – Anzeigeverfahren; VGH Mannheim VBlBW 1997, 141 – Kenntnisgabeverfahren; VGH München BauR 2000, 705 – Genehmigungsfreistellungsverfahren.
525 BVerwGE 144, 82.
526 OVG Bautzen NVwZ-RR 2010, 471.
527 Dazu BGHZ 30, 338 – Freiburger Bausperren-Urteil.
528 BVerwGE 51, 121; NVwZ 1993, 475; OVG Münster BauR 2001, 1388; VGH Mannheim BauR 2015, 1955.
529 BVerwGE 51, 121.

E. Sicherung der Bauleitplanung

betroffenen Öffentlichkeit oder beteiligten Behörden[530] sowie Entscheidungsschwächen des Gemeinderats[531] stellen demnach keine besonderen Umstände dar, die ein Überschreiten der 3-Jahres-Frist rechtfertigen können.

Eine außer Kraft getretene Veränderungssperre kann gemäß § 17 Abs. 3 BauGB ganz oder teilweise **erneut beschlossen** werden, wenn die Voraussetzungen für ihren Erlass fortbestehen, also das Bedürfnis zur Sicherung der Planung weiter besteht; sonstige Voraussetzungen nennt § 17 Abs. 3 BauGB nicht. Die Gemeinde hat demnach die Wahl, nach Ablauf von drei Jahren die bestehende Veränderungssperre nach § 17 Abs. 2 BauGB zu verlängern oder nach § 17 Abs. 3 BauGB eine erneute Veränderungssperre zu erlassen. Unabhängig davon, welche Möglichkeit die Gemeinde wählt, müssen bei einer Veränderungssperre von mehr als drei Jahren aber stets die besonderen Umstände des § 17 Abs. 2 BauGB gegeben sein, anderenfalls ist sowohl die verlängerte als auch die erneute Veränderungssperre unwirksam.[532]

Die Regelung des § 17 Abs. 1 BauGB stellt insoweit eine rechtliche Besonderheit dar, als die Sperrwirkung der Veränderungssperre nicht für alle Normadressaten gleich ist. Denn gemäß **§ 17 Abs. 1 S. 2 BauGB** ist auf die 2-Jahres-Frist der seit der Zustellung der ersten Zurückstellung eines Baugesuchs nach § 15 Abs. 1 BauGB abgelaufene Zeitraum anzurechnen.[533] Diese **Anrechnung** bezieht sich aber nur auf den, dessen Vorhaben zurückgestellt worden ist, während für alle übrigen Grundstückseigentümer im Bereich der Veränderungssperre die 2-Jahres-Frist des § 17 Abs. 1 S. 1 BauGB gilt.[534] Auf die Sperrwirkung der Veränderungssperre ist in entsprechender Anwendung des § 17 Abs. 1 S. 2 BauGB auch der Zeitraum einer sog. **faktischen Veränderungssperre** anzurechnen,[535] d.h. der Zeitraum, der dadurch vergeht, dass die Entscheidung über einen Antrag auf Erteilung einer Bau- oder Bebauungsgenehmigung[536] ohne sachlichen Grund verzögert oder der Antrag rechtswidrig abgelehnt wird. Für den Bauherrn hat die faktische Zurückstellung nämlich die gleiche Folge wie die Zurückstellung gemäß § 15 BauGB. Der Anrechnungszeitraum beginnt mit dem Zeitpunkt, zu dem bei sachgerechter Behandlung des Bauantrags eine Baugenehmigung erteilt worden wäre.[537] Die Anrechnung einer faktischen Zurückstellung kann dazu führen, dass eine Veränderungssperre für einzelne Grundstücke überhaupt nicht in Kraft tritt, wenn nämlich seit der faktischen Zurückstellung mehr als drei Jahre vergangen sind und die besonderen Umstände des § 17 Abs. 2 BauGB für eine Erstreckung des Bauverbots über drei Jahre hinaus nicht vorliegen.[538]

Die Veränderungssperre tritt gemäß § 17 Abs. 5 BauGB mit Abschluss der Bauleitplanung **außer Kraft**, also mit Bekanntmachung des Bebauungsplans, auch wenn dieser fehlerhaft und daher unwirksam ist.[539] Ferner ist die Veränderungssperre nach § 17 Abs. 4 BauGB außer Kraft zu setzen, sobald die Voraussetzungen für ihren Erlass entfallen sind, beispielsweise die Gemeinde ihre Planungen aufgibt[540] oder der Bauleitplanung unüberwindliche Hindernisse, z.B. die Festsetzungen eines neuen Regionalplans,[541] entgegenstehen.

---

530 OVG Münster NJW 1975, 1751.
531 OVG Lüneburg BauR 2002, 594.
532 BVerwGE 51, 121; VGH Mannheim NVwZ-RR 1995, 135.
533 Keine Anrechnung bei Rücknahme des Baugesuchs während der Geltungsdauer der Zurückstellung und vor Inkrafttreten der Veränderungssperre: BVerwG BauR 2015, 244.
534 BVerwGE 51, 121; NVwZ 1993, 471 u. 475; VGH Mannheim BauR 2003, 840.
535 BVerwG BauR 2013, 1254; VGH Mannheim BauR 2015, 1955.
536 Dazu VGH Mannheim VBlBW 1993, 349.
537 Dazu § 69 Abs. 4 S. 1 SächsBO – 3 Monate; ferner VGH Mannheim VBlBW 2013, 140.
538 Dazu BVerwGE 51, 121; BauR 1990, 694.
539 BVerwG NVwZ 1990, 656.
540 BVerwG BauR 2008, 328; VGH Mannheim VBlBW 2008, 143.
541 VGH München BauR 1991, 60.

105 Dauert die Veränderungssperre länger als vier Jahre, ist nach § 18 BauGB eine **Entschädigung** zu leisten. Der Grundstückseigentümer muss also eine Veränderungssperre vier Jahre lang als zulässige Inhalts- und Schrankenbestimmung des Eigentums entschädigungslos hinnehmen. Auf die Frist ist jedoch die Dauer einer förmlichen oder faktischen Zurückstellung anzurechnen.[542] Das gilt aber nur bei rechtmäßigen Veränderungssperren. Ist eine Veränderungssperre rechtswidrig, weil die Voraussetzungen des § 14 Abs. 1 BauGB nicht vorlagen, ist von Anfang an eine Entschädigung wegen enteignungsgleichen Eingriffs zu leisten; ebenso besteht eine Entschädigungspflicht, wenn die Voraussetzungen für eine Veränderungssperre, etwa infolge einer Änderung der Planung, nachträglich weggefallen sind.[543] Ein Entschädigungsanspruch scheidet allerdings aus, wenn der Betroffene es unterlassen hat, sich gegen die faktische Zurückstellung zu wehren.

II. Zurückstellung

106 Wird eine Veränderungssperre trotz Vorliegens der Voraussetzungen – Aufstellungsbeschluss für einen **Bebauungsplan** und Sicherungsbedürfnis – nicht beschlossen oder ist eine beschlossene Veränderungssperre noch nicht in Kraft getreten (oder eine Veränderungssperre außer Kraft getreten und eine neue Veränderungssperre noch nicht in Kraft getreten), hat die Baugenehmigungsbehörde gemäß **§ 15 Abs. 1 S. 1 BauGB** auf Antrag der Gemeinde die Entscheidung über die Zulässigkeit eines Vorhabens im Einzelfall für einen Zeitraum bis zu zwölf Monaten **auszusetzen,** wenn zu befürchten ist, dass das Vorhaben die Durchführung der Planung unmöglich macht oder wesentlich erschwert. Erforderlich ist die Angabe des Zeitpunkts, bis zu dem die Aussetzung gelten soll, nach zwölf Monaten endet die Aussetzung kraft Gesetzes. Eine Aussetzung kommt auch nur in Betracht, wenn das Vorhaben zum Zeitpunkt der Entscheidung zulässig ist, denn sonst ist das Vorhaben abzulehnen. Wird kein Baugenehmigungsverfahren durchgeführt, also im Fall der Genehmigungsfreistellung gemäß § 62 SächsBO, wird auf Antrag der Gemeinde (vgl. dazu auch § 62 Abs. 2 Nr. 4 Alt. 2 SächsBO) anstelle der Zurückstellung eine **vorläufige Untersagung** ausgesprochen (**§ 15 Abs. 1 S. 2 BauGB**), und zwar innerhalb der nach Landesrecht festgesetzten Frist, also innerhalb von drei Wochen (§ 62 Abs. 3 S. 3 SächsBO). Die vorläufige Untersagung steht der Zurückstellung gleich (§ 15 Abs. 1 S. 3 BauGB).

Hat die Gemeinde beschlossen, einen **Flächennutzungsplan** oder einen **Teilflächennutzungsplan** gemäß § 5 Abs. 2b BauGB aufzustellen, zu ändern oder zu ergänzen, um durch entsprechende Darstellungen die Rechtswirkungen des § 35 Abs. 3 S. 3 BauGB zu erreichen,[544] hat die Baugenehmigungsbehörde[545] gemäß **§ 15 Abs. 3 BauGB** auf Antrag der Gemeinde Vorhaben gemäß § 35 Abs. 1 Nr. 1-6 BauGB ebenfalls bis zu einem Jahr zurückzustellen, wenn zu befürchten ist, dass die Durchführung unmöglich gemacht oder wesentlich erschwert wird. Damit kann die Gemeinde die genannten Außenbereichsvorhaben vorläufig verhindern, um sie dann mit Inkrafttreten des (Teil)Flächennutzungsplans steuern zu können. Der Antrag der Gemeinde ist nur innerhalb von sechs Monaten zulässig (§ 15 Abs. 3 S. 3 BauGB). Auf den Zeitraum der Zurückstellung ist die Zeit zwischen Antragseingang und Zustellung der Zurückstellung nicht anzurechnen, soweit der Zeitraum für die Bearbeitung erforderlich ist (§ 15 Abs. 3 S. 2 BauGB); ein ordnungsgemäßer Bearbeitungszeitraum[546] wird also der Jahresfrist

---

542 BGHZ 58, 124; 73, 161; 78, 152.
543 BGHZ 73, 161.
544 Dazu BVerwGE 117, 287 – Windenergieanlage; OVG Münster ZfBR 2019, 394.
545 Zur entsprechenden Anwendung im immissionsschutzrechtlichen Verfahren VGH Mannheim BauR 2019, 87; zu § 15 Abs. 3 BauGB und immissionsschutzrechtlichen Genehmigungen und Vorbescheiden: OVG Münster BauR 2021, 523 u. 2022, 467 u. 768.
546 Dazu § 69 Abs. 4 S. 1 SächsBO – 3 Monate; ist die Gemeinde selbst Baugenehmigungsbehörde: Eingang des Antrags BGH NVwZ 2002, 124; OVG Münster NVwZ-RR 2006, 597.

hinzugerechnet. Wenn besondere Umstände es erfordern, kann die Baugenehmigungsbehörde auf Antrag der Gemeinde die Entscheidung um höchstens ein weiteres Jahr aussetzen (§ 15 Abs. 3 S. 4 BauGB).

Im Gegensatz zur Veränderungssperre, bei der mit der Begründung des Bestehens einer Veränderungssperre ein Antrag abgelehnt werden kann, wird bei der Zurückstellung nicht abschließend abschlägig entschieden, sondern die Entscheidung über den Antrag nur aufgeschoben. In das anhängige Verwaltungs-, Widerspruchs- oder verwaltungsgerichtliche Verfahren wird ein Zeitraum eingeschoben, in dem keine Entscheidung ergehen darf. Die Zurückstellung begründet damit nur ein **zeitweiliges Verfahrenshindernis** und anders als die Veränderungssperre kein materielles Verbot.[547]

Eine Zurückstellung, also eine Aussetzung bzw. vorläufige Untersagung, ist ein **Verwaltungsakt**,[548] der zugunsten der Gemeinde und zulasten des Bauherrn wirkt. Dagegen ist Anfechtungswiderspruch und Anfechtungsklage zu erheben, die gemäß § 80 Abs. 1 S. 1 VwGO aufschiebende Wirkung haben,[549] sodass die Baugenehmigungsbehörde trotzdem entscheiden muss und daher i.d.R. die sofortige Vollziehung der Zurückstellung anordnet. Wird der Antrag der Gemeinde auf Zurückstellung abgelehnt, kann die Gemeinde Verpflichtungswiderspruch und Verpflichtungsklage erheben.[550] Eine trotz einer Zurückstellung dennoch erteilte Baugenehmigung ist rechtswidrig; sie kann von der Gemeinde angefochten werden oder von der Baugenehmigungsbehörde zurückgenommen werden.[551]

III. Vorkaufsrechte (§§ 24 ff. BauGB)

Hinweis: Bauleitplanung kann auch mit Vorkaufsrechten der Gemeinde gesichert werden, die – anders als Veränderungssperre und Zurückstellung – nicht zu den Prüfungsgebieten des Pflichtfachs Öffentliches Recht zählen. Diese Rechte werden dennoch nachfolgend kurz dargestellt, zumal ihr Anwendungsbereich mit dem Baulandmobilisierungsgesetz erweitert worden ist.

§ 24 Abs. 1 S. 1 BauGB begründet beim Kauf[552] bestimmter **Grundstücke** ein **gesetzliches Vorkaufsrecht** für die Gemeinde. Erfasst werden Grundstücke, die im Bebauungsplan als öffentliche Bedarfsfläche[553] oder als Fläche oder Maßnahme zum Ausgleich gemäß § 1a Abs. 3 BauGB festgesetzt sind (**Nr. 1**), die in einem Umlegungs-, Sanierungs-, Entwicklungs-, Erhaltungs- oder Stadtumbaugebiet gelegen sind (**Nr. 2-4**), bei denen es sich um Wohnbauerwartungsland im Außenbereich (**Nr. 5**) oder um unbebaute Grundstücke in vorwiegend mit Wohngebäuden bebauten Bebauungsplan- oder faktischen Baugebieten (**Nr. 6**) handelt. Weiter gefasst sind Grundstücke in Gebieten, die zum Zwecke des vorbeugenden Hochwasserschutzes von Bebauung freizuhalten sind, insbesondere Überschwemmungsgebieten (**Nr. 7**) oder Grundstücke mit städtebaulichen Missständen oder mit sog. Schrottimmobilien[554] (**Nr. 8**). Das Vorkaufsrecht kann teils bereits vorab ausgeübt werden (vgl. dazu § 24 Abs. 1 S. 2-3 BauGB) und auch (vgl. § 200

---

547 BVerwG NVwZ 2012, 51; NVwZ-RR 2015, 685.
548 OVG Lüneburg BRS 49 Nr. 156; VGH Kassel DVBl 1993, 1101; OVG Münster BauR 2007, 684; OVG Berlin NVwZ 1995, 399; VGH Mannheim NVwZ-RR 2011, 932; anders noch VGH Mannheim NVwZ-RR 2003, 333 – Verpflichtungswiderspruch und -klage auf Erteilung der Baugenehmigung.
549 Dazu OVG Koblenz NVwZ-RR 2002, 708; BGH NVwZ 2002, 123.
550 VGH Kassel NVwZ-RR 2014, 414.
551 VGH Kassel NVwZ-RR 2009, 790.
552 Zum Kauf eines Miteigentumsanteils: BGH NJW 1984, 1617; zum Kauf eines Miteigentumsanteils durch einen Miteigentümer: BGH NJW 1967, 1607; andere Verträge als Kauf- und kaufähnliche Verträge muss die Gemeinde hinnehmen; zu Beispielen *Kment* Öffentliches Baurecht I § 15.
553 OVG Berlin NVwZ-RR 2012, 793.
554 Dazu *Uechtritz* BauR 2021, 1227.

Abs. 1 BauGB) lediglich für eine Teilfläche eines Grundstücks[555]. Beim Kauf von Rechten nach dem WEG ober von Erbbaurechten (vgl. dazu § 200 Abs. 2 BauGB) steht der Gemeinde dagegen kein Vorkaufsrecht zu (§ 24 Abs. 2 BauGB).

Ferner kann die Gemeinde gemäß **§ 25 Abs. 1 BauGB** durch ortsüblich bekannt zu machende (§ 25 Abs. 1 S. 4 BauGB) **Satzung** ihr Vorkaufsrecht auch für unbebaute Grundstücke im Geltungsbereich eines Bebauungsplans (**Nr. 1**) sowie für Grundstücke in Gebieten, in denen sie städtebauliche Entwicklungsmaßnahmen beabsichtigt (**Nr. 2**)[556], begründen, des Weiteren an brachliegenden Grundstücken im Geltungsbereich eines Bebauungsplans bzw. an unbebauten oder brachliegenden Grundstücken im Innenbereich, wenn diese vorwiegend mit Wohngebäuden bebaut werden können und es sich um ein nach § 201a BauGB bestimmtes Gebiet mit einem angespannten Wohnungsmarkt handelt (**Nr. 3**). Die Vorkaufsrechtsatzung dient der langfristigen Bodenvorratspolitik der Gemeinde; eine bereits konkretisierte Planung ist nicht erforderlich,[557] die Satzung muss aber geeignet sein, zur Sicherung der städtebaulichen Entwicklung und Ordnung beizutragen, z.b. mit dem Ziel des bezahlbaren Wohnraums für alle[558] (vgl. auch § 1 Abs. 3 S. 1 Hs. 2 BauGB).

Gemäß **§ 27a BauGB** kann die Gemeinde das Vorkaufsrecht auch zugunsten eines Dritten ausüben, wenn dieser zu der mit der Ausübung des Vorkaufsrechts bezweckten Verwendung des Grundstücks innerhalb angemessener Frist in der Lage ist und sich hierzu verpflichtet (S. 1 Nr. 1, S. 2), oder das Vorkaufsrecht gemäß § 24 Abs. 1 S. 1 Nr. 1 BauGB zugunsten eines öffentlichen Bedarfs- oder Erschließungsträgers oder das Vorkaufsrecht gemäß § 24 Abs. 1 S. 1 Nr. 3 BauGB zugunsten eines Sanierungs- und Entwicklungsträgers ausgeübt wird, wenn der Träger einverstanden ist (Nr. 2).

Das Vorkaufsrecht darf nur ausgeübt werden, wenn das **Wohl der Allgemeinheit** dies rechtfertigt[559] (§§ 24 Abs. 3 S. 1, 25 Abs. 2 S. 1 BauGB), insbesondere zur Deckung des Wohnbedarfs in der Gemeinde (§ 24 Abs. 3 S. 2 BauGB). Der Gemeinde ist es daher verwehrt, sich aus anderen Gründen durch Ausübung des Vorkaufsrechts Grundstücke zu beschaffen, insbesondere kann sie sich keinen Vorrat an Baugrundstücken zulegen.[560]

108 Der Inhalt eines Kaufvertrages ist der Gemeinde unverzüglich mitzuteilen (§ 28 Abs. 1 S. 1 BauGB), meist wird der beurkundende Notar damit beauftragt. Die Gemeinde kann dann binnen einer Frist von drei Monaten ab Mitteilung, aber nicht vor dessen Wirksamkeit[561], das Vorkaufsrecht ausüben (§ 28 Abs. 2 S. 1 BauGB), oder dies nicht tun, worüber auf Antrag ein (Negativ-)Zeugnis auszustellen ist (§ 28 Abs. 1 S. 3-4 BauGB); dann erfolgt auch die Grundbucheintragung (§ 28 Abs. 1 S. 2 BauGB). Die **Ausübung des Vorkaufsrechts** unter Angabe des Verwendungszwecks (§§ 24 Abs. 3 S. 3, 25 Abs. 2 S. 2 BauGB) erfolgt durch einen privatrechtsgestaltenden, von beiden Vertragsparteien anfechtbaren[562] Verwaltungsakt gegenüber dem Verkäufer, oft erfolgt auch eine Bekanntgabe an den Käufer. Innerhalb der Gemeinde ist für die Entscheidung über die Ausübung des Vorkaufsrechts regelmäßig der Gemeinde- bzw. Stadtrat zuständig, nicht der Bürgermeister,[563] ggf. kann es sich aber um ein Geschäft der laufenden Verwaltung (§ 53 Abs. 2 S. 1 SächsGemO) handeln[564]. Die Ausübung des Vorkaufsrechts steht

---

555 BVerwG BauR 1990, 697; BGH NVwZ 1991, 297.
556 Dazu BVerwG NVwZ 2000, 1044; VGH Mannheim NVwZ 1991, 284; OVG Münster BRS 59 Nr. 106.
557 BVerwG BauR 2010, 891.
558 VGH Mannheim BauR 2020, 85.
559 Dazu BVerwG NJW 1990, 2703.
560 BVerwG NVwZ 2000, 1044; 2010, 593; VGH Mannheim NVwZ-RR 2000, 769.
561 Dazu BVerwG NVwZ 2020, 1685.
562 BVerwG BRS 74 Nr. 130.
563 VGH Mannheim VBlBW 1980, 33.
564 OVG Münster NVwZ 1995, 915; VGH Mannheim VBlBW 2009, 344.

E. Sicherung der Bauleitplanung

im **Ermessen** der Gemeinde, bei dessen Ausübung[565] auch die Interessen des Käufers zu berücksichtigen sind.[566]

Übt die Gemeinde das Vorkaufsrecht aus, tritt sie nach § 28 Abs. 2 S. 2 BauGB i.V.m. § 464 Abs. 2 BGB als Erwerberin in den Kaufvertrag ein; beim Vorkaufsrecht nach § 27a BauGB wird der begünstigte Dritte Vertragspartner des Verkäufers (§ 27a Abs. 2 S. 1 BauGB). Liegt der Kaufpreis allerdings erheblich über dem Verkehrswert, kann die Gemeinde gemäß § 28 Abs. 3 S. 1 BauGB als Kaufpreis den Verkehrswert bestimmen. Weil das dazu führen könnte, dass der Verkäufer das Grundstück zu einem Preis verkaufen muss, zu dem er es eigentlich nicht verkaufen wollte, kann er in diesem Fall gemäß § 28 Abs. 3 S. 2 BauGB vom Kaufvertrag zurücktreten. Eine Sonderregelung gilt im Fall des § 24 Abs. 1 S. 1 Nr. 1 BauGB; weil die Gemeinde sich in diesem Fall das Grundstück notfalls im Wege der Enteignung beschaffen könnte, schreibt § 28 Abs. 4 S. 1 BauGB vor, dass der bei einer Enteignung zu zahlende Betrag der maßgebliche Kaufpreis ist.

Sowohl Verkäufer als auch Käufer können gegen die Ausübung des Vorkaufsrechts Anfechtungswiderspruch bzw. -klage erheben, wenn das Vorkaufsrecht zu dem vertraglich vereinbarten Kaufpreis ausgeübt wird;[567] sonst (§ 28 Abs. 3, 4 u. 6 BauGB) ist gemäß § 217 Abs. 1 S. 1 BauGB Antrag auf gerichtliche Entscheidung durch die Kammer für Baulandsachen zu stellen.

Hinweis: Auch die vormalige Teilungsgenehmigung war Mittel zur Sicherung und Verwirklichung der Bauleitplanung, der verbliebene § 19 BauGB ist insoweit aber ohne Bedeutung. Mit dem Baulandmobilisierungsgesetz findet sich wieder eine besondere Teilungsgenehmigung im BauGB, nämlich in den Gebieten mit angespannten Wohnungsmärkten (§ 250 BauGB).

---

565 Dazu VGH München NVwZ 2016, 491.
566 BVerwG NVwZ 1994, 282.
567 BGH NJW 1991, 239; NVwZ 2000, 1044.

§ 6 Bauplanungsrechtliche Zulässigkeit von Vorhaben

A. Bedeutung und System der §§ 29 ff. BauGB

1 Die städtebauliche Ordnung wird nach den Vorstellungen des Gesetzgebers zunächst durch die Aufstellung von Bauleitplänen gewährleistet. Im Geltungsbereich eines **Bebauungsplans** sind Bauvorhaben i.S.d. § 29 Abs. 1 BauGB daher nur zulässig, wenn sie dem Bebauungsplan nicht widersprechen (§ 30 BauGB). Es muss aber auch in Gebieten, in denen kein Bebauungsplan (mehr) besteht oder in denen ein Bebauungsplan ohne formelle Aufhebung ganz oder teilweise funktionslos und daher insoweit unwirksam ist[1], für eine geordnete städtebauliche Entwicklung gesorgt werden; dieses ist die Aufgabe des § 34 BauGB (**unbeplanter Innenbereich**) und des § 35 BauGB (**unbeplanter Außenbereich**). Ferner muss überall dort, wo kein Bebauungsplan besteht, der Planungshoheit der Gemeinde i.S.d. Art. 28 Abs. 2 S. 1 GG Rechnung getragen werden; dazu dient das gemeindliche Einvernehmen i.S.d. § 36 BauGB.

Die bauplanungsrechtliche Zulässigkeit von Vorhaben ist sowohl im „klassischen" Genehmigungsverfahren (§ 64 S. 1 Nr. 1 SächsBO) als auch im vereinfachten Genehmigungsverfahren (§ 63 S. 1 Nr. 1 SächsBO) Prüfungsgegenstand (sog. **Genehmigungsfähigkeit**).[2] Sie gilt aber auch für verfahrensfreie (§ 61 SächsBO) und von der Genehmigung freigestellte Vorhaben (§ 62 SächsBO), § 59 Abs. 2 SächsBO. Ob ein Vorhaben nach Landesrecht verfahrens- bzw. genehmigungsfrei ist, spielt für die Frage, ob es sich um ein Vorhaben i.S.d. § 29 Abs. 1 BauGB handelt und die §§ 30-37 BauGB Anwendung finden, daher keine Rolle.[3]

Prüfungsschema: Zulässigkeit von Vorhaben gemäß §§ 29 ff. BauGB

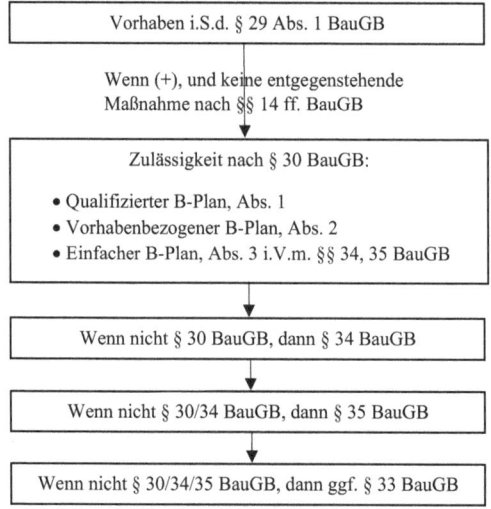

---

1 Dazu § 5 Rn. 30.
2 Dazu § 9 Rn. 20.
3 Dazu BVerwG NVwZ 2001, 1046; OVG Koblenz NVwZ-RR 2001, 289; *Will* Öffentliches Baurecht Rn. 336.

Die Vorschriften der §§ 29-37 BauGB sind nach § 38 S. 1 BauGB nicht anzuwenden für 2
Planfeststellungsverfahren oder die Planfeststellung ersetzende Verfahren für Vorhaben von
überörtlicher Bedeutung,[4] darunter Planfeststellungen für Bundesfernstraßen gemäß § 17 FStrG,
für Eisenbahnbetriebsanlagen gemäß § 18 AEG, für Flughäfen gemäß § 8 LuftVG sowie Planfeststellungen
für Straßenbahnbetriebsanlagen gemäß § 28 PBefG. Ferner gelten §§ 29-37 BauGB
– anders als das sonst im immissionsschutzrechtlichen Genehmigungsverfahren der Fall ist
(§ 6 Abs. 1 Nr. 2 BImSchG) – nicht für Verfahren für die Errichtung und den Betrieb öffentlich
zugänglicher Abfallbeseitigungsanlagen, § 38 S. 1 BauGB. Derartige Vorhaben können aufgrund
der für alle Planfeststellungsverfahren erforderlichen Abwägung der öffentlichen und privaten
Belange also auch dann zugelassen werden, wenn sie bei isolierter bauplanungsrechtlicher
Betrachtungsweise unzulässig wären.[5] § 38 BauGB normiert insoweit einen Vorrang des Fachplanungsrechts.
Die städtebaulichen Belange sind im Rahmen der Abwägung angemessen zu
berücksichtigen.[6] Denn der Vorrang des Fachplanungsrechts bedeutet nicht, dass der Fachplanungsträger
bestehende Bauleitpläne der Gemeinde einfach ignorieren oder sich zumindest im
Wege der Abwägung über sie hinwegsetzen kann; dies ergibt schon der Verweis auf § 7 BauGB in
§ 38 S. 2 BauGB. Maßgeblich ist vielmehr der Grundsatz der Priorität.[7]

Besondere Probleme entstehen im Zusammenhang mit Bahnhöfen, nachdem die Deutsche
Bahn AG zunehmend dazu übergeht, im Bahnhofsbereich auch völlig bahnfremde Nutzungen
zuzulassen.[8] Da die **Bahnanlagen** einschließlich der Bahnhöfe aufgrund von Planfeststellungsbeschlüssen
errichtet wurden, wird ein Vorrang der Fachplanung angenommen, d.h. die
Bahnanlagen sind der kommunalen Bauleitplanung entzogen. Anders verhält es sich aber, wenn
die Bahnanlagen aufgegeben werden, was eine Freigabeerklärung durch die Deutsche Bahn AG
voraussetzt,[9] oder aber die Nutzung eines Teils des Bahnhofs nichts mit dem planfestgestellten
Nutzungsrecht zu tun hat[10].

*Hinweis: § 38 BauGB und der darin enthaltene Vorrang des Fachplanungsrechts gegenüber dem
Städtebaurecht spielen in der Klausursituation in aller Regel keine Rolle. Merken Sie sich einfach,
dass es diese Regelung gibt und konzentrieren Sie sich auf das Folgende!*

B. Vorhaben i.S.d. § 29 Abs. 1 BauGB

Zur Einführung: *Beaucamp*, Öffentliches Baurecht in der Nussschale, JA 2005, 471; *Böhm*, Recht
der Bauleitplanung, JA 2013, 81; *Dürr*, Die Klausur im Baurecht, JuS 2007, 328

Zur Vertiefung: *Dzialla*, Die Behandlung von Werbeanlagen im Baurecht, NZBau 2009, 436;
Grosche, Bauplanungsrechtliche Beurteilung bereits verwirklichter Vorhaben, VerwArch 2016,
274; *Scheidler*, Der Einstieg in die bauplanungsrechtliche Prüfung – eine Betrachtung des § 29
BauGB, ZfBR 2016, 116

---

4 Näher BVerwG BauR 2013, 440; *Kment* Öffentliches Baurecht I § 19 Rn. 4 ff.
5 BVerwG NVwZ 1985, 414; 2001, 682; dazu *Schmidt-Eichstaedt* NVwZ 2003, 129; *Breuer* NVwZ 2007, 3.
6 BVerwG NVwZ 1997, 169.
7 BVerwG NVwZ 2011, 680; VGH Mannheim BauR 2003, 355.
8 VGH München BauR 2011, 801. Ausführlich *Gruber* BauR 2000, 499; *Ronellenfitsch* VerwArch 1999, 467.
9 BVerwG NVwZ 1989, 655; 2010, 1159; VGH Mannheim NVwZ-RR 1997, 395.
10 BVerwG NVwZ-RR 1990, 292; OVG Lüneburg BauR 1997, 101: Bahnhofsdrogerie.

I. Begriff der baulichen Anlage

1. Grundsätze

3 § 29 Abs. 1 BauGB verlangt für die Anwendung der §§ 30 ff. BauGB, dass es sich um eine bauliche Anlage handelt; einzig Bebauungspläne sind wegen ihrer Normqualität (§ 10 BauGB) bereits aus sich heraus verbindlich, sodass sie auch dann zu beachten sind, wenn die Voraussetzungen des § 29 BauGB nicht vorliegen[11]. Der Begriff der **baulichen Anlage i.S.d. § 29 Abs. 1 BauGB** ist nicht identisch mit dem bauordnungsrechtlichen Begriff der baulichen Anlage i.S.d. § 2 Abs. 1 SächsBO[12]: Die §§ 29 ff. BauGB dienen mit Rücksicht auf Art. 74 Abs. 1 Nr. 18 GG ausschließlich städtebaulichen Belangen, während für § 2 SächsBO bauordnungsrechtliche Belange (Gefahrenabwehr) maßgebend sind.[13] Es kommt hinzu, dass der Begriff der baulichen Anlage in den einzelnen Landesbauordnungen zum Teil unterschiedlich definiert wird, während der bundesrechtliche Begriff der baulichen Anlage i.S.d. § 29 Abs. 1 BauGB zwangsläufig bundeseinheitlich ausgelegt werden muss.

Nach der Rechtsprechung des BVerwG setzt sich der Begriff der baulichen Anlage i.S.d. § 29 Abs. 1 BauGB zusammen aus dem Merkmal des Bauens und dem einengenden Merkmal der bodenrechtlichen Relevanz der Anlage.[14] Unter **Bauen** versteht das BVerwG dabei das Schaffen einer künstlichen Anlage, die auf Dauer mit dem Erdboden verbunden ist; wie bei § 2 Abs. 1 S. 2 SächsBO reicht hier aber die Verbindung kraft eigener Schwere aus[15]. Insgesamt werden an das Bauen nur geringe Anforderungen gestellt:[16] Das Merkmal der Dauer ist etwa auch dann erfüllt, wenn die Anlage regelmäßig auf- und abgebaut wird.[17] Entscheidend ist insoweit, ob die Anlage als Ersatz für ein festes Bauwerk dienen soll.[18] Bauplanungsrechtlich kommt es zudem auf die unmittelbare Verbindung mit dem Erdboden nicht an,[19] sodass Werbeanlagen an Gebäuden ebenso wie Mobilfunkanlagen auf Dächern[20] und Solarenergieanlagen[21] bauliche Anlagen sein können.

4 Der sehr weite Begriff des Bauens wird eingeschränkt durch das Merkmal der **bodenrechtlichen Relevanz**. Die bodenrechtliche Relevanz ist gegeben, wenn das Vorhaben „ein Bedürfnis nach Planung hervorruft".[22] Dabei kommt es nicht auf das einzelne Vorhaben an, sondern auf eine „das einzelne Objekt verallgemeinernde Betrachtungsweise". Maßgeblich ist, ob derartige Vorhaben generell ohne Beachtung bauplanungsrechtlicher Vorschriften und damit letztlich beliebig errichtet werden können. Die Belange des § 1 Abs. 6 BauGB, namentlich dessen Nr. 5 (Gestaltung des Orts- und Landschaftsbildes), müssen durch die Anlage berührt werden können, was z.B. bei ganz unbedeutenden baulichen Anlagen (sog. Bagatellanlagen) nicht der Fall ist[23]. Die bodenrechtliche (bauplanungsrechtliche) Relevanz ist überdies dann nicht gegeben, wenn das Bauvorhaben gar nicht Gegenstand von Festsetzungen in einem Bebauungsplan sein könnte.

---

11 *Stollmann/Beaucamp* Öffentliches Baurecht § 13 Rn. 5.
12 Zu diesem § 9 Rn. 3.
13 BVerwG BauR 2000, 1312; NVwZ 2001, 1046; *Muckel/Ogorek* Öffentliches Baurecht § 7 Rn. 14.
14 BVerwG NVwZ 1993, 983; 2001, 1046; allgemein dazu *Scheidler* VR 2016, 325.
15 BVerwG DÖV 1971, 638.
16 BVerwG BauR 1993, 300: geschotterter Stellplatz als bauliche Anlage; tendenziell strenger BVerwG BauR 1996, 362: unbefestigter Lagerplatz nicht vom Anwendungsbereich des § 29 BauGB erfasst.
17 BVerwG BauR 1977, 109; VGH Mannheim NVwZ-RR 2015, 129.
18 BVerwG BauR 1975, 108.
19 BVerwG NVwZ 1993, 983; 1995, 897; BauR 1995, 508.
20 BVerwG NVwZ 2013, 304; OVG Münster NVwZ-RR 2003, 637; VGH Mannheim VBlBW 2002, 260.
21 OVG Münster ZfBR 2011, 45.
22 BVerwG NVwZ 1993, 983; 2001, 1046.
23 OVG Koblenz NVwZ-RR 2001, 289: Gerätehütte von 10 m³; OVG Hamburg BauR 2000, 1842: Befestigung und Nutzung einer Fläche als Garagenzufahrt; differenzierend je nach ihrer Höhe für Mobilfunkanlagen: BVerwG NVwZ 2013, 304.

Beispiele:

- BVerwG NVwZ 1994, 1010: Die Errichtung von Dachgauben hat keine bauplanungsrechtliche Relevanz, weil die Festsetzung von Dachgauben in einem Bebauungsplan nicht vorgesehen ist (a.A. OVG Lüneburg BauR 2006, 493 für großflächige Dachgauben, die die Geschossfläche vergrößern können).
- VGH Mannheim NVwZ-RR 1996, 486: Die Umwandlung eines Flachdachs in ein Satteldach hat keine bauplanungsrechtliche Relevanz, da weder § 9 BauGB noch §§ 16 ff. BauNVO Festsetzungen über die Dachform erlauben; derartige Festsetzungen beruhen auf der bauordnungsrechtlichen Ermächtigung des § 89 Abs. 1 Nr. 1 SächsBO.

Gemäß § 29 Abs. 1 BauGB gelten die §§ 30-37 BauGB ferner für **Aufschüttungen** und **Abgrabungen** (z.B. zum Abbau von Bodenschätzen) größeren Umfangs sowie für **Ausschachtungen** und **Ablagerungen** von gewisser Dauerhaftigkeit einschließlich Lagerstätten, auch soweit sie keine baulichen Anlagen i.S.d. oben genannten Definition darstellen. Als Lagerstätten sind dabei – wie bei § 2 Abs. 1 S. 3 Nr. 2 SächsBO – auch Lagerplätze anzusehen,[24] wozu auch Ausstellungsflächen zählen, da es auf den Zweck der Lagerung nicht ankommt[25].

5

Hinweis: Zumeist genügt in der Klausursituation die Feststellung (Urteilsstil!), dass es sich um eine bauliche Anlage i.S.d. § 29 Abs. 1 BauGB handelt. Dabei sollte durch einen Verweis auf § 1 Abs. 6 BauGB deutlich gemacht werden, dass sich die Anlagenbegriffe des Bundes- und Landesrechts unterscheiden. Nichtsdestotrotz werden jedenfalls Anlagen nach § 2 Abs. 1 S. 1 und 2 SächsBO i.d.R. unter § 29 Abs. 1 BauGB fallen.

2. Einzelfälle baulicher Anlagen

Werbeanlagen[26] sind bauliche Anlagen, wenn sie aus Baustoffen (Holz, Metall, Plastik, Glas o.ä.) hergestellt sind und im Hinblick auf ihre Größe planungsrechtliche Relevanz haben, weil sie sich auf die Umgebung auswirken. Es kommt dabei nicht darauf an, ob sie selbst unmittelbar mit dem Erdboden verbunden sind wie Anschlagtafeln oder an bzw. auf anderen Anlagen angebracht sind[27]. Keine baulichen Anlagen sind daher zum einen kleine Werbeanlagen z.B. das Praxisschild eines Rechtsanwalts[28], zum anderen bloße Bemalungen, Beschriftungen u.ä.[29]; eine Werbung mittels sog. Himmelsstrahler ist bereits mangels baulicher Tätigkeit keine bauliche Anlage[30].

6

Automaten sind bauliche Anlagen, wenn sie wegen ihrer Größe planungsrechtliche Bedeutung haben; es gelten insoweit die gleichen Grundsätze wie bei Werbeanlagen.

Wohnwagen[31] und **Wohnboote**[32] werden als bauliche Anlagen angesehen, wenn sie als Ersatz für ein festes Gebäude dienen. Entsprechendes gilt für **Verkaufsstände** und Verkaufswagen; diese stellen bauliche Anlagen dar, wenn sie als Ersatz für eine ortsfeste Anlage dienen, selbst wenn sie nicht ständig aufgestellt werden.[33]

Campingplätze sind als solche demgegenüber keine baulichen Anlagen; sie werden erst dann zur baulichen Anlage, wenn sie feste Bauwerke (Wasch- und Toilettengebäude, Kiosk, etc.) aufweisen[34]. Dasselbe gilt für **Sport- und Tennisplätze**; ausreichend für eine Qualifikation

---

24 BVerwG DÖV 1980, 175; OVG Lüneburg BauR 2006, 1442: 4,5 m hoher Stapel von Heuballen.
25 BVerwG NVwZ-RR 1999, 623.
26 Dazu *Dziallas* NZBau 2009, 438; *Friedrich* BauR 1996, 504; dazu auch § 8 Rn. 17 ff.
27 BVerwG NVwZ 1993, 983; 1995, 987.
28 VGH Mannheim BauR 1992, 352.
29 VGH Mannheim BauR 1995, 226.
30 OVG Koblenz NuR 2003, 701; *Hildebrandt* VBlBW 1999, 250.
31 BVerwG NVwZ 1988, 144; VGH Kassel NVwZ 1988, 165.
32 Zu Hausbooten näher OVG Berlin-Brandenburg NVwZ 2018, 842; *Erbguth/Schubert* BauR 2006, 454.
33 OVG Lüneburg BauR 1993, 454; VGH Mannheim NVwZ-RR 2015, 129; OVG Magdeburg BeckRS 2017, 140773.
34 BVerwG NJW 1975, 2114.

als bauliche Anlage ist indes, dass sie über eine Einzäunung verfügen[35] oder einen festen Bodenbelag bzw. Spielgeräte (Tore) aufweisen[36]. Darauf, ob ein betonierter, asphaltierter oder ähnlich befestigter Untergrund vorhanden ist, kommt es auch bei **Kfz-Abstellplätzen** und Lagerplätzen an;[37] eine Befestigung des Untergrunds durch bloßes Walzen, Stampfen oder Aufbringen einer Kiesaufschüttung ist grundsätzlich nicht ausreichend[38]. **Einfriedungen** selbst sind hingegen nur dann bauliche Anlagen, wenn sie aus Baustoffen – Steine, Holz, Eisen, Kunststoff – hergestellt sind.[39]

II. Errichtung, Änderung und Nutzungsänderung

7 Gemäß § 29 Abs. 1 BauGB gelten die §§ 30-37 BauGB für die Errichtung, Änderung oder Nutzungsänderung baulicher Anlagen. **Errichtung** meint dabei den Neubau eines Gebäudes sowie die erstmalige Herstellung oder Aufstellung einer Anlage; ebenfalls erfasst werden der Wiederauf- bzw. Ersatzneubau einer Anlage[40] und Baumaßnahmen an einem bestehenden Gebäude, die einem Neubau gleichkommen. Letzteres ist regelmäßig dann der Fall, wenn die Baukosten die Höhe der Kosten eines Neubaus erreichen oder es einer neuen statischen Berechnung der gesamten Anlage bedarf[41].

8 Eine **Änderung** einer baulichen Anlage ist hingegen der städtebaulich relevante Umbau bzw. die Erweiterung oder sonstige bauliche Veränderung einer baulichen Anlage.[42] Eine städtebauliche Relevanz ist bei einer Erhöhung des Maßes der baulichen Nutzung (§ 16 BauNVO) sowie bei Baumaßnahmen, die die Identität des Gebäudes berühren oder hinsichtlich des Aufwands an einen Neubau heranreichen, zu bejahen. Bei der Prüfung der Zulässigkeit einer solchen Maßnahme ist das gesamte Gebäude in der geänderten Form zu berücksichtigen, nicht nur die geänderten Teile.[43] Dieser Grundsatz gilt allerdings nicht, wenn die Baumaßnahme in Bezug auf ihre Zulässigkeit isoliert, also ohne Einbeziehung des gesamten Gebäudes beurteilt werden kann.[44]

Beispiele:

- BVerwG NVwZ 1987, 1076: Wird ein Ladengeschäft mit einer Verkaufsfläche von knapp 700 m² auf eine Verkaufsfläche von 840 m² erweitert, dann wird aus dem Ladengeschäft ein großflächiges Einzelhandelsgeschäft i.S.d. § 11 Abs. 3 S. 1 Nr. 2 BauNVO, auch wenn die zusätzlichen 140 m² Verkaufsfläche bei isolierter Betrachtungsweise nicht die in § 11 Abs. 3 BauNVO angesprochenen negativen Auswirkungen haben werden (BVerwG NVwZ 2006, 452: nunmehr 800 m² Verkaufsfläche als Grenzwert).
- BVerwG NVwZ 2000, 1047: Bei einer nachträglichen Veränderung des Dachs ist nur die Zulässigkeit dieser Maßnahme, nicht die Zulässigkeit des bereits genehmigten Gesamtgebäudes zu prüfen.

9 Eine **Nutzungsänderung** i.S.d. § 29 Abs. 1 BauGB ist dann anzunehmen, wenn die Funktion der Anlage in einer Weise geändert wird, die zu einer anderen baurechtlichen Beurteilung führen kann, sich also die Genehmigungsfrage neu stellt.[45] Es kommt darauf an, ob die „jeder Nutzung eigene Variationsbreite" der bisherigen Nutzung verlassen wird und der neuen Nutzung „eine andere Qualität" zukommt, die die Prüfung des materiellen Baurechts erfordert[46]. Mit

---

35 VGH München BauR 1982, 141; VGH Kassel BauR 1982, 143; OVG Münster BauR 2000, 81.
36 VGH Mannheim VBlBW 1987, 464; OVG Saarlouis NVwZ 1985, 770.
37 BVerwG BauR 1993, 300.
38 BVerwG BauR 1996, 362; VGH Mannheim VBlBW 1985, 457.
39 OVG Lüneburg BeckRS 2012, 48429: „Knotengitterzaun".
40 Will Öffentliches Baurecht Rn. 352.
41 VGH Mannheim NVwZ-RR 2011, 754.
42 BVerwG NVwZ 1994, 294; OVG Münster BauR 2014, 2055; Kment Öffentliches Baurecht I § 19 Rn. 16.
43 BVerwG NVwZ 2000, 1047; 2002, 1118.
44 BVerwG NVwZ 2011, 748.
45 BVerwG DVBl 1975, 498; NVwZ 1999, 523; 2011, 748.
46 BVerwG NVwZ-RR 2000, 758.

anderen Worten: Es liegt eine Nutzungsänderung vor, wenn für die neue Nutzung weitergehende Vorschriften gelten als für die alte, aber auch dann, wenn sich die Zulässigkeit der neuen Nutzung nach derselben Vorschrift bestimmt, nach dieser Vorschrift aber anders zu beurteilen ist als die frühere Nutzung. In diesem Sinne bodenrechtlich relevant ist eine Änderung der Nutzungsweise auch dann, wenn sie für die Nachbarschaft erhöhte Belastungen mit sich bringt.[47]

Wird z.B. ein Schreibwarengeschäft in ein Eisenwarengeschäft umgewandelt, dann stellt dieses keine baurechtlich relevante Nutzungsänderung dar, weil für beide Geschäfte dieselben baurechtlichen Grundsätze gelten. Dagegen ist die Umwandlung eines Großhandelsbetriebs in ein Einkaufszentrum[48] eine Nutzungsänderung, weil Einkaufszentren nach § 11 Abs. 3 BauNVO nur in Kerngebieten und Sondergebieten zulässig sind. Ebenso ist die Änderung einer Schank- und Speisewirtschaft in eine Diskothek[49] oder eine Spielhalle[50] sowie eines (Sex-)Kinos in eine (Groß-)Spielhalle[51] eine Nutzungsänderung, selbst wenn keinerlei bauliche Veränderungen vorgenommen werden. Das Gleiche gilt, wenn ein bisher einem landwirtschaftlichen Betrieb dienendes Gebäude einem Nichtlandwirt überlassen wird, wodurch die Privilegierung erlischt,[52] wenn ein Wochenendhaus als Dauerwohnung genutzt wird[53], eine Wohnung, für die nur eine Genehmigung als Wohngebäude vorliegt, dauerhaft als Ferienwohnung für einen wechselnden Personenkreis genutzt wird[54], ein Hotel in ein Altenheim umgewandelt wird[55], wenn ein sog. Boardinghaus nunmehr als Gemeinschaftsunterkunft für Asylbewerber genutzt wird,[56] eine Skihütte auf eine ganzjährige Bewirtung umgestellt wird[57], ein Abstellraum im Keller einer Kirche als Bestattungsplatz für verstorbene Geistliche genutzt wird[58], aus dem Lagerplatz eines Bauunternehmens ein Umschlagplatz für gebrauchte Maschinen und Fahrzeuge wird[59], wenn eine Lagerhalle als Verkaufsraum dient[60] oder ein Pkw-Stellplatz als Dauerabstellplatz für einen Wohnwagen genutzt wird[61].

Hinweis: Nutzungsänderungen sind äußerst klausurrelevant. Oft werden sich diese als genehmigungspflichtig i.S.d. §§ 59 Abs. 1, 61 Abs. 2 SächsBO erweisen[62], da sie Belange des § 1 Abs. 6 BauGB (neu) berühren. Damit steht dann auch fest, dass sie § 29 Abs. 1 BauGB unterfallen.

Eine Nutzungsänderung liegt aber nicht vor, wenn sich ohne Mitwirkung des Eigentümers der Kreis der Benutzer ändert; eine Nutzungsintensivierung ist keine Nutzungsänderung, solange die Bandbreite der nach der Baugenehmigung zulässigen Nutzung nicht infolge von Maßnahmen des Betriebsinhabers überschritten wird[63].

Beispiele:
- BVerwG NVwZ 1999, 417: Eine zunächst nur von Besuchern aus der Nachbarschaft aufgesuchte Gaststätte mit Kegelbahn (§ 4 Abs. 2 Nr. 2 BauNVO) wird zunehmend auch von auswärtigen Gästen aufgesucht und ist daher in einem allgemeinen Wohngebiet eigentlich nicht zulässig. Das BVerwG hat gleichwohl

---
47 BVerwG BeckRS 2003, 20062.
48 BVerwG NJW 1984, 1771.
49 VGH Kassel NVwZ 1990, 583; OVG Münster NVwZ 1983, 685.
50 VGH Mannheim VBlBW 1992, 101.
51 BVerwG BauR 1989, 308; VGH Mannheim NVwZ-RR 2012, 919.
52 BVerwG DVBl 1975, 498.
53 BVerwG NVwZ 1984, 510.
54 VGH Mannheim ZfBR 2017, 270.
55 BVerwG BauR 1988, 569.
56 OVG Bautzen LKV 2015, 463.
57 BVerwG NVwZ 2000, 678.
58 BVerwG NVwZ 2011, 748.
59 BVerwG NVwZ-RR 2000, 758.
60 BVerwG BauR 1990, 569.
61 BVerwG BauR 1993, 300.
62 Zum Bauordnungsrecht § 9 Rn. 7.
63 *Stollmann/Beaucamp* Öffentliches Baurecht § 13 Rn. 16.

eine Nutzungsänderung verneint, weil der Inhaber für die Veränderung des Besucherkreises nicht verantwortlich sei.
- VGH Mannheim NVwZ-RR 2014, 752: Umwandlung eines Lehrlingswohnheims in eine Gemeinschaftsunterkunft für Asylbewerber mitsamt Aufstockung der Unterbringungsplätze.

C. Bauvorhaben im Geltungsbereich eines Bebauungsplans (§ 30 BauGB)

Zur Einführung: *Beaucamp*, Öffentliches Baurecht in der Nussschale, JA 2005, 471; *Böhm*, Recht der Bauleitplanung, JA 2013, 81; *Dürr*, Die Klausur im Baurecht, JuS 2007, 328 u. 431; *Gaentzsch*, Das Gebot der Rücksichtnahme bei der Zulassung von Bauvorhaben, ZfBR 2009, 321; *Lenk*, Die Gebietsverträglichkeit in der Fallbearbeitung, Jura 2018, 932; *Voßkuhle/Kaiser*, Grundwissen – Öffentliches Recht: Der Bebauungsplan, JuS 2014, 1074; *Voßkuhle/Kaufhold*, Grundwissen – Öffentliches Recht: Das baurechtliche Rücksichtnahmegebot, JuS 2010, 497

Zur Vertiefung: *Bienek/Reidt*, Bauplanungsrechtliche Fragen im Zusammenhang mit der Unterbringung von Flüchtlingen und Asylbegehrenden, BauR 2015, 422; *Boeddinghaus*, Neues zur Art und zum Maß der baulichen Nutzung, BauR 2013, 1601; *Gohde*, Die bauplanungsrechtliche Zulässigkeit von Vorhaben zur Unterbringung von Flüchtlingen und Asylbegehrenden, ZfBR 2016, 642; *Krüper*, Kollektive Wohnformen in der Bauplanungsrechtsdogmatik – Zu Rationalitätskriterien verwaltungsrechtlicher Begriffsbildung, DÖV 2016, 793

Zur Übung: *Erbguth/Wegener*, AL 2014, 203 (Fortgeschrittenenklausur – Rechtmäßigkeit Baugenehmigung, Drittanfechtung); *Hartmann/Sendt*, JuS 2012, 917 (Fortgeschrittenenklausur – Art und Maß baulicher Nutzung, Drittanfechtung); *Hebeler/Huhle*, JA 2017, 687 (Fortgeschrittenenklausur – Beseitigungsanordnung, § 6 BauNVO); *Ingold*, JuS 2014, 40 (Fortgeschrittenenklausur – Rücknahme Baugenehmigung, §§ 3, 15 BauNVO); *Janssen/Rademacher*, Jura 2020, 621 (1. Staatsexamen – Nutzungsuntersagung; Ferienwohnung i.S.d. BauNVO); *Kintz*, JuS 2014, 256 (2. Staatsexamen – Anwaltsklausur, Anspruch auf Einschreiten); *Penßel*, ZJS 2019, 492 u. ZJS 2020, 44 (Hausarbeit – Rechtsschutz der Gemeinde, Maß der baulichen Nutzung); *Sademach*, JA 2013, 518 (Fortgeschrittenenklausur – Widerspruch, Gebietserhaltungsanspruch); *Stark*, Jura 2017, 845 (Fortgeschrittenenklausur – einstweiliger Rechtsschutz, Unterbringung von Flüchtlingen und Asylbegehrenden) – <u>Inzidentprüfung der Rechtmäßigkeit des Bebauungsplans bei</u>: *Beh*, ZJS 2019, 483 (Fortgeschrittenenklausur – Verpflichtungsklage, Abgrenzung Innen- und Außenbereich); *Goldhammer/Hofmann*, JuS 2014, 434 (1. Staatsexamen – einstweiliger Rechtsschutz); *Hyckel*, Jura 2016, 424 (1. Staatsexamen – einstweiliger Rechtsschutz); *LJPA*, SächsVBl 2017, 60 u. 92 (2. Staatsexamen, 2012/2 – immissionsschutzrechtlicher Vorbescheid, Verpflichtungsklage); *Möller*, JuS 2011, 340 (Fortgeschrittenenklausur – einstweiliger Rechtsschutz); *Möller*, Jura 2011, 54 (Hausarbeit – Rechtsschutz der Gemeinde); *Reinhard*, Jura 2014, 242 (Fortgeschrittenenklausur – Vorbescheid, Bebauungsplan der Innenentwicklung); *Wilhelm*, JuS 2016, 1108 (1. Staatsexamen – Untätigkeitsklage, Befreiung)

I. Einführung

10   § 30 Abs. 1 BauGB gilt nur für Bauvorhaben im Geltungsbereich sog. **qualifizierter Bebauungspläne**. Das sind Bebauungspläne, die mindestens Art (§ 9 Abs. 1 Nr. 1 BauGB, §§ 1-15 BauNVO) und Maß (§ 9 Abs. 1 Nr. 1 BauGB, § 16 Abs. 2-6, §§ 17-21a BauNVO) der baulichen Nutzung, die überbaubare Grundstücksfläche (§ 9 Abs. 1 Nr. 2 BauGB, § 23 BauNVO) und die örtlichen Verkehrsflächen (§ 9 Abs. 1 Nr. 11 BauGB) regeln. Bebauungspläne, die diesen plangebietsbezogenen Mindestanforderungen nicht entsprechen (sog. **einfache Bebauungspläne**), etwa nur eine Baugrenze entlang einer Straße ausweisen, oder für den Fall, dass einzelne der getroffenen (Mindest-)Festsetzungen unwirksam sind, sind nach § 30 Abs. 3 BauGB bei der Erteilung der

C. Bauvorhaben im Geltungsbereich eines Bebauungsplans (§ 30 BauGB)

Baugenehmigung ebenfalls zu beachten; die bauplanungsrechtliche Zulässigkeit bestimmt sich dann aber im Übrigen, d.h. soweit der Bebauungsplan keine Festsetzungen enthält, nicht nach § 30 BauGB, sondern nach § 34 BauGB oder, je nach Lage des Grundstücks, nach § 35 BauGB[64].

Hinweis: Einfache Bebauungspläne sind – ebenso wie vorhabenbezogene Bebauungspläne gemäß § 30 Abs. 2 BauGB – von nur geringer Klausurrelevanz. In der Praxis kommen derartige Pläne hingegen häufiger vor.

Nach § 30 Abs. 1 BauGB ist ein Vorhaben zulässig, wenn es den Festsetzungen des Bebauungsplans nicht widerspricht und die Erschließung[65] gesichert ist; entsprechendes gilt gemäß § 30 Abs. 2 BauGB für den sog. **vorhabenbezogenen Bebauungsplan**[66]. Ob das Vorhaben den Festsetzungen des wirksamen, d.h. formell und materiell rechtmäßigen[67], Bebauungsplans entspricht, richtet sich – mit Ausnahme des vorhabenbezogenen Bebauungsplans – vor allem nach den **§§ 2-14 BauNVO**, die nach § 1 Abs. 3 S. 2 BauNVO Bestandteil des Bebauungsplans sind. Des Weiteren sind insbesondere die sonstigen Festsetzungen nach § 9 BauGB zu beachten.[68] Gerade um das Verständnis dieser Festsetzungen zu erleichtern, sind die Gemeinden verpflichtet, die in der Planzeichenverordnung (PlanzV) vom 18.12.1990[69] angeführten Symbole und Zeichen zu verwenden. Soweit der Bebauungsplan keine Legende enthält, erschließt sich sein Inhalt also durch die Heranziehung der Planzeichenverordnung.

Hinweis: Inzidentprüfungen von (qualifizierten) Bebauungsplänen sind ein „Klausurklassiker" (Nachweise unter der Rubrik „Zur Übung"). Zwar wird der (seltene) Einwand der Funktionslosigkeit i.d.R. ins Leere gehen, da die tatsächlichen Verhältnisse dann vom Planinhalt so massiv und offenkundig abweichen müssten, dass der Bebauungsplan seine städtebauliche Gestaltungsfunktion endgültig nicht mehr erfüllen kann[70]. Oftmals ist die Aufgabe dann aber stattdessen darauf angelegt, dass sich der Bebauungsplan aus anderen Gründen als unwirksam erweist und daher § 34 BauGB oder § 35 BauGB zum Zuge kommen. Das Problem der Verwerfungskompetenz[71] stellt sich dabei nur in verwaltungspraktischen Klausuren (v.a. des Assessorexamens), da die Verwaltungsgerichte ohne Weiteres zur Nichtanwendung von (rechtswidrigen) Bebauungsplänen befugt sind. Anders kann sich die Lage im gerichtlichen Eilverfahren darstellen; insoweit ist nämlich grundsätzlich von der Wirksamkeit des Bebauungsplans auszugehen, soweit dessen Rechtswidrigkeit nicht offensichtlich ist[72].

---

64 *Muckel/Ogorek* Öffentliches Baurecht § 7 Rn. 51; ferner *Böhm* JA 2013, 81 (86).
65 Dazu § 6 Rn. 134 f.
66 Ausführlich zu diesem *Kment* Öffentliches Baurecht I § 20 Rn. 14; dazu auch § 5 Rn. 68 ff.
67 Dazu bereits das Schema bei § 5 Rn. 97.
68 Dazu § 5 Rn. 63 ff.
69 BGBl I 1991 S. 58.
70 Dazu etwa OVG Münster DVBl 2015, 849; VGH München BeckRS 2008, 28289. Dazu bereits § 5 Rn. 30.
71 Zum Prüfungsrecht der von der Gemeinde zu unterscheidenden Baugenehmigungsbehörde *Muckel/Ogorek* Öffentliches Baurecht § 7 Rn. 35 f., die meinen, dass die Genehmigungsbehörde insoweit wegen Art. 28 Abs. 2 GG auf das Verfahren des § 47 Abs. 1 Nr. 1 VwGO zu verweisen sei; dazu ferner *Kintz* Öffentliches Recht im Assessorexamen Rn. 747 mit einem Beispielsfall sowie § 11 Rn. 8.
72 OVG Münster BeckRS 2009, 31019; OVG Bautzen BeckRS 2012, 59611.

12 Prüfungsschema: § 30 Abs. 1 BauGB i.V.m. §§ 2 ff. BauNVO

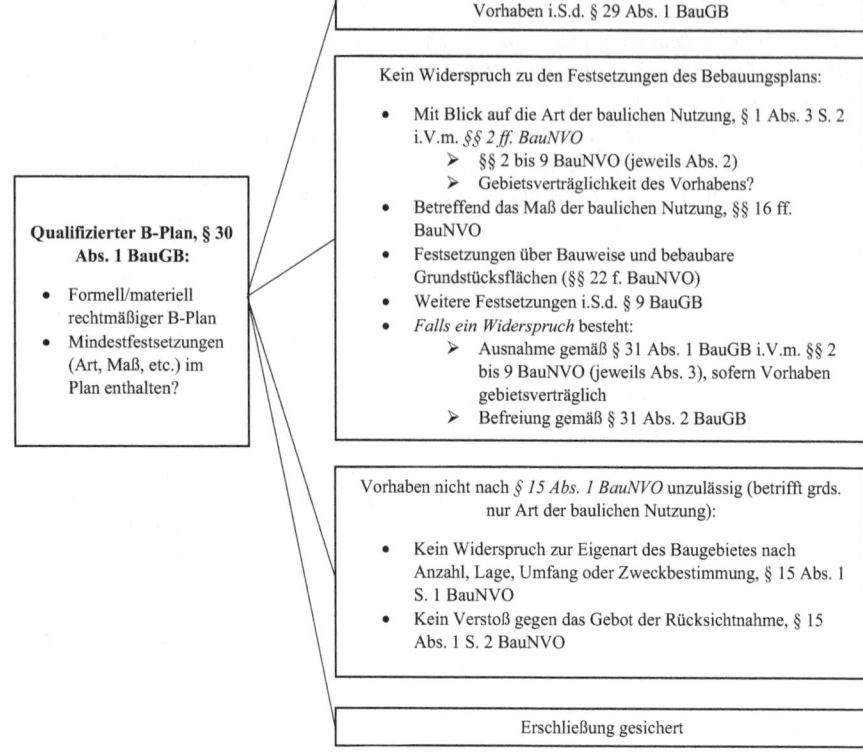

II. Kein Widerspruch zu den Festsetzungen des (qualifizierten) Bebauungsplans

1. Allgemeines

13 Gemäß § 30 Abs. 1 BauGB darf ein Vorhaben den Festsetzungen des Bebauungsplans, namentlich denen der §§ 2 ff. BauNVO nicht widersprechen. Damit ist zunächst alles zulässig, was diesen Festsetzungen „entspricht", also positiv von dem Bebauungsplan zugelassen wird.[73] § 30 Abs. 1 BauGB verlangt indes keine solche positive Zulassung; ein Vorhaben ist vielmehr bereits planungsrechtlich zulässig, wenn es dem Bebauungsplan „nicht widerspricht" und sich auch im Übrigen als gebietsverträglich erweist. Daraus folgt: Soweit der Bebauungsplan einer Nutzung – sei es der Art oder dem Maß nach – nicht entgegensteht, besteht Baufreiheit.[74]

2. Art der baulichen Nutzung (§§ 2-15 BauNVO)

14 Die BauNVO enthält in ihren §§ 2 ff. zunächst Regelungen über die Art der baulichen Nutzung. Im jeweiligen **Absatz 1** wird dabei festgelegt, welchem Zweck das Baugebiet dient; damit ist

---

[73] *Stollmann/Beaucamp* Öffentliches Baurecht § 14 Rn. 8.
[74] *Kment* Öffentliches Baurecht I § 20 Rn. 6.

zugleich der allgemeine Rahmen für den Störgrad der dort zulässigen Anlagen umschrieben[75]. Die in dem entsprechenden Baugebiet allgemein zulässigen Vorhaben sind dann jeweils in **Absatz 2**, die nur als Ausnahme nach § 31 Abs. 1 BauGB zulässigen Vorhaben sind jeweils in **Absatz 3** angeführt; andere Nutzungen sind dagegen grundsätzlich unzulässig.

Nach § 1 Abs. 3 S. 2 BauNVO sind die §§ 2 ff. BauNVO zwar Bestandteil des Bebauungsplans[76]; die Gemeinden haben nach § 1 Abs. 4-10 BauNVO allerdings die Möglichkeit, diese Systematik im Bebauungsplan im Einzelnen beträchtlich zu ändern[77]. Bei der Anwendung der BauNVO ist regelmäßig auf die **typische Erscheinungsform** einer baulichen Anlage oder eines Gewerbebetriebs abzustellen ("typisierende Betrachtungsweise").[78] Auf den konkreten Betrieb kommt es nur an, wenn dieser durch betriebsbezogene Besonderheiten, etwa nicht zu öffnende Fenster mit Klimaanlage, vom typischen Erscheinungsbild eines solchen Betriebs abweicht,[79] was nur selten der Fall sein wird.

Hinweis: Häufig liegt in Klausuren zu § 30 Abs. 1 BauGB bzw. § 34 BauGB der Schwerpunkt darauf, genau unter §§ 2-11 BauNVO zu subsumieren. Dabei ist zuerst der jeweilige Absatz 2 zu prüfen, im Anschluss daran § 13 und § 14 Abs. 1 BauNVO sowie der Absatz 3 von §§ 2-11 BauNVO (i.V.m. § 31 Abs. 1 BauGB), bevor schließlich ggf. noch auf § 14 Abs. 2 BauNVO (i.V.m. § 31 Abs. 1 BauGB) und § 31 Abs. 2 BauGB einzugehen ist[80].

a) Einzelne Baugebiete

aa) Reines Wohngebiet, § 3 BauNVO

Reine Wohngebiete dienen (ausschließlich) dem Wohnen, § 3 Abs. 1 BauGB; nur als Ausnahme können andere Nutzungen zugelassen werden, darunter Anlagen für soziale Zwecke sowie den Bedürfnissen der Bewohner des Gebiets dienende Anlagen für kirchliche, kulturelle, gesundheitliche und sportliche Zwecke (§ 3 Abs. 3 Nr. 2 BauNVO). Allgemein zulässig sind dagegen Wohngebäude einschließlich solcher, die ganz oder teilweise der Betreuung und Pflege ihrer Bewohner dienen wie z.B. Altenwohnheime, § 3 Abs. 4 BauNVO[81]. Der **Begriff des Wohnens** wird dabei überwiegend dreigliedrig bestimmt, nämlich als auf Dauer angelegte Häuslichkeit, die eine eigenständige Haushaltsführung umfasst und freiwillig ist.[82]

Nicht vom Wohnbegriff umfasst sind einerseits gewerbliche Nutzungen wie die Wohnungsprostitution[83] und die Fremdenbeherbergung in Ferienapartments[84]. Eher den Anlagen für soziale Zwecke i.S.d. § 3 Abs. 3 Nr. 2 BauNVO und daher nicht der Wohnnutzung zuzuordnen sind andererseits Jugendherbergen[85] und Unterkünfte für Asylbegehrende und Flüchtlinge, soweit es sich bei Letzteren um Übergangs- oder Notunterkünfte und nicht um „normale" Wohnverhältnisse

---

75 *Stollmann/Beaucamp* Öffentliches Baurecht § 14 Rn. 15. Zur Gebietsverträglichkeit § 6 Rn. 29.
76 Da der Gemeinderat nur die jeweils geltende Fassung der BauNVO in seine Planungsentscheidung einbeziehen konnte, gilt sie dabei in der Fassung, die bei Aufstellung des Bebauungsplans in Kraft war (*Kment* Öffentliches Baurecht I § 8 Rn. 8; BVerwG BauR 1992, 472; NVwZ 2000, 1054).
77 Dazu bereits § 5 Rn. 59 f.
78 BVerwG NJW 1984, 1572; 1984, 1768.
79 BVerwG NVwZ 1993, 987; OVG Bautzen BeckRS 2018, 27711. Näher *Krüper/Herbolsheimer* Jura 2017, 532 (539); *Lenk* Jura 2020, 932 (937 f.): Abgrenzung zum Erfordernis der Gebietsverträglichkeit.
80 Zu § 31 BauGB § 6 Rn. 37 ff.
81 Näher OVG Koblenz BeckRS 2016, 47925; *Will* Öffentliches Baurecht Rn. 376.
82 Dazu etwa BVerwG NVwZ 1996, 893; kritisch von einem dogmatischen Standpunkt aus *Krüper* DÖV 2016, 793.
83 VG Trier BeckRS 2015, 42536.
84 BVerwG NVwZ 2018, 828. Zu § 13a BauNVO § 6 Rn. 27.
85 *Hornmann* in: BeckOK BauNVO § 3 Rn. 111.

handelt[86]. Was schließlich die nach § 3 Abs. 2 Nr. 2 BauNVO allgemein zulässigen Anlagen zur Kinderbetreuung betrifft, ist maßgeblich, ob diese den Bedürfnissen der Bewohner des Gebiets dienen. Dabei ist nicht notwendig, allein auf die (objektivierten) Bedürfnisse der Bewohner des festgesetzten Wohngebiets abzustellen, vielmehr kann die Betrachtung auch ein Stück weit über die Grenzen des Gebiets hinausgehen.[87]

Beispiele (geordnet nach Zulässigkeit/Unzulässigkeit im jeweiligen Baugebiet):
- Zulässig: Studentenwohnheim (OVG Lüneburg BRS 47 Nr. 40), Personalheim (OVG Saarlouis BRS 27 Nr. 33), herkömmlicher Spielplatz (BVerwG BRS 28 Nr. 138; VGH Mannheim BauR 1985, 535); Altenpflegeheim (VGH München NVwZ-RR 2007, 653; OVG Koblenz BeckRS 2016, 47925), Kinderkrippe (OVG Lüneburg NVwZ-RR 2011, 185), Unterbringung von Flüchtlingen in einer Doppelhaushälfte (VGH Kassel BeckRS 2016, 44570), Arbeitnehmerwohnheim (VGH München BeckRS 2020, 20551).
- Unzulässig: Großes Büro einer Versicherungsgesellschaft (VGH Mannheim BRS 27 Nr. 31), Hundezwinger (OVG Münster BauR 1986, 544), Gastwirtschaft (OVG Münster BRS 17 Nr. 23), Warenautomat (OVG Münster BRS 30 Nr. 29), Einzelhandelsgeschäft mit weiterem Einzugsgebiet (VGH Mannheim ESVGH 28, 25; BauR 1980, 253), Tennisplatz (VGH München BauR 1982, 141; VGH Kassel BauR 1982, 143), Kegelbahn (OVG Münster UPR 1983, 172), Bräunungsstudio (VGH Mannheim BWVPr 1986, 39), Werbeanlage für Fremdwerbung (BVerwG BauR 1993, 315), ambulanter Pflegedienst (BVerwG ZfBR 2009, 691), Wohnstätte des Jugendstrafvollzugs „in freien Formen" (OVG Bautzen SächsVBl 2012, 284).

bb) Allgemeines Wohngebiet, § 4 BauNVO

16 Allgemeine Wohngebiete dienen nicht ausschließlich, sondern vorwiegend dem Wohnen, § 4 Abs. 1 BauNVO. Zusätzlich zu Wohngebäuden sind daher z.B. die der Versorgung des Gebiets dienenden Läden, Schank- und Speisewirtschaften sowie nicht störende Handwerksbetriebe allgemein zulässig, § 4 Abs. 2 Nr. 2 BauNVO. Ob **Ladengeschäfte sowie Schank- und Speisewirtschaften** der Versorgung des Baugebiets dienen, richtet sich dabei nach objektiven Kriterien, nicht nach den Angaben des Bauherrn;[88] der Betrieb dient jedenfalls dann der örtlichen Versorgung, wenn ein nicht nur unerheblicher Teil der Bewohner des Ortes in diesem Ladengeschäft einkauft[89]. Für den Begriff des Handwerksbetriebs kommt es zunächst auf die Handwerksmäßigkeit der Betätigung an;[90] weiter zu prüfen ist dann, ob der konkrete Handwerksbetrieb seiner Art nach erfahrungsgemäß geeignet ist, das Wohnen nicht oder nicht wesentlich zu stören[91]. Sonstige Gewerbebetriebe[92] sind dagegen nur ausnahmsweise zulässig und auch nur dann, wenn sie bei typisierender Betrachtungsweise bezogen auf den Gebietscharakter eines allgemeinen Wohngebiets keine gebietsunüblichen Störungen bewirken, § 4 Abs. 3 Nr. 2 BauGB.

Beispiele:
- Zulässig: Ladengeschäfte wie Bäckereien (VGH Mannheim NVwZ-RR 2000, 413) sowie Schank- und Speisewirtschaften für die Bewohner des Gebiets (BVerwG NVwZ 1999, 186 u. 417; 2020, 404); Tankstelle mit Waschanlage (OVG Münster NVwZ-RR 1997, 16), Jugendheim (VGH München BauR 1982, 239), Aussiedler-Wohnheim (VGH Mannheim NVwZ 1992, 995), nichtstörende Kfz-Werkstatt (VGH Mannheim VBlBW 1982, 48), Lebensmittelmarkt (OVG Lüneburg BauR 1986, 187), Bolzplatz (BVerwG NVwZ 1992, 884), Hotelrestaurant (VGH Mannheim BauR 1987, 50), Hundezwinger für zwei Dackel (VGH Mannheim BauR 1991, 571), Selbstbedienungs-Verkaufsstand für Gemüse und Obst (VGH Mannheim BeckRS 2014, 57677)
- Unzulässig: Hundezwinger für zwei Schäferhunde (VGH Mannheim NVwZ-RR 1990, 64), Tischlerwerkstatt (BVerwG DVBl 1971, 759), Minigolfanlage (OVG Münster BRS 18 Nr. 155), Speditionsunternehmen

---

86 Dazu: VGH Mannheim NVwZ 2015, 1781; VGH Kassel BeckRS 2016, 44570; OVG Bautzen BeckRS 2016, 111034.
87 VGH Kassel NVwZ 2017, 981.
88 BVerwG NVwZ 1999, 186 u. 417; 2020, 404.
89 VGH Mannheim NVwZ-RR 2000, 413.
90 Dazu z.B. BVerwG GewArch 1979, 377.
91 BVerwG NVwZ 2009, 786.
92 Zu diesem Begriff: *Hornmann* in: BeckOK BauNVO § 4 Rn. 119 f. m.w.N.

C. Bauvorhaben im Geltungsbereich eines Bebauungsplans (§ 30 BauGB)

(VGH Kassel BRS 18 Nr. 19), Schwertransport- und Kranbetriebe (BVerwG NJW 1977, 1932), Kegelbahn (VGH Mannheim BRS 32 Nr. 31), LKW-Abstellplatz (VGH Mannheim BRS 39 Nr. 61), Schnellimbiss (OVG Saarlouis NVwZ-RR 1993, 460), großer Lagerplatz (VGH Mannheim VBlBW 1996, 24; OVG Lüneburg BeckRS 2019, 25320), großflächiger Gartenbaubetrieb (BVerwG BauR 1996, 816), Haltung von Reitpferden (OVG Saarlouis BeckRS 2009, 31285), Mobilfunkanlage (OVG Münster NVwZ-RR 2003, 637), Stundenhotel (BVerwG BauR 2013, 1996), Kfz-Werkstatt (OVG Berlin-Brandenburg BeckRS 2015, 49958), erweiterter Kurierdienst (OVG Bautzen BeckRS 2018, 27711)

Hinweis: Neben §§ 3, 4 BauNVO haben sich §§ 8, 9 sowie §§ 13, 14 BauNVO als besonders klausurrelevant erwiesen; insoweit sollte also keinesfalls „auf Lücke" gesetzt werden.

cc) Dorfgebiet, § 5 BauNVO

Das Dorfgebiet dient gemäß § 5 Abs. 1 BauNVO in erster Linie den Belangen der **Land- und Forstwirtschaft**. Dies bedeutet, dass selbst im Fall zunehmender bzw. überwiegender Wohnnutzung ein Mehr an Rücksichtnahme zugunsten der landwirtschaftlichen Betriebe geschuldet ist.[93] Allgemein zulässig ist eine Vielzahl von Nutzungsarten, darunter Wirtschaftsstellen land- und forstwirtschaftlicher Betriebe sowie die dazugehörigen Wohnungen und Wohngebäude (§ 5 Abs. 3 Nr. 1-3 BauNVO). § 5 Abs. 2 BauNVO führt ferner Einzelhandelsbetriebe, Schank- und Speisewirtschaften sowie Betriebe des Beherbergungsgewerbes (Nr. 5) und sonstige Gewerbebetriebe (Nr. 6) auf. Vergnügungsstätten können dagegen nur ausnahmsweise zugelassen werden, soweit sie nicht wegen ihrer Größe nur in Kerngebieten allgemein zulässig sind.[94] 17

Hinweis: Im Jahr 2021 neu aufgenommen wurde das dörfliche Wohngebiet (§ 5a BauNVO). Es zielt auf die sich stark wandelnden ländlichen Räume ab, um dort unter Beibehaltung der eher niedrigen Verdichtung ein einvernehmliches Nebeneinander von Wohnen, land- und forstwirtschaftlichen Nebenerwerbsstellen und nicht wesentlich störender gewerblicher Nutzung zu ermöglichen.[95] Deswegen genießen bei § 5a BauNVO die Belange der land- und forstwirtschaftlichen Betriebe im Unterschied zu § 5 BauNVO keinen Vorrang.

dd) Mischgebiet, § 6 BauNVO

Nach § 6 Abs. 1 BauNVO dienen Mischgebiete dem Wohnen und der Unterbringung von Gewerbebetrieben, die das Wohnen nicht wesentlich stören. Im Unterschied zu reinen, allgemeinen und besonderen Wohngebieten steht § 6 BauNVO also einer Gleichwertigkeit und Gleichgewichtigkeit beider Nutzungsarten offen[96]. Allgemein zulässig sind daher nach § 6 Abs. 2 BauNVO Wohngebäude[97], Einzelhandelsbetriebe mit Ausnahme der unter § 11 Abs. 3 BauNVO fallenden Einkaufszentren und großflächigen Handelsbetriebe sowie sonstige Gewerbebetriebe, die – bei typisierender Betrachtungsweise – das Wohnen nicht wesentlich stören[98]. 18

Beispiele:

- Zulässig: geräuscharme Kfz-Werkstatt (BVerwG BauR 1975, 396; ZfBR 1986, 148), SB-Autowaschanlage (VGH Mannheim VBlBW 1993, 61), Komplex mit zwei 24 Wohneinheiten umfassenden Mehrfamilienwohnhäusern, einem Café und einer Tiefgarage mit 28 Stellplätzen (VGH Mannheim BeckRS 2009, 30570), Lebensmittel-Discounter (OVG Bautzen Urt. v. 26.09.2014 – 1 A 799/12 –, juris), Weiterbildungs- und Beratungszentrum (OVG Bremen BeckRS 2013, 53485), Freischankfläche eines Cafés (VGH München BeckRS 2016, 52377)

---

93 OVG Bautzen BeckRS 2017, 114680; näher zur Vorrangklausel Ernst/Zinkahn/Bielenberg/Krautzberger/*Söfker* § 5 Rn. 14 ff.
94 VGH München BeckRS 2009, 43518: Spielothek mit 178 m² im Dorfgebiet unzulässig.
95 *Karber* in: BeckOK BauNVO § 5a Vorbemerkungen.
96 BVerwG NVwZ-RR 1997, 463.
97 Dazu bereits § 6 Rn. 15.
98 Nachweise aus der umfangreichen Rechtsprechung bei *Hornmann*: BeckOK BauNVO § 6 Rn. 52.1 ff.

■ Unzulässig: Anlagen nach §§ 4 ff. BImSchG (BVerwG BauR 1975, 29), lärmintensive Kfz-Werkstatt (BVerwG BauR 1975, 396), Pferdestall (OVG Lüneburg BauR 1989, 63), Wohnungsprostitution (VGH Mannheim NVwZ 1997, 601), Bordell (BVerwG NVwZ 2014, 69)

ee) Urbanes Gebiet, § 6a BauNVO

19 Urbane Gebiete dienen dem Wohnen sowie der Unterbringung von Gewerbebetrieben und sozialen, kulturellen und anderen Einrichtungen, die die Wohnnutzung nicht wesentlich stören; es handelt sich damit um ein um soziale und kulturelle Einrichtungen ergänztes Mischgebiet (§ 6 BauNVO). Dadurch, dass § 6a Abs. 1 BauNVO kein Gleichgewicht der Nutzungen vorschreibt, ermöglicht er den Gemeinden, „planerisch die nutzungsgemischte Stadt der kurzen Wege" zu verwirklichen,[99] was gelockerte Vorgaben für Lärmschutz und Bebauungsdichte erfordert[100]. Allgemein zulässig sind nach § 6a Abs. 2 BauNVO u.a. Wohngebäude, Geschäfts- und Bürogebäude sowie Einzelhandelsbetriebe, während Tankstellen nur ausnahmsweise zugelassen werden können (§ 6a Abs. 3 Nr. 2 BauNVO).

ff) Kerngebiet, § 7 BauNVO

20 Nach der Zweckbestimmung des § 7 Abs. 1 BauNVO dienen Kerngebiete vorwiegend der Unterbringung von Handelsbetrieben sowie der zentralen Einrichtungen der Wirtschaft, der Verwaltung und der Kultur. Damit ist insbesondere der „City-Bereich" einer Großstadt gemeint,[101] ohne kleinere Gemeinden per se auszunehmen. In solchen Fällen werden sich kerngebietstypische Nutzungen zumindest aus Einrichtungen der Gemeindeverwaltung und Vorhaben für die Nahversorgung mit Gütern und Dienstleistungen des täglichen Bedarfs zusammensetzen, die sich auf einen einzigen Bereich, meist den Ortskern, konzentrieren.[102] Allgemein zulässig sind nach § 7 Abs. 2 Nr. 2 BauNVO neben Einzelhandelsbetrieben (einschließlich Einkaufszentren und großflächigen Handelsbetrieben) vor allem **Vergnügungsstätten.** Vergnügungsstätten sind durch kommerzielle Freizeitgestaltung und Betriebe zum Amüsieren gekennzeichnet;[103] dazu zählen Spielhallen, nicht aber Bordelle, da diese als Gewerbebetriebe anzusehen sind[104]. Zu unterscheiden ist zwischen kerngebietstypischen und sonstigen nicht-kerngebietstypischen Vergnügungsstätten. Bei Ersteren handelt es sich um Einrichtungen, die für ein allgemeines Publikum aus einem größeren Einzugsbereich vorgesehen sind und daher regelmäßig nur in Kerngebieten (§ 7 Abs. 2 Nr. 2 BauNVO) sowie ausnahmsweise in Gewerbegebieten (§ 8 Abs. 3 Nr. 3 BauNVO)[105] zulässig sind. Als kerngebietstypisch werden z.B. Spielhallen mit mehr als 100 m² Nutzfläche[106], großflächige Diskotheken, Nachtlokale und ähnliche Einrichtungen angesehen. Sonstige Vergnügungsstätten können außerdem in Mischgebieten (§ 6 Abs. 2 Nr. 8 und Abs. 3 BauNVO), urbanen Gebieten (§ 6a Abs. 3 Nr. 1 BauNVO) und besonderen Wohngebieten (§ 4a Abs. 3 Nr. 2 BauNVO) eingerichtet werden. In allen anderen Baugebieten sind Vergnügungsstätten dagegen generell unzulässig und zwar auch dann, wenn von ihnen keine Störung der Nachtruhe ausgeht.[107]

---

99 *Kment* Öffentliches Baurecht I § 8 Rn. 47.
100 Näher *Muckel/Ogorek* Öffentliches Baurecht § 7 Rn. 37.
101 *Kment* Öffentliches Baurecht I § 8 Rn. 51.
102 BVerwG NVwZ 2010, 40.
103 Ernst/Zinkahn/Bielenberg/Krautzberger/*Söfker* § 7 Rn. 24.
104 BVerwG NVwZ 2016, 151.
105 Dazu näher *Schmidt-Bleker* in: BeckOK BauNVO § 8 Rn. 230 ff.
106 VGH Mannheim VBlBW 1992, 101; OVG Lüneburg NVwZ-RR 1994, 486; dazu auch BVerwG NVwZ 1991, 264.
107 BVerwG NVwZ 1991, 266: Spielhalle; BauR 1993, 51: Billardcafé; zu § 9 Abs. 2b BauGB bereits § 5 Rn. 58.

gg) Gewerbegebiet, § 8 BauNVO

Gemäß § 8 Abs. 1 BauNVO dienen Gewerbegebiete vorwiegend der Unterbringung von nicht erheblich belästigenden Gewerbebetrieben. Allgemein zulässig ist daher **prinzipiell jeder Gewerbebetrieb**, soweit von ihm keine erheblichen Störungen ausgehen; anderenfalls kommt § 9 BauNVO zum Tragen.[108] Den ausnahmsweise zulässigen Nutzungen nach § 8 Abs. 3 BauNVO unterfallen beispielsweise Anlagen für soziale Zwecke wie Asylbegehrendenunterkünfte[109] sowie Vergnügungsstätten.

21

Beispiele:

- Zulässig: Wohnräume für Betriebsleiter und Bereitschafts- oder Aufsichtspersonal (BVerwG BauR 1983, 443; OVG Münster BeckRS 2018, 1300), Bordell (BVerwG NJW 1984, 1574; NVwZ 2016, 151 – das aber im Einzelfall nach § 15 BauNVO oder § 3 SächsBO unzulässig sein kann), Beherbergungsbetrieb (BVerwG VBlBW 1993, 49), nicht erheblich störende Anlagen nach § 4 BImSchG (BVerwG NVwZ 1993, 987), Solarpark (OVG Bautzen ZUR 2013, 102), Pkw-Waschanlagen (VG Ansbach BeckRS 2016, 43664)
- Unzulässig: Verbrauchermarkt (BVerwG NJW 1984, 1771 u. 1773), Wohngebäude (OVG Schleswig BauR 1991, 731), Baustoff-Recyclinganlage (VGH Mannheim VBlBW 2000, 78), „Wohnen und Arbeiten unter einem Dach" (VGH München BauR 2008, 649), Krematorium mit Abschiedsraum (BVerwG NVwZ 2012, 825), Zwischenlager für radioaktive Abfälle (BVerwG NVwZ 2022, 893)

hh) Industriegebiet, § 9 BauNVO

Industriegebiete dienen ausschließlich der Unterbringung von Gewerbebetrieben, § 9 Abs. 1 BauNVO. Allgemein zulässig sind wie bei § 8 Abs. 2 BauNVO Gewerbebetriebe aller Art, Lagerhäuser, Lagerplätze und öffentliche Betriebe sowie Tankstellen (§ 9 Abs. 2 BauNVO); ihr Störgrad ist im Unterschied dazu aber nicht limitiert[110]. Ausnahmsweise zugelassen werden können Wohnungen sowie Anlagen für kirchliche, kulturelle, soziale, gesundheitliche und sportliche Zwecke (§ 9 Abs. 3 BauNVO), nicht aber Vergnügungsstätten.

22

Beispiele:

- Zulässig: Automatische Waschvorrichtungen (OVG Bremen BRS 38 Nr. 65), Portalwaschanlagen und Werkhallen für kleinere Wartungsarbeiten (OVG Münster NVwZ-RR 1997, 16), Bauschutt- und Bodenrecyclinganlage (OVG Münster BeckRS 2009, 41948), Lebensmittel-Discountmarkt (OVG Münster BeckRS 2014, 49282), Windenergieanlagen (OVG Lüneburg NVwZ-RR 2015, 848), Begräbnisstätte für Gemeindepriester in einer Kirche – Krypta (BVerwG NVwZ 2011, 748/BVerfG NVwZ 2016, 1804)
- Unzulässig: Verbrauchermarkt (BVerwG NJW 1984, 1768), Zwischenlager für atomare Brennstoffe (OVG Münster NJW 1985, 590), Diskothek (BVerwG NVwZ 2000, 1054), Asylbewerberunterkunft (OVG Münster NVwZ-RR 2004, 247)

ii) Sondergebiete, § 10, 11 BauNVO

Als Sondergebiete, die der Erholung dienen (§ 10 BauNVO), können insbesondere Wochenendhausgebiete, Ferienhausgebiete oder Campingplatzgebiete ausgewiesen werden, wobei namentlich Ferienwohnungen nicht von vornherein auf diesen Gebietstypus beschränkt sind[111]. Der Bebauungsplan muss dafür nach § 10 Abs. 2 BauNVO die Art der Nutzung genau festlegen. Eine Ausweisung als „Erholungsgebiet" ist mangels Bestimmtheit nichtig;[112] etwas anderes

23

---

108 *Kment* Öffentliches Baurecht I § 8 Rn. 58.
109 VGH Mannheim VBlBW 1989, 309; VGH München NVwZ 2015, 912. Zur Abgrenzung zur Wohnanlage § 6 Rn. 15 und zu § 246 Abs. 10 BauGB § 6 Rn. 48.
110 Gewerbebetriebe, deren Ansiedlung im Industriegebiet wegen ihres Störungspotentials oder ihrer Gefährlichkeit an § 15 Abs. 1 S. 2 BauNVO scheitert, gehören gleichwohl ins Sondergebiet (§ 11 Abs. 2 BauNVO) oder nach § 35 Abs. 1 Nr. 4 BauGB in den Außenbereich (*Kment* Öffentliches Baurecht I § 8 Rn. 60).
111 VGH Mannheim BauR 2016, 1736. Zu § 13a BauNVO § 6 Rn. 27.
112 VGH Mannheim BauR 1983, 433.

gilt für ein „Sondergebiet Hotel"[113]. Nach § 11 BauNVO können auch sonstige Sondergebiete festgesetzt werden; Voraussetzung dafür ist, dass es sich um Vorhaben handelt, die in den normalen Baugebieten nicht verwirklicht werden könnten.[114] § 11 Abs. 2 BauNVO nennt als Beispiele Gebiete für den Fremdenverkehr (auch mit einer Mischung von Fremdenbeherbergung oder Ferienwohnen einerseits sowie Dauerwohnen andererseits) und Ladengebiete, Gebiete für Einkaufszentren, großflächige Handelsbetriebe, Messen, Ausstellungen und Kongresse, Hochschul-, Klinik- und Hafengebiete sowie Gebiete zur Erforschung, Entwicklung oder Nutzung erneuerbarer Energien; auch insoweit muss aber die Zweckbestimmung eindeutig festgesetzt sein[115].

24 § 11 Abs. 3 BauNVO enthält ferner eine Sonderregelung für **Einkaufszentren**[116], namentlich Factory-Outlet-Center[117], **großflächige Einzelhandelsbetriebe**[118] und sonstige großflächige Handelsbetriebe. Großflächig ist ein Betrieb bei mehr als 800 m² Verkaufsfläche.[119] Solche Betriebe sind nach § 11 Abs. 3 S. 2 BauNVO nur in Sondergebieten oder Kerngebieten zulässig, wenn sie bestimmte Auswirkungen, gemäß § 11 Abs. 3 S. 3 BauNVO insbesondere schädliche Umweltauswirkungen, Auswirkungen auf die infrastrukturelle Ausstattung, auf den Verkehr, die Versorgung der Bevölkerung im Einzugsbereich, auf die Entwicklung zentraler Versorgungsbereiche in der Gemeinde oder in anderen Gemeinden, auf das Orts- und Landschaftsbild und den Naturhaushalt haben; derartige Auswirkungen sind i.d.R. anzunehmen (§ 11 Abs. 3 S. 3 BauNVO), wenn die Geschossfläche 1.200 m² überschreitet; diese Vermutung ist indes gemäß § 11 Abs. 3 S. 4 BauNVO widerlegbar, sodass in Ausnahmefällen großflächige (Einzel-)Handelsbetriebe auch in Gewerbe- oder Industriegebieten zulässig sind[120].

b) Gebietsübergreifend zulässige Nutzungen (§§ 12-14 BauNVO)

25 **Stellplätze und Garagen** sind gemäß § 12 Abs. 1 BauNVO grundsätzlich in allen Baugebieten zulässig. Einschränkungen enthalten die Absätze 2-6, insbesondere für Wohngebiete sowie für Sondergebiete, die der Erholung dienen (§ 12 Abs. 2 BauNVO), wo Stellplätze und Garagen nur für den durch die zugelassene Nutzung verursachten Bedarf zulässig sind[121]. Gibt es keine entsprechenden Festsetzungen im Bebauungsplan[122], hat der Bauherr die Wahl zwischen Stellplatz und Garage. Er kann sich ggf. auch an einer Gemeinschaftsanlage (§ 9 Abs. 1 Nr. 22 BauGB) beteiligen.[123]

26 Nach § 13 BauNVO dürfen **freiberuflich Tätige** auch in Wohngebieten **Räume** zur Ausübung ihres Berufs nutzen; in anderen Baugebieten können auch ganze Gebäude für diesen Zweck verwendet werden. Diese Vorschrift trägt dem Umstand Rechnung, dass durch eine freiberufliche Tätigkeit i.d.R. keine wesentliche Störung des Wohnens verursacht wird. Freiberuflich tätig i.S.d. § 13 BauNVO sind Personen, welche persönliche Dienstleistungen erbringen, die auf individueller geistiger Leistung oder sonstiger persönlicher Fertigkeit beruhen,[124] z.B. Ärzte, Rechtsanwälte, Architekten, Krankengymnasten, Handels- und Versicherungsvertreter oder

---

113 OVG Bautzen DÖV 2014, 209.
114 BVerwG NVwZ 2014, 72: Sondergebiet Wochenendhäuser; OVG Lüneburg BauR 2009, 1550: Sondergebiet „Wohnen mit Pferden"; OVG Lüneburg NVwZ 2002, 109: Sondergebiet Altenwohnheim.
115 BVerwG NJW 1983, 2713; VGH Mannheim NVwZ-RR 2001, 716: Sondergebiet Technologie-Park.
116 Dazu BVerwG NVwZ 1990, 1074; 2003, 86; BauR 2014, 58.
117 Näher dazu z.B. *Erbguth* NVwZ 2000, 969; *Moench/Sander* NVwZ 1999, 337.
118 Dazu BVerwG NJW 1984, 1768; ferner *Schröer* NJW 2009, 1729.
119 BVerwG NVwZ 2006, 452; abweichend noch BVerwG BauR 2004, 43: 700 m².
120 Dazu BVerwG NJW 1984, 1768; BauR 1989, 704; NVwZ 2006, 452.
121 BVerwG NJW 1994, 1546.
122 Dazu § 9 Abs. 1 Nr. 4 BauGB, § 12 Abs. 4-6 BauNVO.
123 Dazu BVerwG BauR 1989, 439.
124 BVerwG NVwZ 1984, 236; 2001, 1284; OVG Hamburg BauR 1997, 613.

Makler. Eine handwerkliche, kaufmännische oder verwaltende Tätigkeit fällt grundsätzlich nicht unter § 13 BauNVO, selbst wenn sie keine Störungen der Umgebung bewirkt.[125] Damit der Wohncharakter von Wohngebieten nicht beeinträchtigt wird, muss im Übrigen weniger als die Hälfte des Gebäudes für freiberufliche Zwecke genutzt werden.[126] Nicht zugelassen werden kann daher nach § 13 BauNVO ein „Ärztehaus" in einem allgemeinen Wohngebiet.[127]

§ 13a BauNVO enthält eine Legaldefinition der **Ferienwohnung**. Danach handelt es sich um Räume oder Gebäude, die – im Unterschied zur Wohnnutzung – einem ständig wechselnden Kreis von Gästen gegen Entgelt vorübergehend zur Unterkunft zur Verfügung gestellt werden und die zur Begründung einer eigenen Häuslichkeit geeignet und bestimmt sind. Weiterhin wird klargestellt, dass Ferienwohnungen i.d.R. nicht störende Gewerbebetriebe darstellen und daher in fast allen Baugebieten entweder allgemein (§§ 4a-7 BauNVO) oder zumindest ausnahmsweise (§§ 3, 4 BauNVO) zulässig sind. 27

Nach § 14 Abs. 1 BauNVO sind schließlich in allen Baugebieten außer den jeweils zulässigen Anlagen auch **untergeordnete Nebenanlagen und Einrichtungen** (einschließlich Anlagen zur Nutzung solarer Strahlungsenergie und Kraft-Wärme-Kopplungsanlagen) zulässig, die also sowohl im Hinblick auf ihre Größe als auch im Hinblick auf ihre Funktion eine untergeordnete Bedeutung haben[128]. 28

Beispiele:
- BVerwG NJW 1977, 2090: Eine Traglufthalle für ein privates Schwimmbad ist eine Nebenanlage zu einem Wohnhaus (ähnlich OVG Lüneburg BauR 2003, 218).
- BVerwG NJW 1986, 393: Ein privater Tennisplatz ist eine Nebenanlage zu einer großen Villa.
- BVerwG BauR 2000, 73: Ein kleines Gebäude zur Unterbringung von 50 Brieftauben ist eine Nebenanlage zum Wohnhaus (ähnlich BVerwG NVwZ-RR 1999, 426).

Nicht als Nebenanlage im eben beschriebenen Sinne hat die Rechtsprechung zunächst Mobilfunkanlagen angesehen, die auch der Versorgung benachbarter Gemeinden dienen;[129] das dürfte sich mit der Einfügung von § 14 Abs. 1a BauNVO geändert haben, der einen flächendeckenden Mobilfunkausbau erleichtern soll. Ebenfalls allgemein zulässig sind nach § 14 Abs. 4 BauNVO Anlagen für die Herstellung oder Speicherung von (grünem) Wasserstoff, soweit eine Fotovoltaiknutzung geplant ist bzw. schon existiert und die Anforderungen des § 249a Abs. 4 BauGB gewahrt sind.

Hinweis: Die Nebenanlage darf unter keinen Umständen der Eigenart des Baugebiets widersprechen.[130] Soweit eine Nebenanlage nicht die Voraussetzungen des § 14 BauNVO erfüllt, ist schließlich noch zu prüfen, ob sie nach der für das Baugebiet maßgeblichen Vorschrift zugelassen werden kann.[131]

c) Erfordernis der Gebietsverträglichkeit

Bei der Prüfung der §§ 2-14 BauNVO, namentlich bei den „sonstigen", den „sonstigen nicht störenden" oder „sonstigen nicht wesentlich störenden" Vorhaben ist zusätzlich das (ungeschrie- 29

---

125 BVerwG NVwZ-RR 1997, 398: Lohnsteuerhilfe; OVG Lüneburg NVwZ-RR 1994, 487: Herstellung von Software; OVG Münster BauR 2012, 59: medizinische Fußpflege.
126 BVerwG NVwZ 1984, 236; 2001, 1284.
127 BVerwG VBlBW 1997, 215 mit Anm. *Dürr*.
128 BVerwG VBlBW 2000, 146; NVwZ 2018, 1231.
129 BVerwG NVwZ 2000, 680.
130 Dazu BVerwG NJW 1983, 2713: Windenergieanlage in Wohngebieten; BVerwG NVwZ-RR 1994, 309: Ozelot-Haltung in Wohngebiet; VGH Mannheim BauR 1989, 697: Hundezwinger im Wohngebiet; OVG Münster NWVBl 2013, 135: Pferdestall für zwei hobbymäßig gehaltene Pferde.
131 BVerwG BauR 1993, 315: Werbeanlage an Wohnhaus.

bene) Merkmal der **Gebietsverträglichkeit** zu prüfen. Ein Vorhaben erweist sich nach der Rechtsprechung des BVerwG als gebietsunverträglich und damit als unzulässig, wenn es – bezogen auf den Charakter des jeweiligen Baugebiets – aufgrund seiner typischen Nutzungsweise störend wirkt.[132] Dabei ergibt sich der Gebietscharakter in erster Linie aus der jeweiligen Zweckbestimmung, die in Absatz 1 der §§ 2 ff. BauNVO festgelegt ist. Es bleibt also – anders als bei § 15 BauNVO, bei dem es auf die konkreten Verhältnisse vor Ort ankommt[133] – bei einer typisierenden Betrachtung, die auch für die Ermittlung der Gefährdung des jeweiligen Gebietscharakters maßgeblich ist.

Beispiele:

- BVerwG NVwZ 2008, 786: Ein Dialysezentrum (mit 33 Behandlungsplätzen und 17 Kfz-Stellplätzen) als Anlage für gesundheitliche Zwecke i.S.d. § 4 Abs. 2 Nr. 3 BauNVO ist wegen seines räumlichen Umfangs und der Größe seines betrieblichen Einzugsbereichs, der Art der Betriebsvorgänge und der Intensität des Zu- und Abgangsverkehrs gebietsunverträglich.
- BVerwG NVwZ 2012, 825: Ein Krematorium mit Abschiedsraum verträgt sich aus Gründen der Pietät und der Notwendigkeit eines kontemplativen Umfelds nicht mit der Zweckbestimmung eines Gewerbegebiets (§ 8 Abs. 1 BauNVO).

d) Unzulässigkeit im Einzelfall gemäß § 15 BauNVO

30 Die typisierende Betrachtungsweise der BauNVO kann bei atypischer Fallgestaltung zu unangemessenen Ergebnissen führen, die ein Abweichen von den Bestimmungen der BauNVO verlangen. Zugunsten des Bauherrn kommt in einem solchen Fall eine Befreiung nach § 31 Abs. 2 BauGB in Betracht. Zum Schutz der Umgebung oder sonstiger öffentlicher Belange schreibt **§ 15 BauNVO** andererseits vor, dass grundsätzlich nach §§ 2-14 BauNVO zulässige Anlagen im Einzelfall unzulässig sind, wenn sie erstens der **Eigenart des Baugebiets widersprechen** (§ 15 Abs. 1 S. 1 BauNVO), zweitens, wenn sie **unzumutbare Belästigungen und Störungen der Umgebung** hervorrufen (§ 15 Abs. 1 S. 2 Hs. 1 BauNVO), oder wenn sie drittens selbst solchen Belästigungen oder Störungen ausgesetzt sind (§ 15 Abs. 1 S. 2 Hs. 2 BauNVO). § 15 BauNVO bezieht sich allerdings nur auf §§ 2 ff. BauNVO, nicht auf §§ 16 ff. BauNVO, auch wenn in Abs. 1 vom Umfang des Bauvorhabens die Rede ist.[134] Damit ist lediglich gemeint, dass bei einigen Vorhaben, wie z.B. Vergnügungsstätten, auch die Größe für die Zulässigkeit in bestimmten Baugebieten maßgeblich ist.

Hinweis: In Klausuren wird sich das Bauvorhaben oftmals als gebietsverträglich und mit §§ 2-14 BauNVO vereinbar erweisen; dann schlägt die Stunde des § 15 BauNVO, der die konkreten Verhältnisse in den Blick nimmt. Dabei gilt es, sich zu sämtlichen Anhaltspunkten, die der Sachverhalt bietet (Störungen wie Lärm, Licht und Gerüche, Zu- und Abfahrtverkehr, Attraktivitätsverlust, etc.), zu positionieren. Manche dieser Hinweise erweisen sich bei näherem Hinsehen freilich oft als „Nebelkerzen". So wird man etwa eine erdrückende Wirkung erst dann annehmen können, wenn das betreffende Gebäude ein Übermaß in Höhe und Volumen besitzt, es in nur geringem Abstand zum Nachbarhaus steht und nicht annähernd mit dem vorhandenen Gebäude gleichartig ist.[135]

31 Zur Ermittlung der nicht mehr zumutbaren Belästigungen und Störungen i.S.d. § 15 Abs. 1 S. 2 BauNVO kann – ohne darauf beschränkt zu sein (§ 15 Abs. 3 BauNVO) – auf die immissionsschutzrechtlichen Regelungen, insbesondere die **TA Lärm** (soweit es um gewerblichen

---

132 BVerwG NVwZ 2002, 1118.
133 Lenk Jura 2020, 932 (938); Will Öffentliches Baurecht Rn. 379 u. 391.
134 BVerwG NVwZ 1995, 899; OVG Bautzen BeckRS 2020, 27395: „Wohnen in zweiter Reihe" betrifft nicht die Art der baulichen Nutzung.
135 VGH München BeckRS 2013, 56189.

C. Bauvorhaben im Geltungsbereich eines Bebauungsplans (§ 30 BauGB)

Lärm geht) zurückgegriffen werden,[136] die als normkonkretisierende Verwaltungsvorschriften für Behörden und Gerichte verbindlich sind, soweit sie abschließende Regelungen enthalten[137]. Hier prüft das Gericht also nur, ob sich das Vorhaben im Rahmen dieser Vorgaben bewegt, und – was die Verwaltungsvorschrift selbst betrifft – ob deren Werte den gesetzlichen Anforderungen entsprechen und nicht aus wissenschaftlicher oder technischer Sicht überholt sind. Die Geltung der immissionsschutzrechtlichen Vorschriften hat zur Folge, dass Geräuscheinwirkungen, die von Kindertageseinrichtungen hervorgerufen werden, regelmäßig keine unzumutbaren Belästigungen oder Störungen sind, § 22 Abs. 1a S. 1 BImSchG.[138]

Bei § 15 BauNVO sind allerdings nur solche Umstände zu berücksichtigen, die sich aus einer genehmigten Nutzung ergeben.[139] Im Übrigen ist das „Programm" des § 15 Abs. 1 BauGB von vornherein auf Gesichtspunkte beschränkt, die nach § 1 Abs. 6 BauGB bodenrechtlich relevant sind (§ 15 Abs. 2 BauNVO); bei der Anwendung von § 15 Abs. 1 BauGB dürfen daher weder bauordnungsrechtliche noch polizeirechtliche Gesichtspunkte oder Aspekte des Konkurrentenschutzes eine Rolle spielen[140].

§ 15 Abs. 1 S. 2 BauNVO regelt letztlich das **Gebot der Rücksichtnahme**;[141] feste Regeln gibt es dabei nicht. Erforderlich ist eine Gesamtschau der von dem Vorhaben ausgehenden Beeinträchtigungen; gegeneinander abzuwägen sind die Schutzwürdigkeit des Betroffenen, die Intensität der Beeinträchtigung, die Interessen des Bauherrn und das, was beiden Seiten billigerweise zumutbar oder unzumutbar ist.[142]

Beispiele:

- BVerwG NJW 1984, 1574: Ein Bordell kann wegen § 15 BauNVO im Gewerbegebiet etwa dann unzulässig sein, wenn in dem Gebiet bereits ein solcher Betrieb vorhanden ist.
- BVerwG NJW 1988, 3168: Ein Einzelhandelsgeschäft kann nach § 15 BauNVO in einem Mischgebiet unzulässig sein, wenn dadurch der Anteil der gewerblichen Nutzung in dem Baugebiet auf 85 % erhöht wird und damit der Gebietscharakter als Mischgebiet in Frage gestellt ist.
- BVerwG NVwZ 1999, 298: Ein in einem allgemeinen Wohngebiet als Nebenanlage nach § 14 BauNVO grundsätzlich zulässiger Altglas-Container kann im Einzelfall wegen der Störung der Wohnruhe unzulässig sein.

§ 15 BauNVO ist als **Feinkorrektur des Bebauungsplans** bestimmt, kann also dessen Festsetzungen nur ergänzen. Dagegen ist die Vorschrift kein Mittel, um eine planerische Fehlentscheidung zu korrigieren.[143]

Beispiel:

- BVerwG BauR 1989, 306: Ein Bebauungsplan, der unter Missachtung des Rücksichtnahmegebots neben einer vorhandenen Wohnbebauung einen großen Hotelkomplex mit Parkhaus vorsieht, kann nicht dadurch „gerettet" werden, dass die Genehmigung des Parkhauses im Hinblick auf § 15 BauNVO abgelehnt wird.

3. Maß der baulichen Nutzung (§§ 16-21a BauNVO)

Während die §§ 2 ff. BauNVO durch die Festsetzung von Baugebieten die Art der baulichen Nutzung unmittelbar bestimmen, wenden sich die **§§ 16 ff. BauNVO** mit ihren Regelungen

---

136 OVG Bautzen BeckRS 2019, 8841; BVerwG BauR 2000, 234 für die Sportanlagenlärmschutzverordnung. Zu weiteren Technischen Regelwerken, DIN-Vorschriften oder VDI-Richtlinien § 10 Rn. 35.
137 BVerwG NVwZ 2013, 372; OVG Bautzen BeckRS 2017, 114680.
138 VGH Kassel NVwZ 2017, 981 für das reine Wohngebiet nach § 3 BauNVO. Dazu § 10 Rn. 79.
139 *Stollmann/Beaucamp* Öffentliches Baurecht § 14 Rn. 23.
140 *Henkel* in: BeckOK BauNVO § 15 Rn. 60.
141 BVerwG NVwZ 1996, 379; BauR 2000, 234; dazu § 10 Rn. 32 ff.
142 BVerwG NJW 1984, 138; BauR 2013, 934.
143 BVerwG NVwZ 1993, 987.

über das zulässige Maß der baulichen Nutzung[144] zunächst an den Normgeber, die Gemeinde. Diese kann nach § 16 Abs. 2 BauNVO durch die Festsetzung der Gebäudehöhe, der Zahl der Vollgeschosse, der Grundflächenzahl und der Geschossflächenzahl sowie der Baumassenzahl die bauliche Nutzung der Grundstücke im Geltungsbereich eines Bebauungsplans beschränken. Dabei schreibt § 16 Abs. 3 Nr. 1 BauNVO zwingend vor, dass die Grundfläche der baulichen Anlage bzw. die Grundflächenzahl festgesetzt wird.[145] Das Gleiche gilt nach § 16 Abs. 3 Nr. 2 BauNVO für die Zahl der Vollgeschosse bzw. die Gebäudehöhe, soweit ohne eine solche Festsetzung das Orts- oder Landschaftsbild beeinträchtigt wird.

34 Die **Gebäudehöhe** kann als Firsthöhe (Höhe des Daches), als Traufhöhe oder als Schnittpunkt der Außenwand mit dem Dach festgesetzt werden. Wann ein Geschoss als Vollgeschoss gilt, folgt aus § 20 Abs. 1 BauNVO und § 90 Abs. 2 SächsBO: als **Vollgeschosse** gelten Geschosse, deren Deckenoberfläche im Mittel mehr als 1,40 m über die festgelegte Geländeoberfläche hinausragt und die über mindestens zwei Drittel ihrer Grundfläche eine lichte Höhe von mindestens 2,30 m haben. Oberirdisch sind Geschosse gemäß § 2 Abs. 6 S. 1 SächsBO, wenn ihre Deckenoberkanten im Mittel mehr als 1,40 m über die Geländeoberfläche hinausragen; im Übrigen sind sie Kellergeschosse (§ 2 Abs. 6 S. 2 SächsBO). **Aufenthaltsräume** (§ 2 Abs. 5 SächsBO) verlangen wiederum eine lichte Raumhöhe von mindestens 2,40 m bzw. im Dachraum von 2,30 m über mindestens der Hälfte ihrer Grundfläche; Raumteile mit einer lichten Höhe von weniger als 1,50 m bleiben außer Betracht (§ 47 Abs. 1 SächsBO). Daraus folgt, dass auch bei der Festsetzung von nur einem Vollgeschoss im Bebauungsplan insgesamt drei Geschosse mit Aufenthaltsräumen möglich sind. Anders als das Vollgeschoss müssen die anderen Geschosse über mehr als die Hälfte, aber weniger als zwei Drittel ihrer Grundfläche eine lichte Raumhöhe von 2,40 m bzw. 2,30 m haben.

35 Das Bauvorhaben muss ferner die im Bebauungsplan festgesetzte **Grund- und Geschossflächenzahl** beachten; auch hier kommt es im Unterschied zu den §§ 2 ff. BauNVO, die selbst Gegenstand des Bebauungsplans werden, aber nicht unmittelbar auf die Regelungen der BauNVO, sondern auf die konkrete planerische Festsetzung an.

Hinweis: Das Maß der baulichen Nutzung spielt – im Unterschied zur Art der baulichen Nutzung – in Klausuren nur eine untergeordnete Rolle. Eine gewisse Relevanz kommt den Maßfestsetzungen aber (neuerdings) im Kontext des Nachbarschutzes zu.[146]

4. Bauweise und überbaubare Grundstücksfläche (§§ 22, 23 BauNVO)

36 Außerdem muss das Vorhaben der im Bebauungsplan festgesetzten **Bauweise** entsprechen. Zu unterscheiden sind offene und geschlossene Bauweise: Setzt die Gemeinde in dem Bebauungsplan geschlossene Bauweise fest, so werden nach § 22 Abs. 3 BauNVO die Gebäude ohne seitlichen Grenzabstand errichtet. Offene Bauweise bedeutet andererseits nicht nur die Errichtung von Einzelhäusern. Auch Doppelhäuser und Hausgruppen bis 50 m Länge fallen nach § 22 Abs. 2 BauNVO unter den Begriff der offenen Bauweise.[147]

Schließlich kann das Bauvorhaben nur innerhalb der im Bebauungsplan festgesetzten **Baugrenzen** oder **Baulinien** errichtet werden; dabei müssen auch unterirdische Bauteile innerhalb

---

144 Näher dazu *Heintz* BauR 1990, 166; *Kment* Öffentliches Baurecht I § 8 Rn. 95 ff.
145 BVerwG NVwZ 1996, 894; VGH München NVwZ 1997, 1016.
146 Zu Fall 2 § 6 Rn. 49.
147 Zum Begriff des Doppelhauses, wonach die beiden Haushälften durch eine Grundstücksgrenze getrennt werden und baulich als Einheit in Erscheinung treten müssen: BVerwG NVwZ 2000, 1055; 2014, 370. Zu alldem bereits § 5 Rn. 62.

der Baugrenzen/Baulinien bleiben[148]. Eine Ausnahme gilt allerdings nach § 23 Abs. 5 BauNVO für Nebenanlagen sowie für bauliche Anlagen, die in den Abstandsflächen zulässig sind oder zugelassen werden können; diese können auch auf den nicht überbaubaren Flächen zugelassen werden, wenn im Bebauungsplan nichts anderes festgesetzt ist.

D. Ausnahmen und Befreiungen (§ 31 BauGB)

Zur Einführung: *Böhm*, Recht der Bauleitplanung, JA 2013, 81; *Brüning*, Die Verfassungsgarantie der kommunalen Selbstverwaltung aus Art. 28 Abs. 2 GG, Jura 2015, 592; *Hebeler*, Bauplanungsrechtliche Ausnahmen und Befreiungen gem. § 31 BauGB, JA 2015, 401

Zur Vertiefung: *Herrmann*, Befreiung gem. § 31 II BauGB ohne Atypik, NVwZ 2004, 309; *Krautzberger/Stüer*, Flüchtlingsunterbringung: Die BauGB-Novellen 2014 und 2015, DVBl 2015, 1; *Scheidler*, Befreiungen von den Festsetzungen eines Bebauungsplans nach § 31 Abs. 2 und § 246 Abs. 10 BauGB, BauR 2015, 1414

Zur Übung: *Brade/Brandau*, StudZR 2020, 231 (Hausarbeit – Vorbescheid, Nachbarwiderspruch); *Enders*, JuS 2015, 1022 (1. Staatsexamen – Anspruch auf Einschreiten); *Hecker*, JA 2012, 521 (1. Staatsexamen – Verwirkung, Anspruch auf Einschreiten); *Hörich/Germey*, ZJS 2014, 675 (1. Staatsexamen – Einstweiliger Rechtsschutz, Unterbringung von Flüchtlingen und Asylbegehrenden); *Ingerowski*, JuS 2009, 548 (1. Staatsexamen – Drittanfechtung); *Kaiser/Städele*, Jura 2017, 95 (1. Staatsexamen – Unterbringung von Flüchtlingen und Asylbegehrenden); *LJPA*, SächsVBl 2015, 178 u. 202 (1. Staatsexamen, 2012/2 – Bürgerbegehren, Anlage für soziale Zwecke); *Penßel*, ZJS 2019, 492 u. ZJS 2020, 44 (Hausarbeit – Rechtsschutz der Gemeinde, Maß der baulichen Nutzung); *Wilhelm*, JuS 2016, 1108 (1. Staatsexamen – Untätigkeitsklage, Unterbringung von Flüchtlingen und Asylbegehrenden)

Gemäß § 31 BauGB kann die Baugenehmigungsbehörde – gemeint ist die untere Bauaufsichtsbehörde gemäß § 57 Abs. 1 S. 1 Nr. 1 SächsBO – aus Gründen der Einzelfallgerechtigkeit im Einvernehmen mit der Gemeinde (§ 36 BauGB) Ausnahmen und Befreiungen von den Festsetzungen des Bebauungsplans zulassen; keiner Ausnahme und/oder Befreiung nach § 31 BauGB zugänglich sind danach §§ 34, 35 BauGB, § 15 BauNVO sowie die Vorgaben des Bauordnungsrechts.[149]

37

---

148 *Fickert/Fieseler* BauNVO § 23 Rn. 12.
149 *Muckel/Ogorek* Öffentliches Baurecht § 7 Rn. 54; zu § 33 BauGB: *Stollmann/Beaucamp* Öffentliches Baurecht § 14 Rn. 36. Zu § 67 SächsBO § 9 Rn. 29.

Prüfungsschema: § 31 BauGB (Ausnahme und Befreiung)

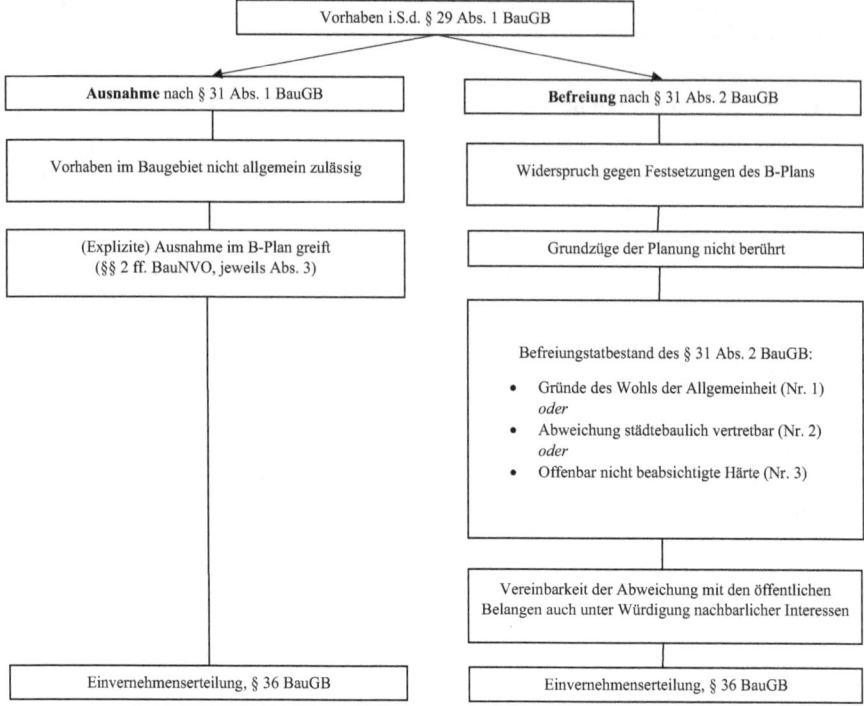

I. Ausnahme, § 31 Abs. 1 BauGB

38 Voraussetzung für eine **Ausnahme** nach § 31 Abs. 1 BauGB ist, dass sie nach Art und Umfang im Bebauungsplan ausdrücklich vorgesehen ist, sie darf sich also nicht erst aus seiner Begründung ergeben[150]. Als Ausnahmen gelten wegen § 1 Abs. 3 S. 2 BauNVO auch die in den §§ 2-9 BauNVO jeweils im Abs. 3 genannten Vorhaben sowie § 14 Abs. 2 BauNVO. Allerdings kann festgesetzt werden, dass alle oder einzelne dieser Ausnahmen nicht Bestandteil des Bebauungsplans werden, d.h. diese Vorhaben nicht zulässig sind (§ 1 Abs. 6 Nr. 1 BauNVO), oder umgekehrt, dass die ausnahmsweise zulässigen Vorhaben in dem Baugebiet allgemein zulässig sind (§ 1 Abs. 6 Nr. 2 BauNVO).

Eine Ausnahme nach § 31 Abs. 1 BauGB ist noch von der Planungshoheit der Gemeinde i.S.d. Art. 28 Abs. 2 S. 1 GG erfasst und stellt damit eine Verwirklichung der Planungsvorstellungen der Gemeinde dar.[151] Durch Entscheidungen nach § 31 Abs. 1 BauGB darf aber die Grundsatzentscheidung der Gemeinde über die zulässige Bebauung in dem maßgeblichen Gebiet nicht infrage gestellt werden, die Ausnahme muss also auch eine Ausnahme bleiben und darf nicht der Regelfall werden. § 31 Abs. 1 BauGB darf mit anderen Worten nicht dazu benutzt werden, de facto

---

150 *Hebeler* JA 2015, 401 (402) mit Beispielen.
151 BVerwG NVwZ 1999, 981; VGH Mannheim BauR 1995, 223; VBlBW 1995, 402; 1996, 24.

D. Ausnahmen und Befreiungen (§ 31 BauGB)

eine Bebauungsplanänderung vorzunehmen.[152] Ausnahmen müssen sich daher grundsätzlich als gebietsverträglich erweisen[153] und mit der Zweckbestimmung des Baugebiets vereinbar sein[154].

Hinweis: Wenn eine Vielzahl von (weiteren) Ausnahmen zu einer Gebietsunverträglichkeit führen könnte, darf die Bauaufsichtsbehörde also eine zunächst großzügige Genehmigungspraxis aufgeben – und zwar auch um den Preis, dass dadurch die ersten Ausnahmefälle bevorzugt werden bzw. worden sind.

II. Befreiung, § 31 Abs. 2 BauGB

Eine **Befreiung** nach § 31 Abs. 2 BauGB stellt hingegen eine Abweichung von den Planungsvorstellungen der Gemeinde, wie sie im Bebauungsplan ihren Niederschlag gefunden haben, dar. Sinn dieser Vorschrift ist es, eine Einhaltung des Bebauungsplans nicht auch dort zu erzwingen, wo dies wegen der besonderen Situation sinnlos wäre.

39

Hinweis: Befreiungen gemäß § 31 Abs. 2 BauGB sind von ungleich größerer Klausurrelevanz als Ausnahmen i.S.d. § 31 Abs. 1 BauGB. Es ist also ratsam, die folgenden Prüfungsschritte zu verinnerlichen und sich die Definitionen der drei Befreiungstatbestände in ihren Grundzügen einzuprägen. Keine Klausurrelevanz dürfte dagegen § 31 Abs. 3 BauGB haben, der – zeitlich befristet – eine Befreiung von den Festsetzungen eines Bebauungsplanes aus Gründen eines angespannten Wohnungsmarktes ermöglicht.

1. Grundzüge der Planung nicht berührt

Eine Befreiung ist nach § 31 Abs. 2 BauGB nicht zulässig, wenn die **Grundzüge der Planung** berührt werden, wobei damit die dem jeweiligen Bebauungsplan zugrunde liegende städtebauliche Konzeption gemeint ist, nicht die Verhältnisse im gesamten Gemeindegebiet.[155] Die Grundzüge der Planung sind dann berührt, wenn von den die Planung tragenden Festsetzungen – dem planerischen Grundkonzept – abgewichen werden soll[156] oder das Bauvorhaben städtebauliche Spannungen verursachen würde[157]. In diesem Fall ist eine Änderung des Bebauungsplans geboten.[158] Es gilt: Je tiefer die Befreiung in das Interessengeflecht der Planung eingreift, desto eher liegt der Schluss auf eine Änderung in der Planungskonzeption nahe, die nur im Wege der (Um-)Planung möglich ist.[159]

40

Beispiele:

- VGH Mannheim VBlBW 2000, 78: Die Grundzüge der Planung werden berührt, wenn in einem Gewerbegebiet, das an ein Wohngebiet grenzt, eine Anlage zum Recycling von Bauschutt genehmigt wird, die eigentlich nur in einem Industriegebiet zugelassen werden kann.
- OVG Hamburg BauR 2009, 1556: Eine Berührung der Grundzüge der Planung liegt vor, wenn statt zwei zulässiger Wohnungen pro Gebäude ein Haus mit fünf Wohnungen errichtet werden soll.

---

152 OVG Koblenz NVwZ-RR 2011, 849.
153 BVerwG NVwZ 2002, 1118: Postzustellstützpunkt in allgemeinem Wohngebiet; zur Gebietsverträglichkeit § 6 Rn. 29.
154 Dazu BVerwG NVwZ 2002, 1384: Seniorenpflegeheim im Gewerbegebiet; VGH Mannheim NVwZ-RR 2017, 443: Begräbnisstätte im Gewerbegebiet.
155 Ernst/Zinkahn/Bielenberg/Krautzberger/*Söfker* § 31 Rn. 35.
156 BVerwG NVwZ 1999, 1110; 2000, 679; 2011, 821: „Grundgerüst"; OVG Bautzen LKV 2015, 463; strenger noch bei vorhabenbezogenen Bebauungsplänen: VGH Mannheim ZfBR 2018, 385.
157 BVerwG NVwZ 2012, 825.
158 BVerwG NVwZ 1990, 556.
159 BVerwG NVwZ 2018, 1808; OVG Hamburg NVwZ 2019, 1365.

41 Die in der (älteren) Rechtsprechung zu findende Einschränkung, wonach eine Befreiung nur bei einem **atypischen Sachverhalt** zulässig gewesen ist,[160] ist mit dem BauROG 1998 entfallen.[161] Eine Befreiung ist nunmehr also nicht mehr nur im Einzelfall, sondern an sich auch in mehreren Fällen möglich; die Grenze ist freilich dann überschritten, wenn § 1 Abs. 3 BauGB eine förmliche Bebauungsplanänderung erforderlich macht[162]. Keinesfalls berührt werden dürfen die Grundzüge der Planung, wodurch das Erfordernis eines atypischen Sachverhalts obsolet ist[163]. Die Grundzüge der Planung werden nämlich i.d.R. dann berührt sein, wenn bei wesentlichen Festsetzungen in einer Vielzahl gleich gelagerter Fälle oder gar für alle von einer bestimmten Festsetzung betroffenen Grundstücke mit derselben Begründung eine Abweichung vom Bebauungsplan begehrt werden könnte[164]. Am Ergebnis ändert sich also trotz der Änderung durch das BauROG nur wenig.[165]

Hinweis: Die Frage, ob das Erfordernis der Atypik fortbesteht, ist vor allem eine akademische. In der Klausursituation bleibt es also bei der herkömmlichen Prüfung, ob die Grundzüge der Planung berührt werden.

2. Befreiungstatbestände im Einzelnen (§ 31 Abs. 2 Nr. 1-3 BauGB)

Die Befreiung setzt außerdem voraus, dass einer der in Nr. 1 oder Nr. 2 oder Nr. 3 genannten Gründe vorliegt.

a) Gründe des Wohls der Allgemeinheit

42 Nach § 31 Abs. 2 Nr. 1 BauGB kann eine Befreiung – wiederum im Einvernehmen mit der Gemeinde – zugelassen werden, wenn **Gründe des Wohls der Allgemeinheit**, einschließlich der Wohnbedürfnisse der Bevölkerung, des Bedarfs zur Unterbringung von Flüchtlingen oder Asylbegehrenden und des Bedarfs an einem zügigen Ausbau der erneuerbaren Energien,[166] die Befreiung erfordern. Ein „Erfordern" ist nach der Rechtsprechung des BVerwG dann zu bejahen, wenn aus Gründen des Allgemeinwohls vernünftigerweise eine Abweichung vom Bebauungsplan geboten ist;[167] eine unabweisbare Notwendigkeit wird indes nicht vorausgesetzt[168]. Abgesehen davon begünstigt § 31 Abs. 2 BauGB nicht nur Baumaßnahmen der öffentlichen Hand, sondern auch Vorhaben privater Träger, die dem Wohl der Allgemeinheit dienen.

Beispiele:

- BVerwG NJW 1979, 939: Für den Betrieb eines Volksbildungsheims in Freiburg, das ein- bis zweiwöchige Veranstaltungen kultureller Art durchführt, kann eine Befreiung nach § 31 Abs. 2 Nr. 1 BauGB für die Einrichtung eines Bettentrakts im Anschluss an das Veranstaltungsgebäude erteilt werden, wenn die Kursteilnehmer in der Fremdenverkehrssaison Schwierigkeiten haben, eine Unterkunft zu angemessenen Preisen zu finden und der Bebauungsplan die Errichtung eines Anbaus nicht zulässt.
- BVerwG NVwZ 2011, 748/BVerfG NVwZ 2016, 1804: Gründe des Wohls der Allgemeinheit können die Zulassung eines vom Schutzbereich des Art. 4 Abs. 1, 2 GG umfassten Krypta mit Bestattungsmöglichkeit

---

160 Dazu etwa BVerwG NVwZ 1989, 1060; 1991, 264.
161 Zutreffend VGH Mannheim NVwZ 2004, 357 m.w.N. auch zur (damaligen) Gegenauffassung; ferner BT-Drs. 13/6392 S. 56: „Eine Atypik im Sinne der bisherigen Rechtsprechung muss [...] nicht mehr vorliegen.".
162 Dazu *Mager* DVBl 1999, 205.
163 *Muckel/Ogorek* Öffentliches Baurecht § 7 Rn. 76.
164 BVerwG NVwZ 1999, 1110; 2000, 679 (gleichwohl offenlassend, ob an der Voraussetzung der Atypik festzuhalten ist).
165 *Kment* Öffentliches Baurecht I § 21 Rn. 10.
166 *Battis/Mitschang/Reidt* NVwZ 2014, 1609 (1611); zu § 246 Abs. 10 u. 12 BauGB § 6 Rn. 48. Zu § 35 Abs. 1 Nr. 5 § 6 Rn. 86 f.
167 BVerwG NVwZ 2011, 748.
168 *Stollmann/Beaucamp* Öffentliches Baurecht § 14 Rn. 47.

D. Ausnahmen und Befreiungen (§ 31 BauGB)

für Priester in einem Industriegebiet (§ 9 BauNVO) dann erfordern, wenn zumutbare räumliche Alternativen zur Beisetzung der Priester in der eigenen Kirche nicht bestehen.

Hinweis: Anders als § 31 Abs. 2 Nr. 1 BauGB erlaubt § 31 Abs. 3 BauGB nur die befristete Befreiung von den Festsetzungen eines Bebauungsplans, um Wohnungsbau zu fördern. Bei Absatz 3 bedarf es auch, über das Einvernehmen (§ 36 BauGB) hinausgehend, der Zustimmung der Gemeinde; das leuchtet ein, da bei § 31 Abs. 3 BauGB im Unterschied zu einer Befreiung nach Absatz 2 die Grundzüge der Planung berührt werden dürfen[169].

b) Städtebauliche Vertretbarkeit

§ 31 Abs. 2 Nr. 2 BauGB, wonach eine Befreiung zulässig ist, wenn ein Abweichen vom Bebauungsplan **städtebaulich vertretbar ist**, soll nach dem Willen des Gesetzgebers „Einengungen bei den Befreiungsmöglichkeiten beseitigen, die durch die bisherige Rechtsprechung entstanden sind".[170] Städtebaulich vertretbar ist grundsätzlich jede Bebauung, die gemäß den Grundsätzen des § 1 Abs. 5-7 BauGB im Bebauungsplan hätte festgesetzt werden können.[171] Diese Regelung ist heftig kritisiert worden;[172] in der Tat würde eine Regelung, bei der bereits die Vertretbarkeit der Abweichung eine Befreiung zulässt, den Bebauungsplan in vielen Fällen praktisch zur Disposition stellen.[173] Es kann z.b. vertretbar sein, wenn statt der vorgesehenen zwei Geschosse ein dreigeschossiges Gebäude zugelassen, der vorgesehene Standort der Garage verlegt oder die festgesetzte Baugrenze überschritten wird. Die daher erforderliche Einschränkung der Befreiungsmöglichkeit des § 31 Abs. 2 Nr. 2 BauGB wird durch das Erfordernis, dass die Grundzüge der Planung nicht berührt werden dürfen, gewährleistet.[174] Hinzunehmen ist, dass dadurch die wesentlichen Festsetzungen des Bebauungsplans eher eingehalten werden müssen, während andere Festsetzungen leichter zur Disposition der Baugenehmigungsbehörden stehen dürften.

43

Beispiel:
- VGH Mannheim NVwZ-RR 2014, 548: Ein Kfz-Handel im allgemeinen Wohngebiet ist städtebaulich vertretbar, wenn pro Jahr nur ca. 12 Fahrzeuge verkauft werden.

c) Offensichtlich nicht beabsichtigte Härte

Eine Befreiung wegen **offensichtlich nicht beabsichtigter Härte** nach § 31 Abs. 2 Nr. 3 BauGB, die voller verwaltungsgerichtlicher Kontrolle unterliegt, ist zulässig, wenn das Grundstück wegen seiner besonderen Verhältnisse bei Einhaltung des Bebauungsplans nicht oder nur schwer bebaut werden kann und diese Beschränkung nicht durch die Zielsetzung des Bebauungsplans gefordert wird.[175]

44

Beispiel:
- BVerwG BRS 22 Nr. 115: Ein Gewerbebetrieb befindet sich in einem reinen Wohngebiet; der Gewerbebetrieb war schon vor Aufstellung des Bebauungsplans vorhanden. Der Gewerbebetrieb ist zwingend auf die Errichtung eines weiteren Betriebsgebäudes angewiesen. Nach § 3 BauNVO ist aber der Bau von gewerblich genutzten Gebäuden unzulässig. Hier kann eine Befreiung nach § 31 Abs. 2 Nr. 3 BauGB geboten sein, denn der Satzungsgeber wollte und konnte bei Aufstellung des Bebauungsplans nicht die Existenz des vorhandenen Gewerbebetriebs in Frage stellen.

---

169 BR-Drs. 686/20 S. 15.
170 BT-Drs. 10/4630 S. 85.
171 BVerwG NVwZ 1999, 981; 2003, 478.
172 Dazu v. *Feldmann/Groth* DVBl 1986, 652.
173 *Krautzberger* NVwZ 1987, 449 (452); *Schmidt-Eichstaedt* DVBl 1989, 1.
174 BVerwG NVwZ 1999, 1110; *Will* Öffentliches Baurecht Rn. 411. Zu den Grundzügen der Planung bereits § 6 Rn. 40; zum Verhältnis von § 31 Abs. 2 Nr. 2 BauGB zu diesem Erfordernis *Hebeler* JA 2015, 401 (404).
175 BVerwG NJW 1979, 939; 1991, 2783; NVwZ 1991, 264; BauR 1990, 582.

Eine Befreiung ist allerdings nicht möglich, wenn die Härte vom Gemeinderat beabsichtigt ist, etwa eine vom Grundstückseigentümer gewünschte Festsetzung ausdrücklich abgelehnt wurde.

Beispiel:
- OVG Lüneburg NVwZ 1995, 914: Wenn der Gemeinderat bei der Aufstellung eines Bebauungsplans für ein allgemeines Wohngebiet ausdrücklich die Fortführung einer Tankstelle auf den vorhandenen Gebäudebestand beschränkt, kann nicht im Wege einer Befreiung die Errichtung eines zusätzlichen Autopavillons zum Verkauf von Kraftfahrzeugen zugelassen werden.

Für die Zulässigkeit einer Befreiung sind jedoch nur objektive grundstücksbezogene Umstände bedeutsam, nicht dagegen die persönlichen oder wirtschaftlichen Verhältnisse des jeweiligen Bauherrn;[176] nicht ausreichend für eine besondere Härte ist daher etwa ein gestiegener Wohnbedarf wegen familiären Nachwuchses[177].

3. Vereinbarkeit mit öffentlichen Belangen

45 Alle drei Anwendungsfälle des § 31 Abs. 2 BauGB erlauben nur dann eine Befreiung, wenn die Grundzüge der Planung nicht berührt werden und die Abweichung auch unter Würdigung nachbarlicher Interessen mit den öffentlichen Belangen vereinbar ist. Eine Beeinträchtigung **öffentlicher Belange** durch das geplante Vorhaben kann nur im Rahmen einer Bebauungsplanänderung durch Abwägung aller betroffener Belange gelöst werden, nicht durch eine Einzelentscheidung nach § 31 Abs. 2 BauGB.[178] Soweit eine Bebauungsplanänderung zur Lösung städtebaulicher Konflikte erforderlich ist, scheidet also eine Befreiung nach § 31 Abs. 2 BauGB aus. Öffentliche Belange werden außerdem beeinträchtigt, wenn das Vorhaben Planungsabsichten der Gemeinde oder anderer Planungsträger erschwert oder vereitelt.[179]

Hinweis: Als „Faustregel" kann darauf abgestellt werden, ob das Vorhaben sich bei Unwirksamkeit des Bebauungsplans gemäß § 34 Abs. 1 BauGB in die nähere Umgebung einfügen würde.

Ferner sind die **nachbarlichen Interessen** zu würdigen; sie stehen aber einer Befreiung nicht von vornherein entgegen. Daher kommt eine Befreiung auch dann in Betracht, wenn der Nachbar durch die Abweichung stärker beeinträchtigt wird als durch ein dem Bebauungsplan entsprechendes Vorhaben.[180] Der Interessenausgleich zwischen Bauherrn und Nachbarn hat unter Berücksichtigung der Grundsätze des Gebots der Rücksichtnahme zu erfolgen.[181]

III. Rechtsfolgen und Verfahrensfragen

46 Auch wenn die Voraussetzungen des § 31 BauGB für eine Ausnahme oder eine Befreiung vorliegen, besteht nach der allgemein vertretenen Ansicht kein Anspruch auf eine Ausnahme oder Befreiung, vielmehr steht diese Entscheidung im **Ermessen** der Bauaufsichtsbehörde und der Gemeinde,[182] mit der Folge, dass sie mit Nebenbestimmungen versehen werden kann[183]. Für die Einräumung einer Ermessensermächtigung spricht bereits der Wortlaut des § 31 BauGB, wonach

---

176 BVerwG BauR 1988, 335; 1990, 582; NVwZ 1991, 264; NJW 1991, 2783.
177 Näher *Muckel/Ogorek* Öffentliches Baurecht § 7 Rn. 74.
178 BVerwG NJW 1979, 939.
179 BVerwG NVwZ 2003, 478; OVG Münster BauR 2007, 1198.
180 BVerwG NJW 1979, 939.
181 BVerwG BauR 1987, 70; VGH Mannheim NVwZ-RR 2014, 548. Zum Rücksichtnahmegebot § 10 Rn. 32 ff. und zu Fall 2 § 6 Rn. 49.
182 *Hebeler* JA 2015, 401 (403 u. 405 f.) für die Ausnahme einerseits und die Befreiung andererseits; zu Ausnahmen BVerwG NJW 1987, 969; OVG Lüneburg NVwZ-RR 1994, 248; OVG-Koblenz NVwZ-RR 2011, 849. Zu Befreiungen BVerwG NJW 1979, 939; NVwZ 2003, 478.
183 *Stollmann/Beaucamp* Öffentliches Baurecht § 14 Rn. 59.

D. Ausnahmen und Befreiungen (§ 31 BauGB)

eine Ausnahme zugelassen bzw. von Festsetzungen befreit werden „kann". Da die Festsetzungen eines Bebauungsplans Inhalts- und Schrankenbestimmungen des Eigentums darstellen (Art. 14 Abs. 1 S. 2 GG), ist es – anders als bei § 35 Abs. 2 BauGB[184] – auch nicht geboten, das „kann" verfassungskonform als „muss" auszulegen.

Liegen die tatbestandlichen Voraussetzungen vor und erfordern weder Normzweck noch Belange der Allgemeinheit oder der Nachbarn eine Einhaltung der Festsetzung, lassen sich freilich kaum sachgerechte Ermessenserwägungen für eine Versagung einer Ausnahme oder Befreiung denken, sodass die Frage, ob es sich um eine Ermessensvorschrift handelt, im Regelfall keine praktische Bedeutung hat[185]. Eine Ermessensreduzierung auf Null nimmt das BVerwG beispielsweise an, wenn eine Baugenehmigung zu Unrecht versagt worden ist und sie nunmehr wegen eines zwischenzeitlich in Kraft getretenen Bebauungsplans nicht mehr erteilt werden kann; in diesem Fall soll unter dem Aspekt des Folgenbeseitigungsanspruchs ein Anspruch auf Befreiung bestehen, sofern eine Befreiung rechtlich zulässig ist[186].

Die Zulassung von Ausnahmen und Befreiungen gemäß § 31 BauGB – betreffend die Festsetzungen eines Bebauungsplans oder einer sonstigen städtebaulichen Satzung – oder von Regelungen der BauNVO ist gemäß § 67 Abs. 2 S. 1 Alt. 2 SächsBO **schriftlich zu beantragen** und zu **begründen**.[187] Dies gilt für baugenehmigungspflichtige und gemäß § 67 Abs. 2 S. 2 SächsBO auch für verfahrensfreie oder von der Genehmigung freigestellte Vorhaben; ein Bauantrag kann daher nicht mehr zugleich als Antrag auf eine Ausnahme oder Befreiung ausgelegt werden[188]. Die Erteilung von Ausnahmen und Befreiungen muss ausdrücklich erfolgen und bedarf – als Bestandteil der Baugenehmigung – der Schriftform gemäß § 72 Abs. 2 S. 1 SächsBO.

IV. Besondere Regelungen für Asylbegehrenden- und Flüchtlingsunterkünfte

Soweit nach §§ 2-7 BauNVO Anlagen für soziale Zwecke als Ausnahme zugelassen werden können – und soweit dringend benötigte Unterkünfte im Gebiet der Gemeinde, in der sie entstehen sollen, nicht oder nicht rechtzeitig bereitgestellt werden können (§ 246 Abs. 13a BauGB) – gilt § 31 Abs. 1 BauGB mit der Maßgabe, dass dort **bis zum 31.12.2024** Aufnahmeeinrichtungen, Gemeinschaftsunterkünfte oder sonstige Unterkünfte für Flüchtlinge oder Asylbegehrende in der Regel zugelassen werden sollen, § 246 Abs. 11 S. 1 BauGB. Dadurch wird die Ermessensentscheidung der Gemeinde in der Weise vorgezeichnet, dass die genannten Ausnahmen in der Regel zugelassen werden sollen; es besteht also ein intendiertes Ermessen zugunsten der Unterbringung von Flüchtlingen.[189] Außerdem können – erneut unter dem Vorbehalt des § 246 Abs. 13a BauGB – bis zum 31.12.2024 in Gewerbegebieten (§ 8 BauNVO) unter erleichterten Voraussetzungen Befreiungen i.S.d. § 31 Abs. 2 BauGB[190] von den Festsetzungen eines Bebauungsplans zugunsten von Asylbegehrenden- und Flüchtlingsunterkünften erteilt werden (§ 246 Abs. 10 BauGB); dass derartige Vorhaben – sei es im Wege der Errichtung, Änderung oder Nutzungsänderung[191] – einen an sich gebietsunverträglichen wohnähnlichen Charakter aufweisen, steht einer Befreiung danach ebenso wenig entgegen wie mögliche Unruhen, die von einer Flüchtlingsunterkunft ausgehen können[192].

---

184 Dazu § 6 Rn. 91.
185 BVerwG NVwZ 2003, 478; VGH Mannheim BauR 2003, 1526.
186 BVerwG BauR 1993, 51.
187 Zu § 67 SächsBO § 9 Rn. 29.
188 Dazu BVerwG NVwZ-RR 1990, 529; NVwZ 1993, 170.
189 *Brenner* Jura 2018, 43 (48); *Muckel/Ogorek* Öffentliches Baurecht § 7 Rn. 58.
190 Das Verhältnis von § 31 Abs. 2 BauGB und § 246 Abs. 10 BauGB ist umstritten, dazu *Will* Öffentliches Baurecht Rn. 425 m.w.N.
191 BVerwG NVwZ 2018, 836.
192 VGH Mannheim NVwZ-RR 2015, 637.

Als öffentlicher Belang ist hingegen die Wahrung gesunder Wohnverhältnisse zu berücksichtigen; voraussichtlich gesundheitsgefährdenden Immissionen dürfen die Bewohner also nicht ausgesetzt sein.[193] Dasselbe gilt für § 246 Abs. 12 BauGB, der – unter dem Vorbehalt des Abs. 13a – bis zum 31.12.2024 (und bei Verlängerung längstens bis zum 31.12.2027) eine Befreiungsmöglichkeit von den Festsetzungen eines Bebauungsplans u.a. für die längstens drei Jahre zu befristende (= Nebenbestimmung i.S.d. § 1 S. 1 SächsVwVfZG i.V.m. § 36 VwVfG) Errichtung mobiler Unterkünfte (Wohncontainer, Zelte und sonstige Behelfsunterkünfte in Leichtbauweise[194]) für Flüchtlinge oder Asylbegehrende vorsieht. Der Unterschied zu § 246 Abs. 10 BauGB besteht vor allem darin, dass es danach nicht darauf ankommt, ob Anlagen für soziale Zwecke allgemein oder ausnahmsweise zulässig sind.[195] In der Rechtsfolge decken sich beide Vorschriften indes; so wird sowohl bei § 246 Abs. 10 BauGB[196] als auch bei § 246 Abs. 12 BauGB angesichts des hohen öffentlichen Interesses an der Schaffung zusätzlicher Unterbringungsmöglichkeiten von einer Ermessensreduktion auf Null auszugehen sein.

49 ▶ **Fall 2: Mehrgeschosser am Wannsee (nach BVerwG NVwZ 2018, 1808)**
Der Segelverein S e.V. ist Eigentümer eines Grundstücks in Berlin, das, direkt am Großen Wannsee gelegen, mit einem zweigeschossigen Vereinshaus sowie Wassersportanlagen bebaut ist und für Vereinszwecke genutzt wird. Unmittelbar daran schließt sich das – wie alle umliegenden Grundstücke – bislang unbebaute Ufergrundstück des Eigentümers E an. Beide Grundstücke liegen im Geltungsbereich des übergeleiteten Bebauungsplans X-4 aus dem Jahr 1959, der Festsetzungen gemäß § 23 Abs. 1 S. 1 BauNVO und § 9 Abs. 1 Nr. 11 BauGB enthält. Sie sind Teil eines Gebiets, den der Bebauungsplan als Sondergebiet für den Wassersport ausweist. Zulässig sind danach die Lagerung von Wasserfahrzeugen sowie Wohnbauten und die dazugehörigen Nebenanlagen. Weiter ist in den Planbestimmungen für dieses Sondergebiet als Maß der baulichen Nutzung eine zulässige Geschosszahl von zwei Vollgeschossen festgesetzt. Zur Begründung heißt es im Bebauungsplan: „Das vom Bebauungsplan erfasste Gebiet ist für den Ausflugsverkehr der Berliner Bevölkerung von übergeordneter städtebaulicher Bedeutung. Es ist deshalb durch den Bebauungsplan und seine Planbestimmungen im Interesse der Allgemeinheit eine Entwicklung festgelegt worden, die die Erhaltung und die Verbesserung dieses landschaftlich reizvollen Gesamtbildes zum Ziel hat."
E beabsichtigt, auf seinem Grundstück ein sechsgeschossiges Wohnhaus – maximale Gebäudehöhe: 30,50 m – mit Tiefgarage zu errichten; dabei soll die Wassersportnutzung erhalten bleiben. Die zwei obersten Geschosse des in Entfernung von 75 m zum Vereinshaus des S geplanten Neubaus sind als Staffelgeschosse ausgebildet. Das zuständige Bezirksamt erteilte ihm dafür, nach ordnungsgemäßer Einbeziehung des S, einen Bauvorbescheid und befreite ihn darin von der Festsetzung über die Zahl der zulässigen Vollgeschosse. Zur Begründung verwies die Behörde darauf, dass das Erscheinungsbild des Vorhabens durch die Zurückstaffelung der obersten beiden Geschosse trotz Überschreitung der zulässigen Zahl an Vollgeschossen nicht so massiv sei; fassadenbündig seien – was zutrifft – lediglich vier Vollgeschosse ausgebildet.
Der S erhebt nun nach erfolglosem Widerspruch frist- und formgerecht Klage gegen den Vorbescheid, soweit darin eine Befreiung für die Überschreitung der zulässigen Zahl der Vollgeschosse von zwei auf sechs erteilt worden ist. Diese ermögliche eine massive Bebauung des Wassergrundstücks, die das naturbetonte Landschaftsbild ganz erheblich beeinträchtigen würde. Dadurch werde auch das subjektive Recht des S auf Aufrechterhaltung der typischen Prägung des Baugebietes – auch betreffend das Maß der baulichen Nutzung – verletzt.

---

193 VGH Mannheim NVwZ-RR 2015, 637.
194 *Mitschang/Reidt* in: Battis/Krautzberger/Löhr § 246 Rn. 34.
195 *Muckel/Ogorek* Öffentliches Baurecht § 7 Rn. 78.
196 VGH München BeckRS 2016, 40761.

D. Ausnahmen und Befreiungen (§ 31 BauGB)

Aufgabe: Ist das Vorhaben des E – objektiv betrachtet – bauplanungsrechtlich zulässig? Zu den prozessualen und bauordnungsrechtlichen Aspekten dieses Falles § 10 Rn. 59 f. und § 9 Rn. 47 f. ◄

▶ **Lösung:** 50

Die bauplanungsrechtliche Zulässigkeit von Einzelvorhaben richtet sich nach den §§ 29 ff. BauGB.
I. Anwendbarkeit der §§ 30 ff. BauGB
Zunächst müsste es sich um ein Vorhaben i.S.d. § 29 Abs. 1 BauGB handeln. Darunter fallen alle Anlagen, die in einer auf Dauer angelegten Weise künstlich mit dem Erdboden verbunden sind und bodenrechtliche Relevanz aufweisen. Eine solche Relevanz ist dann gegeben, wenn das Vorhaben die in § 1 Abs. 6 BauGB genannten Belange in einer Weise berührt oder berühren kann, die geeignet ist, das Bedürfnis nach einer ihre Zulässigkeit regelnden verbindlichen Bauleitplanung hervorzurufen.[197] Das trifft für das Vorhaben des E zu; es berührt insbesondere den Belang der Gestaltung des Orts- und Landschaftsbildes (§ 1 Abs. 6 Nr. 5 BauGB).
II. Zulässigkeit nach § 30 Abs. 1 BauGB (i.V.m. §§ 11, 16, 20 BauNVO) und § 31 Abs. 1 BauGB
Anzuknüpfen ist zunächst an § 30 Abs. 1 BauGB: Der Bebauungsplan enthält neben den Festsetzungen über die Art (Sondergebiet für Wassersport) und das Maß der baulichen Nutzung (Zahl der Vollgeschosse) Angaben zu den Verkehrsflächen (§ 9 Abs. 1 Nr. 11 BauGB) und zu den überbaubaren Grundstücksflächen (§ 23 Abs. 1 S. 1 BauNVO) und stellt daher einen qualifizierten Bebauungsplan i.S.d. § 30 Abs. 1 BauGB dar. Ergänzend gelten die Vorschriften der BauNVO: hier § 11 BauNVO hinsichtlich der Art und §§ 16, 20 BauNVO bezüglich des Maßes der baulichen Nutzung.

Dem Bebauungsplan zufolge ist für den fraglichen Bereich ein sonstiges Sondergebiet gemäß § 11 Abs. 1, 2 S. 2 BauNVO festgesetzt.[198] § 11 BauNVO enthält keine konkretisierten inhaltlichen Aussagen zu zulässigen Nutzungen im Sondergebiet, sondern eine Ermächtigungsgrundlage für die planende Gemeinde, die zulässige Art der Nutzung und den Zweck eigenständig festzulegen. Die Stadt Berlin hat sich dazu entschieden, innerhalb des Sondergebiets bauliche Anlagen zuzulassen, die dem Wassersport dienen. Ebenfalls zulässig sind der Art nach Wohnbauten. Indessen ist das Maß der baulichen Nutzung beschränkt: Die maximale Geschosszahl beträgt zwei Vollgeschosse. Der von E gewünschte Neubau dient zwar dem gestatteten Wohnzweck und hält auch die Wassersportnutzung aufrecht, jedoch sind sechs Geschosse nicht von dem Bebauungsplan gedeckt, der insoweit keine Ausnahmen gemäß § 31 Abs. 1 BauGB vorsieht.
III. Befreiung gemäß § 31 Abs. 2 BauGB
Allerdings bleibt davon die Befreiungsmöglichkeit unberührt, von der hier Gebrauch gemacht worden ist. Von den Festsetzungen des Bebauungsplans kann gemäß § 31 Abs. 2 BauGB dann befreit werden, wenn die Grundzüge der Planung nicht berührt werden, einer der dort in Nr. 1 bis 3 genannten Tatbestände erfüllt ist und wenn die Abweichung auch unter Würdigung nachbarlicher Interessen mit öffentlichen Belangen vereinbar ist.
1. Berührung der Grundzüge der Planung
Ausgangspunkt der Betrachtung ist der jeweilige Bebauungsplan und das in ihm verankerte planerische Grundkonzept, also der planerische Wille der Gemeinde. Ob er berührt wird, hängt von der jeweiligen Planungssituation ab und ist im Einzelfall zu entscheiden. Es kommt also darauf an, ob sich die Befreiung auf einen Sonderfall

---

197 Dazu § 6 Rn. 3 f.
198 Eine solche Festsetzung ist rechtlich zulässig (OVG Magdeburg BeckRS 2016, 47611).

beschränkt oder ob sie das Erfordernis einer Planänderung begründet. Es gilt, je tiefer die Befreiung in das Interessengeflecht der Planung eingreift, desto näher liegt der Schluss auf eine Änderung der Planungskonzeption, die nur im Wege der (Um-)Planung möglich ist.[199]

Das betroffene Gebiet liegt am Ufer des Wannsees. Es soll der Berliner Bevölkerung als Ausflugsziel dienen und hat – dem Bebauungsplan zufolge – übergeordnete städtebauliche Bedeutung. Die Erhaltung und Verbesserung dieses landschaftlich reizvollen Gesamtbildes sind als Ziele im Bebauungsplan definiert. Die Planbestimmungen lassen Wohnbauten zwar grundsätzlich zu, beschränken aber die maximale Anzahl an Vollgeschossen auf zwei. Als zentrales Anliegen des Plangebers lässt sich daraus ableiten, dass das spezifische Landschaftsbild an dieser reizvollen Stelle geschützt und der Gebietscharakter als Wassersportgebiet erhalten werden soll. Die Beschränkung der Vollgeschossanzahl macht nochmals deutlich, dass es sich bei dem Uferbereich um ein der Erholung dienendes Ausflugsziel handeln soll, dessen naturbetonte Landschaft im Vordergrund steht und eine Bebauung dahingehend eher zurücktritt. Das Vorhaben des E, einen sechsgeschossigen Neubau mit einer Höhe von maximal 30,50 m zu errichten, tangiert diese Planung in ihren Grundzügen. Vorgesehen ist eine Überschreitung der zulässigen Geschosszahl um das Dreifache, was einen morphologischen Bruch mit dem ästhetischen Erscheinungsbild der grünen, naturbetonten Landschaft darstellt.[200] Auch wenn die oberen zwei Stockwerke als Staffelgeschosse ausgebildet sein sollen und dadurch unter Umständen weniger massiv wirken, tragen sie zum gebietsverändernden Erscheinungsbild bei. Damit erweist sich die Befreiung nach § 31 Abs. 2 BauGB bereits wegen der Berührung der Grundzüge der Planung als unzulässig.

2. Voraussetzungen gemäß § 31 Abs. 2 Nr. 1-3 BauGB

Dass Gründe des Wohls der Allgemeinheit (Nr. 1) die Befreiung erfordern, ist nicht ersichtlich. Das Vorhaben dürfte im Gegenteil einen negativen Einfluss auf das Erholungsgebiet des Wannsees haben; dabei handelt es sich um einen Belang, dessen Berücksichtigung § 1 Abs. 6 Nr. 3 BauGB ausdrücklich fordert. Das Vorhaben ist auch nicht städtebaulich vertretbar. Die städtebauliche Vertretbarkeit (Nr. 2) kann nämlich immer nur dann bejaht werden, wenn die Grundzüge der Planung im jeweiligen Einzelfall nicht berührt werden,[201] was nach dem eben Gesagten nicht der Fall ist. Hinzu kommt, dass die Durchführung des Bebauungsplans nicht zu einer nicht beabsichtigten Härte führen würde (Nr. 3). Es steht E frei, das Grundstück mit einem zweigeschossigen Wohnbau zu bebauen. Daher scheitert eine Befreiung für das Vorhaben des E auch daran, dass keine der in § 31 Abs. 2 Nr. 1-3 BauGB geregelten Voraussetzungen gegeben ist.

3. Würdigung nachbarlicher Interessen[202]

Schließlich hat die Befreiung nach § 31 Abs. 2 BauGB unter Würdigung nachbarlicher Interessen zu erfolgen. Dabei sind die Interessen des Bauherrn an der Befreiung und die Interessen des Nachbarn an der Einhaltung der Festsetzung nach den Maßstäben des Rücksichtnahmegebots gegeneinander abzuwägen.[203] Dass von dem Vorhaben des E eine erdrückende Wirkung zulasten des S ausgehen könnte, liegt eher fern: Weder benachteiligt es wegen seiner Ausmaße, seiner Baumasse oder seiner Gestal-

---

199 Dazu § 6 Rn. 40.
200 BVerwG NVwZ 2018, 1808.
201 Dazu § 6 Rn. 43.
202 Zur nachbarrechtlichen Dimension dieses Falls § 10 Rn. 59 f.
203 Schrödter/*Rieger* § 31 Rn. 25.

tung das benachbarte Grundstück des S unangemessen, indem es diesem förmlich „die Luft zum Atmen nimmt", noch entsteht für den Nachbarn S das Gefühl des „Eingemauertseins" bzw. eine „Hinterhofsituation"[204]. Zwar ist das Vorhaben des E gemessen an seiner Höhe und der Geschosszahl erheblich größer dimensioniert als die Bebauung auf dem Grundstück des S. Setzt man beide Gebäude zueinander ins Verhältnis, ist eine Entfernung von 75 m aber als noch ausreichend zu bewerten. Dabei fällt entscheidend ins Gewicht, dass die Bebauung um das Grundstück des S herum gering ausfällt. Ein Verstoß gegen das Gebot der Rücksichtnahme i.S.d. § 31 Abs. 2 BauGB wäre daher zu verneinen.

4. Zwischenergebnis
Dennoch scheidet eine Befreiung gemäß § 31 Abs. 2 BauGB aus, da die Grundzüge der Planung berührt sind und keine der in § 31 Abs. 2 Nr. 1-3 BauGB genannten Voraussetzungen auf das Vorhaben des E zutrifft.

IV. Ergebnis
Das Vorhaben des E erweist sich daher insgesamt als bauplanungsrechtlich unzulässig.

E. Bauvorhaben im unbeplanten Innenbereich (§ 34 BauGB)

Zur Einführung: *Böhm*, Recht der Bauleitplanung, JA 2013, 81; *Decker*, Die Begriffe des Ortsteils und des Bebauungszusammenhangs in § 34 I BauGB, JA 2000, 60; *Dürr*, Die Klausur im Baurecht, JuS 2007, 328 u. 431; *Krüper/Herbolsheimer*, § 34 BauGB verstehen und anwenden, Jura 2017, 286 u. 532; *Winkler/Nitsche*, Der Schutz zentraler Versorgungsbereiche vor schädlichen Innenbereichsvorhaben durch § 34 III BauGB, JA 2011, 603

Zur Vertiefung: *Bienek/Reidt*, Bauplanungsrechtliche Fragen im Zusammenhang mit der Unterbringung von Flüchtlingen und Asylbegehrenden, BauR 2015, 422; *Cohen*, Baugenehmigungen und Störfallrecht, NVwZ 2014, 902; *Haut*, Überzeugt die Rechtsprechung zum Bebauungszusammenhang?, BauR 2016, 1258; *Jeand'Heur*, Gibt es Satzungen mit nur „deklaratorischem" Gehalt? Zugleich ein Beitrag zur Auslegung von § 34 IV Nr. 1 BauGB, NVwZ 1995, 1174; *Kopf*, Die Zulässigkeit von Einzelhandelsvorhaben unter besonderer Berücksichtigung des unbeplanten Innenbereichs, LKRZ 2009, 11; *Krüper*, Kollektive Wohnformen in der Bauplanungsrechtsdogmatik – Zu Rationalitätskriterien verwaltungsrechtlicher Begriffsbildung, DÖV 2016, 793; *Rieger*, Großflächige Einzelhandelsbetriebe im unbeplanten Innenbereich – Probleme bei der Anwendung des neuen § 34 Abs. 3 BauGB, UPR 2007, 366; *Scheidler*, Der städtebauliche Schutz zentraler Versorgungsbereiche, VerwArch 2014, 388; *Terwiesche*, Die Wirkung städtebaulicher Konzepte auf die Zulässigkeit von Bauvorhaben, NVwZ 2010, 553

Zur Übung: *Beh*, ZJS 2019, 483 (Fortgeschrittenenklausur – Verpflichtungsklage, Abgrenzung Innen- und Außenbereich); *Broemel/Heinze*, JA 2014, 933 (2. Staatsexamen – Ausgangsbescheid, Wohngebiet); *Enders*, JuS 2015, 1022 (1. Staatsexamen – Anspruch auf Einschreiten); *Enders/Mittag*, Sonderbeilage SächsVBl 2019, 16 (1. Staatsexamen – Genehmigungspflicht, Feststellungs- und Verpflichtungsklage); *Goldhammer/Hofmann*, JuS 2014, 434 (1. Staatsexamen – einstweiliger Rechtsschutz); *Herbrich/Gläß*, SächsVBl 2013, 281 u. 301 (1. Staatsexamen – Kleinwindenergieanlage); *Jochum*, JuS 2016, 157 (1. Staatsexamen – einstweiliger Rechtsschutz, Bauvorbescheid); *Kraus*, JA 2019, 44 (Fortgeschrittenenklausur – Nutzungsuntersagung); *LJPA*, SächsVBl 2015, 178 u. 202 (1. Staatsexamen, 2012/2 – Bürgerbegehren, Anlage für soziale Zwecke); *LJPA*, SächsVBl 2017, 179 u. 204 (2. Staatsexamen, 2012/2 – Drittwiderspruch, Innen-

---

204 Diese Schlagworte finden sich z.B. bei OVG Berlin-Brandenburg BeckRS 2014, 53492; vgl. ferner OVG Bautzen BeckRS 2020, 21185; BeckRS 2017, 103465 (Abstellen auf Höhenunterschied und räumliche Entfernung der Gebäude).

bereich, Anspruch auf Einschreiten); *LJPA*, SächsVBl 2018, 50 u. 73 (2. Staatsexamen, 2013/2 – einstweiliger Rechtsschutz, Gebot der Rücksichtnahme); *LJPA*, SächsVBl 2019, 52 u. 83 (2. Staatsexamen, 2016/II – Ergänzungssatzung); *Lorenz*, ZJS 2019, 124 (Fortgeschrittenenklausur – Beseitigungsanordnung); *Möller*, JuS 2011, 340 (Fortgeschrittenenklausur – einstweiliger Rechtsschutz); *Möller*, Jura 2011, 54 (Hausarbeit – Rechtsschutz der Gemeinde); *Reinhard*, Jura 2014, 242 (Fortgeschrittenenklausur – Vorbescheid, Bebauungsplan der Innenentwicklung); *Tauschek*, ZJS 2014, 55 (Fortgeschrittenenklausur – Drittanfechtung, Vorbescheid); *Zilkens*, JuS 2006, 338 (1. Staatsexamen – Drittanfechtung) – <u>Abgrenzung Innen- und Außenbereich</u>: *Huller*, JuS 2019, 693 (Fortgeschrittenenklausur – Drittanfechtung); *Koch*, JuS 2007, 1128 (2. Staatsexamen – einstweiliger Rechtsschutz); *Rappenglix*, JuS 2018, 685 (Fortgeschrittenenklausur – Anwaltsklausur, Veränderungssperre); *Zimmermann*, Jura 2013, 833 (Fortgeschrittenenklausur – Verpflichtungsklage, Vorbescheid)

51 Innerhalb der im Zusammenhang bebauten Ortsteile ist ein Vorhaben zulässig, wenn es sich nach Art und Maß der baulichen Nutzung, der Bauweise und der Grundstücksfläche, die überbaut werden soll, in die Eigenart der näheren Umgebung einfügt und die Erschließung gesichert ist, § 34 Abs. 1 S. 1 BauGB.

E. Bauvorhaben im unbeplanten Innenbereich (§ 34 BauGB)

Prüfungsschema: § 34 BauGB (Innenbereich)

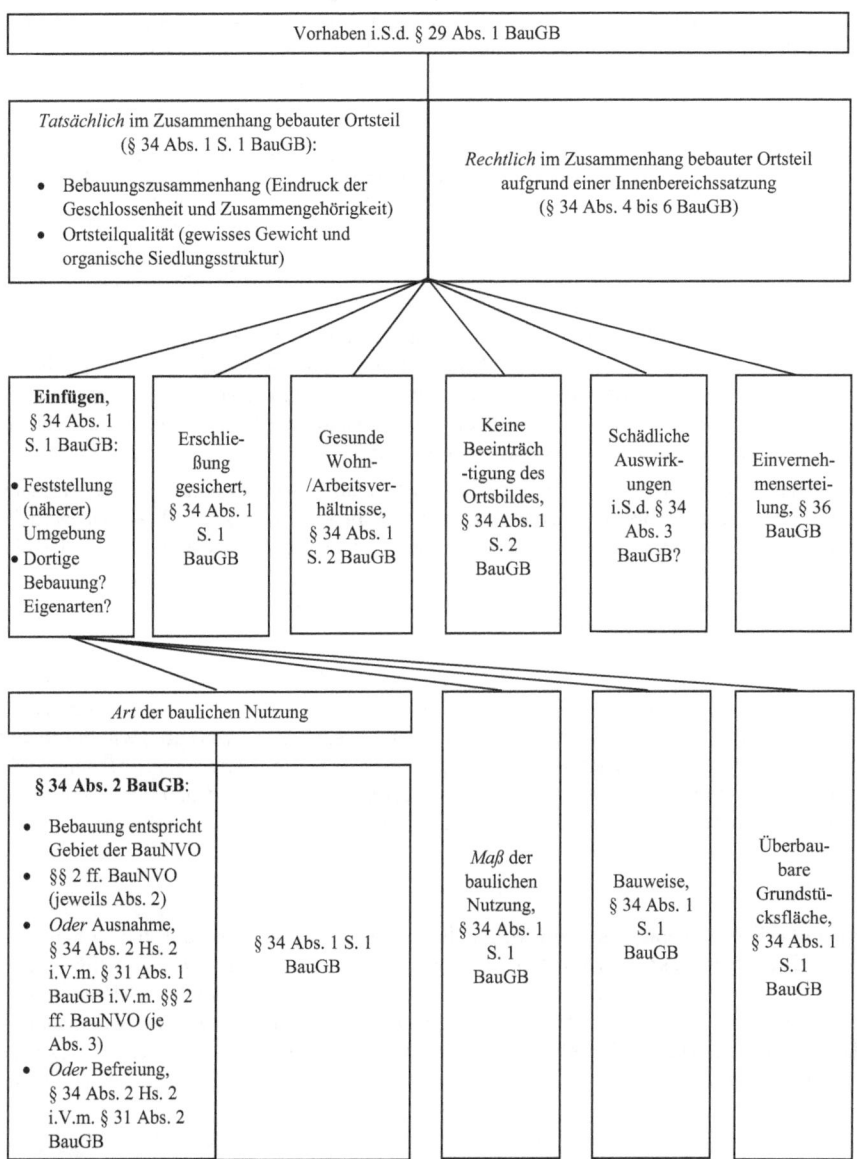

I. Abgrenzung Innenbereich – Außenbereich

Es kommt daher zunächst darauf an, ob ein „im Zusammenhang bebauter Ortsteil" besteht, § 34 Abs. 1 S. 1 BauGB, das Vorhaben also im sog. Innenbereich liegt. Der Bereich des Gemeindegebiets, für den kein Bebauungsplan i.S.d. § 30 BauGB vorhanden ist, wird von § 34 BauGB

52

(Innenbereich) **oder** § 35 BauGB (Außenbereich) erfasst. Dabei ist der Außenbereich nicht – anknüpfend an „außen" – mit Natur, freier Landschaft oder Stadtferne identisch; vielmehr umfasst der Außenbereich alles, was außerhalb des Geltungsbereichs eines Bebauungsplans und außerhalb der im Zusammenhang bebauten Ortsteile liegt, in denen die vorhandene Bebauung den Ordnungsfaktor für die Bebauung bisher nicht bebauter Grundstücke bildet[205].

Beispiel:
- BVerwG BauR 1973, 99: Die Bebauung eines ca. 7 ha großen, unbebauten Geländes, das auf allen Seiten von bebauten Gebieten bzw. Verkehrsanlagen umgeben ist, richtet sich nach § 35 BauGB, weil die umgebende Bebauung wegen der räumlichen Entfernung nicht in der Lage ist, prägend auf ein Bauvorhaben in der Mitte der freien Fläche zu wirken – sog. Außenbereich im Innenbereich oder „**Außenbereichsinsel**" (ähnlich BVerwG NJW 1977, 1978).

§ 34 BauGB kann demnach nur dort Anwendung finden, wo die vorhandene Bebauung einen städtebaulichen Ordnungsfaktor für zukünftige Bauvorhaben darstellt, sodass die städtebaulichen Belange des § 1 Abs. 5 und 6 BauGB gewahrt bleiben. Eine Bebauung nach § 34 BauGB scheidet dagegen aus, wenn die städtebauliche Ordnung wegen der Größe der freien Fläche nur durch Aufstellung eines Bebauungsplans gewahrt werden kann. § 34 BauGB ist mit anderen Worten kein Ersatzplan anstelle eines Bebauungsplans, sondern lediglich ein Planersatz, solange ein Bebauungsplan noch nicht aufgestellt worden ist.[206]

Was Innen- und was Außenbereich ist, lässt sich nicht unter Anwendung fester Maßstäbe bestimmen; vielmehr bedarf es einer Wertung und Bewertung des jeweiligen Sachverhalts, also einer umfassenden, die gesamten örtlichen Gegebenheiten erschöpfend würdigenden Betrachtungsweise[207] – unter Berücksichtigung der dazu ergangenen Rechtsprechung: Ein im Zusammenhang bebauter Ortsteil i.S.d. § 34 Abs. 1 S. 1 BauGB setzt danach einen **Bebauungszusammenhang** mit **Ortsteilqualität** voraus.[208]

Hinweis: Die Abgrenzung von Innen- und Außenbereich gehört zum Standardrepertoire in baurechtlichen Klausuren (Nachweise unter der Rubrik „Zur Übung"); oftmals wird eine detaillierte Auswertung des Sachverhalts (unter Einschluss ggf. abgedruckter Lageskizzen wie in Fall 4[209]) abgeprüft – z.T. kann es auch angezeigt sein, sich selbst eine Skizze anzufertigen. Im Ergebnis wird i.d.R. beides vertretbar sein; dennoch ist es ratsam, „auf den Sachverhalt zu hören", der nicht die für beide Varianten (Innen- und Außenbereich) erforderlichen Angaben enthalten wird.

1. Ortsteil

53 Ein Ortsteil setzt voraus, dass die vorhandene Bebauung nach der Zahl der vorhandenen Gebäude **ein gewisses Gewicht** hat und **Ausdruck einer organischen Siedlungsstruktur** ist.[210] Dazu lassen sich allerdings keine festen Zahlenangaben machen, es kommt vielmehr auf die jeweilige Siedlungsstruktur an.[211] Das städtebauliche Gewicht eines Ortsteils muss jedenfalls über das einer Splittersiedlung (§ 35 Abs. 3 S. 1 Nr. 7 BauGB) hinausgehen.[212] Das BVerwG hat z.B. bei sechs Gebäuden in einem dünn besiedelten Gebiet einen im Zusammenhang bebauten Ortsteil

---

205 *Herbolsheimer/Krüper* Jura 2020, 22.
206 BVerwG NVwZ 1999, 527; 2000, 1169; 2014, 515.
207 *Will* Öffentliches Baurecht Rn. 463.
208 OVG Bautzen BeckRS 2020, 29319.
209 Dazu § 6 Rn. 121.
210 BVerwG NVwZ 2015, 1767.
211 BVerwG ZfBR 1984, 151; NVwZ-RR 2001, 83; OVG Bautzen BeckRS 2016, 43217; *Krüper/Herbolsheimer* Jura 2017, 286 (288).
212 BVerwG NVwZ-RR 2001, 83; VGH Mannheim VBlBW 2007, 305; 2011, 308.

E. Bauvorhaben im unbeplanten Innenbereich (§ 34 BauGB)

verneint;[213] das OVG Bautzen hat sogar bei einer Bebauung mit 30 bzw. 32 Wochenendhäusern und zwei bzw. vier Wohnhäusern einen „Ortsteil" abgelehnt[214]. Der VGH Mannheim hat indes eine Anwendung des § 34 BauGB bei fünf Wohn- und fünf landwirtschaftlichen Gebäuden sowie einem Gasthaus bejaht,[215] ebenso bei zwölf Wohngebäuden,[216] andererseits aber bei elf Wohngebäuden einen Ortsteil verneint[217]. Diese Beispiele zeigen, dass die „quantitative Schwelle" für einen Ortsteil bei etwa zehn bis zwölf Gebäuden liegt, wobei dieser Wert lediglich einen groben Anhaltspunkt darstellen kann. In jedem Fall ist aber Voraussetzung für § 34 BauGB, dass die Bebauung nicht völlig regel- und systemlos erfolgt sein darf, sondern eine funktionsbedingte organische Siedlungsstruktur vorhanden ist; das BVerwG hat z.B. 30 wahllos in die Landschaft gestreute Gebäude nicht als im Zusammenhang bebauten Ortsteil angesehen[218]. Das gleiche kann im Einzelfall für 19 Gebäude entlang einer Straße gelten.[219]

Unter den Begriff **Bebauung** fällt dabei nicht jede bauliche Anlage. Gemeint sind vielmehr Bauwerke, die für die angemessene Fortentwicklung der vorhandenen Bebauung maßstabsbildend sind.[220] Dies trifft ausschließlich für Anlagen zu, die optisch wahrnehmbar und nach Art und Gewicht geeignet sind, ein Gebiet als einen Ortsteil mit einem bestimmten städtebaulichen Charakter zu prägen. Unberücksichtigt bleiben daher im Regelfall Baulichkeiten, die nicht für einen ständigen Aufenthalt bestimmt sind, unabhängig davon, ob sie landwirtschaftlichen Zwecken (Scheune, Stall), Freizeitzwecken (Gartenhaus, kleines Wochenendhaus) oder sonstigen Zwecken dienen.[221] Ein Gebäude, das nur zu bestimmten Jahreszeiten dem Aufenthalt von Menschen dient, kann aber für die Umgebung prägend sein,[222] sofern diese Nutzung nicht endgültig aufgegeben worden ist[223]. Unberücksichtigt bleiben ferner bauliche Anlagen, die optisch kaum in Erscheinung treten, auch wenn sie bauliche Anlagen i.S.d. § 29 Abs. 1 BauGB sind.[224] Ein Sportplatz stellt etwa auch dann keinen Bebauungszusammenhang her, wenn auf ihm einzelne untergeordnete bauliche Nebenanlagen wie Kassenhäuschen oder Flutlichtmasten vorhanden sind.[225]

54

Maßgeblich sind die tatsächlich vorhandenen Gebäude, auch wenn diese materiell-rechtswidrig bzw. ungenehmigt sind, sofern sich die Bauaufsichtsbehörde mit ihrem Vorhandensein dauerhaft abgefunden hat.[226] Eine widerruflich oder befristet genehmigte Bebauung, bei der die Bauaufsichtsbehörde stets zu erkennen gegeben hat, dass sie sie nicht auf Dauer genehmigen oder auch nur dulden werde, ist nicht als vorhandene Bebauung zu berücksichtigen.[227] Ebenfalls nicht zu berücksichtigen sind zwar genehmigte, aber noch nicht errichtete Gebäude[228] oder ein Bebauungsplangebiet, das noch nicht bebaut ist; vorhandene Bebauung kann dagegen auch die eines Bebauungsplangebiets sein[229].

---

213 BVerwG NVwZ-RR 1994, 371; a.A. VGH Mannheim VBlBW 2011, 308.
214 OVG Bautzen BeckRS 2014, 55727; 2016, 43217.
215 VGH Mannheim BauR 1984, 496.
216 VGH Mannheim BauR 1987, 59.
217 VGH Mannheim VBlBW 1997, 341.
218 BVerwG BauR 1976, 185.
219 BVerwG ZfBR 1984, 151; a.A. VGH Mannheim VBlBW 2011, 308; vgl. auch OVG Münster BauR 1996, 688.
220 BVerwG NVwZ 2015, 1767; 2018, 1651; *Stollmann/Beaucamp* Öffentliches Baurecht § 16 Rn. 12.
221 BVerwG BauR 2000, 1310; NVwZ 2001, 70; 2015, 1767; OVG Münster NVwZ-RR 2017, 93; *Scheidler* ZfBR 2017, 750 (751); kritisch *Krüper/Herbolsheimer* Jura 2017, 286 (290).
222 BVerwG BauR 2002, 1827: Sanitärgebäude eines Campingplatzes.
223 BVerwG NVwZ 2017, 412: Aufgabe der militärischen Nutzung eines Kasernengeländes.
224 BVerwG NVwZ 1993, 985: Stellplatz; BauR 1993, 303: befestigter Reitplatz; BauR 2000, 1171: Tennisplatz; VGH Mannheim VBlBW 1996, 381: kleiner Schuppen; NVwZ-RR 2000, 481: Bocciabahn.
225 BVerwG NVwZ 2001, 70.
226 BVerwG NVwZ 2019, 1456; OVG Münster NVwZ-RR 1993, 400.
227 BVerwG NVwZ-RR 1999, 364.
228 BVerwG BauR 1993, 445; 2000, 1171.
229 BVerwG NVwZ 2001, 70.

2. Bebauungszusammenhang

55 Ein Bebauungszusammenhang besteht dann, wenn (tatsächlich) eine aufeinanderfolgende und zusammenhängende Bebauung im dargestellten Sinne vorhanden ist, die (trotz Baulücken) den **Eindruck der Geschlossenheit und Zusammengehörigkeit** vermittelt, die zur Bebauung vorgesehene Fläche an diesem Eindruck teilnimmt, also Bestandteil des Bebauungszusammenhangs ist und sich ihre Bebauung als zwanglose Fortsetzung der vorhandenen Bebauung aufdrängt.[230]

Der Bebauungszusammenhang wird durch sog. Baulücken, d.h. einzelne unbebaute oder der Bebauung entzogene Grundstücke (Sportplatz, Parkanlage, Felsen) nicht unterbrochen, soweit der Eindruck der Geschlossenheit und Zusammengehörigkeit erhalten bleibt.[231] Etwas anderes gilt dann, wenn die Baulücke so groß ist, dass die vorhandene Bebauung keinen prägenden Einfluss auf die Bebauung der Baulücke ausüben kann;[232] als maximale Größe einer Baulücke, die den Bebauungszusammenhang i.d.R. noch nicht unterbricht, gelten bei aufgelockerter Bebauung ca. 150 m;[233] bei einer Distanz von 130 m wurde eine Baulücke bereits verneint,[234] bei 90 m demgegenüber bejaht[235]. **Zäsurwirkung** kann neben größeren Freiflächen auch Geländehindernissen wie Erhebungen und Aufschüttungen oder Einschnitten wie Dämmen, Böschungen, Gräben und Flüssen zukommen; indes gibt es auch dafür keinen Automatismus. Es kommt also erneut auf den konkreten Einzelfall an.[236]

56 Der Innenbereich endet – unabhängig vom Verlauf der Grundstücksgrenzen[237] und unabhängig von den Darstellungen des Flächennutzungsplans[238] – unmittelbar hinter der letzten Bebauung des im Zusammenhang bebauten Ortsteils.[239] Er erstreckt sich noch auf die hinter dem Haus gelegene Hof- und Gartenfläche,[240] wo allerdings nur noch Nebenanlagen zulässig sind[241]. Eine Fläche, die unmittelbar an das letzte vorhandene Gebäude des Innenbereichs anschließt, zählt daher bereits zum Außenbereich.[242]

Eine Ausnahme gilt allerdings für den Fall, dass sich hinter dem letzten Gebäude eine unbebaute Fläche anschließt, die ihrerseits deutlich durch natürliche Hindernisse, etwa eine Böschung,[243] einen Fluss[244] oder eine Straße von der freien Landschaft abgegrenzt ist, sodass die freie Fläche im Anschluss an den Bebauungszusammenhang noch als Teil des Innenbereichs erscheint.[245] Voraussetzung ist jedoch, dass es sich bei der Freifläche nur um einige wenige Grundstücke von der Größe einer Baulücke handelt.[246] Eine weitere Ausnahme stellt der Fall dar, dass die Fläche bebaut war und das neue Bauvorhaben als Ersatz für das frühere Gebäude anzusehen ist; dabei muss allerdings ein gewisser zeitlicher Zusammenhang zwischen dem Untergang des alten Bauwerks und dem Neubau bestehen[247]. Ein solcher zeitlicher Zusammenhang kann sogar nach

---

230 VGH München BayVBl 2019, 417.
231 BVerwG NVwZ 1997, 899; 2015, 1767; *Krüper/Herbolsheimer* Jura 2017, 286 (290).
232 VGH Mannheim NVwZ-RR 2000, 481; 2014, 931.
233 BVerwG BeckRS 1987, 31234394; a.A. OVG Bremen BauR 1985, 538.
234 VGH München BauR 1989, 309.
235 VGH Mannheim BauR 1987, 59.
236 *Will* Öffentliches Baurecht Rn. 463 m.w.N.
237 BVerwGE 35, 256; BauR 1989, 60.
238 BVerwG ZfBR 2000, 426.
239 VGH Mannheim VBlBW 1993, 430; 1995, 432.
240 BVerwG NVwZ 2015, 296.
241 BVerwG BauR 1989, 60; OVG Saarlouis BauR 1989, 56; OVG Bautzen NVwZ-RR 2001, 426.
242 BVerwG NVwZ-RR 1998, 156.
243 VGH Mannheim BauR 1990, 576.
244 BVerwG BauR 2000, 1310.
245 *Stollmann/Beaucamp* Öffentliches Baurecht § 16 Rn. 14.
246 BVerwG BauR 1978, 276.
247 BVerwG BauR 1987, 52; 1988, 574; 2000, 1171; NVwZ 1999, 523.

E. Bauvorhaben im unbeplanten Innenbereich (§ 34 BauGB)

zwölf Jahren noch gegeben sein, wenn die Wiederbebauung sich wegen Verhandlungen mit der Gemeinde über die zukünftige bauliche Nutzung des Grundstücks verzögert.[248] Der Bebauungszusammenhang endet aber stets an der **Gemeindegrenze**, da – entsprechend der Planungshoheit der Gemeinde – nur auf die Bebauung im jeweiligen Gemeindegebiet abzustellen ist; die Bebauung der Nachbargemeinde bleibt also unberücksichtigt[249].

3. Abgrenzung durch Satzung (§ 34 Abs. 4-6 BauGB)

Um Zweifel an der Abgrenzung zwischen Innen- und Außenbereich zu beseitigen, kann die Gemeinde gemäß § 34 Abs. 4 S. 1 BauGB die Grenze für die im Zusammenhang bebauten Ortsteile durch Satzung festlegen. § 34 Abs. 4 S. 1 BauGB ermächtigt die Gemeinde zum Erlass von sog. Abgrenzungs- bzw. Klarstellungssatzungen (Nr. 1), von sog. Entwicklungssatzungen (Nr. 2) und von sog. Ergänzungssatzungen (Nr. 3), die gemäß § 34 Abs. 4 S. 2 BauGB auch miteinander verbunden werden können. Zu beachten ist aber, dass eine **Abgrenzungs- bzw. Klarstellungssatzung nur deklaratorische Bedeutung** hat,[250] also nicht die Innen- bzw. Außenbereichsqualität eines Grundstücks begründet. Das folgt daraus, dass für diese Satzung – anders als für die Satzungen nach § 34 Abs. 4 S. 1 Nr. 2 und 3 BauGB – keine (verfahrens-)rechtlichen Anforderungen gelten und keine Festsetzungen getroffen werden können. Bei dem Erlass einer Satzung gemäß § 34 Abs. 4 S. 1 Nr. 1 BauGB handelt es sich mithin um schlichte Rechtsanwendung der Gemeinde.

57

Hinweis: Innenbereichssatzungen sind von nur geringer Klausurrelevanz; im Gedächtnis bleiben sollten aber zumindest ihre Funktion und der Unterschied zwischen § 34 Abs. 4 S. 1 Nr. 1 BauGB einerseits und § 34 Abs. 4 S. 1 Nr. 2, 3 BauGB andererseits.

Anders verhält es sich für die beiden anderen Innenbereichssatzungen: **Entwicklungssatzungen** nach § 34 Abs. 4 S. 1 Nr. 2 BauGB können nämlich bereits bebaute Bereiche im Außenbereich zum Innenbereich erklären, wenn die Flächen im Flächennutzungsplan als Baufläche dargestellt sind. Die Gemeinde erhält damit die Möglichkeit, vorhandene Bebauungsansätze im Außenbereich (Splittersiedlungen) zu Ortsteilen i.S.d. § 34 Abs. 1 BauGB zu entwickeln.[251] **Ergänzungssatzungen** nach § 34 Abs. 4 S. 1 Nr. 3 BauGB ermöglichen es, einzelne Außenbereichsflächen in die im Zusammenhang bebauten Ortsteile einzubeziehen, wenn die einbezogenen Flächen durch die bauliche Nutzung des angrenzenden Bereichs entsprechend geprägt sind.[252] Eine Ergänzungssatzung ist indes nicht darauf beschränkt, die vorhandene Bebauung abzurunden, sondern kann auch außerhalb der bisherigen Bebauung liegende Flächen in den Innenbereich einbeziehen,[253] z.B. bei einer nur einseitigen Bebauung einer Straße auch die Grundstücke auf der anderen Seite der Straße zum Innenbereich erklären[254]. Erlaubt ist jedoch nur die Ergänzung der bisherigen Bauflächen, nicht die Schaffung neuer Baugebiete; hierfür bedarf es eines Bebauungsplans. Dasselbe gilt für den Fall, dass durch die Schaffung neuen Baulands städtebauliche Spannungen ausgelöst oder verstärkt werden.[255]

58

---

248 BVerwG NVwZ 1987, 406.
249 BVerwG NVwZ 1999, 527; NVwZ-RR 2001, 83; OVG Weimar BauR 2018, 73.
250 BVerwG NVwZ 2011, 438; OVG Bautzen SächsVBl 2001, 79; *Mitschang/Reidt* in: Battis/Krautzberger/Löhr § 34 Rn. 83; *Muckel/Ogorek* Öffentliches Baurecht § 7 Rn. 106; a.A. etwa *Jean d'Heur* NVwZ 1995, 1174.
251 OVG Schleswig NVwZ-RR 2002, 485; näher *Krüper/Herbolsheimer* Jura 2017, 286 (293).
252 Näher *Greiving* VerwArch 1998, 585; *Schmidt-Eichstaedt* BauR 2019, 1857.
253 OVG Münster BauR 2003, 665.
254 BVerwG BauR 2009, 617.
255 OVG Saarlouis NVwZ 1982, 125; VGH München BauR 1989, 309; VGH Kassel BauR 2011, 234.

Beispiel:

▪ OVG Saarlouis NVwZ 1982, 125: Das bisher nur mit wenigen Gebäuden bebaute Gelände zwischen dem Ortsrand und einem großen Bauhof einer Straßenbaufirma wird durch eine Satzung nach § 34 Abs. 4 BauGB zum Innenbereich erklärt. Die Satzung ist unwirksam, weil die Abwägung der Belange der Wohnbebauung und der gewerblichen Nutzung durch einen Bebauungsplan zu erfolgen hat.

Entwicklungs- und Ergänzungssatzungen können **einzelne Festsetzungen** nach § 9 Abs. 1, Abs. 3 S. 1 und Abs. 4 BauGB enthalten (§ 34 Abs. 5 S. 2 BauGB). In Betracht kommen insoweit vor allem Bestimmungen über die Art der baulichen Nutzung und die überbaubare Grundstücksfläche. In der Satzung kann aber keine umfassende Regelung der zulässigen baulichen Nutzung getroffen werden („einzelne Festsetzungen"), vielmehr ist auch dann ein Bebauungsplan aufzustellen.[256]

59 Satzungen nach § 34 Abs. 4 S. 1 Nr. 2 und Nr. 3 BauGB müssen gemäß § 34 Abs. 5 S. 1 Nr. 1 BauGB mit einer geordneten städtebaulichen Entwicklung vereinbar sein. Das ist dann der Fall, wenn die Satzung nicht im Widerspruch zum Flächennutzungsplan steht.[257] Ferner darf mit diesen Satzungen gemäß § 34 Abs. 5 S. 1 Nr. 2 BauGB nicht die Zulässigkeit von Vorhaben begründet werden, die UVP-pflichtig nach UVPG oder SächsUVPG sind. Außerdem dürfen gemäß § 34 Abs. 5 S. 1 Nr. 3 i.V.m. § 1 Abs. 6 Nr. 7b BauGB keine Anhaltspunkte für eine Beeinträchtigung der Erhaltungsziele und des Schutzzwecks von Natura 2000-Gebieten oder dafür bestehen, dass bei der Planung Pflichten zur Vermeidung oder Begrenzung der Auswirkungen von schweren Unfällen nach § 50 S. 1 BImSchG zu beachten sind. Für Ergänzungssatzungen sind gemäß § 34 Abs. 5 S. 4 BauGB ergänzend § 1a Abs. 2 und 3 und § 9 Abs. 1a BauGB anzuwenden, d.h. die naturschutzrechtliche Eingriffsregelung; sie sind ferner entsprechend § 2a S. 2 Nr. 1 BauGB zu begründen.

Das Verfahren für Entwicklungs- und Ergänzungssatzungen regelt § 34 Abs. 6 BauGB: die Öffentlichkeits- und Behördenbeteiligung erfolgt entsprechend § 13 Abs. 2 S. 1 Nr. 2 und Nr. 3 BauGB, d.h. sie kann auf die betroffene Öffentlichkeit und die betroffenen Behörden beschränkt werden.[258] Für den Rechtsschutz gegen Satzungen nach § 34 Abs. 4 BauGB gilt das Gleiche wie für Bebauungspläne.[259]

---

256 OVG Bautzen SächsVBl 2001, 15; OVG Münster BauR 2003, 665; VGH Kassel BauR 2011, 234.
257 VGH Mannheim ZfBR 2009, 793.
258 Näher *Stollmann/Beaucamp* Öffentliches Baurecht § 16 Rn. 28 f.
259 Zum Rechtsschutz § 11.

E. Bauvorhaben im unbeplanten Innenbereich (§ 34 BauGB)

Geltungsbereich der Klarstellungs- und Einbeziehungssatzung „Schilfbruchstraße", Gemeinde Uetze[260]:

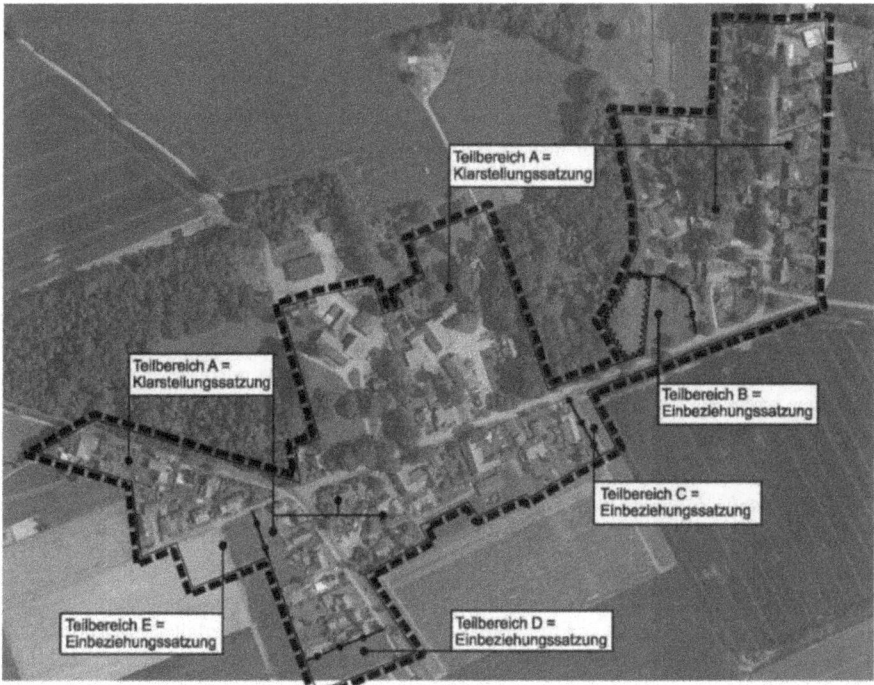

II. Einfügen in die Eigenart der näheren Umgebung

Die Zulässigkeit eines im Innenbereich gelegenen Bauvorhabens bestimmt sich – soweit keine Innenbereichssatzung gemäß § 34 Abs. 4 S. 1 Nr. 2 und 3 BauGB vorhanden ist – nach **§ 34 Abs. 1-3a BauGB.** Dabei ist hinsichtlich der Art der baulichen Nutzung § 34 Abs. 2 BauGB zuerst zu prüfen, sofern die nähere Umgebung des Bauvorhabens einem der Baugebiete der §§ 2 ff. BauNVO entspricht.[261]

1. Grundtatbestand des § 34 Abs. 1 BauGB

Nach § 34 Abs. 1 BauGB ist ein Vorhaben zulässig, wenn es sich nach Art und Maß der baulichen Nutzung, Bauweise und überbaubarer Grundstücksfläche **in die Eigenart der näheren Umgebung einfügt**, die Erschließung gesichert ist, die Anforderungen an gesunde Wohn- und Arbeitsverhältnisse gewahrt bleiben und das Ortsbild nicht beeinträchtigt wird.

Um zu ermitteln, ob sich das Vorhaben in die nähere Umgebung einfügt, muss **erstens** das Beurteilungsgebiet räumlich abgesteckt werden. Die „**nähere Umgebung**" reicht weiter als die unmittelbare Nachbarschaft und umfasst weniger als den im Zusammenhang bebauten

---

260 Abrufbar unter: https://docplayer.org/160248496-D-e-r-b-ue-r-g-e-r-m-e-i-s-t-e-r.html (zuletzt am 10.07.2023).
261 BVerwG NVwZ 1995, 897; 2000, 1050; dazu § 6 Rn. 14 ff.

Ortsteil.²⁶² Wie weit dieser Bereich genau zu ziehen ist, richtet sich insbesondere nach dem Einwirkungsbereich des Vorhabens. So ist die Umgebung insoweit zu berücksichtigen, als sie den Charakter des Baugrundstücks prägt, und insoweit, als sich das Vorhaben auf sie auswirken kann;²⁶³ demnach ist der maßgebliche Bereich bei einem immissionsträchtigen Gewerbebetrieb wesentlich größer als bei einem Wohngebäude. Auch kann der maßgebliche Einwirkungsbereich für die einzelnen Kriterien des § 34 Abs. 1 BauGB (Art, Maß, etc.) unterschiedlich groß sein.²⁶⁴

62 In einem **zweiten** Schritt muss die **„Eigenart"** der näheren Umgebung bestimmt werden. Dazu ist alles an Bebauung in den Blick zu nehmen, was tatsächlich vorhanden ist und nach außen wahrnehmbar in Erscheinung tritt.²⁶⁵ Im Hinblick auf die Art der baulichen Nutzung kann dabei auch auf die BauNVO als sachverständige Konkretisierung städtebaulicher Planungsgrundsätze abgestellt werden,²⁶⁶ was vor allem bei planungsrechtlichen Gemengelagen von Relevanz ist, die keinem der in § 34 Abs. 2 BauGB i.V.m. §§ 2 ff. BauNVO genannten Baugebietstypen eindeutig unterfallen, und deren Zulässigkeit sich dann wieder nach § 34 Abs. 1 BauGB bestimmt²⁶⁷. Zur Konkretisierung dienen vor allem die §§ 2 ff. BauNVO, während die Orientierungswerte des § 17 BauNVO nicht maßgeblich sind²⁶⁸. Es kommt nämlich für das Einfügen nicht auf die Grundstücksgrenzen an; maßgeblich ist der tatsächliche Gesamteindruck.²⁶⁹ Dem abstrakten Maß der baulichen Nutzung (Geschossflächenzahl, Grundflächenzahl) kommt daher keine Bedeutung zu.

Hinweis: Die Kriterien der BauNVO spielen also nicht nur im Anwendungsbereich des § 34 Abs. 2 BauGB eine Rolle, sondern (wenn auch nicht unmittelbar, sondern als sachverständige Konkretisierung) auch bei § 34 Abs. 1 BauGB; entscheidend ist beides sauber voneinander zu trennen.

Bei der Ermittlung der Eigenart der näheren Umgebung bleiben sog. **Fremdkörper** außer Betracht. Hierunter versteht man ein Gebäude, das völlig aus dem Rahmen der sonst vorhandenen Bebauung fällt.²⁷⁰ Diese Einschränkung ist aber nur bei Extremfällen anwendbar. Ein Fremdkörper ist auch bei einem nur vereinzelt vorkommenden Vorhaben nicht anzunehmen, wenn dieses infolge seiner Größe die Eigenart des Baugebiets mitprägt; dies gilt selbst dann, wenn die betreffende Baulichkeit nicht imstande ist, einen im Zusammenhang bebauten Ortsteil zu bilden²⁷¹.

63 § 34 BauGB lässt ein Bauvorhaben nur zu, wenn es sich – damit sind wir bei dem **dritten** Schritt der Prüfung – in die vorhandene Bebauung einfügt. **Einfügen** bedeutet, dass sich das Bauvorhaben in jeder Hinsicht innerhalb des sich aus seiner Umgebung hervorgehenden Rahmens hält und diesen Rahmen nicht überschreitet,²⁷² wobei es nur auf die in § 34 Abs. 1 BauGB genannten Kriterien ankommt²⁷³.

---

262 *Stollmann/Beaucamp* Öffentliches Baurecht § 16 Rn. 33.
263 BVerwG NVwZ 1990, 755; 2019, 1456; OVG Bautzen BeckRS 2018, 27711; *Kment* Öffentliches Baurecht I § 23 Rn. 16.
264 BVerwG NVwZ 2014, 1246; kritisch *Schröer* NVwZ 2019, 832 (836).
265 *Will* Öffentliches Baurecht Rn. 471.
266 BVerwG NVwZ 1995, 698; 2014, 370; BauR 2011, 222.
267 OVG Bautzen BeckRS 2017, 118226.
268 VGH Kassel BauR 1989, 66.
269 BVerwG BauR 1989, 60; NVwZ 1987, 1080.
270 BVerwG NVwZ 1990, 755; 1994, 294; 2019, 1456; BauR 2007, 672: Bauunternehmen im Wohngebiet.
271 BVerwG NVwZ 2017, 717.
272 BVerwG NJW 1978, 2564; 1983, 2713; NVwZ 1995, 698; 1999, 523; 2014, 1246.
273 OVG Magdeburg NVwZ-RR 2015, 687; OVG Bautzen BeckRS 2013, 47270; OVG Koblenz NVwZ 1994, 699: Anzahl der Wohnungen für § 34 Abs. 1 BauGB unerheblich.

E. Bauvorhaben im unbeplanten Innenbereich (§ 34 BauGB)

Beispiel:

- BVerwG NJW 1978, 2564: Ist in der Umgebung eine zwei- bis viergeschossige Bebauung vorhanden, dann kann das zu errichtende Gebäude zwei, drei oder vier Geschosse aufweisen, ein eingeschossiges oder fünfgeschossiges Gebäude ist demgegenüber unzulässig.

Ein Überschreiten des Rahmens ist ausnahmsweise unschädlich, wenn dadurch die „städtebauliche Harmonie" nicht beeinträchtigt wird, d.h. **keine städtebaulichen Spannungen** begründet oder vorhandene Spannungen verstärkt werden.[274] So kann sich z.B. ein fünfgeschossiges Gebäude noch in eine zwei- bis viergeschossig bebaute Umgebung einfügen, wenn es in einer Bodensenke errichtet werden soll; auch eine in der näheren Umgebung nicht noch einmal vorhandene bauliche Anlage kann sich gleichwohl einfügen, wenn sie keine städtebaulichen Spannungen hervorruft[275]. Umgekehrt kann trotz des Einhaltens des Rahmens die städtebauliche Harmonie gestört werden – das BVerwG spricht von „Unruhe stiften" bzw. „die vorgegebene Situation belasten, stören oder verschlechtern, negativ in Bewegung bringen" –, wenn etwa bei zwei- bis viergeschossiger Bauweise ein viergeschossiges Gebäude errichtet wird, das statt der üblichen 2,70 m pro Geschoss eine Geschosshöhe von 3,50 m aufweist. Das Gleiche gilt, wenn sich das Vorhaben (noch) einfügt, aber eine sog. **negative Vorbildwirkung** entfaltet, indem es andere gleichartige Vorhaben nach sich zieht und so die Situation „zum Umkippen" bringt.[276]

Beispiele:

- BVerwG NJW 1981, 139: Die Errichtung einer Schweinemastanlage kann in einem Dorfgebiet unzulässig sein, wenn zu erwarten ist, dass weitere Landwirte diesem Beispiel folgen werden.
- BVerwG NVwZ 1995, 698: Eine Spielhalle fügt sich in einen bisher mit Wohn- und Geschäftshäusern bebauten Bereich nicht ein, wenn mit der Ansiedlung weiterer Spielhallen und damit dem sog. Trading-down-Effekt zu rechnen ist.
- VGH Mannheim UPR 1998, 273: Ein Ziegenstall fügt sich wegen der von diesen Tieren ausgehenden Gerüche nicht in ein Wohngebiet ein.
- VG Düsseldorf NWVBl 2008, 157: Soll ein Minarett mehr als doppelt so hoch gebaut werden wie die im maßgeblichen Bereich befindlichen weiteren Gebäude, kann nicht mehr davon ausgegangen werden, dass es sich in die nähere Umgebung einfügt.

Im Rahmen des Einfügens kommt dem **Gebot der Rücksichtnahme**, das auch in dem Merkmal des „Einfügens" in § 34 Abs. 1 S. 1 BauGB verortet wird,[277] eine besondere Bedeutung zu. Welche Anforderungen sich daraus ergeben, hängt wesentlich von den Umständen des Einzelfalls ab. Je empfindlicher und schutzwürdiger die Stellung desjenigen ist, dem die Rücksichtnahme im gegebenen Zusammenhang zugutekommt, umso mehr kann er an Rücksichtnahme verlangen. Umgekehrt gilt: Je verständlicher und unabweisbarer die mit dem Vorhaben verfolgten Interessen sind, desto weniger braucht derjenige, der das Vorhaben verwirklichen will, Rücksicht zu nehmen.

Ein Bauvorhaben, das auf die vorhandene Umgebung nicht die gebotene Rücksicht nimmt, fügt sich daher nicht i.S.d. § 34 Abs. 1 BauGB ein, auch wenn im Übrigen alle oben angegebenen Merkmale des Einfügens gegeben sind.[278] Ist das der Fall, ist das allerdings ein gewichtiges Indiz dafür, dass das Gebot der Rücksichtnahme nicht verletzt ist;[279] daher ist z.T. davon die Rede, dass „das Rücksichtnahmegebot nur verletzt sein kann, wenn sich ein Vorhaben objektivrechtlich nach seiner Art oder seinem Maß der baulichen Nutzung, nach seiner Bauweise oder nach seiner überbauten Grundstücksfläche nicht in die Eigenart seiner näheren Umgebung einfügt".[280]

---

274 BVerwG NVwZ 1999, 523; OVG Bautzen BeckRS 2018, 16683.
275 BVerwG NJW 1983, 2713: Windenergieanlage; *Stollmann/Beaucamp* Öffentliches Baurecht § 16 Rn. 40.
276 BVerwGE 44, 302; NJW 1980, 605; 1981, 473.
277 Dazu § 10 Rn. 32 ff.
278 BVerwG NVwZ-RR 1997, 516; NVwZ 1999, 523; *Stollmann/Beaucamp* Öffentliches Baurecht § 16 Rn. 42.
279 Dazu BVerwG NVwZ 1999, 879.
280 OVG Bautzen BeckRS 2020, 1669.

Beispiele:

- BVerwG DÖV 1981, 672: Ein zwölfgeschossiges Gebäude verletzt das Gebot der Rücksichtnahme gegenüber benachbarten Gebäuden mit nur zwei bis drei Geschossen in einem Abstand von 15 m an der engsten Stelle.
- BVerwG NVwZ 1987, 128: Eine zwölf Meter hohe Siloanlage unmittelbar an der Grundstücksgrenze verstößt gegen das Gebot der Rücksichtnahme.
- VGH Kassel NVwZ-RR 1996, 309: Das Überschreiten der faktischen hinteren Baulinie einer Reihenhausanlage durch Errichtung eines Anbaus ist wegen des „Scheuklappeneffekts" rücksichtslos gegenüber den Bewohnern des benachbarten Reihenhauses.

Das Gebot der Rücksichtnahme schützt aber nicht nur eine Wohnnutzung vor Immissionen und sonstigen Beeinträchtigungen, sondern umgekehrt auch den Inhaber eines Gewerbebetriebs davor, dass er infolge heranrückender Wohnbebauung immissionsschutzrechtlichen Einschränkungen ausgesetzt sein könnte.[281] Dabei ist auf eine Erweiterungsabsicht des Gewerbebetriebs nur dann Rücksicht zu nehmen, wenn diese bereits im vorhandenen Baubestand angelegt ist; auf lediglich genehmigte, aber noch nicht ausgeführte Vorhaben braucht grundsätzlich nicht Rücksicht genommen zu werden.

65 Dem Gebot der Rücksichtnahme kommt vor allem in **Gemengelagen**[282] Bedeutung zu. Gemengelagen sind gekennzeichnet durch das Nebeneinander bzw. sogar Durcheinander von Nutzungsarten, die nicht miteinander harmonisieren, insbesondere Wohnbebauung einerseits, gewerbliche Nutzung andererseits. Die Pflicht zur Rücksichtnahme bedeutet hier, dass der Inhaber eines Wohnhauses einerseits höhere Immissionen und sonstige Beeinträchtigungen hinnehmen muss als in Wohngebieten, andererseits der Gewerbetreibende sich weitergehende Einschränkungen gefallen lassen muss als in einem Gewerbe- oder sogar Industriegebiet.[283] Das BVerwG hält wegen des Gebots der Rücksichtnahme bei der Festsetzung der zulässigen Immissionswerte eine **Mittelwertbildung** für geboten, d.h. Grenzwerte, die zwischen denen für Wohn- bzw. Gewerbegebiete liegen,[284] oder ein „aufeinander Zustufen" der unterschiedlichen Bereiche[285]. Das bedeutet letztlich nichts anderes als die angemessene Berücksichtigung vorhandener Vorbelastungen.

Vergleichbare Probleme, die durch eine Heranziehung des Rücksichtnahmegebots gelöst werden müssen, entstehen auch bei der Nachbarschaft von Wohnbebauung und **Sportanlagen**[286] sowie bei der Nachbarschaft von Wohnbebauung und **Intensiv-Tierhaltung**[287]; gerade in Fällen wie diesen kann das Gebot der Rücksichtnahme selbst dann verletzt sein, wenn die landesrechtlichen Vorschriften über die Abstandsflächen eingehalten sind.[288] Hinzuweisen ist schließlich auf die Notwendigkeit, die nach der SEVESO-III-Richtlinie[289] erforderlichen Abstände zu sog. **Störfallbetrieben** einzuhalten.[290] Diese Verpflichtung leitet das BVerwG in richtlinienkonformer Auslegung aus dem Gebot der Rücksichtnahme ab, wobei der Baugenehmigungsbehörde bei der Bemessung des „angemessenen Sicherheitsabstands" gemäß Art. 13 Abs. 2 der Richtlinie kein Beurteilungsspielraum eingeräumt wird.[291]

---

281 BVerwG ZfBR 1986, 45; NVwZ 1993, 1184; OVG Münster BauR 1996, 222.
282 Zur Gemengelage *Dolde* DVBl 1983, 732; *Ziegert* BauR 1984, 15 u. 138.
283 BVerwG NVwZ 1984, 646.
284 BVerwG DÖV 1976, 387; NVwZ-RR 1994, 139.
285 BVerwG NJW 1989, 1291; VGH Kassel NVwZ 1993, 1004.
286 Dazu: BVerwG NJW 1989, 1291; NVwZ 2000, 1050; *Uechtritz* NVwZ 2000, 1006.
287 BVerwG NVwZ 1987, 884; DVBl 1993, 652; VGH Mannheim NVwZ-RR 1996, 2.
288 BVerwG NVwZ 1999, 879. Zu § 6 SächsBO § 8 Rn. 3 ff.
289 Richtlinie 2012/18/EU des Europäischen Parlaments und des Rates vom 04.07.2012 zur Beherrschung der Gefahren schwerer Unfälle mit gefährlichen Stoffen, zur Änderung und anschließenden Aufhebung der Richtlinie 96/82/EG des Rates (ABl. L 197 S. 1).
290 EuGH BauR 2011, 1937.
291 BVerwG NVwZ 2013, 719. Dazu näher *Hellriegel/Farsbotter* NVwZ 2013, 1117.

2. § 34 Abs. 2 BauGB i.V.m. §§ 2-11 BauNVO

Soweit die nähere Umgebung einem der in §§ 2-11 BauNVO angeführten Baugebiete entspricht, kommt es hinsichtlich der Art der baulichen Nutzung nach § 34 Abs. 2 BauGB allein darauf an, dass das Vorhaben nach §§ 2-15 BauNVO in dem jeweiligen Baugebiet allgemein oder ausnahmsweise zulässig ist;[292] man spricht dann von einem „**faktischen Gebiet**", z.B. einem faktischen allgemeinen Wohngebiet. Die Verweisung in § 34 Abs. 2 BauGB auf die BauNVO ist eine sog. dynamische Verweisung, d.h. es ist die jeweils gültige Fassung der BauNVO heranzuziehen.[293] Ausgenommen von der Heranziehung der §§ 2 ff. BauNVO werden allerdings § 4a BauNVO, da die Festsetzung eines besonderen Wohngebiets eine planerische Entscheidung der Gemeinde voraussetzt, die nicht durch die vorhandene Bebauung ersetzt werden kann,[294] sowie vor dem Hintergrund des § 245c Abs. 3 BauGB die urbanen Gebiete (§ 6a BauNVO). Umstritten, aber grundsätzlich zu bejahen, ist die Anwendbarkeit der §§ 10, 11 BauNVO, da es insoweit durchaus faktische Sondergebiete gibt.[295]

Hinweis: In Klausursachverhalten findet sich häufig eine nähere Beschreibung der Umgebung eines Vorhabens. Dann gilt es, die §§ 2 ff. BauNVO heranzuziehen, um zu ermitteln, ob die beschriebene Bebauung „so aussieht" wie einer der Gebietstypen, die die BauNVO vorsieht.[296]

§ 34 Abs. 2 BauGB ist hinsichtlich der Art der baulichen Nutzung **lex specialis gegenüber § 34 Abs. 1 BauGB**, mit der Folge, dass das Einfügen in die nähere Umgebung hinsichtlich der Art der baulichen Nutzung nicht mehr zu prüfen ist.[297] Für das Maß der baulichen Nutzung, die zulässige Bauweise und die überbaubare Grundstücksfläche ist dagegen nicht auf §§ 16 ff. BauNVO, sondern allein auf die nähere Umgebung gemäß § 34 Abs. 1 BauGB abzustellen.[298]

Soweit ein Vorhaben nach §§ 2-9 BauNVO nur als **Ausnahme** zulässig ist, findet § 31 Abs. 1 BauGB entsprechende Anwendung. Insoweit ist hier „schlicht" unter die in der BauNVO i.d.R. in Absatz 3 vorgesehenen ausnahmsweise zulässigen Nutzungen zu subsumieren;[299] weiter zu prüfen ist § 15 BauNVO[300]. Soweit durch die schematisierende und typisierende Betrachtungsweise der BauNVO im Einzelfall eine unangemessene Beschränkung der Bebaubarkeit eines Grundstücks eintritt, kann dem durch eine **Befreiung** nach §§ 34 Abs. 2 Hs. 2 Alt. 2, 31 Abs. 2 BauGB Rechnung getragen werden.[301] Hierbei handelt es sich um eine Ermessensentscheidung; nicht selten wird aber – wie schon oben – das Ermessen auf Null reduziert sein, sofern nicht der faktische Gebietscharakter durch das Vorhaben gestört ist.[302]

3. Sonderregelungen für Bestandsbauten (§ 34 Abs. 3a BauGB)

Gemäß § 34 Abs. 3a S. 1 BauGB kann im Einzelfall **vom Erfordernis des Einfügens in die Eigenart der näheren Umgebung abgewichen werden**, wenn die Abweichung der Erweiterung,

---

292 BVerwG NVwZ 1990, 557; NVwZ-RR 1997, 463. Zur Zuordnung in der Fallbearbeitung *Krüper/Herbolsheimer* Jura 2017, 532 (536 f.).
293 BVerwG NVwZ 2000, 1050.
294 BVerwG NVwZ 1993, 1100.
295 BVerwG NVwZ 1984, 582; 1991, 982; 1994, 285 jeweils mit Blick auf den großflächigen Einzelhandel; wohl auch *Mitschang/Reidt* in: Battis/Krautzberger/Löhr § 34 Rn. 61. A.A. *Dolde/Menke* NJW 1999, 2150 (2154); offen gelassen für Hafengebiete BVerwG ZfBR 2011, 147.
296 Zu Fall 3 § 6 Rn. 72 f.
297 BVerwG NVwZ 1995, 897; 2000, 1050.
298 *Stollmann/Beaucamp* Öffentliches Baurecht § 16 Rn. 53.
299 Treffend *Krüper/Herbolsheimer* Jura 2017, 532 (539).
300 *Stollmann/Beaucamp* Öffentliches Baurecht § 16 Rn. 55 erläutern dies anhand eines Beispiels. Zu § 15 BauNVO § 6 Rn. 30 ff.
301 Dazu Ernst/Zinkahn/Bielenberg/Krautzberger/*Söfker* § 34 Rn. 82; *Hebeler* JA 2015, 401 (406).
302 Dazu § 6 Rn. 46.

Änderung, Nutzungsänderung oder Erneuerung eines zulässigerweise errichteten Gewerbe- oder Handwerksbetriebs (Nr. 1a), der Erweiterung, Änderung oder Erneuerung eines zulässigerweise errichteten, Wohnzwecken dienenden Gebäudes (Nr. 1b) oder der Nutzungsänderung einer zulässigerweise errichteten baulichen Anlage zu Wohnzwecken, einschließlich einer erforderlichen Änderung oder Erneuerung dient (Nr. 1c), die Abweichung städtebaulich vertretbar ist und auch unter Würdigung nachbarlicher Belange mit den öffentlichen Belangen vereinbar ist. Entsprechende Anwendung findet § 34 Abs. 3a S. 1 BauGB, **zeitlich befristet bis zum 31.12.2024**, für die Nutzungsänderung zulässigerweise errichteter baulicher Anlagen in bauliche Anlagen, die der Unterbringung von Flüchtlingen oder Asylbegehrenden dienen, und für deren Erweiterung, Änderung oder Erneuerung, § 246 Abs. 8 BauGB. Die Nutzungsänderung, Erweiterung, Änderung und Erneuerung baulicher Anlagen zum Zwecke der Flüchtlingsunterbringung kann also auch dann genehmigt werden, wenn sich das Vorhaben nicht in die Eigenart der näheren Umgebung einfügt.[303] Gemäß **§ 34 Abs. 3a S. 2 BauGB** findet S. 1 aber keine Anwendung auf Einzelhandelsbetriebe, die die verbrauchernahe Versorgung der Bevölkerung beeinträchtigen oder schädliche Auswirkungen auf zentrale Versorgungsbereiche in der Gemeinde oder in anderen Gemeinden haben können (vgl. dazu §§ 2 Abs. 2 S. 2, 34 Abs. 3 BauGB, § 11 Abs. 3 S. 2 BauNVO).[304]

69 Die Regelung des § 34 Abs. 3a BauGB stellt materiell-rechtlich – § 31 Abs. 2 BauGB nicht unähnlich – einen Befreiungstatbestand dar[305] und trägt dem Umstand Rechnung, dass der **Bestandsschutz** nur die bestehende Anlage erfasst, aber keine Veränderungen erlaubt, die über eine Instandhaltung hinausgehen[306]. § 34 Abs. 3a S. 1 Nr. 1a BauGB beispielsweise ermöglicht daher betriebs- bzw. betriebswirtschaftlich notwendige Maßnahmen unter erleichterten Bedingungen.[307] Dies kommt vor allem Gewerbebetrieben in Gemengelagen zugute; die Prüfung der städtebaulichen Vertretbarkeit des Vorhabens erfolgt dabei anhand einer Abwägung der Vor- und Nachteile unter Berücksichtigung von § 1 Abs. 6 und 7 BauGB[308].

III. Gesunde Wohn- und Arbeitsverhältnisse, Ortsbild (§ 34 Abs. 1 S. 2 BauGB)

70 § 34 Abs. 1 BauGB verlangt ferner, dass die Anforderungen an **gesunde Wohn- und Arbeitsverhältnisse** gewahrt bleiben und das **Ortsbild** nicht beeinträchtigt wird. Diese Anforderungen haben zwar eine selbständige Bedeutung neben dem Einfügen in die vorhandene Bebauung,[309] sind aber als Inhalts- und Schrankenbestimmungen i.S.v. Art. 14 Abs. 1 S. 2 GG restriktiv auszulegen und daher regelmäßig nicht betroffen. Anhaltspunkte für ungesunde Wohn- und Arbeitsverhältnisse lassen sich § 136 Abs. 2, 3 BauGB entnehmen.[310] Eine (städtebauliche) Beeinträchtigung des Ortsbilds andererseits ist dann gegeben, wenn sich ein Gebäude hinsichtlich seiner äußeren Gestaltung deutlich von der Umgebung unterscheidet und deren Erscheinungsbild negativ beeinflusst, wobei der maßgebliche Bereich weiter reicht als beim Einfügen; es muss sich allerdings um ein schützenswertes Ortsbild mit eigenem, aus dem Üblichen herausragenden Charakter handeln[311].

---

303 *Muckel/Ogorek* Öffentliches Baurecht § 7 Rn. 127.
304 *Kment* Öffentliches Baurecht I § 26 Rn. 37.
305 BVerwG NVwZ 1990, 755 zu § 34 Abs. 3 BauGB 1987.
306 Allgemein zum Bestandsschutz § 6 Rn. 109 ff.
307 Dazu BT-Drs. 15/2250 S. 80 f.
308 BVerwG NVwZ 1990, 755.
309 VGH Kassel BauR 2009, 1260.
310 *Stollmann/Beaucamp* Öffentliches Baurecht § 16 Rn. 48; BVerwG ZfBR 2005, 66: Wohnvorhaben im natürlichen Überschwemmungsgebiet eines Gewässers.
311 BVerwG NVwZ 2000, 1169; *Krüper/Herbolsheimer* Jura 2017, 532 (543).

IV. Schädliche Auswirkungen auf zentrale Versorgungsbereiche (§ 34 Abs. 3 BauGB)

Gemäß § 34 Abs. 3 BauGB dürfen von Vorhaben nach § 34 Abs. 1 oder 2 BauGB keine schädlichen Auswirkungen auf zentrale Versorgungsbereiche in der Gemeinde oder in anderen Gemeinden zu erwarten sein.[312] Diese Regelung ist mit § 11 Abs. 3 BauNVO[313] vergleichbar, steht aber selbstständig neben ihm. § 34 Abs. 3 BauGB zielt darauf ab, den sog. Fernwirkungen von (tatsächlich vorhandenen[314]) Einkaufszentren und großen Einzelhandelsbetrieben (Factory-Outlet-Centern, etc.) – auch jenseits der näheren Umgebung, auf die das Einfügungsgebot des § 34 Abs. 1 BauGB abstellt – auf die Gemeinde selbst oder die Nachbargemeinden Rechnung zu tragen.[315]

Zentrale Versorgungsbereiche sind räumlich abgrenzbare Bereiche einer Gemeinde, denen aufgrund vorhandener Einzelhandelsnutzungen – häufig ergänzt durch diverse Dienstleistungen und gastronomische Angebote – eine Versorgungsfunktion über den unmittelbaren Nahbereich hinaus zukommt.[316] Schädliche Auswirkungen auf derartige Bereiche einer Standortgemeinde sind nach der Rechtsprechung jedenfalls dann zu erwarten, wenn ein Vorhaben – ggf. auch erst im Zusammenwirken mit schon vorhandenen Einzelhandelsbetrieben[317] – deren Funktionsfähigkeit so nachhaltig stört, dass sie ihren Versorgungsauftrag generell oder hinsichtlich einzelner Branchen nicht mehr substanziell wahrnehmen können. Als Maßstab zur Feststellung derartiger Auswirkungen kann etwa der zu erwartende Kaufkraftabfluss herangezogen werden.[318]

▶ **Fall 3: „Spirituosenkiosk" im reinen Wohngebiet**

E ist Eigentümer eines zweigeschossigen Einfamilienhauses in Schkeuditz-Altscherbitz, das südlich der Leipziger Straße gelegen ist, die Altscherbitz durchzieht; einen Bebauungsplan für Altscherbitz gibt es nicht. Allerdings sind die meisten der etwa 25 umliegenden Grundstücke – sowohl an der von E bewohnten Altscherbitzer Straße wie auch entlang der parallel zur Leipziger Straße liegenden Nebenstraße – mit älteren Ein- und Zweifamilienhäusern bebaut. Ausnahmen bilden lediglich eine Bäckerei sowie die Kindertagesstätte „Storchennest", die überwiegend von den Familien aus Altscherbitz genutzt wird.
Im Sommer 2020 errichtete E im vorderen Bereich seines Grundstücks – bei 1,50 m Entfernung zur Grundstücksgrenze des Nachbarn N – eine eingeschossige „Hütte" (4 m (L) x 2,50 m (B) x 3 m (H)), die aus einem einzigen Raum besteht und äußerlich einem Geräteschuppen gleicht. Freilich dient sie einem anderen Zweck, wie N alsbald feststellen musste: Sie stellt eine Art „Kiosk" dar, in dem E alkoholische Getränke verkauft, um sich „ein paar Groschen dazuzuverdienen"; ein Verzehr an Ort und Stelle erfolgt nicht. Aufgrund seines günstigen Standorts direkt an der Altscherbitzer Straße könnten von der dort angebotenen Produktpalette alkoholischer Getränke, die vor allem seltene Whiskey-Raritäten umfasst, sowohl die Bewohner der Schkeuditzer Innenstadt als auch die Anwohner aus Altscherbitz südlich der Leipziger Straße profitieren.
N ist der Betrieb des „Spirituosenkiosks" ein Dorn im Auge; er wendet sich daher an den Landkreis Nordsachsen mit der Aufforderung, etwas dagegen zu unternehmen. Zwar habe er kein Problem mit der kleinen „Hütte" als solcher, der darin betriebene „Spirituosenkiosk" zerstöre indes den Charakter der Nachbarschaft. Insbesondere bestünde die Gefahr, dass von

---
312 Dazu ausführlich: *Haaß* BauR 2015, 1064; *Terwiesche* NVwZ 2010, 553 (554 f.); *Winkler/Nitsche* JA 2011, 603.
313 Dazu bereits § 6 Rn. 24.
314 BVerwG NVwZ 2012, 1565.
315 *Kment* Öffentliches Baurecht I § 26 Rn. 45.
316 BVerwG NVwZ 2010, 590.
317 BVerwG NVwZ 2017, 1067.
318 BVerwG NVwZ 2008, 308; OVG Bautzen Urt. v. 13.05.2014 – 1 A 432/10 –, juris; BeckRS 2016, 112605.

auswärts kommende Trinker hier „herumlungern" würden. Daraufhin teilt ihm der Landkreis mit, dass er gegen den „Kiosk" des E nichts unternehmen könnte. Doch so schnell gibt N nicht auf: Nachdem sein Widerspruch erfolglos geblieben ist, erhebt er Klage zum zuständigen Verwaltungsgericht mit dem Antrag, dem E die Nutzung der „Hütte" als „Spirituosenkiosk" zu untersagen.

Aufgabe: Ist der „Spirituosenkiosk" des E – objektiv betrachtet – bauplanungsrechtlich zulässig?

Zu den prozessualen und bauordnungsrechtlichen Aspekten dieses Falles § 10 Rn. 73 f. und § 9 Rn. 68 f. ◀

73 ▶ **Lösung:**

Die bauplanungsrechtliche Zulässigkeit von Einzelvorhaben richtet sich nach den §§ 29 ff. BauGB.

I. Anwendbarkeit der §§ 30 ff. BauGB
   Zunächst müsste es sich um ein Vorhaben i.S.d. § 29 Abs. 1 BauGB handeln. Darunter fallen alle Anlagen, die in einer auf Dauer gedachten Weise künstlich mit dem Erdboden verbunden sind und bodenrechtliche Relevanz aufweisen.[319] Eine solche Relevanz ist hier gegeben, da das Vorhaben zumindest die allgemeinen Anforderungen an gesunde Wohn- und Arbeitsverhältnisse i.S.v. § 1 Abs. 6 Nr. 1 BauGB in einer Weise berührt, die geeignet ist, das Bedürfnis nach einer ihre Zulässigkeit regelnden verbindlichen Bauleitplanung hervorzurufen[320]. Die §§ 30 ff. BauGB erweisen sich folglich als anwendbar.

II. Zulässigkeit nach § 30 BauGB
    Das Vorhaben liegt nicht im Geltungsbereich eines Bebauungsplans; seine Zulässigkeit richtet sich also nicht nach § 30 BauGB.

III. Zulässigkeit nach § 34 BauGB
    Die Zulässigkeit könnte sich aber nach § 34 BauGB richten.
    1. Abgrenzung Innen- und Außenbereich
       Dafür müsste sich das Vorhaben innerhalb eines im Zusammenhang bebauten Ortsteils befinden. Einen im Zusammenhang bebauten Ortsteil stellt jede Bebauung im Gebiet einer Gemeinde dar, die – trotz vorhandener Baulücken – den Eindruck der Geschlossenheit und Zusammengehörigkeit erweckt, nach der Zahl der vorhandenen Bauten ein gewisses Gewicht hat und Ausdruck einer organischen Siedlungsstruktur ist.[321] Diese Voraussetzungen sind hier gegeben. Ringsum das Vorhaben des E gibt es etwa 25 Ein- und Zweifamilienhäuser, die dem ständigen Aufenthalt von Menschen dienen und die daher zusammengenommen über das städtebauliche Gewicht eines Ortsteils verfügen. Baulücken sind nicht ersichtlich, sodass davon ausgegangen werden kann, dass die vorhandenen Anlagen auch „im Zusammenhang bebaut" sind. Für die Zulässigkeit des Vorhabens ist daher § 34 BauGB – und nicht § 35 BauGB – maßgeblich.
    2. Anwendung von § 34 Abs. 2 BauGB
       Dabei ist zunächst zu klären, ob neben § 34 Abs. 1 BauGB auch § 34 Abs. 2 BauGB Anwendung findet. Dann müsste die Eigenart der näheren Umgebung einem Baugebiet nach der BauNVO[322] entsprechen. In der näheren Umgebung befinden sich ganz überwiegend Ein- und Zweifamilienhäusern; es handelt sich folglich um ein

---

319 Dazu § 6 Rn. 3 f.
320 VGH Mannheim BeckRS 2014, 57677: überdachter Selbstbedienungs-Verkaufsstand für Gemüse und Obst.
321 Dazu § 6 Rn. 52 ff.
322 Zu den einzelnen Gebietstypen § 6 Rn. 15 ff.

E. Bauvorhaben im unbeplanten Innenbereich (§ 34 BauGB)

reines Wohngebiet gemäß § 3 BauNVO. Daran ändern weder die vorhandene Bäckerei, die nach § 3 Abs. 3 Nr. 1 BauNVO immerhin ausnahmsweise zulässig ist, noch die Kindertagesstätte „Storchennest" etwas; Anlagen zur Kinderbetreuung sind nach § 3 Abs. 2 Nr. 2 BauNVO allgemein zulässig, soweit sie – wie hier – zur Deckung der Bedürfnisse der Bewohner des Gebietes dienen. Daher ist § 34 Abs. 2 BauGB mit Blick auf die Art der baulichen Nutzung anzuwenden. Ob sich das Vorhaben nach dem Maß der baulichen Nutzung, der Bauweise und der Grundstücksfläche, die überbaut werden soll, in die Eigenart der näheren Umgebung einfügt, richtet sich hingegen (weiterhin) nach § 34 Abs. 1 BauGB.

3. „Einfügen" nach der Art der baulichen Nutzung
Fraglich ist, ob sich der „Spirituosenkiosk" seiner Art nach in die Eigenart der näheren Umgebung einfügt. In einem reinen Wohngebiet sind nur die in § 34 Abs. 2 BauGB i.V.m. § 3 Abs. 2 BauNVO aufgeführten Gebäude allgemein zulässig; darunter lässt sich der Kiosk nicht subsumieren. Allerdings könnte er nach §§ 34 Abs. 2 Hs. 2, 31 Abs. 1 BauGB i.V.m. § 3 Abs. 3 Nr. 1 BauNVO ausnahmsweise zulässig sein.

a) Laden
Dafür müsste es sich zunächst um einen Laden i.S.d. § 3 Abs. 3 Nr. 1 BauNVO handeln. Das ist zu bejahen; E nutzt die „Hütte" als Verkaufsstelle und verfügt dabei über Kunden- oder Publikumsverkehr.

b) „Zur Deckung des täglichen Bedarfs der Bewohner des Gebietes"
Die Verkaufsstelle müsste aber auch zur Deckung des täglichen Bedarfs der Bewohner des (konkreten) (Wohn-)Gebietes dienen. Diese Regelung zielt auf den Schutz der Wohnruhe ab; verhindert werden soll, dass Läden in größerem Umfang Kunden und damit Autoverkehr in das ruhige Wohngebiet locken[323]. Gewährleistet werden soll vielmehr eine fußläufig erreichbare Nahversorgung im betreffenden Gebiet. Dafür, dass der Kiosk des E dieser Funktion gerecht wird, spricht seine geringe Größe. Dagegen spricht indes das Warenangebot: § 3 Abs. 3 Nr. 1 BauNVO meint einen Grundbedarf an Gütern und Dienstleistungen, die in mehr oder weniger kurzen, regelmäßigen Abständen immer wieder benötigt werden und deren Erreichbarkeit in zumutbarer Entfernung von der Wohnung gerade wegen des regelmäßigen Aufkommens des Bedarfs als wünschenswert empfunden und im Allgemeinen auch erwartet wird.[324] Zu solchen Gütern zählen neben Lebensmitteln zwar auch Genussmittel wie Spirituosen, eine Spezialisierung des „Kiosks" allein auf hochprozentige alkoholische Getränke, insbesondere seltene Whiskey-Raritäten, spiegelt den Bedarf des Wohngebiets aber nicht wider. Dazu passt es, dass E mit seiner Verkaufsstelle nicht nur die Anwohner aus Altscherbitz südlich der Leipziger Straße, sondern auch die Bewohner der Schkeuditzer Innenstadt ansprechen möchte, was eine Zunahme des Durchgangsverkehrs erwarten lässt. Sein Vorhaben dient daher nicht der Deckung des täglichen Bedarfs der Bewohner des Gebietes.

c) Zwischenergebnis
Der „Spirituosenkiosk" fügt sich daher bereits seiner Art nach nicht in die nähere Umgebung ein.

IV. Ergebnis
Da das Vorhaben nicht mit § 34 BauGB vereinbar ist, erweist es sich als bauplanungsrechtlich unzulässig.

---

323 VGH Mannheim NVwZ-RR 2008, 600.
324 *Hornmann* in: BeckOK BauNVO § 3 Rn. 165.

Hinweis: Einer Befreiung gemäß §§ 34 Abs. 2 Hs. 2, 31 Abs. 2 BauGB stünden die Grundzüge der Planung entgegen. Zu befürchten wäre ein Umkippen des (faktischen) reinen Wohngebiets in ein allgemeines Wohngebiet.

F. Bauvorhaben im Außenbereich (§ 35 BauGB)

Zur Einführung: *Beaucamp,* Öffentliches Baurecht in der Nussschale, JA 2005, 471; *Böhm,* Recht der Bauleitplanung, JA 2013, 81; *Decker,* Darstellungen im Flächennutzungsplan als öffentlicher Belang bei privilegierten und sonstigen Vorhaben nach § 35 I, II BauGB, JA 2015, 1; *Decker,* Der Privilegierungstatbestand des § 35 I BauGB – Aktuelle Gesetzesänderungen und neue, examensrelevante Rechtsprechung, JA 2014, 481; *Dürr,* Die Klausur im Baurecht, JuS 2007, 328 u. 431; *Edenharter,* Bauen im Außenbereich nach § 35 BauGB, Jura 2017, 1049; *Herbolsheimer/Krüper,* § 35 BauGB verstehen und anwenden, Jura 2020, 22; *Wickel,* Bestandsschutz im Baurecht, Jura 2019, 268

Zur Vertiefung: *Achatz,* Intensivtierhaltung im Außenbereich: zum Tatbestandsmerkmal der „Gesolltheit" im Rahmen des § 35 I Nr. 4 BauGB, DVBl 2013, 73; *Berkemann,* Wann „erlischt" eine erteilte Baugenehmigung?, ZfBR 2019, 755; *Bienek/Reidt,* Bauplanungsrechtliche Fragen im Zusammenhang mit der Unterbringung von Flüchtlingen und Asylbegehrenden, BauR 2015, 422; *Birkenmeyer,* Die Belange der natürlichen Eigenart der Landschaft und des Landschaftsbildes nach § 35 Abs. 3 S. 1 Nr. 5 BauGB i.R.d. Ansiedlung von Windkraftanlagen, NuR 2016, 161; *Erbguth,* Bindung und Abwägung bei der Planung von Konzentrationszonen: zum Verständnis zu § 35 Abs. 3 S. 3 BauGB, DVBl 2015, 1346; *Jaenicke,* Aktuelle Rechtsfragen der bauplanungsrechtlichen Zulässigkeit von Windenergieanlagen an Land, ZUR 2023, 291; *Kment,* Eine neue Ära beim Ausbau von Windenergieanlagen – Das aktuelle Wind-an-Land-Gesetzespaket in der Analyse, NVwZ 2022, 1153; *Lindner,* Der passive Bestandsschutz im öffentlichen Baurecht, DÖV 2014, 313; *Scheidler,* Bauplanungssonderrecht für Asylbewerberunterkünfte, VerwArch 2016, 177; *Struzina/Lindner,* Baurechtlicher Bestandsschutz im Verfall begriffener Anlagen, NVwZ 2016, 289

Zur Übung: *Brade/Spaeth,* JSE 2017, 239 (Fortgeschrittenenklausur – Verpflichtungsklage); *Burbach/Klanten,* JA 2019, 844 (Fortgeschrittenenklausur – immissionsschutzrechtliche Genehmigung); *Enders/Mittag,* Sonderbeilage SächsVBl 2019, 16 (1. Staatsexamen – Genehmigungspflicht, Feststellungs- und Verpflichtungsklage); *Gerbig,* JuS 2009, 836 (1. Staatsexamen – Verpflichtungsklage, Geflügelmast); *Heckel,* JuS 2011, 904 (Fortgeschrittenenklausur – Außenbereich, Rechtsschutz der Gemeinde); *Heinig/König,* JuS 2009, 1011 (Fortgeschrittenenklausur – Einvernehmen, Denkmalschutz); *Huller,* JuS 2019, 693 (Fortgeschrittenenklausur – Drittanfechtung); *Janson/Schultes,* JuS 2016, 618 (Fortgeschrittenenklausur – einstweiliger Rechtsschutz); *Koehl,* JuS 2007, 943 (2. Staatsexamen – einstweiliger Rechtsschutz, Wasserrecht); *Lassahn,* JuS 2018, 988 (1. Staatsexamen – Abstandflächen, einstweiliger Rechtsschutz); LJPA, SächsVBl 2015, 74 u. 96 (1. Staatsexamen, 2012/2 – Vorbescheid, Widerspruch); *Markard,* JuS 2018, 372 (1. Staatsexamen – einstweiliger Rechtsschutz); *Meyer,* JA 2012, 621 (2. Staatsexamen – Anwaltsklausur, Wasserrecht); *Preuß,* JA 2013, 42 (Hausarbeit – immissionsschutzrechtliche Genehmigung, Verpflichtungsklage); *Schley/Uffelmann,* JA 2019, 453 (2. Staatsexamen – Aktenvortrag, Anfechtung einer Beseitigungsanordnung); *Schmidt,* JA 2012, 838 (Hausarbeit – Vorbescheid); *Schoberth,* JuS 2010, 239 (1. Staatsexamen – Beseitigungsverfügung, Anfechtungsklage); *Stark,* ZJS 2018, 443 (Fortgeschrittenenklausur – Drittanfechtung); *Wolff/Pazak,* JA 2019, 604 (Hausarbeit – einstweiliger Rechtsschutz, Einvernehmen)

F. Bauvorhaben im Außenbereich (§ 35 BauGB)

Bei der Zulässigkeit von Bauvorhaben im Außenbereich, der im Unterschied zum Innenbereich tunlichst von Bebauung freigehalten werden soll,[325] ist zu unterscheiden zwischen den sog. **privilegierten Vorhaben** des § 35 Abs. 1 BauGB und den sog. nicht privilegierten, **sonstigen Vorhaben** des § 35 Abs. 2 BauGB. Privilegierte Vorhaben sind im Außenbereich zulässig, wenn öffentliche Belange nach § 35 Abs. 3 BauGB nicht entgegenstehen; sonstige Vorhaben können dagegen nur im Einzelfall zugelassen werden, wenn sie öffentliche Belange nicht beeinträchtigen.[326]

74

Aus dem Entgegenstehen einerseits und dem Beeinträchtigen andererseits folgt, dass zu berücksichtigen ist, dass der Gesetzgeber die privilegierten Vorhaben in planähnlicher Weise dem Außenbereich zugewiesen und damit zum Ausdruck gebracht hat, dass diese Vorhaben dort im Regelfall zulässig sind.[327] Ergibt jedoch eine Abwägung mit den öffentlichen Belangen, dass diese die Privilegierung überwiegen, stehen sie dem Vorhaben entgegen, das Vorhaben ist also unzulässig.[328] Dabei handelt es sich um eine sog. nachvollziehende Abwägung auf Tatbestandsseite, die gerichtlich voll überprüfbar ist.[329] Sonstige Vorhaben sind – da dem Außenbereich gerade nicht „in planähnlicher Weise" zugewiesen – dagegen grundsätzlich unzulässig;[330] bereits wenn nicht privilegierte Vorhaben in Bezug auf öffentliche Belange nachteilig wirken und sie dadurch beeinträchtigen, führt dies zur Unzulässigkeit des Vorhabens[331].

---

325 BVerwG NVwZ 2013, 1288. Zur Abgrenzung Innenbereich – Außenbereich bereits § 6 Rn. 52 ff.
326 *Wickel* Jura 2019, 268 (270).
327 Dazu bereits BVerwG NJW 1968, 1105.
328 BVerwG NVwZ 1986, 203: Reithalle im Landschaftsschutzgebiet; OVG Münster BauR 2001, 222: Schweinemast in reizvollem Tal; OVG Schleswig NordÖR 2009, 362: Schweinemastbetrieb in der Nähe eines Wohngebiets; VGH Mannheim ESVGH 29, 102: Kießgewinnung in einem als Naherholungsgebiet dienenden Wald. Zu Fall 4 § 6 Rn. 121.
329 BVerwG NVwZ 2002, 476; ZfBR 2014, 773; näher *Kment* Öffentliches Baurecht I § 24 Rn. 62 ff.
330 BVerwGE 27, 137.
331 *Muckel/Ogorek* Öffentliches Baurecht § 7 Rn. 179.

75 Prüfungsschema: Vorhaben im Außenbereich (§ 35 BauGB)

I. Privilegierte Vorhaben (§ 35 Abs. 1 BauGB)

76 Zunächst werden die privilegierten Vorhaben, die abschließend[332] in § 35 Abs. 1 BauGB aufgezählt sind, im Einzelnen dargestellt.

Hinweis: Von den dort genannten acht Fallgruppen waren bisher vor allem vier für die Klausur von Relevanz: Land- und forstwirtschaftliche Vorhaben (§ 35 Abs. 1 Nr. 1 BauGB), einem ortsgebun-

---

332 Herbolsheimer/Krüper Jura 2020, 22 (25).

F. Bauvorhaben im Außenbereich (§ 35 BauGB)

denen gewerblichen Betrieb dienende Vorhaben (§ 35 Abs. 1 Nr. 3 BauGB), Vorhaben, die nur im Außenbereich ausgeführt werden sollen (§ 35 Abs. 1 Nr. 4 BauGB) sowie Windenergieanlagen (§ 35 Abs. 1 Nr. 5 BauGB).

1. Land- und forstwirtschaftliche Betriebe (Nr. 1)

Der **Begriff der Landwirtschaft** ist – im Unterschied zu dem der **Forstwirtschaft**[333] – in § 201 BauGB gesetzlich definiert; diese Begriffsbestimmung ist auch für § 35 Abs. 1 Nr. 1 BauGB maßgebend. Zu beachten ist, dass nach § 201 BauGB nicht nur Ackerbau, Wiesen- und Weidewirtschaft einschließlich Tierhaltung[334], Erwerbsgartenbau[335], Erwerbsobstbau[336] sowie Weinanbau, sondern auch die berufsmäßige Imkerei[337] und Fischerei[338] privilegiert sind. Der Begriff der Landwirtschaft i.S.d. § 201 BauGB geht also weit über den sonstigen Sprachgebrauch hinaus. Tierhaltung ist allerdings nur dann Landwirtschaft i.S.d. § 201 BauGB, soweit das Futter überwiegend auf den zum landwirtschaftlichen Betrieb gehörenden, landwirtschaftlich genutzten Flächen erzeugt werden kann;[339] eine Schweinemastanlage ist daher kein landwirtschaftlicher Betrieb[340]. Von § 35 Abs. 1 Nr. 1 BauGB nicht erfasst werden zudem Verkaufsstellen, in denen landwirtschaftliche Bedarfsgegenstände an Landwirte verkauft werden[341] sowie Betriebe, die land- oder forstwirtschaftliche Arbeiten erledigen[342].

Allerdings stellt nicht jede landwirtschaftliche Betätigung einen landwirtschaftlichen Betrieb i.S.d. § 35 Abs. 1 Nr. 1 BauGB dar. Vielmehr ist Voraussetzung, dass es sich um einen **ernsthaften, auf Dauer angelegten Betrieb** handelt, der dazu bestimmt ist, mit seinem Ertrag einen Beitrag zum Lebensunterhalt des Betriebsinhabers zu leisten.[343] Entscheidend ist nicht, ob tatsächlich ein Gewinn erwirtschaftet wird.[344] Maßgeblich für die Privilegierung ist vielmehr die Absicht der **Gewinnerzielung**, sofern diese nicht völlig unrealistisch ist.[345] Dabei kommt allerdings – insbesondere bei Nebenerwerbsbetrieben – der Gewinnerzielung eine erhebliche indizielle Bedeutung für einen Betrieb i.S.d. § 35 Abs. 1 Nr. 1 BauGB zu;[346] daneben spielen aber auch die Betriebsgröße, die Ausstattung mit Maschinen und die landwirtschaftliche Erfahrung des Betriebsinhabers eine maßgebliche Rolle.[347] Entscheidend ist, ob bei einer Gesamtwürdigung aller Umstände davon auszugehen ist, dass die landwirtschaftliche Betätigung zu Erwerbszwecken und nicht etwa aus sonstigen Gründen erfolgt. Das bedeutet zunächst, dass eine landwirtschaftliche Betätigung, die nur aus Liebhaberei[348] oder zum reinen Eigenverbrauch[349] betrieben wird, nicht privilegiert ist.

Die Qualifikation als landwirtschaftlicher Betrieb hängt ferner nach der Rechtsprechung des BVerwG davon ab, ob der Betrieb auf **Eigenfläche** oder Pachtland geführt wird, weil nur bei einer

---

333 Darunter versteht man die planmäßige Waldbewirtschaftung in Form von Anbau, Pflege und Abschlag von Bäumen und Gehölzen. Näher BVerwG NVwZ 2007, 224.
334 BVerwG NVwZ 1986, 200: Pensionstierhaltung.
335 Zur Abgrenzung zu § 35 Abs. 1 Nr. 2 BauGB § 6 Rn. 80.
336 OVG Münster NVwZ-RR 2000, 347.
337 Dazu BVerwG NVwZ-RR 1992, 401.
338 VGH München BayVBl 1998, 757.
339 BVerwG NVwZ 1986, 203; OVG Lüneburg NdsVBl 2015, 21: mehr als 50 %.
340 BVerwG NJW 1981, 139.
341 BVerwG BauR 1993, 435: Raiffeisen-Genossenschaft.
342 BVerwG NVwZ-RR 1997, 9.
343 BVerwG NVwZ 2005, 587; 2013, 155; OVG Münster NVwZ-RR 2000, 347.
344 BVerwG NVwZ 1986, 916; VGH Mannheim BauR 2003, 219.
345 *Decker* JA 2014, 481 (482 f.).
346 OVG Münster NVwZ-RR 2000, 347.
347 BVerwGE 26, 121; VGH Mannheim BauR 2003, 219.
348 BVerwG NVwZ-RR 1996, 373: Fischteich eines Naturfreundes; VGH Mannheim BRS 25 Nr. 62: Pferdezucht eines Industriekaufmanns; VBlBW 1982, 295: Pferdezucht eines Kraftfahrers.
349 VGH Mannheim NuR 1992, 283.

hinreichenden Eigenfläche die Dauerhaftigkeit des Betriebs gesichert sei.[350] Dennoch wird man jedenfalls bei langfristigen Pachtverträgen einen landwirtschaftlichen Betrieb anerkennen müssen.[351] Nicht erforderlich ist in jedem Fall, dass die Landwirtschaft hauptberuflich betrieben wird; auch der Betrieb einer **Nebenerwerbslandwirtschaft** ist privilegiert,[352] soweit er überhaupt einen nennenswerten Umfang erreicht[353].

79 Außerdem muss das Bauvorhaben für eine Privilegierung nach § 35 Abs. 1 Nr. 1 BauGB dem landwirtschaftlichen Betrieb **dienen**, d.h. es muss nach Größe und Funktion dem Betrieb zugeordnet sein. Dabei wird zwar nicht verlangt, dass das Bauvorhaben für den Betrieb unbedingt erforderlich ist, andererseits reicht bloße Nützlichkeit aber nicht aus. Maßgebend ist, ob ein vernünftiger Landwirt ein derartiges Gebäude unter Berücksichtigung des Gebots größtmöglicher Schonung des Außenbereichs ebenfalls errichten würde.[354] Ein Vorhaben, das primär dazu bestimmt ist, dem Eigentümer ein Wohnen im Außenbereich unter dem „Deckmantel" der Landwirtschaft zu ermöglichen, dient danach nicht der Landwirtschaft.[355]

Nach § 35 Abs. 1 Nr. 1 BauGB sind schließlich solche Vorhaben privilegiert, die zwar selbst keine landwirtschaftliche Nutzung darstellen, aber mit dieser Nutzung in unmittelbarem Zusammenhang stehen – sog. **mitgezogene Betriebsteile**.[356] Dieses ist z.B. bei einer Winzerstube eines Weinbaubetriebs, der sog. Straußenwirtschaft[357], der Vermietung von Fremdenzimmern – Ferien auf dem Bauernhof[358] – oder dem Selbstverkauf landwirtschaftlicher Produkte[359] der Fall. Ein nach § 35 Abs. 1 Nr. 1 BauGB privilegiert mitgezogener Betriebsteil liegt aber nicht vor, wenn es sich um einen zweiten Betrieb neben dem landwirtschaftlichen Betrieb handelt, der nach Umfang und Einkommen dem Landwirtschaftsbetrieb in etwa gleichkommt.[360]

2. Gartenbauliche Erzeugung (Nr. 2)

80 § 35 Abs. 1 Nr. 2 BauGB privilegiert solche Vorhaben, die einem Betrieb der gartenbaulichen Erzeugung dienen, wobei zum Begriff des „Dienens" dieselben Anforderungen wie bei § 35 Abs. 1 Nr. 1 BauGB gelten. Gartenbauliche Erzeugung meint dabei die Gewinnung pflanzlicher Erzeugnisse wie beim Obst- und Gemüseanbau über den Eigenbedarf hinaus zum Zweck der Gewinnerzielung.[361] An sich unterfällt diese bereits der Privilegierung des § 35 Abs. 1 Nr. 1 BauGB; der Unterschied liegt darin, dass Gartenbaubetriebe von dem Erfordernis befreit sind, dass ihre (Betriebs-)Gebäude nur einen untergeordneten Teil der Betriebsfläche einnehmen dürfen, was beispielsweise bei (flächendeckenden) Gewächshäusern nicht der Fall ist.[362]

---

350 BVerwGE 41, 138; VGH Kassel NVwZ-RR 2009, 750: mehr als 50 % Eigenfläche.
351 BVerwG NVwZ 2013, 155; näher *Mitschang/Reidt* in: Battis/Krautzberger/Löhr § 35 Rn. 23.
352 BVerwG NVwZ 1986, 916; VGH Mannheim BauR 2003, 219.
353 Verneint: BVerwG NVwZ-RR 1990, 63; VGH Kassel BRS 36 Nr. 81 für Weihnachtsbaumkultur von 2.000 m². Bejaht: BVerwG DÖV 1983, 816 für Wanderschäferei mit 280 Schafen; OVG Lüneburg BauR 1983, 348 für Champignonzucht; BVerwG NVwZ-RR 1992, 400 für 100 ha Wald; BVerwG NVwZ 2013, 155 für 40 Mutterschafe.
354 BVerwG BauR 1994, 607; NVwZ 2009, 918. Dazu *Decker* JA 2014, 481 (483 f.) und *Herbolsheimer/Krüper* Jura 2020, 22 (27) (jeweils mit Beispiel).
355 BVerwG NVwZ 1986, 644.
356 *Herbolsheimer/Krüper* Jura 2020, 22 (26); BVerwG NVwZ 1986, 200.
357 VG Karlsruhe VBlBW 2000, 372; VG Neustadt a.d. Weinstraße BeckRS 2013, 50424.
358 VGH München BayVBl 1984, 567; dazu *Muckel/Ogorek* Öffentliches Baurecht § 7 Rn. 147.
359 OVG Münster BauR 2000, 245.
360 BVerwG BeckRS 1995, 31228563: ganzjährig betriebener gastronomischer Betrieb; VGH München BauR 2006, 2021: Campingplatz.
361 *Stollmann/Beaucamp* Öffentliches Baurecht § 17 Rn. 20; *Will* Öffentliches Baurecht Rn. 502.
362 OVG Hamburg NVwZ-RR 2001, 86.

3. Ortsgebundene Einrichtungen (Nr. 3)

§ 35 Abs. 1 Nr. 3 BauGB privilegiert zum einen ortsgebundene gewerbliche Betriebe. Bei den **ortsgebundenen Betrieben** i.S.d. § 35 Abs. 1 Nr. 3 BauGB handelt es sich i.d.R. um Anlagen zur Gewinnung von Bodenschätzen – Anlagen also, die auf einen Standort im Außenbereich aus geologischen Gründen angewiesen sind. Dabei sind selbstverständlich reine Produktions- und Transportanlagen privilegiert, z.b. eine Kiesgrube[363], ein Steinbruch[364] oder ein Gipsabbau[365]. Weniger klar ist dagegen, in welchem Umfang auch Verarbeitungsanlagen in den Genuss der Privilegierung nach § 35 Abs. 1 Nr. 3 BauGB kommen. Das BVerwG hat ausgeführt, es komme nicht auf die wirtschaftliche Zweckmäßigkeit, sondern auf die typische funktionelle Verbundenheit an; maßgeblich war, ob eine Kiesgrube und eine Transportbetonanlage sachlich-funktionell zusammengehören und deshalb typischerweise zusammen erstellt werden[366]. Hinsichtlich des Merkmals des „Dienens" hat das BVerwG im Übrigen festgestellt, das Vorhaben müsse dem ortsgebundenen gewerblichen Betrieb zu- und untergeordnet sein;[367] insoweit gelten erneut die Anforderungen zu § 35 Abs. 1 Nr. 1 BauGB sinngemäß.

81

Zum anderen privilegiert § 35 Abs. 1 Nr. 3 BauGB die **öffentliche Versorgung**[368] mit Elektrizität, Gas, Telekommunikationsleistungen, Wärme und Wasser sowie der Abwasserwirtschaft, wobei es nicht darauf ankommt, ob diese durch ein Unternehmen der öffentlichen Hand erfolgt. Entscheidend ist, dass die Versorgungsleistung der Allgemeinheit zugutekommt, was z.B. auch bei einem privaten Elektrizitätswerk der Fall sein kann, wenn der erzeugte Strom in das öffentliche Netz eingespeist wird.[369] Nach der Rechtsprechung des BVerwG ist auch bei den in § 35 Abs. 1 Nr. 3 BauGB genannten Infrastrukturvorhaben Voraussetzung für eine Privilegierung, dass die Anlage **ortsgebunden** ist, also auf einen bestimmten Standort im Außenbereich angewiesen ist.[370] Dies steht zwar im Widerspruch zum Wortlaut, der die Ortsgebundenheit nur für Gewerbebetriebe zur Voraussetzung erhebt. Rechnung zu tragen ist aber dem Sinn und Zweck der Norm, den Außenbereich größtmöglich zu schonen, was freilich nicht in eine „kleinliche" Prüfung münden darf.

82

Beispiele:
- BVerwG NVwZ 2013, 1289: Eine Mobilfunkanlage ist nach § 35 Abs. 1 Nr. 3 BauGB privilegiert, wenn sie im Außenbereich errichtet werden muss, wobei – anders als sonst – nur eine Raum- oder Gebietsbezogenheit erforderlich ist.[371]
- BVerwG BauR 1996, 362: Ein Holzlagerplatz für ein Sägewerk ist nicht deswegen ortsgebunden, weil er auf eine Berieselung mit Wasser aus einem Bach angewiesen ist; hierfür kommt praktisch jeder Bach in Betracht.

4. Vorhaben, die im Außenbereich ausgeführt werden sollen (Nr. 4)

Besonders schwer zu erfassen ist der Auffangtatbestand des § 35 Abs. 1 Nr. 4 BauGB, der Vorhaben privilegiert, die nur im Außenbereich ausgeführt werden sollen. Unterschieden werden **drei Fallgruppen**: Erstens gibt es Anlagen, die besondere Anforderungen an die Umgebung stellen (Alt. 1), wie Aussichtstürme oder Freilichttheater.[372] Zweitens sind Vorhaben gemeint, die insbe-

83

---

363 BVerwG NJW 1977, 119; NVwZ 1988, 54.
364 BVerwG DVBl 1983, 893.
365 BVerwG ZfBR 1990, 41.
366 BVerwG NJW 1977, 119.
367 Näher *Stollmann/Beaucamp* Öffentliches Baurecht § 17 Rn. 25.
368 Zu diesem Begriff § 1 Abs. 1 EnWG.
369 BVerwG NVwZ 1995, 64; weitere Beispiele bei *Will* Öffentliches Baurecht Rn. 503.
370 BVerwG NVwZ 1995, 64; ebenso z.B. *Kment* Öffentliches Baurecht I § 24 Rn. 19.
371 Dazu Fall 4 § 6 Rn. 121.
372 *Stollmann/Beaucamp* Öffentliches Baurecht § 17 Rn. 26.

sondere wegen den von ihnen verursachten Immissionen nachteilige Wirkungen auf die Umgebung erzielen (Alt. 2); davon ausgeklammert sind lediglich Anlagen zur Tierhaltung, die nicht landwirtschaftlich, sondern industriell betrieben werden und daher dem Anwendungsbereich des § 35 Abs. 1 Nr. 1 BauGB nicht unterfallen und die einer Pflicht zur Durchführung einer UVP oder zumindest einer entsprechenden Vorprüfung nach dem UVPG unterliegen (vgl. Anlage 1 zum UVPG Nummer 7).[373] Drittens unterfallen § 35 Abs. 1 Nr. 4 BauGB solche Vorhaben, die wegen ihren besonderen Zweckbestimmung (Alt. 3) nur im Außenbereich ausgeführt werden sollen, darunter u.U. Berg- oder Skihütten.

Bei § 35 Abs. 1 Nr. 4 BauGB ist zunächst zu prüfen, ob das Vorhaben schon **abstrakt** betrachtet nicht im Innenbereich und damit, wie z.b. im Fall einer Munitionsfabrik, in keinem der typisierten Baugebiete ausgeführt werden kann. Ist das der Fall, stellt sich die Frage des „Sollens", auf die sogleich zurückzukommen ist. Anderenfalls ist zusätzlich – und der Prüfung des „Sollens" vorgelagert – zu untersuchen, ob nach den **konkreten** (Gemeinde-)Verhältnissen nur eine Errichtung im Außenbereich in Betracht kommt.[374] Für eine Privilegierung nach § 35 Abs. 1 Nr. 4 BauGB ist nämlich nicht erforderlich, dass das Vorhaben schlechterdings nur im Außenbereich errichtet werden kann,[375] was z.B. bei einer Geflügelmastanlage oder einem Zeltplatz nicht der Fall sein wird, da derartige Anlagen gelegentlich auch im oder am Rande des Innenbereichs zu finden sind.

84 Selbst wenn das Vorhaben nicht im Innenbereich errichtet werden kann, bleibt zu prüfen, ob es **im Außenbereich** ausgeführt werden **soll**. Die Weite des Tatbestands des § 35 Abs. 1 Nr. 4 BauGB muss durch eine einschränkende Auslegung dieses Tatbestandsmerkmals ausgeglichen werden.[376] Das BVerwG weist zu Recht darauf hin, dass nicht alles, was wegen seiner Anforderungen oder Belastungen in Bezug auf die Umwelt nicht im Innenbereich verwirklicht werden kann, allein deshalb im Außenbereich gebaut werden soll; sonst wäre der Außenbereich weniger geschützt als der Innenbereich. Es muss geboten sein, ein derartiges Vorhaben gerade im Außenbereich zu errichten.[377] Dies setzt voraus, dass die Errichtung im Außenbereich in einer Weise billigenswert ist, die es auch unter Berücksichtigung der städtebaulichen Funktion des Außenbereichs rechtfertigt, es bevorzugt im Außenbereich zuzulassen.[378] Nicht billigenswert sind demgegenüber Bauvorhaben, auf deren Errichtung im Außenbereich verzichtet werden kann oder die als im Hinblick auf den Gleichheitssatz nicht wünschenswert erscheinen, weil sie lediglich der individuellen Erholung dienen und damit im Widerspruch zur Funktion des Außenbereichs als Erholungsgebiet für die Allgemeinheit stehen[379].

Beispiele:

- BVerwG NVwZ 1986, 645: Dem Inhaber eines Jagdreviers in fußläufiger Entfernung zum nächsten Ort (max. 6 km) ist es zuzumuten, auf eine Jagdhütte im Jagdrevier zu verzichten und sich im Ort eine Unterkunft zu suchen (ähnlich BVerwG BauR 1996, 374).

---

373 Dazu näher *Bicker* NuR 2016, 610; *Muckel/Ogorek* Öffentliches Baurecht § 7 Rn. 168; allgemein zur Zulassung von Tierhaltungsanlagen: *Arnold* NVwZ 2017, 497.
374 BVerwG NJW 1975, 2114: Campingplatz; NVwZ 1984, 169: Geflügelmast mit 180.000 Tieren; NVwZ 2000, 678: Almgaststätte; BauR 2014, 1129: Hundepension; ZfBR 2019, 153: Aufstockung einer Tierhaltungsanlage um 456 Sauen- und 1.000 Ferkelplätze.
375 BVerwGE 34, 1.
376 BVerwG NVwZ 1995, 64; *Muckel/Ogorek* Öffentliches Baurecht § 7 Rn. 159.
377 BVerwG NJW 1983, 2716; NVwZ 2000, 678; OVG Bautzen BeckRS 2016, 47924; *Herbolsheimer/Krüper* Jura 2020, 22 (29).
378 BVerwG NVwZ 1984, 169: Geflügelmast; VGH Mannheim NVwZ 1986, 62: öffentlicher Grillplatz.
379 BVerwG BauR 1992, 52.

F. Bauvorhaben im Außenbereich (§ 35 BauGB)

- BVerwG NJW 1975, 2114: Ein Zeltplatz für Dauercamping soll im Außenbereich nicht errichtet werden, weil er nur der Erholung derjenigen dient, die dort einen Standplatz für ihren Wohnwagen bzw. ihr Zelt haben.
- BVerwG BauR 1992, 52: Ein Golfplatz ist nicht privilegiert, da er nur für Vereinsmitglieder zur Verfügung steht.

Schließlich „sollen" nach § 35 Abs. 1 Nr. 4 BauGB nicht solche Anlagen im Außenbereich errichtet werden, die jedenfalls in ihrer gedachten Vielzahl den Außenbereich belasten, weil sie bei einer Privilegierung grundsätzlich überall im Außenbereich errichtet werden könnten.[380] § 35 Abs. 1 Nr. 4 BauGB erfasst keine Vorhaben, die in größerer Zahl zu erwarten sind und damit eine „Vorbildwirkung" für gleichartige Bauvorhaben hätten.[381] Nicht privilegiert sind ferner Großvorhaben, die nur aufgrund einer vorherigen Bauleitplanung errichtet werden sollen.[382] Namentlich **Wochenendhäuser** sind nicht nach § 35 Abs. 1 Nr. 4 BauGB privilegiert, denn sie sollen wegen ihrer Zweckbestimmung, nämlich der Erholung Einzelner zu dienen, nicht ungeplant im Außenbereich errichtet werden, sondern im Innenbereich, insbesondere in hierfür (durch Bebauungsplan) nach § 10 Abs. 1 BauNVO ausgewiesenen Wochenendhausgebieten.[383] Dies führt im Ergebnis dazu, dass praktisch nur noch Fischerhütten für Hobbyfischer[384], Jagdhütten, soweit sie im Jagdbezirk liegen und sich größenmäßig auf die Bedürfnisse der Jagdausübung beschränken,[385] Bienenhäuser[386] und ähnliche kleinere Anlagen[387], der Erholung der Allgemeinheit dienende Anlagen[388] sowie besonders immissionsträchtige Anlagen, die auch nicht in einem Gewerbe- oder Industriegebiet untergebracht werden können, z.B. ein Schießstand[389], eine Kabelabbrennanlage[390], eine Geflügelmastanlage[391] oder eine Hundezucht[392] unter das Privileg des § 35 Abs. 1 Nr. 4 BauGB fallen.

85

5. Wind- und Wasserenergie (Nr. 5)

§ 35 Abs. 1 Nr. 5 BauGB privilegiert Vorhaben, die der Erforschung, Entwicklung oder Nutzung der Wind- oder Wasserenergie dienen, also Wasser- und insbesondere **Windenergieanlagen**. Dieser Privilegierungstatbestand wurde eingeführt, weil derartige Anlagen nach der Rechtsprechung nicht ortsgebunden sind und damit nicht von § 35 Abs. 1 Nr. 3 BauGB erfasst werden.[393] Die Privilegierung für Windenergieanlagen gilt allerdings nur „nach Maßgabe des § 249 BauGB". Danach hängt die Privilegierung vom Fortgang der Ausweisung in sog. Windenergiegebieten nach dem Windenergieflächenbedarfsgesetz ab. Außerhalb derartiger Gebiete entfällt die Privilegierung nämlich, wenn nach Maßgabe des WindBG der entsprechende Flächenbeitragswert erreicht und dies festgestellt worden ist, § 249 Abs. 2 BauGB. Wird das Flächenziel dagegen verfehlt, entfallen nach § 249 Abs. 7 S. 1 Nr. 1 BauGB die Rechtsfolgen des § 249 Abs. 2 BauGB, soweit diese bereits eingetreten sind. Weiterhin können Windenergieanlagen in einem solchen Fall nach § 249

86

---

380 BVerwG NVwZ 2000, 678.
381 BVerwG DVBl 1977, 196: CVJM-Heim; BauR 1980, 49: Jugend- und Erwachsenenbildungsheime einer Religionsgemeinschaft; DÖV 1979, 212: FKK-Anlage; OVG Koblenz NVwZ-RR 2007, 304: Wallfahrtskapelle im Außenbereich.
382 OVG Münster BauR 2012, 1883.
383 BVerwG NJW 1964, 1973; NVwZ 2000, 1048. Dazu § 6 Rn. 23.
384 BVerwG BauR 1978, 121.
385 BVerwG BauR 1996, 374 u. 829.
386 BVerwG BauR 1975, 104.
387 BVerwG NJW 1984, 1576.
388 VGH Mannheim NVwZ 1994, 920: gemeindlicher Grillplatz; VGH München NVwZ 2013, 311: Skihütte.
389 BVerwG DÖV 1978, 774.
390 BVerwGE 55, 118.
391 BVerwG NVwZ 1984, 169.
392 BVerwG NJW 1983, 2718.
393 BVerwG NVwZ 1995, 64; OVG Bautzen SächsVBl 2000, 244; VGH Mannheim VBlBW 2000, 395. Zur Kritik am Erfordernis der Ortsgebundenheit für Anlagen zur öffentlichen Versorgung bereits § 6 Rn. 82.

Abs. 7 S. 1 Nr. 2 BauGB Ziele der Raumordnung, Darstellungen von Flächennutzungsplänen und sonstige Maßnahmen der Landesplanung nicht mehr entgegengehalten werden.

Hinweis: Die Privilegierung für Windenergieanlagen erstreckt sich auch auf Vorhaben, die der Herstellung oder Speicherung von Wasserstoff dienen, § 249a Abs. 1 BauGB. Außerdem ermächtigt § 249b BauGB die Landesregierungen, die Privilegierung auf Abbaubereiche des Braunkohletagebaus zu erstrecken.

87 Die Privilegierung für Windenergieanlagen bedeutet nicht, dass diese überall im Außenbereich errichtet werden können; öffentliche Belange i.S.d. § 35 Abs. 3 BauGB – insbesondere nach dessen Satz 1 Nr. 5 – dürfen ihnen nicht entgegenstehen. Eine Errichtung in Natur- oder Landschaftsschutzgebieten kann deshalb an naturschutzrechtlichen Verordnungen scheitern.[394] Aber auch in Gebieten, die nicht unter Schutz gestellt sind, können Windenergieanlagen unzulässig sein, nämlich wenn die Windenergieanlage einen Eingriff in Natur und Landschaft i.S.d. § 14 BNatSchG darstellt,[395] wenn sie gegen den Artenschutz[396] oder das in § 35 Abs. 3 S. 1 Nr. 3 BauGB verankerte Rücksichtnahmegebot[397] verstößt, etwa weil sie eine auf die Nachbarschaft „optisch bedrängende Wirkung" hat,[398] oder sie das Landschaftsbild verunstaltet, weil es sich um eine wegen ihrer Schönheit und Funktion besonders schutzwürdige Umgebung oder um einen besonders groben Eingriff in das Landschaftsbild handelt.

Hinweis: Wird der Mindestabstand von 1.000 m zur nächsten Wohnbebauung unterschritten, entfällt die Privilegierung des § 35 Abs. 1 Nr. 5 BauGB (§ 249 Abs. 9 BauGB i.V.m. § 84 Abs. 2 SächsBO), es sei denn der Freistaat Sachsen erreicht den Flächenbeitragswert nicht, § 249 Abs. 7 S. 2 BauGB. Im Anschluss kann sich die Frage stellen, ob § 35 Abs. 3 S. 1 Nr. 3 BauGB dem Vorhaben entgegensteht (z.B. Schattenwurf, optisch bedrängende Wirkung i.S.d. § 249 Abs. 10 BauGB, Lärmimmissionen).[399] § 35 Abs. 3 S. 3 BauGB spielt dagegen für Windenergieanlagen keine Rolle mehr, § 249 Abs. 1 BauGB.[400]

6. Energetische Nutzung von Biomasse (Nr. 6)

88 Die Privilegierung des § 35 Abs. 1 Nr. 6 BauGB knüpft an die Tatbestände des § 35 Abs. 1 Nr. 1, 2 und Nr. 4 BauGB an. Demgemäß ist die energetische Nutzung von Biomasse – gemeint ist vor allem die Erzeugung und Verwertung von aus Biomasse erzeugtem Gas[401] – nur dann im Außenbereich privilegiert, wenn sie im Rahmen eines dort genannten Betriebes erfolgt; unschädlich ist es indes, wenn der landwirtschaftliche Betrieb ausschließlich Biomasse erzeugt[402]. Einengende Voraussetzungen lassen sich § 35 Abs. 1 Nr. 6 a)-d) entnehmen. Danach darf je Betriebsstandort nur eine Anlage betrieben werden; gegeben sein muss außerdem ein räumlich-funktionaler Zusammenhang des Vorhabens mit dem Betrieb. Dies erfordert eine räumliche Nähe zum Schwerpunkt der betrieblichen Abläufe.[403] Die Biomasse muss schließlich überwiegend aus dem

---

394 BVerwG BauR 2000, 1311.
395 BVerwG BauR 2002, 1059; 2003, 829; OVG Bautzen SächsVBl 2004, 106; VGH Mannheim NVwZ 2000, 1063.
396 BVerwG NVwZ 2013, 1411.
397 VGH Mannheim VBlBW 2016, 430: Schattenwurf; OVG Koblenz NVwZ-RR 2011, 759: Risiko von Eisabwurf.
398 VGH München NVwZ-RR 2015, 284.
399 Dazu allgemein § 6 Rn. 96.
400 Zu § 35 Abs. 3 S. 3 BauGB § 6 Rn. 105 f.
401 *Muckel/Ogorek* Öffentliches Baurecht § 7 Rn. 173.
402 BVerwG NVwZ 2009, 585.
403 *Kment* Öffentliches Baurecht I § 24 Rn. 32 m.w.N.

F. Bauvorhaben im Außenbereich (§ 35 BauGB) 159

Betrieb des Betreibers der Anlage oder aus einem nahe gelegenen Betrieb stammen; dadurch soll insbesondere der sog. Biomasse- bzw. Gülletourismus verhindert werden.[404]

Hinweis: Sonderregelungen für Anlagen, deren Errichtung vor September 2022 stattgefunden hat, enthält § 246d BauGB. Die Biogasproduktion ist damit bis Ende 2024 nicht mehr ausschließlich Betrieben vorbehalten, mit denen die Anlagen gemäß den weiteren Anforderungen des § 35 Abs. 1 Nr. 6 BauGB korrelieren.

7. Kerntechnische Anlagen (Nr. 7)

§ 35 Abs. 1 Nr. 7 BauGB privilegiert Anlagen, die der Erforschung, Entwicklung oder Nutzung der Kernenergie zu friedlichen Zwecken oder der Entsorgung radioaktiver Abfälle dienen. Erfasst werden also namentlich Wiederaufbereitungsanlagen, Zwischen- und Endlager sowie Sammelstellen für radioaktive Abfälle,[405] nicht (mehr) jedoch die Neuerrichtung von Anlagen zur Spaltung von Kernbrennstoffen zur gewerblichen Erzeugung von Elektrizität i.S.d § 7 Abs. 1 S. 2 AtG[406].

89

8. Nutzung solarer Strahlungsenergie (Nr. 8)

Privilegiert wird schließlich die Nutzung solarer Strahlungsenergie in, an und auf Dach- und Außenwandflächen von zulässigerweise genutzten, d.h. in erster Linie baurechtlich genehmigten Gebäuden, wenn die Anlage dem Gebäude baulich untergeordnet ist (§ 35 Abs. 1 Nr. 8 BauGB); die fotovoltaische bzw. solarthermische Anlage darf also jedenfalls nicht weit über die Dach-, bzw. Wandfläche des Gebäudes hinausragen[407]. Das Unterordnungsverhältnis erfordert jedoch nicht, dass die Anlage dem Gebäude funktional untergeordnet ist oder diesem dient; die gewonnene Energie kann also auch zu 100 % in das öffentliche Versorgungsnetz eingespeist werden.[408] Daneben privilegiert § 35 Abs. 1 Nr. 8 BauGB die Nutzung solarer Strahlungsenergie auf einer Fläche längs von bzw. in Entfernung von bis zu 200 m von Autobahnen oder (bestimmten) Schienenwegen. Diese Flächen sind ohnehin durch optische und akustische Belastungen vorgeprägt, sodass eine Belegung mit Fotovoltaikanlagen auch ohne vorherige Durchführung eines Planverfahrens ermöglicht werden soll;[409] dabei ist – für Autobahnen – freilich den Regelungen des Fernstraßenrechts Rechnung zu tragen[410].

90

Hinweis: Anlagen zur Nutzung solarer Strahlungsenergie i.S.d. § 35 Abs. 1 Nr. 8 BauGB soll ein Vorhaben, das der Herstellung oder Speicherung von Wasserstoff dient, beigestellt werden können, § 249a Abs. 2 BauGB.

II. Sonstige Vorhaben (§ 35 Abs. 2 BauGB)

Nicht privilegierte Vorhaben, darunter Wohnhäuser außerhalb des landwirtschaftlichen Betriebs sowie Wochenend- und Ferienhäuser, können nach § 35 Abs. 2 BauGB zugelassen werden, wenn ihre Ausführung oder Benutzung öffentliche Belange i.S.d. § 35 Abs. 3 BauGB nicht beeinträchtigt. Trotz des Wortes „können" besteht wegen des auch im Außenbereich geltenden

91

---

[404] BT-Drs. 15/2250 S. 55.
[405] BeckOK BauGB/*Söfker* § 35 Rn. 46.
[406] Zur Altfassung (§ 35 Abs. 1 Nr. 5 BBauG) etwa BVerwG NVwZ 1986, 208.
[407] *Muckel/Ogorek* Öffentliches Baurecht § 7 Rn. 176. Strenger BT-Drs. 17/6076 S. 10.
[408] *Kment* Öffentliches Baurecht I § 24 Rn. 35.
[409] BT-Drs. 20/4704 S. 17.
[410] Zu § 9 Abs. 8 FStrG § 9 Rn. 24.

Grundsatzes der Baufreiheit ein **Rechtsanspruch** auf Zulassung,[411] sofern – ausnahmsweise – öffentliche Belange nicht beeinträchtigt werden und die Erschließung[412] gesichert ist.

Hinweis: Bevor ein sonstiges Vorhaben angenommen wird, sollten sämtliche Privilegierungstatbestände zumindest gedanklich angeprüft worden sein. Im Anschluss ist der Unterschied zwischen privilegierten und sonstigen Vorhaben herauszuarbeiten, bevor sich der Blick auf die öffentlichen Belange des § 35 Abs. 3 BauGB richtet, die im Einzelfall ggf. durch § 35 Abs. 4 BauGB „modifiziert" werden.

III. Öffentliche Belange (§ 35 Abs. 3 BauGB)

92 § 35 Abs. 3 BauGB enthält eine nicht erschöpfende Aufzählung („insbesondere") der öffentlichen Belange, bei deren Beeinträchtigung ein sonstiges Vorhaben (§ 35 Abs. 2 BauGB) nicht errichtet werden darf; ebenfalls hierauf zurückgegriffen werden darf trotz des abweichenden Wortlauts bei der Abwägung im Rahmen der privilegierten Vorhaben des § 35 Abs. 1 BauGB.

1. Einzelne Belange des § 35 Abs. 3 S. 1 BauGB

93 Damit stellt sich die Frage, was unter den in § 35 Abs. 3 S. 1 BauGB genannten Belangen im Einzelnen zu verstehen ist.

Hinweis: Klausur- und praxisrelevant sind vor allem die Belange des § 35 Abs. 3 S. 1 Nr. 1 BauGB (Widerspruch zu Darstellungen des Flächennutzungsplans), § 35 Abs. 3 S. 1 Nr. 3 BauGB (Hervorrufen schädlicher Umweltauswirkungen), § 35 Abs. 3 S. 1 Nr. 5 BauGB (Naturschutz und Landschaftspflege) sowie § 35 Abs. 3 S. 1 Nr. 7 BauGB (Splittersiedlung).

a) Widerspruch zu Darstellungen des Flächennutzungsplans (Nr. 1)

94 Zunächst darf das Bauvorhaben nicht den Darstellungen des **Flächennutzungsplans** widersprechen, § 35 Abs. 3 S. 1 Nr. 1 BauGB. Der Flächennutzungsplan reicht zwar nicht aus, um die Zulässigkeit eines ihm entsprechenden Bauvorhabens im Außenbereich zu begründen, solange kein aus dem Flächennutzungsplan entwickelter (§ 8 Abs. 2 BauGB) Bebauungsplan aufgestellt worden ist.[413] Dagegen stellt ein Widerspruch des Bauvorhabens zum Flächennutzungsplan regelmäßig eine Beeinträchtigung öffentlicher Belange i.S.d. § 35 Abs. 2 BauGB dar, weil im Flächennutzungsplan die Planungskonzeption der Gemeinde zum Ausdruck kommt.[414] Das BVerwG hat allerdings § 35 Abs. 3 S. 1 Nr. 1 BauGB dahingehend eingeschränkt, dass der Flächennutzungsplan nur insoweit ein Vorhaben im Außenbereich verhindern kann, als seine Darstellungen den tatsächlichen Verhältnissen entsprechen.[415] Denn der Flächennutzungsplan ist kein Rechtssatz; es gibt keine Rechtfertigung für eine Verhinderung von dem Flächennutzungsplan zuwiderlaufenden Bauvorhaben, wenn der Flächennutzungsplan nicht mehr der tatsächlichen Situation entspricht.

Das BVerwG hat früher angenommen, die Darstellungen eines Flächennutzungsplans könnten einem privilegierten Vorhaben nicht als öffentlicher Belang entgegenstehen, weil § 35 Abs. 1 BauGB nach Art eines Ersatzbebauungsplans die privilegierten Vorhaben im Außenbereich

---

411 BGH BauR 1981, 357; *Stollmann/Beaucamp* Öffentliches Baurecht § 17 Rn. 39.
412 Dazu § 6 Rn. 134 f.
413 BVerwG BauR 2000, 1171; VGH Mannheim NVwZ-RR 2000, 481.
414 *Kment* Öffentliches Baurecht I § 24 Rn. 44; BVerwG BauR 1991, 179.
415 BVerwG NVwZ 1984, 367; 1997, 899; 2000, 1048.

generell für zulässig erkläre.⁴¹⁶ Diese Ansicht hat es später dahingehend modifiziert,⁴¹⁷ dass der Flächennutzungsplan ein **privilegiertes Vorhaben** – im Unterschied zu einem nicht privilegierten – nur dann verhindern kann, wenn er eine konkrete, standortbezogene Aussage über die Nutzungsmöglichkeit des Baugrundstücks enthält, etwa eine Verkehrsanlage vorsieht.⁴¹⁸ Die Darstellung als land- und forstwirtschaftliche Nutzfläche ist dagegen i.d.R. zu unbestimmt.⁴¹⁹

Hinweis: Die bei § 35 Abs. 3 S. 1 Nr. 1 BauGB notwendige Unterscheidung zwischen privilegierten und sonstigen Vorhaben ist ein beliebter Klausurgegenstand, da sie sich im Wortlaut der Norm nicht widerspiegelt.

b) Widerspruch zu Darstellungen von Fachplänen (Nr. 2)

Das Bauvorhaben darf nicht den Darstellungen eines **Landschaftsplans** i.S.d. §§ 8 ff. BNatSchG oder sonstigen Plans, insbesondere des **Wasser-, Abfall- oder Immissionsschutzrechts**, widersprechen (§ 35 Abs. 3 S. 1 Nr. 2 BauGB). Zu den sonstigen Plänen zählen insbesondere die in § 75 WHG geregelten Risikomanagementpläne, Abfallwirtschaftspläne nach §§ 30 ff. KrWG, Luftreinhaltepläne nach § 47 BImSchG sowie Lärmminderungspläne nach §§ 47a ff. BImSchG. Grundvoraussetzung ist allerdings, dass die genannten Pläne bereits vorliegen, d.h. nach den in den jeweiligen Umweltgesetzen vorgesehenen Verfahren aufgestellt sind.⁴²⁰ Entwürfe der Pläne reichen nicht, es sei denn, die Planung, deren Verwirklichung zu erwarten sein muss, ist derart fortgeschritten, dass sich bereits konkrete Aussagen hinsichtlich des Vorhabens treffen lassen.⁴²¹

95

c) Schädliche Umweltauswirkungen (Nr. 3)

Zu prüfen ist weiter, ob das Bauvorhaben **schädliche Umwelteinwirkungen** hervorruft oder ihnen ausgesetzt ist, § 35 Abs. 3 S. 1 Nr. 3 BauGB. Die Definition des Begriffs der schädlichen Umwelteinwirkungen in § 3 Abs. 1 BImSchG, der insbesondere durch die TA Lärm, die TA Luft sowie die Geruchsimmissionsrichtlinie GIRL konkretisiert wird, gilt auch für § 35 Abs. 3 S. 1 Nr. 3 BauGB.⁴²² Diese Bestimmung soll verhindern, dass der Außenbereich mit Immissionen belastet wird, soweit ein Vorhaben nicht nach § 35 Abs. 1 Nr. 3, 4 oder 6 BauGB privilegiert ist, andererseits aber auch die Inhaber privilegierter Betriebe vor immissionsschutzrechtlichen Abwehransprüchen schützen. In § 35 Abs. 3 S. 1 Nr. 3 BauGB i.V.m. § 3 Abs. 1 BImSchG kommt mithin das allgemeine Gebot der Rücksichtnahme für eine besondere Konfliktsituation zum Ausdruck.⁴²³

96

Beispiele:
- VGH München NVwZ-RR 1995, 430: Errichtung eines großen Schafstalls neben dem Wohngebäude eines anderen Landwirtschaftsbetriebs.
- BVerwG NVwZ 2008, 76: Errichtung einer Windenergieanlage im Außenbereich in einem Abstand von ca. 340 m zum Wohngebäude eines landwirtschaftlichen Betriebs.
- BVerwG BauR 2013, 1248: Wiederaufnahme einer Wohnnutzung in einem ehemals landwirtschaftlichen Wohnhaus neben einem Untertageerdgasspeicher.

---

416 BVerwG NJW 1968, 1105.
417 BVerwG NVwZ 1984, 367; dazu *Hoppe* DVBl 1991, 1277.
418 BVerwG NVwZ 1997, 899; vgl. nunmehr BVerwG ZfBR 2015, 785. Zu dieser Unterscheidung anhand eines Beispiels *Decker* JA 2015, 1 (2 f.).
419 BVerwG NVwZ 1993, 884; OVG Bautzen SächsVBl 2000, 244.
420 BeckOK BauGB/*Söfker* § 35 Rn. 73.
421 BVerwG NVwZ 2001, 1048.
422 BVerwG BauR 1990, 689; NVwZ 2008, 76; 2018, 509.
423 BVerwG BauR 1983, 143; NVwZ 1991, 64; OVG Bautzen BeckRS 2016, 43702. Zum Gebot der Rücksichtnahme § 10 Rn. 32 ff.

d) Unwirtschaftliche Aufwendungen (Nr. 4)

97 Eine Beeinträchtigung öffentlicher Belange liegt auch dann vor, wenn das Vorhaben **unwirtschaftliche Aufwendungen** für Straßen oder andere Verkehrseinrichtungen, für Anlagen der Versorgung oder Entsorgung, für die Sicherheit oder Gesundheit oder für sonstige Aufgaben erfordert, § 35 Abs. 3 S. 1 Nr. 4 BauGB. Erfasst werden Infrastruktureinrichtungen, die von der Gemeinde im Rahmen der Daseinsvorsorge auf Grund des Vorhabens einzurichten wären, dabei aber über den für die (grundstücksbezogene) Erschließung erforderlichen Umfang hinausgehen.[424] Die Gemeinde hat daher ein legitimes Interesse daran, zu verhindern, dass derartige Aufwendungen im Verhältnis zum erstrebten Zweck unangemessen hoch ausfallen, also unwirtschaftlich sind[425]; anders kann es dann liegen, wenn sich der Bauherr zur Übernahme der Aufwendungen verpflichtet.[426]

e) Naturschutz und Landschaftspflege (Nr. 5)

98 Belange des **Naturschutzes** und der **Landschaftspflege** dürfen durch das Bauvorhaben nicht beeinträchtigt werden (§ 35 Abs. 3 S. 1 Nr. 5 BauGB). Die bauplanungsrechtlichen und die naturschutzrechtlichen Zulassungsvoraussetzungen, beispielsweise die naturschutzrechtliche Eingriffsregelung[427], sind unabhängig voneinander zu prüfen; beides ist im Wege nachvollziehender Abwägung voll gerichtlich überprüfbar[428]. Daher ist auch zu unterscheiden zwischen festgesetzten Schutzgebieten und sonstigen Außenbereichsgebieten[429]: Bei festgesetzten Schutzgebieten können auch privilegierte Vorhaben nur insoweit errichtet werden, als sie naturschutzrechtlich zulässig sind.[430] Bei sonstigen Gebieten kommt es auf die **Verunstaltung des Landschaftsbildes** an. Eine solche ist bei einer Bebauung gegeben, die von dem Betrachter als grob unangemessen empfunden wird.[431] Je schutzwürdiger das Landschaftsbild ist, weil es sich beispielsweise um eine wegen ihrer Schönheit und Funktion besonders schutzwürdige Umgebung handelt, umso eher ist die Schwelle der Verunstaltung erreicht. Gleiches gilt, wenn es sich um einen besonders groben Eingriff in das Landschaftsbild handelt.[432]

Beispiele:
- BVerwG NJW 1995, 2648: Eine 13 m hohe Monumentalfigur mitten im Wald kann wegen Verunstaltung des Landschaftsbildes unzulässig sein, auch wenn sie ein Kunstwerk i.S.d. Art. 5 Abs. 3 S. 1 GG darstellt.
- OVG Münster BauR 2001, 223: Die Errichtung einer Schweinemastanlage in einer bisher unberührten Tallandschaft stellt eine Verunstaltung dar.

99 Ferner stehen eine Beeinträchtigung der **natürlichen Eigenart der Landschaft** und ihr **Erholungswert** der Zulässigkeit eines Vorhabens im Außenbereich entgegen. Die natürliche Eigenart der Landschaft wird gekennzeichnet durch die dort vorhandene Bodennutzung, i.d.R. also Land- und Forstwirtschaft. Bauliche Vorhaben, deren Zweckbestimmung in keinem Zusammenhang mit dieser Funktion der Außenbereichslandschaft stehen und auch nicht der allgemeinen Erholung dienen, stellen deshalb eine Beeinträchtigung der natürlichen Eigenart der Landschaft dar.[433]

---

424 *Muckel/Ogorek* Öffentliches Baurecht § 7 Rn. 187. Zur Erschließung § 6 Rn. 134 f.
425 BVerwG DÖV 1972, 827.
426 *Mitschang/Reidt* in: Battis/Krautzberger/Löhr § 35 Rn. 82.
427 Dazu § 5 Rn. 77.
428 BVerwG NVwZ 2002, 1112.
429 BVerwG NVwZ 1998, 58.
430 BVerwG ZfBR 2000, 428.
431 *Stollmann/Beaucamp* Öffentliches Baurecht § 17 Rn. 51; BVerwG NVwZ 1991, 64; OVG Münster BauR 2001, 223.
432 OVG Bautzen SächsVBl 2000, 244.
433 BVerwG NJW 1967, 1099; BauR 2001, 227; OVG Koblenz NVwZ-RR 2016, 652.

Dabei ist für die Beurteilung der Beeinträchtigung der natürlichen Eigenart der Landschaft nur auf die **objektive Nutzungsmöglichkeit** des Gebäudes, nicht auf seine augenblickliche Verwendung abzustellen.[434] Ein als Wochenendhaus geeignetes Gebäude wird daher nicht dadurch zulässig, dass es nur zur Aufbewahrung von landwirtschaftlichen Geräten genutzt wird. Es kommt auch nicht darauf an, ob das Gebäude deutlich sichtbar oder – etwa durch Bepflanzung – verborgen ist, maßgebend ist allein der Widerspruch zwischen der objektiven Zweckbestimmung des Gebäudes und der in seiner Umgebung vorhandenen Bodennutzung.[435]

f) Agrarstruktur, Wasserwirtschaft und Hochwasserschutz (Nr. 6)

Ein Bauvorhaben darf außerdem weder Maßnahmen zur Verbesserung der Agrarstruktur beeinträchtigen, noch die Wasserwirtschaft oder den Hochwasserschutz gefährden, § 35 Abs. 3 S. 1 Nr. 6 BauGB. Letzteres tritt neben die Schutzvorschriften des Wasserrechts; im Vordergrund steht dabei der Trink- und Grundwasserschutz, während der Hochwasserschutz detaillierter in §§ 72 ff. WHG, insbesondere in § 78 WHG geregelt ist.[436]

100

g) Splittersiedlungen (Nr. 7)

§ 35 Abs. 3 S. 1 Nr. 7 BauGB will verhindern, dass der Außenbereich durch die Entstehung, Verfestigung oder Erweiterung einer **Splittersiedlung** – dem Gegenteil eines „Ortsteils" gemäß § 34 Abs. 1 BauGB – planlos zersiedelt wird.[437] Eine Bebauung des Außenbereichs mit Wohngebäuden oder Wochenendhäusern, die also zumindest dem gelegentlichen Aufenthalt von Menschen zu dienen bestimmt sind,[438] stellt i.d.R. eine Zersiedelung des Außenbereichs dar und beeinträchtigt damit öffentliche Belange nach § 35 Abs. 3 S. 1 Nr. 7 BauGB, weil zu befürchten ist, dass ein solches Bauvorhaben weitere gleichartige Bauwünsche nach sich zieht und damit „Vorbildwirkung" entfaltet[439]. Ein „Berufungsfall", der als Signal für die Verwirklichung weiterer Bauwünsche gewertet werden könnte[440] und der massiven Druck auf die Bauaufsichtsbehörde auslöst, soll vermieden werden; ihm ist „in den Anfängen zu wehren"[441].

101

Etwas anderes gilt, wenn eine bereits vorhandene Splittersiedlung „abgerundet", d.h. eine Baulücke zwischen den vorhandenen Gebäuden bebaut wird.[442] Es muss sich aber um die Schließung einer Baulücke innerhalb einer Splittersiedlung handeln. Dagegen werden öffentliche Belange berührt, wenn eine Splittersiedlung so erweitert wird, dass sie zu einem Ortsteil i.S.d. § 34 Abs. 1 BauGB wird, weil eine derartige Ausweitung der Bebauung im Außenbereich eine planerische Entscheidung der Gemeinde (Bebauungsplan, Entwicklungssatzung nach § 34 Abs. 4 S. 1 Nr. 2 BauGB) voraussetzt.[443] Eine ungeplante Zersiedelung des Außenbereichs ist auch bei der sog. Anschlussbebauung zu befürchten, wenn nämlich im Anschluss an den Ortsrand weitere bauliche Anlagen errichtet werden, was dazu führt, dass die Ortschaft sich planlos in den Außenbereich ausdehnt.[444]

---

434 VGH Mannheim VBlBW 1987, 274; OVG Lüneburg NVwZ-RR 1994, 492.
435 BVerwG NJW 1970, 346.
436 *Will* Öffentliches Baurecht Rn. 537. Vgl. aber z.B. OVG Bautzen Urt. v. 08.09.2011 – 1 A 741/10 –, juris.
437 BVerwG BauR 1977, 399; 2005, 73; NVwZ 2001, 1282; ZfBR 2016, 799; OVG Bautzen SächsVBl 2004, 57.
438 OVG Bautzen BeckRS 2017, 116803: nicht bei Fotovoltaikanlage.
439 BVerwG BauR 1977, 398; 2000, 1173; NVwZ 1989, 667; 2012, 1631; NVwZ-RR 1999, 295.
440 BVerwG BauR 2000, 1173; BayVBl 2001, 22.
441 BVerwG ZfBR 2000, 278.
442 BVerwG BauR 1977, 399; 1990, 689; NVwZ 2006, 1288; OVG Münster BauR 1996, 688.
443 BVerwG BauR 2000, 1175.
444 BVerwG BauR 1991, 55; NVwZ 1985, 747.

h) Funktionsfähigkeit von Funkstellen und Radaranlagen (Nr. 8)

102 Schließlich stellt die Funktionsfähigkeit von Funkstellen und Radaranlagen einen öffentlichen Belang i.S.d. § 35 Abs. 3 S. 1 Nr. 8 BauGB dar, der besonders bei der Errichtung von Windenergieanlagen zu beachten ist[445].

i) Sonstige Belange i.S.d. § 35 Abs. 3 S. 1 BauGB

103 Die Aufzählung öffentlicher Belange in § 35 Abs. 3 BauGB ist nicht abschließend, wie das Wort „insbesondere" zeigt.[446] Unter anderem erkennt die Rechtsprechung das **Bedürfnis nach vorheriger Planung** als solchen Belang an.[447]

Beispiel:

- BVerwG NVwZ 2003, 86: Der Bau eines Factory-Outlet-Center von 21.000 m² mit 61 Geschäften und 2 Gaststätten setzt wegen der erforderlichen Koordination der verschiedenen öffentlichen und privaten Belange (z.B. der Zufahrtsstraße, der Parkplätze, der Abfallbeseitigung) einen vorherigen Bebauungsplan voraus, sodass eine solche Anlage nicht „planlos" errichtet werden kann.

Das allgemeine Interesse der Gemeinde an der Erhaltung der uneingeschränkten Planungsmöglichkeiten im Außenbereich (sog. Freihaltebelang) stellt hingegen keinen öffentlichen Belang i.S.d. § 35 Abs. 3 BauGB dar;[448] anders kann es liegen, wenn es sich um einen in der Aufstellung befindlichen Bebauungsplan handelt, dessen Verwirklichung zu erwarten ist[449].

2. Ziele der Raumordnung (§ 35 Abs. 3 S. 2 BauGB)

104 Gemäß § 35 Abs. 3 S. 2 BauGB dürfen raumbedeutsame Vorhaben[450] wie z.B. große Tierhaltungsanlagen den **Zielen der Raumordnung**[451] nicht widersprechen; Raum für eine nachvollziehende Abwägung, in der das Vorhaben den Zielen der Raumordnung gegenüberzustellen ist,[452] ist insoweit nicht.[453] Festlegungen in Raumordnungsplänen sowie Regionalplänen, insbesondere mit Festlegungen nach § 7 Abs. 3 ROG (Vorranggebiete, Vorbehaltsgebiete), können ein Vorhaben aber nur dann verhindern, wenn sie sachlich und räumlich hinreichend konkretisiert sind.[454] Soweit raumbedeutsame Vorhaben, die nach § 35 Abs. 1 BauGB privilegiert sind, in einem solchen Raumordnungsplan enthalten sind, stehen diesen Vorhaben öffentliche Belange nicht entgegen, soweit sie bei der Darstellung dieser Vorhaben als Ziele der Raumordnung abgewogen worden sind (§ 35 Abs. 3 S. 2 Hs. 2 BauGB); die betroffenen öffentlichen Belange behindern das Vorhaben also nicht mehr, weil sie bereits bei der Aufstellung des Raumordnungsplans berücksichtigt worden sind[455].

---

445 Dazu: BVerwG NVwZ 2017, 160; aufbereitet von *Edenharter* Jura 2017, 1049 (1056).
446 BVerwG NVwZ 1998, 58.
447 OVG Münster BauR 2012, 1883; OVG Bautzen BeckRS 2017, 116803; dazu bereits § 5 Rn. 36 für Bauleitpläne.
448 BVerwG NVwZ 1984, 510; 1991, 161.
449 BVerwG BauR 1974, 257; weitere ungeschriebene Belange bei *Kment* Öffentliches Baurecht I § 24 Rn. 58 ff.
450 Dazu § 3 Nr. 6 ROG; BVerwG NJW 1987, 2389; NVwZ 2003, 738.
451 Dazu bereits § 5 Rn. 41 für Bauleitpläne.
452 BVerwG DVBl 2001, 1855 für § 35 Abs. 3 BauGB: Gipsabbau und Vorranggebiet Erholung.
453 BVerwG NVwZ 2015, 1540.
454 BVerwG NJW 1984, 1367.
455 BVerwG NVwZ 2003, 1261; OVG Lüneburg NVwZ 2000, 579.

3. Ausweisung an anderen Standorten (§ 35 Abs. 3 S. 3 BauGB)

Der **planerischen Steuerung von privilegierten Vorhaben im Außenbereich** dient § 35 Abs. 3 S. 3 BauGB, der der Rechtsprechung des BVerwG zu Konzentrationsflächen für den Kiesabbau folgt[456]. Nach § 35 Abs. 3 S. 3 BauGB stehen öffentliche Belange einem nach § 35 Abs. 1 Nr. 2-6 BauGB privilegierten Vorhaben i.d.R. auch dann entgegen, wenn hierfür durch Darstellungen im Flächennutzungsplan oder als Ziele der Raumordnung eine Ausweisung an anderer Stelle erfolgt ist. Diese Regelung ermöglicht es, durch gebietsbezogene Festlegungen z.B. gewerbliche Tierhaltungs- oder Biomasseanlagen an bestimmten Standorten zu konzentrieren und sie dadurch an anderer Stelle auszuschließen. Außerhalb der Konzentrationszonen sind diese Vorhaben dann im Regelfall unzulässig. Umgekehrt steht mit der Ausweisung auch fest, dass öffentliche Belange dem Vorhaben innerhalb des betreffenden Gebiets nicht entgegenstehen, § 35 Abs. 3 S. 2 Hs. 2 BauGB.

Voraussetzung ist jeweils, dass die Festlegungen sachlich und räumlich hinreichend konkretisiert sind.[457] Die Ziele der Raumordnung werden grundsätzlich durch Vorranggebiete (§ 7 Abs. 3 S. 1 Nr. 1 ROG) bzw. Vorranggebiete mit Ausschlusswirkung (§ 7 Abs. 3 S. 3 ROG) festgelegt; Vorbehaltsgebiete (§ 7 Abs. 3 S. 1 Nr. 2 ROG), die nicht den Zielen, sondern den Grundsätzen der Raumordnung zugerechnet werden, erweisen sich demgegenüber als problematisch[458]. Die Ausschlusswirkung kommt nur wirksamen, nicht aber nur planreifen Raumordnungsplänen zu;[459] diese können ggf. aber als öffentlicher Belang i.S.d. § 35 Abs. 3 S. 1 BauGB beachtlich sein[460]. Abwägungsfehler lassen die Ausschlusswirkung ebenso entfallen wie ein fehlendes gesamträumliches Planungskonzept eines Raumordnungs- oder Flächennutzungsplans.[461] Den privilegierten Vorhaben muss – sei es in Raumordnungs- oder Flächennutzungsplänen – in „substanzieller Weise Raum geschaffen" werden; eine Negativ- oder Alibiplanung etwa zulasten von Biomasseanlagen ist unzulässig.[462]

Hinweis: Diese Rechtsprechung hat der Gesetzgeber mit § 7 Abs. 3 S. 3, 4 ROG aufgegriffen; entfallen sind hingegen mit Wirkung vom 28.09.2023 die Gebietskategorien der Eignungsgebiete (ggf. für Meeresbereich).[463]

Dabei erfolgt die Ausweisung so, dass zunächst die „harten Tabuzonen" bestimmt werden, also jene Flächen, die aus tatsächlichen oder rechtlichen Gründen für das Vorhaben nicht in Betracht kommen.[464] Anschließend erfolgt die Ermittlung der „weichen Tabuzonen", in denen höher zu gewichtende öffentliche Belange dem Vorhaben im Ergebnis entgegenstehen.[465] Damit verbleiben die sog. Potenzialflächen; insoweit sind die nach § 35 Abs. 3 S. 1 BauGB erheblichen öffentlichen Belange nach Maßgabe des § 1 Abs. 7 BauGB gegen das Interesse Bauwilliger abzuwägen, den Außenbereich für die Errichtung von Vorhaben i.S.d. § 35 Abs. 1 Nr. 2-6 BauGB, etwa einer Tierhaltungsanlage, in Anspruch zu nehmen.[466]

Hat die Gemeinde beschlossen, einen Flächennutzungsplan oder einen Teilflächennutzungsplan (§ 5 Abs. 2b BauGB) aufzustellen, zu ändern oder zu ergänzen, mit dem die Rechtswirkungen

---

456 Dazu BVerwG NVwZ 1988, 54; 1998, 960.
457 BVerwG NJW 1984, 1367; OVG Bautzen SächsVBl 2003, 84; VGH Kassel ZfBR 2011, 484; dazu auch *Hoppe* NVwZ 2004, 478.
458 BVerwG NVwZ 2003, 738; OVG Weimar ZfBR 2009, 50.
459 BVerwG NVwZ 2003, 1261; OVG Lüneburg NVwZ 1999, 1003.
460 VG Leipzig SächsVBl 2002, 177.
461 BVerwG NVwZ 2003, 1261: sog. weiße Fläche.
462 BVerwG NVwZ 2003, 733 u. 738; VGH Mannheim VBlBW 2007, 178; OVG Bautzen BeckRS 2012, 59918: „Verhinderungs-" bzw. „Feigenblattplanung" (jeweils zu Windenergieanlagen).
463 BT-Drs. 20/4823 S. 22 f.
464 *Muckel/Ogorek* Öffentliches Baurecht § 7 Rn. 171.
465 BVerwG NVwZ 2013, 519.
466 BVerwG NVwZ 2010, 1561.

des § 35 Abs. 3 S. 3 BauGB erzielt werden sollen, kann nach § 15 Abs. 3 BauGB zur Sicherung der Bauleitplanung das Baugesuch längstens ein Jahr – und auf Verlängerungsantrag hin ggf. ein weiteres Jahr – zurückgestellt werden.

Hinweis: Mit der Neufassung von §§ 35 Abs. 1 Nr. 5, 249 BauGB[467] hat § 35 Abs. 3 S. 3 BauGB erheblich an Bedeutung verloren, da er Windenergieanlagen nicht mehr erfasst (§ 249 Abs. 1 BauGB); die Anforderung, der Windenergie „substanziell Raum zu verschaffen", wird dabei durch die Festlegung gesetzlicher Flächenziele, die Flächenbeitragswerte im WindBG, abgelöst. Die Rechtswirkungen eines entsprechenden Raumordnungs- oder Flächennutzungsplans bestehen zwar zunächst fort, entfallen aber spätestens Ende 2027 (§ 245e BauGB).

IV. Bestandsschutz gemäß § 35 Abs. 4 BauGB

108 Das Problem des Bestandsschutzes[468] ist nicht spezifisch auf den Außenbereich zugeschnitten, es entsteht vielmehr überall dort, wo vorhandene bauliche Anlagen umgebaut, durch andere Anlagen ersetzt oder wenigstens ihre Nutzung geändert werden sollen und dies nach den nunmehr jeweils geltenden baurechtlichen Vorschriften unzulässig ist; die Rechtsprechung hat die Grundsätze zum Bestandsschutz im Wesentlichen aber an Außenbereichsfällen entwickelt, wie sie heute in § 35 Abs. 4 BauGB kodifiziert sind.

Hinweis: Für den Innenbereich ist der Bestandsschutz (abschließend) in § 34 Abs. 3a BauGB kodifiziert.[469]

1. Allgemeines

109 Beim Bestandsschutz ist zu unterscheiden zwischen dem aktiven und dem passiven Bestandsschutz. Passiver Bestandsschutz vermittelt Schutz vor der Verpflichtung zur Beseitigung eines baurechtswidrigen Vorhabens; aktiver Bestandsschutz bedeutet dagegen einen Anspruch auf Genehmigung eines Vorhabens, das über die Erhaltung des Status quo hinausgeht. Das BVerwG hat den **aktiven Bestandsschutz** früher unmittelbar aus Art. 14 GG abgeleitet.[470] Danach waren bauliche Anlagen zur Erweiterung bestehender Bauten oder auch zu ihrer Wiederherstellung zulässig, wenn die Beibehaltung und funktionsgerechte Nutzung des Vorhandenen sie erforderten.[471] Das BVerwG hat diese Rechtsprechung indes aufgegeben, da der Inhalt des Eigentums in erster Linie durch die (einfachen) Gesetze festgelegt werden muss, Art. 14 Abs. 1 S. 2 GG.[472] Art. 14 Abs. 1 S. 1 GG spielt weiter eine zentrale Rolle bei der Ausgestaltung dieser Gesetze, die den Bestandsschutz schaffen. Allerdings gibt es keine Anhaltspunkte dafür, dass § 35 Abs. 4 BauGB (oder § 34 Abs. 3a BauGB) hinter Art. 14 Abs. 1 S. 1 GG zurückbleibt, sodass sich – daneben – ein unmittelbarer Rückgriff auf einen aus Art. 14 GG abgeleiteten Bestandsschutz verbietet.[473]

Passiver Bestandsschutz ist einerseits der sog. **formelle Bestandsschutz**, also der Fall, dass ein Vorhaben baurechtlich genehmigt worden ist, andererseits der sog. **materielle Bestandsschutz**. Stand eine Anlage danach einmal – über einen gewissen Zeitraum – im Einklang mit dem materiellen Baurecht, genießt sie Bestandsschutz, sodass eine Beseitigung – auch bei Änderung

---

467 Dazu bereits § 6 Rn. 87.
468 Dazu insgesamt *Hauth* BauR 2015, 774; *Wickel* Jura 2019, 268.
469 Dazu § 6 Rn. 68 f.
470 BVerwG BauR 1975, 44; 1976, 100; BeckRS 1981, 106116; NJW 1986, 2126.
471 *Muckel/Ogorek* Öffentliches Baurecht § 7 Rn. 200.
472 BVerwG NVwZ 1991, 673; 1998, 842; NVwZ-RR 1998, 357; OVG Bautzen SächsVBl 2007, 288.
473 Näher *Wickel* Jura 2019, 268 (271 f.).

F. Bauvorhaben im Außenbereich (§ 35 BauGB)

der Sach- und Rechtslage – nicht angeordnet werden kann.[474] Das BVerwG[475] und das BVerfG[476] haben betont, dass sich der (formelle) Bestandschutz nur auf den genehmigten Bestand und die genehmigte Funktion erstreckt; unter welchen Voraussetzungen Änderungen noch von der Genehmigung gedeckt sind, entscheidet also erneut das einfache Recht.[477]

Hinweis: Der passive Bestandsschutz wird erst bei den bauordnungsrechtlichen Eingriffsbefugnissen relevant.[478] *Für die – hier maßgebliche – Prüfung der Zulässigkeit baulicher Anlagen kommt es dagegen allein auf den aktiven Bestandsschutz an, und zwar in der Gestalt, die er durch das einfache Gesetzesrecht gefunden hat.*

Voraussetzung für einen Bestandsschutz ist unabhängig von seiner Ableitung, dass überhaupt eine **funktionsfähige bauliche Anlage** vorhanden ist. Ein Trümmerhaufen oder die Ruine eines Bauwerks genießen grundsätzlich keinen Bestandsschutz,[479] auch wenn dieser Zustand unabhängig vom Willen des Eigentümers, etwa durch Brand oder eine Naturkatastrophe eingetreten ist[480]. Der Bestandsschutz entfällt zudem bei endgültiger Nutzungsaufgabe,[481] dem – je nach Ausgestaltung des einfachen Rechts – der Fall gleichstehen kann, dass die bisherige Nutzung für längere Zeit aufgegeben wurde, ohne dass eine anderweitige Nutzung erfolgt ist.[482] Grundsätzlich dient der Bestandsschutz nur dazu, die bauliche Anlage in ihrem **bisherigen Bestand** zu erhalten, eine Erweiterung oder Funktionsänderung fällt dagegen nicht unter den Bestandsschutz,[483] soweit das Gesetz nichts anderes vorschreibt. Bestandserhalt setzt voraus, dass zwischen dem früheren und dem jetzigen Zustand hinsichtlich des Standorts, des Bauvolumens und der Nutzung Identität besteht,[484] sodass das geänderte Gebäude zwar als restauriertes oder modernisiertes Gebäude, nicht aber als Ersatzbau oder als aliud anzusehen ist. Die Umwandlung eines landwirtschaftlich genutzten Gebäudes in eine Metallschleiferei[485], eines Speditionsunternehmens in einen Kranbetrieb[486], eines Großhandelsunternehmens in einen Verbrauchermarkt[487], einer Diskothek in eine Spielhalle[488], die Verdoppelung der Produktion einer Ziegelei durch Installation eines neuen Brennofens[489], die Umwandlung eines Bahnwärterhauses in ein Wochenendhaus[490], die Nutzung eines Jagdhauses als Wohnhaus[491] sowie die Erweiterung eines Kurhauses[492] fallen daher – vorbehaltlich einer abweichenden gesetzlichen Regelung – nicht unter den Bestandsschutz.

---

474 BVerwG NJW 1957, 557; 1981, 1224; VGH München NVwZ-RR 2000, 273; dazu § 9 Rn. 51 f.; umfassend: *Wickel* Jura 2019, 268 (273 ff.) mit Beispielen sowie *Lindner* DÖV 2014, 313.
475 BVerwG NVwZ-RR 1998, 357.
476 BVerfG BauR 1996, 235.
477 Kritisch *Dürr* VBlBW 2000, 457.
478 Dazu § 9 Rn. 49 ff.
479 BVerwG NJW 1981, 2140; 1986, 2126; BauR 1991, 55; OVG Koblenz NVwZ-RR 2015, 846; dazu *Struzina/Lindner* NVwZ 2016, 289.
480 BVerwG NJW 1986, 2126.
481 BVerwG NVwZ-RR 1995, 68; 1998, 357; NVwZ 2001, 557: vormals militärisch genutzte bauliche Anlage.
482 Dazu OVG Bautzen BauR 2013, 79; OVG Münster BauR 2014, 679.
483 BVerwG DVBl 1976, 214; NJW 1981, 1224; 1986, 2126.
484 BVerwG BauR 1975, 114; NJW 1981, 2140; NVwZ 2002, 92.
485 BVerwG BauR 1975, 44.
486 BVerwG NJW 1977, 1932.
487 BVerwG NJW 1984, 1771.
488 BVerwG BauR 1990, 582.
489 BVerwG DÖV 1976, 387.
490 VGH Mannheim VBlBW 1992, 218.
491 BVerwG BauR 1994, 737.
492 BVerwG NVwZ 1999, 523.

2. Einzelne teilprivilegierte Vorhaben i.S.d. § 35 Abs. 4 BauGB

111 § 35 Abs. 4 BauGB ermöglicht als gesetzliche Regelung des aktiven Bestandsschutzes Ersatzbauten, Erweiterungen und Nutzungsänderungen von bestimmten Außenbereichsvorhaben und regelt diese – auch im Verhältnis zu Art. 14 Abs. 1 S. 1 GG – abschließend[493]. Konkret kann den in § 35 Abs. 4 S. 1 BauGB angeführten Vorhaben nicht entgegengehalten werden, dass sie den Darstellungen des Flächennutzungsplans oder eines Landschaftsplans widersprechen, die natürliche Eigenart der Landschaft beeinträchtigen oder die Entstehung, Verfestigung oder Erweiterung einer Splittersiedlung befürchten lassen, soweit sie im Übrigen außenbereichsverträglich sind.[494] Damit sind die wesentlichen Hindernisgründe für ein sonstiges Vorhaben im Außenbereich ausgeräumt, sodass es sich im Regelfall als bauplanungsrechtlich zulässig erweist. Die sonstigen öffentlichen Belange des § 35 Abs. 3 BauGB werden dagegen von § 35 Abs. 4 BauGB nicht berührt; falls sie beeinträchtigt werden, kann also auch ein nach § 35 Abs. 4 BauGB (teil-)begünstigtes Vorhaben nicht zugelassen werden[495].

a) Nutzungsänderung land- oder forstwirtschaftlicher Gebäude (Nr. 1)

112 § 35 Abs. 4 S. 1 Nr. 1 BauGB betrifft **Nutzungsänderungen von ehemals land- oder forstwirtschaftlich genutzten Gebäuden**[496]; in diesem Zusammenhang kann im Einzelfall sogar die Neuerrichtung eines Gebäudes begünstigt sein (§ 35 Abs. 4 S. 2 BauGB)[497]. Sinn und Zweck dieser Regelung ist es, dass land- oder forstwirtschaftliche Gebäude, die wegen Aufgabe oder Einschränkung des Betriebes nicht mehr in der bisherigen Weise genutzt werden können, einer sinnvollen Nutzung zugeführt werden.[498] Das Verbot einer wesentlichen Änderung beschränkt sich auf das Äußere des Gebäudes; im Inneren ist dagegen die sog. Entkernung, also die vollständige Änderung des Gebäudeinneren bei Erhaltung der Außenwände, zulässig[499]. § 35 Abs. 4 S. 1 Nr. 1 BauGB verlangt ferner einen räumlich-funktionalen Zusammenhang des Gebäudes mit der Hofstelle[500]; eine von der Hofstelle entfernt gelegene Feldscheune kann daher nicht unter Berufung auf § 35 Abs. 4 S. 1 Nr. 1 BauGB umgenutzt werden[501]. Außerdem darf die Aufgabe der Nutzung nicht länger als sieben Jahre zurückliegen. Zur Einhaltung dieser Frist kommt es auf den Antrag auf Genehmigung der Nutzungsänderung und nicht etwa auf die – in der Regel nicht nachweisbare – tatsächliche Nutzungsänderung an.[502] Soweit ein bisher landwirtschaftlichen Zwecken dienendes Gebäude in ein Wohngebäude umgewandelt wird, dürfen im Übrigen maximal fünf Wohnungen pro Hofstelle (ohne die nach § 35 Abs. 1 Nr. 1 BauGB privilegierten Wohnungen) entstehen.

b) Neuerrichtung von Wohngebäuden (Nr. 2)

113 Nach § 35 Abs. 4 S. 1 Nr. 2 BauGB kann ein irgendwann einmal zulässigerweise errichtetes, aber nunmehr Missstände oder Mängel (§ 177 Abs. 3 BauGB) aufweisendes (sog. abgängiges) Wohngebäude abgerissen und an gleicher Stelle ein **gleichartiges Wohngebäude errichtet** werden. Voraussetzung dafür ist zunächst, dass das vorhandene Gebäude baurechtlich zulässig

---
493 BVerwG NVwZ 1988, 357; 1998, 842; *Beaucamp* JA 2018, 487 (490).
494 BVerwG NVwZ 2011, 884: diese Belange sind unabhängig von ihrem Gewicht schlechthin unbeachtlich.
495 BVerwG NVwZ-RR 1994, 372: Belange des Naturschutzes.
496 Dazu OVG Lüneburg NVwZ-RR 1999, 493.
497 Dazu näher BeckOK BauGB/*Söfker* § 35 Rn. 152 ff.; *Gronemeyer* BauR 2019, 1256.
498 BVerwG BauR 1975, 44: Abriss des landwirtschaftlichen Betriebes nach Betriebsaufgabe.
499 Ernst/Zinkahn/Bielenberg/Krautzberger/*Söfker* § 35 Rn. 141.
500 Dazu BVerwG NVwZ 2001, 1282.
501 *Mitschang/Reidt* in: Battis/Krautzberger/Löhr § 35 Rn. 138.
502 BVerwG NVwZ-RR 2003, 173.

F. Bauvorhaben im Außenbereich (§ 35 BauGB)

war, d.h. entweder aufgrund einer Baugenehmigung errichtet worden war oder aber in Übereinstimmung mit dem materiellen Baurecht stand.[503] Ferner muss das Gebäude seit längerer Zeit vom Eigentümer selbst genutzt worden sein[504] und das neue Haus ebenfalls dem Eigentümer und seiner Familie als Wohnung dienen[505]. Damit soll verhindert werden, dass baufällige Wohngebäude im Außenbereich gezielt aufgekauft werden, um sich die Möglichkeit zu verschaffen, im Außenbereich nach Abbruch des vorhandenen Gebäudes ein modernes Wohngebäude zu errichten. § 35 Abs. 4 S. 1 Nr. 2 BauGB gestattet ferner lediglich die Errichtung zu dauerhaften Wohnzwecken, nicht dagegen für Freizeitzwecke als Wochenendhaus.[506] Gleichartig ist das neue Wohngebäude im Übrigen, wenn es hinsichtlich des Standorts, des Bauvolumens und der Funktion ungefähr dem früheren Bauwerk entspricht; verlangt wird keine vollständige Identität zwischen altem und neuem Haus.[507] § 35 Abs. 4 S. 3 BauGB erlaubt daher auch eine geringfügige Erweiterung[508] sowie geringfügige Abweichungen vom bisherigen Standort[509].

c) Wiederaufbau zerstörter Gebäude (Nr. 3)

§ 35 Abs. 4 S. 1 Nr. 3 BauGB erlaubt die alsbaldige **Neuerrichtung** eines im Außenbereich 114 zulässigerweise errichteten, durch Brand, Naturereignisse oder andere außergewöhnliche Ereignisse zerstörten, **gleichartigen Gebäudes an gleicher Stelle**; geringfügige Erweiterungen sowie geringfügige Abweichungen vom bisherigen Standort sind zulässig (§ 35 Abs. 4 S. 3 BauGB). Die Zerstörung muss durch ein außergewöhnliches Ereignis[510] erfolgt sein. Eine Zerstörung durch natürlichen Verfall infolge mangelhafter Pflege reicht gerade nicht aus.[511] Der Wiederaufbau muss ferner „alsbald" erfolgen, also zu einem Zeitpunkt, in dem man noch allgemein mit dem Wiederaufbau rechnet.[512] Das BVerwG hat hierfür folgende Zeitspanne zwischen der Vernichtung des Gebäudes und der eindeutigen Offenbarung der Absicht des Wiederaufbaus – in der Regel durch Stellung eines Bauantrags – angenommen: bei einem Zeitraum bis zu einem Jahr ist stets ein alsbaldiger Aufbau zu bejahen, bei ein bis zwei Jahren ist dieses i.d.R. der Fall, bei mehr als zwei Jahren kann dagegen nur bei besonderer Fallgestaltung noch von einem alsbaldigen Wiederaufbau gesprochen werden[513].

d) Änderung erhaltenswerter Gebäude (Nr. 4)

§ 35 Abs. 4 S. 1 Nr. 4 BauGB gewährt ferner aktiven Bestandsschutz für die **Änderung oder** 115 **Nutzungsänderung erhaltenswerter, das Bild der Kulturlandschaft prägender Gebäude**. Es darf auch aufgegeben sein, muss aber noch als solches vorhanden sein[514] und selbst eine spezifische Beziehung zur Kulturlandschaft aufweisen[515], wobei regelmäßig an Burgen, Türme, Fachwerkhäuser sowie Wind- und Wassermühlen zu denken sein wird[516].

---

503 BVerwG NJW 1980, 1010; 1981, 2143; NVwZ 1999, 297; ZfBR 2014, 375.
504 OVG Münster BauR 2015, 1963.
505 VGH Mannheim BauR 2006, 975.
506 BVerwG NJW 1982, 2512; NVwZ 1995, 700.
507 BVerwG NJW 1980, 1010; 1981, 2828.
508 BVerwG NVwZ 1991, 1076.
509 *Kment* Öffentliches Baurecht I § 24 Rn. 74.
510 BVerwG BauR 1983, 55: mutwillige Zerstörung.
511 BVerwG NJW 1981, 2143; *Kment* Öffentliches Baurecht I § 24 Rn. 75.
512 BVerwG NJW 1980, 1010.
513 BVerwG NJW 1982, 400; nunmehr BVerwG BeckRS 2015, 47742.
514 BVerwG NVwZ 1985, 184: Ruinen fallen nicht unter § 35 Abs. 4 S. 1 Nr. 4 BauGB. Dazu bereits § 6 Rn. 110.
515 BVerwG NVwZ-RR 1991, 339.
516 *Mitschang/Reidt* in: Battis/Krautzberger/Löhr § 35 Rn. 153.

e) Erweiterung von Wohngebäuden (Nr. 5)

116 Nach § 35 Abs. 4 S. 1 Nr. 5 BauGB kann ein zulässigerweise[517] errichtetes Wohngebäude auf bis zu höchstens zwei **Wohnungen erweitert werden**, soweit die Erweiterung im Verhältnis zum vorhandenen Gebäude und unter Berücksichtigung der Wohnbedürfnisse angemessen ist[518] und das Gebäude vom Eigentümer und seiner Familie genutzt werden soll[519]. Damit soll das sozialpolitisch erwünschte Zusammenleben von zwei Generationen unter einem Dach ermöglicht werden. Die Errichtung eines neuen Gebäudes wird dagegen von der Vorschrift nicht erfasst,[520] ebenso nicht Ferienhäuser[521] oder die wiederholte Erweiterung zur Schaffung einer dritten Wohnung[522]. Die Erweiterung darf die bauliche Identität des Altbaus im Übrigen nicht infrage stellen, dieser muss also „die Hauptsache bleiben".[523]

f) Erweiterung gewerblicher Betriebe (Nr. 6)

117 § 35 Abs. 4 S. 1 Nr. 6 BauGB erlaubt schließlich die bauliche **Erweiterung eines zulässigerweise errichteten Gewerbebetriebs**, wenn die Erweiterung im Verhältnis zum vorhandenen Gebäude und Betrieb angemessen ist.[524] Dabei darf der Betrieb aber nicht im Wege der „Salamitaktik" mehrmals angemessen erweitert werden, wenn dadurch eine insgesamt nicht mehr angemessene Vergrößerung erreicht wird.[525] Unter § 35 Abs. 4 S. 1 Nr. 6 BauGB fällt auch nicht die Erweiterung eines Innenbereichsbetriebs in den Außenbereich.[526]

Beispiel:

- OVG Koblenz NVwZ-RR 2016, 652: Die Erweiterung eines Vereins- und Wanderheimes ist angemessen, wenn – bei gleichbleibender Bettenanzahl – statt der größeren Mehrbettzimmer oder gar Matratzenlager Zweibettzimmer bereitgehalten werden sollen.

g) Unterbringung von Flüchtlingen oder Asylbegehrenden, § 246 Abs. 9, 13 BauGB

118 Zeitlich befristet **bis zum 31.12.2024** (und bei Verlängerung längstens bis zum 31.12.2027) ordnet § 246 Abs. 9 BauGB an, dass – soweit dringend benötigte Unterkünfte im Gebiet der Gemeinde, in der sie entstehen sollen, nicht oder nicht rechtzeitig bereitgestellt werden können (§ 246 Abs. 13 BauGB) – auch Vorhaben, die der Unterbringung von Flüchtlingen oder Asylbegehrenden dienen, die in § 35 Abs. 4 BauGB genannten Belange nicht entgegengehalten werden können. Zusätzlich – und erneut unter dem Vorbehalt des Abs. 13a stehend – erweitert § 246 Abs. 13 BauGB den Kreis der begünstigten Vorhaben im Außenbereich[527]. Demgegenüber erfasst § 246 Abs. 9 BauGB nur Vorhaben im unmittelbaren räumlichen Zusammenhang mit nach § 30 Abs. 1 BauGB oder § 34 BauGB zu beurteilenden bebauten Flächen innerhalb des Siedlungsbereichs,[528] also

---

517 Bei § 35 Abs. 4 S. 1 Nr. 5 BauGB kommt es aber nicht mehr darauf an, ob das Vorhaben ursprünglich an bundesrechtlichen Voraussetzungen zu messen war: BVerwG NVwZ 2016, 1477.
518 Dazu: VGH München ZfBR 2008, 285; ferner BVerwG NVwZ 2016, 1477.
519 Dazu BVerwG NVwZ 1989, 355; OVG Lüneburg NVwZ 1999, 1362: nicht bei der geschiedenen Ehefrau.
520 BVerwG NVwZ 1998, 842.
521 BVerwG NVwZ 1995, 700.
522 BVerwG NVwZ-RR 1999, 295.
523 OVG Lüneburg NVwZ-RR 1996, 6.
524 BVerwG NVwZ-RR 1994, 371; näher Schrödter/*Rieger* § 35 Rn. 231 ff. und *Herbolsheimer/Krüper* Jura 2020, 22 (33 f.).
525 BVerwG NVwZ-RR 1993, 176; 1994, 371.
526 BVerwG NVwZ 1994, 293.
527 Dazu *Muckel/Ogorek* Öffentliches Baurecht § 7 Rn. 206. Bei Anlagen für gesundheitliche Zwecke im Zuge der COVID-19-Pandemie war bis zum 31.12.2022 § 246b Abs. 1 S. 6 BauGB zu beachten (dazu *Scheidler* UPR 2020, 161).
528 Näher dazu *Krautzberger/Stüer* DVBl 2015, 73 (77).

F. Bauvorhaben im Außenbereich (§ 35 BauGB)

vor allem sog. „Außenbereichsinseln".[529] Das ändert freilich nichts daran, dass der Gesetzgeber hiermit den Leitgedanken des § 35 BauGB, wonach der Außenbereich von Bebauung tunlichst freigehalten werden soll, ein Stück weit durchbrochen hat.[530]

V. Ausführung von Vorhaben, Sicherungsmaßnahmen (§ 35 Abs. 5 BauGB)

Die nach § 35 Abs. 1-4 BauGB zulässigen Vorhaben müssen nach § 35 Abs. 5 S. 1 BauGB in flächensparender, die Bodenversiegelung auf das notwendige Maß begrenzender und den Außenbereich schonender Weise[531] ausgeführt werden. Ferner bedarf es ggf. gemäß § 35 Abs. 5 S. 2 BauGB einer **Rückbauverpflichtung**, die durch Baulast (§ 83 SächsBO)[532] oder in anderer Weise, beispielsweise durch öffentlich-rechtlichen Vertrag gesichert wird[533]. Auch soll die Einhaltung der Voraussetzungen des § 35 Abs. 4 S. 1 Nr. 1 BauGB und die Nutzung der Vorhaben nach § 35 Abs. 4 S. 1 BauGB sichergestellt werden (§ 35 Abs. 5 S. 3-4 BauGB).

VI. Außenbereichssatzung (§ 35 Abs. 6 BauGB)

§ 35 Abs. 6 BauGB ermöglicht der Gemeinde schließlich, für bebaute, nicht überwiegend landwirtschaftlich geprägte Bereiche im Außenbereich, in denen eine Wohnbebauung von gewissem Gewicht vorhanden ist, durch eine sog. Außenbereichssatzung Wohngebäude sowie kleinere Handwerks- und Gewerbebetriebe vorzusehen[534]. Die Außenbereichssatzung unterscheidet sich von einer Innenbereichssatzung nach § 34 Abs. 4 BauGB vor allem dadurch, dass nicht die Schaffung bzw. Erweiterung eines Ortsteils i.S.d. § 34 Abs. 1 BauGB bezweckt wird, sondern die von der Außenbereichssatzung erfasste Fläche weiterhin zum Außenbereich gehört[535]. Sie erlaubt auch nicht die Erweiterung einer Splittersiedlung zu einem Ortsteil i.S.d. § 34 BauGB.[536] Die Voraussetzungen der Außenbereichssatzung regelt § 35 Abs. 6 S. 4 BauGB, das Verfahren § 35 Abs. 6 S. 5-6 BauGB; dies entspricht den Regelungen für die Entwicklungs- und Ergänzungssatzungen[537].

Hinweis: In der Klausur gilt es, die Rückbauverpflichtung (§ 35 Abs. 5 S. 2 BauGB) bei der Prüfung von § 35 BauGB kurz anzusprechen; demgegenüber spielen Außenbereichssatzungen in aller Regel keine große Rolle.

▶ **Fall 4: Mobilfunk-Sendeanlage (nach BVerwG NVwZ 2013, 1288)**

Die Deutsche Telefon GmbH plant, realisiert, betreibt und vermarktet Antennenstandorte für Mobilfunk, Richtfunk und Rundfunk. Sie beabsichtigt die Errichtung einer Mobilfunk-Sendeanlage bestehend aus einem 29 m hohen Stahlgittermast mit zwei Plattformen, auf denen fünf Antennen für Mobilfunkdienste (GSM, UMTS) aufgebaut werden sollen. Die Anlage soll die

---

529 VGH Mannheim ZfBR 2017, 360 unter Verweis auf BT-Drs. 18/2752 S. 7.
530 *Brenner* Jura 2018, 43 (46 f.).
531 Dazu BVerwG BauR 1991, 579; OVG Lüneburg NVwZ-RR 1996, 6: Dachausbau statt Anbau; OVG Koblenz BeckRS 2007, 23515: Betonmauer um Pferdeweide.
532 Dazu § 9 Rn. 71.
533 Näher BVerwG NVwZ 2013, 805. Speziell für Windenergieanlagen: *Mittelstein/Wurster* BauR 2020, 729. Für Flüchtlingsunterkünfte und Anlagen für gesundheitliche Zwecke im Zuge der COVID-19-Pandemie gilt bis zum Ende des Jahres 2024 bzw. 2022 § 246 Abs. 13 S. 2 BauGB bzw. § 246b Abs. 1 S. 5 BauGB i.V.m. § 35 Abs. 5 S. 2, 3 BauGB.
534 Dazu im Einzelnen BVerwG BauR 2004, 1131; OVG Münster NVwZ 2001, 1071; VGH München NVwZ-RR 2004, 13; *Schink* DVBl 1999, 367; *Scheidler* KommJur 2019, 41.
535 *Kment* Öffentliches Baurecht I § 24 Rn. 81.
536 BVerwG BauR 2000, 1275; OVG Lüneburg NVwZ-RR 2001, 368.
537 Dazu § 6 Rn. 57 ff.

Siedlungsflächen und Verkehrswege in der Gemeinde Colditz (Landkreis Leipzig), die bisher von der Anbindung ausgeschlossen waren, mit Mobilfunkdiensten versorgen.
Die Topografie in Colditz macht eine Standortsuche sehr schwer. Die Suche nach einer funktechnisch geeigneten Position ergab drei mögliche Standorte innerhalb der nachfolgend abgebildeten Funkzelle Colditz I. Für Standort B hat allerdings der Eigentümer der entsprechenden Örtlichkeiten die Vermietung abgelehnt. Hierauf entschied sich die GmbH für Standort A und vereinbarte mit dessen Eigentümer im Januar 2020 einen Mietvertrag.

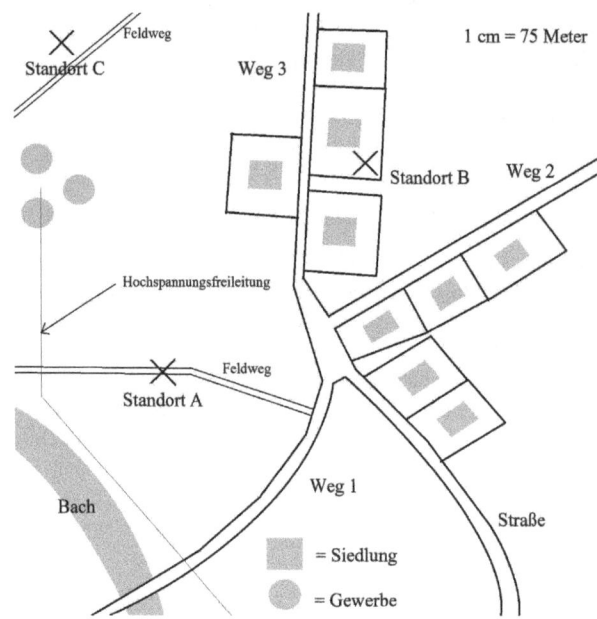

Im Februar 2020 beantragte sie die Erteilung einer Baugenehmigung für das genannte Vorhaben; eine Erklärung, das Vorhaben nach dauerhafter Aufgabe der zulässigen Nutzung zurückzubauen und Bodenversiegelungen zu beseitigen, fügt sie bei. Trotz erteilten Einvernehmens der Stadt Colditz versagte ihr der Landkreis Leipzig indes diese Genehmigung mit Bescheid vom 04.03.2020. Er verwies darauf, dass das Vorhaben nicht nach § 35 Abs. 1 Nr. 3 BauGB zulässig sei. Insbesondere fehle die Ortsgebundenheit; Standort C käme als Alternativstandort in Betracht. Im Übrigen beeinträchtige der geplante Mobilfunkmast das Landschaftsbild und die Mobilfunk-Sendeanlage rufe schädliche Umwelteinwirkungen hervor.
Dagegen legt die Deutsche Telefon GmbH ordnungsgemäß Widerspruch ein, der mittels am 16.04.2020 zugestelltem Widerspruchsbescheid zurückgewiesen wird. Daraufhin erhebt sie am 19.05.2020 Klage vor dem zuständigen Verwaltungsgericht, mit dem Antrag, den Landkreis Leipzig zur Erteilung der beantragten Baugenehmigung zu verpflichten. Die Deutsche Telefon GmbH macht geltend, dass der gewählte Standort alternativlos sei. Es sei ausgeschlossen, in Colditz einen anderen Eigentümer zu finden, der bereit sei, ihr ein Grundstück zur Verfügung zu stellen. Öffentliche Belange stünden dem Vorhaben nicht entgegen; insbesondere werde das Landschaftsbild weder nachhaltig beeinträchtigt, noch sei es besonders schutzwürdig.
Aufgabe: Ist das Vorhaben der Deutsche Telefon GmbH – objektiv betrachtet – bauplanungsrechtlich zulässig? Dabei ist davon auszugehen, dass die Standorte A und C innerhalb eines landwirtschaftlich genutzten Areals liegen. Die Mobilfunk-Sendeanlage hält ausweislich der

F. Bauvorhaben im Außenbereich (§ 35 BauGB)

Standortbescheinigung der Bundesnetzagentur die nach der Verordnung über elektromagnetische Felder (26. BImSchV) erforderlichen Abstände ein.
Zu den prozessualen und bauordnungsrechtlichen Aspekten dieses Falles siehe § 10 Rn. 8f. und § 9 Rn. 41f. ◄

▶ **Lösung:**

Die bauplanungsrechtliche Zulässigkeit von Einzelvorhaben richtet sich nach den §§ 29 ff. BauGB.
I. Anwendbarkeit der §§ 30 ff. BauGB
Zunächst müsste es sich um ein Vorhaben i.S.d. § 29 Abs. 1 BauGB handeln. Darunter fallen alle Anlagen, die in einer auf Dauer gedachten Weise künstlich mit dem Erdboden verbunden sind und bodenrechtliche Relevanz aufweisen. Eine solche Relevanz ist dann gegeben, wenn das Vorhaben die in § 1 Abs. 6 BauGB genannten Belange in einer Weise berührt oder berühren kann, die geeignet ist, das Bedürfnis nach einer ihre Zulässigkeit regelnden verbindlichen Bauleitplanung hervorzurufen.[538] Das Vorhaben der Deutsche Telefon GmbH berührt etwa die Belange des § 1 Abs. 6 Nr. 1, 5, 7 und Nr. 8 BauGB, sodass von einer planungsrechtlichen Relevanz und damit von einer baulichen Anlage ausgegangen werden kann. Die §§ 30 ff. BauGB sind daher anwendbar.
II. Zulässigkeit nach § 30 BauGB
Das Vorhaben am Standort A liegt nicht im Geltungsbereich eines Bebauungsplans; seine Zulässigkeit richtet sich also nicht nach § 30 BauGB.
III. Zulässigkeit nach § 34 BauGB
Soweit das Vorhaben innerhalb der im Zusammenhang bebauten Ortsteile (= Innenbereich) liegt, richtet sich die Zulässigkeit nach § 34 BauGB. Einen im Zusammenhang bebauten Ortsteil stellt jede Bebauung im Gebiet einer Gemeinde dar, die – trotz vorhandener Baulücken – den Eindruck der Geschlossenheit und Zusammengehörigkeit erweckt, nach der Zahl der vorhandenen Bauten ein gewisses Gewicht hat und Ausdruck einer organischen Siedlungsstruktur ist.[539]
Vorliegend fehlt es an einer (tatsächlichen) Bebauung am Standort A. Selbst nach der Errichtung der Anlage bestünde allenfalls eine Splittersiedlung, die keinen Ortsteil i.S.d. § 34 BauGB bildet. Zu den Gebäuden der Gemeinde Colditz besteht ersichtlich kein Zusammenhang; diese liegen mindestens 400 m entfernt. Dieser dazwischenliegenden landwirtschaftlich genutzten Freifläche kommt insofern eine gewisse Zäsurwirkung zu. Darauf, ob der Straße bzw. dem Weg 3 bereits eine solche Wirkung zukommt, was jedenfalls für den Weg 3 wegen der teilweise beidseitigen Bebauung zweifelhaft erscheint, kommt es daher nicht an. Da der Standort A nicht im Innenbereich liegt, richtet sich die Zulässigkeit des Vorhabens nicht nach § 34 BauGB.
IV. Zulässigkeit im Außenbereich, § 35 BauGB
Standort A befindet sich vielmehr im Außenbereich mit der Folge, dass sich die Zulässigkeit des Vorhabens nach § 35 BauGB beurteilt. Hierbei ist zwischen den gemäß § 35 Abs. 1 BauGB privilegierten und den sonstigen Vorhaben gemäß § 35 Abs. 2 BauGB zu unterscheiden, da die nach Abs. 1 zu beurteilenden Vorhaben im Außenbereich zulässig sind, soweit ihnen nicht (überwiegende) öffentliche Belange entgegenstehen.
 1. Privilegierung des Vorhabens
 In Betracht kommt der Privilegierungstatbestand des § 35 Abs. 1 Nr. 3 BauGB.

---

538 Dazu bereits § 6 Rn. 3f.
539 Dazu § 6 Rn. 52ff.

a) Öffentliche Versorgung mit Telekommunikationsdienstleistungen

Dafür müsste die Mobilfunk-Sendeanlage zunächst der öffentlichen Versorgung mit Telekommunikationsdienstleistungen dienen. Der Begriff der Telekommunikationsdienstleistungen entspricht dem gleichlautenden Begriff in Art. 73 Nr. 7 GG. Er umfasst die technische Seite der Übermittlungsvorgänge in der Telekommunikation, mithin auch die technischen Einrichtungen am Anfang und am Ende des Übermittlungsvorgangs, insbesondere Mobilfunk-Sendeanlagen[540]. Die beabsichtigte Versorgung ist auch „öffentlich", wenn sie – wie hier – der Versorgung der Allgemeinheit und nicht lediglich eines Einzelnen für dessen Eigenbedarf zu dienen bestimmt ist. Ein darüber hinausgehender besonderer Gemeinwohlbezug des Vorhabens ist nicht erforderlich. Es kommt deshalb nicht darauf an, ob die zu erbringenden Telekommunikationsdienstleistungen auch zur flächendeckend angemessenen und ausreichenden Grundversorgung i.S.d. Art. 87f Abs. 1, Abs. 2 S. 1 GG gehören. Es genügt, dass mit der Anlage eine bessere Anbindung von Siedlungsflächen und Verkehrswegen in der Gemeinde Colditz, die bisher weitgehend von einer Anbindung ausgeschlossen waren, mit Mobilfunkdiensten (GSM, UMTS) ermöglicht werden soll. Ohne Belang sind schließlich die Eigentumsverhältnisse des Anlagenbetreibers; die Privilegierung erfasst auch Mobilfunk-Sendeanlagen, die ein privates Unternehmen wie die Deutsche Telefon GmbH im privatwirtschaftlichen Interesse betreibt.[541] Daher dient die Anlage der öffentlichen Versorgung mit Telekommunikationsdienstleistungen.

b) Orts-/Gebietsgebundenheit

Fraglich ist aber, ob das Vorhaben darüber hinaus ortsgebunden sein muss. Dies wird von der Rechtsprechung in Anlehnung an § 35 Abs. 1 Nr. 3 Alt. 2 BauGB bejaht und mit dem Schutzzweck der Norm – eine größtmögliche Schonung des Außenbereichs zu gewährleisten – begründet. Im Schrifttum wird hingegen z.T. auf den Wortlaut der Norm abgestellt, der die Voraussetzung der Ortsgebundenheit nur bei gewerblichen Betrieben verlange. Zudem bestehe ein sachlich erheblicher Unterschied darin, dass die in § 35 Abs. 1 Nr. 3 Alt. 1 BauGB aufgeführten öffentlichen Anlagen häufig im Außenbereich anzutreffen, also durchaus außenbereichskonform seien (wenn auch nicht an jedem beliebigen Standort); dagegen sei bei gewerblichen Anlagen eine Privilegierung nur gerechtfertigt, wenn sie auf einen bestimmten Standort im Außenbereich angewiesen seien[542]. Soweit die Ortsgebundenheit tatsächlich gegeben ist, ist ein Streitentscheid aber entbehrlich.

Der Rechtsprechung folgend ist zu fordern, dass die Anlage nach ihrem Gegenstand und ihrem Wesen ausschließlich an der fraglichen Stelle betrieben werden kann. Ihr Betrieb müsste auf die geografische Eigenart der Stelle angewiesen sein, weil er an einem anderen Ort seinen Zweck verfehlte; bloße Lagevorteile eines Standorts oder Gründe der Rentabilität genügten hierfür gerade nicht.[543] Insoweit ist der VGH Mannheim noch davon ausgegangen, dass im Hinblick auf die Besonderheiten des Mobilfunks (Einteilung der Versorgungsgebiete in Funkzellen) statt einer Orts- eine Gebietsgebundenheit maßgeblich sei und daher regelmäßig mehrere Standorte infrage kämen[544]. Würde man nämlich am Merkmal der „Orts-

---

540 VGH München BeckRS 2007, 30239 m.w.N.
541 BVerwGE 96, 95.
542 *Rathjen* ZfBR 2001, 304 (308).
543 Dazu § 6 Rn. 81 f.
544 VGH Mannheim ZfBR 2012, 381.

F. Bauvorhaben im Außenbereich (§ 35 BauGB)

gebundenheit" im herkömmlichen Sinn festhalten, fielen Mobilfunksendeanlagen (als einem Hauptanwendungsfall der Telekommunikationsdienstleistungen) regelmäßig aus dem Anwendungsbereich des § 35 Abs. 1 Nr. 3 BauGB heraus, weil sie keiner Bindung an einen bestimmten Standort unterliegen. Allerdings forderte der VGH Mannheim auch, dass soweit funktechnisch geeignete Standorte auch anderweitig, namentlich im Innenbereich, vorhanden sind – auch für den Fall, dass diese zivilrechtlich nicht zur Verfügung stehen – der spezifische Standortbezug fehle. Danach wäre die Privilegierung in Fällen wie dem vorliegenden zu verneinen: Der im Innenbereich liegende Standort B wäre nämlich zur Versorgung der Funkzelle Colditz I gleich geeignet, wobei es gerade nicht darauf ankäme, dass der Eigentümer die Vermietung einer Grundstücksteilfläche für die Errichtung der Mobilfunk-Sendeanlage abgelehnt hat.

Bei seiner Argumentation übersieht der VGH Mannheim, dass dem Gebot größtmöglicher Schonung des Außenbereichs bereits durch eine Verhältnismäßigkeitsprüfung, die die Zumutbarkeit der Inanspruchnahme geeigneter Innenbereichsstandorte in den Vordergrund stellt, Rechnung getragen werden kann.[545] Danach sind geeignete Standorte im Innenbereich vorzuziehen, soweit sie nicht aus tatsächlichen (z.B. der Grundstückseigentümer lässt die Errichtung der Anlage auf seinem Grundstück nicht zu) oder rechtlichen (z.B. die Errichtung einer Mobilfunksendeanlage an einem geeigneten Standort ist bauplanungsrechtlich oder aufgrund örtlicher Bauvorschriften unzulässig) Gründen nicht zur Verfügung stehen. Damit verbleibt einzig der Standort C als Alternative, der wie Standort A aber im Außenbereich liegt; eine Standortalternativenprüfung im Außenbereich findet im Baugenehmigungsverfahren im Unterschied zum Planfeststellungs- oder Bauleitplanverfahren grundsätzlich nicht statt. Damit weist das Vorhaben den von der Rechtsprechung geforderten Standortbezug auf, sodass es auf die Frage, ob es überhaupt eines solchen Bezugs bedarf, im Ergebnis gar nicht ankommt.

c) Zwischenergebnis
Das Vorhaben ist somit privilegiert gemäß § 35 Abs. 1 Nr. 3 Alt. 1 BauGB.

2. Kein Entgegenstehen öffentlicher Belange
Die Errichtung der Mobilfunk-Sendeanlage wäre demnach zulässig, wenn ihr keine öffentlichen Belange i.S.d. § 35 Abs. 3 BauGB entgegenstehen.

a) § 35 Abs. 3 S. 1 Nr. 3 BauGB
Die Mobilfunk-Anlage hält ausweislich der Standortbescheinigung der Bundesnetzagentur die nach der Verordnung über elektromagnetische Felder (26. BImSchV) erforderlichen Abstände ein. Somit ist davon auszugehen, dass sie keine schädlichen Umwelteinwirkungen i.S.d. § 35 Abs. 3 S. 1 Nr. 3 BauGB, § 3 BImSchG hervorruft.

b) § 35 Abs. 3 S. 1 Nr. 5 BauGB
Bislang unterliegt Standort A und seine Umgebung landwirtschaftlicher Bodennutzung, die die natürliche Eigenart der Landschaft i.S.d. § 35 Abs. 3 S. 1 Nr. 5 BauGB prägt. Diese Nutzung wird nun durchbrochen. Diese Beeinträchtigung ist freilich von nur geringem Umfang, da die Landschaft in unmittelbarer Nähe des Standorts A (ca. 400 m entfernt) bereits durch andere Nutzungen in Gestalt eines Gewerbegebiets vorbelastet ist; es besteht also bereits die Tendenz zu einer Verdrängung der landwirtschaftlichen Bodennutzung. Darüber hinaus wird die

---

545 BVerwG NVwZ 2013, 1288; dazu bereits OVG Bautzen BeckRS 2011, 47435; VGH München BeckRS 2009, 43859; OVG Berlin-Brandenburg NVwZ-RR 2011, 435.

Anlage aufgrund ihrer insgesamt relativ geringen Flächeninanspruchnahme die noch landwirtschaftlich genutzte Fläche nicht so stark prägen, dass diese ihre noch vorhandene Eigenart völlig verlieren würde.

Ähnliches gilt für die Frage, ob das Vorhaben das Orts- und Landschaftsbild verunstaltet, es also in ästhetischer Hinsicht grob unangemessen ist. Auch hier gewinnt die Vorbelastung des Areals an Bedeutung. Es wird bereits durch die Hochspannungsfreileitung geprägt, die das nahe gelegene Gewerbegebiet versorgt. Hochspannungsmasten haben i.d.R. eine Höhe von 20-40 m. Insofern fällt der knapp 30 m hohe Stahlgittermast jedenfalls nicht mehr so stark ins Gewicht. Im Übrigen erscheint die (bereits verbaute) Landschaft trotz des nahe gelegenen Bachlaufs auch nicht besonders schützenswert.

c) § 35 Abs. 3 S. 1 Nr. 7 BauGB
Fraglich ist noch, ob das Vorhaben die Entstehung, Verfestigung oder Erweiterung einer Splittersiedlung erwarten lässt, § 35 Abs. 3 S. 1 Nr. 7 BauGB. Eine (Splitter-)Siedlung setzt begrifflich voraus, dass sie dem (zumindest) zeitweiligen Aufenthalt von Menschen dienen oder jedenfalls dazu geeignet sein muss. Daran fehlt es hier, sodass § 35 Abs. 3 S. 1 Nr. 7 BauGB nicht tangiert ist.

d) Abwägung
Da Belange des § 35 Abs. 3 S. 1 Nr. 5 BauGB betroffen sind, bedarf es einer Abwägung zwischen den für das Vorhaben sprechenden Gründen und dem Gewicht, das die vom ihm berührten öffentlichen Belange an dem geplanten Standort haben[546]. Für das Vorhaben spricht entscheidend dessen Privilegierung gemäß § 35 Abs. 1 Nr. 3 Alt. 1 BauGB. Öffentliche Belange i.S.d. § 35 Abs. 3 S. 1 Nr. 5 BauGB sind demgegenüber, wie dargelegt, wenn überhaupt, nur geringfügig betroffen. Dem Vorhaben stehen damit im Ergebnis öffentliche Belange nicht entgegen.

3. Erschließung gesichert
Des Weiteren müsste die ausreichende Erschließung des Vorhabens gesichert sein, § 35 Abs. 1 BauGB. Die Anlage bedarf nach ihrer Errichtung in gewissen Zeitabständen der technischen Kontrolle und Wartung; für diesen Zweck dürfte der vorhandene Feldweg als Zufahrt ausreichen. Über die nahe gelegene Hochspannungsleitung erscheint auch eine Anbindung an das Stromnetz denkbar, sodass von der gesicherten Erschließung ausgegangen werden kann.

4. Rückbauverpflichtungserklärung
Die erforderliche Verpflichtungserklärung nach § 35 Abs. 5 S. 2 BauGB wurde abgegeben.

5. Zwischenergebnis
Das Vorhaben der Deutsche Telefon GmbH steht mithin im Einklang mit § 35 BauGB.

V. Einvernehmen, § 36 BauGB
Da die Stadt Colditz ihr Einvernehmen erteilt hat, liegen auch die Voraussetzungen des § 36 BauGB vor.

VI. Ergebnis
Die von der Deutsche Telefon GmbH geplante Mobilfunk-Sendeanlage ist daher bauplanungsrechtlich zulässig.

---

546 BVerwG NVwZ 2006, 87 m.w.N.

G. Bauen im Vorgriff auf einen Bebauungsplan (§ 33 BauGB)

Zur Einführung: *Bartholomäi*, Die vorzeitige Zulässigkeit nach § 33 BauGB, BauR 2001, 725; *Böhm*, Recht der Bauleitplanung, JA 2013, 81; *Dürr*, Die Klausur im Baurecht, JuS 2007, 328

Zur Vertiefung: *Scheidler*, Die Zulässigkeit von Bauvorhaben während der Planaufstellung gemäß § 33 BauGB, VBlBW 2017, 317; *Terwiesche*, Die Wirkung städtebaulicher Konzepte auf die Zulässigkeit von Bauvorhaben, NVwZ 2010, 553; *Weitz*, Zehn Jahre § 33 II BauGB – Es bleiben Fragen, NVwZ 2014, 1351

Zur Übung: *Jahn*, JuS 2000, 590 (2. Staatsexamen – einstweiliger Rechtsschutz); *Rappenglix*, JuS 2018, 685 (Fortgeschrittenenklausur – Anwaltsklausur, Veränderungssperre); *Sikora*, JA 2005, 40 (1. Staatsexamen – Einvernehmen, Befreiung)

§ 33 BauGB stellt insofern einen Sonderfall dar, als diese Vorschrift die Wirksamkeit eines Bebauungsplans gewissermaßen vorverlagert. Die Regelung bezweckt, eine Bebauung gemäß einem Bebauungsplan bereits in dem Zeitraum zwischen dessen endgültiger Konzeption und dem Inkrafttreten nach § 10 BauGB zuzulassen; der bauwillige Bürger soll nicht darunter leiden, dass sich das Bebauungsplanverfahren noch eine gewisse Zeit hinzieht.[547]

Prüfungsschema: Zulässigkeit nach § 33 Abs. 1 BauGB

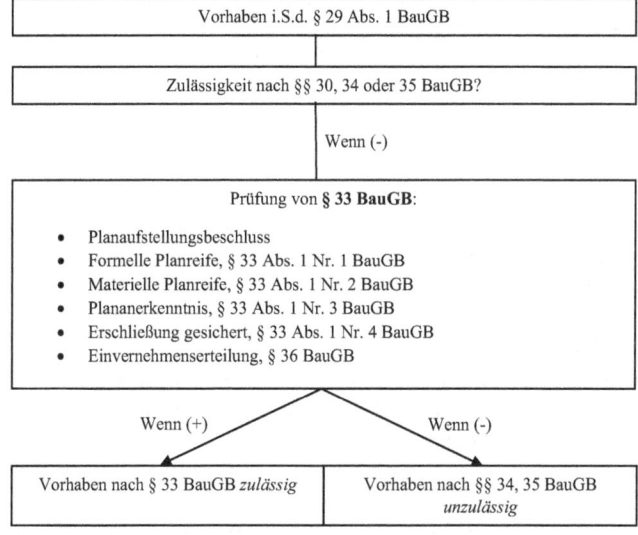

§ 33 BauGB findet sowohl für Vorhaben im Geltungsbereich eines Bebauungsplans gemäß § 30 BauGB Anwendung, wenn der Bebauungsplan geändert oder ergänzt werden soll, aber auch für Innen- oder Außenbereichsvorhaben i.S.d. §§ 34 und 35 BauGB, sofern sich ein Bebauungsplan in der Aufstellung befindet und ein entsprechender **Planaufstellungsbeschluss** wirksam gefasst und ordnungsgemäß bekannt gemacht worden ist[548]. § 33 BauGB bewirkt, dass ein nach diesen Vorschriften derzeit unzulässiges Vorhaben nach Maßgabe des künftigen Bebauungsplans zulässig ist, also ein Rechtsanspruch auf die planungsrechtliche Zulassung besteht; bei dieser

---

547 BVerwG NVwZ 1986, 647; 2019, 727.
548 *Muckel/Ogorek* Öffentliches Baurecht § 7 Rn. 81.

Prüfung ist wie bei § 30 Abs. 1 BauGB bzw. § 30 Abs. 3 i.V.m. §§ 34, 35 BauGB zu verfahren, wobei § 31 Abs. 1, 2 BauGB ggf. analog heranzuziehen ist[549]. § 33 BauGB verhindert umgekehrt aber **nicht** Vorhaben, die derzeit zulässig, nach dem künftigen Bebauungsplan aber unzulässig sind.[550] § 33 BauGB dient gerade nicht der Sicherung der Bauleitplanung[551] während der Planaufstellung. Hierfür sieht das BauGB die Veränderungssperre nach §§ 14 ff. BauGB vor, die überflüssig wäre, wenn ein Vorhaben wegen eines in Aufstellung befindlichen Bebauungsplans bereits nach § 33 BauGB verhindert werden könnte[552].

Hinweis: Da § 33 BauGB erst im Anschluss an §§ 30, 34 und 35 BauGB zu prüfen ist, wird er auch hier erst an dieser Stelle erwähnt. Sofern Ausführungen zu § 33 BauGB in einer Klausursituation abverlangt werden, müssen sich dem Sachverhalt entsprechende Hinweise entnehmen lassen (Planaufstellungsbeschluss, etc.).

125 Voraussetzung für eine Genehmigung nach § 33 BauGB ist neben dem Planaufstellungsbeschluss, dass die (erstmalige) Öffentlichkeits- und Behördenbeteiligung gemäß den §§ 3 Abs. 2, 4 Abs. 2 und § 4a Abs. 2-5 BauGB – die frühzeitige Öffentlichkeits- und Behördenbeteiligung nach §§ 3 Abs. 1, 4 Abs. 1 BauGB genügt nicht – durchgeführt worden ist (sog. **formelle Planreife**, § 33 Abs. 1 Nr. 1 BauGB). § 33 Abs. 2 BauGB regelt die Zulassung eines Vorhabens vor einer erforderlichen erneuten Öffentlichkeits- und Behördenbeteiligung gemäß § 4a Abs. 3 S. 1 BauGB; § 33 Abs. 3 BauGB normiert die Zulassung eines Vorhabens vor der Öffentlichkeits- und Behördenbeteiligung, nämlich wenn ein vereinfachtes Verfahren gemäß § 13 BauGB oder ein beschleunigtes Verfahren i.S.d. § 13a BauGB durchgeführt wird[553]. Außerdem muss – wie § 33 Abs. 1 Nr. 2 BauGB vorgibt – das Verfahren zur Aufstellung eines Bebauungsplans bereits so weit fortgeschritten sein, dass mit der Realisierung der vorliegenden Plankonzeption konkret zu rechnen ist (sog. **materielle Planreife**).[554] Daran fehlt es, wenn bei einem genehmigungsbedürftigen Bebauungsplan die Genehmigungsbehörde zu erkennen gibt, dass sie den Bebauungsplan in dieser Form nicht genehmigen wird,[555] wenn erkennbar ist, dass die Gemeinde von ihrem in dem endgültigen Entwurf dokumentierten planerischen Willen wieder abrückt,[556] wenn der Bebauungsplan inhaltliche Mängel aufweist, insbesondere im Hinblick auf § 1 Abs. 6 und 7 BauGB bedenklich ist oder wenn zum Bebauungsplanentwurf zahlreiche negative Stellungnahmen vorliegen[557]. Schließlich kann die materielle Planreife wieder entfallen, wenn das Verfahren zur Aufstellung des Bebauungsplans nach dem sachlichen Abschluss der Planung „stecken bleibt", also nicht kontinuierlich weiter betrieben wird.[558]

126 Weiter ist erforderlich, dass die Festsetzungen des Bebauungsplans schriftlich auch für die Rechtsnachfolger gegenüber der Baugenehmigungsbehörde anerkannt werden (§ 33 Abs. 1 Nr. 3 BauGB)[559]; das Anerkenntnis kompensiert die fehlende Rechtsverbindlichkeit des Bebauungsplans[560]. Aufgrund des Anerkenntnisses erlangen die Festsetzungen des künftigen Bebauungsplanes im Verhältnis zwischen Antragsteller und Baugenehmigungsbehörde (einschließlich der Gemeinde) nämlich vorab Verbindlichkeit, was, soweit das Anerkenntnis reicht, zugleich zur Un-

---

549 *Stollmann/Beaucamp* Öffentliches Baurecht § 15 Rn. 10 m.w.N.
550 *Will* Öffentliches Baurecht Rn. 446.
551 Dazu § 5 Rn. 100 ff.
552 Dazu bereits BVerwG NJW 1965, 549.
553 Näher *Stollmann/Beaucamp* Öffentliches Baurecht § 15 Rn. 14 ff. auch zur Frage, ob der Baugenehmigungsbehörde dabei anders als bei § 33 Abs. 1 BauGB ein Ermessen eingeräumt ist.
554 OVG Münster NVwZ-RR 2001, 568; VGH Mannheim NVwZ-RR 1998, 96; VBlBW 2008, 384.
555 BVerwG BeckRS 1991, 31231401.
556 OVG Bautzen BeckRS 2010, 46516.
557 VGH Mannheim NVwZ-RR 1998, 96.
558 BVerwG NVwZ 2003, 86.
559 Dazu BVerwG NVwZ 1996, 892; ausführlich *Kment* Öffentliches Baurecht I § 22 Rn. 9 ff.
560 BVerwG NVwZ 2019, 727.

zulässigkeit verwaltungsprozessualer Rechtsbehelfe gegen den späteren Bebauungsplan führt[561]. Schließlich muss, wie bei Bauvorhaben, die auf der Grundlage der §§ 30, 34 oder 35 BauGB genehmigt werden, auch bei den nach § 33 BauGB genehmigten Vorhaben die Erschließung gesichert sein (§ 33 Abs. 1 Nr. 4 BauGB).

H. Gemeindliches Einvernehmen (§ 36 BauGB)

Zur Einführung: *Böhm*, Recht der Bauleitplanung, JA 2013, 81; *Michl*, Das Einvernehmen der Gemeinde nach § 36 BauGB, Jura 2016, 722; *Schoch*, Schutz der gemeindlichen Planungshoheit durch das Einvernehmen nach § 36 BauGB, NVwZ 2012, 777

Zur Vertiefung: *Dippel*, Das gemeindliche Einvernehmen gem. § 36 BauGB in der jüngeren Rechtsprechung – alle Fragen schon geklärt?, NVwZ 2011, 769; *Enders/Pommer*, § 36 Abs. 2 S. 3 BauGB verfassungswidrig?, SächsVBl 1999, 173; *Kröninger*, Das gemeindliche Einvernehmen nach § 36 BauGB und die Verhinderung von Windkraftanlagen, NVwZ 2017, 826; *Scheidler*, Rechtsfragen um das gemeindliche Einvernehmen nach § 36 BauGB, ZfBR 2019, 543; *Tremml/Luber*, Amtshaftung und gemeindliches Einvernehmen – verbleibende Haftungsrisiken der Gemeinde, UPR 2013, 81; *Zeiler*, Amtshaftung der Gemeinde wegen Versagung des gemäß § 36 BauGB erforderlichen Einvernehmens, KommJur 2009, 288

Zur Übung: *Bauer/von Cube/Heinig*, JuS 2006, 152 (1. Staatsexamen – Rechtsschutz der Gemeinde, Veränderungssperre); *Groh*, JuS 2020, 161 (2. Staatsexamen – einstweiliger Rechtsschutz, Bürgerbegehren); *Heckel*, JuS 2011, 904 (Fortgeschrittenenklausur – Rechtsschutz der Gemeinde, Außenbereich); *Herbrich/Gläß*, SächsVBl, 2013, 281 u. 301 (1. Staatsexamen – Kleinwindenergieanlagen); *Kollmann*, JA 2016, 753 (Fortgeschrittenenklausur – Außenbereich); *LJPA*, SächsVBl 2015, 74 u. 96 (1. Staatsexamen, 2012/2 – Vorbescheid, Widerspruch); *Rietzler/Weinbuch*, Jura 2012, 973 (1. Staatsexamen – Rechtsschutz der Gemeinde, Amtshaftung)

I. Begriff und Notwendigkeit des Einvernehmens

Gemäß **§ 36 Abs. 1 S. 1 BauGB** wird über die Zulässigkeit von Vorhaben nach den §§ 31, 33, 34 und 35 BauGB im bauaufsichtlichen Verfahren – den die bauplanungsrechtliche Zulässigkeit des Vorhabens klärenden Bauvorbescheid eingeschlossen[562] – **im Einvernehmen mit der Gemeinde**, also mit ihrem ausdrücklichen Einverständnis,[563] entschieden; für das immissionsschutzrechtliche Genehmigungsverfahren gilt § 36 Abs. 1 S. 2 Hs. 1 BauGB[564]. Sinn und Zweck des Einvernehmenserfordernisses ist die **Sicherung der gemeindlichen Planungshoheit**, Art. 28 Abs. 2 S. 1 GG.[565] Die Gemeinde erhält dadurch nicht nur die Möglichkeit, über die Zulässigkeit des Vorhabens mit zu entscheiden, sondern auch die Möglichkeit, das Vorhaben ggf. zum Anlass einer Bauleitplanung bzw. zur Sicherung ihrer Bauleitplanung gemäß §§ 14 ff. BauGB zu nehmen[566]. Letzteres ist auch der Grund dafür, dass die Gemeinde bei Vorhaben

127

---

561 Brügelmann/*Dürr* § 33 Rn. 19; a.A. BVerwG NVwZ 2019, 727 mit dem Argument, dass die Rechtswirkungen des Anerkenntnisses jedenfalls mit der Bekanntmachung des Bebauungsplans endeten.
562 Folgerichtig bedarf es des gemeindlichen Einvernehmens dann nicht mehr, wenn bereits ein entsprechender Vorbescheid vorliegt (dazu VGH Mannheim NVwZ 1999, 442 – offen gelassen; Dolde/Menke NJW 1999, 2150 [2156 f.]; a.A. OVG Frankfurt/O. LKV 1997, 377).
563 OVG Bautzen BeckRS 2010, 46509: Wird das Einvernehmen gemäß § 36 Abs. 1 BauGB nicht uneingeschränkt erteilt, fehlt es an einer Erklärung des Einvernehmens; näher: *Dippel* NVwZ 2011, 769 (770 f.).
564 BVerwG NVwZ-RR 2015, 685; allgemein zum Verhältnis von Immissionsschutzrecht und Baurecht: *Hilbert* JuS 2014, 983.
565 *Dippel* NVwZ 2011, 769 f.
566 *Kment* Öffentliches Baurecht I § 25 Rn. 14; dazu BVerwG NVwZ 1986, 556; DVBl 2004, 950; VGH Mannheim NVwZ 1994, 797. Zur Sicherung der Bauleitplanung § 5 Rn. 100 ff.

gemäß § 30 Abs. 1 BauGB informiert werden muss (§ 36 Abs. 1 S. 3 BauGB i.V.m. § 69 Abs. 1 S. 1 SächsBO). Kommt die Gemeinde in diesem Zusammenhang zu der Auffassung, dass ein von ihr erlassener Bebauungsplan i.S.d. § 30 Abs. 1 BauGB unwirksam ist, ist § 36 Abs. 1 S. 1 BauGB dennoch unanwendbar; vielmehr ist die Gemeinde darauf verwiesen, den Plan aufzuheben oder zu ändern[567].

Hinweis: Die Einvernehmenserteilung ist ein Dauerbrenner in baurechtlichen Klausuren, da sie sowohl bei §§ 31, 33, 34 als auch bei § 35 BauGB zu prüfen ist. Zumeist wird der zu lösende Sachverhalt einen entsprechenden Hinweis enthalten; anzusprechen ist das Nicht-/Vorliegen des gemeindlichen Einvernehmens sowie ggf. seine (wirksame) Ersetzung im Rahmen der formellen Rechtmäßigkeit der Baugenehmigung.

128 **Zuständig** für die Entscheidung über die Erteilung des Einvernehmens ist im Regelfall der Gemeinderat (§ 28 Abs. 1 SächsGemO), ggf. ein beschließender Ausschuss (§ 41 Abs. 1 SächsGemO), nicht aber der Bürgermeister (§ 53 Abs. 2 SächsGemO)[568] oder der Ortschaftsrat (§ 67 SächsGemO)[569]; entscheidend ist insoweit die in der jeweiligen Gemeinde getroffene Regelung. Ist die Gemeinde selbst Baugenehmigungsbehörde, also im Freistaat Sachsen im Fall der Kreisfreien Städte und bei Gemeinden i.S.d. § 57 Abs. 2 SächsBO, ist das gemeindliche Einvernehmen indes entbehrlich, auch wenn innerhalb der Gemeinde für die Erteilung der Baugenehmigung und die Erklärung des Einvernehmens verschiedene Organe zuständig sind;[570] die Ablehnung eines Bauantrags kann daher nicht mit der Versagung des gemeindlichen Einvernehmens begründet werden. Die Gegenauffassung[571] überzeugt nicht. Zwar lässt sich dem Wortlaut des § 36 Abs. 1 BauGB keine derartige Ausnahme vom Einvernehmenserfordernis entnehmen. Entscheidend ins Gewicht fällt indes der Sinn und Zweck der Norm, die gemeindliche Planungshoheit zu sichern. Wenn die Gemeinde als Baugenehmigungsbehörde unmittelbar an dem Vorhaben beteiligt ist, ist es an ihr, und sei es im Wege gemeindeinterner Koordination zwischen dem Bürgermeister und dem Gemeinderat, dafür Sorge zu tragen, dass ein unzulässiges Vorhaben nicht genehmigt wird.[572]

II. Maßstab für die Einvernehmenserteilung

129 Das Einvernehmen darf nach **§ 36 Abs. 2 S. 1 BauGB** nur aus den sich aus §§ 31, 33, 34 und 35 BauGB ergebenden Gründen versagt werden.[573] Die Gemeinde prüft also die bauplanungsrechtliche Zulässigkeit des Vorhabens wie die Baugenehmigungsbehörde; das Einvernehmen ist zu erteilen, wenn das Vorhaben bauplanungsrechtlich zulässig ist. Ein Ermessen steht ihr nur in den Fällen der §§ 31, 33 Abs. 2 und 34 Abs. 2 Hs. 2, Abs. 3a BauGB zu[574]. Auch eine bauordnungsrechtliche Prüfung ist der Gemeinde im Rahmen von § 36 BauGB versagt.[575] Was die §§ 31, 33, 34 und 35 BauGB anbelangt, kann sich die Gemeinde indes auch auf Versagungsgründe stützen, die nicht dem Schutz ihrer Planungshoheit im engeren Sinne dienen, z.B. auf § 35 Abs. 3 S. 1 Nr. 5 BauGB;[576] insoweit ist ihre Prüfungskompetenz als umfassend zu verstehen[577].

---

567 OVG Greifswald NVwZ-RR 2016, 370.
568 Dazu VGH Mannheim VBlBW 2004, 56.
569 VGH Mannheim VBlBW 1984, 115: Auswirkungen auf das gesamte Gemeindegebiet.
570 BVerwG NVwZ 2005, 83; VGH Mannheim VBlBW 2019, 67.
571 VGH Mannheim VBlBW 2004, 56; *Gern* VBlBW 1986, 451; *Müller* BauR 1982, 7; *Schoch* NVwZ 2012, 777 (779 f.).
572 *Muckel/Ogorek* Öffentliches Baurecht § 7 Rn. 209; *Scheidler* ZfBR 2019, 543 f.
573 BVerwG NVwZ 1990, 657.
574 *Kment* Öffentliches Baurecht I § 25 Rn. 12.
575 Dazu *Elbing* LKV 1995, 384.
576 BVerwG NVwZ 2016, 1477.
577 Näher *Dippel* NVwZ 2011, 769 (771 f.). Zur Bedeutung für den Rechtsschutz der Gemeinde § 10 Rn. 83.

H. Gemeindliches Einvernehmen (§ 36 BauGB)

III. Verfahrensfragen

Will die Gemeinde ihr Einvernehmen nicht erteilen, muss sie es **binnen zwei Monaten** 130
seit Eingang des Ersuchens der Baugenehmigungsbehörde verweigern. Anderenfalls gilt das Einvernehmen als erteilt (§ 36 Abs. 2 S. 2 BauGB); der Nachweis des rechtzeitigen Zugangs obliegt dabei der Gemeinde[578]. Die Frist, für deren Berechnung § 1 S. 1 SächsVwVfZG i.V.m. § 31 VwVfG i.V.m. §§ 187 Abs. 1, 188 Abs. 2 Hs. 1 BGB gelten, beginnt aber erst nach Vorlage der vollständigen Bauvorlagen;[579] ggf. muss die Gemeinde auf die Vervollständigung hinwirken[580]. Die Frist ist nicht verlängerbar, ein erteiltes oder als erteilt geltendes Einvernehmen **weder widerruflich, noch rücknehm- oder anfechtbar**.[581] Ein als erteilt geltendes Einvernehmen hindert die Gemeinde indes nicht, eine Veränderungssperre zu erlassen oder einen dem Vorhaben entgegenstehenden Bebauungsplan aufzustellen;[582] sie verliert dadurch lediglich ihr Klagerecht gegen die Baugenehmigung[583].

Wird das gemeindliche Einvernehmen nicht erteilt, muss die Baugenehmigungsbehörde die 131
Baugenehmigung versagen; hält sie das Vorhaben für zulässig, **ersetzt** sie das rechtswidrig verweigerte gemeindliche Einvernehmen nach Anhörung der Gemeinde gemäß § 71 SächsBO (vgl. auch § 36 Abs. 2 S. 3 BauGB[584]). Bei dieser Entscheidung gegenüber der Gemeinde kommt der Baugenehmigungsbehörde schon wegen des Wortlauts von § 71 Abs. 1 SächsBO, der insofern strenger gefasst ist als § 36 Abs. 2 S. 3 BauGB, kein Ermessen zu[585]. Dagegen ist die Baugenehmigungsbehörde nicht an ein erteiltes Einvernehmen gebunden. Vielmehr kann sie die Baugenehmigung gleichwohl auch aus bauplanungsrechtlichen Gründen versagen.[586]

Die Erteilung oder Verweigerung des gemeindlichen Einvernehmens ergeht gegenüber dem Bauherrn nicht als Verwaltungsakt, sondern stellt ein sog. **Verwaltungsinternum** dar;[587] dem Bauherrn gegenüber ergeht nur die Entscheidung der Baugenehmigungsbehörde, sodass dieser im Wege des § 42 Abs. 1 Alt. 2 VwGO nicht die Verpflichtung zur Erteilung des Einvernehmens, sondern nur die Verpflichtung zur Erteilung der Baugenehmigung begehren kann. Soweit die Gemeinde nicht selbst Baugenehmigungsbehörde ist,[588] ist sie dabei gemäß § 65 Abs. 2 VwGO notwendig beizuladen;[589] ein stattgebendes Urteil ersetzt im Fall der notwendigen Beiladung das verweigerte gemeindliche Einvernehmen (§§ 121, 63 Nr. 3, 65 Abs. 2 VwGO).

Hinweis: Die Frage der Beiladung ist in einer Prüfungsarbeit zwischen der Zulässigkeit und der Begründetheit der Klage zu erörtern. Auf ihre Notwendigkeit ist besonders in Anwaltsklausuren des Assessorexamens (Zweckmäßigkeit) hinzuweisen; der entsprechende Antrag ist im prakti-

---

578 OVG Bautzen SächsVBl 2003, 64; vgl. auch BVerwG NVwZ 2021, 335.
579 VGH Mannheim BauR 2003, 1534; VGH München BauR 1999, 1015.
580 BVerwG NVwZ 2005, 213.
581 BVerwG NVwZ 1997, 900; VGH München NVwZ-RR 2000, 84; OVG Schleswig NVwZ-RR 2002, 821; a.A. *Jäde* ThürVBl 1997, 217.
582 BVerwG BeckRS 1998, 30029990; OVG Lüneburg NVwZ 1999, 1001.
583 OVG Bautzen SächsVBl 2003, 64; OVG Lüneburg NVwZ 1999, 1003.
584 Zur Verfassungsmäßigkeit dieser Norm *Enders/Pommer* SächsVBl 1999, 173; zu § 70a SächsBO a.F. OVG Bautzen SächsVBl 1997, 33.
585 OVG Bautzen BeckRS 2017, 114282; für das Bundesrecht strittig, dazu einerseits VGH Kassel ZfBR 2011, 290, der freilich für den Regelfall zu einer Ermessensreduktion auf Null gelangt, und BGH NVwZ 2011, 249, der auf den durch Art. 14 Abs. 1 GG geschützten Anspruch auf Erteilung der Baugenehmigung abstellt, andererseits.
586 *Muckel/Ogorek* Öffentliches Baurecht § 7 Rn. 217 f. mit einem Beispiel.
587 BVerwG NVwZ-RR 1992, 529; näher *Scheidler* ZfBR 2019, 543 (544 f.). Anders verhält es sich gegenüber der Gemeinde, dazu § 10 Rn. 83.
588 BVerwG DÖV 1977, 371.
589 BVerwG NVwZ 1986, 556.

schen Teil auszuformulieren.⁵⁹⁰ Bei gerichtlichen Entscheidungen spielt die Beiladung dagegen ausschließlich für die Kosten eine Rolle.

IV. Amtshaftung

132   Da die Bauaufsichtsbehörden im Freistaat Sachsen verpflichtet sind, das rechtswidrig versagte gemeindliche Einvernehmen (§ 36 BauGB) zu ersetzen, haftet die Gemeinde insoweit nicht aus Amtshaftung (§ 839 BGB i.V.m. Art. 34 GG); gegenüber dem Bauherrn sind die **Bauaufsichtsbehörden** vielmehr **allein haftungsrechtlich verantwortlich.**⁵⁹¹ Spätestens seit der Einfügung des § 36 Abs. 2 S. 3 BauGB i.V.m. § 71 SächsBO ist kein Raum mehr für die Annahme einer drittgerichteten Amtspflicht der Gemeinde; die Bindung der Bauaufsichtsbehörde an die Entscheidung der Gemeinde ist damit endgültig entfallen.⁵⁹² Insoweit deckt sich die (neue) Rechtsprechung des BGH auch mit der Linie der Verwaltungsgerichte, wonach dem Bauherrn kein subjektiv-öffentliches Recht auf Erteilung des Einvernehmens nach § 36 Abs. 1 BauGB zusteht.⁵⁹³

I. Bauvorhaben des Bundes und der Länder (§ 37 BauGB)

133   Bauvorhaben des Bundes oder der Länder mit besonderer öffentlicher Zweckbestimmung können nach § 37 Abs. 1 BauGB auch abweichend von §§ 30-36 BauGB errichtet werden.⁵⁹⁴ Der Sinn dieser Vorschrift liegt darin, dass notwendige öffentliche Bauten (technische Anlagen, Justizvollzugsanstalten, psychiatrische Landeskrankenhäuser usw.), die wegen ihrer Besonderheiten nicht nach §§ 30, 34 oder § 35 BauGB zulässig sind, gleichwohl errichtet werden können und zwar auch gegen den Willen der Gemeinde; § 37 BauGB stellt somit materiell-rechtlich eine Befreiungsregelung von §§ 30 ff. BauGB dar⁵⁹⁵.

Hinweis: Die Klausurrelevanz der Vorschrift des § 37 BauGB geht gegen Null.

Für solche Vorhaben ist nach § 77 SächsBO kein Baugenehmigungs- oder Genehmigungsfreistellungsverfahren, sondern ein Zustimmungsverfahren erforderlich. Die **Zustimmung** stellt einen Verwaltungsakt dar, bei dem zwischen den Belangen des öffentlichen Bauherrn und den städtebaulichen Interessen an der Einhaltung der §§ 30 ff. BauGB abzuwägen ist, und der die Zulässigkeit des öffentlichen Bauvorhabens verbindlich feststellt⁵⁹⁶. Gegen eine Zustimmung kann der Nachbar ebenso wie gegen eine Baugenehmigung Rechtsbehelfe einlegen.⁵⁹⁷ Für Vorhaben der Landesverteidigung gelten zusätzlich § 37 Abs. 2 BauGB und § 77 Abs. 5 SächsBO.⁵⁹⁸

J. Erschließung des Bauvorhabens

134   Nach den §§ 30 ff. BauGB ist ein Vorhaben nur dann bauplanungsrechtlich zulässig, wenn seine (ausreichende) **Erschließung** gesichert ist. Unter Erschließung ist im Wesentlichen

---

590   *Kaiser/Köster/Seegmüller* Materielles Öffentliches Recht im Assessorexamen Rn. 143.
591   BGH NVwZ 2011, 249; 2013, 167. Dazu *Schlarmann/Krappel* NVwZ 2011, 215; teilweise kritisch *Dippel* NVwZ 2011, 769 (775 f.).
592   *Schoch* NVwZ 2012, 777 (784) weist in diesem Zusammenhang zu Recht darauf hin, dass das rechtswidrig versagte Einvernehmen an sich schon immer kommunalaufsichtlich ersetzt werden konnte.
593   *Muckel/Ogorek* Öffentliches Baurecht § 7 Rn. 226; näher zur Rechtsprechungsänderung *Scheidler* ZfBR 2019, 543 (548 f.).
594   Dazu *Pfeffer* NVwZ 2012, 796; *Ritgen* DÖV 1997, 1034.
595   BVerwG NVwZ 1993, 892; OVG Münster NVwZ-RR 1990, 174; 2004, 175.
596   VGH Kassel NVwZ 2001, 823; *Krist-Thomas* BauR 1993, 516.
597   VGH Kassel NVwZ 1995, 1010; zum Rechtsschutz der Gemeinde BVerwG NVwZ 1993, 892; VGH Mannheim UPR 1998, 460.
598   Dazu OVG Lüneburg ZfBR 2000, 349; OVG Koblenz NVwZ-RR 2014, 721; *Will* Öffentliches Baurecht Rn. 583.

J. Erschließung des Bauvorhabens

der Anschluss an die Straße, die Abwasserbeseitigung[599] sowie die Wasserversorgung zu verstehen;[600] als Faustregel kann auf §§ 123 ff. BauGB, namentlich auf **§ 127 Abs. 2 BauGB** abgestellt werden, die allerdings über den grundstücksbezogenen Erschließungsbegriff der §§ 30 ff. BauGB hinausgehen (sog. gebietsbezogener Erschließungsbegriff)[601].

Hinweis: Da die Erschließung bei jedem Zulässigkeitstatbestand zu prüfen ist, wird sie erst an dieser Stelle näher behandelt. Detailwissen dazu – einschließlich der noch nachzugehenden Frage, inwiefern sich die Anforderungen zwischen §§ 30, 34 BauGB einerseits und § 35 BauGB andererseits unterscheiden – wird in der Klausursituation regelmäßig nicht gefordert sein. Was zählt, ist einzig die sorgfältige Auswertung des Sachverhalts, wie sich beispielhaft dem Fall 4 entnehmen lässt[602].

Die wegemäßige Erschließung ist als gesichert anzusehen, wenn das Bauvorhaben mit öffentlichen Fahrzeugen (Müllabfuhr, Feuerwehr, Krankenwagen, Post) erreicht werden kann und der zu erwartende Verkehr nicht zu einer Überbelastung der Straße führt.[603] Hierfür reicht es bei Wohngebäuden aus, dass Großfahrzeuge (Feuerwehr, Müllabfuhr) in die Nähe des Gebäudes gelangen können und kleinere Fahrzeuge (Krankenwagen) über einen kurzen Wohnweg[604] notfalls unmittelbar bis zum Gebäude fahren können; ein Stichweg von nur knapp 3 m Breite kann daher ggf. ausreichen[605]. Die Erschließung ist aber nicht gesichert, wenn das Grundstück nur über eine Straße zu erreichen ist, deren Anbindung an das Verkehrsnetz unzureichend ist.[606] Insbesondere muss, sofern das Grundstück nicht an einer öffentlichen Straße liegt, die Zufahrt zu einer solchen rechtlich gesichert sein (§ 4 Abs. 1 SächsBO[607]).

In den Fällen der **§§ 30, 34 BauGB** muss gewährleistet sein, dass die Erschließungsanlagen jedenfalls **bei Fertigstellung** des Bauvorhabens vorhanden sind.[608] Dieses ist der Fall, wenn die Gemeinde sich selbst zur Durchführung der Erschließung bereit erklärt oder aber einen Erschließungsvertrag mit einem Dritten geschlossen hat.[609] Ferner hat die Rechtsprechung trotz der Regelung des § 123 Abs. 3 BauGB, wonach **kein Anspruch auf die Erschließung** besteht, in bestimmten Fällen einen solchen Anspruch angenommen, wenn nämlich das Erschließungsermessen der Gemeinde auf Null reduziert ist[610]. So kann z.B. aus der Aufstellung eines Bebauungsplans ein Anspruch des Eigentümers eines vom Bebauungsplan erfassten Grundstücks auf den Bau der Erschließungsanlagen innerhalb eines angemessenen Zeitraums folgen, sofern das Grundstück durch den Bebauungsplan eine zuvor vorhandene Erschließung verliert;[611] das Gleiche gilt, wenn das Grundstück mit Zustimmung der Gemeinde bereits bebaut wurde[612]. Schließlich muss die Gemeinde i.d.R. auf das Angebot eines Dritten eingehen, die

---

599 VGH Mannheim VBlBW 1981, 52: i.d.R. Anschluss an eine Kanalisation erforderlich; zu den Erschließungsanforderungen daran im Einzelnen Schrödter/*Rieger* § 30 Rn. 20 ff.
600 Näher BVerwG NJW 1975, 402; VGH Mannheim NVwZ-RR 1998, 13; zu den Anforderungen der Wasserversorgung mit Trink- und Brauchwasser: OVG Koblenz NVwZ-RR 2015, 179.
601 *Stollmann/Beaucamp* Öffentliches Baurecht § 14 Rn. 28; umfassend zur Erschließung als gemeindliche Aufgabe *Kment* Öffentliches Baurecht I § 26 Rn. 3 ff.
602 Dazu § 6 Rn. 121 f.
603 BVerwG NVwZ 1982, 377; 1994, 299; BauR 2000, 1173; ZfBR 2010, 584.
604 Dazu BVerwG NVwZ 1994, 910; VGH Mannheim NVwZ-RR 1998, 13.
605 BVerwG NVwZ 1994, 299; BauR 2000, 1173.
606 BVerwG NJW 1984, 1773: Einkaufszentrum; NVwZ 1987, 406; 1997, 389.
607 Dazu § 8 Rn. 30.
608 BVerwG NJW 1977, 405; NVwZ 1994, 281; 2010, 1561; OVG Bautzen BeckRS 2015, 55452.
609 Zum Erschließungsangebot der Bauherrn BVerwG NVwZ 1993, 1101.
610 BVerwG NVwZ 1993, 1102; OVG Lüneburg NVwZ-RR 2000, 486; dazu *Hofmann-Hoeppel* BauR 1993, 520.
611 BVerwG NVwZ 1993, 1102; BauR 2000, 247.
612 BVerwG NVwZ 1991, 1086; 1993, 1102.

notwendigen Erschließungsanlagen auf eigene Kosten zu bauen,[613] sofern es sich um ein Angebot handelt, dessen Verwirklichung zu erwarten ist[614].

Schwierigkeiten entstehen vor allem in den Fällen des **§ 35 BauGB**. An für im Außenbereich privilegierte Vorhaben können nicht dieselben Anforderungen gestellt werden wie im Innenbereich (§ 34 BauGB);[615] der Anschluss eines nach § 35 Abs. 1 Nr. 1 BauGB zulässigen landwirtschaftlichen Gebäudes an die Kanalisation und Wasserversorgung ist häufig gar nicht möglich. Die Zulassung eines Vorhabens nach § 35 Abs. 1 BauGB darf jedenfalls nicht an übertriebenen Erschließungsanforderungen scheitern.[616] Demgemäß kann bei Jagdhäusern, Gartenhäusern und ähnlichen Bauvorhaben eine Erschließung durch eine befestigte Straße nicht verlangt werden. Bei nicht privilegierten Wohngebäuden dürften dagegen an die Erschließung keine geringeren Anforderungen zu stellen sein als im Innenbereich.[617]

---

613 BVerwG BauR 2000, 247; NVwZ 2010, 1561.
614 BVerwG NVwZ-RR 2002, 413.
615 BVerwG NJW 1986, 2775; NVwZ 1986, 38; 2009, 585.
616 BVerwG DÖV 1983, 816: 4 m breiter Kiesweg für einen landwirtschaftlichen Betrieb ausreichend.
617 VGH Mannheim VBlBW 1988, 23: 2,50 m Fahrbahnbreite nicht ausreichend; VGH Mannheim NVwZ-RR 1994, 562: Kleinkläranlage oder geschlossene Grube zur Abwasserbeseitigung unzureichend.

Dritter Teil:
Bauordnungsrecht

§ 7 Grundlagen

A. Funktion und Bestandteile des Bauordnungsrechts

Das Bauordnungsrecht, das in der Sächsischen Bauordnung (und der dazugehörigen Durchführungsverordnung[1]) geregelt ist, soll, wie die frühere Bezeichnung als Baupolizeirecht zum Ausdruck bringt, sicherstellen, dass durch die Errichtung und Nutzung baulicher Anlagen die öffentliche Sicherheit und Ordnung, insbesondere Leben und Gesundheit nicht gefährdet werden (vgl. § 3 S. 1 SächsBO); es dient damit vor allem der **Gefahrenabwehr**. Mit dem Schutz der natürlichen Lebensgrundlagen (Art. 20a GG, Art. 10 SächsVerf) geht § 3 S. 1 SächsBO allerdings darüber hinaus und verweist auf die natur-, umwelt- und klimaschützende Bedeutung des Bauordnungsrechts.

1

Hinweis: Ein nach Bauplanungsrecht zulässiges Gebäude kann bauordnungsrechtlich unzulässig sein; umgekehrt kann ein bauordnungsrechtlich zulässiges Gebäude bauplanungsrechtlich unzulässig sein. Bauplanungsrecht und Bauordnungsrecht gelten grundsätzlich nebeneinander, soweit nicht gesetzliche Vorrangregelungen, wie z.B. § 6 Abs. 1 S. 3 SächsBO (Abstandsflächen) bestehen. Da das Bauplanungsrecht gemäß § 29 Abs. 2 BauGB die Vorschriften des Bauordnungsrechts unberührt lässt, darf das Bauordnungsrecht an ein bauplanungsrechtlich zulässiges Vorhaben weitergehende Anforderungen stellen; allerdings ist Bundesrecht etwa dann verletzt, wenn das Bauordnungsrecht bei einem Vorhaben, das gemäß § 34 Abs. 1 BauGB nur in geschlossener Bauweise errichtet werden darf, die Einhaltung von Abstandsflächen verlangt[2].

Im **materiellen Teil des Bauordnungsrechts** (§§ 2-51 SächsBO) finden sich Begriffsbestimmungen (§ 2 SächsBO), Regelungen zum Grundstück und seiner Bebauung (§§ 4-8 SächsBO), gestalterische (§§ 9-10 SächsBO), insbesondere aber allgemeine (§§ 3, 11-16a SächsBO) und spezielle (§§ 26-51 SächsBO) Anforderungen an die Bauausführung. Hinzu kommen Vorschriften zu den Bauprodukten (§§ 16b-25 SächsBO)[3].

Der **formelle Teil des Bauordnungsrechts** befasst sich im Wesentlichen mit den Bauaufsichtsbehörden und den am Bau Beteiligten (§§ 52-58 SächsBO), verfahrensrechtlichen Regelungen, insbesondere zur Erteilung einer Baugenehmigung (§§ 59-77 SächsBO) – der sog. **präventiven Bauaufsicht** – und den Eingriffsbefugnissen der Bauaufsichtsbehörden als **repressivem Bauordnungsrecht** (§§ 58 Abs. 2 S. 2, 78-80 SächsBO). Weiterhin finden sich Regelungen zur Bauüberwachung, zu den Baulasten sowie zu örtlichen Bauvorschriften (§§ 81-83 und 89 SächsBO).

---

1 Durchführungsverordnung zur SächsBO vom 02.09.2004 (SächsGVBl. S. 427), die zuletzt durch Artikel 7 der Verordnung vom 12.04.2021 (SächsGVBl. S. 517) geändert worden ist
2 BVerwG NVwZ 1994, 1008. Zum Abstandsflächenrecht § 8 Rn. 3 ff.
3 Dazu Verordnung des Sächsischen Staatsministeriums für Regionalentwicklung über die Regelungen für Bauprodukte und Bauarten nach Bauordnungsrecht (Sächsische Bauprodukten- und Bauartenverordnung – SächsBauPAVO) vom 29.07.2004, GVBl. S. 403.

Hinweis: Das Bauordnungsrecht gehört wie das Bauplanungsrecht nur in Grundzügen zu den Pflichtfächern in der juristischen Ausbildung. Die Grundzüge umfassen die gesetzliche Systematik sowie die wesentlichen Normen und Rechtsinstitute ohne vertiefte Kenntnisse von Rechtsprechung und Literatur (§ 14 Abs. 5 SächsJAPO).

B. Grundbegriffe und Akteure

2   Die Sächsische Bauordnung gilt für bauliche Anlagen und Bauprodukte (§ 1 Abs. 1 S. 1 SächsBO) sowie für Grundstücke und für andere Anlagen und Einrichtungen, an die die Sächsische Bauordnung Anforderungen stellt (§ 1 Abs. 1 S. 2 SächsBO); § 1 Abs. 2 SächsBO nimmt bestimmte Anlagen, die speziellen fachrechtlichen Anforderungen unterliegen, teilweise von der Geltung der Sächsischen Bauordnung aus (u.a. Anlagen des öffentlichen Verkehrs und der Bergaufsicht – jeweils mit Ausnahme von Gebäuden – sowie öffentliche Ver- und Entsorgungsleitungen). § 2 SächsBO definiert zentrale Begriffe des Bauordnungsrechts: **Bauliche Anlagen** sind danach mit dem Erdboden verbundene, aus Bauprodukten (§ 2 Abs. 10 SächsBO) hergestellte Anlagen (§ 2 Abs. 1 S. 1 SächsBO), wobei eine Verbindung mit dem Boden auch dann besteht, wenn die Anlage durch eigene Schwere auf dem Boden ruht oder auf ortsfesten Bahnen begrenzt beweglich ist oder wenn die Anlage nach ihrem Verwendungszweck dazu bestimmt ist, überwiegend ortsfest benutzt zu werden (§ 2 Abs. 1 S. 2 SächsBO). Für die in § 2 Abs. 1 S. 3 SächsBO genannten Anlagen kommt es dagegen gar nicht auf die Voraussetzungen des § 2 Abs. 1 S. 1, 2 SächsBO an.[4]

Keine Definition findet sich für die in § 1 SächsBO ebenfalls verwendeten Begriffe „**Grundstück**", „**Anlage**" und „**Einrichtung**". Es gilt daher der bürgerlich-rechtliche Grundstücksbegriff (§ 3 GBO): Das Buchgrundstück wird danach definiert als ein abgegrenzter Teil der Erdoberfläche, der im Grundbuch eine besondere Stelle erhalten hat und unter einer besonderen Nummer gebucht ist.[5] Dem Begriff der „Anlage" – als ein zielgerichtetes, künstliches Herstellen als Vorgang und dessen Produkt – unterfallen sowohl „bauliche Anlagen" als auch „andere Anlagen und Einrichtungen", § 2 Abs. 1 S. 4 SächsBO. „Andere" Anlagen sind solche, die keine baulichen Anlagen i.S.d. § 2 Abs. 1 SächsBO sind, aber aus bauordnungsrechtlicher Sicht Regeln unterworfen sind, z.B. (nicht bauliche) Anlagen der Außenwerbung (§ 10 Abs. 1, Abs. 2 S. 2 SächsBO).[6] „Andere Einrichtungen" haben eine gegenüber Anlagen untergeordnete und unselbstständige Funktion (z.B. Baustelleneinrichtungen, § 11 SächsBO).[7] Wegen § 2 Abs. 1 S. 4 SächsBO kommt es auf ihre Abgrenzung zu den „Anlagen" im Ergebnis nicht an. Von Relevanz sind weiterhin die Begriffsbestimmungen für „**Gebäude**" und „**Sonderbauten**". Gemäß § 2 Abs. 2 SächsBO sind Gebäude selbstständig benutzbare, überdeckte bauliche Anlagen, die von Menschen betreten werden können und geeignet oder bestimmt sind, dem Schutz von Menschen, Tieren oder Sachen zu dienen. § 2 Abs. 4 SächsBO wiederum definiert Sonderbauten als Anlagen besonderer Art und Nutzung, darunter bauliche Anlagen mit einer Höhe von mehr als 30 m und Gebäude mit mehr als 1.600 m^2 Grundfläche des Geschosses mit der größten Ausdehnung (ausgenommen u.a. Wohngebäude).

3   Mit dem Vollzug des Bauordnungsrechts befasst bzw. davon betroffen sind verschiedene Akteure, in erster Linie der Bauherr, die Bauaufsichtsbehörden, die Gemeinde und die Nachbarn. **Bauherr** ist, wer auf seine Verantwortung eine bauliche Anlage vorbereitet oder ausführt oder von anderen vorbereiten oder ausführen lässt;[8] auf die Eigentumsverhältnisse an Grundstück und

---

4   Näher zum Begriff der baulichen Anlagen § 9 Rn. 3.
5   *Hauser* in: Jäde/Dirnberger/Böhme § 1 Rn. 4. Näher zum Grundstücksbegriff der SächsBO: OVG Bautzen LKV 2019, 223.
6   Näher unten § 8 Rn. 18.
7   *Hauser* in: Jäde/Dirnberger/Böhme § 1 Rn. 8.
8   Vgl. etwa OVG Lüneburg BRS 35 Nr. 168.

B. Grundbegriffe und Akteure

Bauwerk kommt es dabei nicht an (vgl. § 68 Abs. 4 S. 3 SächsBO). Bauherr kann nicht nur eine natürliche, sondern auch eine juristische Person oder eine Mehrheit von Personen sein. Der Bauherr hat gemäß § 53 Abs. 1 S. 1 SächsBO die Pflicht, geeignete Beteiligte nach Maßgabe der §§ 54-56 SächsBO zu bestellen, also Entwurfsverfasser (§ 54 SächsBO), Unternehmer (§ 55 SächsBO) und Bauleiter (§ 56 SächsBO). Für den Vollzug der Sächsischen Bauordnung sowie anderer öffentlich-rechtlicher Vorschriften für die Errichtung, Änderung, Nutzungsänderung und Beseitigung sowie die Nutzung und die Instandhaltung von Anlagen ist die **untere Bauaufsichtsbehörde** zuständig, soweit nichts anderes bestimmt ist, § 57 Abs. 1 S. 2 SächsBO. Untere Bauaufsichtsbehörden sind die Landkreise und Kreisfreien Städte (§ 57 Abs. 1 S. 1 Nr. 1 SächsBO) sowie die nach § 2 Abs. 2 Sächsisches Kreisgebietsneugliederungsgesetz eingekreisten Städte (Görlitz, Hoyerswerda, Plauen und Zwickau) sowie Gemeinden, Verwaltungsverbände und erfüllende Gemeinden von Verwaltungsgemeinschaften, die dies bis zum 1. Oktober 2003 geworden sind.[9] Die **Gemeinden** sind punktuell in den Vollzug des Bauordnungsrechts eingebunden, u.a. werden sie im Rahmen des Baugenehmigungsverfahrens angehört (§ 69 Abs. 1 S. 1 Alt. 1 SächsBO) sowie über die Erteilung der Baugenehmigung unterrichtet, § 72 Abs. 5 SächsBO. § 71 SächsBO ergänzt des Weiteren die Regelungen zum gemeindlichen Einvernehmen (§ 36 BauGB).[10] Gestaltenden Einfluss auf das Bauordnungsrecht können Gemeinden durch den Erlass von örtlichen Bauvorschriften nehmen, § 89 SächsBO. Betroffen vom Vollzug des Bauordnungsrechts sind schließlich die **Nachbarn**, also nach § 70 Abs. 1 S. 1 SächsBO die Eigentümer benachbarter Grundstücke. Eine generelle Pflicht zur Beteiligung der Nachbarn sieht die Sächsische Bauordnung nicht vor. Nur vor der Erteilung von Abweichungen und Befreiungen (vgl. § 67 SächsBO) sind Nachbarn zu benachrichtigen, wenn zu erwarten ist, dass ihre öffentlich-rechtlich geschützten Belange berührt werden (§ 70 Abs. 1 S. 1 SächsBO).

---

9 Dazu § 9 Rn. 9.
10 Dazu und zum Folgenden § 9 Rn. 13 f.

§ 8 Materiell-rechtliche Regelungen des Bauordnungsrechts

Zur Einführung: *Böhm*, Bauordnungsrecht, JA 2013, 481; *Hönes*, Örtliche Bauvorschriften zur Gestaltung baulicher Anlagen, BauR 2020, 1397; *Jäde*, Schnittpunkte Bauordnungsrecht und Planungsrecht am Beispiel von Werbeanlagen, ZfBR 2010, 34

Zur Vertiefung: *Dahlke-Piel*, Aktuelle baurechtliche Fragen rund um Werbeanlagen, SächsVBl 2010, 81; *Füßer*, Städtebaulich-gestalterische gemeindliche Markenkerne: Möglichkeiten und Grenzen durch eine Kombination von Bauleitplanung, Denkmalschutz-, Erhaltungs- und Baugestaltungssatzung, SächsVBl 2021, 222 u. 249; *ders./Nowak*, Kommunalpolitik zum „ruhenden Verkehr", SächsVBl 2017, 185; *Neumann/Beckerhoff*, Barrierefreiheit und Bauwerkssicherheit im neuen Bauordnungsrecht, BauR 2017, 824; *Schmidt-Eichstaedt*, Abstandsflächenregelung im Bebauungsplan und nach Bauordnungsrecht – was gilt? Erörterung am Beispiel der Brandenburgischen Bauordnung, LKV 2020, 489

Zur Übung: *Hartmann/Sendt*, JuS 2012, 917 (Fortgeschrittenenklausur – Abstandsflächen); *Lassahn*, JuS 2018, 988 (1. Staatsexamen – Abstandsflächen); *Schulte/Wittrahm*, JA 2018, 605 (Fortgeschrittenenklausur – Stellplätze)

1 Die Sächsische Bauordnung enthält eine Vielzahl von (materiellen) Anforderungen an bauliche Anlagen. In § 3 S. 1 Hs. 1 SächsBO kommt namentlich die gefahrenabwehrrechtliche Zielrichtung des Bauordnungsrechts deutlich zum Ausdruck: Anlagen sind so anzuordnen, zu errichten, zu ändern und instand zu halten, dass die öffentliche Sicherheit und Ordnung, insbesondere Leben, Gesundheit und die natürlichen Lebensgrundlagen, nicht gefährdet werden; dies gilt auch für die Beseitigung von Anlagen und bei der Änderung ihrer Nutzung (§ 3 S. 2 SächsBO). Diese allgemeinen Anforderungen werden durch die zahlreichen speziellen Anforderungen der §§ 4-51 SächsBO konkretisiert.

Hinweis: Zum Pflichtstoff für die juristische Ausbildung gehören die §§ 3-16 sowie §§ 47-51 SächsBO (vgl. § 14 Abs. 3 Nr. 8 c) bb) aaa) SächsJAPO). Ausgenommen sind hingegen besonders technische Materien wie die Bauarten, die Bauprodukte, Vorschriften über Brandverhalten, Wände, Decken und Dächer sowie die technische Gebäudeausrüstung.

A. Abstandsflächen und Abstände (§ 6 SächsBO)

2 § 6 SächsBO enthält das Abstandsflächenrecht. Die Regelung reduziert die einzuhaltenden Abstandsflächen auf einen **bauordnungsrechtlich zu sichernden Mindeststandard** („das äußerst mögliche Minimum").

I. Allgemeines

3 **Zweck** der Abstandsflächenregelung ist es nur (noch), die **ausreichende Belichtung von Aufenthaltsräumen**[1] zu gewährleisten. Die „bisherigen Nebenzwecke" wie Belüftung und Besonnung sowie die Schaffung eines sozialen Mindestabstands[2] sind nicht (mehr) Schutzzweck der

---

1 Dazu DIN 5034 – Tageslicht in Innenräumen.
2 OVG Bautzen SächsVBl 1998, 139. Nunmehr (ausschließlich) auf Brandschutz und die gesundheitsrelevante Belichtung von Aufenthaltsräumen abstellend OVG Bautzen BeckRS 2015, 55294. In anderen Bundesländern ist streitig, ob der nachbarliche Wohnfrieden vom Abstandsflächenrecht geschützt wird, vgl. einerseits VGH

A. Abstandsflächen und Abstände (§ 6 SächsBO)

Norm, wohl aber der **Brandschutz**, dem der Mindestabstand von 3 m dient[3]. Belichtung und Brandschutz als ausschließliche Ziele der Abstandsflächenregelungen finden sich daher auch in § 89 Abs. 1 Nr. 6 SächsBO wieder.

Im Grundsatz gilt Folgendes: Vor den Außenwänden von oberirdischen Gebäuden sind Abstandsflächen freizuhalten (§ 6 Abs. 1 S. 1 SächsBO), die auf dem Grundstück selbst liegen müssen (§ 6 Abs. 2 S. 1 SächsBO) und sich nicht überdecken dürfen (§ 6 Abs. 3 S. 1 SächsBO). Grundlage der Berechnung der Abstandsflächen ist das Maß H; dieses ergibt sich aus der Höhe der Außenwand ggf. plus Dach (§ 6 Abs. 4 SächsBO). Die Abstandsfläche beträgt 0,4 H, 0,2 H oder 0,1 H, mindestens aber 3 m, soweit keine abweichenden Abstandsflächen in einer städtebaulichen Satzung oder örtlichen Bauvorschrift vorgeschrieben sind (§ 6 Abs. 5 SächsBO).

Hinweis: Diese Regelungen gehören in ihren Grundzügen zum Pflichtstoff für die juristische Ausbildung. Wir empfehlen Ihnen daher, sich über das unter II. bis V. Dargestellte zumindest einen Überblick zu verschaffen.

Veranschaulichen lässt sich diese Regelung mit der Vorstellung, dass die Außenwand des Gebäudes auf das Grundstück umgekippt wird („**aufgeklappter Karton**"), woraus sich die einzuhaltende Abstandsfläche ergibt. Dargestellt werden die Abstandsflächen im Lageplan als Flächen im Anschluss an die Gebäudefläche.[4] In ihrer Form geben sie ein **(verzerrtes) Abbild der Außenwand** wieder; sie haben die gleiche Breite, sind aber weniger tief als die Außenwand hoch[5]. Zur Veranschaulichung dient folgende Abbildung[6]:

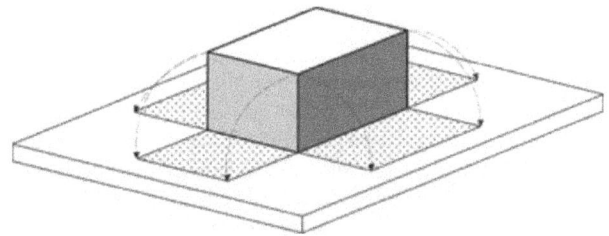

II. Grundanforderungen

Gemäß § 6 Abs. 1 S. 1 SächsBO sind vor den Außenwänden von oberirdischen Gebäuden (§ 2 Abs. 2 SächsBO) Abstandsflächen freizuhalten. Oberirdisch ist ein Gebäude, wenn es sich oberhalb der **Geländeoberfläche** befindet. Das ist entweder die natürliche oder die im Bebauungsplan, der Baugenehmigung oder den Bauvorlagen festgelegte Geländeoberfläche. Im Regelfall muss der Lageplan daher die Höhenlage des Grundstücks und des geplanten Gebäudes enthalten, § 9 Abs. 4 Nr. 5 DVOSächsBO. Die Festlegung einer von der natürlichen Geländeoberfläche abweichenden Geländeoberfläche steht im Ermessen der Bauaufsichtsbehörde, die dabei auch nachbarliche Belange berücksichtigen muss.[7] **Außenwand** ist jede über der Geländeoberfläche liegende Wand, die eine Gebäudeseite abschließt; mehrere Außenwandteile

4

Mannheim NVwZ-RR 2014, 545 (für Baden-Württemberg) und andererseits VGH München BeckRS 2015, 45785 (für Bayern).
3 Vgl. LT-Drs. 3/9651 S. 11 f.
4 Dazu § 9 Abs. 4 Nr. 12 DVOSächsBO.
5 Vgl. LT-Drs. 3/9651 S. 11.
6 *Dirnberger* in: Jäde/Dirnberger/Böhme § 6 Rn. 1.
7 OVG Bautzen SächsVBl 1998, 29.

einer Gebäudeseite bilden eine Außenwand. Ein Gebäude hat daher i.d.R. – auch wenn es Vor- und Rücksprünge oder eine L- oder U-Form hat – vier Außenwände;[8] bei Säulen oder Pfeilern schließen diese die Gebäudeseite ab und bilden eine fiktive Außenwand.

5 Gemäß § 6 Abs. 1 S. 2 SächsBO gilt § 6 Abs. 1 S. 1 SächsBO für andere **Anlagen, von denen Wirkungen wie von Gebäuden ausgehen**, entsprechend. Auch sie können die Belichtung einschränken oder brandschutzrechtlich relevant sein. Beispiele sind – je nach Höhe und Erscheinungsbild – Mauern[9], Einfriedungen[10], Stützwände[11], Lärmschutzwände oder -wälle[12], Antennenträger und -masten[13], Windenergieanlagen[14] und Werbeanlagen[15], nicht dagegen nicht überdachte Terrassen oder Stellplätze; bei Überdachungen ist allerdings von gebäudegleichen Wirkungen auszugehen[16].

6 Abstandsflächen sind jedoch gemäß § 6 Abs. 1 S. 3 SächsBO **nicht erforderlich** vor Außenwänden, die an Grundstücksgrenzen errichtet werden, **wenn nach planungsrechtlichen Vorschriften an die Grenze gebaut werden muss oder gebaut werden darf**.[17] Dem Bauplanungsrecht kommt insoweit Vorrang vor den bauordnungsrechtlichen Abstandsflächen zu. An die Grenze gebaut werden muss, wenn ein Bebauungsplan (§ 30 BauGB) oder ein zukünftiger Bebauungsplan (§ 33 BauGB) geschlossene Bauweise (§ 22 Abs. 3 BauNVO) oder entsprechende Baulinien (§ 23 Abs. 2 BauNVO) festsetzt; gleiches gilt, wenn im Falle des § 34 BauGB die Eigenart der näheren Umgebung von geschlossener Bauweise geprägt ist. An die Grenze gebaut werden darf, wenn solche Baugrenzen (§ 23 Abs. 3 S. 1 BauNVO) oder Bebauungstiefen (§ 23 Abs. 4 S. 1 BauNVO) festgesetzt sind oder werden oder die Umgebungsbebauung teils offene, teils geschlossene Bauweise aufweist; der Bauherr hat dann die Wahl, beide Bauweisen sind zulässig.

7 Abstandsflächen sind nicht nur bei der Errichtung von Gebäuden einzuhalten, sondern auch bei **Veränderungen an bestehenden Gebäuden**, beispielsweise wenn ein Dach durch ein Dach mit einer anderen Form (Satteldach statt Flachdach) oder mit größerer Dachneigung ersetzt wird;[18] das veränderte Gebäude insgesamt muss dann § 6 SächsBO genügen. Dies gilt auch für bestandsgeschützte, mit dem geltenden Abstandsflächenrecht nicht übereinstimmende Gebäude. Auch wenn ein Gebäude durch An- und Umbauten in ein neu entstehendes Gebäude einbezogen wird[19] oder Baumaßnahmen die Identität eines Gebäudes ändern[20], bedarf es einer Neuprüfung des Gesamtgebäudes. **Nutzungsänderungen** sind abstandsflächenrechtlich hingegen grundsätzlich ohne Belang, da sie den Schutzzweck des § 6 SächsBO nicht berühren.[21] Anders ist es, wenn das Gebäude, dessen Nutzung geändert wird, aufgrund einer abstandsflächenrechtlichen Privilegierung (§ 6 Abs. 8 SächsBO) entstanden ist – wenn beispielsweise eine Grenzgarage zukünftig als Wohnraum genutzt werden soll – oder eine Abweichung von den Abstandsflächenregelungen zugelassen worden ist.[22]

---

8   OVG Bautzen SächsVBl 1999, 137.
9   OVG Saarlouis BRS 35 Nr. 124.
10 OVG Berlin BRS 54 Nr. 91.
11 OVG Münster BRS 50 Nr. 185.
12 VGH Mannheim NVwZ-RR 1997, 694; VGH Kassel BRS 40 Nr. 216.
13 OVG Bautzen SächsVBl 1998, 162.
14 OVG Bautzen SächsVBl 2004, 106; OVG Münster NVwZ 1998, 978.
15 Für Plakatanschlagtafeln im Euro-Format (3,7 m x 2,7 m): OVG Bautzen NVwZ-RR 1999, 560; a.A. VGH München NVwZ-RR 1998, 620; freistehend, parallel, quer oder schräg zur Grundstücksgrenze: OVG Bautzen NVwZ-RR 1999, 560.
16 VGH Mannheim BauR 1998, 517 – Pergola.
17 Zu einem solchen Fall etwa OVG Bautzen BeckRS 2010, 55325.
18 OVG Bautzen SächsVBl 1999, 139.
19 OVG Bautzen SächsVBl 1999, 137; NJOZ 2009, 2707.
20 OVG Münster NVwZ-RR 1998, 614.
21 OVG Bautzen DÖV 1994, 614.
22 OVG Bautzen SächsVBl 1994, 285; OVG Greifswald BauR 1999, 624; VGH Mannheim NVwZ-RR 2014, 545.

A. Abstandsflächen und Abstände (§ 6 SächsBO)

III. Lage der Abstandsflächen

Gemäß § 6 Abs. 2 SächsBO müssen die Abstandsflächen **auf dem Grundstück selbst** liegen. Grundstück ist das Buchgrundstück, d.h. das Grundstück, wie es katastermäßig ausgewiesen ist[23]. Allerdings dürfen die Abstandsflächen auch auf öffentlichen Verkehrs-, Grün- und Wasserflächen – bis zu deren Mitte – liegen (§ 6 Abs. 2 S. 2 SächsBO) oder sich ganz oder teilweise auf Nachbargrundstücke erstrecken, § 6 Abs. 2 S. 3 SächsBO. Letzteres setzt voraus, dass i.S.d. § 2 Abs. 12 SächsBO rechtlich gesichert ist, dass sie nicht überbaut werden;[24] diese Sicherung erfolgt durch Grunddienstbarkeit (§ 1018 BGB) und beschränkt persönliche Dienstbarkeit (§ 1090 BGB) im Grundbuch oder durch Eintragung einer Baulast in dem von der Bauaufsichtsbehörde geführten Baulastenverzeichnis (§ 83 SächsBO) – die Festsetzungen eines Bebauungsplans genügen insoweit nicht. Auch dürfen die Abstandsflächen nicht auf die auf den Nachbargrundstücken erforderlichen Abstandsflächen angerechnet werden (§ 6 Abs. 2 S. 4 SächsBO) und sie dürfen sich – mit Ausnahme der Fälle des § 6 Abs. 3 S. 2 SächsBO – **nicht überdecken** (§ 6 Abs. 3 S. 1 SächsBO).

8

IV. Maß und Berechnung der Abstandsflächen

Das für die Berechnung der Abstandsflächen erforderliche **Maß H** wird gemäß **§ 6 Abs. 4 SächsBO** wie folgt ermittelt: Das Maß H ergibt sich zunächst aus der Wandhöhe, die senkrecht zur Wand gemessen wird (Satz 2). Wandhöhe ist das Maß von der Geländeoberfläche bis zum Schnittpunkt der Wand mit der Dachhaut oder bis zum oberen Abschluss der Wand (Satz 3). Die Höhe von Dächern mit einer Dachneigung von weniger als 70 Grad wird zu einem Drittel (Satz 4), die Höhe von Dächern mit einer Dachneigung von 70 Grad und mehr wird voll der Wandhöhe hinzugerechnet (Satz 5). Für Dachaufbauten gelten diese Regelungen entsprechend (Satz 6).

9

Unterschieden wird (nur noch) zwischen **Wand- und Giebelflächen** einerseits und **Wand- plus Dachflächen** (sog. Traufseiten) andererseits. Die **Wand- und Giebelflächen** gehen **in ihren tatsächlichen Abmessungen** in die Abstandsflächenberechnung ein.[25] Das bedeutet zunächst, dass sich das Giebeldreieck, so wie es ist, also z.B. gleichschenklig oder nicht gleichschenklig, als ebensolches Abstandsflächendreieck widerspiegelt; die Abstandsfläche eines Pultgiebels erscheint nicht als Rechteck, sondern als die Hälfte eines gleichschenkligen Trapezes. Diese Ermittlung der Abstandsflächenform („in der Grundrissprojektion ein verzerrtes Abbild der Giebelwand") erachtet der Gesetzgeber als einfacher als die „Bildung von Abstandsflächen als Streifen gleich bleibender Tiefe vor der Wand";[26] Mittelungsberechnungen für Giebel entfallen daher. Das bedeutet weiter, dass auch bei einer geneigten Geländeoberfläche die tatsächlichen Wandhöhen und nicht die im Mittel gemessenen entscheidend sind. Anders verhält es sich bei den **Wand- plus Dachflächen**. Die Wandfläche geht insoweit vollständig in die Abstandsflächenberechnung ein; bei den Dachflächen hängt es von der Neigung ab.

---

23 BVerwG BauR 1970, 225; zu Ausnahmen BVerwGE 44, 250. Zum Begriff des Grundstücks allgemein § 7 Rn. 2.
24 Dazu VGH Mannheim NVwZ-RR 2002, 263. Zur Baulast § 9 Rn. 71.
25 Vgl. OVG Bautzen LKV 2007, 134.
26 Dazu LT-Drs. 3/9651 S. 11.

10 Abstandsflächen bei Dachneigungen < 70° (§ 6 Abs. 4 S. 4 SächsBO):[27]

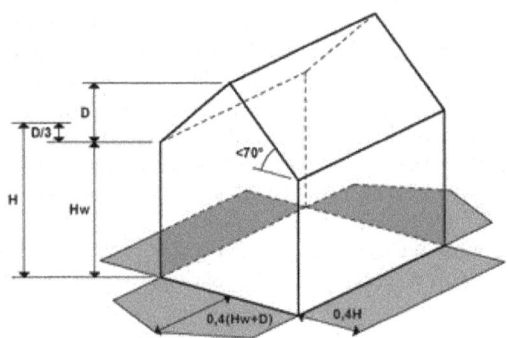

Abstandsflächen bei Dachneigungen ≥ 70° (§ 6 Abs. 4 S. 5 SächsBO):

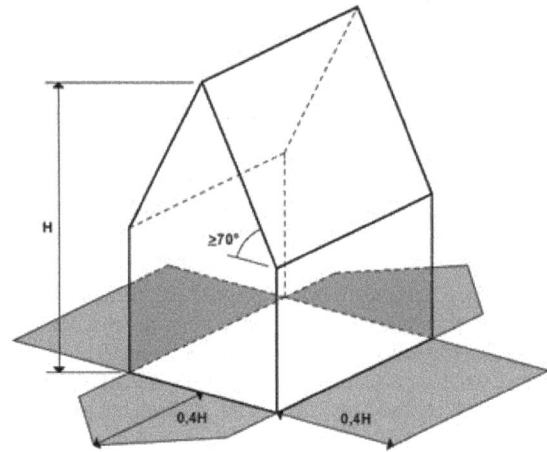

11 Die **Tiefe der Abstandsfläche** beträgt **0,4 H**, mindestens aber 3 m (§ 6 Abs. 5 S. 1 SächsBO). In **Gewerbe- und Industriegebieten** beträgt die Abstandsflächentiefe **0,2 H**, mindestens aber wiederum 3 m (§ 6 Abs. 5 S. 2 SächsBO). Für Windenergieanlagen im Außenbereich oder in Sondergebieten für Windenergie genügt schließlich eine Tiefe von 0,1 H; die Tiefe der Abstandsflächen muss aber erneut mindestens 3 m betragen (§ 6 Abs. 5 S. 3 SächsBO). Besteht kein Bebauungsplan, der ein Gewerbe- oder Industriegebiet i.S.d. §§ 8, 9 BauNVO festsetzt, und liegt kein faktisches Gewerbe- oder Industriegebiet vor (§ 34 Abs. 2 BauGB i.V.m. §§ 8, 9 BauNVO), gilt § 6 Abs. 5 S. 2 SächsBO nicht. Gemäß § 6 Abs. 5 S. 4 SächsBO genügt der

---

27 Darstellungen entnommen aus Nr. 6.4 der Verwaltungsvorschrift des Sächsischen Staatsministeriums des Innern zur Sächsischen Bauordnung vom 18.03.2005 (VwVSächsBO) (SächsABl. SDr. S. S 59, Sächs-ABl. S. 363), die zuletzt durch die Verwaltungsvorschrift vom 09.05.2019 (SächsABl. S. 782) geändert worden ist. In Nr. 6 VwVSächsBO finden sich weitere Darstellungen und Erläuterungen zu § 6 SächsBO.

A. Abstandsflächen und Abstände (§ 6 SächsBO)

Mindestabstand von **3 m** – unabhängig von den einzuhaltenden Abstandsflächen – auch vor den Außenwänden von **Wohngebäuden der Gebäudeklassen 1 und 2**, also Wohngebäuden bis zu 7 m Höhe und bis zu zwei Nutzungseinheiten von insgesamt nicht mehr als 400 m² (§ 2 Abs. 3 S. 1 Nr. 1 u. 2 SächsBO) **mit nicht mehr als drei oberirdischen Geschossen** (§ 2 Abs. 6 SächsBO). Abweichungen hiervon nach unten, also geringerer Abstandsflächentiefen als die des nunmehrigen Mindestniveaus, hält der Gesetzgeber für kaum mehr begründbar.[28]

Gemäß § 6 Abs. 6 SächsBO bleiben bei der Bemessung der Abstandsflächen u.a. vor die Außenwand vortretende **Bauteile** sowie bestimmte **Vorbauten** außer Betracht. Die Vorbauten dürfen insgesamt nicht mehr als ein Drittel der Breite der Außenwand einnehmen und nicht mehr als 1,50 m vortreten, von der gegenüberliegenden Nachbargrenze müssen sie 2 m entfernt bleiben; werden diese Maße überschritten, müssen auch die Bauteile und Vorbauten die erforderlichen Abstandsflächen einhalten. Beispiele für vortretende Bauteile oder Vorbauten sind Gesimse, Dachüberstände, Vordächer, Windfänge, Treppen nebst Überdachung, Geländer, Erker sowie Balkone. Der Mindestabstand von 2 m ist zur gegenüberliegenden Nachbargrenze einzuhalten, weil – so der Gesetzgeber – seitliche Nachbargrenzen und die Grundstücksgrenze zur Straße abstandsflächenrechtlich vernachlässigbar sind.[29] Das bedeutet, dass diese Vorbauten keine seitlichen Abstandsflächen auslösen, aber auch, dass zur Straße hin der Mindestabstand von 2 m nicht gilt. Außerdem bleiben bei der Bemessung der Abstandsflächen **Maßnahmen zum Zwecke der Energieeinsparung und Solaranlagen** an bestehenden Gebäuden außer Betracht, wenn sie eine Stärke von nicht mehr als 0,25 m aufweisen und mindestens 2,50 m von der Nachbargrenze zurückbleiben (§ 6 Abs. 7 SächsBO).

12

Entfallen ist die Möglichkeit, in überwiegend bebauten Gebieten – zur Gestaltung des Straßenbildes oder aufgrund besonderer städtebaulicher Verhältnisse – geringere Abstandsflächen zu gestatten oder zu verlangen.[30] Gemäß **§ 89 Abs. 1 Nr. 6 SächsBO** können allerdings die Gemeinden durch Satzung **örtliche Bauvorschriften** über von § 6 SächsBO abweichende Abstandsflächentiefen erlassen, wenn dies zur Gestaltung des Ortsbildes oder zur Verwirklichung der Festsetzungen einer städtebaulichen Satzung erforderlich ist und eine ausreichende Belichtung sowie der Brandschutz gewährleistet sind; sie können auch regeln, dass § 6 Abs. 5 SächsBO keine Anwendung findet, wenn durch die Festsetzungen einer städtebaulichen Satzung Außenwände zugelassen oder vorgeschrieben werden, vor denen größere oder geringere Abstandsflächentiefen eingehalten werden müssten[31]. Letzteres greift wiederum den Vorrang des Bauplanungsrechts auf, ohne dass in der örtlichen Bauvorschrift die Abstandsflächentiefen vermaßt werden müssen[32].

13

V. Abstandsflächenrechtlich irrelevante bauliche Anlagen

Gemäß § 6 Abs. 8 SächsBO sind **in den Abstandsflächen eines Gebäudes** – auch wenn nur gebäudenah, also nicht an das Gebäude angebaut wird – sowie **ohne eigene Abstandsflächen** – auch wenn nur grenznah, also nicht an die Grundstücksgrenze angebaut wird – bestimmte, aus Sicht des Gesetzgebers untergeordnete bauliche Anlagen zulässig. Dies betrifft zum einen Garagen, also Gebäude oder Gebäudeteile (Carports) zum Abstellen von Kraftfahrzeugen (§ 2 Abs. 7 S. 2 SächsBO) einschließlich Abstellraum mit einer mittleren Wandhöhe bis zu 3 m

14

---

28 Vgl. LT-Drs. 3/9651 S. 13. Zu Abweichungen gemäß § 67 SächsBO von § 6 SächsBO etwa OVG Bautzen Beschluss v. 04.08.2014 – 1 B 82/14 –, juris m.w.N.
29 LT-Drs. 3/9651 S. 14.
30 Zu § 6 Abs. 14 SächsBO a.F.: OVG Bautzen SächsVBl 2003, 235; VG Leipzig LKV 1998, 248.
31 OVG Bautzen SächsVBl 2001, 220: Abwägungsfehler bei fehlendem Nachweis der ausreichenden Belichtung bei Abstandsflächenunterschreitung durch Bebauungsplan.
32 Vgl. LT-Drs. 3/9651 S. 73.

und einer Gesamtlänge je Grundstücksgrenze von 9 m (sog. **privilegierte Grenzgarage**),[33] zum anderen **Gebäude ohne Aufenthaltsräume und Feuerstätten** mit diesen Maßen (§ 6 Abs. 8 S. 1 Nr. 1 SächsBO). Die Regelung gilt auch für gebäudeunabhängige **Solaranlagen** mit einer Höhe bis zu 3 m und einer Gesamtlänge je Grundstücksgrenze von 9 m (§ 6 Abs. 8 S. 1 Nr. 2 SächsBO) sowie für **Stützmauern** und **geschlossene Einfriedungen** in Gewerbe- und Industriegebieten ohne Einschränkung, in anderen Baugebieten bis zu einer Höhe von 2 m (§ 6 Abs. 8 S. 1 Nr. 3 SächsBO). § 6 Abs. 8 S. 2 SächsBO beschränkt schließlich die **Gesamtlänge** der die Abstandsflächen nicht einhaltenden Bebauung nach S. 1 Nr. 1 und 2 auf **15 m je Grundstück**, um „Einmauerungseffekten" vorzubeugen; wird an zwei Grundstücksgrenzen angebaut, soll die Länge beider Grenz- bzw. grenznaher Wände in die Berechnung der Gesamtlänge eingehen[34].

Die Garage darf nur zum Abstellen von Kraftfahrzeugen genutzt werden und diese Nutzung muss auch den Abstellraum prägen, der sich seinerseits unterzuordnen hat;[35] er kann in, aber auch unter der Garage liegen. Um einen Abstellraum handelt es sich jedoch nicht, wenn er der Unterbringung eines Öltanks als Teil einer Heizungsanlage dient.[36] Nicht privilegiert sind daher auch eine Garage mit als Arbeitszimmer genutztem Raum oder Garagen mit Dachterrassen[37]. Die mittlere Wandhöhe bis zu 3 m kann sich aus Wandhöhe plus (Teil-)Dachhöhe (§ 6 Abs. 4 S. 3 SächsBO) bzw. aus Wand- und Giebelflächen zusammensetzen; die Mittelungsberechnung, auf die der Gesetzgeber in § 6 Abs. 4 SächsBO nunmehr verzichtet, bleibt für Garagen also bestehen.

Bauplanungsrechtlich können, wenn nichts anderes festgesetzt ist, Garagen auch auf den nicht überbaubaren Grundstücksflächen zugelassen werden (§ 23 Abs. 5 S. 2 BauNVO). Da der Gesetzgeber diese Grenzgaragen für generell zulässig erklärt, hat ein Nachbar die mit jeder Grenzgarage verbundene Beeinträchtigung grundsätzlich hinzunehmen und kann sich insoweit nicht auf das Gebot der Rücksichtnahme berufen.[38] Anders kann es aber sein, wenn die Zufahrt zur Grenzgarage unangemessen lang ist[39] oder die Garage unmittelbar vor einem Fenster eines Aufenthaltsraums errichtet wird und die Möglichkeit besteht, die Garage ohne Nachteile für den Bauherrn auch an anderer Stelle zu errichten[40].

B. Verunstaltungsverbot (§ 9 SächsBO)

15   Bauliche Anlagen dürfen nach § 9 S. 1 SächsBO weder selbst **verunstaltet wirken** (objektbezogener Maßstab) noch darf gemäß § 9 S. 2 SächsBO das Straßen-, Orts- und Landschaftsbild durch bauliche Anlagen **verunstaltet werden** (umgebungsbezogener Maßstab).

Verunstaltung ist nicht die bloße Unschönheit, sondern „ein hässlicher, das ästhetische Empfinden eines Betrachters nicht bloß beeinträchtigender, sondern verletzender Zustand", der „Unlust erregt", wobei nicht auf den „ästhetisch besonders empfindsamen oder geschulten", sondern auf den „für ästhetische Eindrücke offenen Betrachter" abzustellen ist, also auf einen „gebildeten Durchschnittsmenschen".[41] So gestattet das Verunstaltungsverbot der Bauaufsichtsbehörde nicht, dem Bauherrn bestimmte ästhetische Vorstellungen aufzuzwingen; auch eine „unschöne" bauliche Anlage muss genehmigt werden. Erst wenn die Grenze zwischen Unschönheit und

---

33   Dazu etwa OVG Bautzen LKV 2007, 134; LKV 2009, 32.
34   Vgl. LT-Drs. 3/9651 S. 14.
35   VGH München BauR 1996, 834; OVG Saarlouis NVwZ-RR 1992, 404.
36   OVG Münster BauR 1997, 287.
37   OVG Münster BauR 1990, 457.
38   BVerwG NVwZ 1986, 468.
39   OVG Schleswig BRS 54 Nr. 101.
40   VGH München NVwZ-RR 1995, 9.
41   BVerwGE 2, 172; NVwZ 1991, 64; VGH Mannheim BauR 2017, 872. Vgl. aus der sächsischen Rspr. OVG Bautzen DÖV 2001, 826.

C. Werbeanlagen (§ 10 SächsBO)

Hässlichkeit überschritten ist und die bauliche Anlage „nachhaltigen Protest" auslöst,[42] kann die Bauaufsichtsbehörde einschreiten bzw. eine Baugenehmigung versagen, um „Auswüchse" zu unterbinden.

Hinweis: Der Begriff der Verunstaltung wird auch in Nr. 9 der VwVSächsBO definiert.

Beispiele:

- Verunstaltung **bejaht**: 30 m lange und 1,90 m hohe Grundstückseinfriedung aus schwarzen Metallplatten (OVG Berlin-Brandenburg LKV 2015, 138), Glattputz an einem Gebäude mit Stuckfassade (OVG Berlin BauR 1984, 624), abweichend gegliederte Kunststofffenster in Jugendstilhaus (OVG Hamburg BauR 1984, 625), großflächige Wandmalerei im Villengebiet (VGH Kassel BRS 49 Nr. 152).
- Verunstaltung **verneint**: Holzverschlag im Innenstadtbereich (VGH Mannheim BRS 28 Nr. 80), von der Umgebung abweichende Dachform (OVG Münster BRS 35 Nr. 130; OVG Lüneburg BRS 35 Nr. 131), Maschendrahtzaun um Fischteich (VGH Mannheim BRS 48 Nr. 108).

Die Frage der Verunstaltung unterliegt als **unbestimmter Rechtsbegriff** der vollen gerichtlichen Kontrolle.[43] Seine Konkretisierung durch die Rechtsprechung der Verwaltungsgerichte genügt rechtsstaatlichen Anforderungen und ist mit den Grundrechten (Art. 2, 5, 12 und 14 GG) vereinbar.[44] Das ändert indes nichts daran, dass das Verunstaltungsverbot mit Rücksicht auf das Eigentumsgrundrecht (Art. 14 GG) und u.U. die Kunstfreiheit (Art. 5 Abs. 3 GG) im Einzelfall zurückhaltend anzuwenden ist.

Die Gemeinden können sich nicht zu ihren Gunsten auf § 9 SächsBO berufen.[45] Sie können allerdings örtliche Bauvorschriften (§ 89 Abs. 1 Nr. 1 SächsBO) erlassen und darin besondere Anforderungen zur Erhaltung und Gestaltung von Ortsbildern regeln, wobei sie nicht darauf beschränkt sind, verunstaltende Anlagen abzuwehren,[46] sondern auch positive Gestaltungspflege betreiben können.

C. Werbeanlagen (§ 10 SächsBO)

§ 10 enthält – vor allem gestalterische – Anforderungen an Werbeanlagen. Der Begriff der **Werbeanlage** ist in § 10 Abs. 1 S. 1 SächsBO legaldefiniert. Danach handelt es sich um ortsfeste Einrichtungen, die der Ankündigung oder Anpreisung oder als Hinweis auf Gewerbe oder Beruf dienen und vom öffentlichen Verkehrsraum aus sichtbar sind. § 10 Abs. 1 S. 2 SächsBO enthält eine nicht abschließende Aufzählung von Regelbeispielen, darunter Schilder, Beschriftungen und Schaukästen. Zwar handelt es sich auch bei den in § 10 Abs. 6 SächsBO aufgezählten Fällen (z.B. Schaufensterdekorationen oder Wahlwerbung) um Werbeanlagen i.S.d. § 10 Abs. 1 SächsBO, Absatz 6 nimmt sie aber dennoch von der Anwendbarkeit der Bauordnung aus.

Hinweis: Gemäß § 10 Abs. 5 SächsBO gelten die Absätze 1-3 auch für Warenautomaten, auf die im Folgenden nicht näher eingegangen wird.

I. Bauliche und andere Anlagen

Das Gesetz unterscheidet zwischen Werbeanlagen, die **bauliche Anlagen** i.S.d. § 2 Abs. 1 SächsBO sind und für die daher die gleichen Anforderungen wie für bauliche Anlagen gelten (§ 10 Abs. 2 S. 1 SächsBO), und solchen, die **keine baulichen Anlagen** sind (z.B. Beschriftungen

---

42 BVerwG NJW 1995, 2648; OVG Münster BauR 1998, 113.
43 BVerwGE 2, 172.
44 BVerfG NVwZ 1985, 819; BVerwG NJW 1989, 2638; NVwZ 1991, 983; 1992, 475.
45 VGH München BeckRS 2016, 43653. Zum Nachbarschutz bei § 9 SächsBO § 10 Rn. 46.
46 VGH München NVwZ-RR 2015, 195.

oder Bemalungen[47]; Lichtwerbung[48]/„Skybeamer"[49]; Dia-Projektionswerbeanlagen[50] oder Werbefolien[51]); letztere dürfen nicht verunstaltend wirken und nicht die Sicherheit und Leichtigkeit des Verkehrs gefährden, § 10 Abs. 2 S. 2 SächsBO. Letztlich decken sich die Anforderungen aber weitgehend: So gilt für Werbeanlagen, die bauliche Anlagen sind, statt des besonderen das (allgemeine) Verunstaltungsverbot (§ 9 SächsBO), während sich die(selben) Anforderungen zur Verkehrssicherheit aus § 16 Abs. 2 SächsBO ergeben. § 10 Abs. 3 und Abs. 4 SächsBO (Zulässigkeit von Werbeanlagen im Außenbereich bzw. bestimmten Teilen des Innenbereichs) finden unterschiedslos auf sämtliche Werbeanlagen – also auch auf solche, die keine baulichen Anlagen sind – Anwendung; die Frage der bauplanungsrechtlichen Zulässigkeit selbst – sei es nach § 30 Abs. 1 bzw. § 34 Abs. 2 BauGB i.V.m. §§ 2 ff. BauNVO, § 34 Abs. 1 oder § 35 BauGB – stellt sich freilich nur bei Werbeanlagen, die bauliche Anlagen i.S.d. § 29 Abs. 1 BauGB sind, was aber i.d.R. der Fall sein wird[52].

Im Übrigen kommt es darauf an, ob die jeweilige Regelung der Sächsischen Bauordnung an den Begriff der „baulichen Anlage" oder den der „Anlage" anknüpft. Für Werbeanlagen, die keine baulichen Anlagen i.S.d. § 2 Abs. 1 SächsBO sind, wird man daher regelmäßig auf **§ 3 S. 1 SächsBO** zurückgreifen müssen, während für bauliche Anlagen spezifische Anforderungen an die Bauausführung (vgl. etwa zur Standsicherheit § 12 SächsBO oder zum Brandschutz § 14 SächsBO) geregelt sind; § 6 Abs. 1 S. 2 SächsBO trifft dagegen keine Unterscheidung: Werbeanlagen haben Abstandsflächen einzuhalten, wenn von ihnen Wirkungen wie von Gebäuden ausgehen.[53] Dasselbe gilt für große Teile des Verfahrensrechts: **Verfahrensrechtlich** ist jeweils zu beachten, dass Werbeanlagen, soweit sie nicht gemäß § 61 Abs. 1 Nr. 12 SächsBO verfahrensfrei sind, dem vereinfachten Baugenehmigungsverfahren gemäß §§ 59 Abs. 1, 63 SächsBO[54] oder der Genehmigungsfreistellung gemäß § 62 SächsBO unterliegen können. Eine spezielle Ermächtigungsgrundlage zur Beseitigung von Werbeanlagen (§ 77a SächsBO a.F.[55]) gibt es nicht mehr; auch die zuletzt im September 2019 geänderte Musterbauordnung 2002 sieht eine solche Regelung nicht vor.[56] Unabhängig davon, ob es sich um eine bauliche Anlage i.S.d. § 2 Abs. 1 SächsBO handelt oder nicht, findet daher nunmehr § 80 S. 1 SächsBO auf die Beseitigung von Werbeanlagen Anwendung.[57]

---

47 VGH Mannheim BRS 50 Nr. 143.
48 OVG Münster NVwZ 1995, 718; VGH München NVwZ 1997, 201 (durch Strahler bewirkte Lichtsäule über einer Diskothek, die mehrere Kilometer weit sichtbar ist). A.A. *Spiekermann* in: Jäde/Dirnberger/Böhme § 10 Rn. 14 mit dem Argument, dass es einem Himmelsstrahler an einer werblichen Aussage fehle.
49 VG Stuttgart NVwZ-RR 2000, 14.
50 OVG Münster NVwZ-RR 2003, 823.
51 VGH Mannheim BauR 1995, 226.
52 Vgl. BVerwGE 91, 234; OVG Bautzen SächsVBl 1994, 62; VGH Mannheim BRS 50 Nr. 143.
53 Vgl. OVG Bautzen NVwZ-RR 1999, 560: parallel zur Grundstücksgrenze aufgestellte großflächige Werbetafeln.
54 Dazu § 4 DVOSächsBO.
55 § 77a S. 1 SächsBO a.F. lautete: „Werden Werbeanlagen und Warenautomaten entgegen öffentlich-rechtlichen Vorschriften errichtet oder geändert, so hat die Bauaufsichtsbehörde die vollständige Beseitigung anzuordnen."
56 Der Gesetzgeber sah die Anwendungsmöglichkeiten des § 77a SächsBO a.F. dadurch erheblich eingeschränkt, dass in den Fällen, in denen die Beseitigung einer Werbeanlage nur unter erheblichem Substanzverlust bzw. nur mit erheblichem Aufwand möglich ist, eine verfassungskonforme, dem Verhältnismäßigkeitsgrundsatz Rechnung tragende Auslegung des § 77a SächsBO a.F. vorzunehmen war (vgl. LT-Drs. 3/9651 S. 68; OVG Bautzen SächsVBl 1998, 237).
57 Dazu allgemein § 9 Rn. 50 ff.

II. Materiell-rechtliche Anforderungen

Werbeanlagen dürfen weder selbst verunstaltet sein noch bauliche Anlagen, das Straßenbild, Ortsbild oder Landschaftsbild verunstalten. Insoweit gelten dieselben Grundsätze wie im Rahmen des § 9 SächsBO.[58]

19

Beispiele:

- Verunstaltung **bejaht**: Großflächige Werbefläche im Wohngebiet (VGH München BeckRS 2014, 58919); Prismen-Werbeanlage in der Nähe einer gotischen Kirche (OVG Münster BauR 1998, 113).
- Verunstaltung **verneint**: LED-Wechselwerbeanlage („Videowall") an der Giebelseite eines älteren, ansonsten bereits mit einer Vielzahl anderer Werbeanlagen versehenen Hauses (OVG Saarlouis NVwZ-RR 2016, 897); großflächige Werbetafel in Geschäftsstraße (VGH Mannheim VBlBW 1985, 334), Litfaßsäule im Wohngebiet (OVG Hamburg NVwZ-RR 1998, 616).

Ein Sonderfall der Verunstaltung ist die **störende Häufung** von Werbeanlagen. Sie ist stets unzulässig (§ 10 Abs. 2 S. 3 SächsBO). Störende Häufung setzt ein Nebeneinander von mehreren, i.d.R. drei Werbeanlagen voraus, die gleichzeitig wirken. Störend ist diese Häufung, wenn die Umgebung die beziehungslose Anhäufung der Werbeanlagen nicht verträgt oder die Werbeanlagen insgesamt im Verhältnis zu ihrer Umgebung störend sind, wobei auf die wechselseitigen Auswirkungen zwischen Aufstellungs- bzw. Anbringungsort und Umgebung abzustellen ist[59].

Werbeanlagen dürfen außerdem die Sicherheit und Leichtigkeit des Verkehrs nicht gefährden, §§ 10 Abs. 2 S. 2, 16 Abs. 2 SächsBO. Eine Gefährdung der **Sicherheit und Leichtigkeit des Verkehrs** setzt voraus, dass der Verkehrsablauf mehr als unwesentlich behindert wird und die Werbeanlage für einen durchschnittlich geeigneten Fahrer eine Gefahrenquelle darstellt. Typische Werbeanlagen – nicht also solche mit Bildwechsel oder besonderen Lichteffekten[60] – führen daher im innerstädtischen Bereich nur im Ausnahmefall zu der erforderlichen konkreten Gefährdung, etwa bei ungewöhnlichen Straßen- oder Verkehrsverhältnissen,[61] sei es, weil die Werbeanlage die Sicht auf Verkehrsschilder verdeckt oder den Einblick in Vorfahrtsstraßen behindert.

III. Werbeanlagen im Außen- und Innenbereich

§ 10 Abs. 3 u. 4 SächsBO enthalten Regelungen über die Zulässigkeit von Werbeanlagen im bauplanungsrechtlichen Außenbereich (§ 35 BauGB) und in bestimmten Teilen des Innenbereichs (§ 34 BauGB); die Frage, ob diese nicht in die Gesetzgebungszuständigkeit des Bundes für das **Bodenrecht (Art. 74 Abs. 1 Nr. 18 GG)** übergriffen[62], hat das BVerwG verneint: Eine landesrechtliche Vorschrift (wie § 10 Abs. 3 SächsBO), die aus Gründen der Verunstaltungsabwehr Anlagen der Außenwerbung außerhalb der im Zusammenhang bebauten Ortsteile grundsätzlich für unzulässig erklärt, ist dem Bauordnungsrecht zuzuordnen.[63] Dasselbe dürfte, folgt man der Argumentation des Gerichts, für § 10 Abs. 4 SächsBO gelten.

20

Im **Außenbereich** sind Werbeanlagen unzulässig (§ 10 Abs. 3 S. 1 SächsBO). Ausnahmen i.S.d. § 10 Abs. 3 S. 2 SächsBO sind u.a. Hinweiszeichen, sog. Sammelhinweistafeln oder Werbeanlagen an der Stätte der Leistung, d.h. dem Ort der Tätigkeit, für die geworben wird, und dessen unmittelbares Umfeld[64]. Werbung an der Stätte der Leistung ist daher nur die Werbung für einen

---

58 Dazu § 8 Rn. 15 f.
59 OVG Bautzen SächsVBl 1993, 206; Urt. v. 22.04.2013 – 1 A 606/12 –, juris; OVG Münster BauR 1992, 487.
60 Zu Einzelfällen *Spiekermann* in: Jäde/Dirnberger/Böhme § 10 Rn. 44 ff. m.w.N.
61 BVerwG BayVBl 1968, 244; OVG Saarlouis BauR 1993, 71.
62 Zur Kompetenzordnung allgemein § 3 Rn. 1.
63 BVerwG ZfBR 2008, 176; a.A. *Jäde* ZfBR 2006, 9.
64 OVG Bautzen SächsVBl 2003, 95.

Einkaufsmarkt, nicht aber die Werbung für Produkte, auch wenn sie dort verkauft werden.[65] § 10 Abs. 4 SächsBO schränkt – bauordnungsrechtlich – die Möglichkeit der Errichtung von Werbeanlagen in Teilen des Innenbereichs ein. Danach sind in **reinen und allgemeinen Wohngebieten, Kleinsiedlungs- und Dorfgebieten** (§§ 2 ff. BauNVO) oder auf **öffentlichen Verkehrsflächen** nur bestimmte Werbeanlagen zulässig.[66] Vorausgesetzt es handelt sich um eine bauliche Anlage i.S.d. § 29 Abs. 1 BauGB, richtet sich die bauplanungsrechtliche Zulässigkeit selbst nach § 30 Abs. 1 bzw. § 34 Abs. 2 BauGB i.V.m. §§ 2 ff. BauNVO. Dient die Werbeanlage der Fremdwerbung, handelt es sich um eine selbstständige gewerbliche Nutzung (die z.b. in allgemeinen Wohngebieten nur ausnahmsweise zugelassen werden kann, § 4 Abs. 3 Nr. 2 BauNVO); dies ist insbesondere bei großflächigen Plakatanschlagtafeln im sog. Euro-Format 3,8 m x 2,7 m der Fall[67]. Stehen Werbeanlagen in einem funktionellen Zusammenhang mit einer gewerblichen oder sonstigen Nutzung des Grundstücks, beispielsweise als Werbeanlagen an der Stätte der Leistung, handelt es sich jedoch um Nebenanlagen gemäß § 14 BauNVO.[68]

IV. Sonstige Vorgaben

21   Gemäß § 89 Abs. 1 Nr. 1 und 2 SächsBO können die Gemeinden durch Satzung **örtliche Bauvorschriften** erlassen, die aus ortsgestalterischen Gründen besondere Anforderungen an die äußere Gestaltung von Werbeanlagen und Warenautomaten stellen oder diese verbieten. Örtliche Bauvorschriften müssen bauordnungsrechtlichen Zielen dienen.[69] Unzulässig ist es, mit einer solchen Satzung das Ziel zu verfolgen, Werbung allgemein zurückzudrängen.[70] Vielmehr muss die örtliche Bauvorschrift auch mit Blick auf Art. 14 GG verhältnismäßig sein. Die Baufreiheit darf nur eingeschränkt werden, wenn dies durch überwiegende öffentliche Belange gerechtfertigt ist.[71] So stellen großflächige Werbeanlagen zwar in Wohngebieten eine Beeinträchtigung dar, nicht aber in Kern-, Gewerbe- oder Mischgebieten;[72] anders ist dies in einem historischen Altstadtgebiet.[73] Übereinstimmend mit diesen Grundsätzen lässt § 10 Abs. 4 SächsBO in Wohngebieten nur Anlagen für amtliche Mitteilungen oder zur Unterrichtung der Bevölkerung sowie Werbung an der Stätte der Leistung zu, während einzelne Hinweiszeichen auch zu abseits liegenden Stätten zulässig sind.

Hinweis: Beispielsweise verschärfen §§ 10, 11 der auf § 89 Abs. 1 Nr. 1, 2 SächsBO gestützten örtlichen Bauvorschrift für das Leipziger Stadtzentrum[74] die Vorgaben der SächsBO an Werbeanlagen und Warenautomaten.

22   **§ 33 Abs. 1 S. 1 Nr. 3, S. 2 StVO** verbietet schließlich jede Werbung außerhalb geschlossener Ortschaften, wenn dadurch Verkehrsteilnehmer in einer den Verkehr gefährdenden oder erschwerenden Weise abgelenkt oder belästigt werden können; auch durch innerörtliche Werbung darf der Verkehr außerhalb geschlossener Ortschaften nicht in solcher Weise gestört werden. Ferner unterfallen Werbeanlagen nach **§ 9 Abs. 6 FStrG** dem Anbauverbot entlang der Bundesfernstraßen, also Bundesstraßen und Bundesautobahnen (§ 1 Abs. 2 FStrG); gleiches gilt gemäß § 24 Abs. 7 SächsStrG für Staats- und Kreisstraßen. Wird ein Kulturdenkmal (§ 2

---

65   VGH Kassel ZfBR 1995, 112; OVG Berlin BauR 2001, 768.
66   Vgl. etwa OVG Bautzen BeckRS 2010, 49875.
67   BVerwG NVwZ 1995, 897.
68   BVerwG BRS 57 Nr. 176; dazu auch § 6 Rn. 28.
69   BVerwG NVwZ-RR 1998, 486; OVG Münster BauR 2004, 73; VGH Mannheim VBlBW 2011, 352.
70   OVG Koblenz DÖV 1989, 727; VG Gera LKV 1997, 143.
71   Vgl. jüngst VGH Mannheim NVwZ-RR 2022, 290.
72   BVerwG NVwZ 1995, 899; VGH Mannheim BauR 1981, 462; OVG Münster BauR 1998, 113.
73   BVerwG NJW 1980, 2091; OVG Koblenz NVwZ-RR 2013, 525.
74   Beschluss Nr. 381/91 in der Ratsversammlung vom 18.12.1991 (veröffentlicht im Leipziger Amts-Blatt Nr. 1 vom 11.01.1993).

SächsDSchG) mit einer Werbeeinrichtung versehen, gilt § 12 Abs. 1 S. 1 Nr. 3 SächsDSchG.[75] Dagegen ist die Regelung zu Werbeanlagen in § 13 SächsNatSchG im Jahr 2013 vom Gesetzgeber gestrichen worden.

D. Stellplätze, Garagen und Abstellplätze für Fahrräder (§ 49 SächsBO)

Regelungen zu Stellplätzen, Garagen, Fahrradabstellplätzen sowie Gebäuden für Fahrradabstellplätze enthalten § 49 SächsBO und die Sächsische Garagen- und Stellplatzverordnung[76].   23

Hinweis: Stellplätze sind gemäß § 2 Abs. 7 SächsBO Flächen, die dem Abstellen von Kraftfahrzeugen außerhalb der öffentlichen Verkehrsflächen dienen. Garagen sind danach Gebäude oder Gebäudeteile zum Abstellen von Kraftfahrzeugen. Bauplanungsrechtlich kommt es auf diese Unterscheidung nicht an.[77]

I. Stellplatz- und Garagenpflicht

Ziel des § 49 SächsBO ist es, die öffentlichen Straßen vom ruhenden Verkehr zu entlasten, indem   24 der ruhende Verkehr von dem Grundstück, dem er zuzuordnen ist, aufzunehmen ist.[78] Nach § 49 Abs. 1 S. 1 SächsBO sind deshalb für Anlagen, bei denen ein Zu- und Abgangsverkehr zu erwarten ist, Stellplätze, Garagen, Fahrradabstellplätze sowie Gebäude für Fahrradabstellplätze in dem erforderlichen Umfang herzustellen, soweit nicht in örtlichen Bauvorschriften nach § 89 Abs. 1 Nr. 4 SächsBO etwas anderes geregelt ist. Diese Regelung betrifft die Errichtung von Anlagen. Bei der **Änderung oder Nutzungsänderung** von Anlagen ist dagegen gemäß § 49 Abs. 1 S. 2 SächsBO der Mehrbedarf entscheidend,[79] der durch einen Vergleich des Stellplatzbedarfes des Altbestands und der geänderten Anlage zu ermitteln ist[80]. Werden durch eine Änderung oder Nutzungsänderung im Einzelfall die Grenzen des Bestandsschutzes verlassen, ist die Zahl der notwendigen Stellplätze ggf. neu zu berechnen.[81]

Zahl, Größe und Beschaffenheit der notwendigen Stellplätze bzw. der Stellplatzmehrbedarf sind gemäß § 49 Abs. 1 S. 2 SächsBO unter Berücksichtigung der Sicherheit und Leichtigkeit des Verkehrs, der Bedürfnisse des ruhenden Verkehrs sowie der Erschließung durch Einrichtungen des öffentlichen Personennahverkehrs zu bestimmen. Als Anhalt für die Zahl der notwendigen Stellplätze dient insbesondere die sog. Richtzahlentabelle nach Nr. 49 VwVSächsBO; insoweit handelt es sich um eine norminterpretierende Verwaltungsvorschrift[82]. Die Bestimmung insbesondere der Zahl der notwendigen Stellplätze erfolgt i.d.R. durch eine **Nebenbestimmung zur Baugenehmigung**, ist der Bauherr damit nicht einverstanden, hat er – nach erfolglos durchgeführtem Widerspruchsverfahren – Anfechtungsklage (§ 42 Abs. 1 S. 1 Alt. 1 VwGO) zu erheben;

---

75 OVG Bautzen DÖV 2001, 826: Eine beleuchtbare moderne Werbeanlage, die unmittelbar vor der unauffällig gehaltenen Fassade eines als Kulturdenkmal geschützten historischen Werks- und Kontorgebäudes errichtet werden soll, beeinträchtigt dessen Erscheinungsbild mehr als nur unerheblich und steht daher der Erteilung der Genehmigung der Denkmalschutzbehörde entgegen, § 12 Abs. 2 S. 1, 3 SächsDSchG.
76 Verordnung des Sächsischen Staatsministeriums des Innern über Garagen und Stellplätze vom 13.07.2011 (SächsGVBl. S. 312).
77 BVerwG BauR 2004, 1266; zur bauplanungsrechtlichen Zulässigkeit von Stellplätzen und Garagen gemäß § 12 BauNVO § 6 Rn. 25.
78 Vgl. OVG Bautzen, Beschluss v. 13.03.2015 – 1 B 321/14 –, juris.
79 Dazu VGH Mannheim NVwZ 2000, 1068; BauR 2002, 69.
80 OVG Bautzen BeckRS 2021, 41566; VGH Mannheim BRS 60 Nr. 124.
81 Näher *Brade* in: Jäde/Dirnberger/Böhme § 49 Rn. 68 ff.
82 VGH Mannheim VBlBW 1985, 459; 2001, 373.

die Verpflichtungsklage (§ 42 Abs. 1 S. 1 Alt. 2 VwGO) auf Erteilung der Baugenehmigung ohne die belastende Nebenbestimmung ist grundsätzlich nicht statthaft[83].

25 Notwendige Stellplätze sind gemäß § 49 Abs. 1 S. 1 SächsBO **auf dem Baugrundstück** herzustellen oder in **zumutbarer Entfernung** davon auf einem **geeigneten Grundstück**, dessen Benutzung **für diesen Zweck rechtlich gesichert** wird. Die rechtliche Sicherung erfolgt gemäß § 2 Abs. 12 SächsBO durch Grunddienstbarkeit (§ 1018 BGB) und beschränkt persönliche Dienstbarkeit (§ 1090 BGB) im Grundbuch oder durch Eintragung einer Baulast in dem von der Bauaufsichtsbehörde geführten Baulastenverzeichnis (§ 83 SächsBO)[84]. Welche tatsächlich zurückzulegende Entfernung zwischen Anlage und notwendigen Stell-/Abstellplätzen zumutbar ist, ist im Einzelfall zu entscheiden, je nach Art der Anlage und den örtlichen Gegebenheiten, also auch danach, ob damit zu rechnen ist, dass die Stellplätze angenommen werden und nicht auf den öffentlichen Verkehrsraum ausgewichen wird.

Beispiel:
- VGH Kassel BauR 1982, 257: Bürogebäude, 400 m nicht zumutbar; VGH Mannheim VBlBW 1985, 459: Spielhalle, 800 m nicht zumutbar; VGH Mannheim BRS 44 Nr. 109: Geschäft: 150 m, Wohnung: 300 m maximal zumutbar; OVG Saarlouis BRS 52 Nr. 116: Arbeitsstätte in Großstadt, 1.000 m maximal zumutbar

II. Stellplatzablösung

26 Eine **Stellplatzablösung** gemäß § 49 Abs. 2 SächsBO kommt nur dann in Betracht, wenn die Gemeinde durch **örtliche Bauvorschrift** gemäß § 89 Abs. 1 Nr. 4 SächsBO bestimmt, **ob** statt der Herstellung des Stellplatzes ein Geldbetrag und **in welcher Höhe** je Stellplatz dieser an sie zu zahlen ist. Der Bauherr hat also nicht die Wahl zwischen Herstellung und Ablösung; daher wird die Stellplatzablösung als Surrogat der Herstellungsverpflichtung bezeichnet[85]. Liegen die Voraussetzungen der Stellplatzablösung vor, hat der Bauherr allerdings einen Anspruch darauf.

27 Die Stellplatzablösung kann in der Weise erfolgen, dass die Bauaufsichtsbehörde in einer Nebenbestimmung zur Baugenehmigung die Zahl der abzulösenden Stellplätze und den an die Gemeinde zu zahlenden Betrag festlegt; die Baugenehmigung enthält dann einen Leistungsbescheid zugunsten der Gemeinde, der vollstreckt werden kann; enthält die Baugenehmigung keine Zahlungsverpflichtung, ist seitens der Gemeinde Leistungsklage zu erheben[86]. Eine andere Möglichkeit der Stellplatzablösung besteht darin, dass die Bauaufsichtsbehörde in der Baugenehmigung die Zahl der abzulösenden Stellplätze festlegt und Bauherr und Gemeinde einen Stellplatzablösungsvertrag schließen; dieser genügt der Bauaufsichtsbehörde als Nachweis für die Erfüllung der Stellplatzpflicht. Die Durchsetzung der Zahlungsverpflichtung erfolgt dann wiederum im Wege der Leistungsklage der Gemeinde.

28 Die **Höhe** der Ablösungsbeträge richtet sich gemäß **§ 49 Abs. 3 SächsBO** nach der Art der Nutzung und der Lage der Anlage („in diesem Gebiet") und kann daher unterschiedlich geregelt werden (vgl. § 89 Abs. 1 Nr. 4 SächsBO a.E.); ggf. ist eine Differenzierung sogar geboten[87]. Die Höhe darf 60% der durchschnittlichen Kosten eines Stellplatzes (Grunderwerb und Herstellungskosten) in diesem Gebiet nicht übersteigen. Gemäß § 49 Abs. 2 SächsBO hat die Gemeinde die Ablösungsbeträge für die Herstellung zusätzlicher oder die Instandhaltung und Modernisierung bestehender Parkeinrichtungen sowie für sonstige Maßnahmen zur Entlastung der Straßen vom ruhenden Verkehr einschließlich investiver Maßnahmen des öffentlichen

---

83 Vgl. nur BVerwG NVwZ 2001, 429. Zur Anfechtung von Nebenbestimmungen § 9 Rn. 30 ff.
84 Zur Baulast § 9 Rn. 71.
85 BVerwG DVBl 1986, 185.
86 VGH Mannheim BRS 30 Nr. 108; a.A. OVG Münster NJW 1983, 2834 – Leistungsbescheid.
87 OVG Lüneburg KStZ 1988, 74.

Personennahverkehrs und der Förderung von öffentlichen Fahrradabstellplätzen zu verwenden. In welchem Zeitraum dies zu geschehen hat, regelt die Sächsische Bauordnung nicht; im Einzelfall kann ein Zeitraum von zehn Jahren und mehr angemessen sein[88].

Ablösungsbeträge sind Sonderabgaben, für die aber nicht die in der Rechtsprechung des BVerfG aufgestellten strengen Voraussetzungen an Sonderabgaben[89] gelten[90]. Außerdem unterfallen die Ablösungsbeträge nach h.M. nicht § 80 Abs. 2 S. 1 Nr. 1 VwGO[91]. Mit Erteilung der Baugenehmigung ist der Zweck der Stellplatzablösung erreicht; ob die Verpflichtung zur Zahlung des Ablösungsbetrags von der Verwirklichung des Vorhabens abhängt, ist streitig[92], nach sächsischem Landesrecht besteht ein Anspruch auf Rückerstattung zumindest dann, wenn das Vorhaben, das einen Stellplatzbedarf auslöst, gar nicht realisiert wird,[93] nicht aber wenn die Ablösungsbeträge nicht zweckentsprechend (§ 49 Abs. 2 Nr. 1, 2 SächsBO) verwendet werden[94].

E. Sonstige materiell-rechtliche Vorschriften des Bauordnungsrechts

Hinweis: Die folgende Darstellung beschränkt sich auf einige wenige weitere Normen des materiellen Bauordnungsrechts, die in der juristischen Ausbildung sowie in der Praxis gelegentlich eine Rolle spielen.

I. Bebauung des Grundstücks

Gemäß **§ 3 S. 1 SächsBO** sind Anlagen so anzuordnen, zu errichten, zu ändern und instand zu halten, dass die öffentliche Sicherheit und Ordnung, insbesondere Leben, Gesundheit und die natürlichen Lebensgrundlagen, nicht gefährdet werden; das gilt für die Beseitigung von Anlagen und bei der Änderung ihrer Nutzung entsprechend, § 3 S. 2 SächsBO. § 3 SächsBO enthält damit eine § 2 Abs. 1 S. 1 SächsPBG vergleichbare – insoweit speziellere – **Generalklausel**, stellt aber keine allgemeine Befugnisnorm dar; Anordnungen der Bauaufsichtsbehörden müssen sich vielmehr auf § 58 Abs. 2 S. 2 SächsBO stützen lassen[95]. Die Grundsätze des Polizeirechts, einschließlich der Begriffsbestimmungen des § 3 SächsPBG i.V.m. § 4 SächsPVDG, können zur Auslegung herangezogen werden. Insbesondere bedarf es für ein bauaufsichtliches Einschreiten im Einzelfall einer konkreten Gefahr für die öffentliche Sicherheit und Ordnung.[96]

29

Gemäß **§ 4 Abs. 1 SächsBO** muss ein Grundstück in angemessener Breite an einer befahrbaren öffentlichen Verkehrsfläche liegen oder über eine befahrbare, rechtlich gesicherte **Zufahrt** zu einer befahrbaren **öffentlichen Verkehrsfläche** verfügen. Die rechtliche Sicherung erfolgt wiederum gemäß § 2 Abs. 12 SächsBO durch Grunddienstbarkeit (§ 1018 BGB) und beschränkt persönliche Dienstbarkeit (§ 1090 BGB) oder durch Eintragung einer Baulast (§ 83 SächsBO). Ein Notwegerecht (§ 917 BGB) genügt nicht.[97] Kann die Zufahrt zu einem Baugrundstück nur über ein Nachbargrundstück erfolgen und wird gleichwohl eine Baugenehmigung erteilt, kann

30

---

88 OVG Münster NJW 1983, 2834; OVG Lüneburg BRS 47 Nr. 117.
89 Vgl. z.B. BVerfG NVwZ 2017, 1037.
90 BVerwG BauR 2005, 375; BVerfG NVwZ 2009, 837.
91 VGH Kassel DVBl 1983, 949; OVG Münster NVwZ 1987, 62; näher *Brade* in: Jäde/Dirnberger/Böhme § 49 Rn. 92.
92 Nein: VGH Mannheim BauR 1991, 66; ja: OVG Münster NVwZ-RR 1998, 15; OVG Koblenz NVwZ-RR 2004, 243.
93 OVG Bautzen DÖV 2020, 118.
94 VGH München BayVBl 1987, 531.
95 Dazu § 9 Rn. 67.
96 Vgl. OVG Hamburg NVwZ-RR 1997, 466; VGH Mannheim BauR 2006, 1865. Im Einzelnen *Hauser* in: Jäde/Dirnberger/Böhme § 3 Rn. 14.
97 OVG Münster NJW 1977, 725; VGH Mannheim VBlBW 1982, 92; OVG Bremen UPR 2004, 239.

sich der Nachbar mit Erfolg gegen die Baugenehmigung wehren, weil er zur Duldung eines Notwegerechts nach § 917 Abs. 2 BGB gezwungen würde.[98] Die weiteren Anforderungen des § 4 Abs. 1 Nr. 2 SächsBO a.F. (Trinkwasserversorgung und Abwasserbeseitigung; vgl. dazu § 82 Abs. 3 S. 1 SächsBO) sind zugleich Anforderungen der bauplanungsrechtlichen Erschließung und daher entbehrlich.[99] Die Sicherstellung der Löschwasserversorgung (§ 4 Abs. 1 Nr. 3 SächsBO a.F.) gewährleistet unterdessen § 14 SächsBO.

II. Anforderungen an die Bauausführung

31 § 12 Abs. 1 S. 1 SächsBO verlangt, dass bauliche Anlagen **standsicher** sind, d.h. sie müssen nach menschlichem Ermessen den zu erwartenden Belastungen standhalten[100]. Erforderlich ist daher ein Standsicherheitsnachweis (§ 66 Abs. 1 S. 1, Abs. 2 u. Abs. 3 S. 1 u. 2 SächsBO, § 12 Abs. 1-3 DVOSächsBO); dies gilt i.d.R. nicht für verfahrensfreie Vorhaben (§ 66 Abs. 1 S. 2 SächsBO). Vor Baubeginn eines genehmigungspflichtigen Vorhabens müssen die bautechnischen Nachweise wie der Standsicherheitsnachweis der Bauaufsichtsbehörde vorliegen (§ 72 Abs. 6 Nr. 2 SächsBO), bei freigestellten Vorhaben gilt § 62 Abs. 5 S. 1 SächsBO. Gemäß **§ 12 Abs. 1 S. 2 SächsBO** dürfen schließlich auch die Standsicherheit anderer Gebäude und die Tragfähigkeit der Nachbargrundstücke nicht gefährdet werden.

32 Bei **§ 13 Abs. 1 SächsBO** handelt es sich um eine **immissionsschutzrechtliche** Regelung des Bauordnungsrechts, welcher aufgrund § 22 BImSchG, der auch im Baugenehmigungsverfahren zu prüfen ist,[101] jedoch wenig Bedeutung zukommt. Nach § 22 Abs. 1 S. 1 Nr. 1 und 2 BImSchG sind nicht nach dem BImSchG genehmigungsbedürftige Anlagen so zu errichten und zu betreiben, dass schädliche Umwelteinwirkungen verhindert werden, die nach dem Stand der Technik vermeidbar sind, und dass nach dem Stand der Technik unvermeidbare schädliche Umwelteinwirkungen auf ein Mindestmaß beschränkt werden. Ob schädliche Umwelteinwirkungen i.S.d. § 3 Abs. 1 BImSchG vorliegen, wird i.d.R. mithilfe sog. Technischer Regelwerke (TA Lärm[102]; TA Luft[103]; VDI-Richtlinien[104]) beantwortet.[105]

33 Vorschriften zum **Brandschutz** finden sich zum einen in der allgemeinen Regelung des § 14 SächsBO, zum anderen in den **§§ 26 ff. SächsBO**. Von Bedeutung sind insbesondere das Brandverhalten von Baustoffen und die Feuerwiderstandsfähigkeit verschiedener Bauteile, das Erfordernis von Brandwänden (§ 30 SächsBO) und von Rettungswegen (§ 33 SächsBO).[106] § 15 SächsBO regelt schließlich den **Wärme-, Schall- und Erschütterungsschutz**.[107]

III. Nutzungsbedingte Anforderungen

34 Nutzungsbedingte Anforderungen insbesondere an Aufenthaltsräume und Wohnungen sind im Wesentlichen in **§§ 47-51 SächsBO** enthalten. Ein **Aufenthaltsraum** (§ 2 Abs. 5 SächsBO) dient dem nicht nur vorübergehenden Aufenthalt; dieser braucht aber weder täglich erfolgen noch sich über mehrere Stunden erstrecken. Ein Aufenthaltsraum muss eine bestimmte Raumhöhe haben und ausreichend belichtet und belüftet werden können, § 47 SächsBO. **Wohnungen**

---

98 BVerwG NJW-RR 1999, 165; VGH München BeckRS 2013, 59887.
99 Dazu LT-Drs. 3/9651 S. 8.
100 VGH Mannheim VBlBW 1999, 308.
101 Dazu § 9 Rn. 26.
102 BVerwG NVwZ 2000, 440.
103 BVerwG NVwZ 1995, 994; UPR 1996, 306.
104 OVG Bautzen SächsVBl 1998, 292.
105 Dazu § 10 Rn. 35.
106 Zum Brandschutznachweis vgl. § 66 Abs. 1, Abs. 3 S. 3 SächsBO, § 12 Abs. 4 DVOSächsBO.
107 Zu den entsprechenden bautechnischen Nachweisen vgl. § 66 Abs. 1 SächsBO, § 12 Abs. 5 DVOSächsBO.

E. Sonstige materiell-rechtliche Vorschriften des Bauordnungsrechts

müssen Küche oder Kochnische, Bad mit Badewanne oder Dusche und Toilette haben; deren wirksame Lüftung muss gewährleistet sein, §§ 48, 43 Abs. 1 SächsBO. Im Einzelfall sind Abstellräume und Kinderspielplätze herzustellen (§ 8 Abs. 2 SächsBO) und es ist barrierefrei zu bauen (§ 50 Abs. 1 SächsBO); dies gilt auch für öffentlich zugängliche bauliche Anlagen (§ 50 Abs. 2 SächsBO)[108]. Nutzungsbedingte Anforderungen an **Sonderbauten** i.S.d. § 2 Abs. 4 SächsBO ermöglicht schließlich § 51 SächsBO, um Gefahren sowie erhebliche Nachteile oder Belästigungen zu vermeiden.

---

108   Vgl. OVG Bautzen IBRRS 2012, 3728.

§ 9 Formelles Bauordnungsrecht

Zur Einführung: *Anders*, Reichweite der Feststellungswirkung der Baugenehmigung, LKV 2017, 294; *ders.*, Der Umfang der Rechtmäßigkeitsprüfung im Baugenehmigungsverfahren, JuS 2015, 604; *Dürr*, Die Klausur im Baurecht, JuS 2007, 329 u. 431; *Fischer*, Klärung öffentlich-rechtlicher Fragen bei verfahrensfreien baulichen Anlagen, BauR 2022, 39; *Hyckel*, Vorläufiger Rechtsschutz gegen die Nutzungsuntersagung, VR 2022, 162; *Lindner*, Formelle und materielle Illegalität bei bauordnungsrechtlichen Eingriffen, JuS 2014, 118; *ders./Struzina*, Die Baugenehmigung, JuS 2016, 226; *Sommer*, Zur behördlichen Duldung im öffentlichen Baurecht, JA 2017, 567

Zur Vertiefung: *Beckmann*, Beschleunigungsinstrumente in der Bauüberwachung, UPR 2015, 490; *ders.*, Das bauordnungsrechtliche vereinfachte Genehmigungsverfahren – ein Plädoyer für dessen Abschaffung, KommJur 2013, 327; *Benkert*, Anforderungen an ein Beseitigungskonzept bei einer größeren Anzahl von Schwarzbauten, ThürVBl 2015, 134; *Ermisch*, Bau- und immissionsschutzrechtlicher Vorbescheid – taugliche Instrumente zur Rechtssicherung für den Vorhabenträger?, NordÖR 2013, 49; *Ferber*, Kommunale Instrumente gegen Schottergärten, NuR 2021, 370; *Götze/Schauer*, Aussetzung des Baugenehmigungsverfahrens nach der SächsBO im Spannungsfeld der Entscheidungsfrist gemäß § 69 IV 1 SächsBO, LKV 2021, 241; *Gröger*, Sind ortsfest benutzte Fahrzeuge bauliche Anlagen?, LKV 2021, 298; *Hilbert*, Das Verhältnis von Immissionsschutzrecht und Baurecht, JuS 2014, 983; *Lindner/Struzina*, Das sogenannte "aliud" im öffentlichen Baurecht, ZfBR 2015, 750; *Michl*, Duldungsverfügung, Privatrecht und Rechtsschutz des Drittberechtigten, NVwZ 2014, 1206; *Schröer/Kümmel*, Aktuelles zum Öffentlichen Baurecht, NVwZ 2020, 1401

Zur Übung: *Czellnik*, JuS 2021, 1177 (Aktenvortrag – SächsWG); *Enders*, JuS 2015, 1022 (1. Staatsexamen – Anspruch auf Einschreiten); *Gaumert/Hofmann*, JuS 2022, 514 (Hausarbeit – Beseitigungsanordnung); *Hecker*, JA 2012, 521 (1. Staatsexamen – Verwirkung); *Hilliger*, JA 2019, 124 (Fortgeschrittenenklausur – Rücknahme Baugenehmigung); *Lehner*, JuS 2017, 148 (1. Staatsexamen – Bauordnungsverfügung); *Leymann/Schröter*, JA 2022, 834 (Fortgeschrittenenklausur – Nutzungsuntersagung)

1 Formelles Bauordnungsrecht meint zunächst die **präventive Bauaufsicht**. Insoweit erfüllen die Bauaufsichtsbehörden ihre Aufgaben vor allem durch die Durchführung von Baugenehmigungs- und anderen Verfahren, wie z.B. Genehmigungsfreistellungsverfahren oder Anzeigeverfahren bei Beseitigung, die dazu dienen, Verstöße gegen öffentlich-rechtliche Vorschriften von vornherein auszuschließen. Kommt es dennoch zu Verstößen, können sie darauf im Rahmen der **repressiven Bauaufsicht** mit Maßnahmen reagieren. Außerdem befasst sich der formelle Teil des Bauordnungsrechts mit der **Bauüberwachung und den Baulasten**.

A. Präventive Bauaufsicht

2 Mit der Neufassung der Sächsischen Bauordnung und der Durchführungsverordnung zur Sächsischen Bauordnung im Jahr 2004 wurde das Bauordnungsrecht in Sachsen grundlegend reformiert. Ziel des Baurechtsvereinfachungsgesetzes 1999 war es bereits, den mit dem Aufbaubeschleunigungsgesetz 1994 eingeleiteten Weg der Deregulierung der bauaufsichtlichen Tätigkeit fortzusetzen und das Baurecht weiter zu privatisieren – durch eine stärkere Verantwortung des Bauherrn und durch die Übertragung von bauaufsichtlichen Aufgaben auf Private[1]. Ziel der Neufassung 2004 war die **Fortsetzung der Entbürokratisierung der bauaufsichtlichen**

---

1 Dazu LT-Drs. 2/8998 Vorblatt S. 1 f.

A. Präventive Bauaufsicht

Tätigkeit sowie die Beschleunigung der Verfahren.[2] Daran hält die Sächsische Bauordnung bis zum heutigen Tag fest; gegenläufige Bewegungen in anderen Ländern, wie z.B. in Bayern,[3] haben noch keinen Niederschlag gefunden. Das bedeutet konkret: weniger Kontrolle durch die Bauaufsichtsbehörde und mehr private Verantwortung. So ist eine Vielzahl von Vorhaben verfahrensfrei (§ 61 SächsBO). Zur Verfügung stehen – mit jeweils reduziertem Prüfungsumfang – drei Grundtypen von Verfahren: das Baugenehmigungsverfahren (§ 64 SächsBO), das vereinfachte Baugenehmigungsverfahren (§ 63 SächsBO) und die sog. Genehmigungsfreistellung (§ 62 SächsBO). Bautechnische Nachweise (§ 66 SächsBO) unterliegen nur ausnahmsweise der bauaufsichtlichen Prüfung („Vier-Augen-Prinzip"); diese kann auf Private übertragen werden. Schließlich beträgt die Frist zur Entscheidung über den Bauantrag grundsätzlich drei Monate (§ 69 Abs. 4 SächsBO); ein Fristversäumnis kann im vereinfachten Genehmigungsverfahren zur Genehmigungsfiktion nach § 69 Abs. 5 SächsBO führen. **Dabei gilt es aber Folgendes zu beachten:** Genehmigungsfreiheit und eingeschränkter Prüfungsumfang entbinden nicht von der Einhaltung der öffentlich-rechtlichen Vorschriften und lassen die bauaufsichtlichen Eingriffsbefugnisse (repressive Bauaufsicht) unberührt, § 59 Abs. 2 SächsBO.

I. Genehmigungspflicht

1. Baugenehmigungspflichtige Vorhaben (§ 59 SächsBO)

Gemäß **§ 59 Abs. 1 SächsBO** bedarf die **Errichtung, Änderung und Nutzungsänderung** von **Anlagen** der Baugenehmigung, soweit in den §§ 60 bis 62, 76 und 77 SächsBO nichts anderes bestimmt ist. Daraus folgt, dass zunächst zu prüfen ist, ob ein Vorhaben verfahrensfrei ist (§ 61 SächsBO). Wird dies verneint, ist zu fragen, ob das Vorhaben einem der besonderen Verfahren unterliegt (§ 60 SächsBO: Vorrang anderer Verfahren, § 76 SächsBO: Genehmigung fliegender Bauten, § 77 SächsBO: Zustimmungsverfahren). Ist das nicht der Fall, sind die Voraussetzungen der Genehmigungsfreistellung (§ 62 SächsBO) zu prüfen. Liegen diese Voraussetzungen ebenfalls nicht vor, besteht Genehmigungspflicht, entweder im vereinfachten Baugenehmigungsverfahren (§ 63 SächsBO) oder im Baugenehmigungsverfahren (§ 64 SächsBO), das für Sonderbauten gemäß § 2 Abs. 4 SächsBO vorgesehen ist.

3

Anlagen sind **bauliche Anlagen** und **andere Anlagen und Einrichtungen**, an die in der SächsBO oder in Vorschriften aufgrund der SächsBO Anforderungen gestellt werden (§ 2 Abs. 1 S. 4 SächsBO).[4] Beispiele für Anlagen, die u.U. keine baulichen Anlagen sind, gleichwohl jedoch als „andere Anlagen" den Anforderungen der §§ 59 ff. SächsBO unterliegen, sind Werbeanlagen (§ 10 SächsBO).[5] Zu den baulichen Anlagen zählen wiederum nicht nur Gebäude (§ 2 Abs. 2 SächsBO), sondern auch Anlagen, die **aufgrund ihrer eigenen Schwere auf dem Boden ruhen** (§ 2 Abs. 1 S. 2 Alt. 1 SächsBO), z.B. Wohn- oder Bürocontainer, oder Anlagen, die nach ihrem Verwendungszweck dazu bestimmt sind, überwiegend ortsfest benutzt zu werden (§ 2 Abs. 1 S. 2 Alt. 3 SächsBO): Es handelt sich insoweit um bewegliche Anlagen, die langfristig oder auf Dauer oder wiederholt und fortgesetzt an einem Ort aufgestellt werden; teils werden sie statt eines Gebäudes errichtet. Weitere als bauliche Anlagen geltende Anlagen enthält § 2 Abs. 1 S. 3 SächsBO.

Beispiele (für bauliche Anlagen):
- VGH Kassel BRS 44 Nr. 135: Wohnwagen.
- OVG Lüneburg BauR 1993, 454: Verkaufs- oder Imbissstand.

---

2 LT-Drs. 3/9651 Vorblatt S. 1 f.
3 Vgl. etwa Art. 59 S. 1 Nr. 1 b) BayBO, der die Vorschriften über Abstandsflächen im Unterschied zu § 63 S. 1 SächsBO wieder in das Prüfungsprogramm des vereinfachten Genehmigungsverfahrens aufnimmt.
4 Zum abweichenden Begriff der baulichen Anlage i.S.d. § 29 Abs. 1 BauGB § 6 Rn. 3 ff.
5 Dazu § 8 Rn. 17 ff.

- VGH Mannheim VBlBW 1993, 431: im Garten aufgestellte Oldtimer-Lokomotive.
- VGH Kassel BauR 1987, 183: Schiff, das ortsfest über einen Steg zu erreichen ist und als Gaststätte benutzt wird; BVerwGE 44, 59: Hausboot[6].
- OVG Münster BauR 2004, 67: mit Werbeaufschriften versehener Kfz-Anhänger, der stets an demselben Standort geparkt wird; OVG Bautzen SächsVBl 2002, 41: Werbeanlage auf vormals landwirtschaftlich genutztem Anhänger.

Genehmigungsbedürftig sind grundsätzlich die **Errichtung, die Änderung und die Nutzungsänderung** von Anlagen. „Errichtung" ist die Herstellung der baulichen oder anderen Anlage oder Einrichtung.[7] Abgrenzungsprobleme ergeben sich insoweit zum Vorgang der „Änderung". „Errichten" ist das Schaffen einer neuen Anlage, Ändern das Umgestalten einer vorhandenen Anlage, wobei mit „Umgestalten" bauliche Änderungen, also Änderungen am Bestand gemeint sind. Bei Nutzungsänderungen ist das hingegen nicht der Fall: Wird einer baulichen Anlage „lediglich" eine neue Zweckbestimmung gegeben, so liegt hierin eine Änderung der bisherigen Nutzung.[8]

2. Vorrang anderer Gestattungsverfahren (§ 60 SächsBO)

4   Zum Zweck der Verfahrensvereinfachung **bedürfen bestimmte Anlagen**, für die das Fachrecht andere Gestattungsverfahren vorsieht, **keiner Baugenehmigung** oder anderen präventiven Kontrolle nach der Sächsischen Bauordnung, § 60 S. 1 SächsBO. § 60 S. 2 SächsBO weist in diesen Fällen – sowie für Anlagen, bei denen ein anderes Gestattungsverfahren die Baugenehmigung einschließt (z.B. auf Grund der immissionsschutzrechtlichen Konzentrationswirkung nach § 13 BImSchG) – der Fachbehörde die Wahrnehmung der Aufgaben und Befugnisse der Bauaufsichtsbehörde im Außenverhältnis zu; sie hat also dem Betroffenen gegenüber **über die baurechtlichen Anforderungen im fachrechtlichen Anlagenzulassungsverfahren mitzuentscheiden**.[9] Im Verhältnis der Behörden zueinander („Innenverhältnis"), wird die Bauaufsichtsbehörde abhängig vom jeweiligen Fachrecht beteiligt (ggf. ist das Einvernehmen oder die Zustimmung der Bauaufsichtsbehörde von Nöten).

Hinweis: § 60 SächsBO spielt in der juristischen Prüfung nur eine untergeordnete Rolle.

Beispielsweise bedürfen nach § 60 S. 1 Nr. 3 SächsBO keiner Baugenehmigung oder anderen präventiven Kontrolle nach der Sächsischen Bauordnung Werbeanlagen, soweit sie einer Ausnahmegenehmigung nach Straßenverkehrsrecht bedürfen. Damit sind auch solche Werbeanlagen gemeint, die an sich nach § 33 StVO unzulässig sind,[10] aber im Wege einer Ausnahme nach § 46 Abs. 1 Nr. 9, 10, Abs. 2 S. 1 StVO zugelassen werden können. Zunächst ist also bei Werbeanlagen mit Straßenverkehrsbezug zu klären, ob solche Werbeanlagen den Schutzbereich des § 33 StVO berühren und damit straßenverkehrsrechtlich relevant sind.[11] Ist dies nicht der Fall, verbleibt es bei der Zuständigkeit der Bauaufsichtsbehörde, die nach allgemeinen Grundsätzen entscheidet. Ist jedoch der Schutzbereich des § 33 StVO berührt, entscheidet die zuständige Straßenverkehrsbehörde über die Erteilung einer Ausnahmegenehmigung nach § 46 StVO. Lehnt sie eine Ausnahme nach dieser Vorschrift ab, ist für ein bauaufsichtliches Genehmigungsverfahren kein Raum mehr.[12]

---

6 Im Einzelfall verneint von OVG Schleswig NVwZ-RR 2021, 879.
7 *Hauser* in: Jäde/Dirnberger/Böhme § 3 Rn. 22.
8 *Hauser* in: Jäde/Dirnberger/Böhme § 3 Rn. 38; VGH Mannheim NVwZ-RR 2014, 752. Zum (abweichenden) Begriff der Nutzungsänderung im Bauplanungsrecht § 6 Rn. 9.
9 *Struck* in: Jäde/Dirnberger/Böhme § 60 Rn. 1.
10 Zu § 33 StVO bereits § 8 Rn. 22.
11 OVG Bautzen NVwZ-RR 2015, 563.
12 *Struck* in: Jäde/Dirnberger/Böhme § 60 Rn. 12.

A. Präventive Bauaufsicht

3. Verfahrensfreie Vorhaben (§ 61 SächsBO)

§ 61 SächsBO enthält die **verfahrensfreien Vorhaben**; sie unterliegen keinem Kontrollverfahren nach der Sächsischen Bauordnung, weil sie nach der typisierenden Einschätzung des Gesetzgebers keiner präventiven Überprüfung bedürfen. Abs. 1 betrifft die Errichtung und Änderung verfahrensfreier Vorhaben, Abs. 2 Nr. 2 deren Nutzungsänderung. Des Weiteren enthält § 61 SächsBO Regelungen zur Verfahrensfreiheit bei der Nutzungsänderung anderer Vorhaben (Abs. 2 Nr. 1) sowie bei Instandhaltungs- und Beseitigungsarbeiten (Absätze 3 und 4).

*Hinweis: Bei der Frage der Verfahrensfreiheit ist einerseits zu berücksichtigen, dass ein an sich verfahrensfreies Vorhaben als Teil eines **Gesamtvorhabens** genehmigungspflichtig sein kann, und andererseits, dass § 61 SächsBO nur die **bauordnungsrechtliche Verfahrensfreiheit** regelt. Vollständig baurechtlich verfahrensfrei sind daher nur Vorhaben, die nicht unter § 29 Abs. 1 BauGB fallen bzw. weder des gemeindlichen Einvernehmens (§ 36 Abs. 1 S. 1 BauGB) noch der Information der Gemeinde (§ 36 Abs. 1 S. 3 BauGB) bedürfen. Ob ein Vorhaben nach Landesrecht verfahrens- oder genehmigungsfrei ist, ist dabei für die Frage, ob es sich um ein Vorhaben i.S.d. § 29 Abs. 1 BauGB handelt, ohne Bedeutung[13].*

a) Einzelne Vorhaben

§ 61 Abs. 1 Nr. 1 SächsBO regelt die Verfahrensfreiheit bestimmter **Gebäude** (§ 2 Abs. 2 SächsBO), d.h. es muss sich um eine überdeckte bauliche Anlage handeln; Abgeschlossensein nach allen Seiten ist nicht erforderlich[14]. Außer im Außenbereich ermöglicht Nr. 1a eingeschossige Gebäude mit einem Brutto-Rauminhalt von bis zu 75 m³, wobei es für die Berechnung entscheidend auf die Außenmaße ankommt. Nr. 1b ermöglicht **Garagen** einschließlich **überdachter Stellplätze** und überdachte Abstellplätze für Fahrräder und Anhänger bis 50 m² und bis zu 3 m mittlere Wandhöhe, Nr. 1g erfasst dagegen **Terrassenüberdachungen** bis 30 m² und bis 3 m Tiefe. Bestimmte **land- und forstwirtschaftliche Gebäude** mit einer Wand- bzw. Firsthöhe von bis zu 5 m und einer Brutto-Grundfläche von bis zu 1.600 m² sind gemäß Nr. 1c und 1d verfahrensfrei; um kein land- und forstwirtschaftliches Gebäude handelt es sich, wenn dieses zur dauernden oder vorübergehenden Wohnnutzung geeignet ist. Weiter verfahrensfrei sind **Fahrgastunterstände**, **Schutzhütten**, **Gartenlauben** in Kleingartenanlagen i.S.d. Bundeskleingartengesetzes und **Wochenendhäuser** auf Wochenendplätzen.

§ 61 Abs. 1 Nr. 2 SächsBO stellt die Anlagen der **technischen Gebäudeausrüstung** (§§ 39 ff. SächsBO) verfahrensfrei, Nr. 3 und Nr. 4 bestimmte Anlagen zur **Nutzung erneuerbarer Energien** sowie der **Ver- und Entsorgung**. Nr. 5 regelt die Verfahrensfreiheit von **Masten, Antennen** und ähnlichen Anlagen, teils beschränkt auf eine Höhe von 10 m (dazu § 66 Abs. 3 S. 2 Nr. 3 SächsBO). Entscheidend ist die Höhe ab Geländeoberfläche, bei bestehenden baulichen Anlagen wird deren Höhe nicht hinzugerechnet[15]. Nach § 61 Abs. 1 Nr. 5a SächsBO ist nunmehr die Errichtung von **Mobilfunkanlagen** zu beurteilen, deren Mast mit Antennen bis zu 10 m hoch ist und die über eine Versorgungseinheit bis zu 10 m³ verfügen. Diese sind verfahrensfrei, auch wenn sie auf oder an bestehenden baulichen Anlagen errichtet werden und damit eine Nutzungsänderung oder eine Änderung des Erscheinungsbildes einhergeht. Die Frage, ob eine solche Anlage als gewerbliche Nutzung auf einem zu Wohnzwecken genutzten Gebäude eine genehmigungspflichtige Nutzungsänderung darstellt,[16] hat sich damit erledigt. Fahnenmasten (Nr. 5d) können auch Werbeanlagen i.S.d. § 10 Abs. 1 SächsBO sein. Nr. 6 betrifft schließlich **Behälter** und **Becken** wie z.B. Flüssiggasbehälter oder Heizöltanks.

---
13 BVerwG NVwZ 2001, 1046.
14 VGH München BRS 39 Nr. 147.
15 VGH Mannheim BauR 1990, 703.
16 Dazu OVG Lüneburg NVwZ-RR 2002, 822; a.A. VGH Kassel NVwZ-RR 2001, 429.

§ 61 Abs. 1 Nr. 7 SächsBO erklärt **Mauern** einschließlich Stützmauern und **Einfriedungen**[17] bis zu 2 m Höhe – außer im Außenbereich – für verfahrensfrei. Weiter verfahrensfrei sind offene, d.h. den Durchblick ermöglichende, sockellose, einem land- oder forstwirtschaftlich genutzten Grundstück dienende Einfriedungen[18]. Nr. 8 erfasst **private Verkehrsanlagen** sowie **land- und forstwirtschaftliche Wirtschaftswege**, Nr. 9 **Aufschüttungen** und **Abgrabungen** (§ 2 Abs. 1 S. 3 Nr. 1 SächsBO) bis 2 m Höhe und 30 m² bzw. 300 m² Grundfläche im Außenbereich; diese müssen selbstständig sein, also ohne Zusammenhang mit anderen Baumaßnahmen[19]. Verfahrensfrei sind nach Nr. 10 beispielsweise **Schwimmbecken** bis zu 100 m³ Rauminhalt (nicht im Außenbereich), Anlagen zur **Garteneinrichtung, Gartennutzung und Gartengestaltung** sowie andere **Anlagen zur Freizeitgestaltung**, z.B. für Spiel- und Sportplätze, Reit- und Wanderwege, Trimm- und Lehrpfade; es darf sich jedoch nicht um Gebäude oder Einfriedungen handeln.

Durch § 61 Abs. 1 Nr. 11a und 11b SächsBO bleiben **nichttragende** und die Änderung bestimmter **tragender Bauteile** verfahrensfrei. Gleiches gilt – außer bei Hochhäusern i.S.d. § 2 Abs. 4 Nr. 1 SächsBO – für die **Außenwandbekleidung** oder den **Verputz** (Nr. 11d); auch **Fenster** und **Türen** sowie die Öffnungen dafür können nunmehr (Nr. 11c) verfahrensfrei hergestellt bzw. geändert werden. Auch der **Dach- und Kellergeschossausbau** in Wohngebäuden außer Hochhäusern zu Wohnungen (Nr. 11f) kann verfahrensfrei erfolgen, wenn bestätigt wird, dass keine Standsicherheits- oder Brandschutzbedenken bestehen.

Warenautomaten sowie **Werbeanlagen** i.S.d. § 10 Abs. 1 SächsBO bis zu 1 m² Ansichtsfläche, bis zu zwei Monaten angebrachte Werbeanlagen – außer im Außenbereich – und Sammelhinweistafeln (§ 10 Abs. 3 S. 2 Nr. 3 SächsBO) sind ebenso verfahrensfrei gemäß § 61 Abs. 1 Nr. 12 SächsBO wie Werbeanlagen bis 10 m Höhe an der Stätte der Leistung in Gewerbe-, Industrie- und Sondergebieten. Maßgeblich für die Ansichtsfläche ist die Gesamtfläche, auch bei mehrseitigen Anlagen, soweit sie insgesamt auf einen Betrachter wirken, nicht aber Vorder- und Rückseite einer Anlage.[20]

§ 61 Abs. 1 Nr. 13 SächsBO erfasst **vorübergehend aufgestellte oder benutzbare** Anlagen, Nr. 14 **Lager- und Abstellplätze für einen land- oder forstwirtschaftlichen Betrieb, Kinderspielplätze** und nicht überdachte **Stellplätze** bis 100 m² Grundfläche je Grundstück nebst Zufahrten; die Regelung betrifft nicht gemäß § 49 SächsBO notwendige Stellplätze. Nr. 15 stellt weitere Anlagen, u.a. Zapfsäulen und Tankautomaten genehmigter Tankstellen sowie Ladestationen für Elektromobilität sowie **unbedeutende Anlagen oder unbedeutende Teile von Anlagen** verfahrensfrei und nennt Beispiele, z.B. Terrassen; sind diese überdacht oder handelt es sich um eine Dachterrasse, ist diese aber nicht verfahrensfrei[21].

b) Nutzungsänderung, Instandhaltung und Beseitigung

7 Verfahrensfrei sind ferner **Nutzungsänderungen**, soweit die Errichtung oder Änderung der Anlage nach § 61 Abs. 1 SächsBO verfahrensfrei wäre (Nr. 2) oder für die neue Nutzung keine anderen öffentlich-rechtlichen Anforderungen nach § 64 i.V.m. § 66 SächsBO als für die bisherige in Betracht kommen, § 61 Abs. 2 Nr. 1 SächsBO. Es kommt nicht darauf an, ob tatsächlich andere Anforderungen zu stellen sind, sondern darauf, ob dies möglich ist. Auch ist für § 61 Abs. 2 Nr. 1 SächsBO unerheblich, ob im Genehmigungsverfahren für die Nutzungsänderung – über § 63 S. 1 SächsBO hinausgehend – überhaupt alle die für § 64 SächsBO relevanten Vorschriften zu prüfen wären. Die Nutzungsänderung ist also nicht verfahrensfrei, wenn für die neue Nutzung

---

17 Dazu auch § 4 ff. Sächsisches Nachbarrechtsgesetz.
18 OVG Koblenz BRS 40 Nr. 89; VGH Kassel BRS 52 Nr. 82.
19 VGH Kassel BRS 39 Nr. 225.
20 OVG Münster BauR 1986, 549.
21 OVG Münster BauR 1990, 457.

andere Vorschriften über die bauplanungsrechtliche Zulässigkeit (§ 64 S. 1 Nr. 1 SächsBO i.V.m. §§ 29 bis 38 BauGB), andere bauordnungsrechtliche Anforderungen (§ 64 S. 1 Nr. 2 SächsBO) oder andere Anforderungen, die sich aus dem Fachrecht ergeben (§ 64 S. 1 Nr. 3 SächsBO), gelten.

Instandhaltungsarbeiten sind gemäß § 61 Abs. 4 SächsBO verfahrensfrei; sie sind von der Änderung der Anlage abzugrenzen, bei der i.d.R. nicht nur der geänderte Teil, sondern das gesamte Vorhaben Gegenstand des Baugenehmigungsverfahrens ist[22]. Instandhaltungsarbeiten liegen vor, wenn weder das Äußere der Anlage verändert wird noch erhebliche Änderungen im Innern vorgenommen werden, insbesondere Konstruktion und Statik unverändert bleiben[23]. Instandhaltungsarbeiten sind also nur solche, die die Identität der Anlage erhalten.[24]

Beispiel:

- VGH Mannheim NVwZ-RR 2011, 754: Das teilweise Erneuern mehrerer Außenwände ist nur dann noch eine Instandhaltungsmaßnahme, wenn nicht mehr als ein Drittel der Bausubstanz erneuert wird.

Nicht mehr baugenehmigungspflichtig, sondern verfahrensfrei (§ 61 Abs. 3 S. 1 SächsBO) bzw. lediglich anzeigepflichtig (§ 61 Abs. 3 S. 2 SächsBO, § 3 DVOSächsBO) ist schließlich die **Beseitigung** von Anlagen. **Ob** beseitigt werden darf, ist ggf. nach anderen Vorschriften zu prüfen. Genehmigungspflicht besteht z.B. im Geltungsbereich einer Veränderungssperre (§ 14 Abs. 1 Nr. 1 BauGB), in einem Sanierungsgebiet (§ 144 Abs. 1 Nr. 1 BauGB) oder für die Beseitigung eines Kulturdenkmals (§ 12 Abs. 1 S. 1 Nr. 5 SächsDSchG). **Wie** zu beseitigen ist, insbesondere welche Vorkehrungen für die Standsicherheit benachbarter Gebäude zu treffen sind, ist in § 61 Abs. 3 S. 3-5 SächsBO geregelt; ggf. ist gemäß §§ 53 Abs. 1 S. 1, 55 SächsBO ein Unternehmer zu bestellen. Erforderlich ist auch eine Baubeginnsanzeige (§§ 61 Abs. 3 S. 5, 72 Abs. 6 Nr. 3, Abs. 8 SächsBO).

4. Genehmigungsfreistellung (§ 62 SächsBO)

Gemäß **§ 62 Abs. 1 u. 2 SächsBO** bedarf die **Errichtung, Änderung und Nutzungsänderung** von **baulichen Anlagen**, die weder **Sonderbauten** i.S.d. § 2 Abs. 4 SächsBO (Abs. 1 S. 2 Nr. 1), noch UVP-pflichtig sind (Nr. 2), noch sich im Achtungsabstand eines Störfallbetriebs befinden (Nr. 3), unter bestimmten Voraussetzungen keiner Genehmigung. Ein solches Vorhaben ist genauer gesagt dann von der Genehmigung freigestellt, wenn es im Geltungsbereich eines **qualifizierten Bebauungsplans** (§ 30 Abs. 1 BauGB) oder eines vorhabenbezogenen Bebauungsplans (§ 30 Abs. 2 BauGB) liegt (§ 62 Abs. 2 Nr. 1 SächsBO), den **Festsetzungen** des Bebauungsplans **nicht widerspricht** (Nr. 2) – also keine Ausnahme oder Befreiung gemäß § 31 BauGB erforderlich ist[25] – und die bauplanungsrechtliche Erschließung gesichert ist (Nr. 3). Weiter ist Voraussetzung, dass die Gemeinde nicht (rechtzeitig) erklärt, dass das vereinfachte Baugenehmigungsverfahren durchgeführt werden soll oder dass beantragt werden wird, eine vorläufige Untersagung gemäß § 15 Abs. 1 S. 2 BauGB auszusprechen (Nr. 4).

§ 62 SächsBO stellt es in das freie **Ermessen der Gemeinde** darüber zu entscheiden, ob ein Genehmigungsverfahren durchgeführt werden soll oder nicht; sie ist dabei insbesondere nicht an die in § 62 Abs. 4 SächsBO („insbesondere") genannten Gründe gebunden[26]. Für den Bauherrn besteht dagegen trotz des Wortlauts von § 62 Abs. 1 S. 1 SächsBO („bedarf" keiner Genehmigung) kein Wahlrecht zwischen Genehmigungsfreistellung und Genehmigung. Liegen die (gesetzlichen) Voraussetzungen der Genehmigungsfreistellung vor, erlassen weder die Bauaufsichtsbehörde noch die Gemeinde einen Verwaltungsakt. Der Bauherr darf vielmehr nach

---

22 BVerwG NVwZ 2000, 1047: Kann die Änderung baurechtlich isoliert betrachtet werden, kommt es „nur" auf die Zulässigkeit der Änderung an.
23 BVerwG BRS 36 Nr. 99; VGH Mannheim BRS 47 Nr. 195.
24 BVerwG BauR 1986, 302; VGH Mannheim VBlBW 1997, 141.
25 *Rauscher* in: Jäde/Dirnberger/Böhme § 62 Rn. 16.
26 *Rauscher* in: Jäde/Dirnberger/Böhme § 62 Rn. 70.

§ 62 Abs. 3 S. 3 SächsBO drei Wochen nach dem bestätigten Datum des Eingangs der Unterlagen mit dem Bau beginnen, es sei denn, die Bauaufsichtsbehörde untersagt den Baubeginn innerhalb dieser Frist.

II. Das Genehmigungsverfahren

1. Die Bauaufsichtsbehörden (§ 57 SächsBO)

9   § 57 Abs. 1 S. 1 SächsBO sieht einen **dreistufigen Aufbau** der Bauaufsichtsbehörden vor. Oberste Bauaufsichtsbehörde ist das Staatsministerium für Regionalentwicklung (§ 57 Abs. 1 Nr. 3 SächsBO), während die Landesdirektion Sachsen obere Bauaufsichtsbehörde ist (Nr. 2). **Untere Bauaufsichtsbehörden** sind – erstens – die Landkreise und Kreisfreien Städte (§ 57 Abs. 1 Nr. 1 SächsBO), zweitens die nach § 2 Abs. 2 SächsKrGebNG eingekreisten Städte (Görlitz, Hoyerswerda, Plauen und Zwickau) sowie drittens die Gemeinden, Verwaltungsverbände (§§ 3 ff. SächsKomZG) oder erfüllenden Gemeinden von Verwaltungsgemeinschaften (§ 36 SächsKomZG), die dies bis zum 01.10.2003 geworden sind (§ 57 Abs. 2 S. 1 SächsBO).

Hinweis: Um welche Gemeinden, Verwaltungsverbände oder erfüllende Gemeinden von Verwaltungsgemeinschaften es sich dabei handelt, ergibt sich nicht unmittelbar aus dem Gesetz. In der juristischen Prüfung wird daher i.d.R. eine entsprechende Angabe im Sachverhalt enthalten sein.

Sachlich zuständig sind – soweit nichts anderes bestimmt ist – die unteren Bauaufsichtsbehörden (§ 57 Abs. 1 S. 2 SächsBO); davon erfasst sind fast alle Fälle des Vollzugs der Sächsischen Bauordnung, d.h. die präventive Bauaufsicht (§§ 59 ff. SächsBO), die repressive Bauaufsicht (§§ 58 Abs. 2 S. 2, 79, 80 SächsBO) sowie die Bauüberwachung (§§ 81, 82 SächsBO). Die örtliche Zuständigkeit folgt der Belegenheit des Grundstücks (§ 1 S. 1 SächsVwVfZG i.V.m. § 3 Abs. 1 Nr. 1 VwVfG). Als nächsthöhere (obere) Bauaufsichtsbehörde entscheidet die Landesdirektion Sachsen gemäß § 73 Abs. 1 S. 2 Nr. 1 VwGO über Widersprüche gegen Verwaltungsakte der unteren Bauaufsichtsbehörden; aus § 27 SächsJG ergibt sich nichts anderes. Dessen Absatz 5 ist auf den Vollzug immissionsschutzrechtlicher, wasserrechtlicher, abfallrechtlicher, bodenschutzrechtlicher, naturschutzrechtlicher, jagdrechtlicher und forstrechtlicher Vorschriften beschränkt.

10   Gemäß § 58 Abs. 1 SächsBO sind die Aufgaben der unteren Bauaufsichtsbehörden **Weisungsaufgaben** i.S.v. § 2 Abs. 3 SächsGemO bzw. § 2 Abs. 3 SächsLKrO und unterliegen daher der Fachaufsicht (§ 123 Abs. 1 SächsGemO). Kommt eine Bauaufsichtsbehörde einer schriftlichen Weisung der Aufsichtsbehörde nicht fristgemäß nach (vgl. § 123 Abs. 3 SächsGemO), besteht die Möglichkeit des **Selbsteintritts** der Aufsichtsbehörde (§ 58 Abs. 5 SächsBO). Die Aufsicht über die Landkreise und Kreisfreien Städte als untere Bauaufsichtsbehörde führt die Landesdirektion Sachsen (§§ 112 Abs. 1 S. 1, 123 Abs. 1 S. 1 SächsGemO), die Aufsicht über die Landesdirektion Sachsen das Staatsministerium für Regionalentwicklung als oberste Bauaufsichtsbehörde (§ 123 Abs. 1 S. 1 SächsGemO).

2. Ablauf des Verfahrens

a) Genehmigungspflichtige Vorhaben

11   Das Baugenehmigungsverfahren ist ein **Verwaltungsverfahren** i.S.v. § 1 S. 1 SächsVwVfZG i.V.m. § 9 VwVfG. Die Bauaufsichtsbehörde darf also nur auf Antrag tätig werden, § 68 SächsBO, § 1 S. 1 SächsVwVfZG i.V.m. § 22 S. 2 Nr. 2 VwVfG.[27] Das Verfahren beginnt dementsprechend mit

---

27   Fehlt der Bauantrag, kann dieser zwar nachträglich gestellt werden (§ 1 S. 1 SächsVwVfZG i.V.m. §§ 22 S. 2 Nr. 2, 45 Abs. 1 Nr. 1 VwVfG), die Bauaufsichtsbehörde kann den Bauherrn dazu jedoch nicht verpflichten (OVG Bautzen LKV 2023, 123).

A. Präventive Bauaufsicht

der Einreichung des schriftlichen **Bauantrags** und der erforderlichen, von Bauherr, Entwurfsverfasser bzw. Fachplaner unterschriebenen **Bauvorlagen** bei der Bauaufsichtsbehörde (§ 68 Abs. 1-3, Abs. 4 S. 1 SächsBO, § 1 DVOSächsBO). Diese müssen hinreichend bestimmt sein;[28] zu verwenden sind die nach § 8 Abs. 3 DVOSächsBO bekannt gemachten Vordrucke. Ggf. kann die Zustimmung des Grundstückseigentümers gefordert werden (§ 68 Abs. 4 S. 3 SächsBO).

Die Bauaufsichtsbehörde prüft sodann die **Vollständigkeit** von Bauantrag und Bauvorlagen. Sind diese vollständig, bestätigt sie dem Bauherrn unverzüglich das **Eingangsdatum** der vollständigen Unterlagen und teilt zugleich den **Zeitpunkt der Entscheidung** über den Bauantrag („bis zum") mit (§ 69 Abs. 2 S. 1 SächsBO); diese Mitteilung ist Folge des § 69 Abs. 4 S. 1 u. 2 SächsBO, wonach die Bauaufsichtsbehörde innerhalb von drei Monaten ab dem bestätigten Eingangsdatum über den Bauantrag entscheidet. Die Drei-Monats-Frist kann bei Vorliegen eines wichtigen Grundes um bis zu zwei Monate verlängert werden; die **Verlängerung** ist dem Bauherrn unter Angabe des Grundes und des voraussichtlichen Zeitpunkts der Entscheidung mitzuteilen (§ 69 Abs. 4 S. 4 u. 5 SächsBO). Sind der Bauantrag oder die Bauvorlagen **unvollständig oder mangelhaft**, fordert die Bauaufsichtsbehörde den Bauherrn unverzüglich zur Behebung der Mängel in angemessener Frist auf (§ 69 Abs. 2 S. 2 SächsBO). Werden die Mängel innerhalb dieser Frist nicht behoben, gilt der Bauantrag gemäß § 69 Abs. 2 S. 3 SächsBO als zurückgenommen (sog. **Rücknahmefiktion**).

Ergeht innerhalb der Frist des § 69 Abs. 4 SächsBO keine Entscheidung, ist dies im Baugenehmigungsverfahren (§ 64 SächsBO) ohne Belang; es kann auch später über den Bauantrag entschieden werden[29]. Anders ist es im **vereinfachten Baugenehmigungsverfahren** (§ 63 SächsBO); dort gilt die Genehmigung als erteilt (sog. **Genehmigungsfiktion**), wenn die Bauaufsichtsbehörde nicht innerhalb von drei Monaten (bzw. maximal fünf Monaten) entschieden hat – fristauslösend ist (erst) die Vollständigkeitsbestätigung i.S.d. § 69 Abs. 4 S. 2 SächsBO[30] – und keine bauliche Anlage nach § 62 Abs. 1 S. 2 Nr. 3 SächsBO vorliegt (§ 69 Abs. 5 S. 1 SächsBO). Bei § 69 Abs. 5 SächsBO handelt es sich um einen besonderen Fall der Genehmigungsfiktion i.S.d. § 1 S. 1 SächsVwVfZG i.V.m. § 42a VwVfG: Die Erteilung der Baugenehmigung wird nach Fristablauf fingiert, und zwar bezogen auf das Vorhaben in derjenigen Gestalt, die sich aus dem Bauantrag und den Bauvorlagen in deren ursprünglicher Fassung ergibt.[31] Die fingierte Baugenehmigung hat dieselben Wirkungen wie eine durch Bekanntgabe erteilte Baugenehmigung. Wie eine explizit erteilte Baugenehmigung kann sie rechtswidrig sein und daher aufgehoben bzw. zurückgenommen werden. Dem Bauherrn ist auf Antrag ein **Zeugnis** über die Genehmigungsfiktion auszustellen (§ 69 Abs. 5 S. 2 SächsBO). Dieses steht der Genehmigung gleich (§ 69 Abs. 5 S. 3 SächsBO), um so die Voraussetzungen für die Bauausführung (§ 72 Abs. 6 SächsBO) zu schaffen. Das Zeugnis bezieht sich nur auf das Bestehen der fingierten Genehmigung und bildet – ebenso wie bei § 1 S. 1 SächsVwVfZG i.V.m. § 42a Abs. 3 VwVfG – mangels Regelungsgehalts keinen Verwaltungsakt gemäß § 1 S. 1 SächsVwVfZG i.V.m. § 35 S. 1 VwVfG.[32]

Hinweis: Die Genehmigungsfiktion ist teilweise Gegenstand juristischer Prüfungen. Dabei spielt besonders ihre Rechtsnatur eine Rolle, denn davon hängt ab, ob Verpflichtungs- oder Feststellungsklage statthaft sind.

---

28 Vgl. dazu OVG Bautzen SächsVBl 2003, 235.
29 Zu möglichen Amtshaftungsansprüchen: VGH Mannheim BauR 2003, 1345.
30 OVG Bautzen DÖV 2021, 318; NVwZ-RR 2021, 792 u. 797.
31 *Risse* in: Jäde/Dirnberger/Böhme § 69 Rn. 88.
32 OVG Bautzen LKV 2021, 172. A.A. *Risse* in: Jäde/Dirnberger/Böhme § 69 Rn. 90a m.w.N. zum Streitstand. Zur Rechtsnatur der schriftlichen Bescheinigung i.S.d. § 1 S. 1 SächsVwVfZG i.V.m. § 42a Abs. 3 VwVfG vgl. etwa *Schemmer* in: BeckOK VwVfG § 42a Rn. 15 m.w.N.

13 Die Bauaufsichtsbehörde hat außerdem eine **Anhörung** der **Gemeinde** und der **Stellen** durchzuführen, deren Beteiligung oder Anhörung vorgeschrieben ist oder ohne deren Stellungnahme die Genehmigungsfähigkeit des Bauantrags nicht beurteilt werden kann (§ 69 Abs. 1 S. 1 SächsBO), indem sie diese zur Stellungnahme innerhalb von einem Monat auffordert (§ 69 Abs. 1 S. 5 SächsBO). Die Beteiligung oder Anhörung entfällt, wenn diese dem Bauantrag bereits vor Einleitung des Baugenehmigungsverfahrens zugestimmt haben (§ 69 Abs. 1 S. 2 SächsBO); der Bauherr kann also bestimmte Fragen bereits im Vorfeld abklären und damit das Baugenehmigungsverfahren beschleunigen. Bedarf es einer **Zustimmung** – sei es der Denkmalschutzbehörde nach § 12 Abs. 3 SächsDSchG oder der Straßenbaubehörden nach § 9 Abs. 2 FStrG – oder eines **Einvernehmens** anderer Stellen, hat die Bauaufsichtsbehörde diese – unter entsprechender Fristsetzung – darum zu ersuchen; Zustimmung oder Einvernehmen gelten als erteilt, wenn sie nicht innerhalb eines Monats verweigert werden (§ 69 Abs. 1 S. 3 SächsBO), es sei denn, es bestehen abweichende Fristenregelungen (69 Abs. 1 S. 4 SächsBO). Bedarf es des **gemeindlichen Einvernehmens** gemäß § 36 BauGB,[33] gilt dieses als erteilt, wenn es nicht innerhalb von zwei Monaten nach Eingang des Ersuchens der Bauaufsichtsbehörde – die Anhörung nach § 69 Abs. 1 S. 1 SächsBO ist als solches anzusehen – verweigert wird (§ 36 Abs. 2 S. 2 BauGB). Die Frist ist nicht verlängerbar, ein erteiltes oder als erteilt geltendes Einvernehmen kann nicht widerrufen oder zurückgenommen werden;[34] ggf. kann das (rechtswidrig versagte) gemeindliche Einvernehmen aber ersetzt werden (§ 36 Abs. 2 S. 3 BauGB, § 71 SächsBO). Dabei gilt die Baugenehmigung als Ersatzvornahme (§ 71 Abs. 3 SächsBO). Vor Erlass der Genehmigung hat eine erneute Anhörung der Gemeinde zu erfolgen, mit der ihr die Gelegenheit gegeben wird, binnen angemessener Frist erneut über das Einvernehmen zu entscheiden (§ 71 Abs. 4 SächsBO).

14 Zu einer **Nachbarbeteiligung** ist die Bauaufsichtsbehörde unter den Voraussetzungen des § 70 SächsBO verpflichtet, der zwei Regelungen enthält: Beabsichtigt die Bauaufsichtsbehörde, Abweichungen und Befreiungen zu erteilen **und** ist zu erwarten, dass dadurch öffentlich-rechtlich geschützte nachbarliche Belange berührt werden,[35] hat sie die Nachbarn zu benachrichtigen; diese können innerhalb von zwei Wochen nach Zugang der Benachrichtigung Einwendungen vorbringen (§ 70 Abs. 1 SächsBO). Die Benachrichtigung entfällt, wenn die zu benachrichtigenden Nachbarn die Lagepläne und Bauzeichnungen unterschrieben oder der Erteilung von Abweichungen und Befreiungen schriftlich zugestimmt haben (§ 70 Abs. 2 SächsBO).

Relevant ist besonders die Regelung in **§ 70 Abs. 3 S. 1 SächsBO**, wonach den **Nachbarn** die Baugenehmigung **stets zuzustellen** ist, wenn diese dem Bauvorhaben nicht zugestimmt haben. Der Gesetzgeber will damit der Rechtssicherheit, aber auch der Investitionssicherheit des Bauherrn Rechnung tragen, da eine Verletzung nachbarlicher Rechte auch auf andere Weise als durch Abweichungen, Ausnahmen und Befreiungen, die eine Verpflichtung zur Nachbarbeteiligung nach § 70 Abs. 1, 2 SächsBO auslösen, in Betracht kommt.[36] Dieser Umstand war bis zum Erlass der Sächsischen Bauordnung in der Fassung des Jahres 2004 vernachlässigt worden. Eine Nachbarbeteiligung war nur im Falle einer beabsichtigten Befreiung von nachbarschützenden Vorschriften erforderlich. In allen anderen Fällen erlangten die Nachbarn meist erst mit Beginn der Bauarbeiten von dem Vorhaben Kenntnis; oft stellten sich Fragen der Verwirkung nachbarlicher Rechte[37]. § 70 Abs. 3 S. 1 SächsBO bedeutet nunmehr, dass sich der Bauherr im Vorfeld aktiv um die Zustimmung der Nachbarn zum Vorhaben bemühen muss.

---

33 Dazu und zum Folgenden § 6 Rn. 127 ff.
34 BVerwG NVwZ 1997, 900.
35 OVG Bautzen, Beschluss v. 25.01.2012 – 1 B 231/11 –, juris: Frage, welcher Eigentümer eines Grundstücks Nachbar ist, hängt davon ab, ob der jeweilige Grundstückseigentümer geltend machen kann, von dem betroffenen Vorhaben möglicherweise in öffentlich-rechtlichen Rechtspositionen verletzt werden zu können. Zum Nachbarschutz allgemein § 10 Rn. 17 ff.
36 LT-Drs. 3/9651 S. 64.
37 Dazu § 10 Rn. 54 f.

A. Präventive Bauaufsicht

Erhält er diese nicht, wird den Nachbarn die Baugenehmigung zugestellt (und zwar unabhängig von den Voraussetzungen der Beteiligung nach § 70 Abs. 1 SächsBO!). Bei mehr als 20 Nachbarn kann die Zustellung durch öffentliche Bekanntmachung im amtlichen Veröffentlichungsblatt der Bauaufsichtsbehörde ersetzt werden. Dabei hat die Bekanntmachung den verfügenden Teil der Baugenehmigung, die Rechtsbehelfsbelehrung und einen Hinweis darauf zu enthalten, wo die Akten eingesehen werden können, § 70 Abs. 3 S. 3 u. 4 SächsBO. Die Öffentlichkeit ist hingegen nur in Ausnahmefällen zu beteiligen, nämlich unter den Voraussetzungen des § 70 Abs. 4 SächsBO (auf Antrag des Bauherrn bei gefährlichen, benachteiligenden oder belästigenden Vorhaben) bzw. des § 70 Abs. 5 SächsBO, der auf Störfallanlagen Anwendung findet.

Hinweis: Die Beteiligung der Öffentlichkeit (§ 70 Abs. 4, 5 SächsBO) dürfte für die juristische Prüfung keine Rolle spielen.

b) Verfahren bei Genehmigungsfreistellung

Gemäß **§ 62 Abs. 3 S. 1 SächsBO** hat der Bauherr auch bei von der Genehmigung freigestellten Vorhaben vor Baubeginn zunächst die erforderlichen **Unterlagen** (vgl. § 2 DVOSächsBO) vorzulegen, einmal bei der **unteren Bauaufsichtsbehörde** und einmal bei der **Gemeinde**, wenn diese nicht Bauaufsichtsbehörde ist. Letzteres ermöglicht der Gemeinde zu prüfen, ob das vereinfachte Baugenehmigungsverfahren durchgeführt oder eine vorläufige Untersagung nach § 15 Abs. 1 S. 2 BauGB beantragt werden soll; dazu hat die Gemeinde drei Wochen Zeit (§ 62 Abs. 2 Nr. 4, Abs. 3 S. 3 SächsBO). Eine Erklärung der Gemeinde – gegenüber dem Bauherrn und der Bauaufsichtsbehörde (§ 62 Abs. 3 S. 5 SächsBO) – für ein vereinfachtes Baugenehmigungsverfahren kann insbesondere dann erfolgen, wenn die Gemeinde eine Überprüfung der Voraussetzungen des § 62 Abs. 2 Nr. 1-3 SächsBO oder eine Überprüfung aus anderen Gründen für erforderlich hält (§ 62 Abs. 4 S. 1 SächsBO); eine eigene Prüfungspflicht hat die Gemeinde jedoch nicht[38]. Umgekehrt besteht kein Anspruch des Bauherrn darauf, dass die Gemeinde von ihrer Erklärungsmöglichkeit keinen Gebrauch macht (§ 62 Abs. 4 S. 2 SächsBO).[39]

15

Die Bauaufsichtsbehörde prüft sodann die **Vollständigkeit** der Unterlagen. Sind diese vollständig, hat sie dem Bauherrn innerhalb von fünf Werktagen nach Eingang das Eingangsdatum der vollständigen Unterlagen zu bestätigen. Sind die Unterlagen nicht vollständig, hat sie innerhalb dieser Frist die fehlenden Unterlagen **nachzufordern**; nachgefordert wird nur einmal (§ 62 Abs. 3 S. 2 SächsBO). Liegen die Unterlagen dann nicht vollständig vor, ist das Verfahren beendet.

Die **Bestätigung des Eingangsdatums der vollständigen Unterlagen** löst eine **Drei-Wochen-Frist** aus (§ 62 Abs. 3 S. 3 SächsBO); werden während dieser Frist wesentlich geänderte Unterlagen vorgelegt, beginnt die Frist neu[40]. Nach Ablauf der Frist darf mit dem Vorhaben begonnen werden, es sei denn, die Bauaufsichtsbehörde untersagt innerhalb der Frist den Baubeginn. Für den **Baubeginn** bedarf es der bautechnischen Nachweise und einer Baubeginnsanzeige; die Grundrissfläche muss abgesteckt, die Höhenlage festgelegt, die Unterlagen an der Baustelle vorhanden sein (§ 62 Abs. 5 i.V.m. §§ 66, 72 Abs. 6 Nr. 2, Abs. 7 u. 8 SächsBO). Ist eine **Abweichung** nach § 67 Abs. 1 S. 1 SächsBO beantragt, darf mit der Bauausführung der davon betroffenen Teile des Vorhabens erst begonnen werden, wenn die Abweichung zugelassen ist (§ 62 Abs. 3 S. 4 SächsBO).

16

---

38 LT-Drs. 3/9651 S. 54.
39 Zu den Voraussetzungen der Genehmigungsfreistellung bereits § 9 Rn. 8.
40 VGH Mannheim ZfBR 2001, 282.

Die mit Ablauf der Drei-Wochen-Frist eingetretene Zulässigkeit der Bauausführung gilt **drei Jahre**, vergleichbar der Geltungsdauer der Baugenehmigung (§ 73 Abs. 1 SächsBO); will der Bauherr nach mehr als drei Jahren mit dem Vorhaben beginnen, hat er erneut das Verfahren zur Genehmigungsfreistellung durchzuführen (§ 62 Abs. 3 S. 6 SächsBO). Das Inkrafttreten einer Veränderungssperre nach Ablauf der drei Wochen lässt das Vorhaben gemäß § 14 Abs. 3 BauGB unberührt.[41]

Die Bauaufsichtsbehörde **hat** allerdings den **Baubeginn** gemäß § 62 Abs. 3 S. 5 SächsBO innerhalb der Drei-Wochen-Frist **zu untersagen**, wenn sich die Gemeinde gemäß § 62 Abs. 2 Nr. 4 SächsBO erklärt oder wenn die Voraussetzungen der Genehmigungsfreistellung nicht vorliegen; da die Drei-Wochen-Frist nicht nur für die Bauaufsichtsbehörde, sondern auch für die Gemeinde gilt, kann es sein, dass die Bauaufsichtsbehörde nicht rechtzeitig auf die Erklärung oder den Antrag der Gemeinde reagieren kann.

17 Die **Prüfpflichten** der Bauaufsichtsbehörde beschränken sich – im Anschluss an die Prüfung der Vollständigkeit der Unterlagen – also darauf, ob die Voraussetzungen der Genehmigungsfreistellung und keine Erklärung bzw. kein Antrag der Gemeinde vorliegen. Indes entbindet die Genehmigungsfreiheit gemäß § 62 SächsBO nicht von der Verpflichtung zur Einhaltung der öffentlich-rechtlichen Vorschriften und lässt die bauaufsichtlichen Eingriffsbefugnisse unberührt (§ 59 Abs. 2 SächsBO), zumal es Aufgabe der Bauaufsichtsbehörden ist, über die Einhaltung dieser Vorschriften zu wachen (§ 58 Abs. 2 S. 1 SächsBO). Wie die beschränkte Prüfungspflicht einerseits und die umfassende Aufgabenstellung andererseits in Einklang zu bringen sind (Stichproben, Evidenzkontrolle), ist in der Praxis problematisch. Zumindest wenn ein „Anfangsverdacht" besteht, dürfte sich eine über den eingeschränkten Prüfungsumfang hinausgehende Prüfungsberechtigung und -verpflichtung ergeben.[42] Das bedeutet, dass die Feststellung einer Verletzung anderer öffentlich-rechtlicher Vorschriften innerhalb oder nach Ablauf der Drei-Wochen-Frist[43], aber auch die Feststellung nach Ablauf von drei Wochen, dass die Voraussetzungen der Genehmigungsfreistellung doch nicht vorliegen, die Bauaufsichtsbehörde zu einem **bauaufsichtlichen Eingreifen**, beispielsweise zu einer Baueinstellungsanordnung gemäß § 79 SächsBO veranlassen kann. In die dann zu treffende **Ermessensentscheidung** ist ein **Vertrauensschutz des Bauherrn** nicht einzustellen. Denn die Verantwortung dafür, dass das Vorhaben den öffentlich-rechtlichen Vorschriften entspricht, trägt der Bauherr; dies zeigt die für die Genehmigungsfreistellung vorzulegende Erklärung des Entwurfsverfassers, dass die öffentlich-rechtlichen Vorschriften eingehalten werden (§ 2 Abs. 1 Nr. 2a DVOSächsBO). Deshalb, aber auch weil es bei der Genehmigungsfreistellung keinen Verwaltungsakt gibt, handelt der Bauherr „auf eigene Gefahr".[44] Eine **Verletzung nachbarschützender Vorschriften** führt dagegen zu einer Ermessensreduzierung auf Null und damit zu einer Pflicht zum Einschreiten bzw. einem Anspruch des Nachbarn auf Einschreiten gegen das im Wege der Genehmigungsfreistellung realisierte Vorhaben.[45]

---

41 VGH München NVwZ-RR 2001, 649. Dazu bereits § 5 Rn. 103.
42 VGH Mannheim VBlBW 1994, 196; OVG Weimar LKV 1995, 296; vgl. dazu auch *Zehnder* SächsVBl 2001, 154.
43 Dazu OVG Bautzen SächsVBl 1999, 131.
44 OVG Bautzen SächsVBl 1999, 131.
45 VGH Mannheim NVwZ-RR 1995, 490; a.A. OVG Münster NVwZ-RR 1998, 218; dazu ausführlich § 10 Rn. 71.

A. Präventive Bauaufsicht 215

III. Die Baugenehmigung

▶ **Prüfungsschema: Voraussetzungen der Erteilung einer Baugenehmigung** 18
I. Anspruchsgrundlage, § 72 Abs. 1 SächsBO
II. Formelle Anspruchsvoraussetzungen
   1. Zuständigkeit der Behörde
      a) Sachliche Zuständigkeit, §§ 68 Abs. 1, 57 Abs. 1 S. 1 Nr. 1 (ggf. Abs. 2) SächsBO
      b) Örtliche Zuständigkeit, § 1 S. 1 SächsVwVfZG i.V.m. § 3 Abs. 1 Nr. 1 VwVfG
   2. Ordnungsgemäßer (schriftlicher) Bauantrag, §§ 68, 72 Abs. 2 SächsBO
III. Materielle Anspruchsvoraussetzungen, § 72 Abs. 1 SächsBO
   1. Genehmigungspflichtigkeit, § 59 Abs. 1 SächsBO
      a) Kein vorrangiges Gestattungsverfahren, § 60 SächsBO
      b) Keine Verfahrensfreiheit, § 61 SächsBO
      c) Keine Genehmigungsfreistellung, § 62 SächsBO
   2. Genehmigungsfähigkeit
      a) Prüfungsumfang des Genehmigungsverfahrens, § 63 oder § 64 SächsBO
      b) Vereinbarkeit mit den zu prüfenden öffentlich-rechtlichen Vorschriften
         aa) §§ 29-38 BauGB (§ 63 S. 1 Nr. 1 bzw. § 64 S. 1 Nr. 1 SächsBO)
         bb) Bauordnungsrecht (nur im Fall des § 64 S. 1 Nr. 2 SächsBO!)
         cc) Aufgedrängtes Fachrecht (§ 63 S. 1 Nr. 3 bzw. § 64 S. 1 Nr. 3 SächsBO)

1. Voraussetzungen für die Erteilung der Baugenehmigung

Gemäß **§ 72 Abs. 1 SächsBO** ist die Baugenehmigung zu erteilen, wenn dem Bauvorhaben keine 19 öffentlich-rechtlichen Vorschriften entgegenstehen, die im bauaufsichtlichen Genehmigungsverfahren zu prüfen sind. Der **jeweilige Prüfungsumfang**[46] ergibt sich aus **§ 64 SächsBO** für das Baugenehmigungsverfahren, das v.a. für Sonderbauten (§ 2 Abs. 4 SächsBO) gilt, und aus **§ 63 SächsBO** für das vereinfachte Baugenehmigungsverfahren.

Hinweis: § 66 SächsBO bleibt jeweils unberührt, d.h. gemäß § 66 Abs. 4 SächsBO werden die bautechnischen Nachweise (Standsicherheitsnachweis, Brand-, Schall-, Wärme- und Erschütterungsschutznachweis) nur in den Fällen des § 66 Abs. 3 SächsBO bauaufsichtlich geprüft, die Prüfung kann aber auch auf Prüfingenieure übertragen werden (§ 15 DVOSächsBO).

a) Bauplanungs- und Bauordnungsrecht

Im **Baugenehmigungsverfahren** (§ 64 SächsBO) prüft die Bauaufsichtsbehörde die bauplanungsrechtliche Zulässigkeit des Vorhabens, d.h. die §§ 29-38 BauGB[47] (S. 1 Nr. 1), die Anforderungen nach und aufgrund der SächsBO (S. 1 Nr. 2) sowie andere öffentlich-rechtliche Anforderungen, soweit wegen der Baugenehmigung eine Entscheidung nach anderen öffentlich-rechtlichen Vorschriften entfällt oder ersetzt wird (sog. aufgedrängtes Fachrecht) (S. 1 Nr. 3); weiter berücksichtigt sie die durch eine Umweltverträglichkeitsprüfung (nach UVPG oder SächsUVPG) ermittelten, beschriebenen und bewerteten Umweltauswirkungen. Im **vereinfachten Baugenehmigungsverfahren** (§ 63 SächsBO), das den Regelfall bildet, beschränkt sich die 20

---

46 Dazu VGH München NVwZ-RR 2003, 478; BRS 65 Nr. 166 und 167.
47 Zur bauplanungsrechtlichen Zulässigkeit eines Vorhabens § 6.

Prüfung auf die bauplanungsrechtliche Zulässigkeit (S. 1 Nr. 1), beantragte Abweichungen (S. 1 Nr. 2)[48] und das aufgedrängte Fachrecht (S. 1 Nr. 3); nicht geprüft werden – mit Ausnahme des § 66 Abs. 3 SächsBO – die Anforderungen nach und aufgrund der SächsBO, sprich das Bauordnungsrecht; der Gesetzgeber erachtet dies als nicht erforderlich, zumal nach Vereinfachung des § 6 SächsBO[49]. § 59 Abs. 2 SächsBO stellt außerdem klar, dass der Bauherr die bauordnungsrechtlichen Anforderungen dennoch beachten und bei Verstößen mit einem repressiven Vorgehen der Bauaufsichtsbehörde nach §§ 58 Abs. 2 S. 2, 79, 80 SächsBO rechnen muss.

21 Eine andere Frage ist es, ob die Bauaufsichtsbehörde den **Prüfungsumfang** etwa auf sämtliche Anforderungen der Sächsischen Bauordnung **erweitern** und darauf gestützt den Bauantrag des Bauherrn ablehnen darf. Dagegen spricht der Normtext der §§ 72 Abs. 1, 63 SächsBO und die daraus folgende gesetzliche Beschränkung des Prüfprogramms. Dennoch spricht sich die überwiegende Auffassung im Ergebnis zu Recht dafür aus, dass die Baugenehmigung jedenfalls bei einem offensichtlichen Verstoß gegen materielles Recht versagt werden kann.[50] Das steht auch nicht im Widerspruch zu § 72 Abs. 1 S. 1 SächsBO, da der dem Bauherrn dort eingeräumte Anspruch auf Erteilung der Baugenehmigung die allgemeinen Rechtsgrundsätze wie das **Erfordernis des Sachbescheidungsinteresses** unberührt lässt. Ein Bauherr kann grundsätzlich kein rechtlich geschütztes Interesse an einer den Bau freigebenden Genehmigung haben, wenn dieser Bau wegen eines materiellen Rechtsverstoßes zugleich mit der Erteilung der Genehmigung eingestellt werden müsste. Zu weit dürfte es aber gehen, die Bauaufsichtsbehörden in derartigen Fällen zur Versagung der Baugenehmigung zu verpflichten; ist der Rechtsverstoß weniger gewichtig/sicherheitsrelevant, ist entsprechend der gesetzgeberischen Grundentscheidung in §§ 72 Abs. 1, 63 SächsBO bauaufsichtlichen Maßnahmen der Vorzug zu geben.

Hinweis: Ein Hinweis auf diese Rechtsprechung zu § 63 SächsBO lässt sich auch § 63 VwVSächsBO entnehmen.

b) Aufgedrängtes Fachrecht

22 Nach § 72 Abs. 1 SächsBO ist die Baugenehmigung zu erteilen, wenn dem Bauvorhaben keine öffentlich-rechtlichen Vorschriften entgegenstehen, **die im bauaufsichtlichen Genehmigungsverfahren zu prüfen sind.** Darin kommt das sog. **Separationsmodell** – als Gegensatz zur sog. Schlusspunkttheorie – zum Ausdruck: Die Baugenehmigung ist auch dann zu erteilen, wenn nach anderen (nicht im bauaufsichtlichen Genehmigungsverfahren zu prüfenden) fachgesetzlichen Regelungen erforderliche Genehmigungen oder Erlaubnisse für das Vorhaben (noch) nicht vorliegen;[51] entsprechend weist die Bauaufsichtsbehörde gemäß § 69 Abs. 3 SächsBO lediglich möglichst frühzeitig auf das Erfordernis anderer Genehmigungen und Erlaubnisse hin. Mit anderen Worten, die Baugenehmigung ist nur eine der für das Vorhaben erforderlichen Genehmigungen und Erlaubnisse und setzt nicht den Schlusspunkt für die Zulassung des Vorhabens.[52]

---

48 Zu Abweichungen § 9 Rn. 29.
49 Dazu LT-Drs. 3/9651 S. 55.
50 Vgl. etwa VGH Mannheim BauR 2017, 1012; OVG Münster BauR 2015, 1975; OVG Bautzen SächsVBl 2016, 148.
51 VGH München NVwZ 1994, 304; VGH Mannheim BauR 2003, 492.
52 Entscheidend für das Verhältnis zwischen Baugenehmigung und anderen Genehmigungen ist das Landesrecht; zur vom sächsischen Landesrecht abweichenden sog. Schlusspunkttheorie: OVG Münster BauR 2003, 1870; BauR 2010, 600; OVG Berlin NVwZ-RR 1999, 231; *Mampel* BauR 2002, 719; zur sog. modifizierten Schlusspunkttheorie: OVG Bautzen SächsVBl 1995, 265; BVerwG SächsVBl 1996, 40; zur Konzentrationswirkung der Baugenehmigung gemäß § 67 Abs. 1 BbgBO a.F.: *Ortloff* NVwZ 2003, 1218; *Knuth* LKV 2004, 193.

A. Präventive Bauaufsicht

aa) Allgemeines

Welche anderen öffentlich-rechtlichen Anforderungen im bauaufsichtlichen Genehmigungsverfahren zu prüfen sind, ergibt sich aus § 63 S. 1 Nr. 3 bzw. § 64 S. 1 Nr. 3 SächsBO, nämlich „soweit wegen der Baugenehmigung eine Entscheidung nach anderen fachgesetzlichen Vorschriften entfällt oder ersetzt wird". Das jeweilige Fachgesetz entscheidet dabei, ob, wie und in welchem Verfahren – im fachrechtlichen oder baurechtlichen – fachrechtliche Anforderungen zu prüfen sind; daraus ergibt sich der Begriff **„aufgedrängtes" Fachrecht**. Daraus folgt: Sieht die fachgesetzliche Regelung – **erste Variante** – kein eigenes Genehmigungs- oder Erlaubnisverfahren vor, prüft die Bauaufsichtsbehörde die Anforderungen des Fachgesetzes im Baugenehmigungsverfahren. Sieht die fachgesetzliche Regelung – **zweite Variante** – ein eigenes Genehmigungs- oder Erlaubnisverfahren vor, prüfen die Bauaufsichtsbehörde und die nach dem Fachgesetz zuständige Behörde dann jeweils separat die Voraussetzungen „ihrer" Genehmigung oder Erlaubnis und erteilen diese.[53] Enthält das Fachgesetz – **dritte Variante** – zwar ein eigenes Genehmigungs- oder Erlaubnisverfahren, zugleich aber – für den Fall, dass neben der fachgesetzlichen Genehmigung oder Erlaubnis eine Baugenehmigung erforderlich ist[54] – eine Regelung dahingehend, dass nur das Baugenehmigungsverfahren durchzuführen ist, hat wiederum die Bauaufsichtsbehörde die Anforderungen des Fachgesetzes im Baugenehmigungsverfahren zu prüfen, bezieht dabei aber die Fachbehörde nach Maßgabe des jeweiligen Fachgesetzes ein, sei es dadurch, dass sie mit Zustimmung bzw. im Einvernehmen mit der Fachbehörde entscheidet oder sie zumindest ins Benehmen setzt.

23

Hinweis: Im Folgenden werden diese drei Varianten an Beispielen aufgezeigt; für die juristische Prüfung sollten Sie sich über die aufgezählten fachgesetzlichen Regelungen zumindest einen Grobüberblick verschaffen.

bb) Einzelne fachgesetzliche Regelungen

Nach **Straßenrecht** dürfen entlang der Bundesfernstraßen bzw. der Staats- oder Kreisstraßen in bestimmten Abständen keine Hochbauten oder bestimmte bauliche Anlagen errichtet werden (§ 9 Abs. 1 FStrG bzw. § 24 Abs. 1 SächsStrG).[55] Von diesem sog. **absoluten Anbauverbot** können nach § 9 Abs. 8 FStrG bzw. § 24 Abs. 9 SächsStrG Ausnahmen zugelassen werden.[56] Dabei wird die Entscheidung über eine Ausnahme vom landesrechtlichen Verbot des § 24 Abs. 1 SächsStrG im Baugenehmigungsverfahren durch die untere Bauaufsichtsbehörde im Einvernehmen mit der zuständigen Straßenbaubehörde getroffen (§ 24 Abs. 9 S. 3 SächsStrG; dritte Variante), während das Bundesrecht die Entscheidung über die Erteilung der Ausnahme allein den Straßenbaubehörden anvertraut, § 9 Abs. 8 FStrG. In letzterem Fall bedarf es – soweit die Voraussetzungen des § 59 SächsBO vorliegen[57] – zusätzlich einer Baugenehmigung der zuständigen Bauaufsichtsbehörde (zweite Variante). Neben dem absoluten Anbauverbot besteht in weiterer Entfernung zu den genannten Straßen „nur" ein sog. **relatives Anbauverbot** (§ 9 Abs. 2 FStrG bzw. § 24

24

---

53 Enthält die fachgesetzliche Regelung ein eigenes Genehmigungs- oder Erlaubnisverfahren, steht aber rechtskräftig fest oder ist es für die Bauaufsichtsbehörde ausnahmsweise offensichtlich, dass die erforderliche Genehmigung oder Erlaubnis nicht erteilt wird, fehlt dem Bauherrn für das Baugenehmigungsverfahren das Sachbescheidungsinteresse, weil er von der Baugenehmigung keinen Gebrauch machen kann (dazu BVerwG DVBl 1990, 206; NVwZ-RR 1994, 381; VGH Mannheim NVwZ-RR 1995, 563; OVG Berlin UPR 1999, 229).
54 Zum Anwendungsbereich der SächsBO bereits § 7 Rn. 2 sowie zu § 60 SächsBO § 9 Rn. 4.
55 Näher BVerwG NJW 1987, 456.
56 Vgl. dazu BVerwG NJW 1987, 456; NVwZ-RR 2001, 713.
57 Derartige Anlagen sind nicht vom Anwendungsbereich der SächsBO ausgeschlossen, vgl. §§ 1 Abs. 2 Nr. 1 SächsBO der Gebäude explizit ausnimmt; auch das straßenrechtliche Gestattungsverfahren erweist sich nicht als vorrangig: § 60 S. 1 Nr. 3 SächsBO bezieht sich nur auf Werbeanlagen.

Abs. 2 SächsStrG). Bauliche Anlagen, die nach § 59 SächsBO genehmigungspflichtig sind, dürfen insoweit – einheitlich – nur mit Zustimmung der zuständigen Straßenbaubehörde errichtet werden (dritte Variante). Soweit ein Bauvorhaben schließlich auf einer Bundesfernstraße bzw. einer Staats- oder Kreisstraße errichtet werden soll, bedarf es – soweit die entsprechenden Voraussetzungen vorliegen – sowohl der Genehmigung der zuständigen Bauaufsichtsbehörde als auch einer **Sondernutzungserlaubnis** durch die zuständige Straßenbaubehörde (zweite Variante); § 8 Abs. 6 FStrG spricht gerade nicht den Fall an, dass die Benutzung einer Anlage dient, für die eine Baugenehmigung erforderlich ist. § 18 Abs. 6 SächsStrG stellt wiederum klar, dass sonstige nach öffentlichem Recht erforderliche Genehmigungen, Erlaubnisse oder Bewilligungen durch die Sondernutzungserlaubnis nicht ersetzt werden.

25 Im **Naturschutzrecht** sind nach § 14 BNatSchG, § 9 SächsNatSchG bestimmte **Eingriffe in Natur und Landschaft** – etwa die Errichtung, wesentliche Änderung oder die Beseitigung baulicher Anlagen im Außenbereich[58] – unzulässig, vermeidbare Beeinträchtigungen sind zu unterlassen und unvermeidbare Beeinträchtigungen auszugleichen.[59] Über derartige (baugenehmigungspflichtige) Vorhaben entscheidet die Bauaufsichtsbehörde im Einvernehmen mit der Naturschutzbehörde (§ 12 Abs. 1 S. 1 SächsNatSchG; dritte Variante). Zwar ist die naturschutzrechtliche Eingriffsregelung im Innenbereich i.S.d. § 34 BauGB nicht anzuwenden (§ 18 Abs. 2 S. 1 BNatSchG), gleichwohl hat die zuständige Bauaufsichtsbehörde das Benehmen als Minus zum Einvernehmen (= Anhörung, Information und Kenntnisnahme) mit den für Naturschutz und Landschaftspflege zuständigen Behörden herzustellen (§ 18 Abs. 3 S. 1, 2 BNatSchG; dritte Variante)[60]. Auch die Festsetzung von **Natur- oder Landschaftsschutzgebieten, National- oder Naturparks oder Biosphärenreservaten** nach §§ 20 ff. BNatSchG kann einem Bauvorhaben entgegenstehen.[61] Dies kann eine naturschutzrechtliche Befreiung i.S.v. § 67 BNatSchG erfordern. Ist das der Fall, wird diese Befreiung durch die Baugenehmigung ersetzt; insoweit prüft die Bauaufsichtsbehörde die naturschutzrechtlichen Anforderungen und entscheidet im Einvernehmen mit der Naturschutzbehörde (§ 39 SächsNatSchG; dritte Variante).

26 **Immissionsschutzrechtlich** verlangt § 22 BImSchG, dass nicht genehmigungsbedürftige Anlagen u.a. so zu errichten und zu betreiben sind, dass schädliche Umwelteinwirkungen nach Möglichkeit verhindert werden. Dies betrifft alle Anlagen gemäß § 3 Abs. 5 BImSchG, von denen Immissionen gemäß § 3 Abs. 2 BImSchG ausgehen[62]. § 22 BImSchG enthält einen „dynamischen Immissionsschutz", da er für die Errichtung und den Betrieb der Anlage gilt. Auch ein genehmigtes Vorhaben muss daher strenger werdenden Anforderungen entsprechen; ein Berufen auf die zum Zeitpunkt der Erteilung der Baugenehmigung geltenden ggf. weniger strengen immissionsschutzrechtlichen Anforderungen scheidet aus[63]. § 22 BImSchG ist von der zuständigen Bauaufsichtsbehörde im Genehmigungsverfahren zu prüfen, weil die §§ 22 ff. BImSchG kein eigenes Genehmigungsverfahren vorsehen (erste Variante).[64] Anders liegt es bei § 5 BImSchG, der die Betreiber genehmigungsbedürftiger Anlagen (i.S.v. § 4 BImSchG) etwa dazu verpflichtet, diese so zu errichten und zu betreiben, dass schädliche Umwelteinwirkungen und sonstige Gefahren, erhebliche Nachteile und erhebliche Belästigungen für die Allgemeinheit

---

58 Zur Beschränkung auf den Außenbereich BVerwG NVwZ 2001, 560; zum Verhältnis Naturschutzrecht und Bauplanungsrecht § 18 BNatSchG und z.B. *Scheidler* ZfBR 2011, 228; ZUR 2019, 145.
59 Dazu etwa *Gellermann* NVwZ 2010, 73; *Köck* NuR 2004, 1; *Lütkes* BauR 2003, 983.
60 Näher *Finkelnburg/Ortloff/Kment* Öffentliches Baurecht I § 26 Rn. 40.
61 Vgl. dazu BVerwG NuR 1996, 600; VGH Mannheim NVwZ-RR 1990, 464; VGH Kassel BauR 1994, 235; OVG Münster NVwZ-RR 1994, 260.
62 Dazu BVerwG NJW 1984, 989 (Kirchenglocken); 1989, 1291 (Sportlärm); 1988, 2396 (Feuerwehrsirene); BauR 2000, 234 (Sportplatz).
63 BVerwG NVwZ 1996, 379.
64 BVerwG NVwZ 1987, 884. Zur wegen § 4 BEMFV und der 26. BImSchV abweichenden Rechtslage bei Mobilfunkanlagen § 9 Rn. 42 (Fall 4).

A. Präventive Bauaufsicht

und die Nachbarschaft nicht hervorgerufen werden können (§ 5 Abs. 1 Nr. 1 BImSchG). Insoweit schließt die immissionsschutzrechtliche Genehmigung gemäß §§ 4, 6 BImSchG andere die Anlage betreffende behördliche Entscheidungen ein, insbesondere öffentlich-rechtliche Genehmigungen. Wegen dieser **Konzentrationswirkung** bedarf es keiner Baugenehmigung mehr. Die (immissionsschutzrechtliche) Genehmigung darf durch die Immissionsschutzbehörde indes nur erteilt werden, wenn andere öffentlich-rechtliche Vorschriften – wie das Bauplanungs- und Bauordnungsrecht – dem Betrieb der Anlage nicht entgegenstehen, § 6 Abs. 1 Nr. 2 BImSchG; dieser Befund deckt sich mit § 60 S. 2 SächsBO.

Für das **Wasserrecht** ist zunächst auf § 60 S. 1 Nr. 1 SächsBO hinzuweisen. Danach bedürfen nach wasserrechtlichen Rechtsvorschriften zulassungsbedürftige Anlagen in oder an oberirdischen Gewässern und Anlagen, die dem Ausbau, der Unterhaltung oder der Nutzung eines Gewässers dienen oder als solche gelten, keines baurechtlichen Verfahrens. Bestätigt wird dies für Anlagen in oder an oberirdischen Gewässern durch **§ 26 Abs. 1 SächsWG**, der diese an eine wasserrechtliche Genehmigung knüpft. Daneben bedarf es für die Errichtung keiner Entscheidung der Bauaufsichtsbehörde – es besteht vergleichbar zu § 13 BImSchG Konzentrationswirkung; die Vorschriften des Bauplanungs- und Bauordnungsrechts einschließlich der eingeführten Technischen Baubestimmungen sind allerdings von der zuständigen Wasserbehörde zu beachten (§ 26 Abs. 8 i.V.m. § 55 Abs. 8 SächsWG). § 60 S. 1 Nr. 1 SächsBO erfasst auch Anlagen, die dem **Ausbau eines Gewässers** i.S.d. § 67 Abs. 2 WHG dienen. Liegt ein Ausbau vor, entfällt damit bereits die Baugenehmigungspflicht, ohne dass es auf die (formelle) Konzentrationswirkung (§ 1 S. 1 SächsVwVfZG i.V.m. § 75 Abs. 1 S. 1 VwVfG) der für den Ausbau regelmäßig erforderlichen Planfeststellung ankäme.[65] Schließlich stellt § 60 S. 1 Nr. 1 SächsBO auch **Anlagen der Gewässerbenutzung** (§ 9 WHG) von der Baugenehmigungspflicht frei, soweit sie wasserrechtlich gestattungsbedürftig sind, also nach § 8 WHG einer Erlaubnis oder einer Bewilligung bedürfen.

27

Das **Denkmalschutzrecht**[66] hat die Aufgabe, Kulturdenkmäler zu schützen und zu pflegen. Gemäß § 10 Abs. 1 S. 1, 2 SächsDSchG besteht die Eigenschaft als **Kulturdenkmal** (§ 2 SächsDSchG) kraft Gesetzes; Voraussetzung dafür sind **Denkmalfähigkeit** und **Denkmalwürdigkeit**[67]. Die Eintragung in die Kulturdenkmalliste erfolgt dagegen nur nachrichtlich. Bestimmte Maßnahmen, darunter die Veränderung eines Kulturdenkmals in seiner Substanz oder seine Beseitigung, bedürfen der Genehmigung der Denkmalschutzbehörde (§ 12 Abs. 1, 2 S. 1 und 2 SächsDSchG). Die Genehmigungsvoraussetzungen für Maßnahmen in der Umgebung eines Kulturdenkmals regelt § 12 Abs. 2 S. 3 SächsDSchG; die Genehmigungsvoraussetzungen für Maßnahmen an oder in einem Kulturdenkmal sind nicht ausdrücklich geregelt, ergeben sich aber aus § 1 Abs. 1 SächsDSchG sowie aus § 8 Abs. 1 SächsDSchG, wonach Eigentümer und Besitzer von Kulturdenkmalen diese pfleglich zu behandeln, im Rahmen des Zumutbaren denkmalgerecht zu erhalten und vor Gefährdungen zu schützen haben. Bei baugenehmigungspflichtigen Vorhaben (§ 59 SächsBO) tritt gemäß **§ 12 Abs. 3 SächsDSchG** an die Stelle der denkmalschutzrechtlichen Genehmigung die Zustimmung der Denkmalschutzbehörde gegenüber der Bauaufsichtsbehörde (dritte Variante).

28

2. Abweichungen, Ausnahmen und Befreiungen (§ 67 SächsBO)

Nach § 72 Abs. 1 SächsBO ist die Baugenehmigung zu erteilen, wenn dem Bauvorhaben keine öffentlich-rechtlichen Vorschriften entgegenstehen, die im bauaufsichtlichen Genehmigungsverfahren zu prüfen sind. Es handelt sich also um eine **gebundene Entscheidung**. Ermessen besteht nur, soweit **Abweichungen** vom Bauordnungsrecht (§ 67 Abs. 1 SächsBO) oder Ausnahmen

29

---

65 *Struck* in: Jäde/Dirnberger/Böhme § 60 Rn. 4.
66 Dazu etwa *Moench/Otting* NVwZ 2000, 146 und 515; *Neuenfeld* BauR 2012, 889; 2013, 397.
67 Dazu OVG Bautzen SächsVBl 1998, 12; 2001, 150.

und Befreiungen vom Bauplanungsrecht (§ 31 BauGB) zugelassen werden. Die Sächsische Bauordnung verzichtet insoweit auf die Unterscheidung von Ausnahmen und Befreiungen und enthält eine einheitliche Regelung für alle bauordnungsrechtlichen Abweichungen – mit Ausnahme der Abweichungen von Technischen Baubestimmungen (§ 67 Abs. 1 S. 2 SächsBO), die besonders geregelt sind (§ 88a Abs. 1 S. 3 SächsBO). Schließlich bedarf es gemäß § 67 Abs. 1 S. 3 SächsBO keiner Zulassung einer Abweichung, wenn bautechnische Nachweise bauaufsichtlich geprüft werden (§ 66 Abs. 3 SächsBO).

Ziel der Norm ist es, den Zweck der jeweiligen Norm, von der abgewichen werden soll, in den Vordergrund zu stellen und das Recht **vollzugstauglich zu flexibilisieren**.[68] Nach § 67 Abs. 1 S. 1 SächsBO können Abweichungen daher zugelassen werden, wenn sie unter Berücksichtigung des Zwecks der jeweiligen Anforderung und der Würdigung der öffentlich-rechtlich geschützten nachbarlichen Belange mit den öffentlichen Belangen, insbesondere den Anforderungen des § 3 S. 1 SächsBO vereinbar sind. Die Regelung zeigt zum einen, was in die zu treffende **Ermessensentscheidung** einzustellen ist, und mit § 3 S. 1 SächsBO zum anderen die Grenze der Zulassung von Abweichungen. Für die Ermessensentscheidung gilt § 1 S. 1 SächsVwVfZG i.V.m. § 40 VwVfG; sie ist gemäß § 1 S. 1 SächsVwVfZG i.V.m. § 39 Abs. 1 S. 2 und 3 VwVfG zu begründen.

Die Zulassung von Abweichungen ist gesondert **schriftlich zu beantragen** und zu **begründen** (§ 67 Abs. 2 S. 1 Alt. 1 SächsBO); gleiches gilt gemäß § 67 Abs. 2 S. 2 SächsBO für verfahrensfreie oder von der Genehmigung freigestellte Vorhaben oder für Abweichungen, die aufgrund des eingeschränkten Prüfungsumfangs im Genehmigungsverfahren nicht geprüft werden. Auch die Zulassung von **Ausnahmen und Befreiungen gemäß § 31 BauGB** – von den Festsetzungen eines Bebauungsplans oder einer sonstigen städtebaulichen Satzung – oder von Regelungen der BauNVO bedarf gemäß § 67 Abs. 2 S. 1 Alt. 2 SächsBO eines solchen Antrags. Ein Bauantrag kann daher nicht mehr zugleich als Antrag auf Zulassung einer Abweichung, Ausnahme oder Befreiung ausgelegt werden.[69]

Die **Entscheidung** über die Zulassung trifft die Bauaufsichtsbehörde (§ 67 Abs. 1 SächsBO), bei Abweichungen von örtlichen Bauvorschriften (§ 89 SächsBO) die Gemeinde (§ 67 Abs. 3 SächsBO). Soweit Abweichungen, Ausnahmen oder Befreiungen gewährt werden, handelt es sich dabei grundsätzlich um einen Bestandteil der Baugenehmigung, nicht eine selbstständig neben die Baugenehmigung tretende zusätzliche, neue Entscheidung.[70]

3. Nebenbestimmungen

30   Gemäß § 72 Abs. 3 SächsBO kann die Baugenehmigung unter **Auflagen** (§ 1 S. 1 SächsVwVfZG i.V.m. § 36 Abs. 2 Nr. 4 VwVfG) und **Bedingungen** (§ 1 S. 1 SächsVwVfZG i.V.m. § 36 Abs. 2 Nr. 2 VwVfG) und dem **Vorbehalt** der nachträglichen Aufnahme, Änderung und Ergänzung einer Auflage (§ 1 S. 1 SächsVwVfZG i.V.m. § 36 Abs. 2 Nr. 5 VwVfG) oder **befristet** (§ 1 S. 1 SächsVwVfZG i.V.m. § 36 Abs. 2 Nr. 1 VwVfG) erteilt werden. Da sich aus Art. 2, 14 GG ein Rechtsanspruch auf Erteilung der Baugenehmigung ergibt, kommt die Beifügung einer solchen Nebenbestimmung nur in Betracht, wenn sie sicherstellen soll, dass die gesetzlichen Voraussetzungen der Baugenehmigung erfüllt werden (§ 1 S. 1 SächsVwVfZG i.V.m. **§ 36 Abs. 1 VwVfG**), die Nebenbestimmung also dazu dient, einen sonst gegebenen Versagungsgrund auszuräumen.[71]

---

68   Vgl. LT-Drs. 3/9651 S. 61; OVG Bautzen, Beschluss v. 25.01.2012 – 1 B 231/11 –, juris; BeckRS 2012, 46279.
69   Zu § 31 BauGB: BVerwG NVwZ-RR 1990, 529.
70   *Schulz* in: Jäde/Dirnberger/Böhme § 67 Rn. 5.
71   Vgl. BVerwG NVwZ 2016, 699.

A. Präventive Bauaufsicht

Andererseits darf die Bauaufsichtsbehörde die Erteilung der Baugenehmigung nicht ablehnen, wenn sich der Versagungsgrund durch eine Auflage oder Bedingung beseitigen lässt.[72] Grundsätzlich ist eine Auflage ein selbstständiger Verwaltungsakt, der – unabhängig von der Baugenehmigung – angefochten werden kann.[73] Will die Bauaufsichtsbehörde die Wirksamkeit der Baugenehmigung vom Eintritt oder Nichteintritt bestimmter Umstände abhängig machen, muss sie eine Bedingung beifügen. Oft wird in der Baugenehmigung nicht zwischen Auflagen und Bedingungen unterschieden („Auflagen, Bedingungen, sonstige Nebenbestimmungen") oder eine inhaltliche Bedingung als Auflage bezeichnet (z.B. „Stellplatzauflage"). Die Unterscheidung zwischen Auflage und Bedingung kann im Bau-/Immissionsschutzrecht auch zu unangemessenen Ergebnissen führen: Erhält z.B. ein Bauunternehmer die Genehmigung zur Errichtung einer Transportbetonanlage mit der Nebenbestimmung, dass der von der Anlage ausgehende Lärm die in einem Gewerbegebiet nach der TA Lärm zulässigen Immissionsrichtwerte von 65 dB(A) tags und 50 dB(A) nachts nicht überschreiten dürfe,[74] entsprechen weder Auflage noch Bedingung dem Interesse des Bauherrn oder der Bauaufsichtsbehörde. Denn eine Bedingung würde bedeuten, dass die Baugenehmigung entfällt, sobald die Immissionsrichtwerte überschritten werden; die Anlage wäre als nicht genehmigt anzusehen, was dem Interesse des Bauherrn nicht gerecht würde. Geht man dagegen von einer selbstständigen Auflage aus, hätte der Widerspruch dagegen aufschiebende Wirkung, sodass die Anlage jedenfalls bis zur rechtskräftigen Entscheidung ohne Beschränkungen betrieben werden dürfte, was nicht das Interesse der Bauaufsichtsbehörde ist.

Um den unterschiedlichen Interessen Rechnung zu tragen, wurde das Institut der **modifizierenden Auflage** entwickelt.[75] Sie stellt eine **Ablehnung der beantragten Baugenehmigung verbunden mit der Erteilung einer (nicht beantragten) Baugenehmigung für ein geändertes Vorhaben** dar.[76] Dies ist sowohl für den Bauherrn als auch für die Bauaufsichtsbehörde von Vorteil: Die Bauaufsichtsbehörde muss nicht erst die Baugenehmigung versagen und der Bauherr Vorhaben und Antrag ändern, um dann die Genehmigung zu erhalten; vielmehr wird das Vorhaben von der Bauaufsichtsbehörde „passend gemacht". Das kann der Bauherr entweder akzeptieren oder nicht. Ist er mit der ihm erteilten Baugenehmigung nicht einverstanden, muss er **Verpflichtungswiderspruch und -klage** auf Erteilung der von ihm beantragten Baugenehmigung erheben. Macht er das nicht und verwirklicht trotz der Auflage das von ihm beantragte Vorhaben, handelt es sich um einen Schwarzbau; die Bauaufsichtsbehörde kann dann die „Auflage" zwangsweise durchsetzen[77]. 31

Beispiele (für modifizierende Auflagen):
- VGH Mannheim BRS 28 Nr. 113: Ein Gebäude muss statt des vorgesehenen Flachdachs mit einem Satteldach versehen werden.
- OVG Lüneburg BRS 42 Nr. 177: Die Fenster zum Nachbarhaus müssen mit undurchsichtigem Glas versehen werden.
- VGH Mannheim VBlBW 2000, 161: Eine Großbäckerei darf erst ab 7.00 Uhr Backwaren ausliefern.

Die Abgrenzung von Bedingung und Auflage ist insbesondere für die Frage von Bedeutung, wie der Bauherr gegen eine von ihm nicht akzeptierte Nebenbestimmung vorgehen muss – mit einer sog. **isolierten Anfechtung**, also Anfechtungswiderspruch und -klage mit dem Ziel der Beseitigung der Nebenbestimmung **oder** mit **Verpflichtungswiderspruch und -klage** mit dem Ziel der Baugenehmigung ohne die Nebenbestimmung. Die isolierte Anfechtung hat den Vorteil, dass diese die Nebenbestimmung suspendiert, von der Baugenehmigung aber Gebrauch gemacht 32

---

72 VGH Mannheim VBlBW 1983, 110.
73 BVerwGE 41, 180; NJW 1982, 2269.
74 BVerwG DÖV 1974, 380.
75 BVerwG BauR 1974, 261; NVwZ 1984, 366; *Weyreuther* DVBl 1984, 365: „modifizierende Genehmigung".
76 VGH Mannheim BauR 1988, 704; NVwZ-RR 1994, 133; OVG Münster BRS 48 Nr. 152.
77 VGH Mannheim BRS 29 Nr. 121; OVG Lüneburg BRS 42 Nr. 177.

werden kann; dem kann die Bauaufsichtsbehörde allerdings mit der Anordnung der sofortigen Vollziehung der Nebenbestimmung begegnen.

Nach der **Rechtsprechung des BVerwG**[78] ist gegen jede belastende Nebenbestimmung eines Verwaltungsakts – also auch gegen eine Bedingung – die Anfechtungsklage gegeben. Ob diese zur isolierten Aufhebung der Nebenbestimmung führen kann, ist demnach eine Frage der Begründetheit und nicht der Zulässigkeit des Anfechtungsbegehrens, sofern nicht eine isolierte Aufhebbarkeit offenkundig von vornherein ausscheidet.[79] Das bedeutet, dass in letzterem Fall Verpflichtungswiderspruch und -klage zu erheben ist, im Übrigen aber – um dieser Rechtsprechung Rechnung zu tragen – Anfechtungswiderspruch und -klage und hilfsweise Verpflichtungswiderspruch und -klage. Für die Begründetheit – also die Frage, ob eine Anfechtungsklage zur isolierten Aufhebung der angegriffenen Nebenbestimmung führen kann – komme es sodann darauf an, ob der Verwaltungsakt ohne die Nebenbestimmung sinnvoller- und rechtmäßigerweise bestehen bleiben kann.[80] Was das bedeutet, warf zeitweise Fragen auf: Zunächst ging das BVerwG davon aus, dass eine belastende Nebenbestimmung, die einem begünstigenden Verwaltungsakt beigefügt wird, im Anfechtungsprozess nur dann isoliert aufgehoben werden darf, wenn der verbleibende Verwaltungsakt für sich genommen rechtmäßig ist.[81] Nunmehr stellt es (wieder) maßgeblich auf die materielle Teilbarkeit von Nebenbestimmung und Verwaltungsakt ab; es kommt also darauf an, ob zwischen der Nebenbestimmung und dem eigentlichen Inhalt des Verwaltungsakts ein Zusammenhang besteht, der die isolierte Aufhebung ausschließt. Die Formulierung „**sinnvoller- und rechtmäßigerweise bestehen bleiben kann**" zielt darauf, ob die Rechtsordnung eine Genehmigung ohne die angefochtene Nebenbestimmung erlaubt. Nicht maßgeblich ist dagegen, ob der verbleibende Verwaltungsakt über die in Zusammenhang mit der Nebenbestimmung stehenden rechtlichen Anforderungen hinaus in jeder Hinsicht rechtmäßig ist oder ein Anspruch auf seinen Erlass besteht.[82]

4. Form, Begründung und Bekanntgabe

33   Die Baugenehmigung bedarf der **Schriftform** (§ 72 Abs. 2 S. 1 SächsBO); dies gilt auch für die Zulassung von Abweichungen, Ausnahmen und Befreiungen – als Bestandteil der Baugenehmigung – aus Gründen der Rechtssicherheit[83]. Die Baugenehmigung muss nur insoweit **begründet** werden, als Abweichungen oder Befreiungen von nachbarschützenden Vorschriften zugelassen werden und der Nachbar dem nicht zugestimmt hat (§ 72 Abs. 2 S. 2 SächsBO). Eine **Zustellung** an den Bauherrn ist nicht erforderlich, an die Nachbarn dann, wenn diese dem Vorhaben nicht zugestimmt haben (§ 70 Abs. 3 S. 1 SächsBO) – und zwar ungeachtet ihrer Beteiligung nach § 70 Abs. 1 SächsBO.[84] Ist die Gemeinde nicht Bauaufsichtsbehörde, ist sie von der Erteilung der Baugenehmigung, einer Abweichung, Ausnahme oder Befreiung zu unterrichten (§ 72 Abs. 5 SächsBO).

---

78 BVerwG NVwZ 2001, 429, dazu: *Schmidt* VBlBW 2004, 81. Diese Rechtsprechung ablehnend etwa *Ramsauer* in: Kopp/Ramsauer § 36 Rn. 62 ff. (wonach grds. nur die Auflage isoliert anfechtbar ist); ebenfalls kritisch, aber mit abweichendem Ansatz z.B. *Tiedemann* in: BeckOK VwVfG § 36 Rn. 87 ff.
79 OVG Lüneburg NVwZ-RR 2013, 597 m.w.N. zur Rspr. des BVerwG.
80 BVerwG NVwZ 2001, 429.
81 BVerwG NVwZ 2021, 163 (8. Revisionssenat); dazu etwa *Funke* NVwZ 2021, 114.
82 BVerwG NVwZ 2022, 1798 (4. Revisionssenat); NVwZ 2022, 1801 (8. Revisionssenat).
83 Dazu *Kober* in: Dammert/Kober/Rehak/Wieth § 68 Rn. 35.
84 Dazu § 9 Rn. 14.

A. Präventive Bauaufsicht

5. Rechtswirkungen der Baugenehmigung

a) Beginn und Folgen der Wirksamkeit

Die Baugenehmigung hat zum einen **gestattende Wirkung**. Sie hebt zwar nicht unmittelbar das Bauverbot des § 59 Abs. 1 SächsBO auf, schafft aber eine Voraussetzung für die Bauausführung: Voraussetzung des **Baubeginns** ist, dass die Baugenehmigung dem Bauherrn zugegangen ist und dass die bautechnischen Nachweise und die Baubeginnsanzeige der Bauaufsichtsbehörde vorliegen (§ 72 Abs. 6 u. 8 SächsBO); die Grundrissfläche muss abgesteckt, die Höhenlage festgelegt, die Baugenehmigung und die Bauvorlagen an der Baustelle vorhanden sein (§ 72 Abs. 7 SächsBO). Die Baugenehmigung hat zum anderen **feststellende Wirkung**. Sie stellt fest, dass dem Bauvorhaben keine öffentlich-rechtlichen Vorschriften entgegenstehen, **die im bauaufsichtlichen Genehmigungsverfahren zu prüfen sind**[85] – und nicht nur im Umfang der tatsächlich geprüften Vorschriften[86]. Sie vermittelt in Bezug auf das Errichtete und dessen Nutzung sog. formellen Bestandsschutz; das bedeutet, dass das Vorhaben vor einer bauaufsichtlichen Nutzungsuntersagung oder Beseitigungsanordnung geschützt ist, was auch bei einer Änderung der Sach- oder Rechtslage und **ohne Rücksicht darauf gilt, ob die Baugenehmigung rechtmäßig oder rechtswidrig ist**[87].

34

Die Baugenehmigung hat grundsätzlich **nur baurechtliche Wirkungen**; weiter erforderliche Genehmigungen oder Erlaubnisse sind neben der Baugenehmigung einzuholen (sog. Separationsmodell)[88]. Eine **Bindungswirkung der Baugenehmigung für andere Genehmigungen oder Erlaubnisse** tritt allerdings dann ein, wenn und soweit nach fachgesetzlichen Regelungen dasselbe zu prüfen ist wie im Baugenehmigungsverfahren; insoweit lässt die Feststellungswirkung der Baugenehmigung keine andere Beurteilung zu.[89] Liegt etwa eine Baugenehmigung für eine (nach § 4 BImSchG nicht genehmigungsbedürftige) Windenergieanlage vor, die die Vereinbarkeit des Vorhabens mit den im bauaufsichtlichen Genehmigungsverfahren zu prüfenden öffentlich-rechtlichen Vorschriften, darunter § 22 BImSchG, bejaht, kann die nach Immissionsschutzrecht zuständige Behörde eine Betriebsuntersagung (§ 25 BImSchG) nicht darauf stützen, dass die sich aus dieser Norm ergebenden Anforderungen – unterstellt sie sind nicht zwischenzeitlich strenger geworden[90] – nicht eingehalten würden.

35

Gegenstand der Prüfung im Baugenehmigungsverfahren sind gemäß § 72 Abs. 1 SächsBO öffentlich-rechtliche, nicht aber privatrechtliche Vorschriften. Entsprechend wird die Baugenehmigung gemäß § 72 Abs. 4 SächsBO **unbeschadet der Rechte Dritter** erteilt. Die Baugenehmigung berührt also weder die privaten Rechtsverhältnisse am Baugrundstück[91] noch am Nachbargrundstück; so stellt auch ein Überbau die Rechtmäßigkeit der Baugenehmigung nicht infrage[92]. Daraus folgt, dass ein Dritter nicht vor den Verwaltungsgerichten gegen eine Baugenehmigung vorgehen kann, auch wenn die Ausführung des Vorhabens seine privaten Rechte verletzen würde, die Baugenehmigung aber öffentlich-rechtlichen Vorschriften entspricht. Umgekehrt kann sich der Bauherr gegenüber privatrechtlichen Ansprüchen Dritter nicht auf das Vorliegen einer Baugenehmigung berufen;[93] Nachbarn können weiterhin Schadensersatz- und Unterlassungsansprüche (§§ 823, 1004 BGB) wegen des Vorhabens geltend machen und vor den ordentlichen

36

---

85 BVerwG NVwZ 1990, 559.
86 OVG Bautzen NVwZ-RR 2010, 426.
87 OVG Münster NVwZ 1988, 942; VGH Mannheim NVwZ-RR 1990, 171. Zur repressiven Bauaufsicht § 9 Rn. 49 ff.
88 Dazu bereits § 9 Rn. 22.
89 OVG Bautzen NVwZ-RR 2010, 426.
90 Zu § 22 BImSchG und dem „dynamischen Immissionsschutz" bereits § 9 Rn. 26.
91 VGH München BauR 2001, 774.
92 VGH Mannheim NJW 1996, 3429.
93 BVerwG NVwZ 1998, 954; VGH Mannheim BRS 42 Nr. 194.

Gerichten durchsetzen. Die Bauaufsichtsbehörde ist indes nicht verpflichtet, eine Baugenehmigung zu erteilen, wenn feststeht, dass der Bauherr wegen entgegenstehender privater Rechte von ihr keinen Gebrauch machen kann; in diesem Fall fehlt das sog. **Sachbescheidungsinteresse**[94]. Das gilt aber nur, wenn die entgegenstehenden privaten Rechte offensichtlich sind.[95] Es ist nicht Sache der Bauaufsichtsbehörde, privatrechtliche Streitigkeiten mit zu entscheiden. Dementsprechend kann sie die Zustimmung des Grundstückseigentümers zum Vorhaben fordern, wenn der Bauherr nicht Grundstückseigentümer ist (§ 68 Abs. 4 S. 3 SächsBO). Würde durch die Ausführung des Vorhabens zugunsten des Bauherrn und zulasten des Nachbargrundstücks ein **Notwegerecht** (§ 917 BGB) entstehen, stellt die Baugenehmigung einen Eingriff in das Eigentum dar, der die Baugenehmigung rechtswidrig macht.[96]

b) Dauer der Wirksamkeit

37 Die Baugenehmigung **erlischt gemäß § 73 Abs. 1 SächsBO**, wenn nicht innerhalb von drei Jahren nach ihrer Erteilung mit der Ausführung des Vorhabens begonnen oder die Bauausführung länger als zwei Jahre unterbrochen worden ist; das gilt freilich dann nicht, wenn der Bauherr durch hoheitlichen Eingriff gehindert war, von der Baugenehmigung innerhalb dieser Fristen Gebrauch zu machen[97]. Die Bauausführung beginnt nicht bereits mit den Vorbereitungshandlungen (Einrichten der Baustelle, Anliefern von Baumaterial), sondern mit den Arbeiten, die unmittelbar zur Ausführung des Vorhabens erforderlich sind. Bei der Errichtung von Gebäuden ist dies i.d.R. mit dem Ausheben der Baugrube der Fall;[98] wird für mehrere Gebäude eine Baugenehmigung erteilt, muss innerhalb von drei Jahren mit den Arbeiten an allen Gebäuden begonnen worden sein[99]. Wird die sofortige Vollziehbarkeit der Baugenehmigung – durch die Bauaufsichtsbehörde oder das Verwaltungsgericht – ausgesetzt, ist der Ablauf der 3-Jahres-Frist für den Zeitraum der Aussetzung gehemmt (§ 73 Abs. 1 Hs. 2 SächsBO).[100] Die Baugenehmigung erlischt schließlich auch dann gemäß § 73 Abs. 1 SächsBO, wenn ein Vorhaben errichtet wird, das von der Baugenehmigung hinsichtlich Standort, Nutzung oder Gestaltung so weit abweicht, dass eine Identität zwischen Bauwerk und Baugenehmigung nicht mehr besteht.[101]

Beispiel:
- VGH Mannheim VBlBW 1982, 199: Statt eines genehmigten zweigeschossigen Garagenanbaus mit Trockenraum im Obergeschoss wird ein dreigeschossiger Anbau mit Wohnräumen errichtet.

38 Die Baugenehmigung erlischt auch durch einen **Verzicht** des Bauherrn.[102] Dieser kann ausdrücklich erklärt werden; er kann aber auch konkludent erfolgen, insbesondere durch die Einreichung eines neuen Bauantrags, wenn damit unzweideutig das ursprünglich beantragte Vorhaben aufgegeben wird; generell wird man sich aber in Zurückhaltung üben müssen: die bloße Abmeldung eines Gewerbes[103] genügt dafür ebenso wenig wie die Einstellung eines Gewerbebetriebs wegen Insolvenz[104]. Zwar kann auch eine Baugenehmigung durch Erledigung (§ 1 S. 1 SächsVwVfZG i.V.m. § 43 Abs. 2 VwVfG) erlöschen,[105] wenn beispielsweise die bisherige Nutzung

---

94 BVerwG NJW 1976, 1987; VGH Mannheim VBlBW 1995, 318; OVG Berlin UPR 1999, 229.
95 VGH Mannheim NVwZ-RR 1995, 563.
96 BVerwG NJW 1976, 1987; 1982, 1061; VGH München BayVBl 1997, 758.
97 OVG Bautzen NJOZ 2012, 434.
98 VGH München BRS 47 Nr. 143.
99 VGH Mannheim VBlBW 1999, 309.
100 VGH Mannheim BauR 2000, 714: Hemmung auch bei sofortiger Vollziehbarkeit.
101 VGH Kassel BauR 2003, 1875; VGH München BayVBl 1992, 88.
102 OVG Hamburg BauR 2000, 1840.
103 VGH Mannheim NVwZ 2014, 1597.
104 VGH Kassel BauR 2016, 1294.
105 VGH Mannheim NVwZ-RR 1990, 171.

endgültig aufgegeben und eine neue Nutzung aufgenommen wird[106]. Die bloße Unterbrechung der Nutzung führt hingegen nicht ohne Weiteres zur Unwirksamkeit der Baugenehmigung; insbesondere kann insoweit das vom BVerwG zu § 35 Abs. 5 Nr. 2 BBauG (jetzt § 35 Abs. 4 S. 1 Nr. 3 BauGB) entwickelte Zeitmodell – danach entfällt der Bestandsschutz i.d.r. dann, wenn mehr als zwei Jahre keine Nutzung erfolgt[107] – nicht für § 1 S. 1 SächsVwVfZG i.V.m. § 43 Abs. 2 VwVfG herangezogen werden; es kommt vielmehr auf die Umstände des Einzelfalls an.[108]

Beispiel:
- BVerwG NVwZ 1996, 379: Eine in einem allgemeinen Wohngebiet gelegene, baurechtlich unter Verstoß gegen § 4 Abs. 3 Nr. 2 BauNVO genehmigte Autolackiererei wird wegen Insolvenz des bisherigen Betreibers 20 Monate nicht betrieben und dann von einem anderen Inhaber fortgeführt. Die Wiederaufnahme des Betriebs ist ohne erneute Baugenehmigung zulässig; die Baugenehmigung, die auch für und gegen den Rechtsnachfolger wirkt (§ 58 Abs. 3 SächsBO), hat sich (noch) nicht erledigt.

Eine Baugenehmigung kann ferner **gemäß § 1 S. 1 SächsVwVfZG i.V.m. § 48 VwVfG zurückgenommen** werden.[109] Nach § 1 S. 1 SächsVwVfZG i.V.m. § 48 Abs. 4 VwVfG gilt für die Rücknahme die **Frist** von einem Jahr, die entgegen dem Wortlaut nicht bereits mit der Kenntnis der Tatsachen beginnt, die die Rücknahme rechtfertigen. Vielmehr muss die Bauaufsichtsbehörde die Rechtswidrigkeit der Entscheidung erkannt haben.[110] Die Rücknahme der Baugenehmigung steht im **Ermessen** der Bauaufsichtsbehörde, die den Vertrauensschutz des Bauherrn und das Interesse der Allgemeinheit an der Wiederherstellung rechtmäßiger Zustände miteinander abwägen muss.[111] Wird die Rücknahme angefochten, sind Rechtsänderungen zugunsten des Bauherrn zu berücksichtigen.[112] Ohne Einschränkung durch den Vertrauensschutz ist eine Rücknahme nach § 1 S. 1 SächsVwVfZG i.V.m. § 50 VwVfG möglich, wenn ein Nachbar Widerspruch gegen die Baugenehmigung eingelegt hat. Voraussetzung dafür ist mindestens die Zulässigkeit des Widerspruchs.[113] Wird die Baugenehmigung zurückgenommen, hat die Bauaufsichtsbehörde ggf. gemäß § 1 S. 1 SächsVwVfZG i.V.m. § 48 Abs. 3 VwVfG den entstandenen **Vermögensnachteil auszugleichen**. Auch einen **Amtshaftungsanspruch** (Art. 34 GG, § 839 BGB) kann der Bauherr geltend machen;[114] ein vertraglicher Schadensersatzanspruch gegen den Entwurfsverfasser stellt allerdings eine anderweitige Ersatzmöglichkeit i.S.d. § 839 Abs. 1 S. 2 BGB dar, der den Anspruch ausschließen kann[115]. 39

Die Geltungsdauer der Baugenehmigung kann gemäß § 73 Abs. 2 SächsBO auf schriftlichen Antrag – auch mehrmals – jeweils um bis zu zwei Jahre verlängert werden. Voraussetzung der **Verlängerung** ist, dass diese vor Fristablauf beantragt wird; die Geltungsdauer der Baugenehmigung kann dann auch rückwirkend verlängert werden (§ 73 Abs. 2 S. 2 SächsBO). Die Verlängerung der Baugenehmigung ist in der Sache eine **Neuerteilung unter erleichterten Verfahrensbedingungen**, d.h. die Baugenehmigung ist nur dann zu verlängern, wenn das Bauvorhaben zum Zeitpunkt der Entscheidung über die Verlängerung den öffentlich-rechtlichen 40

---

106 BVerwG BauR 2001, 610; OVG Bautzen NVwZ-RR 2020, 469.
107 BVerwG NVwZ 1996, 379.
108 OVG Lüneburg NVwZ-RR 2009, 910; OVG Bautzen NVwZ-RR 2020, 469.
109 Zur Rücknahme mit Wirkung für die Vergangenheit OVG Bautzen LKV 2002, 417; OVG Münster BRS 65 Nr. 165.
110 BVerwG NJW 1985, 819; OVG Münster NVwZ-RR 2000, 268.
111 BVerwG NVwZ 2002, 730: Ermessensreduzierung auf Null bei zulässigem und begründetem Nachbarwiderspruch.
112 OVG Münster BRS 60 Nr. 72.
113 BVerwG NVwZ 1983, 285; OVG Münster NVwZ 1989, 72; weitergehend für Zulässigkeit und Begründetheit: OVG Bautzen SächsVBl 1995, 286; OVG Münster BauR 1999, 478; etwas zurückhaltender, d.h. Zulässigkeit und keine offensichtliche Unbegründetheit: OVG Bautzen NVwZ 1993, 488. Darstellung des Streitstands bei Schoch in: Schoch/Schneider § 50 Rn. 20 ff. m.w.N.
114 BGH NJW 1988, 2884; dazu auch Schlick/Rinne NVwZ 1997, 1065.
115 BGH NVwZ 1993, 602.

Vorschriften entspricht, die im bauaufsichtlichen Genehmigungsverfahren zu prüfen sind. Änderungen der Sach- und Rechtslage sind also zu berücksichtigen, auch an ihre bei Erteilung der Baugenehmigung vertretene Rechtsauffassung ist die Bauaufsichtsbehörde nicht gebunden; der Vertrauensschutz des Bauherrn endet vielmehr mit Fristablauf[116].

41 ▶ **Fall 4: Mobilfunk-Sendeanlage (nach BVerwG NVwZ 2013, 1288)**[117]
Aufgabe: Unterstellt das Vorhaben der Deutsche Telefon GmbH erweist sich als bauplanungsrechtlich zulässig, liegen die Voraussetzungen auf Erteilung der von ihr beantragten Baugenehmigung vor? ◀

42 ▶ **Lösung:**
I. Anspruchsgrundlage
   Die Voraussetzungen für die Erteilung einer Baugenehmigung ergeben sich aus § 72 Abs. 1 SächsBO.
II. Formelle Anspruchsvoraussetzungen
   Die Deutsche Telefon GmbH hat einen ordnungsgemäßen (schriftlichen) Bauantrag, §§ 68, 72 Abs. 2 SächsBO, bei der dafür zuständigen Behörde gestellt. Dabei handelt es sich um den Landkreis Leipzig, der sachlich nach § 57 Abs. 1 Nr. 1, Abs. 1 S. 2 SächsBO i.V.m. § 1 Abs. 4 SächsLKrO und örtlich gemäß § 1 S. 1 SächsVwVfZG i.V.m. § 3 Abs. 1 Nr. 1 VwVfG zuständig ist.
III. Materielle Anspruchsvoraussetzungen
   Nach § 72 Abs. 1 SächsBO ist die Baugenehmigung zu erteilen, wenn dem Bauvorhaben keine öffentlich-rechtlichen Vorschriften entgegenstehen, die im bauaufsichtlichen Genehmigungsverfahren zu prüfen sind.
   1. Genehmigungspflichtigkeit
      Dafür müsste das Vorhaben zunächst genehmigungspflichtig sein. Es handelt sich bei der Mobilfunk-Sendeanlage um eine Anlage i.S.d. § 2 Abs. 1 S. 4, Abs. 1 S. 1 SächsBO, sodass es für ihre Errichtung einer Baugenehmigung bedarf, § 59 Abs. 1 SächsBO. In §§ 60-62 SächsBO ist nichts anderes bestimmt; insbesondere unterfällt das Vorhaben wegen seiner Höhe (29 m) nicht § 61 Abs. 1 Nr. 5 SächsBO und ist daher genehmigungspflichtig.
   2. Genehmigungsfähigkeit
      Fraglich ist, ob das Vorhaben der Deutsche Telefon GmbH genehmigungsfähig ist.
      a) Prüfungsumfang des Genehmigungsverfahrens
         Der Prüfungsumfang ergibt sich aus § 63 oder § 64 SächsBO. Trotz seiner nicht unbeträchtlichen Höhe handelt es sich bei dem Vorhaben nicht um einen Sonderbau i.S.d. §§ 62 Abs. 1 S. 2 Nr. 1, 2 Abs. 4 Nr. 2 SächsBO. Es gilt daher der Prüfungsmaßstab des vereinfachten Genehmigungsverfahrens, § 63 SächsBO.
      b) Vereinbarkeit mit den zu prüfenden öffentlich-rechtlichen Vorschriften
         aa) §§ 29-38 BauGB
            Dazu zählt zunächst die Übereinstimmung mit den Vorschriften über die Zulässigkeit der baulichen Anlagen nach den §§ 29-38 BauGB, § 63 S. 1 Nr. 1 SächsBO. Diese Übereinstimmung liegt hier vor.[118]

---

116 OVG Münster BRS 47 Nr. 140; OVG Lüneburg NVwZ-RR 1995, 246.
117 Dazu bereits § 6 Rn. 121 f.
118 Dazu § 6 Rn. 122.

bb) Abweichungen i.S.d. § 67 Abs. 1, 2 S. 2 SächsBO
Abweichungen i.S.d. § 67 Abs. 1, 2 S. 2 SächsBO sind nicht beantragt; auf die sonstige Vereinbarkeit mit Bauordnungsrecht kommt es anders als bei § 64 S. 1 Nr. 2 SächsBO nicht an.

cc) Aufgedrängtes Fachrecht
Zu prüfen sind schließlich andere öffentlich-rechtliche Anforderungen, soweit wegen der Baugenehmigung eine Entscheidung nach anderen öffentlich-rechtlichen Vorschriften entfällt oder ersetzt wird, § 63 S. 1 Nr. 3 SächsBO. § 22 Abs. 1 Nr. 1 BImSchG, wonach Anlagen so zu errichten und zu betreiben sind, dass schädliche Umwelteinwirkungen (§ 3 Abs. 1 BImSchG) verhindert werden, die nach dem Stand der Technik vermeidbar sind, stellt insofern (ausnahmsweise) keine aufdrängende fachgesetzliche Regelung dar. Das liegt an der bundesgesetzlichen Genehmigungspflicht gemäß § 4 BEMFV, so dass die zuständige untere Bauaufsichtsbehörde im Baugenehmigungsverfahren nicht die Voraussetzungen der BEMFV und der 26. BImSchV prüft[119].

c) Zwischenergebnis
Das Vorhaben ist auch genehmigungsfähig, sodass die materiellen Anspruchsvoraussetzungen vorliegen.

IV. Ergebnis
Die Voraussetzungen für die Erteilung der beantragten Baugenehmigung sind gegeben.

IV. Typengenehmigung (§ 72a SächsBO)

Nachdem Anfang 2019 die Typengenehmigung in die Musterbauordnung aufgenommen wurde, ist der sächsische Gesetzgeber dem mit § 72a SächsBO gefolgt. Er verfolgt mit dieser Vorschrift das Ziel, das serielle und modulare Bauen durch eine weitere **Verfahrensderegulierung** zu fördern.[120] Erteilt werden soll eine Typengenehmigung auf Antrag durch die oberste Bauaufsichtsbehörde (§ 57 Abs. 1 S. 1 Nr. 3 SächsBO)[121] für bauliche Anlagen oder Teile derselben, die in derselben Ausführung an mehreren Stellen errichtet werden sollen, wenn die baulichen Anlagen oder Teile derselben den Anforderungen nach diesem Gesetz oder aufgrund dieses Gesetzes erlassener Vorschriften entsprechen, § 72a Abs. 1 S. 1 SächsBO. Zu beachten ist indes, dass eine Typengenehmigung nicht von der Verpflichtung entbindet, ein bauaufsichtliches Verfahren für jede einzelne bauliche Anlage durchzuführen; einzig die in der Typengenehmigung bereits entschiedenen (standortunabhängigen) Fragen sind – in der Rechtswirkung vergleichbar mit dem Bauvorbescheid (§ 75 SächsBO)[122] – von der Bauaufsichtsbehörde nicht mehr zu prüfen, **§ 72a Abs. 5 S. 1, 2 SächsBO**. Weiterhin Gegenstand des bauaufsichtlichen Verfahrens sind demnach grundstücksbezogene bauaufsichtliche Anforderungen wie die Erreichbarkeit des Grundstücks sowie bauplanungs- und umweltrechtliche Anforderungen, die nicht Prüfungsgegenstand der Typengenehmigung sind.[123]

43

---

119 VGH München BeckRS 2022, 949.
120 LT-Drs. 7/8836 S. 23. Ob dies zu einem beschleunigten Wohnungsbau führen wird, wird z.T. kritisch hinterfragt, vgl. *Schröer/Kümmel* NVwZ 2020, 1401 (1402).
121 § 88 Abs. 4 Nr. 6 SächsBO ermächtigt die oberste Bauaufsichtsbehörde, die Zuständigkeit für die Erteilung von Typengenehmigungen nach § 72a SächsBO auf ihr unmittelbar nachgeordnete Behörden zu übertragen.
122 Dazu § 9 Rn. 45 f.
123 LT-Drs. 7/8836 S. 11.

V. Teilbaugenehmigung (§ 74 SächsBO)

44 Ist der Bauantrag eingereicht, kann der Bauherr beantragen, dass ihm der Beginn der Bauarbeiten für die Baugrube, für einzelne Bauteile oder Bauabschnitte schon vor Erteilung der Baugenehmigung durch eine entsprechende **Teilbaugenehmigung** gestattet wird (§ 74 S. 1 SächsBO). Dies ist eine Ausnahme von der Grundregel des § 72 Abs. 6 Nr. 1 SächsBO, wonach vor Erteilung der Baugenehmigung Bauarbeiten nicht ausgeführt werden dürfen. Voraussetzung ist erstens, dass dem (abgrenzbaren) Vorhabenteil, der vorab genehmigt werden soll, keine öffentlich-rechtlichen Vorschriften entgegenstehen, die im Baugenehmigungsverfahren zu prüfen sind, § 74 S. 2 i.V.m. § 72 Abs. 1 SächsBO. Eine Teilbaugenehmigung ist zweitens nur dann möglich, wenn nach einer vorläufigen und summarischen Prüfung feststeht, dass auch das Gesamtbauvorhaben genehmigungsfähig ist;[124] anderenfalls fehlt das allgemeine Sachbescheidungsinteresse.

Liegen die Voraussetzungen für die Erteilung einer Teilbaugenehmigung vor, sieht das Gesetz gleichwohl keinen gebundenen Anspruch vor; vielmehr steht die Erteilung der Teilbaugenehmigung im **Ermessen** der Behörde („kann"). Dabei ist das Interesse des Bauherrn an der Beschleunigung ebenso zu berücksichtigen wie der Arbeitsaufwand der Behörde und die voraussichtliche Gesamtdauer des Genehmigungsverfahrens. Für das Verfahren gelten grundsätzlich die gleichen Vorschriften wie für die Baugenehmigung.[125] Dasselbe gilt für Form, Begründung und Bekanntgabe der Teilbaugenehmigung (§ 74 S. 2 i.V.m. § 72 Abs. 2 u. 5 SächsBO).

Wird eine Teilbaugenehmigung erteilt, berechtigt sie zur Ausführung der darin gestatteten Bauteile bzw. Bauabschnitte. Darüber hinaus entfaltet sie aber auch **Bindungswirkung** für die Beurteilung des (Gesamt-)Vorhabens und zwar soweit die Bauaufsichtsbehörde dessen Zulässigkeit geprüft hat:[126] Die Reichweite der Bindungswirkung erstreckt sich damit in jedem Fall auf den bereits gestattenden Vorhabenteil; demgegenüber steht mit dem „vorläufigen" positiven Gesamturteil noch nicht unumstößlich fest, dass das Gesamtvorhaben genehmigungsfähig ist – maßgeblich sind insofern die (vertrauensbildenden) Umstände des Einzelfalls.

VI. Der Vorbescheid (§ 75 SächsBO)

Hinweis: Der Vorbescheid ist im Unterschied zur Typengenehmigung und zur Teilbaugenehmigung beliebter Gegenstand juristischer Prüfungen. Abzugrenzen ist er von der Zusicherung einer Baugenehmigung, § 1 S. 1 SächsVwVfZG i.V.m. § 38 Abs. 3 VwVfG, bei der der eigentliche, zugesicherte Verwaltungsakt noch erlassen werden muss.

45 Gemäß **§ 75 S. 1 SächsBO** ist auf Antrag des Bauherrn vor Einreichung des Bauantrags zu einzelnen Fragen des (konkreten) Bauvorhabens[127] ein Vorbescheid zu erteilen. Entspricht das Vorhaben in Bezug auf die zur Prüfung gestellten Fragen – i.d.R. sind es kritische oder streitige Fragen, mit denen das Vorhaben „steht und fällt" – den öffentlich-rechtlichen Vorschriften, hat der Bauherr Anspruch auf einen positiven Vorbescheid.[128] Häufigste Fragestellung dieser sog. Bauvoranfragen ist die **bauplanungsrechtliche Zulässigkeit** eines Vorhabens; ein solcher bauplanungsrechtlicher Vorbescheid, die sog. Bebauungsgenehmigung[129], setzt sich gemäß § 14

---

124 *Risse* in: Jäde/Dirnberger/Böhme § 74 Rn. 8.
125 Zu diesen Vorschriften bereits § 9 Rn. 9 ff.
126 *Risse* in: Jäde/Dirnberger/Böhme § 74 Rn. 16.
127 Dazu OVG Münster BRS 65 Nr. 173.
128 OVG Bautzen, Urt. v. 29.01.2014 – 1 A 705/12 –, juris. Zur Auslegung eines Vorbescheids OVG Bautzen NVwZ-RR 2010, 471.
129 BVerwG BauR 1987, 538; NVwZ 1995, 894.

Abs. 3 BauGB („baurechtlich genehmigt") gegenüber einer nachträglichen Veränderungssperre durch[130].

Der **positive Vorbescheid** ist ein **vorweggenommener Teil der Baugenehmigung**[131] und entfaltet – einschließlich etwaig darin erteilter Ausnahmen, Abweichungen und Befreiungen[132] – **Bindungswirkung** und unterscheidet sich insoweit von bloß unverbindlichen behördlichen Auskünften und Absichtserklärungen. Soweit über eine Frage im Vorbescheid entschieden worden ist, ist die Bauaufsichtsbehörde im Baugenehmigungsverfahren daran gebunden;[133] sie hat die geklärte Frage in diesem Verfahren also gar nicht mehr zu prüfen. Das gilt allerdings nur, soweit das Vorhaben mit dem des Vorbescheids identisch ist.[134] Der **negative Vorbescheid** hat dagegen keine Bindungswirkung.[135]

Die Bindungswirkung tritt auch zulasten des **Nachbarn** ein, soweit ihm der (positive) Vorbescheid zugestellt worden ist oder er auf sonstige Weise von ihm Kenntnis hatte und der Vorbescheid ihm gegenüber bestandskräftig geworden ist.[136] Ist das nicht der Fall, etwa weil der Nachbar erfolgreich gegen den Vorbescheid vorgegangen ist, kann er die (spätere) Baugenehmigung in vollem Umfang anfechten.[137] Die Behörde kann sich nur durch **Rücknahme und Widerruf** vom Vorbescheid lösen: Er kann ebenso wie eine Baugenehmigung nach § 1 S. 1 SächsVwVfZG i.V.m. § 48 VwVfG zurückgenommen werden.[138] Die Bindungswirkung des positiven Vorbescheids bleibt dabei bestehen, auch wenn sich die Sach- oder Rechtslage ändert;[139] ggf. kommt aber ein Widerruf gemäß § 1 S. 1 SächsVwVfZG i.V.m. § 49 Abs. 2 S. 1 Nr. 4 VwVfG in Betracht[140].

Für den Vorbescheid gelten wesentliche Regelungen des Baugenehmigungsverfahrens entsprechend (§ 75 S. 4 SächsBO), beispielsweise auch, dass innerhalb von drei Monaten über den Vorbescheidsantrag zu entscheiden ist (§ 69 Abs. 2 S. 1, Abs. 4 SächsBO). Entfallen ist dagegen die Möglichkeit der Fiktion im Vorbescheidsverfahren[141]; § 75 S. 4 SächsBO verweist nur auf § 69 Abs. 1-3 SächsBO, nicht aber auf § 69 Abs. 5 SächsBO. Im Rahmen des Verfahrens hat die Bauaufsichtsbehörde nur über die zur Prüfung gestellten Fragen zu entscheiden, auch wenn das Vorhaben an anderen Zulässigkeitsvoraussetzungen scheitern dürfte.[142] Etwas anderes gilt, wenn das Hindernis für die Zulässigkeit des Vorhabens schlechterdings nicht ausräumbar ist; in diesem Fall fehlt das **Sachbescheidungsinteresse**[143].

46

Gemäß § 75 S. 2 SächsBO gilt der Vorbescheid **drei Jahre**; um die Bindungswirkung des Vorbescheids zu nutzen, muss der Bauantrag also innerhalb der 3-Jahres-Frist gestellt werden[144].

---

130 BVerwG NVwZ 1989, 863. Dazu bereits § 5 Rn. 103.
131 BVerwGE 48, 242; NVwZ 1989, 863; OVG Bautzen SächsVBl 1998, 64; *Dürr* JuS 1984, 770.
132 OVG Lüneburg NVwZ-RR 2022, 447: Ein Bauvorbescheid ist nicht deshalb unbestimmt, weil er eine Befreiung lediglich „in Aussicht stellt". Aus dieser Formulierung lässt sich auch nicht zwangsläufig auf eine „bloße" Zusicherung (anstelle eines Bauvorbescheids) schließen, vgl. *Risse* in: Jäde/Dirnberger/Böhme § 75 Rn. 11.
133 BVerwGE 69, 1; OVG Münster NVwZ 1997, 1006.
134 OVG Bautzen, Beschluss v. 12.03.2013 – 1 A 309/11 –, juris.
135 OVG Bautzen SächsVBl 1997, 240.
136 BVerwGE 44, 294; OVG Münster NVwZ 1997, 1006.
137 BVerwG DVBl 1989, 673; OVG Bautzen SächsVBl 1998, 64.
138 OVG Berlin NVwZ-RR 1988, 6.
139 BVerwGE 69, 1; OVG Münster NVwZ 1997, 598.
140 OVG Koblenz BRS 36 Nr. 171; *Weidemann* BauR 1987, 9.
141 Vgl. OVG Bautzen, Urt. v. 29.01.2014 – 1 A 705/12 –, juris. Zur Genehmigungsfiktion im Baugenehmigungsverfahren § 9 Rn. 12.
142 BVerwG NJW 1981, 2426: positiver Vorbescheid zu § 34 BauGB trotz fehlender gesicherter Zufahrt nach Landesrecht.
143 BVerwG NJW 1981, 2426.
144 VGH Kassel BauR 1989, 451; OVG Münster BauR 1992, 347; VGH München NVwZ 1994, 307.

Der Lauf der 3-Jahres-Frist ist solange gehemmt, als ein Rechtsbehelf eines Dritten gegen den Vorbescheid aufschiebende Wirkung entfaltet (§ 75 S. 2 Hs. 2 SächsBO).[145] Diese Frist kann auf Antrag – auch mehrmals – jeweils bis zu einem Jahr verlängert werden (§ 75 S. 3 SächsBO). Voraussetzung ist, dass dies vor Fristablauf beantragt wird; dann kann die Frist rückwirkend verlängert werden (§ 75 S. 3 i.V.m. § 73 Abs. 2 S. 2 SächsBO). Die **Verlängerung** des Vorbescheids ist in der Sache eine Neuerteilung unter erleichterten Verfahrensbedingungen, der Vorbescheid ist also nur dann zu verlängern, wenn die Fragestellung zum Zeitpunkt der Entscheidung über die Verlängerung positiv beantwortet werden kann;[146] Änderungen der Sach- und Rechtslage sind zu berücksichtigen, Fehler ggf. zu korrigieren[147].

47 ▶ **Fall 2: Mehrgeschosser am Wannsee (nach BVerwG NVwZ 2018, 1808)**[148]
Aufgabe: Unterstellt das Vorhaben des E, auf seinem Grundstück ein sechsgeschossiges Wohnhaus am Wannsee zu errichten, erweist sich als bauplanungsrechtlich unzulässig, ist der dafür erteilte Bauvorbescheid rechtmäßig? Es ist – soweit nicht Bundesrecht einschlägig ist – sächsisches Landesrecht anzuwenden. ◀

48 ▶ **Lösung:**
I. Ermächtigungsgrundlage
Ermächtigungsgrundlagen für die Erteilung des Vorbescheids sind §§ 75 S. 1, 4, 72 Abs. 1 SächsBO.
II. Formelle Rechtmäßigkeit
Es hat die für den Erlass zuständige Behörde gehandelt (vgl. für das sächsische Landesrecht § 57 Abs. 1 S. 2, 1 Nr. 1 SächsBO). S ist als Nachbarin laut Sachverhalt auch ordnungsgemäß einbezogen worden (vgl. §§ 75 S. 4, 70 Abs. 1 SächsBO[149]). Da auch Formfehler nicht ersichtlich sind (vgl. §§ 75 S. 4, 72 Abs. 2 SächsBO), erweist sich der Bauvorbescheid als formell rechtmäßig.
III. Materielle Rechtmäßigkeit
Darüber hinaus müsste der Bauvorbescheid auch in materieller Hinsicht rechtmäßig sein. Voraussetzung dafür ist, dass dem Bauvorhaben keine öffentlich-rechtlichen Vorschriften entgegenstehen, die im bauaufsichtlichen Genehmigungsverfahren zu prüfen sind, §§ 75 S. 4, 72 Abs. 1 SächsBO. Dabei ist die Prüfung auf einzelne Fragen des (konkreten) Bauvorhabens, die sich selbstständig beurteilen lassen (müssen), beschränkt, § 75 S. 1 SächsBO. Von Interesse ist daher allein die bauplanungsrechtliche Zulässigkeit des sechsgeschossigen Wohnhauses.
1. Genehmigungspflichtigkeit
Zunächst müsste das Vorhaben aber genehmigungspflichtig sein. Gemäß § 59 Abs. 1 SächsBO bedürfen die Errichtung, Änderung und Nutzungsänderung von Anlagen der Baugenehmigung, solange sich nichts anderes aus §§ 60-62 SächsBO ergibt. Der geplante Neubau stellt eine bauliche Anlage i.S.d. § 2 Abs. 1 S. 1 SächsBO dar. Eine der genannten Ausnahmen ist nicht einschlägig, namentlich nicht § 61 Abs. 1 Nr. 1 SächsBO. Da es sich wegen der Höhe des Vorhabens von maximal 30,50 m um einen Sonderbau gemäß § 2 Abs. 4 Nr. 2 SächsBO handelt, ist zudem kein Raum für eine Genehmigungsfreistellung nach § 62 Abs. 1 S. 2 Nr. 1 SächsBO. Das Vorhaben ist somit genehmigungspflichtig.

---
145 OVG Bautzen SächsVBl 1998, 64.
146 OVG Saarlouis BRS 44 Nr. 150; OVG Bremen BRS 49 Nr. 112; OVG Lüneburg NVwZ-RR 1995, 246.
147 OVG Münster BRS 47 Nr. 140; VGH München NVwZ 1994, 307.
148 Dazu § 6 Rn. 49 f.
149 Zu den daraus folgenden Anforderungen § 9 Rn. 14.

B. Repressive Bauaufsicht

2. Genehmigungsfähigkeit
Fraglich ist, ob das Vorhaben – im zu prüfenden Umfang – genehmigungsfähig ist.

a) Prüfungsumfang des Genehmigungsverfahrens
Der Prüfungsumfang im Genehmigungsverfahren richtet sich bei Sonderbauten nach § 64 SächsBO. Die Besonderheit bei dem streitgegenständlichen Vorbescheid besteht darin, dass nur die bauplanungsrechtliche Zulässigkeit des Vorhabens von Relevanz ist, die auch zum Prüfprogramm des § 64 S. 1 Nr. 1 SächsBO zählt.

b) Vereinbarkeit mit den zu prüfenden öffentlich-rechtlichen Vorschriften
Das Vorhaben des E, auf seinem Grundstück ein sechsgeschossiges Wohnhaus am Wannsee zu errichten, erweist sich als nicht mit Bauplanungsrecht vereinbar.[150]

c) Zwischenergebnis
Es ist daher nicht genehmigungsfähig.

IV. Ergebnis
Der zugunsten des E für sein Vorhaben erteilte Bauvorbescheid erweist sich als (materiell) rechtswidrig.

B. Repressive Bauaufsicht

Stellt die Bauaufsichtsbehörde (bau)rechtswidrige Zustände fest, kann sie dagegen mit den Instrumenten der repressiven Bauaufsicht vorgehen. Dazu zählen insbesondere die Baueinstellung (§ 79 SächsBO), die Nutzungsuntersagung (§ 80 S. 2 SächsBO) und die Beseitigungsanordnung (§ 80 S. 1 SächsBO). Subsidiär steht die Generalklausel des § 58 Abs. 2 S. 2 SächsBO zur Verfügung.

Hinweis: Bauaufsichtliche Verfügungen sind beliebter Gegenstand juristischer Prüfungen. Beherrscht werden müssen die z.T. unterschiedlich ausgeprägten tatbestandlichen Anforderungen – wird „nur" formelle Illegalität oder auch materielle Illegalität vorausgesetzt – sowie die Prüfung auf Rechtsfolgenseite (Stichwort: intendiertes Ermessen); hinzu kommen die Grundsätze des (passiven) Bestandsschutzes.

I. Die Beseitigungsanordnung (§ 80 S. 1 SächsBO)

1. Voraussetzungen: Formelle und materielle Illegalität

Werden Anlagen im **Widerspruch zu öffentlich-rechtlichen Vorschriften errichtet oder geändert**, kann die Bauaufsichtsbehörde gemäß § 80 S. 1 SächsBO die **teilweise oder vollständige Beseitigung** der Anlagen anordnen, wenn nicht **auf andere Weise rechtmäßige Zustände** hergestellt werden können. Auf diese Ermächtigungsgrundlage lässt sich dabei auch die Beseitigung des Abbruchmaterials,[151] nicht jedoch die Wiederherstellung des vorherigen Zustands[152] oder ein Baugebot stützen, es sei denn, dies ist die Kehrseite der Beseitigungsanordnung[153]. § 80 S. 1 SächsBO unterfallen, soweit nicht § 58 Abs. 2 S. 2 SächsBO für einschlägig gehalten wird, – als Minus zur Beseitigungsanordnung – zudem vorbereitende Maßnahmen, wie z.B. die Verpflichtung des Grundstückseigentümers zur Auskunft zu Mietern oder Pächtern[154].

---

150 Dazu § 6 Rn. 50.
151 VGH Mannheim BauR 1989, 193; VGH München BayVBl 1993, 147; OVG Münster NVwZ-RR 1995, 247; a.A. VGH Mannheim BRS 30 Nr. 115; OVG Münster BRS 47 Nr. 193. Zu den Kosten der Ersatzvornahme für eine Entsorgung des Abbruchmaterials OVG Bautzen NJOZ 2009, 2013.
152 VGH München BayVBl 1991, 245: Pflanzen gefällter Bäume.
153 VGH München BRS 42 Nr. 217: Beseitigung einer Abgrabung durch Aufschüttung.
154 OVG Lüneburg BRS 44 Nr. 202 u. 203.

Voraussetzung der Beseitigungsanordnung ist im Grundsatz die **formelle und materielle Baurechtswidrigkeit** bzw. **Illegalität** der Anlage **im Zeitpunkt der Errichtung oder Änderung**.[155] Ausnahmsweise genügt die formelle Baurechtswidrigkeit, wenn die Anlage ohne wesentlichen Substanzverlust entfernt werden kann,[156] es sei denn, die Anlage ist offensichtlich genehmigungsfähig[157]; in diesem Fall erfordert die Beseitigungsanordnung wiederum formelle und materielle Baurechtswidrigkeit.

51 **Formelle Illegalität** bedeutet, dass die – zum Zeitpunkt der Errichtung oder Änderung – erforderliche Baugenehmigung nicht vorliegt.[158] Bei verfahrensfreien oder von der Genehmigung freigestellten Vorhaben ist daher nur die materielle Baurechtswidrigkeit entscheidend,[159] ggf. zusätzlich eine fachrechtliche Genehmigungspflicht. Ist nicht aufzuklären, ob es eine Baugenehmigung gibt, geht dies zulasten des Bauherrn; ihn trifft für das Vorliegen der Baugenehmigung ebenso wie für Tatsachen, die für den Bestandsschutz von Bedeutung sein können, die Beweislast[160]. Ist eine materiell rechtswidrige Anlage genehmigt worden, kann deren Beseitigung wegen des sog. **formellen Bestandsschutzes** der Baugenehmigung erst angeordnet werden, wenn die Baugenehmigung bestandskräftig zurückgenommen oder die Rücknahme für sofort vollziehbar erklärt worden ist. Die Beseitigung kann zusammen mit der Rücknahme angeordnet werden, darf aber erst nach Bestandskraft der Rücknahme vollzogen werden.[161]

52 **Materielle Illegalität** bedeutet zunächst, dass die Anlage zum Zeitpunkt ihrer Errichtung oder Änderung gegen öffentlich-rechtliche Vorschriften verstößt.[162] Rechtsänderungen zugunsten des Bauherrn sind jedoch zu berücksichtigen, mit der Folge, dass die Bauaufsichtsbehörde nicht die Beseitigung einer (nicht genehmigten) Anlage anordnen darf, die zwar im Zeitpunkt der Errichtung nicht genehmigungsfähig war, inzwischen aber genehmigungsfähig geworden ist. Dasselbe gilt nach h.M. für den Fall, dass die (nicht genehmigte) Anlage – bei Änderung der Sach- und Rechtslage – einmal in Einklang mit dem materiellen Baurecht stand; ausreichend für den sog. **materiellen Bestandsschutz** soll danach sein, dass die Übereinstimmung mit dem materiellen Baurecht für einen gewissen Zeitraum (von einigen Monaten) bestand[163]. Die materielle Illegalität folgt allerdings nicht daraus, dass ein Bauantrag für die zu beseitigende Anlage bestandskräftig abgelehnt worden ist; anders ist es bei einem rechtskräftigen verwaltungsgerichtlichen Urteil, das festgestellt, dass das Vorhaben baurechtlich unzulässig ist;[164] abweichend von § 1 S. 1 SächsVwVfZG i.V.m. § 51 VwVfG, wonach nur bei einer geänderten Sach- oder Rechtslage die Bestandskraft durchbrochen und eine erneute Entscheidung über einen Antrag verlangt werden kann, soll der Bauherr denselben Bauantrag nochmals stellen können; die Bauaufsichtsbehörde sei wegen Art. 14 GG verpflichtet, erneut eine Entscheidung über die Zulässigkeit des Vorhabens zu treffen[165]. Eine Anlage ist nach alldem formell und materiell

---

155 BVerwG NVwZ 2002, 1250; OVG Lüneburg NVwZ-RR 1996, 6. Zur maßgeblichen Sach- und Rechtslage für das gerichtliche Verfahren etwa OVG Bautzen LKV 2019, 223.
156 OVG Münster BRS 20 Nr. 198: Verkaufsstand; OVG Schleswig BRS 54 Nr. 208: Beleuchtungsanlage; OVG Lüneburg BRS 44 Nr. 202: ortsfester Wohnwagen; OVG Bautzen SächsVBl 1997, 239; VGH Kassel BRS 33 Nr. 192: jeweils Werbeanlage.
157 OVG Bautzen SächsVBl 1993, 161.
158 VGH Mannheim BauR 1989, 193; VBlBW 2004, 263.
159 VGH Mannheim BauR 1991, 75.
160 BVerwG NJW 1980, 252; VGH Kassel DÖV 1986, 443.
161 OVG Lüneburg NVwZ 1996, 605; VGH Mannheim VBlBW 2004, 263.
162 VGH Mannheim BauR 1989, 193; VBlBW 2004, 263.
163 BVerwG NJW 1971, 1624; BauR 1979, 228; a.A. *Dürr* VBlBW 2000, 457; zum fehlenden materiellen Bestandsschutz in der DDR: OVG Bautzen JbSächsOVG 1, 308.
164 BVerwG NJW 1976, 340.
165 Kritisch dazu *Ortloff* NJW 1987, 1665 (1670).

B. Repressive Bauaufsicht

baurechtswidrig, wenn sie seit ihrer Errichtung gegen öffentlich-rechtliche Vorschriften verstößt und nicht durch eine Baugenehmigung gedeckt ist.[166]

Damit verbleibt die Frage, welche öffentlich-rechtlichen Vorschriften für § 80 S. 1 SächsBO von Relevanz sind. Keine Rolle spielt zunächst, ob die betreffenden Regelungen in einem für die Anlage ggf. durchzuführenden (vereinfachten) Baugenehmigungsverfahren zu prüfen wären. Andererseits stellt sich die Frage nach dem Verhältnis zum Fachrecht. Insoweit hilft – abgesehen von § 1 Abs. 2 SächsBO, der bestimmte Anlagen auch von der repressiven Bauaufsicht ausnimmt – § 58 Abs. 2 S. 1 Hs. 2 SächsBO weiter. Danach haben die Bauaufsichtsbehörden darüber zu wachen, dass die öffentlich-rechtlichen Vorschriften eingehalten werden, **soweit nicht andere Behörden zuständig sind**. Im Regelfall wird das aber nicht der Fall sein – selbst im Baugenehmigungsverfahren wäre das „aufgedrängte" Fachrecht zu prüfen[167]. Im Grundsatz gilt deshalb: Werden fachrechtliche und zugleich baurechtliche Vorschriften verletzt, kann die Bauaufsichtsbehörde einschreiten.[168] Sie ist daran auch nicht durch § 60 S. 1 SächsBO gehindert. Danach bedürfen bestimmte Anlagen zwar „keiner Baugenehmigung, Abweichung, Genehmigungsfreistellung, Zustimmung und Bauüberwachung" nach der Sächsischen Bauordnung – nicht ausgenommen sind aber bauaufsichtliche Maßnahmen nach den §§ 58 Abs. 2 S. 2, 79, 80 SächsBO; nur wo eindeutig das Fachrecht Vorrang hat, gilt § 60 S. 2 SächsBO.

53

2. Adressat

Zur Beseitigung kann der Bauherr als sog. **Handlungsstörer** (§ 14 Abs. 1 SächsPBG), aber auch der Eigentümer oder Inhaber der tatsächlichen Gewalt als sog. **Zustandsstörer** (§ 15 SächsPBG) verpflichtet werden. Die Entscheidung der Bauaufsichtsbehörde, an wen sie die Beseitigungsanordnung richtet, ist eine Ermessensentscheidung, d.h. das Ermessen muss ausgeübt, die Entscheidung begründet werden.[169] Die **Störerauswahl** erfolgt entsprechend dem allgemeinen Polizeirecht nach dem **Grundsatz der Effektivität**; maßgebend ist, dass die Beseitigungsanordnung schnell und wirksam umgesetzt wird. Ist etwa der Grundstückseigentümer auch Bauherr, ist er i.d.R. in Anspruch zu nehmen; ist der Bauherr nicht bekannt oder schwierig zu ermitteln, ist es dagegen nicht zu beanstanden, den Grundstückseigentümer zu verpflichten.[170]

54

Ist der Adressat der Beseitigungsanordnung nicht allein verfügungsbefugt – ergeht die Beseitigungsanordnung beispielsweise gegenüber einem Miteigentümer – ändert dies an der Rechtmäßigkeit der Beseitigungsanordnung nichts; sie ist insbesondere nicht an jeden Miteigentümer zu richten[171]. Gleiches gilt, wenn der in Anspruch genommene Handlungsstörer geltend macht, dass er zur Beseitigung in das Eigentum eines Dritten eingreifen müsse, oder der Eigentümer als Zustandsstörer entgegnet, mit der Beseitigung mietvertragliche Pflichten verletzen zu müssen.[172] Auch dies ist ohne Belang für die Rechtmäßigkeit der Beseitigungsanordnung, stellt aber ein **Vollstreckungshindernis** dar. In diesen Fällen, in denen **Rechte Dritter** betroffen sind, ist es ausreichend, aber auch erforderlich, diesen gegenüber eine sog. **Duldungsanordnung** zu erlassen;[173] Ermächtigungsgrundlage dafür ist § 58 Abs. 2 S. 2 SächsBO[174] oder – als Minus zur

---

166 VGH Mannheim NJW 1984, 319; VBlBW 2004, 263.
167 Dazu § 9 Rn. 22 ff.
168 BVerwG NVwZ 1992, 480: Abfallrecht; VGH Kassel BRS 57 Nr. 283; 59 Nr. 206 u. 207: Naturschutzrecht.
169 OVG Weimar LKV 1997, 369.
170 VGH München NVwZ 1986, 942; OVG Schleswig NuR 1996, 162.
171 VGH Mannheim NVwZ 1992, 392.
172 BVerwG NVwZ 1995, 272; OVG Münster NVwZ-RR 1995, 635.
173 BVerwG NVwZ 1995, 272; VGH Kassel DVBl 1996, 573; VGH München NVwZ-RR 2002, 608.
174 OVG Weimar LKV 1997, 369.

Beseitigungsanordnung – § 80 S. 1 SächsBO.[175] Die (bestandskräftige oder sofort vollziehbare) Duldungsanordnung beseitigt das Vollstreckungshindernis; fehlt sie, führt dies nicht zur Aufhebung der Beseitigungsanordnung, sondern (nur) zur Aufhebung der Vollstreckungsmaßnahmen, beispielsweise der Zwangsmittelandrohung[176]. Die fehlende Duldungsanordnung kann insoweit auch nicht durch Beiladung des Dritten im verwaltungsgerichtlichen Verfahren gegen die Beseitigungsanordnung ersetzt werden.

55 Gemäß § 58 Abs. 3 SächsBO gilt die Beseitigungsanordnung für und gegen **Rechtsnachfolger**, also für den neuen Eigentümer eines Grundstücks als Rechtsnachfolger des Zustandsstörers[177] oder den Insolvenzverwalter[178]. Ist die Beseitigungsanordnung angefochten und tritt während des Abhilfe- oder Widerspruchsverfahrens die Rechtsnachfolge ein, muss die Beseitigungsanordnung an den Rechtsnachfolger gerichtet werden;[179] tritt die Rechtsnachfolge während des verwaltungsgerichtlichen Verfahrens ein, gelten über § 173 VwGO die §§ 265, 266 ZPO. Rechtsnachfolge kann auch in Bezug auf den in Anspruch genommenen Handlungsstörer eintreten,[180] beispielsweise bei einem Bauherrenwechsel (§ 53 Abs. 1 S. 6 SächsBO). Die Beseitigungsanordnung kann die Bauaufsichtsbehörde mit den Mitteln der **Verwaltungsvollstreckung** durchsetzen, und zwar gegenüber dem Adressaten oder seinem Rechtsnachfolger;[181] gegenüber dem Rechtsnachfolger muss aber das angedrohte oder festgesetzte Zwangsmittel zunächst neu angedroht werden, da eine Rechtsnachfolge insoweit – aufgrund des (höchstpersönlichen) Beugezwecks der Zwangsmittel – ausgeschlossen ist[182].

3. Rechtsfolge: Ermessen

a) Regelermessen

56 Liegen die Voraussetzungen des § 80 S. 1 SächsBO vor, steht der Erlass einer Beseitigungsanordnung im **Ermessen** der Bauaufsichtsbehörde[183]. Das bedeutet, die Bauaufsichtsbehörde hat ihr Ermessen entsprechend dem Zweck der Ermächtigung auszuüben und seine gesetzlichen Grenzen einzuhalten (§ 1 S. 1 SächsVwVfZG i.V.m. § 40 VwVfG); die von ihr getroffene Ermessensentscheidung ist gemäß § 1 S. 1 SächsVwVfZG i.V.m. § 39 Abs. 1 S. 2 u. 3 VwVfG zu begründen[184]. Zwar bedeutet Ermessen grundsätzlich, dass die Behörde bei Vorliegen der tatbestandlichen Voraussetzungen die in der Norm vorgesehenen Rechtsfolgen ziehen kann, aber nicht notwendigerweise ziehen muss. Etwas anderes gilt bei der Beseitigungsanordnung. Nach der Rechtsprechung des OVG Bautzen handelt es sich um einen Fall des sog. **intendierten Ermessens**, in dem – regelmäßig – bereits das Vorliegen der tatbestandlichen Voraussetzungen den Eintritt der in der Vorschrift – hier § 80 S. 1 SächsBO – vorgesehenen Rechtsfolgen rechtfertigt. Dies gilt insbesondere bei einem Verstoß gegen nachbarschützende Vorschriften, wo von einem Einschreiten nur bei Vorliegen außergewöhnlicher, grundstücksbezogener Umstände – etwa dann, wenn der Nachbar ausnahmsweise nicht spürbar beeinträchtigt ist – abgesehen

---

175 Offengelassen am Beispiel der Nutzungsuntersagung (§ 80 S. 2 SächsBO): OVG Bautzen BeckRS 2009, 42443.
176 VGH Kassel BRS 22 Nr. 211: die Vollstreckung beginnt mit der Zwangsmittelandrohung.
177 Dazu VGH Mannheim NVwZ 1992, 392; OVG Münster NVwZ-RR 1998, 159; VGH Kassel NVwZ 1998, 1315; VGH München BayVBl 1983, 21 (Zwangsversteigerung).
178 OVG Bautzen SächsVBl 1995, 99.
179 OVG Münster NVwZ-RR 1997, 12.
180 OVG Bautzen LKV 1998, 62.
181 OVG Münster BauR 2003, 1877: Erbengemeinschaft.
182 OVG Münster NJW 1980, 415; VGH Mannheim BRS 35 Nr. 216; dazu auch § 3 Abs. 3 SächsVwVG.
183 VGH Mannheim NVwZ-RR 1997, 464; VBlBW 2004, 264.
184 Zu den reduzierten Anforderungen wegen des intendierten Ermessens vgl. *Schmuck* in: Jäde/Dirnberger/Böhme § 80 Rn. 45.

werden kann.[185] Persönliche Umstände[186] spielen deswegen grundsätzlich keine Rolle; ihnen kann ggf. im Rahmen der Vollstreckung der Beseitigungsanordnung Rechnung getragen werden.

b) Verhältnismäßigkeit

Das Ermessen der Bauaufsichtsbehörde betrifft nicht nur das **Ob** des Einschreitens, sondern auch das **Wie**; welche Maßnahme ermessensgerecht ist, ist oft zugleich eine Frage des Grundsatzes der **Verhältnismäßigkeit**, der in § 80 S. 1 SächsBO zweifach zum Ausdruck kommt: Es kann die vollständige oder aber nur die **teilweise Beseitigung** angeordnet werden und es darf nicht möglich sein, **auf andere Weise rechtmäßige Zustände** herzustellen. Letzteres ist der Fall, wenn die Anlage durch rechtliche oder tatsächliche Maßnahmen legalisiert werden kann, beispielsweise durch Zulassung von Abweichungen, Ausnahmen oder Befreiungen[187], oder aber durch ein nachträgliches Genehmigungsverfahren oder einen Bebauungsplan,[188] wofür aber konkrete Planungsabsichten der Gemeinde bestehen müssen[189]. Zur Herstellung rechtmäßiger Zustände ist ggf. nicht die vollständige Beseitigung erforderlich,[190] die dann auch nicht ermessensgerecht wäre. Zwar ist die Bauaufsichtsbehörde nicht verpflichtet vorzuschlagen, durch welche baulichen Veränderungen wieder rechtmäßige Zustände hergestellt werden können; vielmehr ist es Sache des Bauherrn, solche Vorschläge zu machen[191]. Etwas anderes gilt aber dann, wenn sich eine bestimmte Maßnahme zur Herstellung rechtmäßiger Zustände geradezu aufdrängt.[192] Genügt zur Herstellung rechtmäßiger Zustände eine **Nutzungsuntersagung oder -beschränkung**, ist eine Beseitigungsanordnung nicht verhältnismäßig.[193] Eine Nutzungsuntersagung genügt zur Beseitigung eines rechtswidrigen Zustands insbesondere dann, wenn dieser gerade im Erscheinungsbild und der Nutzungsmöglichkeit der Anlage nach außen liegt.[194]

57

Die Entscheidung der Bauaufsichtsbehörde ist grundsätzlich nicht durch den mit der Beseitigung einhergehenden **wirtschaftlichen Schaden** eingeschränkt.[195] Das gilt insbesondere für Schwarzbauten: Der Bauherr hat insoweit bewusst auf eigenes Risiko gebaut und muss daher die Folgen seines Verhaltens und den dementsprechenden Schaden hinnehmen.[196] Im Übrigen darf der Schaden allerdings nicht außer Verhältnis zu dem öffentlichen Interesse an der Beseitigung stehen.[197]

Beispiele:
- OVG Lüneburg BauR 1984, 277: Es ist unverhältnismäßig, die Rückversetzung einer Außenwand, die den erforderlichen Grenzabstand um wenige Zentimeter unterschreitet, zu verlangen, wenn dies 20.000 DM kostet (a.A. BVerwG BayVBl 1973, 412; OVG Münster BauR 1981, 364: auch bei geringfügiger Unterschreitung ermessensfehlerfrei).
- BVerwG NVwZ 1989, 353: Eine Beseitigungsanordnung wegen fehlender Erschließung ist unverhältnismäßig, wenn der Nachbar die Benutzung eines Privatwegs gestattet.

---

185 OVG Bautzen NVwZ-RR 2019, 584; LKV 2009, 30. Bei Verletzung nicht nachbarschützender Normen vgl. OVG Bautzen BeckRS 2013, 54099. Zum Anspruch auf Einschreiten § 10 Rn. 68 ff.
186 VGH Mannheim BauR 1982, 264: drohende Obdachlosigkeit; NJW 1984, 319: Alter der Bewohner.
187 Dazu bereits § 9 Rn. 29.
188 VGH Mannheim BauR 1989, 193.
189 VGH Mannheim VBlBW 2004, 264.
190 VGH Mannheim BauR 1989, 193; OVG Lüneburg NVwZ-RR 2000, 142.
191 BVerwG NVwZ-RR 1997, 273; VGH Mannheim VBlBW 2004, 264; OVG Berlin-Brandenburg BeckRS 2017, 137697.
192 BVerwG BRS 15 Nr. 118.
193 OVG Saarlouis BRS 52 Nr. 232; OVG Weimar ThürVBl 1997, 213.
194 OVG Lüneburg NVwZ-RR 1994, 12.
195 VGH München BayVBl 1981, 89.
196 BVerwG NVwZ-RR 1997, 273; VGH Mannheim BauR 1989, 193; OVG Lüneburg BauR 2000, 87.
197 BVerwG NVwZ-RR 1997, 273; VGH Mannheim BauR 1989, 193.

c) Gleichheitsgrundsatz

58 Die Bauaufsichtsbehörde ist an den Gleichheitsgrundsatz (**Art. 3 Abs. 1 GG**) gebunden, d.h. sie darf ihr Ermessen nicht ohne sachlichen Grund unterschiedlich, systemwidrig oder planlos ausüben.[198] Sie ist vielmehr verpflichtet, ihr Ermessen gleichmäßig auszuüben, indem sie in allen vergleichbaren Fällen in gleicher Art und Weise verfährt. Vergleichbarkeit setzt dabei voraus, dass die Anlagen zueinander (räumlich) in Bezug stehen, sie gewissermaßen gleichzeitig ins Auge fallen[199]. Dazu muss die Bauaufsichtsbehörde nicht in allen Fällen gleichzeitig und schlagartig tätig werden, vielmehr kann sie differenzieren – nach Art, Alter oder Lage – und die Verhältnisse nach und nach bereinigen, darf aber nicht willkürlich vorgehen. Die Vorgehensweise muss nachvollziehbar sein und tatsächlich umgesetzt werden. Beschränkt sie sich ohne sachliche Gründe auf einen Einzelfall, verletzt dies den Gleichheitsgrundsatz.[200]

Eine Verletzung des Gleichheitsgrundsatzes liegt beispielsweise nicht vor, wenn die Beseitigung von Wochenendhäusern, nicht aber von Wohnwagen gefordert wird,[201] oder wenn anlassbezogen, etwa bei Verfestigung des baurechtswidrigen Zustands,[202] oder nur gegen neu errichtete Anlagen[203] eingeschritten wird. Rechtmäßig kann es auch sein, das Vorgehen nur auf schwerwiegende Verstöße zu beschränken[204] oder zunächst einen Musterfall herauszugreifen[205]. Unzulässig ist es hingegen, gleichzeitig mit der Beseitigungsanordnung die Errichtung einer vergleichbaren Anlage zu genehmigen[206] oder sich in einem Vergleich in einem anderen Verfahren zu verpflichten, eine vergleichbare Anlage zu dulden[207].

d) Verwirkung

59 Ihre Befugnis zum Erlass einer Beseitigungsanordnung kann die Bauaufsichtsbehörde nicht verwirken; nur Rechte, nicht aber öffentlich-rechtliche Pflichten können verwirken.[208] Allenfalls kann das Recht der Behörde auf der Ermessensebene beschränkt sein, falls die Voraussetzungen der Verwirkung vorliegen.[209] So kann die Bauaufsichtsbehörde einen **Vertrauenstatbestand** dahingehend geschaffen haben, dass sie von ihrer Befugnis keinen Gebrauch mehr machen wird, wenn sie z.b. trotz Kenntnis der rechtswidrigen Anlage über Jahre nichts unternimmt und durch entsprechendes Verhalten den Eindruck erweckt, sie habe sich damit abgefunden.[210] Bloßer Zeitablauf[211] genügt dafür allerdings ebenso wenig wie bloße Untätigkeit der Bauaufsichtsbehörde.

Beispiel:
- VGH Mannheim BRS 32 Nr. 186: Die Bauaufsichtsbehörde hat nach Besichtigung des Gebäudes und des Nachbargebäudes die Beseitigung des Nachbargebäudes angeordnet. Der Eigentümer des Gebäudes nahm daraufhin umfangreiche Ausbauarbeiten vor. Der durch das Verhalten der Bauaufsichtsbehörde geschaffene Vertrauenstatbestand steht einer Beseitigungsanordnung entgegen.

---

198 BVerwG BauR 1999, 734.
199 OVG Saarlouis BRS 44 Nr. 191.
200 Dazu BVerwG NVwZ-RR 1992, 360; BauR 2014, 1923; VGH Mannheim NVwZ-RR 1997, 465; OVG Lüneburg NVwZ-RR 1994, 249; OVG Bremen NVwZ 1995, 401.
201 BVerwG NVwZ 1988, 144.
202 OVG Münster NVwZ-RR 1995, 635.
203 OVG Berlin NVwZ 1990, 176.
204 BVerwG NVwZ-RR 1997, 273.
205 BVerwG BauR 1999, 734; OVG Greifswald BauR 2009, 482.
206 VGH Mannheim VBlBW 1973, 14.
207 VGH Mannheim NJW 1989, 603.
208 VGH Mannheim BauR 2017, 225; VGH München BeckRS 2010, 54333.
209 OVG Koblenz NVwZ-RR 2012, 749; VGH Mannheim BauR 2017, 225.
210 BVerwG Buchholz 406.17 Nr. 35.
211 VGH Kassel NJW 1984, 318.

II. Nutzungsuntersagung (§ 80 S. 2 SächsBO)

Werden Anlagen im **Widerspruch zu öffentlich-rechtlichen Vorschriften**[212] **genutzt**, kann die Bauaufsichtsbehörde gemäß § 80 S. 2 SächsBO diese **Nutzung untersagen**. Die Nutzungsuntersagung – als Verwaltungsakt mit Dauerwirkung[213] – bedeutet ein Verbot der ausgeübten Nutzung; ausnahmsweise kann dieses Verbot bereits vor Aufnahme der Nutzung ausgesprochen werden[214]. Besteht die Nutzung in der Lagerung von Gegenständen, umfasst die Nutzungsuntersagung auch das Entfernen der Gegenstände, da nur so die Nutzung beendet wird.[215] § 80 S. 2 SächsBO stellt, soweit nicht § 58 Abs. 2 S. 2 SächsBO für einschlägig gehalten wird, – als Minus zur Nutzungsuntersagung – auch die Ermächtigungsgrundlage dafür dar, den Eigentümer zur **Auskunft** zu seinen Mietern bzw. Pächtern zu verpflichten.[216] Gemäß **§ 58 Abs. 3 SächsBO** gilt die Nutzungsuntersagung auch für und gegen **Rechtsnachfolger**; wechseln Mieter oder Pächter, ist dies kein Fall der Rechtsnachfolge, da sie ihre Rechte nicht von dem bisherigen Mieter oder Pächter herleiten, sondern aufgrund eines neuen Miet- oder Pachtvertrages vom Eigentümer[217].

60

Eine Nutzungsuntersagung setzt (im Unterschied zur Beseitigungsanordnung) im Grundsatz **nur** die **formelle Baurechtswidrigkeit/Illegalität** voraus. Die Nutzung ist zu unterlassen, bis ihre Rechtmäßigkeit in dem dafür vorgesehenen Genehmigungsverfahren geklärt ist; solange sollen die Vorteile der Nutzung dem Bauherrn nicht zufallen. Er kann nicht besserstehen als der Bauherr, der sich rechtmäßig verhält und zunächst das Genehmigungsverfahren durchführt; daher ist er in die Schranken des formellen Baurechts zu verweisen[218]. Dies ist insbesondere dann der Fall, wenn unklar ist, ob die Nutzung materiell-rechtlich zulässig ist,[219] oder Zweifel an der Genehmigungsfähigkeit bestehen und die Nutzung „in konfliktauslösender Weise nach außen in Erscheinung tritt"[220]. Die formelle Illegalität genügt aber dann nicht, wenn das Vorhaben **offensichtlich genehmigungsfähig** ist, sich die materielle Rechtmäßigkeit also auf den ersten Blick aufdrängt[221]. Dasselbe gilt für den Fall, dass die Nutzung bzw. Änderung der Nutzung nicht genehmigungspflichtig ist; insoweit bedarf es zu einer Nutzungsuntersagung der Feststellung der materiellen Baurechtswidrigkeit;[222] macht die (materielle) Prüfung der Zulässigkeit der Nutzung umfangreiche Ermittlungen notwendig, kann dies wiederum eine Nutzungsuntersagung rechtfertigen[223]. Eine Nutzungsuntersagung scheidet dagegen in Fällen des sog. **materiellen Bestandsschutzes** von vornherein aus;[224] gemeint sind formell illegale Nutzungen, die zwar aktuell auch materiell illegal sind, früher aber einmal genehmigungsfähig waren.[225]

61

---

212 Dazu, was darunter fällt, § 9 Rn. 53.
213 OVG Bautzen BeckRS 2017, 138715.
214 VGH München BayVBl 1991, 596; OVG Bremen BRS 44 Nr. 205.
215 OVG Lüneburg BRS 44 Nr. 202; OVG Bremen BRS 56 Nr. 211; a.A. OVG Weimar LKV 1997, 369 (allgemeine Befugnisnorm als Ermächtigungsgrundlage, dazu auch VGH Kassel BauR 1987, 192: Entfernen unzulässig im Gehege gehaltener Tiere).
216 OVG Lüneburg BRS 44 Nr. 202; OVG Berlin NVwZ 1988, 750.
217 VGH Mannheim BRS 47 Nr. 192.
218 OVG Bautzen SächsVBl 1997, 57; OVG Lüneburg NVwZ-RR 2002, 822; VGH Kassel NVwZ-RR 2002, 823; a.A. VGH Mannheim VBlBW 2010, 111 (mit Rücksicht auf Art. 14 Abs. 1 GG).
219 VGH Mannheim NVwZ 1990, 480.
220 OVG Bautzen SächsVBl 1993, 160.
221 OVG Bautzen SächsVBl 1997, 57; IBRRS 2015, 0889; BeckRS 2021, 14840 (jeweils im Rahmen des Ermessens).
222 Generell erfüllen auch materielle Rechtsverstöße den Tatbestand von § 80 S. 2 SächsBO, können aber von einer Baugenehmigung legalisiert sein (OVG Bautzen BeckRS 2017, 138715).
223 BVerwG BauR 1979, 228.
224 OVG Bautzen LKV 2002, 180.
225 Zum Bestandsschutz generell § 6 Rn. 109ff. sowie im Zusammenhang mit § 80 S. 1 SächsBO § 9 Rn. 51f.

62 **Adressat** der Nutzungsuntersagung ist der Nutzer als Handlungsstörer (§ 14 Abs. 1 SächsPBG) und – als Inhaber der tatsächlichen Gewalt – als Zustandsstörer (§ 15 SächsPBG);[226] bestehen Miet- oder Pachtverhältnisse, kann neben dem Eigentümer auch der Mieter oder Pächter in Anspruch genommen werden, einer Duldungsanordnung an den Eigentümer bedarf es insoweit nicht[227]. Umgekehrt verhält es sich, wenn die Nutzungsuntersagung gegenüber dem Eigentümer ergeht; dann bedarf es zwar nicht der Beiladung des Mieters/Pächters, wohl aber des Erlasses einer Duldungsanordnung[228]. Ein Mieter/Pächter kann im Übrigen nicht gegen eine gegen den Eigentümer ergangene Nutzungsuntersagung vorgehen,[229] denn sie verbietet dem Eigentümer zwar die Selbstnutzung sowie Neuvermietung,[230] zwingt ihn aber nicht zur Kündigung[231].

63 Die Nutzungsuntersagung steht wie die Beseitigungsanordnung im **Ermessen** der Bauaufsichtsbehörde, ihr Einschreiten ist indes nach der Rechtsprechung wiederum die Regel:[232] Liegen die tatbestandlichen Voraussetzungen des § 80 S. 2 SächsBO vor, ist das behördliche Einschreiten als „Normalfall" intendiert. Einer vertieften Auseinandersetzung mit den konkreten Umständen bedarf es also nur, wenn diese sich in einer für die Ermessensbetätigung erheblichen Weise vom Regelfall unterscheiden.[233] Im Übrigen gilt wie bei der Beseitigungsanordnung der Grundsatz der **Verhältnismäßigkeit**[234]. So darf eine Nutzungsuntersagung nur so weit gehen, wie dies zur Beseitigung des rechtswidrigen Zustands notwendig ist.[235] Eine Nutzungsuntersagung wäre beispielsweise unzulässig, wenn die Rechtswidrigkeit des Vorhabens durch eine Befreiung beseitigt werden kann und die rechtlichen Voraussetzungen hierfür vorliegen. Eine Nutzungsuntersagung kann sich ferner dann als unverhältnismäßig erweisen, wenn sie gegenüber einem eingerichteten und ausgeübten Gewerbebetrieb ausgesprochen wird und wenn sie wegen des mit ihr einhergehenden Insolvenzrisikos in ihren Auswirkungen für den Gewerbetreibenden nahezu einer Beseitigungsanordnung gleichkommt.[236]

III. Baueinstellung (§ 79 SächsBO)

64 Gemäß § 79 Abs. 1 S. 1 SächsBO kann die Bauaufsichtsbehörde – im Einzelfall auch schon vor Beginn der Arbeiten[237] – die **Einstellung der Arbeiten** anordnen, wenn Anlagen im Widerspruch **zu öffentlich-rechtlichen Vorschriften**[238] errichtet, geändert oder beseitigt werden. Damit ist insbesondere der Fall gemeint, dass ein genehmigungspflichtiges Vorhaben (§ 59 Abs. 1 SächsBO) ausgeführt wird, ohne dass eine Genehmigung vorliegt (Schwarzbau). Eine Baueinstellung kommt gemäß § 79 Abs. 1 S. 2 Nr. 1 SächsBO aber auch dann in Betracht, wenn mit der Ausführung eines baugenehmigungsbedürftigen Vorhabens vor Zugang der Baugenehmigung oder vor Vorlage der bautechnischen Nachweise oder der Baubeginnsanzeige (§ 72 Abs. 6 u. 8 SächsBO) begonnen worden ist,[239] bzw. – für von der Genehmigung freigestellte Vorhaben – bei Baubeginn vor Vorlage der bautechnischen Nachweise oder der Baubeginnsanzeige (§ 62 Abs. 5 S. 2 i.V.m. § 72 Abs. 6 Nr. 2, Abs. 7 SächsBO). Auch wenn bei der Ausführung des Vorhabens – im

---

226 Zur Adressatenauswahl im Rahmen der Ermessensausübung etwa VGH Kassel NVwZ-RR 2021, 564.
227 VGH München BRS 46 Nr. 198.
228 Dazu bereits § 9 Rn. 54.
229 VGH Mannheim VBlBW 1984, 19.
230 VGH Mannheim VBlBW 1991, 220.
231 VGH Kassel BRS 40 Nr. 229; a.A. *Degenhart* in: Degenhart § 77 Rn. 79.
232 OVG Lüneburg NVwZ 1989, 170; OVG Weimar BRS 58 Nr. 208.
233 OVG Bautzen BeckRS 2010, 51985
234 Dazu § 9 Rn. 57.
235 VGH Mannheim VBlBW 1995, 58.
236 OVG Münster BauR 2014, 1927.
237 VGH München NVwZ-RR 1994, 72.
238 Dazu, was darunter fällt, § 9 Rn. 53.
239 Zu einem solchen Fall etwa OVG Bautzen BeckRS 2014, 59244.

B. Repressive Bauaufsicht

Baugenehmigungsverfahren von den genehmigten – oder – im Genehmigungsfreistellungsverfahren von den eingereichten – Bauvorlagen abgewichen wird, kann die Einstellung der Arbeiten angeordnet werden (§ 79 Abs. 1 S. 2 Nr. 2 SächsBO), es sei denn, die Abweichung ist gemäß § 61 SächsBO verfahrensfrei[240]; ohne Belang ist, ob die Anlage dann materiell-rechtlich zulässig ist[241].

Voraussetzung der Baueinstellungsanordnung gemäß § 79 Abs. 1 S. 1 SächsBO ist wie bei der Nutzungsuntersagung die **formelle Illegalität**,[242] bei verfahrensfreien Vorhaben nach § 61 SächsBO und bei von der Genehmigung freigestellten Vorhaben nach § 62 SächsBO nach Ablauf der 3-Wochen-Frist die materielle Illegalität[243]; vor Ablauf der 3-Wochen-Frist kann eine Anordnung nach § 79 Abs. 1 S. 1 SächsBO getroffen werden, wenn sich das Vorhaben aus anderen als den von der Bauaufsichtsbehörde gemäß § 62 Abs. 3 S. 5 SächsBO zu prüfenden Gründen als materiell baurechtswidrig erweist. Formelle Baurechtswidrigkeit liegt vor, wenn ohne die erforderliche Baugenehmigung (oder andere fachrechtliche Genehmigung[244]) gebaut wird oder wenn im Genehmigungsfreistellungsverfahren die gesetzlichen Regelungen nicht eingehalten werden, beispielsweise trotz Untersagung (§ 62 Abs. 3 S. 3 SächsBO) gebaut wird, ohne die erforderlichen Bauvorlagen einzureichen (§ 62 Abs. 3 S. 1 SächsBO), ohne die Zulassung von Abweichungen (§ 62 Abs. 3 S. 4 SächsBO) oder ohne die 3-Wochen-Frist (§ 62 Abs. 3 S. 3 SächsBO) abzuwarten[245]. Stützt die Bauaufsichtsbehörde im Fall einer formellen Rechtswidrigkeit des Baubeginns ihre Baueinstellungsanordnung nicht nur auf die formelle, sondern auch auf die materielle Baurechtswidrigkeit, ist beides Gegenstand der gerichtlichen Überprüfung.[246] Zwar kann sich die Behörde auch allein auf die materielle Illegalität stützen, derartige Rechtsverstöße können aber – wie bei § 80 SächsBO – von einer Baugenehmigung legalisiert sein. Auch die Baueinstellungsanordnung steht im **Ermessen** der Bauaufsichtsbehörde, ihr Einschreiten ist aber (erneut) die Regel (intendiertes Ermessen).[247] Nur in atypischen Ausnahmefällen kann die Bauaufsichtsbehörde demnach von einer Einstellungsanordnung absehen.[248]

Werden unzulässige Arbeiten trotz schriftlicher oder mündlicher Baueinstellungsanordnung fortgesetzt, kann die Bauaufsichtsbehörde gemäß § 79 Abs. 2 SächsBO die Baustelle versiegeln oder die an der Baustelle vorhandenen Bauprodukte, Bauhilfsmittel, Geräte und Maschinen in amtlichen Gewahrsam bringen. **Versiegelung** und **Ingewahrsamnahme** sind Maßnahmen des unmittelbaren Zwangs, deren Voraussetzungen abschließend in der SächsBO geregelt sind; einer Zwangsmittelandrohung nach allgemeinen verwaltungsvollstreckungsrechtlichen Vorschriften (hier: § 20 SächsVwVG) bedarf es deshalb nicht. Dennoch wird man annehmen müssen, dass Versiegelung und Ingewahrsamnahme nur zulässig sind, wenn die Baueinstellung unanfechtbar geworden oder für sofort vollziehbar erklärt worden ist.[249] Neben § 79 Abs. 2 SächsBO stehen der Bauaufsichtsbehörde die allgemeinen Zwangsmittel nach den §§ 19 ff. SächsVwVG zur Verfügung, für die dann die allgemeinen Vorschriften, darunter § 2 SächsVwVG, ohne Weiteres gelten.

IV. Maßnahmen nach § 58 Abs. 2 S. 2 SächsBO

Gemäß § 58 Abs. 2 S. 1 SächsBO haben die Bauaufsichtsbehörden die Aufgabe, bei der Errichtung, Änderung, Nutzungsänderung und Beseitigung sowie bei der Nutzung und Instandhaltung von

---

240 VGH Mannheim VBlBW 1992, 262.
241 VGH Mannheim BRS 23 Nr. 203.
242 OVG Bautzen SächsVBl 1993, 160; 1997, 223; 2021, 143.
243 VGH Mannheim VBlBW 1994, 196; OVG Münster NVwZ-RR 2002, 564.
244 Dazu OVG Berlin BRS 57 Nr. 257: Sanierungsgenehmigung.
245 Dazu auch OVG Bautzen SächsVBl 1999, 131.
246 OVG Bautzen SächsVBl 1997, 223.
247 OVG Weimar BauR 1999, 164; OVG Bautzen NVwZ-RR 2020, 527.
248 OVG Bautzen BeckRS 2009, 38043.
249 *Schmuck* in: Jäde/Dirnberger/Böhme § 79 Rn. 29 m.w.N. auch zur Gegenansicht.

Anlagen darüber zu wachen, dass die öffentlich-rechtlichen Vorschriften eingehalten werden, soweit nicht andere Behörden zuständig sind. Gemäß § 58 Abs. 2 S. 2 SächsBO **können** die Bauaufsichtsbehörden **in Wahrnehmung dieser Aufgaben** die **erforderlichen Maßnahmen treffen**. Dabei handelt es sich um eine der polizeirechtlichen Generalklausel entsprechende **allgemeine Befugnisnorm** für das Bauordnungsrecht. Diese Ermächtigungsgrundlage dient beispielsweise dazu, Sicherungsmaßnahmen zu leer stehenden, baufälligen oder einsturzgefährdeten Gebäuden zu treffen oder Bauvorlagen zu fordern, um die Genehmigungspflicht und die Genehmigungsfähigkeit einer Anlage zu prüfen[250]. Im Einzelfall kann die Maßnahme auch präventiv erfolgen, z.B. um das beabsichtigte Aufstellen eines Wohnwagens im Außenbereich zu untersagen[251]. Die Bauaufsichtsbehörde hat auch die Maßnahmen nach § 58 Abs. 2 S. 2 SächsBO – das Ob und Wie sowie die Störerauswahl – nach pflichtgemäßem **Ermessen** zu treffen und den **Verhältnismäßigkeitsgrundsatz** zu berücksichtigen.[252] Besonders strenge Anforderungen daran gelten dann, wenn § 58 Abs. 2 S. 2 SächsBO Anwendung auf Maßnahmen der Gefahrerforschung bei einem Gefahrenverdacht findet, d.h. wenn aufgrund objektiver Umstände das Vorhandensein einer Gefahr von der Bauaufsichtsbehörde für möglich, aber nicht für sicher gehalten wird.[253]

68 ▶ **Fall 3: „Spirituosenkiosk" im reinen Wohngebiet**[254]

Aufgabe: Unterstellt das Vorhaben des E, im vorderen Bereich seines Grundstücks einen „Spirituosenkiosk" zu betreiben, ist bauplanungsrechtlich unzulässig, dürfte der Landkreis Nordsachsen ihm diese Nutzung untersagen? ◀

69 ▶ **Lösung:**

I. Ermächtigungsgrundlage
Der Erlass einer Nutzungsuntersagung stützt sich auf § 80 S. 2 SächsBO.

II. Formelle Rechtmäßigkeit
Der Landkreis Nordsachsen müsste zunächst dafür zuständig sein. Das ist zu bejahen, und zwar sowohl in sachlicher (§ 57 Abs. 1 S. 2, 1 Nr. 1 SächsBO) als auch örtlicher Hinsicht (§ 1 S. 1 SächsVwVfZG i.V.m. § 3 Abs. 1 Nr. 1 VwVfG), da das Grundstück des E in Schkeuditz (Landkreis Nordsachsen) liegt. Der Landkreis Nordsachsen müsste den E vor Erlass der Nutzungsuntersagung – einem Verwaltungsakt gemäß § 1 S. 1 SächsVwVfZG i.V.m. § 35 S. 1 VwVfG – anhören (§ 1 S. 1 SächsVwVfZG i.V.m. § 28 VwVfG) und die Formvorschriften der § 1 S. 1 SächsVwVfZG i.V.m. §§ 37, 39 VwVfG wahren.

III. Materielle Rechtmäßigkeit
Werden Anlagen im Widerspruch zu öffentlich-rechtlichen Vorschriften genutzt, kann diese Nutzung untersagt werden, § 80 S. 2 SächsBO. Zwar setzt eine Nutzungsuntersagung grundsätzlich nur die formelle Baurechtswidrigkeit voraus,[255] das schließt ein Einschreiten aufgrund materieller Illegalität aber nicht aus.

1. Tatbestand

a) Formelle Illegalität
Die Frage nach der formellen Legalität oder Illegalität stellt sich nur bei genehmigungspflichtigen Anlagen. Gemäß § 59 Abs. 1 SächsBO bedürfen die Errichtung, Änderung und Nutzungsänderung von Anlagen der Baugenehmigung, soweit in

---

250 VGH Mannheim BRS 36 Nr. 174; NVwZ-RR 2011, 272; VGH Kassel NVwZ-RR 2004, 32.
251 VGH Mannheim BauR 1978, 300.
252 Dazu § 9 Rn. 56 ff.
253 OVG Bautzen SächsVBl 2014, 240.
254 Dazu § 6 Rn. 72 f.
255 Dazu § 9 Rn. 61.

B. Repressive Bauaufsicht

den §§ 60-62, 76 und 77 SächsBO nichts anderes bestimmt ist. Die von E errichtete „Hütte" stellt eine (bauliche) Anlage i.S.d. § 2 Abs. 1 S. 4, Abs. 1 S. 2 SächsBO dar. Sie könnte allerdings von der Verfahrensfreiheit des § 61 Abs. 1 Nr. 1a SächsBO profitieren: Sie liegt nicht im Außenbereich (§ 35 BauGB);[256] ihr Rauminhalt beträgt 30 m³. Die Voraussetzungen des § 61 Abs. 1 Nr. 1a SächsBO liegen damit vor. Mangels Genehmigungspflicht ist das Vorhaben damit nicht formell illegal, sodass der Erlass einer Nutzungsuntersagung allein auf dieser Grundlage ausscheidet.

b) Materielle Illegalität

Fraglich ist, ob der „Spirituosenkiosk" in Einklang mit dem materiellen Baurecht steht. Einer Differenzierung zwischen den unterschiedlichen Prüfungsumfängen der §§ 63, 64 SächsBO bedarf es nicht; zu prüfen sind sämtliche Verstöße des Kiosks sowohl gegen Bauplanungs- als auch gegen (materielles) Bauordnungsrecht.

aa) Verstöße gegen Bauplanungsrecht

Das Vorhaben des E, im vorderen Bereich seines Grundstücks einen „Spirituosenkiosk" zu betreiben, ist bauplanungsrechtlich unzulässig.[257]

bb) Verstöße gegen Bauordnungsrecht

In Betracht kommt ferner ein Verstoß gegen § 6 Abs. 1 S. 1 SächsBO. Danach sind vor Außenwänden oberirdischer Gebäude (§ 2 Abs. 2 SächsBO) – wie hier – bestimmte Abstandsflächen einzuhalten, und zwar auf dem jeweiligen Grundstück selbst (§ 6 Abs. 2 S. 1 SächsBO). Es handelt sich auch nicht um ein Gebäude ohne einen Aufenthaltsraum i.S.d. § 2 Abs. 5 SächsBO und folglich nicht um eine abstandsflächenirrelevante Anlage nach § 6 Abs. 8 Nr. 1 SächsBO, da auch kleine Verkaufsräume zum nicht nur vorübergehenden Aufenthalt von Menschen bestimmt oder geeignet sind. Die Tiefe der Abstandsfläche bemisst sich nach der Wandhöhe gemäß § 6 Abs. 4 SächsBO und beträgt nach § 6 Abs. 5 S. 1 SächsBO 0,4 H, aber mindestens 3 m. Dieser Vorgabe wird der Kiosk des E nicht gerecht, der sich in 1,50 m Entfernung zur Grundstücksgrenze des Nachbarn N befindet. Ob eine Abweichung nach § 67 Abs. 1 SächsBO zulässig wäre, kann dahinstehen, da eine solche weder erteilt noch überhaupt beantragt worden ist (§ 67 Abs. 2 SächsBO).

cc) Zwischenergebnis

Das Vorhaben des E verstößt sowohl gegen Bauplanungs- als auch gegen Bauordnungsrecht und ist daher materiell illegal.

2. Rechtsfolge

Da der Tatbestand des § 80 S. 2 SächsBO vorliegt, kann es E untersagt werden, die „Hütte" als „Spirituosenkiosk" zu nutzen. Dabei geht die Rechtsprechung von einem intendierten Ermessen der Bauaufsichtsbehörde aus.[258] Die Untersagung einer rechtswidrigen Nutzung ist demnach regelmäßig ermessensgerecht; nur in atypischen Ausnahmefällen kann die Bauaufsichtsbehörde davon absehen. Ob sich ein solcher Fall daraus ergibt, dass der Verstoß gegen Bauordnungsrecht (§ 6 SächsBO) aus dem Bestand der baulichen Anlage, unabhängig von ihrer Nutzung als „Spirituosenkiosk", ergibt, kann dahinstehen. Der bauplanungsrechtliche Verstoß gegen § 34 BauGB

---

256 Dazu § 6 Rn. 73.
257 Dazu § 6 Rn. 73.
258 Dazu § 9 Rn. 63.

resultiert gerade aus der konkreten Nutzung. Der Erlass einer Nutzungsuntersagung ist daher von der Rechtsfolge des § 80 S. 2 SächsBO gedeckt.

IV. Ergebnis
Der Landkreis Nordsachsen dürfte E die Nutzung des „Spirituosenkiosks" untersagen.

C. Bauüberwachung und Baulast
I. Bauüberwachung (§§ 81, 82 SächsBO)

70 Nach § 81 Abs. 1 SächsBO kann die Bauaufsichtsbehörde die Einhaltung der öffentlich-rechtlichen Vorschriften und Anforderungen und die ordnungsgemäße Erfüllung der Pflichten der am Bau Beteiligten überprüfen. § 81 Abs. 2 SächsBO sieht hingegen kein Ermessen vor, sondern schreibt die Überwachung von Standsicherheit und Brandschutz nach Maßgabe der DVOSächsBO zwingend vor.[259] Zur Bauüberwachung kann die Bauaufsichtsbehörde verlangen, dass ihr Beginn und Beendigung bestimmter Bauarbeiten angezeigt werden (§ 82 Abs. 1 SächsBO). Zudem hat der Bauherr die **Aufnahme der Nutzung** einer nicht verfahrensfreien baulichen Anlage mindestens zwei Wochen im Voraus **anzuzeigen** (§ 82 Abs. 2 SächsBO). Geht die Anzeige nicht bei der Bauaufsichtsbehörde ein, so besteht ein gesetzliches Nutzungsverbot, das bei einer gleichwohl aufgenommenen Nutzung mit einer Nutzungsuntersagung (§ 80 S. 2 SächsBO) durchgesetzt werden kann.

II. Die Baulast (§ 83 SächsBO)

71 Mit der **Baulast** übernimmt der **Grundstückseigentümer**[260] eine öffentlich-rechtliche Verpflichtung, die sich nicht schon aus öffentlich-rechtlichen Vorschriften ergibt, zu einem sein Grundstück betreffenden Tun, Dulden oder Unterlassen (§ 83 Abs. 1 S. 1 SächsBO). Dazu bedarf es einer **Erklärung**[261] gegenüber der Bauaufsichtsbehörde, die entsprechend §§ 133, 242 BGB auszulegen ist[262]. Die Erklärung hat schriftlich zu erfolgen, die Unterschrift muss öffentlich beglaubigt oder vor der Bauaufsichtsbehörde geleistet und von dieser anerkannt sein (§ 83 Abs. 2 SächsBO). Die Baulast wird mit **Eintragung** in das von der Bauaufsichtsbehörde geführte Baulastenverzeichnis wirksam, d.h. die Eintragung ist für die Entstehung der Baulast konstitutiv. Sie wird unbeschadet der privaten Rechte Dritter eingetragen und wirkt auch gegenüber den Rechtsnachfolgern (§ 83 Abs. 1 S. 2 SächsBO).

Zweck der Baulast ist es, rechtliche Hindernisse auszuräumen, beispielsweise **bauordnungsrechtliche** Hindernisse (§ 4 Abs. 1 SächsBO[263]; § 4 Abs. 2 SächsBO[264]; §§ 6 Abs. 2 S. 3, 8 Abs. 2 S. 1, 12 Abs. 2 SächsBO, 49 Abs. 1 SächsBO[265]) oder **bauplanungsrechtliche** Hindernisse (§ 35 Abs. 5 BauGB; §§ 7 Abs. 2 Nr. 6, 8 Abs. 3 Nr. 1, 9 Abs. 2 Nr. 1 BauNVO)[266]. Nicht Gegenstand einer Baulast kann aber ein Verzicht auf die Einhaltung des § 22 BImSchG oder des Rücksichtnahmegebots sein.[267] Ein Anspruch gegen den Grundstückseigentümer auf Übernahme einer Baulast besteht nicht; auch dann nicht, wenn ohne die Baulast das andere Grundstück nicht bebaubar ist.[268]

---

259 *Schmuck* in: Jäde/Dirnberger/Böhme § 81 Rn. 12.
260 Zu Einschränkungen der Verfügungsbefugnis *Dahlke-Piel* in: Degenhart § 80 Rn. 34 ff.
261 Zur Anfechtbarkeit OVG Lüneburg NVwZ 1999, 1013 und 1364.
262 VGH Mannheim BauR 2016, 1141.
263 OVG Lüneburg NVwZ-RR 1998, 14.
264 OVG Lüneburg NVwZ 1999, 1364.
265 Dazu zum einen § 8 Rn. 8 (für § 6 SächsBO) und zum anderen § 8 Rn. 25 (für § 49 SächsBO).
266 Dazu auch *Schwarz* BauR 1998, 446; *Spiekermann* in: Jäde/Dirnberger/Böhme § 83 Rn. 39 ff.
267 BVerwG DÖV 2000, 463; VGH Kassel NVwZ-RR 1995, 633; VGH Mannheim NVwZ-RR 1996, 310.
268 Dazu *Kluth/Neuhäuser* NVwZ 1996, 738.

C. Bauüberwachung und Baulast

Kommt der Eigentümer des belasteten Grundstücks der von ihm übernommenen Verpflichtung nicht nach, kann die Bauaufsichtsbehörde die Baulast mittels bauaufsichtlicher Verfügung durchsetzen.[269] Einen Anspruch darauf hat der durch die Baulast Begünstigte aber nicht.[270]

Die Baulast geht gemäß § 83 Abs. 3 SächsBO durch **Verzicht** der Bauaufsichtsbehörde unter, der zu erklären ist, wenn ein öffentliches Interesse an der Baulast nicht mehr besteht; der Verzicht auf eine Baulasteintragung darf dabei nicht zu einem baurechtswidrigen Zustand führen[271]. Der Verzicht wird mit der Löschung der Baulast im Baulastenverzeichnis wirksam[272]. Ist das Baulastenverzeichnis unrichtig, hat der Baulastverpflichtete aus Art. 14 GG einen im Wege der Leistungsklage durchzusetzenden[273] Anspruch auf **Löschung**.[274]

---

269 OVG Berlin NJW 1994, 2971; OVG Münster BRS 59 Nr. 218; OVG Lüneburg BRS 57 Nr. 129.
270 OVG Münster NVwZ-RR 1994, 410; BauR 1998, 323.
271 OVG Bautzen BeckRS 2013, 47380; 2016, 46634.
272 Vgl. dazu OVG Lüneburg BRS 40 Nr. 179; BauR 1986, 191.
273 VGH Mannheim NVwZ-RR 2007, 662.
274 OVG Münster BRS 48 Nr. 148; OVG Bremen BRS 60 Nr. 120: Differenzierung Verzicht/Löschung.

Vierter Teil:
Rechtsschutz im Baurecht

§ 10 Baurechtliche Einzelentscheidungen

Zur Einführung: *Beaucamp,* Öffentliches Baurecht in der Nussschale, JA 2005, 471; *Böhm,* Recht der Bauleitplanung, JA 2013, 81; *dies.,* Bauordnungsrecht, JA 2013, 481; *Dürr,* Die Klausur im Baurecht, JuS 2007, 328 u. 431; *Hyckel,* Vorläufiger Rechtsschutz gegen die Nutzungsuntersagung, VR 2022, 162; *Lindner/Struzina,* Die Baugenehmigung, JuS 2016, 226; *Ramsauer,* Nachbarschutz im Baurecht, JuS 2020, 385; *Voßkuhle/Kaufhold,* Grundwissen – Öffentliches Recht: Das baurechtliche Rücksichtnahmegebot, JuS 2010, 497; *ders./dies.,* Grundwissen – Öffentliches Recht: Nachbarschutz im öffentlichen Baurecht, JuS 2018, 764

Zur Vertiefung: *Boeddinghaus,* Neues zur Art und zum Maß der baulichen Nutzung, BauR 2013, 1601; *Dürr,* Aktuelle Probleme im öffentlichen Baunachbarrecht, VBlBW 2015, 319; *Faßbender,* Verbesserung des baurechtlichen Nachbarschutzes, NJW 2019, 2132; *Hellriegel/Farsbotter,* Abstand ist nicht alles!, NVwZ 2013, 1117; *Hennig/Honer,* Grundfälle des bürgerlich-rechtlichen Nachbarrechts, JuS 2016, 591; *Lang,* Die Neuordnung des bauplanungsrechtlichen Nachbarschutzes nach dem Wannsee-Urteil, NVwZ 2021, 1431; *Lauer,* Die einstweilige Verfügung im Baurecht, BauR 2022, 1115; *Michl,* Duldungsverfügung, Privatrecht und Rechtsschutz des Drittberechtigten, NVwZ 2014, 1206; *Rubel,* Nachbarschutz im Bauplanungsrecht, DVBl 2020, 533; *Scheidler,* Rechtsfragen um das gemeindliche Einvernehmen nach § 36 BauGB, ZfBR 2019, 543; *Sommer,* Zur behördlichen Duldung im öffentlichen Baurecht, JA 2017, 567; *Uechtritz,* Das baurechtliche Rücksichtnahmegebot: Konkretisierung von Reichweite und Inhalt durch Fallgruppenbildung, DVBl 2016, 90

Zur Übung: *Bauer/von Cube/Heinig,* JuS 2006, 152 (1. Staatsexamen – Rechtsschutz der Gemeinde, Veränderungssperre); *Brade/Brandau,* StudZR 2020, 231 (Hausarbeit – Bauvorbescheid, Widerspruch des Nachbarn); *Brade/Spaeth,* JSE 2017, 239 (Fortgeschrittenenklausur – Außenbereich, Verpflichtungsklage); *Enders,* JuS 2015, 1022 (1. Staatsexamen – Anspruch auf Einschreiten); *ders./Mittag,* Sonderbeilage SächsVBl 2019, 16 (1. Staatsexamen – Genehmigungspflicht, Feststellungs- und Verpflichtungsklage); *Frank,* JuS 2018, 56 (1. Staatsexamen – Unterlassungsanspruch, öffentliche Einrichtung); *Gaumert/Hofmann,* JuS 2022, 514 (Hausarbeit – Beseitigungsanordnung, Hauptsacherechtsschutz); *Hartmann/Sendt,* JuS 2012, 917 (Fortgeschrittenenklausur – Abstandsflächen, Drittanfechtung); *Heckel,* JuS 2011, 904 (Fortgeschrittenenklausur – Außenbereich, Rechtsschutz der Gemeinde); *Hecker,* JA 2012, 521 (1. Staatsexamen – Verwirkung, Anspruch auf Einschreiten); *Lassahn,* JuS 2018, 988 (1. Staatsexamen – Abstandsflächen, Außenbereich, einstweiliger Rechtsschutz); *Lehner,* JuS 2017, 148 (1. Staatsexamen, Bauordnungsverfügung, einstweiliger Rechtsschutz); *LJPA,* SächsVBl 2015, 74 u. 96 (1. Staatsexamen, 2012/2 – Vorbescheid, Widerspruch); *LJPA,* SächsVBl 2017, 60 u. 92 (2. Staatsexamen, 2012/2 – immissionsschutzrechtlicher Vorbescheid, Verpflichtungsklage); *LJPA,* SächsVBl 2017, 179 u. 204 (2. Staatsexamen, 2012/2 – Drittwiderspruch, Innenbereich, Anspruch auf Einschreiten); *LJPA,* SächsVBl 2018, 50 u. 73 (2. Staatsexamen, 2013/II – einstweiliger Rechtsschutz, Gebot der Rücksichtnahme); *Preuß,* JA 2013, 42 (Hausarbeit – immissionsschutzrechtliche Genehmigung, Verpflichtungsklage); *Rietzler/Weinbuch,* Jura 2012, 973 (1. Staatsexamen – Rechtsschutz der Gemeinde, Amtshaftung); *Schley/Uffelmann,* JA 2019, 453 (2. Staatsexamen – Aktenvortrag, Anfechtung einer Beseitigungsanordnung); *Schoberth,* JuS 2010, 239 (1. Staatsexamen – Beseitigungsverfügung, Anfechtungsklage); *Schulte/Wittrahm,* JA 2018, 605 (Fortgeschrittenenklausur

– Stellplätze, Vorbescheid, einstweiliger Rechtsschutz); *Sikora*, JA 2005, 40 (1. Staatsexamen
– Einvernehmen, einstweiliger Rechtsschutz); *Stark*, ZJS 2018, 443 (Fortgeschrittenenklausur
– Drittanfechtung)

1   Der Verwaltungsprozess gegen baurechtliche Einzelentscheidungen kennt im Wesentlichen drei verschiedene **Klagetypen**, nämlich die Klage des Bauherrn auf Erteilung der Baugenehmigung (oder des Bauvorbescheids, etc.), die Klage des Bauherrn gegen eine bauaufsichtliche Anordnung (Beseitigungsanordnung, Nutzungsuntersagung, Baueinstellungsanordnung, Anordnung nach § 58 Abs. 2 S. 2 SächsBO) sowie die Baunachbarklage, wobei zwischen der Klage gegen die Baugenehmigung einerseits sowie der Klage auf bauaufsichtliches Einschreiten andererseits zu unterscheiden ist.

Hinweis: Rechtsschutzfragen spielen im Baurecht eine außerordentlich große Rolle. Baunachbarklagen sind der Klausurklassiker – hier sollte schon für das Hauptstudium nicht „auf Lücke" gesetzt werden! Rechtsschutz gegen Bebauungspläne, auf den später eingegangen wird,[1] gewinnt dagegen erst mit den staatlichen Pflichtfachprüfungen an Bedeutung. Zu beachten ist freilich, dass die Wirksamkeit eines Bebauungsplans von den Verwaltungsgerichten auch im Rahmen einer Verpflichtungsklage auf Erteilung einer Baugenehmigung oder einer Anfechtungsklage gegen eine erteilte Baugenehmigung inzident zu prüfen ist – und zwar auch dann, wenn eine Normenkontrolle aufgrund Fristablaufs (§ 47 Abs. 2 VwGO) nicht mehr möglich ist[2].

A. Rechtsschutz des Bauherrn

I. Erteilung einer Baugenehmigung

2   Die Baugenehmigung ist nach § 72 Abs. 1 SächsBO zu erteilen, wenn dem – genehmigungspflichtigen (§ 59 Abs. 1 SächsBO) – Bauvorhaben keine öffentlich-rechtlichen Vorschriften entgegenstehen, die im bauaufsichtlichen Genehmigungsverfahren zu prüfen sind (§§ 63, 64 SächsBO). Dieser Pflicht korrespondiert ein Anspruch des Bauherrn auf Erteilung der Baugenehmigung, der sich auch auf § 72 Abs. 1 SächsBO stützt.

3   ▶ **Prüfungsschema: Klage des Bauherrn auf Erteilung einer Baugenehmigung**
   A. Zulässigkeit
      I.   Eröffnung des Verwaltungsrechtswegs, § 40 Abs. 1 S. 1 VwGO
      II. Statthaftigkeit der Verpflichtungsklage, § 42 Abs. 1 VwGO
      III. Klagebefugnis, § 42 Abs. 2 VwGO: mgl. Anspruch auf Baugenehmigung aus § 72 Abs. 1 SächsBO
      IV. Vorverfahren, §§ 68 ff. VwGO
      V.   Klagefrist, § 74 Abs. 2, 1 VwGO
      VI. Klagegegner, § 78 Abs. 1 Nr. 1 VwGO: Rechtsträger der unteren Bauaufsichtsbehörde
      VII. Beteiligungs- und Prozessfähigkeit, §§ 61, 62 VwGO
      VIII. Zuständigkeit des Gerichts, §§ 45, 52 Nr. 1 VwGO i.V.m. § 2 SächsJG
      IX. Ordnungsgemäße Klageerhebung, §§ 81, 82 VwGO
   B. Begründetheit
      Die Klage ist begründet, soweit die Ablehnung/Unterlassung der beantragten Baugenehmigung rechtswidrig ist, den Kläger in seinen Rechten verletzt und die Sache spruchreif ist

---

[1] Dazu § 11.
[2] BVerwG BauR 2001, 1066; OVG Bautzen SächsVBl 1994, 287.

(§ 113 Abs. 5 S. 1 VwGO). Das ist der Fall, wenn der Kläger einen Anspruch auf Erteilung der Baugenehmigung hat.
I. Anspruchsgrundlage[3]
II. Formelle Anspruchsvoraussetzungen
III. Materielle Anspruchsvoraussetzungen

1. Hauptsacherechtsschutz

Die **Klage auf Erteilung** einer Baugenehmigung (oder eines Vorbescheids) ist als **Verpflichtungsklage** (§ 42 Abs. 1 VwGO) zu erheben und wirft keine prozessualen Schwierigkeiten auf. Die Klagebefugnis stützt sich dabei auf § 72 Abs. 1 SächsBO für die Baugenehmigung (bzw. auf §§ 75 S. 1, 4, 72 Abs. 1 SächsBO für den Bauvorbescheid). Vor Klageerhebung ist das Vorverfahren zu durchlaufen (§§ 68 ff. VwGO) sowie die Klagefrist zu wahren (§ 74 Abs. 1, 2 VwGO). Die Verpflichtungsklage richtet sich nach § 78 Abs. 1 Nr. 1 VwGO gegen die Körperschaft, deren Behörde die Baugenehmigung erlassen soll. Beklagte sind also die Rechtsträger der Bauaufsichtsbehörden, im Regelfall also Landkreise oder Kreisfreie Städte (§ 57 Abs. 1 S. 1 SächsBO). Besonderheiten ergeben sich dann, wenn sich die Klage gegen eine (echte) Nebenbestimmung i.S.d. § 1 S. 1 SächsVwVfZG i.V.m. § 36 VwVfG zur Baugenehmigung richtet. In diesem Fall ist eine (isolierte) Anfechtungsklage gegen die Nebenbestimmung statthaft; bei Inhaltsbestimmungen bzw. einer sog. modifizierten Auflage bleibt es demgegenüber bei einer Verpflichtungsklage auf Erlass der begehrten Genehmigung.[4]

Hinsichtlich der **maßgeblichen Sach- und Rechtslage** ist bei der Klage des Bauherrn auf Erteilung einer Baugenehmigung auf den Zeitpunkt der **letzten mündlichen Verhandlung** abzustellen; das gilt sowohl zugunsten wie zulasten des Bauherrn;[5] zu berücksichtigen sind ggf. Überleitungsvorschriften (vgl. §§ 233 ff. BauGB, § 90 SächsBO). Da die Entscheidung über die Baugenehmigung nach § 72 Abs. 1 SächsBO grundsätzlich gebunden ist, ist die Sache in der Regel spruchreif (§ 113 Abs. 5 S. 1 VwGO) und das Verwaltungsgericht verpflichtet die Bauaufsichtsbehörde zum Erlass der beantragten Genehmigung. Soweit wegen der Zulassung von Abweichungen (§ 67 SächsBO), Ausnahmen oder Befreiungen (§ 31 BauGB) ausnahmsweise Ermessen besteht und dieses nicht oder fehlerhaft ausgeübt wurde, verpflichtet das Gericht die Behörde, unter Beachtung der Rechtsauffassung des Gerichts, erneut über die Erteilung der Baugenehmigung zu entscheiden (§ 113 Abs. 5 S. 2 VwGO). Ein solches **Bescheidungsurteil** ergeht auch dann, wenn das Vorhaben von der Bauaufsichtsbehörde noch nicht umfassend in rechtlicher und technischer Hinsicht geprüft worden ist; das Gericht ist nicht verpflichtet, schwierige technische Fragen abzuklären, um die Sache spruchreif zu machen[6]. Sind nur unvollständige Bauvorlagen vorgelegt worden, ist eine sog. Untätigkeitsklage gemäß § 75 VwGO unzulässig.[7] Im Übrigen kann – wie auch sonst – Untätigkeitsklage erhoben werden, wenn über einen Widerspruch oder über einen Antrag auf Vornahme eines Verwaltungsakts (hier: die Erteilung der Baugenehmigung) ohne zureichenden Grund in angemessener Frist sachlich nicht entschieden worden ist, § 75 S. 1 VwGO.

Wird eine zunächst begründete Klage infolge einer Änderung der Rechtslage, z.B. durch Inkrafttreten einer Veränderungssperre[8], unbegründet, kann der Bauherr entsprechend § 113 Abs. 1 S. 4

---

3 Dazu und zu den Anspruchsvoraussetzungen das Schema bei § 9 Rn. 18.
4 Dazu § 9 Rn. 31.
5 BVerwG NJW 1981, 2426; 1973, 1014; NVwZ 2012, 1631.
6 BVerwG NVwZ-RR 1999, 74; VGH Mannheim NVwZ 1987, 66.
7 VGH Mannheim BauR 2003, 1345.
8 Dazu § 5 Rn. 101 ff.

VwGO die Feststellung beantragen, dass die Versagung rechtswidrig war,[9] aber auch, dass dem Kläger während eines bestimmten Zeitraums ein Anspruch auf Erteilung der Genehmigung zustand[10]. Das für eine solche **Fortsetzungsfeststellungsklage** erforderliche besondere Feststellungsinteresse liegt regelmäßig in der Möglichkeit, Schadensersatz wegen Amtspflichtverletzung zu verlangen[11] oder Entschädigungsansprüche wegen enteignungsgleichen Eingriffs zu erheben[12]. Von der Fortsetzungsfeststellungsklage zu unterscheiden ist die (allgemeine) **Feststellungsklage**, die gegenüber der Verpflichtungsklage grundsätzlich subsidiär ist (§ 43 Abs. 2 S. 1 VwGO). Etwas anderes gilt, wenn der Bauherr den Eintritt der Genehmigungsfiktion nach § 69 Abs. 5 S. 1 SächsBO behauptet, also beantragt festzustellen, dass die von ihm beantragte Genehmigung kraft Gesetzes als erteilt gilt. In diesem Fall muss die Bauaufsichtsbehörde nämlich nicht mehr zur Erteilung verpflichtet werden.[13] Nicht selten wird der Feststellungsantrag auch mit einem Hilfsantrag auf Verpflichtung zur Erteilung der Genehmigung verbunden; zu denken ist besonders an den Fall, dass schon die Genehmigungspflichtigkeit des Vorhabens streitig ist – erweist sich das Vorhaben etwa als verfahrensfrei (§ 61 Abs. 1 SächsBO) bedarf es gar keiner Baugenehmigung mehr.

7 Soweit für die Erteilung der Baugenehmigung das **Einvernehmen der Gemeinde** nach § 36 BauGB[14] erforderlich ist, ist diese nach § 65 Abs. 2 VwGO **notwendig beizuladen**. Es empfiehlt sich ferner, jedenfalls diejenigen Nachbarn beizuladen, die gegen den Bauantrag Einwendungen erhoben haben; ein Fall der notwendigen Beiladung liegt aber nicht vor,[15] da nicht schon das Verpflichtungsurteil, sondern erst die aufgrund des Urteils ergehende Baugenehmigung den Nachbarn in seinen Rechten verletzen kann.

Verpflichtet das Verwaltungsgericht die Bauaufsichtsbehörde zur Erteilung der Genehmigung für ein Bauvorhaben, das den Planungsvorstellungen der Gemeinde zuwiderläuft, kann diese trotz eines rechtskräftigen Urteils die Verwirklichung des Bauvorhabens verhindern, indem sie einen Aufstellungsbeschluss nach § 2 Abs. 1 BauGB fasst und zur Sicherung der Planung eine Veränderungssperre nach § 14 BauGB erlässt. Durch diese Veränderung der Sach- und Rechtslage entfällt der Anspruch aus dem verwaltungsgerichtlichen Urteil. Falls der Bauherr gleichwohl auf einer Baugenehmigung besteht, kann die Bauaufsichtsbehörde nach §§ 173 VwGO, 767 ZPO Vollstreckungsgegenklage erheben und feststellen lassen, dass eine Vollstreckung aus dem Urteil des Verwaltungsgerichts unzulässig ist.[16]

8 ▶ **Fall 4: Mobilfunk-Sendeanlage (nach BVerwG NVwZ 2013, 1288)**[17]

Aufgabe: Unterstellt das Vorhaben der Deutsche Telefon GmbH erweist sich als bauplanungsrechtlich zulässig und es liegen deshalb die Voraussetzungen auf Erteilung der von ihr beantragten Baugenehmigung vor, hat eine auf Erlass dieser Baugenehmigung gerichtete Klage der Deutsche Telefon GmbH Aussicht auf Erfolg? ◀

---

9 BVerwG NJW 1981, 2426.
10 BVerwG NVwZ 1999, 1105.
11 Vgl. etwa OVG Bautzen BeckRS 2007, 3240.
12 BVerwG NVwZ-RR 2005, 383.
13 OVG Bautzen BeckRS 2022, 13849. Zur Genehmigungsfiktion bereits § 9 Rn. 12.
14 Dazu § 6 Rn. 127 ff.
15 BVerwG DVBl 1974, 767; VGH Mannheim NJW 1977, 1308; VBlBW 2009, 315; *Eyermann* § 65 Rn. 15.
16 Dazu BVerwG NVwZ 2003, 214; 1985, 563.
17 Dazu § 6 Rn. 121 f. und § 9 Rn. 41 f.

A. Rechtsschutz des Bauherrn

▶ **Lösung:**

Die Klage der Deutsche Telefon GmbH hat Aussicht auf Erfolg, soweit sie zulässig und begründet ist.

I. Zulässigkeit

1. Eröffnung des Verwaltungsrechtswegs
   Der Verwaltungsrechtsweg müsste eröffnet sein. Mangels auf- oder abdrängender Sonderzuweisung richtet sich dies nach § 40 Abs. 1 S. 1 VwGO. Danach müsste zunächst eine öffentlich-rechtliche Streitigkeit vorliegen. Streitbefangen ist die von der Deutsche Telefon GmbH begehrte und ihr gegenüber bislang verwehrte Baugenehmigung. Diese müsste auf der Grundlage öffentlichen Sonderrechts, das lediglich Hoheitsträger in dieser Funktion verpflichtet (hier: § 72 Abs. 1 SächsBO), ergehen. Eine öffentlich-rechtliche Streitigkeit liegt damit vor. Mangels doppelter Verfassungsunmittelbarkeit ist die Streitigkeit auch nicht verfassungsrechtlicher Art. Damit ist der Verwaltungsrechtsweg gemäß § 40 Abs. 1 S. 1 VwGO eröffnet.

2. Statthaftigkeit
   Die richtige Klageart richtet sich nach dem Klagebegehren, § 88 VwGO. Die Deutsche Telefon GmbH begehrt den Erlass einer Baugenehmigung für das von ihr geplante Vorhaben. Bei einer Baugenehmigung handelt es sich um einen Verwaltungsakt gemäß § 1 S. 1 SächsVwVfZG i.V.m. § 35 S. 1 VwVfG. Ihr Begehren ist mithin auf den Erlass eines bislang verwehrten Verwaltungsakts gerichtet, sodass sich die Verpflichtungsklage (§ 42 Abs. 1 VwGO) in Gestalt der Versagungsgegenklage als statthaft erweist.

3. Klagebefugnis
   Die Deutsche Telefon GmbH müsste gemäß § 42 Abs. 2 VwGO klagebefugt sein, d.h. sie müsste geltend machen können, durch die Ablehnung der begehrten Baugenehmigung in eigenen, subjektiv-öffentlichen Rechten verletzt zu sein. Ein Anspruch auf den begehrten Verwaltungsakt könnte sich aus § 72 Abs. 1 SächsBO ergeben. Nach dieser Vorschrift ist eine Baugenehmigung zu erteilen, wenn keine öffentlich-rechtlichen Vorschriften entgegenstehen, die im bauaufsichtlichen Verfahren zu prüfen sind. Da dies nicht von vornherein ausgeschlossen erscheint, ist die Deutsche Telefon GmbH klagebefugt.

4. Vorverfahren
   Das nach § 68 Abs. 2, 1 S. 1 VwGO erforderliche Vorverfahren wurde ordnungsgemäß eingeleitet und ohne Erfolg durchgeführt.

5. Klagefrist
   Gemäß § 74 Abs. 2, 1 S. 1 VwGO ist die Klage innerhalb eines Monats nach Zustellung des Widerspruchsbescheids zu erheben. Gemäß § 1 S. 1 SächsVwVfZG i.V.m. § 4 Abs. 2 S. 1 VwZG gilt der Bescheid hier am 19.04.2020 als zugestellt. Vorliegend beginnt die Frist daher gemäß §§ 57 Abs. 2 VwGO, 222 Abs. 1 ZPO, 187 Abs. 1 BGB am 20.04.2020 um 0.00 Uhr. Das Fristende fällt somit gemäß §§ 57 Abs. 2 VwGO, 222 Abs. 1 ZPO, 188 Abs. 2 Alt. 1 BGB auf den 19.05.2020 um 24.00 Uhr. Die Klageerhebung am 19.05.2020 erfolgte danach rechtzeitig.

6. Klagegegner
   Richtiger Klagegegner gemäß § 78 Abs. 1 Nr. 1 VwGO ist der Landkreis Leipzig als Bauaufsichtsbehörde, § 57 Abs. 1 S. 1 Nr. 1 SächsBO i.V.m. § 1 Abs. 4 SächsLKrO.

7. Beteiligungs- und Prozessfähigkeit
   Die Deutsche Telefon GmbH ist nach §§ 61 Nr. 1 Alt. 2 VwGO, 13 Abs. 1 GmbHG als juristische Person beteiligungsfähig. Auch ist sie gemäß §§ 62 Abs. 3 VwGO, 35 Abs. 1

S. 1 GmbHG – bei Vertretung durch ihren Geschäftsführer – prozessfähig. Der beklagte Landkreis Leipzig ist als Gebietskörperschaft (§ 1 Abs. 2 SächsLKrO) und damit als juristische Person nach § 61 Nr. 1 Alt. 2 VwGO beteiligungs- und nach §§ 62 Abs. 3 VwGO, 47 Abs. 1 S. 2 SächsLKrO – bei Vertretung durch den Landrat – prozessfähig.

8. Zuständigkeit des Gerichts
Zuständig ist gem. §§ 45, 52 Nr. 1 VwGO i.V.m. § 2 Abs. 2 Nr. 3 SächsJG das Verwaltungsgericht Leipzig.

9. Ordnungsgemäße Klageerhebung
Von einer ordnungsgemäßen Klageerhebung i.S.d. §§ 81, 82 VwGO ist auszugehen.

10. Zwischenergebnis
Die Klage der Deutsche Telefon GmbH ist zulässig.

II. Begründetheit
Die Klage ist begründet, soweit die Ablehnung der beantragten Baugenehmigung rechtswidrig ist, den Kläger – hier die Deutsche Telefon GmbH – in seinen Rechten verletzt und die Sache spruchreif ist (§ 113 Abs. 5 S. 1 VwGO). Das ist der Fall, wenn der Kläger – die Deutsche Telefon GmbH – einen Anspruch auf Erteilung der Baugenehmigung hat.

1. Anspruchsgrundlage
Anspruchsgrundlage für den Erlass der begehrten Baugenehmigung ist § 72 Abs. 1 SächsBO.

2. Formelle Anspruchsvoraussetzungen
Die formellen Voraussetzungen zum Erlass der Baugenehmigung liegen vor.

3. Materielle Anspruchsvoraussetzungen
Die materiellen Voraussetzungen zum Erlass der Baugenehmigung liegen ebenfalls vor.[18]

4. Zwischenergebnis
Die Deutsche Telefon GmbH hat einen Anspruch auf Erlass der begehrten Baugenehmigung.

III. Ergebnis
Die Klage ist zulässig und begründet und hat daher Aussicht auf Erfolg.

2. Einstweiliger Rechtsschutz

10 Einstweiliger – auf die Erteilung einer Baugenehmigung gerichteter – Rechtsschutz nach § 123 VwGO scheidet grundsätzlich aus, da die begehrte Anordnung die Hauptsache vorwegnehmen würde. Man wird davon allenfalls dann eine Ausnahme machen können, wenn dem Bauherrn durch das Abwarten der Entscheidung in der Hauptsache unzumutbare und irreparable Nachteile entstehen. Dafür genügt es aber jedenfalls nicht, dass ein bestehender Bebauungsplan geändert und dadurch das beantragte Vorhaben unzulässig wird,[19] dass der bestehende Mietvertrag für eine Wohnung gekündigt wird oder die Finanzierung des Vorhabens durch ein Baudarlehen anläuft. Ebenso wenig kommt eine Verpflichtung der Bauaufsichtsbehörde zur Erteilung einer „vorläufigen" Baugenehmigung im Wege einer einstweiligen Anordnung in Betracht, solange das Vorhaben offensichtlich baurechtswidrig ist und deshalb nicht genehmigt werden kann.[20]

---

18 Zu beidem § 9 Rn. 42.
19 VGH Kassel NVwZ-RR 2003, 814 m.w.N. auch zum Streitstand.
20 OVG Bautzen NVwZ 1994, 80.

A. Rechtsschutz des Bauherrn

II. Anfechtung bauaufsichtlicher Verfügungen

Werden Anlagen im Widerspruch zu öffentlich-rechtlichen Vorschriften errichtet, geändert, genutzt oder beseitigt, kommt der Erlass bauaufsichtlicher Verfügungen in Betracht, §§ 58 Abs. 2 S. 2, 79, 80 SächsBO.[21] Derartige Maßnahmen beeinträchtigen den Bauherrn als Adressaten, wenn er Eigentümer des Grundstücks ist, in Art. 14 Abs. 1 GG, jedenfalls aber in seiner allgemeinen Handlungsfreiheit nach Art. 2 Abs. 1 GG, auf die er sich stützen kann, um sich gegen Anordnungen der repressiven Bauaufsicht gerichtlich zur Wehr zu setzen.

11

1. Hauptsacherechtsschutz

▶ **Prüfungsschema: Klage des Bauherrn gegen eine bauaufsichtliche Verfügung**

12

A. Zulässigkeit
    I. Eröffnung des Verwaltungsrechtswegs, § 40 Abs. 1 S. 1 VwGO
    II. Statthaftigkeit der Anfechtungsklage, § 42 Abs. 1 VwGO
    III. Klagebefugnis, § 42 Abs. 2 VwGO: mgl. Verletzung in Art. 14 Abs. 1/Art. 2 Abs. 1 GG (= Adressat eines belastenden Verwaltungsakts)
    IV. Vorverfahren, §§ 68 ff. VwGO
    V. Klagefrist, § 74 Abs. 1 VwGO
    VI. Klagegegner, § 78 Abs. 1 Nr. 1 VwGO: Rechtsträger der erlassenden (i.d.R. unteren) Bauaufsichtsbehörde
    VII. Beteiligungs- und Prozessfähigkeit, §§ 61, 62 VwGO
    VIII. Zuständigkeit des Gerichts, §§ 45, 52 Nr. 1 VwGO i.V.m. § 2 SächsJG
    IX. Ordnungsgemäße Klageerhebung, §§ 81, 82 VwGO
B. Begründetheit
Die Klage ist begründet, soweit die bauaufsichtliche Verfügung rechtswidrig ist und den Kläger in seinen Rechten verletzt (§ 113 Abs. 1 S. 1 VwGO).
    I. Rechtswidrigkeit der Verfügung
        1. Rechtsgrundlage, § 79 oder § 80 S. 1, 2 SächsBO (ggf. § 58 Abs. 2 S. 2 SächsBO)
        2. Formelle Rechtmäßigkeit
            a) Zuständigkeit
                aa) Sachliche Zuständigkeit, §§ 57 Abs. 1 (und ggf. Abs. 2), 58 Abs. 2 S. 1 SächsBO
                bb) Örtliche Zuständigkeit, § 1 S. 1 SächsVwVfZG i.V.m. § 3 Abs. 1 Nr. 1 VwVfG
            b) Verfahren, § 1 S. 1 SächsVwVfZG i.V.m. §§ 9 ff. VwVfG (insb. § 28 VwVfG)
            c) Form, § 1 S. 1 SächsVwVfZG i.V.m. §§ 37, 39 VwVfG

---

21 Dazu § 9 Rn. 49 ff.

3. Materielle Rechtmäßigkeit
   a) Tatbestand, § 79 oder § 80 S. 1, 2 SächsBO (ggf. § 58 Abs. 2 S. 2 SächsBO)
      aa) Anlage, § 2 Abs. 1 S. 4 SächsBO
      bb) Errichtung/Nutzung etc. im Widerspruch zu öffentlich-rechtlichen Vorschriften
         (1) Verstoß der Errichtung/Nutzung etc. gegen öffentlich-rechtliche Vorschriften: Formelle und – ggf. – materielle Illegalität (insb. bei Beseitigungsanordnung oder falls nicht genehmigungspflichtig)
         (2) Keine Legalisierung durch wirksame Baugenehmigung
   b) Ermessen, § 1 S. 1 SächsVwVfZG i.V.m. § 40 VwVfG
      aa) Überprüfung nur auf Ermessensfehler, § 114 S. 1 VwGO
      bb) Intendiertes Ermessen
II. Rechtsverletzung (Art. 2 Abs. 1 GG, ggf. auch Art. 14 Abs. 1 GG)

13 Die Klage gegen bauaufsichtliche Verfügungen, beispielsweise gegen eine Beseitigungsanordnung (§ 80 S. 1 SächsBO) ist als **Anfechtungsklage** (§ 42 Abs. 1 VwGO) zu erheben und wirft prozessual keine besonderen Schwierigkeiten auf. Zu durchlaufen sind das Vorverfahren; die Klagefrist (§ 74 Abs. 1 VwGO) gilt es zu wahren. Die Klage richtet sich gemäß § 78 Abs. 1 Nr. 1 VwGO gegen die Körperschaft, deren Behörde die Anordnung erlassen hat. Beklagte sind also die Rechtsträger der Bauaufsichtsbehörden, d.h. im Regelfall die Landkreise bzw. Kreisfreien Städte, § 57 Abs. 1 S. 1 Nr. 1 SächsBO.

Hinsichtlich der **maßgeblichen Sach- und Rechtslage** ist grundsätzlich auf die **letzte Verwaltungsentscheidung** (d.h. den Ausgangsbescheid in der Gestalt des Widerspruchsbescheids) abzustellen.[22] Von diesem Grundsatz ist aber eine Ausnahme zu machen, wenn sich die Sach- und Rechtslage nachträglich **zugunsten des Klägers ändert**; denn es wäre sinnwidrig, die Rechtmäßigkeit einer Beseitigungsanordnung zu bestätigen, wenn dem Kläger auf einen neuen Bauantrag hin sofort eine Baugenehmigung erteilt werden müsste. Eine dem Kläger nachteilige Veränderung der Sach- und Rechtslage ist dagegen unbeachtlich.[23]

2. Einstweiliger Rechtsschutz

14 ▶ **Prüfungsschema: Einstweiliger Rechtsschutz des Bauherrn gegen bauaufsichtliche Verfügung**

A. Zulässigkeit
   I. Eröffnung des Verwaltungsrechtswegs, § 40 Abs. 1 S. 1 VwGO
   II. Statthaftigkeit des Antrags, § 80 Abs. 5 S. 1 Alt. 2 VwGO: Abgrenzung zu § 123 VwGO (bauaufsichtliche Verfügung als Verwaltungsakt, gegen den Rechtsbehelf wegen Anordnung sofortiger Vollziehung keine aufschiebende Wirkung entfaltet, § 80 Abs. 2 S. 1 Nr. 4 VwGO)
   III. Antragsbefugnis, § 42 Abs. 2 VwGO analog: mgl. Verletzung in Art. 14 Abs. 1/Art. 2 Abs. 1 GG (= Adressat belastenden Verwaltungsakts)
   IV. Antragsgegner, § 78 Abs. 1 Nr. 1 VwGO analog: Rechtsträger der erlassenden (i.d.R. unteren) Bauaufsichtsbehörde
   V. Beteiligungs- und Prozessfähigkeit, §§ 61, 62 VwGO

---

22 BVerwG NJW 1989, 3233.
23 BVerwG BauR 1986, 195; 2017, 96; VGH Mannheim BauR 1988, 566.

A. Rechtsschutz des Bauherrn

VI. Zuständigkeit des Gerichts, §§ 80 Abs. 5 S. 1, 45, 52 Nr. 1 VwGO i.V.m. § 2 SächsJG
VII. Ordnungsgemäße Antragstellung, §§ 81, 82 VwGO analog
VIII. Rechtsschutzbedürfnis: keine Bestandskraft der bauaufsichtlichen Verfügung; (keine) vorige Widerspruchseinlegung (str.); (kein) vorheriger Antrag gemäß § 80 Abs. 4 VwGO (str.)

B. Begründetheit
Der Antrag ist begründet, wenn die Anordnung der sofortigen Vollziehung formell rechtswidrig ist oder die Interessenabwägung des Gerichts ergibt, dass das Aussetzungsinteresse des Antragstellers gegenüber dem Vollziehungsinteresse Vorrang genießt.

I. Formelle Rechtswidrigkeit der Anordnung
1. Zuständigkeit, § 80 Abs. 2 S. 1 Nr. 4 VwGO
2. Verfahren
3. Form, § 80 Abs. 3 VwGO

II. Interessenabwägung des Gerichts: Rechtmäßigkeit der bauaufsichtlichen Verfügung[24]

Der Widerspruch und die Klage gegen eine bauaufsichtliche Verfügung haben nach § 80 Abs. 1 S. 1 VwGO aufschiebende Wirkung. Eine Anordnung des Sofortvollzugs nach § 80 Abs. 2 S. 1 Nr. 4 VwGO kommt i.d.R. nicht in Betracht, weil dadurch vollendete Tatsachen geschaffen würden, die im Falle einer erfolgreichen Klage nicht mehr rückgängig gemacht werden könnten;[25] etwas anderes gilt für die Beseitigung offensichtlich rechtswidriger Bauten, zumal wenn von ihnen eine negative Vorbildwirkung ausgeht,[26] sowie bei transportablen baulichen Anlagen[27]. Ordnet die Bauaufsichtsbehörde in diesen Fällen die **sofortige Vollziehung** der Maßnahme an, kann der Bauherr nach § 80 Abs. 4 S. 1 VwGO bei der Ausgangs- oder Widerspruchsbehörde beantragen, die Vollziehung auszusetzen. Gerichtlichen Eilrechtsschutz erlangt der Bauherr durch einen **Antrag auf Wiederherstellung der aufschiebenden Wirkung nach § 80 Abs. 5 S. 1 Alt. 2 VwGO**. Die Prüfung der Zulässigkeit dieses Antrags unterscheidet sich nur geringfügig von der einer (Anfechtungs-)Klage gegen eine bauaufsichtliche Verfügung. Besonderheiten ergeben sich beim Rechtsschutzbedürfnis. Streitig ist nämlich, ob wegen § 80 Abs. 5 S. 2 VwGO in der Hauptsache ein Rechtsbehelf, dessen aufschiebende Wirkung wiederhergestellt werden soll, eingelegt werden muss;[28] richtigerweise wird man dies mit Blick auf die dadurch drohende Verkürzung der Rechtsbehelfsfristen verneinen müssen. Als klärungsbedürftig erweist sich auch das Verhältnis zwischen dem Antrag bei der Behörde nach § 80 Abs. 4 S. 1 VwGO und dem gerichtlichen Eilrechtsschutz nach § 80 Abs. 5 S. 1 Alt. 2 VwGO. Nach dem Wortlaut des § 80 Abs. 6 S. 1 VwGO ist ein (vorheriger) Antrag nach § 80 Abs. 4 S. 1 VwGO allerdings nur in den Fällen des § 80 Abs. 2 S. 1 Nr. 1 VwGO notwendig. Eine analoge Anwendung des § 80 Abs. 6 VwGO scheidet zudem aus, da es an einer planwidrigen Regelungslücke fehlt.[29]

Das Verwaltungsgericht überprüft im Rahmen der **Begründetheit** zuerst die (formelle) Rechtmäßigkeit der Anordnung der sofortigen Vollziehung (§ 80 Abs. 3 VwGO). Zuständig für die Anordnung ist sowohl die Behörde, die den Verwaltungsakt erlassen hat, als auch die Behörde, die über den Widerspruch zu entscheiden hat, § 80 Abs. 2 S. 1 Nr. 4 VwGO. Umstritten ist, ob

---

24 Dazu das Schema bei § 10 Rn. 12.
25 OVG Münster NVwZ 1998, 977.
26 OVG Münster BauR 1996, 236; OVG Greifswald NVwZ 1995, 608.
27 VGH Kassel BauR 1992, 66; OVG Lüneburg BauR 1994, 611.
28 Dagegen etwa BVerfG NJW 1993, 3190; *Schenke* in: Kopp/Schenke § 80 Rn. 137, 139; a.A. zuletzt BVerwG NVwZ 2020, 1051.
29 *Schoch* in: Schoch/Schneider § 80 Rn. 503. Zum davon abweichenden Streitstand bei § 80a VwGO § 10 Rn. 63.

wegen der Anordnung der sofortigen Vollziehung eine Anhörung nach § 1 S. 1 SächsVwVfZG i.V.m. § 28 Abs. 1 VwVfG (ggf. analog mangels VA-Charakter) zu erfolgen hat; jedenfalls wird aber überwiegend eine Nachholung nach § 1 S. 1 SächsVwVfZG i.V.m. § 45 Abs. 1 Nr. 3 VwVfG (ggf. erneut analog) für möglich gehalten.[30] Klar aus dem Gesetz ergibt sich indes, dass das besondere Interesse an der sofortigen Vollziehung des Verwaltungsakts grundsätzlich schriftlich zu begründen ist, § 80 Abs. 3 S. 1 VwGO. Diese (nicht nachholbare) Begründung darf sich nicht in allgemeinen Wendungen erschöpfen oder lediglich den Gesetzeswortlaut wiedergeben, sondern hat das Erfordernis einer sofortigen Vollziehung im konkreten Einzelfall darzulegen.[31] Erweist sich die Anordnung danach insgesamt als (formell) rechtmäßig, stellt das Gericht in einer **Interessenabwägung** fest, ob das Aussetzungsinteresse des Antragstellers – d.h. des Bauherrn – das Vollzugsinteresse überwiegt. Dabei kommt es maßgeblich auf die Erfolgsaussichten der Hauptsache, d.h. des gegen die bauaufsichtliche Verfügung eingelegten (oder noch einzulegenden) Widerspruchs bzw. der dagegen gerichteten Anfechtungsklage, an, die das Gericht anhand einer summarischen (Tatsachen-)Prüfung ermittelt; rechtlich unterscheidet sich die Prüfung der Rechtmäßigkeit der bauaufsichtlichen Verfügung nicht von der in der Hauptsache.

Hinweis: Eine Lösung zu einer solchen Fallkonstellation ist hier nicht enthalten. Der Fall 3 („Spirituosenkiosk" im reinen Wohngebiet)[32] lässt sich aber leicht abwandeln. Angenommen der Nachbar N macht keinen Anspruch auf Einschreiten gerichtlich geltend, sondern die Bauaufsichtsbehörde erlässt von sich aus eine Beseitigungsanordnung und ordnet deren sofortige Vollziehung an, so stellt sich für den Bauherrn E die Frage, wie er gegen diese behördliche Maßnahme gerichtlich vorgehen kann. Antwort: mit einem Antrag auf Wiederherstellung der aufschiebenden Wirkung nach § 80 Abs. 5 S. 1 Alt. 2 VwGO.

B. Rechtsschutz des Nachbarn

17 Das Nachbarrecht unterteilt sich in das öffentliche und das private Nachbarrecht. Das **öffentliche Nachbarrecht**[33] ergibt sich im Wesentlichen aus den baurechtlichen Bestimmungen, um die es hier im Schwerpunkt geht, ferner dem BImSchG sowie sonstigen spezialgesetzlichen Regelungen, z.B. § 5 SächsGastG. Das **private** – vor den Zivilgerichten geltend zu machende – **Nachbarrecht** ist vor allem in §§ 906 ff. BGB sowie den landesrechtlichen Nachbargesetzen geregelt, in Sachsen durch das Sächsische Nachbarrechtsgesetz (SächsNRG). Dieses Nebeneinander von öffentlichem und privatem Nachbarrecht erklärt sich damit, dass die privatrechtliche Abwehrmöglichkeit nach § 1004 BGB den Nachbarn nicht ausreichend zu schützen vermag, da es z.B. gegen eine Störung der Wohnruhe durch Verkehrslärm oder einen Entzug der Belichtung keinen privatrechtlichen Schutz gibt; umgekehrt kann sich auch der Gewerbetreibende nicht mit privatrechtlichen Mitteln gegen eine heranrückende Wohnbebauung schützen, die die Fortführung seines Betriebes aus immissionsschutzrechtlichen Gründen infrage stellen kann. Ein umfassender Ausgleich der Belange des Bauherrn und der Nachbarn kann nur im Rahmen des öffentlichen Rechts erfolgen.

Grundsätzlich bietet das öffentliche Recht dem Nachbarn primär präventiven Schutz, das Zivilrecht primär repressiven (nachträglichen) Schutz. Nichtsdestotrotz sind BVerwG und BGH darum bemüht, die Abwehrrechte des Nachbarn im öffentlichen Recht und im Zivilrecht **parallel auszugestalten**.[34] So ist die Anforderung an eine unzumutbare Beeinträchtigung i.S.d. § 3

---

30 Vgl. zum Streitstand nur *Schoch* in: Schoch/Schneider § 80 Rn. 257 ff. m.w.N.
31 *Schenke* in: Kopp/Schenke § 80 Rn. 84 f.
32 Dazu § 6 Rn. 72 f.
33 Dazu etwa *Dürr* JuS 2007, 431; *Jeromin* BauR 2016, 925; *Muckel* JuS 2000, 132.
34 *Seibel* BauR 2005, 1409. Näher zum Nebeneinander von privatem und öffentlichem Nachbarrecht *Muckel/Ogorek* Baurecht, § 10 Rn. 89 ff.

B. Rechtsschutz des Nachbarn

BImSchG bzw. des Gebots der Rücksichtnahme[35] identisch mit einer wesentlichen Beeinträchtigung i.S.d. § 906 BGB:[36] Nach § 906 Abs. 1 S. 2, 3 BGB liegt eine unwesentliche Beeinträchtigung i.d.R. vor, wenn die Immissionsgrenzwerte nicht überschritten werden.[37] Eine Verknüpfung des öffentlichen und des privaten Nachbarrechts ergibt sich ferner dadurch, dass nach der Rechtsprechung des BGH die dem Schutz der Nachbarn dienenden öffentlich-rechtlichen Vorschriften zugleich Schutzgesetze i.S.d. § 823 Abs. 2 BGB sind, so dass bei Verletzung derartiger Vorschriften Schadensersatzansprüche sowie Beseitigungs- und Unterlassungsansprüche entsprechend § 1004 BGB vor den Zivilgerichten geltend gemacht werden können.[38] Nach der Rechtsprechung kann sogar eine der Baugenehmigung beigefügte Auflage, die dem Schutz des Nachbarn dient, von diesem durch eine zivilgerichtliche Klage durchgesetzt werden.[39] Schließlich können auch bei der Beurteilung, ob ein Bauvorhaben die Nachbarschaft rechtswidrig beeinträchtigt und daher Abwehransprüche nach §§ 1004, 906 BGB gegeben sind, die Festsetzungen eines Bebauungsplans eine Rolle spielen. Wer sich an den Bebauungsplan hält, handelt nicht rechtswidrig und kann daher auch zivilrechtlich nicht zur Unterlassung gezwungen werden.[40] Die Gegenmeinung beruft sich demgegenüber darauf, dass § 906 BGB nur auf die Ortsüblichkeit abstellt und davon abweichende Festsetzungen eines Bebauungsplans daher unbeachtlich seien.[41] Ein Bebauungsplan ist indes eine Rechtsnorm und damit auch für zivilrechtliche Rechtsbeziehungen maßgeblich. Dagegen kann eine Baugenehmigung zivilrechtliche Abwehransprüche des Nachbarn nicht ausschalten, weil die Baugenehmigung nach § 72 Abs. 4 SächsBO unbeschadet der privaten Rechte Dritter erteilt wird.[42]

I. Allgemeines

Ausgangspunkt der Überlegungen zum Nachbarschutz im öffentlichen Baurecht – wie auch für das gesamte Verwaltungsrecht – ist die Unterscheidung zwischen objektivem Recht und subjektiven Rechten des Einzelnen, wie sie insbesondere in § 113 Abs. 1 S. 1 VwGO ihren Ausdruck gefunden hat. Danach hebt das Verwaltungsgericht einen Verwaltungsakt nur dann auf, wenn dieser (objektiv) rechtswidrig ist und den Kläger in seinen (subjektiven) Rechten verletzt. Einen Anspruch darauf, dass das objektive Recht eingehalten wird, hat der Einzelne nicht. Deshalb kann er gegen Entscheidungen der Bauaufsichtsbehörden nur dann mit Aussicht auf Erfolg vorgehen, wenn er geltend machen kann, in seinen eigenen (subjektiven) Rechten verletzt zu sein.

18

Die grundsätzliche Berechtigung des öffentlich-rechtlichen Nachbarschutzes wird seit den 1960er-Jahren nicht mehr infrage gestellt.[43] Die Baugenehmigung ist ein Verwaltungsakt mit Doppelwirkung, der mit der Begünstigung des Bauherrn zugleich den Nachbarn belasten kann; daher muss diesem schon wegen Art. 19 Abs. 4 GG eine Rechtsschutzmöglichkeit eröffnet werden[44]. Anfangs erkannte das BVerwG freilich eine nachbarschützende Wirkung nur unter engen Voraussetzungen, nämlich nur einzelner baurechtlicher Normen und lediglich zugunsten kleiner Betroffenenkreise, an. Eine wesentliche Ausweitung erfuhr der Nachbarschutz

---

35 Dazu § 10 Rn. 32 ff.
36 BGH NJW 1990, 2465; 1999, 356; BVerwG NJW 1988, 2396; 1989, 1271.
37 Dazu BGH NVwZ-RR 2007, 596.
38 Vgl. etwa BGH NJW 1970, 1180; NVwZ 2011, 1148; OLG Frankfurt am Main NJW-RR 2013, 793.
39 BGH NJW 1997, 55.
40 Dazu *Gaentzsch* NVwZ 1986, 601 (603 f.).
41 BGH NJW 1983, 751; *Hagen* NVwZ 1991, 817. Zu diesem Streit *Klimke* beck-online Großkommentar BGB § 906 Rn. 164 ff. m.w.N.
42 Vgl. dazu *Breuer* DVBl 1983, 431 (438).
43 Vgl. nur BVerwGE 11, 95. Anders etwa noch *Redeker* NJW 1959, 749. Dazu und zum Folgenden auch *Will* Öffentliches Baurecht, Rn. 755.
44 BVerwGE 22, 129.

in den 1970er-Jahren durch die Feststellung, dass das zuvor rein objektiv-rechtliche baurechtliche Rücksichtnahmegebot auch subjektiv-rechtliche Wirkungen zugunsten beeinträchtigter Nachbarn entfalten kann, wenn und soweit in qualifizierter und zugleich individualisierter Weise auf schutzwürdige Interessen eines von der Allgemeinheit zu unterscheidenden Kreises Dritter Rücksicht zu nehmen ist.[45] Hinzu trat im Jahr 1993 die Anerkennung des sog. Gebietserhaltungsanspruchs, womit das BVerwG Festsetzungen über die Art der baulichen Nutzung drittschützende Wirkung zugunsten aller Planbetroffenen zuerkannte.[46]

Hinweis: Der Rechtsschutz des Nachbarn gehört zum Einmaleins im öffentlichen Baurecht. Im Folgenden soll zunächst auf zentrale – übergreifende – Fragestellungen eingegangen werden, bevor die einzelnen Konstellationen (Nachbaranfechtung der Genehmigung; Anspruch auf Einschreiten; einstweiliger Rechtsschutz) dargestellt werden, die sich erneut mit der Inzidentprüfung eines Bebauungsplans verbinden lassen.

1. Begriff des Nachbarn

19 Eine Definition des Nachbarbegriffs findet sich in § 70 Abs. 1 S. 1 SächsBO: Nachbar ist danach der Eigentümer benachbarter Grundstücke. Diese Definition bedarf der Konkretisierung, zunächst in räumlicher Hinsicht. Danach ist **Nachbar**, wer von der Errichtung oder Nutzung einer baulichen Anlage **in seinen rechtlichen Interessen betroffen** wird.[47] Dabei ist der Kreis der Nachbarn bei einem emissionsträchtigen Gewerbebetrieb wesentlich weiter zu ziehen als bei einem Einfamilienhaus; das OVG Lüneburg hat z.B. bei einem Atomkraftwerk sogar eine 100 km entfernt wohnende Person als Nachbar angesehen[48]. Inzwischen wird der Kreis der Nachbarn allerdings räumlich auf Personen im Umkreis der Anlage beschränkt, die sich durch ihr enges räumliches Verhältnis zur Anlage von der Allgemeinheit unterscheiden.[49]

Hinweis: In den juristischen Prüfungen kommt es auf den Nachbarbegriff regelmäßig im Rahmen der Klage-/Antragsbefugnis an. Damit ein Kläger/Antragsteller subjektive Rechte aus einer Schutznorm ableiten kann, muss er nämlich – als Nachbar – dem von der Vorschrift geschützten Personenkreis angehören.[50]

20 In rechtlicher Hinsicht sind, wie sich schon aus § 70 Abs. 1 S. 1 SächsBO erkennen lässt, nur **dinglich Berechtigte**, namentlich Eigentümer, **nicht aber obligatorisch Berechtigte** wie Mieter oder Pächter Nachbarn im Sinne des öffentlichen Baurechts.[51] Das Baurecht ist nämlich grundstücks- und nicht personenbezogen, es regelt die objektiven Rechtsbeziehungen zwischen den Grundstücken; der Eigentümer „repräsentiert" mithin das Grundstück in den Rechtsbeziehungen zu anderen Grundstücken[52]. Die Rechtsprechung des BVerfG, wonach das Besitzrecht eines Mieters ebenfalls dem Schutz des Art. 14 GG unterfällt und das Eigentumsrecht des Vermieters und das Besitzrecht des Mieters daher konkurrieren,[53] spielt im Verhältnis Vermieter – Mieter eine Rolle, hat aber auf den baurechtlichen Nachbarbegriff keine Auswirkung[54]. Auch die Inhaber von

---

45 BVerwGE 52, 122 (Schweinemästerfall). Zum Rücksichtnahmegebot § 10 Rn. 32 ff.
46 BVerwGE 94, 151. Zum Gebietserhaltungsanspruch § 10 Rn. 36.
47 BVerwG NJW 1983, 1507.
48 OVG Lüneburg DVBl 1975, 190.
49 OVG Lüneburg NVwZ 1985, 357 (Kraftwerk Buschhaus).
50 Zur Schutznormtheorie § 10 Rn. 24.
51 BVerwG NJW 1989, 2766; NVwZ 1998, 956; VGH Mannheim DÖV 2007, 568; VBlBW 2015, 81; OVG Bautzen LKV 2017, 33; BeckRS 2020, 22348; aus der Literatur etwa *Schmidt-Preuß* NJW 1995, 27.
52 Dazu OVG Berlin NVwZ 1989, 267.
53 BVerfG NJW 1993, 2035.
54 BVerwG DVBl 1998, 899; OVG Lüneburg NVwZ 1996, 918; a.A. *Seibel* BauR 2003, 1674; *Thews* NVwZ 1995, 224.

B. Rechtsschutz des Nachbarn

eingerichteten und ausgeübten Gewerbebetrieben können baurechtliche Abwehransprüche nicht geltend machen,[55] zumal nach wie vor ungeklärt ist, ob sie überhaupt dem Schutz von Art. 14 GG unterfallen[56]. Eine Ausnahme von diesem Grundsatz gibt es allerdings: Soweit nicht das Eigentum, sondern **Leben und Gesundheit** (Art. 2 Abs. 2 S. 1 GG) geschützt werden sollen, etwa durch immissionsschutzrechtliche Vorschriften, wird auch obligatorisch Berechtigten ein baurechtlicher Abwehranspruch eingeräumt.[57]

Zu den **dinglich Berechtigten**, die baurechtliche Abwehransprüche geltend machen können, zählen in erster Linie Eigentümer, Wohnungseigentümer,[58] Erbbauberechtigte, Nießbraucher sowie bereits durch eine Auflassungsvormerkung gesicherte Käufer[59]; hinzu kommen – aufgrund der Sonderregelungen in der DDR – Nutzungsberechtigte nach dem Sachenrechtsbereinigungsgesetz, also Gebäudeeigentümer mit Nutzungsberechtigung am Grundstück[60]. Nicht zu den dinglich Berechtigten zählen Hypothekengläubiger, Inhaber von beschränkt persönlichen Dienstbarkeiten, auch wenn es sich um ein dinglich gesichertes Wohnrecht handelt,[61] Inhaber eines dinglich gesicherten Vorkaufsrechts sowie Personen, die erst ein Anwartschaftsrecht auf das Eigentum haben, ohne dass dies durch eine Vormerkung gesichert ist.

21

Der **Wohnungseigentümer** kann sich im Außenverhältnis gegen eine Beeinträchtigung seines Sondereigentums wehren.[62] Ob das auch für eine Beeinträchtigung des gemeinschaftlichen Eigentums gilt, wird unterschiedlich gesehen.[63] Richtigerweise wird man das mit Blick auf § 10 Abs. 1 WEG bejahen müssen, solange die Ausübungsbefugnis nicht durch Beschluss der Wohnungseigentümerversammlung auf die Wohnungseigentümergemeinschaft übertragen worden ist.[64] Dagegen können Streitigkeiten im Innenverhältnis der Wohnungseigentümergemeinschaft hinsichtlich der Nutzung einzelner Wohnungen im Sondereigentum oder hinsichtlich des gemeinschaftlichen Eigentums nicht vor den Verwaltungsgerichten ausgetragen werden; hierfür ist ausschließlich das WEG maßgeblich und somit der Zivilrechtsweg gegeben;[65] das gilt auch, soweit ein Mieter einer Wohnung bauliche Maßnahmen durchführt[66] oder die Störung vom Pächter eines Ladengeschäfts ausgeht[67].

22

Miterben in ungeteilter Erbengemeinschaft können sich schließlich nur gemeinschaftlich gegen Beeinträchtigungen wehren.[68] Anders ist es aber, wenn ein Miterbe als Notgeschäftsführer nach § 2038 Abs. 1 S. 2 BGB Rechtsmittel in Prozessstandschaft für die Erbengemeinschaft einlegt.[69] Dasselbe gilt für eine BGB-Gesellschaft, da die Gesamthandsgesellschaft und nicht die einzelnen Gesellschafter Eigentümer sind.[70]

Hinweis: Nr. 70.1 VwVSächsBO, der den Prüfungskandidaten auch in den Staatsprüfungen zur Verfügung steht, fasst daher den Nachbarbegriff treffend wie folgt zusammen: „Als benachbart

---

55 BVerwG NJW 1989, 2766; OVG Bautzen JbSächsOVG 2, 236.
56 Zuletzt BVerfGE 155, 238.
57 OVG Hamburg NVwZ 1990, 379; VGH München NVwZ 1995, 919; VGH Mannheim VBlBW 2015, 81. Zum (subsidiären) Drittschutz aufgrund von Grundrechten § 10 Rn. 26 f. Zur Antragsbefugnis bei § 47 VwGO und den dabei geltenden Besonderheiten § 11 Rn. 4 ff.
58 BVerwG NJW 1988, 3279; NVwZ 1990, 655.
59 BVerwG NJW 1983, 1626; 1988, 1228; NVwZ 2013, 803.
60 Dazu OVG Bautzen JbSächsOVG 2, 236.
61 BVerwG NJW 1994, 1233.
62 VGH München BauR 2012, 1925.
63 Dagegen BVerwG NJW 1988, 3279; NVwZ 1989, 250; 1990, 655.
64 VGH Mannheim DÖV 2017, 1006.
65 BVerwG NVwZ 1998, 954; OVG Bremen NVwZ 1984, 594.
66 VGH Mannheim VBlBW 1992, 24.
67 BVerwG BauR 1998, 997.
68 VGH Mannheim BauR 1992, 60; VGH München BayVBl 2000, 182.
69 VGH Mannheim NJW 2013, 889.
70 BVerwG BauR 2010, 1202.

im baurechtlichen Sinne sind alle Grundstücke anzusehen, die durch das Vorhaben in ihren öffentlich-rechtlich geschützten Belangen berührt sein können. Für die Beurteilung kommt es auf die möglichen Auswirkungen der Errichtung des Vorhabens an. Zu den Eigentümern im Sinne des Absatzes 1 zählen auch Miteigentümer, Wohnungseigentümer und Erbbauberechtigte. Nicht hierzu gehören Mieter und Pächter. Der Käufer eines Grundstücks zählt nur dann zum Kreis der Nachbarn im Sinne der Vorschrift, wenn auf ihn bereits der Besitz sowie Nutzungen und Lasten übergegangen sind und zu seinen Gunsten eine Auflassungsvormerkung in das Grundbuch eingetragen ist."

2. Rechtsstellung des Nachbarn

23 Ein Nachbar kann sich nur dann erfolgreich gegen eine Baugenehmigung zur Wehr setzen, wenn **nachbarschützende Vorschriften verletzt** werden. Widerspruch und Klage eines Nachbarn sind daher unbegründet, wenn eine Baugenehmigung zwar rechtswidrig ist, aber die verletzten Vorschriften nicht dem Nachbarschutz dienen;[71] dies folgt nach dem eben Gesagten bereits aus § 113 Abs. 1 S. 1 VwGO.

Beispiele:

- VGH Kassel BauR 1990, 709: Die Genehmigung einer Tennishalle auf einer durch Bebauungsplan ausgewiesenen Grünfläche ist zwar rechtswidrig, verletzt aber den Nachbarn der Grünanlage nicht in seinen Rechten, da die Festsetzung einer Grünfläche ausschließlich öffentlichen Belangen dient.
- OVG Münster NVwZ-RR 1999, 366: Die Genehmigung der Verdoppelung der Tribünenplätze eines Fußballstadions ohne gleichzeitige Anlage zusätzlicher Stellplätze verstößt zwar gegen die Verpflichtung zur Herstellung notwendiger Stellplätze, gleichwohl kann der Nachbar dagegen nicht vorgehen, weil die Verpflichtung nicht dem Schutz der Nachbarschaft dient.

Hinweis: Die Widerspruchsbehörde kann hingegen einen Widerspruch, der auf die Verletzung einer nicht-nachbarschützenden Norm gestützt wird, zum Anlass nehmen, die Bauaufsichtsbehörde zur Rücknahme der Baugenehmigung nach § 1 S. 1 SächsVwVfZG i.V.m. § 48 VwVfG zu veranlassen; weigert sich diese, kann sie eine entsprechende fachaufsichtliche Weisung erlassen bzw. gemäß § 58 Abs. 5 SächsBO die Rücknahme der Baugenehmigung im Wege des Selbsteintritts aussprechen.

a) Unterteilung des Drittschutzes

24 Eine Norm kann – erstens – **generell nachbarschützend** sein. Das bestimmt sich nach der zu § 42 Abs. 2 VwGO entwickelten **Schutznormtheorie**. Danach kann der Nachbar eine Verletzung solcher Normen rügen, die nicht nur öffentlichen Interessen, sondern auch seinen Belangen zu dienen bestimmt sind.[72] Verstößt die Baugenehmigung gegen eine solche Schutznorm, ist es unerheblich, ob der Nachbar tatsächlich durch das Bauvorhaben in seinen Interessen berührt wird. Die nachbarschützende Zweckbestimmung kann sich bereits aus dem **Wortlaut** ergeben, beispielsweise wenn § 12 Abs. 1 S. 2 SächsBO fordert, dass die Tragfähigkeit des Baugrundes des Nachbargrundstücks nicht gefährdet werden darf oder § 3 Abs. 1 BImSchG auf Gefahren, Nachteile oder Belästigungen für die Nachbarschaft abstellt. Daneben kann die nachbarschützende Wirkung dem **Sinn und Zweck** der Vorschrift entnommen werden; so dienen z.B. die Vorschriften über Brandwände (§ 30 SächsBO) erkennbar nachbarlichen Belangen. Schließlich ist ein Nachbarschutz auch dann anzunehmen, wenn die Grundstückseigentümer eine bau- und bodenrechtliche Schicksalsgemeinschaft bilden, d.h. der Vorteil des

---

71 BVerwGE 22, 129; NVwZ 1992, 977; 2008, 1012.
72 Zur Schutznormtheorie etwa BVerwG DVBl 1987, 476; BauR 2008, 1427; OVG Berlin BauR 1985, 434; zur Vereinbarkeit mit Unionsrecht etwa *Schlacke* NVwZ 2014, 11.

B. Rechtsschutz des Nachbarn

einen gleichzeitig der Nachteil eines anderen ist, was insbesondere bei der Ausweisung von Baugebieten durch entsprechende Bebauungspläne der Fall sein kann.[73] Das BVerwG spricht insoweit von einem Austauschverhältnis.[74] Umgekehrt scheidet ein Nachbarschutz aus, wenn die Vorschrift ausdrücklich oder ihrem Sinngehalt nach nur öffentlichen Belangen dienen soll, z.b. die Anforderungen an Kleinkläranlagen (§ 44 SächsBO) im Hinblick auf eine einwandfreie Abwasserbeseitigung oder die Anforderungen an Aufenthaltsräume (§ 47 SächsBO), die dem Schutz der Bewohner des Hauses (und nicht der Nachbarn) dienen.

Partiell nachbarschützende Wirkung können – zweitens – Vorschriften entfalten, die keine Schutznormen sind, aber als Ausdruck des **Rücksichtnahmegebots** (als zunächst objektivem Rechtsgrundsatz!) im Einzelfall Interessen des Nachbarn schützen. Anders als bei generell drittschützenden Normen genügt hier nicht der Verstoß gegen die Vorschrift; der Nachbar muss auch tatsächlich beeinträchtigt sein. Welche Anforderungen das (objektiv-rechtliche) Gebot der Rücksichtnahme, das etwa für Vorhaben im räumlichen Geltungsbereich (qualifizierter) Bebauungspläne einfachgesetzlich in § 15 Abs. 1 S. 2 BauNVO und für faktische Baugebiete im Einfügensgebot des § 34 Abs. 1 BauGB verankert ist,[75] begründet, hängt wesentlich von den Umständen des Einzelfalles ab. Es gilt: Je empfindlicher und schutzwürdiger die Stellung derer ist, denen die Rücksichtnahme zukommt, umso mehr kann diese verlangt werden. Je verständlicher und unabweisbarer hingegen die mit dem Vorhaben verfolgten Interessen sind, umso weniger braucht derjenige, der das Vorhaben verwirklichen will, Rücksicht zu nehmen.[76] Ergibt sich daraus, dass das Vorhaben objektiv rücksichtslos ist, folgt daraus aber noch keine Rechtsposition des Nachbarn, die er gegen die Baugenehmigung einwenden könnte. Dem (objektiv-rechtlichen) Gebot der Rücksichtnahme kommt drittschützende Wirkung nämlich nur zu, „soweit in qualifizierter und zugleich individualisierter Weise auf schutzwürdige Interessen eines erkennbar abgegrenzten Kreises Dritter Rücksicht zu nehmen ist".[77] Der Nachbar muss, mit anderen Worten, durch das objektiv rechtswidrige Vorhaben unzumutbare tatsächliche Beeinträchtigungen erleiden.

Subsidiären Drittschutz vermitteln – drittens – die Grundrechte als Abwehrrechte und grundrechtliche Schutzpflichten. Nachbarschutz konnte nach der früheren Rechtsprechung des BVerwG auch unmittelbar aus **Art. 14 GG** abgeleitet werden, wenn das Eigentum an dem Grundstück durch bauliche Maßnahmen auf dem Nachbargrundstück schwer und unerträglich beeinträchtigt wurde.[78] Das BVerwG hat diese Rechtsprechung inzwischen weitgehend – nämlich für den Fall der „bloß" **mittelbaren Beeinträchtigung** des Nachbargrundstücks – aufgegeben.[79] Insoweit übernimmt es seine zuvor entwickelte Rechtsprechung zum Bestandsschutz, wonach sich aus Art. 14 GG grundsätzlich keine subjektiven Rechte herleiten lassen, weil es dafür der inhaltlichen Ausgestaltung des Eigentumsbegriffs durch den Gesetzgeber bedarf. Auf Art. 14 GG darf daher nur zurückgegriffen werden, wenn das öffentliche Baurecht keine Vorschriften enthält, ob und in welchem Umfang dem Nachbarn Abwehrrechte zustehen;[80] bestehen solche Vorschriften und vermitteln sie keine nachbarlichen Abwehransprüche, kann sich der Nachbar nicht auf Art. 14 GG berufen[81].

---

73 Vgl. etwa BVerwG NVwZ 2008, 427.
74 BVerwG NVwZ 1997, 384. Zum Gebietserhaltungsanspruch § 10 Rn. 36.
75 Dazu § 10 Rn. 32.
76 VG München BeckRS 2010, 32906.
77 BVerwGE 52, 122.
78 BVerwG NJW 1969, 1787; 1974, 811; 1976, 1987.
79 BVerwG NVwZ 1992, 977; 1997, 384; dazu auch *Mampel* NJW 1999, 975; *Muckel/Ogorek* Öffentliches Baurecht § 10 Rn. 75.
80 BVerwG NVwZ 1992, 977.
81 BVerwG UPR 1996, 73; vgl. auch OVG Bautzen BeckRS 2017, 136720.

Ein unmittelbar auf Art. 14 GG gestützter Nachbarschutz wird nur noch dann anerkannt, wenn das Grundstück der Nachbarn durch das genehmigte Bauvorhaben **unmittelbar gegenständlich in Anspruch genommen** wird. Bei einer unmittelbaren Inanspruchnahme seines Grundstücks durch Notwegerechte, Leitungsrechte o. Ä. kann der Nachbar also sein Abwehrrecht unmittelbar auf Art. 14 GG stützen und zwar auch dann, wenn die Beeinträchtigung nicht schwer und unerträglich ist.[82] Denn in diesem Fall wird der Kernbereich des Art. 14 GG berührt; ein solcher rechtswidriger unmittelbarer Zugriff auf ein Grundstück, sei er zivilrechtlich oder öffentlich-rechtlich, braucht nicht hingenommen zu werden.

Beispiel:

- BVerwG NJW 1976, 1987; NVwZ-RR 1999, 165: Nach der Bebauung eines nicht an eine Straße grenzenden Grundstücks würde dem Bauherrn nach § 917 BGB ein Notwegerecht über das Nachbargrundstück zustehen.

27 Die Grundsätze zum (subsidiären) Nachbarschutz des Art. 14 GG gelten auch für **Art. 2 Abs. 2 S. 1 GG**; der Schutz von Leben und Gesundheit kann nicht geringer sein als der des Eigentums[83]. Danach kann der Nachbar, wenn er durch eine bauliche Anlage in seiner körperlichen Unversehrtheit beeinträchtigt wird, ein Abwehrrecht gegen das Vorhaben geltend machen. Eine solche Nachbarklage setzt jedoch voraus, dass der Staat seiner aus Art. 2 Abs. 2 S. 1 GG folgenden Schutzpflicht nicht nachgekommen ist, der Staat also überhaupt keine oder nur unzureichende Maßnahmen getroffen hat, um das gebotene Schutzziel zu erreichen[84]. Das wird i.d.R. zu verneinen sein, da der Gesetzgeber seiner Schutzpflicht durch die Vorschriften des privaten und öffentlichen Nachbarrechts ausreichend Rechnung getragen hat[85]. Statt Art. 2 Abs. 2 S. 1 GG gelangen also vorrangig § 22 Abs. 1 BImSchG bzw. das einfachgesetzlich verankerte Gebot der Rücksichtnahme zur Anwendung; eines Rückgriffs auf Art. 2 Abs. 2 S. 1 GG bedarf es daher i.d.R. nicht.[86] In der Praxis wird eine Verletzung des Art. 2 Abs. 2 S. 1 GG vor allem bei der Gefährdung durch elektromagnetische Felder von Mobilfunkanlagen[87] geltend gemacht, allerdings durchweg ohne Erfolg[88]. Eine (eventuell sehr geringe) Gefahr für die Gesundheit löst das Abwehrrecht aus Art. 2 Abs. 2 S. 1 GG demnach grundsätzlich nicht aus, sondern erst ein jenseits der Schwelle der praktischen Vernunft liegendes Besorgnispotenzial.[89]

Hinweis: Auf der Herleitung des Drittschutzes liegt in Baurechtsklausuren regelmäßig ein Schwerpunkt. Wichtig ist es dabei, die Unterscheidung zwischen generellem, partiellem und subsidiärem Drittschutz zu verinnerlichen. Subsidiärer Drittschutz aufgrund der Grundrechte wird dabei allerdings nur in wenigen Fällen eine Rolle spielen.

---

82 BVerwGE 50, 282; NJW 1974, 817.
83 BVerwG NJW 1978, 554.
84 Zuletzt BVerfGE 157, 30.
85 BVerfG NJW 1997, 2509.
86 Vgl. nur VGH Mannheim NVwZ-RR 1995, 561.
87 Dazu 26. BImSchV.
88 BVerfG NJW 2002, 1638 – Grenzwerte verfassungsrechtlich nicht zu beanstanden; BVerwG NVwZ 1996, 1023; OVG Koblenz NVwZ-RR 2002, 17; OVG Münster NVwZ-RR 2004, 481; DVBl 2009, 327; VGH Mannheim VBlBW 2003, 72 – jeweils: bei Einhaltung der Grenzwerte keine schädlichen Umwelteinwirkungen.
89 Dazu BVerfG NVwZ 2009, 171 (Standortzwischenlager für Kernbrennstoffe); BVerwG NVwZ 2012, 1338 (Forschungszentrum für Tierimpfstoffe).

b) Einzelne drittschützende Normen

aa) Verfahrensvorschriften

Im Anschluss an die Rechtsprechung des BVerfG[90] wird auch in der baurechtlichen Literatur die Frage diskutiert, ob in der Missachtung von Verfahrensvorschriften eine Verletzung von Rechten des Nachbarn liegen kann.[91] Diese Frage ist grundsätzlich zu verneinen.

Beispiele:
- VGH Mannheim NVwZ-RR 2007, 82: Ein drittbetroffener Nachbar kann – jedenfalls in Fällen, in denen Ermessenserwägungen nicht anzustellen sind – die Aufhebung einer Baugenehmigung nicht allein deshalb verlangen, weil sie von einer sachlich unzuständigen Behörde erteilt worden ist.
- OVG Bautzen NJOZ 2009, 2707: Wird zu Unrecht lediglich ein vereinfachtes Baugenehmigungsverfahren (§ 63 SächsBO) durchgeführt, verletzt dies allein den Nachbarn noch nicht in seinen Rechten.

Etwas anderes gilt nur für solche Verfahrensvorschriften, die nach dem Willen des Gesetzgebers die Grundrechte des betroffenen Bürgers grundlegend sichern sollen. Solche Verfahrensvorschriften gibt es im Baurecht zunächst hinsichtlich der Öffentlichkeitsbeteiligung bei der Bauleitplanung sowie hinsichtlich der **Nachbarbeteiligung**. So ist das Benachrichtigungsverfahren gemäß § 70 Abs. 1 SächsBO nachbarschützend.[92] Die abweichende Auffassung, wonach die Beteiligung des Nachbarn lediglich als Mittel für die Behörde diene, sich möglichst umfassend über den entscheidungserheblichen Sachverhalt zu unterrichten, der Schutzzweck also nicht in der Wahrung der Beteiligungsrechte selbst liege,[93] ist abzulehnen. Es geht nicht darum, ob die Hinzuziehung einen Wert an sich hat; entscheidend ist, dass die vorgeschriebene Beteiligung die materiellen Rechte des Nachbarn verfahrensrechtlich absichern soll. Eine andere Frage ist es, ob die Beteiligung von § 1 S. 1 SächsVwVfZG i.V.m. § 45 Abs. 1 Nr. 3, Abs. 2 VwVfG erfasst wird. Das erscheint zweifelhaft, da die Beteiligung über die Anhörung des § 1 S. 1 SächsVwVfZG i.V.m. § 28 VwVfG hinausgeht, entspricht aber der Rechtsprechung des OVG Bautzen, welches die Verletzung von § 70 Abs. 1 SächsBO im Widerspruchsverfahren für heilbar hält.[94]

Eine Verletzung von Rechten des Nachbarn kann sich außerdem daraus ergeben, dass eine Baugenehmigung nicht den Anforderungen des § 1 S. 1 SächsVwVfZG i.V.m. § 37 VwVfG an die **Bestimmtheit** eines Verwaltungsaktes entspricht und daher nicht feststellbar ist, ob bzw. in welchem Maß der Nachbar in seinen Rechten betroffen wird.[95] Der Nachbar, der ein zulässiges Rechtsmittel eingelegt hat, kann sein Rechtsmittel auch darauf stützen, dass eine Baugenehmigung ohne die erforderliche Umweltverträglichkeitsprüfung erteilt wurde.[96] Eine Verletzung von Rechten des Nachbarn liegt allerdings nicht vor, wenn ein genehmigungspflichtiges Vorhaben ohne Baugenehmigung errichtet wird;[97] der Nachbar kann freilich ein Einschreiten der Bauaufsichtsbehörde beantragen, wenn der **Schwarzbau** gegen nachbarschützende Normen des materiellen Baurechts verstößt[98].

Das BVerwG hat eine Verletzung von Rechten des Nachbarn auch dann verneint, wenn ein Großvorhaben **ohne** Durchführung der nach § 1 Abs. 3 BauGB **erforderlichen Bauleitplanung**

---

90 BVerfG NJW 1980, 759 (Mülheim-Kärlich); NJW 1981, 1436 (Asylverfahren).
91 Dazu etwa *Schlichter* NVwZ 1983, 641 (647 ff.).
92 OVG Bautzen BeckRS 2014, 45200; *Ortloff* NJW 1983, 961.
93 VGH München BeckRS 2016, 41775.
94 OVG Bautzen BeckRS 2014, 45200; a.A. *Ortloff* NJW 1983, 961; *Otto* Öffentliches Baurecht II § 19 Rn. 16.
95 OVG Bautzen SächsVBl 2003, 235; BeckRS 2020, 1669; OVG Münster NVwZ-RR 1996, 311; OVG Koblenz NVwZ-RR 2013, 794.
96 BVerwG NVwZ 2014, 669. Zum unionsrechtlichen Verfahrensrecht nur *Otto* Öffentliches Baurecht II § 18 Rn. 46.
97 VGH München NVwZ 1989, 269; OVG Münster BauR 2014, 975; OVG Lüneburg NVwZ-RR 2008, 374.
98 Dazu allgemein § 10 Rn. 68 ff.

genehmigt wird.[99] Das BVerwG begründet dies damit, dass es nach § 2 Abs. 3 BauGB keinen Anspruch auf Bauleitplanung gebe. Dieser Rechtsprechung kann nicht zugestimmt werden.[100] Das Gebot gerechter Abwägung bei der Aufstellung von Bebauungsplänen und die Vorschriften über die Öffentlichkeitsbeteiligung dienen auch dem Schutz privater Interessen;[101] werden diese Vorschriften missachtet, werden Verfahrensrechte der betroffenen Grundstückseigentümer verletzt, die dem Schutz des Art. 14 GG dienen. Ist ein Vorhaben statt im BImSchG-Verfahren baurechtlich genehmigt worden, kann sich der Nachbar allerdings nicht auf eine Rechtsverletzung berufen, weil es sich lediglich um eine andere Verfahrensart ohne planerische Abwägung handelt;[102] anders ist es, wenn statt einer erforderlichen Planfeststellung ein Baugenehmigungsverfahren durchgeführt worden ist[103].

bb) Materielles Baurecht

30   Generell bzw. partiell nachbarschützende Normen lassen sich sowohl dem Bauplanungsrecht als auch dem Bauordnungsrecht entnehmen.

(1) Bauplanungsrecht

31   Bevor einzelne Normen des Bauplanungsrechts in den Blick genommen werden sollen, wird das bauplanungsrechtliche Gebot der Rücksichtnahme vorgestellt, das in verschiedenen Normen verankert ist.

(a) Das Gebot der Rücksichtnahme

32   Das baurechtliche **Gebot der Rücksichtnahme** soll einen angemessenen Ausgleich zwischen den Belangen des Bauherrn und seiner Umgebung bewirken.[104] Jeder Bauherr muss bedenken, welche Folgen die Verwirklichung seines Vorhabens für die Umgebung haben wird; er muss unter Umständen sogar ein nach den baurechtlichen Vorschriften zulässiges Vorhaben unterlassen, wenn dadurch eine schwere Beeinträchtigung der Umgebung eintritt. Allerdings muss niemand eigene Interessen zurückstellen, um gleichgewichtige Belange anderer zu schonen.[105] Auf nicht genehmigte Bauvorhaben muss dabei ebenso wenig Rücksicht genommen werden[106] wie auf Erweiterungsabsichten, soweit diese nicht schon im vorhandenen Bestand angelegt sind[107].

Das Gebot der Rücksichtnahme ist **kein allgemeines baurechtliches Gebot**, sondern muss in baurechtlichen Vorschriften verankert sein;[108] deshalb ist in einem ersten Schritt zu ermitteln, ob die in Rede stehende Norm überhaupt drittschützend sein kann („**ob**"). Dies ist nur dann der Fall, soweit in qualifizierter und zugleich individualisierter Weise auf schutzwürdige Interessen eines erkennbar abgegrenzten Kreises Dritter Rücksicht genommen wird.[109] Dies ist etwa bei dem

---

99   BVerwG NVwZ 1983, 92; NuR 2014, 199; dazu auch OVG Saarlouis NJW 1982, 2086; a.A. OVG Münster BauR 1982, 554; OVG Hamburg BauR 1977, 256.
100 Dazu auch *Brohm* NJW 1981, 1689; *Battis* in: Battis/Krautzberger/Löhr § 3 Rn. 4. Kritisch auch *Otto* Öffentliches Baurecht II § 19 Rn. 5 mit Verweis auf die Rechtsprechung im Fachplanungsrecht.
101 BVerwG NJW 1999, 592.
102 OVG Münster NVwZ 2003, 361.
103 BVerwG NVwZ 2002, 346.
104 Dazu insbesondere BVerwG NJW 1978, 62; NVwZ 1992, 977; NVwZ-RR 1997, 516; *Decker* JA 2003, 246; *Sarnighausen* NVwZ 1993, 1054; aus jüngerer Zeit etwa *Petz* ZfBR 2015, 644; *Uechtritz* DVBl 2016, 90.
105 VGH Mannheim VBlBW 1982, 377.
106 BVerwG NVwZ 1994, 165; VGH Mannheim VBlBW 1995, 481.
107 BVerwG DVBl 1993, 652.
108 BVerwG NVwZ 1992, 977; 1985, 37. Dem folgend *Petz* ZfBR 2015, 644; *Wolf* NVwZ 2013, 247. A.A. *Dürr* VBlBW 2015, 319.
109 BVerwG NJW 1978, 62; 1984, 138; BauR 1989, 710; NVwZ-RR 1997, 516.

B. Rechtsschutz des Nachbarn

Merkmal des „Einfügens" im Tatbestand des § 34 Abs. 1 BauGB anerkannt.[110] Bei § 35 BauGB wurde das Gebot der Rücksichtnahme zunächst als öffentlicher Belang i.S.d. § 35 Abs. 3 BauGB angesehen;[111] nunmehr greift das BVerwG insoweit auf § 35 Abs. 3 S. 1 Nr. 3 BauGB (**schädliche Umwelteinwirkungen**) zurück. Außerdem findet sich das Gebot der Rücksichtnahme bei Vorhaben im beplanten Bereich in § 15 Abs. 1 S. 2 BauNVO (**unzumutbare Beeinträchtigung der Umgebung**), soweit das Vorhaben §§ 2 ff. BauNVO entspricht.[112] Wird das Bauvorhaben aufgrund einer Befreiung von den Festsetzungen eines Bebauungsplans zugelassen, leitet sich das Gebot der Rücksichtnahme schließlich aus der nach § 31 Abs. 2 BauGB gebotenen **Würdigung nachbarlicher Belange** ab.[113]

Hinweis: Da das Gebot der Rücksichtnahme kein eigenständiges, übergesetzliches Prinzip ist, muss sich die Geltendmachung einer Rechtsverletzung im Rahmen der Klagebefugnis (§ 42 Abs. 2 VwGO) stets auf die Möglichkeit der Verletzung einer drittschützenden Norm in Verbindung mit dem Rücksichtnahmegebot stützen.

In einem zweiten Schritt ist zu klären, in welchem Umfang der Nachbar eine Verletzung der in Rede stehenden Norm geltend machen kann („**wie**"). Dabei gilt: Je empfindlicher und schutzwürdiger die Stellung derer ist, denen die Rücksichtnahme zukommt, umso mehr kann diese verlangt werden. Je verständlicher und unabweisbarer hingegen die mit dem Vorhaben verfolgten Interessen sind, umso weniger braucht derjenige, der das Vorhaben verwirklichen will, Rücksicht zu nehmen.[114] Verlangt wird also eine **Abwägung** aller betroffenen Belange, d.h. der Interessen des Bauherrn an der Bebauung seines Grundstücks einerseits und den Interessen des Nachbarn an der ungestörten Nutzung seines Grundstücks andererseits. Fällt diese Abwägung zugunsten des Nachbarn aus, muss der Bauherr hierauf Rücksicht nehmen[115]. Dies setzt voraus, dass der Nachbar einer ihm in Hinblick auf die jeweilige Situation **billigerweise nicht mehr zumutbaren Beeinträchtigung** ausgesetzt ist;[116] eine Alternativenprüfung fordert das Rücksichtnahmegebot jedoch nicht[117]. Auch eine Wertminderung des Nachbargrundstücks für sich genommen ist unerheblich.[118]

33

Beispiele:
- VGH Mannheim BauR 1992, 45: Wegen der zu erwartenden immissionsschutzrechtlichen Probleme ist es rücksichtslos, neben einem großen Schreinereibetrieb ein Studentenwohnheim zu errichten (dazu auch BVerwG NVwZ 2013, 372 – Mehrfamilienhaus neben Holzbearbeitungsunternehmen; OVG Münster BauR 1996, 222 – Wohnhaus neben Schrottlagerplatz).
- BVerwG BauR 1981, 354: Es verstößt gegen das Gebot der Rücksichtnahme, wenn in einem mit zwei- bis dreigeschossigen Wohnhäusern bebauten Gebiet ein zwölfgeschossiges Wohn- und Geschäftshaus genehmigt wird (zu sog. Erdrückungsfällen etwa auch VGH Mannheim NVwZ-RR 2016, 19; VGH Kassel BauR 2016, 479; OVG Bremen BauR 2016, 2059).
- BVerwG ZfBR 2014, 257: Es ist rücksichtslos, eine Haushälfte eines zweigeschossigen Doppelhauses auf vier Geschosse zu erhöhen, weil dadurch die für ein Doppelhaus erforderliche Identität beider Haushälften verloren geht.
- VGH Mannheim VBlBW 1981, 77: Kein Verstoß gegen das Gebot der Rücksichtnahme, wenn durch ein Bauvorhaben die freie Aussicht des Nachbarn eingeschränkt wird (ähnlich OVG Magdeburg BauR 2012, 756; a.A. VGH München BauR 2003, 657 – völliger Verbau der Aussicht durch einen Erweiterungsbau).
- OVG Bautzen BeckRS 2019, 2435: Das Gebot der Rücksichtnahme bietet in aller Regel keinen Schutz vor Einsichtsmöglichkeiten auf Grundstücke, da es Nachbarn in einem bebauten innerstädtischen

---

110 BVerwG NVwZ 1994, 686.
111 BVerwG NJW 1978, 62.
112 BVerwG NJW 1984, 138; NVwZ 2000, 1050.
113 BVerwG NJW 1990, 1192.
114 VG München BeckRS 2010, 32906.
115 BVerwG NVwZ 1994, 686; 1996, 379; VGH Mannheim BauR 2011, 1800; NVwZ-RR 2014, 545.
116 BVerwG BauR 1985, 68; 2000, 234.
117 BVerwG NVwZ-RR 1998, 357.
118 BVerwG NVwZ-RR 1998, 540.

Wohngebiet hinnehmen müssen, dass Grundstücke innerhalb des durch das Bauplanungs- und das Bauordnungsrecht vorgegebenen Rahmens baulich ausgenutzt werden und es dadurch zu wechselseitigen Einsichtsmöglichkeiten kommt.
- OVG Bremen BauR 2003, 509: Eine unzureichende Zahl von Stellplätzen kann bei unzumutbarer Störung durch den Parksuchverkehr gegen das Rücksichtnahmegebot verstoßen. Grundsätzlich muss der Nachbar aber den durch notwendige Stellplätze (§ 49 SächsBO[119]) verursachten Lärm hinnehmen.
- BVerwG NVwZ-RR 1997, 516: Dem Interesse des Nachbarn an der Belichtung seines Hauses ist i.d.R. durch die Vorschriften über die Abstandsflächen Rechnung getragen; der Nachbar kann indes in Einzelfällen aus dem Rücksichtnahmegebot weitergehende Schutzansprüche ableiten, zumal sich § 6 Abs. 5 S. 1 SächsBO (0,4 H) auf ein sicherheitsrechtliches und gesundheitliches Minimum beschränkt (OVG Bautzen LKV 2006, 563; vgl. auch OVG Münster NVwZ-RR 2009, 459; OVG Berlin-Brandenburg BauR 2010, 441).[120]

34 Das Gebot der Rücksichtnahme verpflichtet nicht nur den Bauherrn zur Rücksichtnahme, sondern umgekehrt auch den Nachbarn, soweit es um schützenswerte Belange des Bauherrn geht.

Beispiele:
- BVerwG NVwZ 1996, 379: Wenn in einem durch Bebauungsplan festgesetzten allgemeinen Wohngebiet eine eigentlich als störender Gewerbebetrieb dort unzulässige Autolackiererei genehmigt wurde, kann dieses nicht dazu führen, dass das Nachbargrundstück wegen der Immissionen dieses Betriebs nicht mit einem Wohnhaus bebaut werden darf. Vielmehr muss im Kompromiss zwischen den beiderseitigen Interessen gefunden werden, etwa durch eine bessere Isolierung des Betriebsgebäudes, eine Veränderung der Arbeitsabläufe oder notfalls auch durch den Einbau von Schallschutzfenstern in das Wohnhaus (dazu auch BVerwG NVwZ 2000, 1050 – Errichtung eines Wohnhauses neben bestehendem Sportplatz).
- VGH Mannheim BauR 2003, 1203: Wer selbst zu nahe an der Grenze baut, kann vom Bauherrn nicht die Einhaltung der vollen Abstandsfläche verlangen.

35 Soweit es um Immissionen geht, wird die Grenze des Zumutbaren im Wesentlichen durch Verordnungen und sog. Technische Regelwerke wie die TA-Lärm[121], die TA-Luft[122], die Geruchsimmissions-Richtlinie (GIRL)[123] sowie DIN-Vorschriften oder VDI-Richtlinien[124] festgelegt. Ein immissionsschutzrechtlich zumutbares Vorhaben muss aber nicht baurechtlich zumutbar sein;[125] Immissionen, die nach Immissionsschutzrecht unzumutbar sind, sind dies indes auch nach Baurecht[126]. So legen die TA Lärm und die TA Luft jedenfalls für Gewerbebetriebe die Schwelle der Unzumutbarkeit verbindlich fest, da sie als Verwaltungsvorschriften einen gleichmäßigen und berechenbaren Gesetzesvollzug gewährleisten sollen;[127] die GIRL als Technisches Regelwerk darf dagegen nur als Orientierungshilfe für die Beurteilung der Zumutbarkeit von Geruchsbelastungen angewendet werden[128]. Ebenso stellen die DIN-Vorschriften und die VDI-Richtlinien als Normwerke privater Vereine nur Orientierungshilfen für Verwaltung und Gerichte dar.[129]

(b) §§ 30-33 BauGB

36 Die Festsetzungen eines Bebauungsplans zur Art der baulichen Nutzung durch Ausweisung von Baugebieten nach §§ 2-11 BauNVO sind nach allgemeiner Ansicht (generell) **nachbarschützend**. Denn die Eigentümer im Plangebiet bilden eine bau- und bodenrechtliche Schicksalsgemeinschaft, in der die Beschränkung der Nutzungsmöglichkeiten dadurch ausgeglichen wird, dass

---

119 Dazu § 8 Rn. 23 ff.
120 Zu § 6 SächsBO § 8 Rn. 3 ff.
121 Dazu BVerwG NVwZ 2000, 440; aus dem Schrifttum u.a. *Kutscheid* NVwZ 1999, 577; zur Neufassung *Telschow* IR 2022, 265.
122 Dazu BVerwG NVwZ 1997, 497; OVG Bautzen SächsVBl 1998, 292.
123 BVerwG NVwZ 2018, 509.
124 Dazu OVG Bautzen SächsVBl 1998, 292.
125 BVerwG NVwZ 2002, 1118 (Zustellstützpunkt der Post im Wohngebiet).
126 OVG Münster BauR 2003, 1361.
127 BVerwG NVwZ 2013, 372.
128 OVG Bautzen BeckRS 2018, 4555.
129 Vgl. etwa BVerwG ZfBR 2007, 466.

auch die anderen Eigentümer denselben Beschränkungen unterworfen sind und sich daher in einem Austauschverhältnis befinden.[130] Aus diesem Austauschverhältnis folgt ein sog. **Gebietserhaltungsanspruch** der Eigentümer von Grundstücken im Geltungsbereich eines Bebauungsplans.[131] Dies bedeutet, dass jeder Grundstückseigentümer einen Anspruch darauf hat, dass nur die in den jeweiligen Absätzen 2 und 3 der §§ 2 ff. BauNVO als Regelfall bzw. als Ausnahme angeführten Bauvorhaben zugelassen werden; umgekehrt ist er selbst auf die dort genannten Möglichkeiten beschränkt. So führt beispielsweise die Festsetzung eines allgemeinen Wohngebiets in einem Bebauungsplan einerseits dazu, dass die Grundstückseigentümer keine störenden Gewerbebetriebe errichten dürfen. Andererseits haben sie einen Rechtsanspruch darauf, dass auch ihr Nachbar keinen störenden Gewerbebetrieb errichtet. Der Anspruch auf Erhaltung des Gebietscharakters hängt allerdings nicht davon ab, ob der Nachbar durch eine Bebauung, die nach §§ 2 ff. BauNVO in dem jeweiligen Baugebiet nicht zulässig ist, nachteilig betroffen wird.[132] Das liegt daran, dass im Geltungsbereich eines Bebauungsplans ein Austauschverhältnis zwischen den Grundstückseigentümern besteht und jeder Eigentümer sich unabhängig von der Schwere der Beeinträchtigung gegen eine Störung dieses Austauschverhältnisses zur Wehr setzen kann.

Von diesem – gewissermaßen allgemeinen – Gebietserhaltungsanspruch, der bereits durch die Zulassung eines Vorhabens ausgelöst wird, welches in dem konkreten Baugebiet weder allgemein noch ausnahmsweise zulässig ist, zu unterscheiden ist zunächst der „spezielle" Gebietserhaltungsanspruch[133]. Damit ist der Fall gemeint, dass das Vorhaben zwar in dem konkreten Baugebiet allgemein oder ausnahmsweise zulässig ist, es sich aber bei generell-typisierender Betrachtungsweise als gebietsunverträglich erweist. Zur Erinnerung: Ein Vorhaben ist insbesondere dann gebietsunverträglich, wenn es wegen seines räumlichen Umfangs und der Größe seines betrieblichen Einzugsbereichs, der Art der Betriebsvorgänge und der Intensität des Zu- und Abgangsverkehrs generell (typischerweise) geeignet ist, den Gebietscharakter zu stören.[134] Der „spezielle" Gebietserhaltungsanspruch erlaubt es dem Nachbarn nun, sich gegen ein gebietsunverträgliches Vorhaben im selben Plangebiet zu wehren; er bildet sozusagen das subjektive Gegenstück zur (ungeschriebenen) Zulässigkeitsvoraussetzung der Gebietsverträglichkeit, der eine typisierende Betrachtungsweise zugrunde liegt und die der Einzelfallprüfung auf der Grundlage des § 15 Abs. 1 BauNVO vorgelagert ist[135]. 37

Hinweis: Da in Bezug auf Grundstückseigentümer außerhalb des Geltungsbereichs des Bebauungsplans kein bau- und bodenrechtliches Austauschverhältnis besteht, kann der außerhalb des Bebauungsplangebiets gelegene Grundstückseigentümer nur eine Verletzung des Rücksichtnahmegebots rügen;[136] § 15 Abs. 1 S. 2 BauNVO bildete insoweit die Grundlage für einen plangebietsübergreifenden Nachbarschutz, was sich damit erklärt, dass § 15 Abs. 1 S. 2 BauNVO auch unzumutbare Störungen in der Umgebung des Baugebiets verbietet. Ein „echter" gebietsübergreifender Gebietserhaltungsanspruch besteht nur dann, wenn mit den Festsetzungen des Bebauungsplans auch eine Schutzwirkung für Grundstücke außerhalb des Plangebiets beabsichtigt war.[137]

---

130 BVerwG NVwZ 1997, 384.
131 BVerwG NVwZ 2012, 825; VGH Mannheim BauR 2017, 79; OVG Bautzen BeckRS 2018, 4555 („Gebietswahrungsanspruch"); VGH München NVwZ-RR 2004, 248 („Gebietsbewahrungsanspruch"); OVG Münster NVwZ-RR 2003, 818 („Gebietsgewährleistungsanspruch"); aus dem Schrifttum etwa Stühler BauR 2011, 1576.
132 BVerwG NVwZ 2000, 679 u. 1054; NVwZ 2008, 427; a.A. VGH München NVwZ-RR 2004, 248.
133 Decker JA 2007, 55: „spezieller Gebietsprägungserhaltungsanspruch".
134 BVerwG NVwZ 2008, 786. Dazu bereits § 6 Rn. 29.
135 BVerwG NVwZ 2011, 748.
136 VGH München NVwZ-RR 1999, 226; OVG Münster BauR 1997, 279; a.A. OVG Münster NVwZ-RR 2003, 818.
137 BVerwG BauR 2013, 935.

38 § 15 Abs. 1 S. 1 BauNVO bildet zugleich die Grundlage für den Anspruch des Nachbarn auf Aufrechterhaltung der typischen Prägung eines konkreten Baugebiets (sog. Gebiets"prägungs"erhaltungsanspruch).[138] Er greift ein, wenn ein Vorhaben zwar nach der allgemeinen Nutzungsart in diesem Baugebiet zulässig (und nicht gebietsunverträglich) wäre, aber wegen der sich aus der örtlichen Situation und dem Planungswillen der Gemeinde ergebenden Eigenart des konkreten Baugebiets dort gleichwohl fehl am Platz ist.[139] Schließlich kann sich ein nachbarlicher Abwehranspruch in Bezug auf die Art der baulichen Nutzung aus dem ebenfalls in § 15 Abs. 1 BauNVO – hier in Satz 2 – verankerten Gebot der Rücksichtnahme ergeben, nämlich dann, wenn das Vorhaben in dem konkreten Baugebiet entweder allgemein oder ausnahmsweise zulässig ist, ohne gebietsunverträglich zu sein, es aber die erforderliche Rücksicht auf die Nachbarschaft vermissen lässt.

Hinweis: Da das Gebot der Rücksichtnahme bereits bei der Aufstellung eines Bebauungsplans zu beachten ist, ist es bei der Prüfung der Vereinbarkeit eines Vorhabens mit der im Bebauungsplan festgesetzten Art der baulichen Nutzung i.d.R. nicht nochmals zu prüfen.[140] Das in § 15 Abs. 1 S. 2 BauNVO verankerte Rücksichtnahmegebot kann zur Bewältigung eines nachbarlichen Konflikts im Geltungsbereich eines Bebauungsplans allerdings herangezogen werden, wenn der Bebauungsplan für eine derartige Konfliktbewältigung noch „offen" ist, d.h. wenn der Konflikt im Bebauungsplan nicht bewältigt wurde.[141]

39 Im Unterschied zur Art der baulichen Nutzung haben die sonstigen Festsetzungen des Bebauungsplans, namentlich über das **Maß der baulichen Nutzung** (§§ 16 ff. BauNVO) grundsätzlich keine nachbarschützende Funktion. Denn durch die Maßfestsetzungen eines Bebauungsplans würden die Planbetroffenen nicht in gleicher Weise zu einer „Schicksalsgemeinschaft" verbunden, wie das für die Festsetzung der Art der Nutzung der Fall ist. Nach Auffassung des BVerwG ließen derartige Festsetzungen in der Regel den Gebietscharakter unberührt und hätten nur Auswirkungen auf das Baugrundstück und die unmittelbar anschließenden Nachbargrundstücke. Zum Schutz der Nachbarn sei daher das in § 31 Abs. 2 BauGB verankerte drittschützende Rücksichtnahmegebot ausreichend, das eine Abwägung der nachbarlichen Interessen ermöglicht und den Nachbarn vor unzumutbaren Beeinträchtigungen schützt.[142] Dasselbe gilt für **§ 15 Abs. 1 S. 2 BauNVO**: Danach können auch Abweichungen von einer grundsätzlich nicht nachbarschützenden Festsetzung eines Bebauungsplans einen nachbarlichen Abwehranspruch begründen, wenn nämlich das Bauvorhaben gegen das **Gebot der Rücksichtnahme** verstößt.[143] Zwar erfasst § 15 Abs. 1 S. 2 BauNVO aufgrund seiner systematischen Stellung grundsätzlich nur die Art der baulichen Nutzung. Allerdings kann im Einzelfall Quantität (Maß) in Qualität (Art) umschlagen, so dass z.B. die Größe einer baulichen Anlage die Art der baulichen Nutzung erfassen kann.[144] Dies wird freilich nur bei einem erheblichen Überschreiten der zulässigen Geschosszahl oder Geschossflächenzahl in Betracht kommen, d.h. wenn das Volumen des Bauvorhabens den Nachbarn „erdrückt"[145] oder sein Gebäude „eingemauert"[146] wird bzw. eine „Gefängnishofsituation" entsteht[147].

---

138 Dazu etwa OVG Bautzen BeckRS 2020, 21185; kritisch VGH München BeckRS 2019, 27435.
139 Zu § 15 BauNVO § 6 Rn. 30 ff.
140 BVerwG NVwZ 2013, 372.
141 BVerwG BauR 2014, 210.
142 BVerwG NVwZ 1996, 170.
143 BVerwG NJW 1984, 138; NVwZ 1992, 977. Zum Gebot der Rücksichtnahme § 6 Rn. 32 sowie § 10 Rn. 32 ff.
144 BVerwG NVwZ 1995, 899.
145 BVerwG NVwZ 2007, 336; OVG Lüneburg NVwZ-RR 2014, 413.
146 OVG Bautzen BeckRS 2021, 17360.
147 OVG Magdeburg BauR 2012, 756.

B. Rechtsschutz des Nachbarn

Von dem Grundsatz, dass sonstige Festsetzungen (namentlich über das Maß) keine nachbarschützende Wirkung haben, erkennt das BVerwG – abgesehen von § 15 Abs. 1 S. 2 BauNVO – zwei Ausnahmen an: **Erstens**, wenn sich aus dem Bebauungsplan ergibt, dass diese Festsetzungen gerade erlassen wurden, um private, nachbarliche Belange zu schützen.[148] Wird das Maß der baulichen Nutzung und/oder die zulässige Überbauung der Grundstücke dagegen, wie es zumeist der Fall sein wird, aus Gründen der städtebaulichen Gestaltung geregelt, dann haben diese Festsetzungen keine nachbarschützende Wirkung.[149] Maßgeblich dafür ist der **Wille der Gemeinde** als Plangeber; er kann sich unmittelbar aus dem Bebauungsplan selbst, aus seiner Begründung, aus sonstigen Vorgängen im Zusammenhang mit der Planaufstellung oder aus einer wertenden Beurteilung des Festsetzungszusammenhangs ergeben.[150] Nachbarschutz besteht daher, wenn durch die Beschränkung der baulichen Nutzung eine aufgelockerte Bebauung zur Gewährleistung der Wohnruhe bewirkt werden soll oder sonstige Umstände ergeben, dass der Schutz der Grundstückseigentümer bezweckt wird,[151] wie das bei der Festsetzung von Doppelhäusern[152] oder seitlichen Baugrenzen oftmals der Fall sein wird[153].

Beispiel:
- VGH Mannheim VBlBW 1991, 25; NVwZ-RR 1990, 394: Die Festsetzung von Baugrenzen oder Gebäudehöhen kann nachbarschützend sein, wenn dadurch erkennbar für die Hinterlieger die Aussicht freigehalten werden soll.

Zweitens können seit dem Wannsee-Urteil des BVerwG[154] Festsetzungen über das Maß der baulichen Nutzung jedenfalls in vor 1960 entstandenen Bebauungsplänen – unabhängig von einem auf Nachbarschutz gerichteten Willen der Gemeinde (den es zu diesem Zeitpunkt mangels einschlägiger Rechtsprechung auch noch gar nicht hätte geben können!) – auch dann eine nachbarschützende Wirkung zukommen, wenn sich durch Auslegung des Bebauungsplans ergibt, dass die Maßfestsetzungen nach der Konzeption des Plangebers **objektiv in einem wechselseitigen nachbarlichen Austauschverhältnis** stehen.

Noch ungeklärt ist, ob sich die Rechtsprechung des BVerwG auch **auf ab 1960 entstandene Bebauungspläne übertragen** lässt; erste Stimmen in der Literatur scheinen dieser Ansicht zuzuneigen,[155] während sich die Rechtsprechung überwiegend in Zurückhaltung übt[156]. Letzteres dürfte zutreffen: Das Wannsee-Urteil betraf den Sonderfall eines Bebauungsplans aus dem Jahr 1959, also aus einem Zeitraum, in dem sich eine Gemeinde mangels BVerwG-Rechtsprechung zum Nachbarschutz[157] noch keine Gedanken zu einer nachbarschützenden Wirkung machen konnte. Es erscheint deshalb im Lichte der Gewaltenteilung (Art. 20 Abs. 2 S. 2 GG) „nicht unproblematisch", bei neueren Bebauungsplänen einer Festsetzung im Wege richterrechtlicher „Korrektur" eine vom Plangeber als Träger der Planungshoheit (Art. 28 Abs. 2 GG) nicht positiv gewollte Drittschutzwirkung zu unterstellen.[158]

---

148 BVerwG NVwZ 1996, 170; 2018, 1808; OVG Münster BauR 2014, 969.
149 BVerwG NVwZ 1996, 170; VGH Mannheim NVwZ-RR 2000, 348 (straßenseitige Baugrenze).
150 VGH München NVwZ-RR 2020, 961.
151 BVerwG BauR 1973, 238; NVwZ 1985, 748.
152 BVerwG ZfBR 2014, 257.
153 VGH Mannheim NJW 1992, 1060; VBlBW 2000, 112; OVG Lüneburg BauR 2000, 1844.
154 BVerwG NVwZ 2018, 1808.
155 *Lang* NVwZ 2021, 1431 (1433); *Schwemer* NVwZ 2019, 1371 (1372); für eine generelle Aufgabe der Unterscheidung von Art und Maß mit Blick auf den Nachbarschutz *Faßbender* NJW 2019, 2132 (2133); kritisch etwa *Rubel* DVBl 2020, 533 (535).
156 OVG Münster BeckRS 2020, 20117; VGH München BeckRS 2021, 24928; OVG Lüneburg BeckRS 2019, 28385. A.A. OVG Hamburg NVwZ 2019, 1365.
157 Zur Entwicklung des Nachbarschutzes § 10 Rn. 18.
158 VGH München NVwZ-RR 2020, 961.

Hinweis: Für den Freistaat Sachsen stellt sich allein die Frage nach der Übertragbarkeit der Wannsee-Entscheidung auf neuere Sachverhalte, da die ersten Bebauungspläne aus den 1990er-Jahren stammen.

42 Schließlich richtet sich der Blick auf §§ 31, 33 BauGB: Bei einer Befreiung von Festsetzungen eines Bebauungsplans nach **§ 31 Abs. 2 BauGB** hängt der Umfang des Nachbarrechtsschutzes davon ab, ob die Festsetzungen, von deren Einhaltung dispensiert wird, dem Nachbarschutz dienen oder nicht. Bei einer Befreiung von einer nachbarschützenden Festsetzung (etwa der Art der baulichen Nutzung) ist ein Nachbar unabhängig vom Vorliegen tatsächlicher Beeinträchtigungen schon dann in seinen Rechten verletzt, wenn die Befreiung rechtswidrig ist, weil eine der Voraussetzungen des § 31 Abs. 2 BauGB nicht erfüllt ist.[159] Wenn **von nachbarschützenden Festsetzungen befreit** wird, besteht also **genereller Nachbarschutz**. Lediglich **partieller Nachbarschutz** besteht dagegen bei Befreiungen **von nicht nachbarschützenden Vorschriften**; insoweit hat die Würdigung der nachbarlichen Belange unter Berücksichtigung des Gebots der Rücksichtnahme zu erfolgen[160]. Wird ein Bauvorhaben im Vorgriff auf einen zukünftigen Bebauungsplan nach § 33 BauGB genehmigt, wird der Nachbar in seinen Rechten verletzt, soweit die zukünftigen Festsetzungen des Bebauungsplans nachbarschützende Wirkung haben werden;[161] im Verhältnis Bauherr – Nachbar wird also fingiert, dass der Bebauungsplanentwurf schon rechtswirksam ist. Dagegen begründet eine Veränderungssperre, die zur Sicherung der Planung erlassen wurde, keine nachbarlichen Abwehrrechte,[162] da sie nur dem öffentlichen Interesse dient (§ 14 Abs. 2 BauGB) und nicht zugleich auch private Belange schützen soll.

(c) § 34 BauGB

43 Nach der Rechtsprechung ist **§ 34 Abs. 1 BauGB** nur insoweit nachbarschützend, als dem **Gebot der Rücksichtnahme** Nachbarschutz zukommt.[163] Das Gebot der Rücksichtnahme ist dabei in dem Tatbestandsmerkmal des Einfügens in § 34 Abs. 1 BauGB enthalten;[164] es bezieht sich aber nur auf die dort aufgezählten vier Kriterien (Art und Maß der baulichen Nutzung, Bauweise und Grundstücksfläche, die überbaut werden soll) – auf Beeinträchtigungen des Ortsbildes i.S.v. § 34 Abs. 1 S. 2 BauGB kann ein Nachbarrechtsbehelf nicht gestützt werden.[165] Ein Verstoß gegen das Rücksichtnahmegebot im Rahmen des § 34 BauGB wird vor allem anerkannt bei unzumutbaren Immissionsbelastungen sowie bei einer unzumutbaren Einschränkung der Belichtung und Belüftung. Ob dies der Fall ist, ist im Wege einer Gesamtschau, die den konkreten Einzelfall in den Blick nimmt, zu ermitteln. Das Gebot der Rücksichtnahme soll dabei einen angemessenen Interessenausgleich gewähren; die vorzunehmende Abwägung hat sich deshalb daran zu orientieren, was dem Rücksichtnahmebegünstigten und dem Rücksichtnahmeverpflichteten jeweils nach Lage der Dinge zuzumuten ist.[166] Jenseits des Rücksichtnahmegebots kommt § 34 Abs. 1 BauGB – zumindest der Rechtsprechung nach – keine nachbarschützende Wirkung zu, weil es an einem Austauschverhältnis durch eine Planungsentscheidung fehlt.[167]

---

159 OVG Bautzen LKV 2015, 463.
160 BVerwG NVwZ 1996, 170; NVwZ-RR 1999, 8; VGH Mannheim NVwZ-RR 2010, 383; dazu auch OVG Bautzen BauR 2014, 978.
161 OVG Münster NVwZ 1992, 278; OVG Koblenz BauR 2012, 1362.
162 BVerwG BauR 1989, 186.
163 BVerwG NJW 1981, 1973; NVwZ 1999, 879; OVG Münster NVwZ-RR 2009, 459; VGH Mannheim NVwZ-RR 2010, 383.
164 Dazu sowie allgemein zum Gebot der Rücksichtnahme § 10 Rn. 32 ff.
165 OVG Bautzen DÖV 2013, 397.
166 OVG Bautzen NJOZ 2012, 434.
167 Dazu BVerwG NVwZ 1996, 888; OVG Bautzen NVwZ-RR 2020, 527.

Demgegenüber hat § 34 Abs. 2 BauGB hinsichtlich der **Art der baulichen Nutzung** nach §§ 2 ff. BauNVO in vollem Umfang, d.h. **generell nachbarschützende Wirkung**;[168] das bei § 30 BauGB i.V.m. §§ 2 ff. BauNVO zum **Gebietserhaltungsanspruch** Gesagte gilt daher auch hier.[169] Zur Begründung verweist das BVerwG auf die durch § 34 Abs. 2 BauGB bezweckte Gleichstellung des beplanten und des nicht beplanten Innenbereichs. Hinsichtlich des Maßes der baulichen Nutzung verbleibt es dagegen dabei, dass Nachbarschutz nur im Rahmen des Gebots der Rücksichtnahme gewährt wird.[170] Die vom BVerwG nunmehr vorgenommene Differenzierung zwischen Absatz 1 und 2 ist nicht gerechtfertigt, weil nichts dafür spricht, dass der Gesetzgeber bei § 34 Abs. 1 BauGB nur einen auf schwerwiegende Beeinträchtigungen beschränkten Nachbarschutz zuerkennen wollte. Das Gebot des Einfügens gebietet nicht weniger als §§ 2 ff. BauNVO einen Ausgleich der Interessen von Bauherrn und Nachbarschaft. Es spricht daher einiges dafür, § 34 BauGB generell insoweit Nachbarschutz zuzuerkennen, als es um diejenigen Tatbestände geht, denen auch im beplanten Bereich ein Nachbarschutz zukommt.[171]

Hinweis: Wie bei § 30 BauGB i.V.m. §§ 2 ff. BauNVO gilt der Gebietserhaltungsanspruch bei § 34 Abs. 2 BauGB nur für die Nachbarn im – hier faktischen – Baugebiet. Entspricht die Eigenart der näheren Umgebung überhaupt keinem Baugebiet nach der Baunutzungsverordnung, stellt sich die Struktur der näheren Umgebung eines Vorhabens also als sog. Gemengelage dar, die nach § 34 Abs. 1 BauGB zu beurteilen ist, kommt ein Anspruch auf Abwehr gebietsfremder Vorhaben von vornherein nicht in Betracht, sondern allenfalls eine auf das in § 34 Abs. 1 BauGB verankerte Gebot der Rücksichtnahme gestützte Nachbarklage.[172]

(d) § 35 BauGB

Nach der früheren Rechtsprechung des BVerwG war **§ 35 Abs. 1 BauGB** (generell) nachbarschützend, soweit die Privilegierung der in Absatz 1 aufgeführten Vorhaben durch die Zulassung eines anderen Bauvorhabens beeinträchtigt würde.[173] Zur Begründung führte das BVerwG aus, der Gesetzgeber habe die privilegierten Vorhaben „planmäßig" dem Außenbereich zugeordnet.

44

Beispiel:

- BVerwG DVBl 1971, 746: Ein nach § 35 Abs. 1 Nr. 5 BauGB wegen seiner Geruchsbelästigung privilegiertes Kraftfutterwerk kann sich dagegen wehren, dass in seiner Nähe ein Wohnbauvorhaben zugelassen wird, weil es dann mit immissionsschutzrechtlichen Auflagen zugunsten der Bewohner des Wohngebäudes rechnen müsste (vgl. auch OVG Münster NVwZ 1988, 377 – Nachbarklage eines Schweinemästers gegen heranrückende Wohnbebauung).

Diese Rechtsprechung hat das BVerwG nunmehr dahingehend modifiziert, dass sich auch der Inhaber eines privilegierten Vorhabens im Außenbereich **nur** auf einen Verstoß gegen das in § 35 Abs. 3 S. 1 Nr. 3 BauGB enthaltene **Gebot der Rücksichtnahme** berufen kann, da der Außenbereich nicht durch eine einheitliche bauliche Nutzung geprägt werde, wie das im Bebauungsplangebiet oder in einem Gebiet gemäß § 34 Abs. 2 BauGB der Fall sei; er habe daher weder einen allgemeinen Abwehranspruch gegen im Außenbereich unzulässige Nachbarvorhaben noch einen Anspruch auf Bewahrung der Außenbereichsqualität seines Betriebsgrundstücks.[174] Erst recht kann sich ein nach **§ 35 Abs. 2 BauGB** genehmigtes Vorhaben

---

168 BVerwG NJW 1994, 1546; vgl. auch OVG Bautzen BeckRS 2020, 21185.
169 Dazu § 10 Rn. 36.
170 VGH München NVwZ-RR 2014, 508.
171 VGH Kassel NVwZ-RR 1996, 309; 2009, 99; *Jeromin* BauR 2016, 925; *Wolf* NVwZ 2013, 247.
172 OVG Berlin-Brandenburg BeckRS 2018, 32107.
173 BVerwGE 28, 268.
174 BVerwG NVwZ 2000, 552.

nicht gegen die Zulassung weiterer Vorhaben wenden;[175] eine Ausnahme gilt aber auch insoweit für eine Verletzung des Gebots der Rücksichtnahme.

Ein Verstoß gegen das Rücksichtnahmegebot kommt insbesondere in Betracht, wenn eine mit der vorhandenen Bebauung im Außenbereich nicht zu vereinbarende Nutzung vorgenommen werden soll. Dies betrifft insbesondere den Fall der Errichtung eines Wohngebäudes in der Nachbarschaft eines emittierenden Landwirtschafts- oder Gewerbebetriebs im Außenbereich, da dadurch dessen Privilegierung infrage gestellt wird. Ein Verstoß gegen das Gebot der Rücksichtnahme kann sich außerdem aus einer unzumutbaren Immissionsbelastung der Nachbarn ergeben; dabei ist dem Umstand Rechnung zu tragen, dass Wohngebäude im Außenbereich weniger Schutz genießen als Wohngebäude im Innenbereich, da im Außenbereich mit emittierenden Anlagen zu rechnen ist.[176]

Beispiele:

- BVerwG NVwZ 2000, 552: Der Inhaber eines Gartenbaubetriebes mit einer Holzfeuerungsanlage für die Gewächshäuser im Außenbereich kann die Errichtung eines Wohnhauses in der Nachbarschaft nicht verhindern, weil die Art der Feuerungsanlage für seine Privilegierung ohne Belang ist.
- BVerwG BauR 2005, 1138: Es verstößt gegen das Gebot der Rücksichtnahme, wenn neben einem vorhandenen Segelflugplatz eine Windenergieanlage errichtet wird.

Hinweis: Von besonderer Relevanz sind die Fragen, die sich im Zusammenhang mit den nach Maßgabe von § 249 BauGB nach § 35 Abs. 1 Nr. 5 BauGB privilegierten Windenergieanlagen stellen.[177] Oftmals wird geltend gemacht, dass derartige Anlagen den Mindestabstand (vgl. nunmehr § 84 Abs. 2 SächsBO) nicht einhielten, der Lärm der Rotorenblätter die auch für § 35 Abs. 3 S. 1 Nr. 3 BauGB maßgeblichen Vorgaben überschreite oder die Anlage durch ihre Größe und die Drehbewegungen eine optisch bedrängende Wirkung aufweise. Für Letzteres ist auf § 249 Abs. 10 BauGB hinzuweisen. Danach steht der öffentliche Belang einer optisch bedrängenden Wirkung i.S.d. § 35 Abs. 3 S. 1 Nr. 3 BauGB einer Windenergieanlage in der Regel nicht entgegen, wenn der Abstand von der Mitte des Mastfußes der Windenergieanlage bis zu einer zulässigen baulichen Nutzung zu Wohnzwecken mindestens der zweifachen Höhe der Windenergieanlage entspricht.

(2) Bauordnungsrecht

45 Auch im Bauordnungsrecht ist erstens danach zu fragen, inwieweit die Vorschriften – nach Maßgabe der Schutznormtheorie – generell nachbarschützende Wirkung haben. Das ist zu bejahen, soweit sie auch Individualinteressen wie beispielsweise das Leben oder die Gesundheit schützen sollen.[178] Zweitens gibt es Fälle, in denen das Bauordnungsrecht in Verbindung mit dem Gebot der Rücksichtnahme partiellen Drittschutz anerkannt; insoweit genügt nicht der Rechtsverstoß an sich, der Nachbar muss auch tatsächlich beeinträchtigt sein. Generellen Drittschutz entfaltet zunächst die bauordnungsrechtliche Generalklausel des **§ 3 SächsBO**, soweit sie subjektive Rechte des Nachbarn, insbesondere also die Rechtsgüter des Einzelnen als Bestandteil der öffentlichen Sicherheit, darunter Leben und Gesundheit, schützen soll.[179] Im Gegensatz dazu dienen die Erschließungsanforderungen des § 4 Abs. 1 SächsBO ersichtlich ausschließlich öffentlichen Interessen und entfalten daher keine nachbarschützende Wirkung.[180]

---

175 BVerwG NJW 1978, 62.
176 VGH München NVwZ-RR 2015, 284; OVG Münster NVwZ-RR 2009, 716.
177 Dazu etwa BVerwG NVwZ 2007, 336; 2019, 1520; mit einem Überblick über die Rechtsfragen im Zusammenhang mit Windenergieanlagen *Schröer/Kullick* NZBau 2013, 563.
178 Dazu allgemein § 10 Rn. 24.
179 VGH Mannheim NVwZ-RR 1992, 348; 1995, 561; OVG Berlin LKV 1992, 26 (bei erheblicher Gefährdung).
180 VGH Mannheim VBlBW 1984, 150.

B. Rechtsschutz des Nachbarn

Von größerer Bedeutung sind die Abstandsflächen nach § 6 SächsBO;[181] diese sind wegen ihres Zwecks, dem Nachbargrundstück eine ausreichende Belichtung zu belassen sowie einen effektiven Brandschutz zu gewährleisten, nachbarschützend, ohne dass im Einzelfall eine tatsächliche Beeinträchtigung des Nachbarn festgestellt werden muss.[182] Ausnahmsweise kann der Schutz des Nachbarn nicht geboten sein, etwa bei besonderen topografischen Verhältnissen wie einem größeren Höhenunterschied zwischen den beiden Grundstücken oder bei einem besonderen Zuschnitt des Nachbargrundstücks[183]. Umgekehrt kann der Schutz des Nachbarn dann geboten sein, wenn ein grenznahes Gebäude trotz Einhaltung der Abstandsflächen des § 6 SächsBO das Gebot der Rücksichtnahme verletzt[184].

Anders als bei § 6 SächsBO stellt sich die Lage bei dem Verunstaltungsverbot des **§ 9 SächsBO** bzw. des § 10 Abs. 2 S. 2 SächsBO (für Werbeanlagen[185]) dar: Es steht grundsätzlich im öffentlichen Interesse und wirkt nicht generell drittschützend.[186] Für den (seltenen) Fall, dass ein Nachbar durch einen Verstoß gegen das Verunstaltungsverbot in besonderer Weise betroffen ist, kann sich indes daraus in Verbindung mit dem Gebot der Rücksichtnahme partieller Drittschutz ergeben. Als generell nachbarschützend einzustufen ist dagegen **§ 12 Abs. 1 SächsBO**, der die Standsicherheit von baulichen Anlagen einfordert.[187] Für dessen Satz 2 ergibt sich das bereits aus dem eindeutigen Wortlaut der Norm („Standsicherheit anderer baulicher Anlagen und die Tragfähigkeit des Baugrundes der Nachbargrundstücke"). §§ 13-15 SächsBO bedürfen einer differenzierten Betrachtung: Soweit diese Normen nur dem Schutz der Bewohner bzw. Benutzer der baulichen Anlage selbst dienen, ist eine (generell) nachbarschützende Wirkung zu verneinen. **§ 13 Abs. 1 S. 1 SächsBO** erfasst aber auch den Schutz Dritter, also auch ggf. der Nachbarn gegenüber schädlichen Einflüssen aus einer baulichen Anlage; erfasst werden freilich nur „unzumutbare Belästigungen" der Nachbarn. Was den **Brandschutz** betrifft, kommt (generell) nachbarschützender Charakter nur den brandschutztechnischen Regelungen zu, die auch das Übergreifen von Bränden über das Baugrundstück hinaus auf die Nachbarschaft verhindern sollen.[188] Darunter fallen die Regelungen über den Grenzabstand von Gebäuden (§ 32 Abs. 2 SächsBO), über die Ausbildung von Brandwänden (§ 30 Abs. 2 Nr. 1 SächsBO) oder den Abstand von Dachaufbauten (§ 32 Abs. 5 SächsBO); eines Rückgriffs auf § 14 SächsBO – auch soweit er der Ausbreitung von Feuer auf Nachbargebäude vorbeugen soll[189] – bedarf es daher i.d.R. nicht. Auch **§ 15 SächsBO** dient in erster Linie öffentlichen Interessen, allen voran die Anforderungen an den Wärmeschutz (Abs. 1) sowie den Schallschutz (Abs. 2 S. 1). Jedoch ergibt sich bei an der Grenze aneinander gebauten Gebäuden aus den Anforderungen an die Schalldämmung von Haustrennwänden von Einfamilien-, Doppel- bzw. Reihenhäusern insoweit für den davon betroffenen Angrenzenden Nachbarschutz. Dasselbe gilt für § 15 Abs. 2 S. 2 und Abs. 3 SächsBO, die den Nachbarn vor „Gefahren oder unzumutbaren Belästigungen" infolge von Geräuschen oder Erschütterungen schützen sollen.

Anders verhält es sich bei **§ 16 SächsBO**: Die Vorschrift dient dem Schutz von Bewohnern, Benutzern und Besuchern baulicher Anlagen und dem Schutz der Teilnehmer am öffentlichen

---

181 Dazu § 8 Rn. 3 ff.
182 OVG Bautzen SächsVBl 1994, 285; OVG Münster NVwZ-RR 1995, 187; VGH Mannheim VBlBW 2011, 67; a.A. noch OVG Münster NVwZ 1991, 1001 (aufgegeben in OVG Münster UPR 1996, 276).
183 OVG Bautzen SächsVBl 1994, 285 (privater Stichweg); VGH Mannheim BauR 1997, 92.
184 BVerwG DVBl 1999, 786. Zum Gebot der Rücksichtnahme § 10 Rn. 32 ff.
185 Dazu bereits § 8 Rn. 19.
186 OVG Lüneburg BRS 44 Nr. 118; OVG Saarlouis BRS 44 Nr. 162; VGH Mannheim NVwZ-RR 2012, 500. A.A. OVG Berlin BauR 1971, 41: Schutz vor einer Reizüberflutung der Bürger (bei Werbetafeln).
187 VGH Mannheim VBlBW 2009, 65.
188 OVG Münster BeckRS 2002, 18188.
189 OVG Koblenz NVwZ-RR 2014, 30 (insoweit nachbarschützende Wirkung bejahend).

Straßenverkehr, sie dient jedoch nicht dem Schutz der Nachbarn.[190] Dasselbe hat daher für § 10 Abs. 2 S. 3 SächsBO zu gelten, soweit dieser vorschreibt, dass Werbeanlagen die Sicherheit und Leichtigkeit des Verkehrs nicht gefährden dürfen. Ebenso wenig kommt den Vorschriften über die Stellplatzpflicht (**§ 49 SächsBO**) (generell) drittschützender Charakter zu.[191] § 49 Abs. 5 SächsBO a.F., wonach zum Schutz der Nachbarschaft notwendige, aber auch andere Stellplätze und Garagen so angeordnet und ausgeführt werden mussten, dass ihre Benutzung die Gesundheit nicht schädigt und das Arbeiten und Wohnen, die Ruhe und Erholung in der Umgebung durch Lärm und Gerüche nicht über das zumutbare Maß hinaus stört, ist entfallen. Der Gesetzgeber sah für diese Regelung kein Bedürfnis mehr;[192] ausreichenden Nachbarschutz gewährt vor allem das Rücksichtnahmegebot[193]. Was in diesem Sinne zumutbar oder nicht mehr zumutbar und daher rücksichtslos ist,[194] ist im Einzelfall zu prüfen: Der durch eine zugelassene Nutzung verursachte Stellplatzbedarf i.S.d. § 12 Abs. 1 BauNVO und die sich daraus ergebenden Störungen sind der Nachbarschaft i.d.R. zuzumuten;[195] gleiches gilt für gemäß § 6 Abs. 8 S. 1 Nr. 1 SächsBO an der Grundstücksgrenze zulässige sog. privilegierte Grenzgaragen[196]. Etwas anderes kann sich aus der Anordnung der Stellplätze und Garagen zum Nachbargrundstück ergeben, beispielsweise im hinteren Bereich eines Grundstücks zum Garten des Nachbarn hin,[197] im Blockinneren[198] oder bei einer sehr steilen Zufahrt[199].

Hinweis: Neben dem materiellen Bauordnungsrecht wird Teilen des Verfahrensrechts nachbarschützender Charakter beigemessen.[200] An dieser Stelle nicht behandelt wird auch das Instrumentarium der repressiven Bauaufsicht (§§ 58 Abs. 2 S. 2, 79, 80 SächsBO), das im Wege des Anspruchs auf Einschreiten zugunsten des Nachbarn aktiviert werden kann, sofern nachbarschützende Vorschriften verletzt sind.[201]

II. Anfechtung der Baugenehmigung

1. Hauptsacherechtsschutz

48 Gegen eine Baugenehmigung kann sich der Nachbar – nach erfolglos durchlaufenem Vorverfahren – mit der Anfechtungsklage (§ 42 Abs. 1 VwGO) zur Wehr setzen. Im Rahmen der Zulässigkeit kommt es dafür maßgeblich auf die Klagebefugnis (§ 42 Abs. 2 VwGO), also die Ermittlung einer möglicherweise verletzten nachbarschützenden Norm, an. Die Anfechtungsklage ist begründet, soweit die Baugenehmigung rechtswidrig ist und der Nachbar dadurch in seinen Rechten verletzt wird (§ 113 Abs. 1 S. 1 VwGO). Dabei findet allerdings keine Trennung der Prüfung von Rechtmäßigkeit und Rechtsverletzung statt. Vielmehr wird die Baugenehmigung von Anfang an nur auf die Verletzung nachbarschützender Vorschriften untersucht.

---

190 VGH München BayVBl 1977, 49.
191 OVG Berlin LKV 1994, 119; OVG Frankfurt/O. LKV 1998, 72; VGH Mannheim NVwZ-RR 2008, 600.
192 Dazu LT-Drs. 3/9651 S. 37.
193 BVerwG DVBl 2001, 645; kritisch Schulte DVBl 2004, 925 (930).
194 Vgl. OVG Bautzen SächsVBl 2004, 63; VGH Mannheim VBlBW 2000, 76.
195 VGH Mannheim NVwZ-RR 1998, 611; OVG Lüneburg NVwZ-RR 2001, 503.
196 Dazu § 8 Rn. 14; VGH Mannheim BRS 49 Nr. 138.
197 OVG Lüneburg BauR 1992, 55; VGH Mannheim BauR 1993, 69.
198 OVG Münster BRS 64 Nr. 143; OVG Lüneburg NdsVBl 2003, 325.
199 VGH Mannheim BWVPr 1984, 258.
200 Dazu bereits § 10 Rn. 28 f.
201 Dazu allgemein § 10 Rn. 68 ff.

B. Rechtsschutz des Nachbarn 273

▶ **Prüfungsschema: Klage des Nachbarn gegen eine Baugenehmigung**
A. Zulässigkeit
  I. Eröffnung des Verwaltungsrechtswegs, § 40 Abs. 1 S. 1 VwGO
  II. Statthaftigkeit der Anfechtungsklage, § 42 Abs. 1 VwGO
  III. Klagebefugnis, § 42 Abs. 2 VwGO: Benennung von nachbarschützenden Normen (Schutznormtheorie), die durch die Baugenehmigung verletzt sein können; Kläger = Nachbar; Verzicht auf materielle Rechte?
  IV. Vorverfahren, §§ 68 ff. VwGO
  V. Klagefrist, § 74 Abs. 1 VwGO
  VI. Klagegegner, § 78 Abs. 1 Nr. 1 VwGO: Rechtsträger der unteren Bauaufsichtsbehörde
  VII. Beteiligungs- und Prozessfähigkeit, §§ 61, 62 VwGO
  VIII. Zuständigkeit des Gerichts, §§ 45, 52 Nr. 1 VwGO i.V.m. § 2 SächsJG
  IX. Ordnungsgemäße Klageerhebung, §§ 81, 82 VwGO
  X. Rechtsschutzbedürfnis: u.a. Verwirkung, Rechtsmissbrauch
B. Beiladung des Bauherrn, § 65 Abs. 2 VwGO
C. Begründetheit
  Die Klage ist begründet, soweit die Baugenehmigung rechtswidrig ist und den Kläger in seinen Rechten verletzt (§ 113 Abs. 1 S. 1 VwGO). Das ist der Fall, wenn die Baugenehmigung gegen eine Vorschrift verstößt, die dem Kläger als Nachbar eine subjektive Rechtsposition vermittelt.
  I. Prüfungsumfang des Genehmigungsverfahrens, §§ 63, 64 SächsBO
  II. Verletzung einer (drittschützenden) Rechtsvorschrift

a) Zulässigkeit

aa) Statthaftigkeit

Statthaft ist die **Anfechtungsklage** (§ 42 Abs. 1 VwGO): Die Baugenehmigung ist wegen ihrer Gestattungs- und Feststellungswirkung[202] ein Verwaltungsakt i.S.d. § 1 S. 1 SächsVwVfZG i.V.m. § 35 S. 1 VwVfG; sie begünstigt indes nicht nur den Bauherrn, sondern belastet ggf. auch den Nachbarn, stellt also einen Verwaltungsakt mit Doppelwirkung dar. 49

Hinweis: Wird ein Vorhaben im Genehmigungsfreistellungsverfahren oder wird ein verfahrensfreies Vorhaben errichtet, gibt es keinen Verwaltungsakt, den der Nachbar anfechten kann; das gilt im Baugenehmigungsverfahren auch für das, was nicht vom Prüfungsumfang des Verfahrens erfasst wird. Der Nachbar ist daher darauf beschränkt, bei der Bauaufsichtsbehörde einen Antrag auf Einschreiten zu stellen,[203] sofern das Bauvorhaben gegen nachbarschützende Normen verstößt, und, falls dieser abgelehnt wird, Widerspruch einzulegen und ggf. Klage zu erheben. Verletzen Vorhaben, die dem Genehmigungsfreistellungsverfahren unterliegen, nachbarschützende Vorschriften, ist die Bauaufsichtsbehörde grundsätzlich zum Einschreiten verpflichtet; dies gilt auch für verfahrensfreie Vorhaben. Besonderheiten bestehen ferner bei öffentlichen Vorhaben. Soweit diese einer Baugenehmigung bedürfen, gelten die allgemeinen Grundsätze über die Nachbarklage. Allerdings kann auch eine Zustimmung gemäß § 77 SächsBO als Verwaltungsakt vom Nachbarn angefochten werden. Ist die Anlage ohne Baugenehmigung oder Zustimmung

---
202 Dazu § 9 Rn. 34.
203 Dazu und zum Folgenden § 10 Rn. 68 ff.; ferner *Borges* DÖV 1997, 900; *Otto* ZfBR 2012, 15; *Uechtritz* NVwZ 1996, 640.

errichtet worden, hat der betroffene Nachbar die Wahl, ob er einen öffentlich-rechtlichen Abwehr- und Unterlassungsanspruch gegen den Träger der öffentlichen Einrichtung geltend macht oder aber die Bauaufsichtsbehörde zum Einschreiten veranlasst.[204]

bb) Klagebefugnis

50 Für die **Klagebefugnis** (§ 42 Abs. 2 VwGO) kommt es darauf an, dass der Vortrag des Klägers eine Verletzung seiner Rechte als möglich erscheinen lässt.[205] Um dies zu ermitteln, empfiehlt sich eine Prüfung in drei Schritten: **Erstens** ist zu benennen, welche Rechtsnorm(en) des öffentlichen Baurechts möglicherweise verletzt sind. **Zweitens** ist zu untersuchen, ob der Kläger in den Schutzbereich dieser Norm(en) fällt, weil er Nachbar im baurechtlichen Sinne ist.[206] Und **drittens** ist der Frage nachzugehen, ob die möglicherweise verletzte(n) Rechtsnorm(en) nachbarschützende Wirkung entfalten, wobei zwischen generellem und partiellem Nachbarschutz zu unterscheiden ist, da in letzterem Fall zusätzlich darzulegen ist, ob der Kläger durch das Bauvorhaben möglicherweise unzumutbar beeinträchtigt wird (Gebot der Rücksichtnahme).

Hinweis: Es ist in Prüfungsarbeiten ebenso vertretbar, der Frage, ob die möglicherweise nicht beachteten Normen nachbarschützend sind, nicht bereits in der Klagebefugnis, sondern erst im Rahmen der Begründetheit der Klage unter dem Stichwort der Rechtsverletzung (§ 113 Abs. 1 S. 1 VwGO) nachzugehen. Zieht man – wie hier vorgeschlagen – die Prüfung der Rechtswidrigkeit und der Rechtsverletzung in der Begründetheit aber zusammen, empfiehlt es sich, bereits im Rahmen der Klagebefugnis zu diskutieren, welche der gerügten Vorschriften tatsächlich nachbarschützend sind und welche nicht und in der Begründetheit dann nur noch die tatsächliche Verletzung der (in der Klagebefugnis herausgearbeiteten) nachbarschützenden Normen zu prüfen.

51 **Übersicht zu den wichtigsten nachbarschützenden Normen des Bauplanungsrechts**[207]

Generell drittschützende Normen:

- Festsetzungen eines Bebauungsplans über die Art der baulichen Nutzung (§ 30 BauGB i.V.m. §§ 2 ff. BauNVO), sog. (allgemeiner) Gebietserhaltungsanspruch
- § 34 Abs. 2 BauGB i.V.m. den Vorgaben der §§ 2 ff. BauNVO über die Art der baulichen Nutzung, sog. (allgemeiner) Gebietserhaltungsanspruch
- § 30 BauGB bzw. § 34 Abs. 2 BauGB i.V.m. dem Gebot der Gebietsverträglichkeit in den §§ 2 ff. BauNVO („spezieller" Gebietserhaltungsanspruch)
- § 30 BauGB bzw. § 34 Abs. 2 BauGB i.V.m. § 15 Abs. 1 S. 1 BauNVO (Gebiets"prägungs"erhaltungsanspruch)
- § 30 BauGB i.V.m. Festsetzungen über das Maß der baulichen Nutzung (§§ 16 ff. BauNVO) nur, wenn die Gemeinde entweder erkennbar festgelegt hat, dass ihre Festsetzungen im Bebauungsplan über das Maß der baulichen Nutzung nachbarschützend sein sollen, oder, wenn im konkreten Fall ausnahmsweise eine „erdrückende Wirkung" gegeben ist (§ 15 Abs. 1 S. 2 BauNVO)
- § 30 BauGB i.V.m. sonstigen Festsetzungen im Bebauungsplan nur, wenn die Gemeinde Drittschutz beabsichtigt und dies zum Ausdruck bringt (i.d.R. zu bejahen bei Festsetzungen über die offene Bauweise gemäß § 22 Abs. 2 BauNVO bzgl. der Einhaltung des seitlichen Grenzabstandes)
- § 31 BauGB bei Ausnahme bzw. Befreiung von generell drittschützenden Normen

---

204 Dazu § 10 Rn. 78.
205 BVerwG NJW 1981, 1393; BVerfG NVwZ 1983, 28.
206 Dazu § 10 Rn. 19 ff.
207 Im Einzelnen dazu § 10 Rn. 28 ff.

B. Rechtsschutz des Nachbarn

- § 33 BauGB insoweit, als dem zukünftigen Bebauungsplan generell drittschützende Wirkung zukommt (also vor allem im Hinblick auf die Art der baulichen Nutzung, §§ 2 ff. BauNVO)

Partiell drittschützende Normen (jeweils Ausprägungen des Gebots der Rücksichtnahme):
- § 34 Abs. 1 BauGB („Einfügen")
- § 35 Abs. 3 S. 1 Nr. 3 BauGB („schädliche Umwelteinwirkungen")
- § 31 BauGB, wenn Ausnahme bzw. Befreiung von partiell drittschützenden oder überhaupt nicht nachbarschützenden Normen
- § 15 Abs. 1 S. 2 BauNVO („unzumutbare Belästigungen oder Störungen")

Die Möglichkeit der Verletzung in eigenen Rechten, wie § 42 Abs. 2 VwGO sie fordert, scheidet aus, wenn der Nachbar wirksam auf diese verzichtet hat. Ein Verzicht kann aber nur dann angenommen werden, wenn der Nachbar dies **eindeutig** erklärt.[208] Es reicht nicht aus, dass der Nachbar im Rahmen seiner Anhörung keine Einwendungen erhebt oder seine Einwendungen zurücknimmt. In der Unterschrift unter die Baupläne kann bereits ein Verzicht zu sehen sein (vgl. auch § 70 Abs. 2 SächsBO),[209] es kann sich aber auch um eine Bestätigung der Kenntnisnahme handeln. Ein im Baugenehmigungsverfahren beachtlicher **Verzicht** kann ohnehin nur **gegenüber der Bauaufsichtsbehörde** erklärt werden.[210] Ein Verzicht gegenüber dem Bauherrn stellt hingegen eine privatrechtliche Vereinbarung dar, die nach § 72 Abs. 4 SächsBO nicht beachtet werden muss, aber beachtet werden kann, wenn sie der Behörde vorgelegt wird.[211] Der Verzicht muss sich schließlich auf ein konkretes Vorhaben beziehen; er erstreckt sich aber auch auf ein geändertes Vorhaben, wenn die Änderung die Grundzüge der Planung nicht berührt und die schutzwürdigen Belange des Nachbarn nicht – auch nicht geringfügig – stärker beeinträchtigt werden als durch die ursprüngliche Planung[212]. Ein gegenüber der Bauaufsichtsbehörde erklärter Verzicht auf die Einhaltung nachbarschützender Normen **bindet auch die Rechtsnachfolger**[213] und kann jedenfalls nach Erteilung der Baugenehmigung nicht mehr widerrufen werden;[214] in Betracht kommt aber eine Anfechtung unter den Voraussetzungen der §§ 119 ff. BGB[215].

52

Hinweis: Auch ein Verzicht ändert nichts daran, dass die Bauaufsichtsbehörde die Erteilung der Baugenehmigung ablehnen muss, wenn die Vorschrift, auf deren Einhaltung der Nachbar verzichtet, auch öffentliche Belange schützen soll,[216] wie das z.B. bei den Abstandsflächen nach § 6 SächsBO der Fall ist, die neben dem privaten Interesse der Belichtung auch dem öffentlichen Interesse des Brandschutzes dienen.

cc) Vorverfahren

Vor Erhebung der Anfechtungsklage ist erfolglos das Vorverfahren zu durchlaufen, § 68 Abs. 1 VwGO. Dabei kann sich die Frage stellen, ob die **Frist** für die Einlegung des Widerspruchs gewahrt ist. Grundsätzlich gilt insoweit die Monatsfrist ab Bekanntgabe der angefochtenen Baugenehmigung, § 70 Abs. 1 VwGO. Keine zusätzlichen Probleme ergeben sich, wenn die Baugenehmigung den Nachbarn, wie von § 70 Abs. 3 S. 1 SächsBO vorgeschrieben, zugestellt worden ist; für die Zustellung gelten dann die Vorschriften der §§ 3 ff. VwZG i.V.m. § 1 S. 1

53

---

208 Zur Auslegung: VGH Kassel NVwZ 2020, 1689.
209 OVG Münster BauR 2001, 89.
210 VGH Mannheim NVwZ 1983, 229; OVG Münster BauR 2004, 62.
211 VGH Mannheim VBlBW 1991, 218.
212 OVG Bautzen SächsVBl 1995, 107.
213 OVG Münster NJW 1985, 644; VGH München NVwZ-RR 2020, 1004.
214 OVG Münster BauR 1984, 622.
215 OVG Lüneburg NVwZ-RR 2013, 947.
216 BVerwG NVwZ 2000, 1050; VGH Mannheim NVwZ-RR 1996, 310.

SächsVwVfZG. Ist diese Zustellung – und auch sonst eine Bekanntgabe – überhaupt nicht erfolgt, stellt sich die Frage, ob und wenn ja, zu welchem Zeitpunkt die Verfristung des Rechtsbehelfs eintritt. Da es bei fehlender Bekanntgabe auch regelmäßig an einer ordnungsgemäßen Rechtsbehelfsbelehrung fehlen wird, kommt – wenn überhaupt – die **Jahresfrist analog § 58 Abs. 2 VwGO** zum Tragen. Das OVG Bautzen folgt diesem Ansatz; danach steht einem Nachbarn, dem eine Baugenehmigung nicht bekannt gegeben wurde, entsprechend §§ 70, 58 Abs. 2 VwGO grundsätzlich eine Widerspruchsfrist von einem Jahr ab dem Zeitpunkt zu, zu dem der Nachbar sichere Kenntnis von der Baugenehmigung erlangt hat oder hätte erlangen müssen.[217] Einen anderen dogmatischen Ansatz wählt das BVerwG: Ist dem Nachbarn die Baugenehmigung, durch die er sich beschwert fühlt, nicht amtlich bekannt gegeben worden, so läuft für ihn weder in unmittelbarer noch in analoger Anwendung der §§ 70, 58 Abs. 2 VwGO eine Widerspruchsfrist. Hat er jedoch gleichwohl sichere Kenntnis von der Baugenehmigung erlangt oder hätte er sie erlangen müssen, so kann ihm nach **Treu und Glauben** die Berufung darauf versagt sein, dass sie ihm nicht amtlich mitgeteilt wurde. Dann läuft für ihn die Widerspruchsfrist nach § 70 i.V.m. § 58 Abs. 2 VwGO so, als sei ihm die Baugenehmigung in dem Zeitpunkt amtlich bekannt gegeben, in dem er von ihr sichere Kenntnis erlangt hat oder hätte erlangen können.[218] Dies bedeutet konkret, dass sich der Nachbar ab dem Zeitpunkt, an dem er davon ausgehen muss, dass der Bauherr eine Baugenehmigung erhalten hat, i.d.R. innerhalb eines Jahres **in einem ersten Schritt** über die Genehmigungslage informieren muss (um die geforderte sichere Kenntnis zu erlangen!). Tut er dies, so wird die Widerspruchsfrist erst dadurch versäumt, dass er nach Erhalt der Information, die ihm die sichere Kenntnis von der Baugenehmigung verschafft, **in einem zweiten Schritt** nicht innerhalb eines Jahres Widerspruch einlegt.[219]

*Hinweis: Wird über einen Nachbarwiderspruch nicht in angemessener Zeit entschieden, kann der Bauherr nach § 75 VwGO Untätigkeitsklage auf Erlass eines Widerspruchsbescheids erheben, weil er ein Interesse an einer unanfechtbaren Baugenehmigung hat.[220] Legt der Nachbar erst **nach Fristablauf Widerspruch** ein, muss die Widerspruchsbehörde den Widerspruch als unzulässig zurückweisen und darf nicht – wie dies sonst im Widerspruchsverfahren regelmäßig der Fall ist – eine Sachentscheidung treffen, denn der Bauherr hat durch die Bestandskraft der Baugenehmigung eine geschützte Rechtsposition erlangt.[221]*

dd) Rechtsschutzbedürfnis

54 Das Recht des Nachbarn, sich auf nachbarschützende Vorschriften zu berufen, kann durch **Verwirkung** untergehen.[222] Grund dafür ist das nachbarliche Gemeinschaftsverhältnis, das den Nachbarn verpflichtet, durch zumutbares Handeln mitzuwirken, einen Schaden des Bauherrn möglichst gering zu halten. Der Nachbar muss dem dadurch nachkommen, dass er – sobald er eine Verletzung seiner Rechte erkannt hat oder hätte erkennen müssen – ungesäumt seine nachbarlichen Einwendungen geltend macht, wenn ihm nicht entgegengehalten werden soll, dass er ohne zureichenden Grund mit seinen Einwendungen länger als notwendig zugewartet hat.

Hinweis: Da eine Baugenehmigung nach altem Recht nur dem Nachbarn zugestellt werden musste, wenn dieser eine Befreiung von nachbarschützenden Vorschriften enthielt und der

---

217 OVG Bautzen BeckRS 2016, 49498.
218 BVerwG NVwZ 2019, 245.
219 BVerwG NVwZ 2019, 245.
220 VGH Mannheim VBlBW 1994, 350.
221 BVerwG NVwZ 1983, 285.
222 Zur Verwirkung etwa BVerwG NJW 1974, 1260; NVwZ 1988, 730; NVwZ-RR 1991, 111; VGH Mannheim VBlBW 2015, 31; OVG Lüneburg NVwZ-RR 2011, 807; OVG Bautzen BeckRS 2016, 55401. Aus dem Schrifttum etwa *Charnitzky/Rung* BauR 2016, 1254 u. 1406; *Troidl* NVwZ 2004, 315.

B. Rechtsschutz des Nachbarn

Nachbar zuvor dagegen Einwendungen erhoben hatte, spielte die Frage der Verwirkung immer wieder eine Rolle; dies hat sich mit der Neufassung der Nachbarbeteiligung in § 70 Abs. 3 S. 1 SächsBO geändert, wonach die Baugenehmigung den Nachbarn – ungeachtet ihrer Beteiligung – stets zuzustellen ist[223]. Die Verwirkung ist nunmehr hauptsächlich dann anzusprechen, wenn es an einer (zuzustellenden) Baugenehmigung in Gänze fehlt. Auch gibt es Fälle, in denen die Bauaufsichtsbehörden den Nachbarbegriff zu eng verstehen oder bewusst auf eine Zustellung verzichten.

Unterschieden wird zwischen der verfahrensrechtlichen Verwirkung, die zur Unzulässigkeit des Rechtsbehelfs führt, und der Verwirkung der materiellen Abwehrrechte, die die Unbegründetheit des Rechtsbehelfs zur Folge hat. Die Verwirkung kann abhängig von den besonderen Verhältnissen im Einzelfall auch schon vor dem Ablauf der Jahresfrist eintreten, die – je nach Sichtweise entweder entsprechend §§ 70, 58 Abs. 2 VwGO oder kraft Treu und Glaubens[224] – ab dem Zeitpunkt gilt, an dem der Nachbar sichere Kenntnis von der ihm gegenüber nicht bekannt gegebenen Baugenehmigung erlangt oder er sie hätte erlangen müssen. Die Verwirkung eines Rechts setzt außer der Untätigkeit des Berechtigten während eines längeren Zeitraums (**Zeitmoment**) voraus, dass besondere Umstände hinzutreten, welche die verspätete Geltendmachung als Verstoß gegen Treu und Glauben erscheinen lassen (**Umstandsmoment**).[225] Das ist insbesondere der Fall, wenn der Verpflichtete infolge eines bestimmten Verhaltens des Berechtigten darauf vertrauen durfte, dass dieser das Recht nach so langer Zeit nicht mehr geltend machen würde, der Verpflichtete ferner darauf vertraut hat, dass das Recht nicht mehr ausgeübt werde und sich infolgedessen in seinen Vorkehrungen und Maßnahmen so eingerichtet hat, dass ihm durch die verspätete Durchsetzung des Rechts ein unzumutbarer Nachteil entstünde.[226]

Von Verwirkung auszugehen ist beispielsweise, wenn der Nachbar durch sein Verhalten beim Bauherrn den berechtigten Eindruck erweckt, er werde keine Einwendungen gegen das Bauvorhaben erheben[227] oder der Bauherr aus aktivem Tun des Nachbarn oder einer ihm gleichzusetzenden Duldung auf dessen Einverständnis schließen kann[228]; dass der Nachbar die Baupläne zur Kenntnis nimmt[229] sowie bloßer Zeitablauf[230] genügen jedoch nicht. Verwirkung tritt im Regelfall dann ein, wenn der Nachbar die Errichtung des Bauvorhabens zur Kenntnis nimmt und gleichwohl erst nach der Fertigstellung einen Rechtsbehelf einlegt,[231] wenn er ausdrücklich erklärt, er sei mit dem Bauvorhaben einverstanden und werde nichts dagegen unternehmen oder wenn er das Vorhaben aufgrund einer zivilrechtlichen Vereinbarung hinnehmen muss.[232]

Beispiele:
- OVG Münster BauR 2004, 62: Der Nachbar legt Widerspruch ein, obwohl er vom Bauherrn eine Entschädigung in Höhe von 3,2 Millionen DM (zweifacher Grundstückswert) als Ausgleich für die zu erwartenden Beeinträchtigungen erhalten hatte.
- OVG Münster NVwZ-RR 1993, 397: Der Nachbar gestattet zunächst dem Bauherrn, eine Leitung für Fertigbeton über das Grundstück des Nachbarn zu legen und legt danach Widerspruch gegen die Baugenehmigung ein.
- VGH Kassel NVwZ-RR 1991, 171: Der Nachbar hatte vor der Einlegung des Rechtsbehelfs das Baugrundstück an den Bauherrn verkauft und dessen Baukonzeption gekannt (dazu auch OVG Bautzen NVwZ-RR 1997, 694).

---

223 Dazu § 9 Rn. 14.
224 Dazu § 10 Rn. 53.
225 OVG Bautzen BeckRS 2016, 55401.
226 BVerwG NVwZ 2019, 245.
227 BVerwG NVwZ 1991, 1182.
228 BVerwG Buchholz 406.19 Nr. 87.
229 BVerwG BRS 58 Nr. 186.
230 BVerwG BauR 2003, 1031.
231 BVerwG NVwZ-RR 1991, 111.
232 OVG Saarlouis NJW 1999, 1348.

Hinweis: Eine Verwirkung der materiellen Abwehrrechte kommt nicht nur gegenüber genehmigten, sondern auch gegenüber von der Genehmigung freigestellten, verfahrensfreien oder genehmigungspflichtigen, aber nicht genehmigten Vorhaben in Betracht.[233] Sie wirkt auch zulasten des Rechtsnachfolgers des Nachbarn[234] und zugunsten des Rechtsnachfolgers des Bauherrn. Auch bei nachträglicher Legalisierung eines Schwarzbaus lebt das verwirkte Abwehrrecht nicht wieder auf.[235]

56 Neben dem Fall der Verwirkung kann es am Rechtsschutzbedürfnis fehlen, weil die Geltendmachung von Nachbarrechten **rechtsmissbräuchlich** wäre. Rechtsmissbräuchlich handelt etwa, wer unter Berufung auf das nachbarliche Austauschverhältnis eine eigene Nutzung schützen möchte, die ihrerseits das nachbarliche Austauschverhältnis stört. Man wird das Vorgehen des Nachbarn allerdings nur dann als rechtsmissbräuchlich einstufen können, wenn er in vergleichbarer Weise, d.h. etwa im selben Umfang wie derjenige, gegen den er vorgehen will, gegen nachbarschützende Vorschriften verstoßen hat.[236] Daneben ist auf Fälle hinzuweisen, in denen der Nachbar einem Bauvorhaben eigentlich zugestimmt hat, der Bauherr bei der Umsetzung seines Vorhabens aber vom Inhalt der Baugenehmigung abweicht. Ein Ausschluss der materiellen Rechte des Nachbarn aufgrund Verzichts[237] scheidet insoweit wegen der Abweichung i.d.R. aus. Das Vorgehen des Nachbarn kann sich jedoch als rechtsmissbräuchlich darstellen, wenn die tatsächlich geschaffene bauliche Situation in den wesentlichen Punkten der vom Nachbarn durch dessen Zustimmung gebilligten Genehmigungslage entspricht und mit der Abweichung keine relevante Beeinträchtigung der Belange des Nachbarn verbunden ist.[238]

b) Begründetheit

57 Nachbarklage (bzw. Nachbarwiderspruch) sind nur **begründet**, wenn die **Baugenehmigung nachbarschützende Vorschriften verletzt (§ 113 Abs. 1 S. 1 VwGO)**, die zum **Prüfungsumfang der Baugenehmigung**[239] gehören.[240] Bei einer Baugenehmigung, die im vereinfachten Verfahren nach § 63 SächsBO erteilt worden ist, besteht ein nachbarlicher Abwehranspruch deshalb nur innerhalb des Prüfprogramms der Bauaufsichtsbehörde, sofern das Prüfprogramm von der Behörde nicht überschritten worden ist. Im Übrigen ist der Nachbar darauf verwiesen, einen Anspruch auf bauaufsichtliches Einschreiten geltend zu machen. Liegt insgesamt keine Verletzung nachbarschützender Vorschriften vor, muss der Rechtsbehelf des Nachbarn auch dann zurückgewiesen werden, wenn die Baugenehmigung objektiv-rechtlich rechtswidrig ist. Eine vom Nachbarn angefochtene und daher nicht bestandskräftige Baugenehmigung wird indes nicht dadurch gegenstandslos, dass das Vorhaben nunmehr verfahrensfrei oder genehmigungsfreigestellt ist.[241]

58 Maßgeblich ist die **Sach- und Rechtslage** zum Zeitpunkt der **ersten Verwaltungsentscheidung (Erteilung der Baugenehmigung)**; eine nach Erlass der Baugenehmigung eintretende **Änderung** der Sach- oder Rechtslage **zu Lasten des Bauherrn** wird nicht berücksichtigt, da der Bauherr durch die Erteilung der Baugenehmigung eine durch Art. 14 GG geschützte Rechtspo-

---

233 BVerwG NVwZ 1988, 730; BauR 1997, 281; zur Verwirkung gegen eine DDR-Genehmigung OVG Weimar LKV 1994, 110.
234 VGH Mannheim VBlBW 1992, 103; OVG Bremen BauR 1992, 752.
235 OVG Münster BauR 2000, 381.
236 BVerwG NVwZ 2018, 1808.
237 Zum Verzicht § 10 Rn. 52.
238 OVG Münster BeckRS 2017, 134506.
239 Dazu § 9 Rn. 20 f.
240 OVG Bautzen SächsVBl 1998, 261; OVG Münster NVwZ-RR 2001, 299; VGH München BayVBl 2002, 499.
241 OVG Bautzen SächsVBl 1999, 275.

B. Rechtsschutz des Nachbarn

sition erlangt hat;[242] eine **Änderung zugunsten des Bauherrn**, beispielsweise hinsichtlich der erforderlichen Abstandsflächen, muss aber selbst im gerichtlichen Verfahren berücksichtigt werden, denn es wäre widersinnig, die Baugenehmigung aufzuheben, einem neuen Bauantrag aber zu entsprechen[243]. Wird während des gerichtlichen Verfahrens eine nachträgliche Befreiung nach § 31 Abs. 2 BauGB oder Abweichung nach § 67 SächsBO erteilt, kann diese auch ohne besonderes Vorverfahren in den Prozess eingeführt werden.[244]

*Hinweis: Die Grundsätze über die Nachbarklage gegen eine Baugenehmigung gelten entsprechend, wenn der Nachbar sich gegen einen **Vorbescheid** wendet. Wird noch während des Widerspruchsverfahrens gegen den Vorbescheid eine Baugenehmigung erteilt, dann muss sich der Nachbar auch gegen diese Baugenehmigung wenden.[245] Das BVerwG begründet dies damit, dass der Vorbescheid zwar den feststellenden Teil der Baugenehmigung vorwegnehme, aber erst die Baugenehmigung die Baufreigabe enthalte. Ist der Vorbescheid noch nicht bestandskräftig, muss nach Ansicht des BVerwG im Rahmen der Klage gegen die Baugenehmigung auch die im Vorbescheid bereits entschiedene Frage geprüft werden (umgekehrt ist das Gericht im Fall der Anfechtung der nachfolgenden Baugenehmigung an einen bestandskräftigen Vorbescheid gebunden!); man muss daher die Baugenehmigung insoweit als Zweitbescheid ansehen[246]. Daraus folgt allerdings nicht, dass der Vorbescheid durch die spätere Baugenehmigung gegenstandslos wird und ein noch anhängiges Rechtsmittelverfahren wegen Erledigung der Hauptsache einzustellen ist.[247] Denn der Vorbescheid bleibt die Grundlage für die spätere Baugenehmigung, was insbesondere dann bedeutsam ist, wenn sich nach Erteilung des Vorbescheids die Rechtslage zum Nachteil des Bauherrn geändert hat[248].*

▶ **Fall 2: Mehrgeschosser am Wannsee (nach BVerwG NVwZ 2018, 1808)**[249] 59
Aufgabe: Unterstellt das Vorhaben des E, auf seinem Grundstück ein sechsgeschossiges Wohnhaus am Wannsee zu errichten, erweist sich als bauplanungsrechtlich unzulässig und der dafür erteilte Bauvorbescheid deswegen als rechtswidrig, hat eine gegen den Bauvorbescheid gerichtete Klage des S Aussicht auf Erfolg? Es ist – soweit nicht Bundesrecht einschlägig ist – sächsisches Landesrecht anzuwenden. ◀

▶ **Lösung:** 60
Die Klage des S hat Aussicht auf Erfolg, soweit sie zulässig und begründet ist.
I. Zulässigkeit
1. Eröffnung des Verwaltungsrechtswegs
Mangels auf- oder abdrängender Sonderzuweisungen müsste gemäß § 40 Abs. 1 VwGO der Verwaltungsrechtsweg eröffnet sein. Dies erfordert eine öffentlich-rechtliche Streitigkeit nicht verfassungsrechtlicher Art, die nicht durch Bundesgesetz einem anderen Gericht zugewiesen ist. Öffentlich-rechtlich ist die Streitigkeit nach der Sonderrechtstheorie, wenn die streitentscheidenden Normen ausschließlich einen Träger der öffentlichen Gewalt in seiner Funktion als solchen berechtigen oder verpflichten. Das ist hier der Fall. Streitentscheidend sind Normen der Sächsischen Bauordnung, insbesondere § 75 S. 1 SächsBO, und des Baugesetzbuches (§ 31 BauGB). Die Streitigkeit

---
242 VGH Mannheim VBlBW 2011, 67.
243 BVerwG NVwZ 1998, 1179; VGH Mannheim VBlBW 1995, 481.
244 BVerwG NJW 1971, 1147.
245 BVerwG NJW 1984, 1474 (dazu *Dürr* JuS 1984, 770); BVerwG NVwZ 1989, 863; VGH Mannheim NVwZ 1995, 716.
246 BVerwG NVwZ 1989, 863 (dazu *Schenke* DÖV 1990, 489); OVG Greifswald BauR 2009, 1399.
247 BVerwG NVwZ 1995, 894.
248 Dazu BVerwG NVwZ 1989, 863.
249 Dazu § 6 Rn. 49 f. und § 9 Rn. 47 f.

ist auch nicht verfassungsrechtlicher Art, da keine Verfassungsorgane unmittelbar über Verfassungsrecht streiten (doppelte Verfassungsunmittelbarkeit). Daraus ist zu schlussfolgern, dass der Verwaltungsrechtsweg nach § 40 Abs. 1 VwGO eröffnet ist.

2. **Statthaftigkeit**
Die Klage müsste auch statthaft sein; maßgeblich dafür ist das klägerische Begehren (§ 88 VwGO). S begehrt die Aufhebung des Bauvorbescheids. Dabei handelt es sich um einen Verwaltungsakt gemäß § 1 S. 1 SächsVwVfZG i.V.m. § 35 S. 1 VwVfG, insbesondere liegt die erforderliche Regelungswirkung vor. Denn bei dem Bauvorbescheid handelt es sich um einen vorweggenommenen Teil der eigentlichen Baugenehmigung[250] und damit nicht lediglich um eine vorläufige Entscheidung, die hier angesichts der Befreiung gemäß § 31 Abs. 2 BauGB auch rechtsgestaltende Wirkung entfaltet. Statthaft ist daher die Anfechtungsklage nach § 42 Abs. 1 VwGO.

3. **Klagebefugnis**
S müsste auch klagebefugt sein, § 42 Abs. 2 VwGO. Dafür ist die Möglichkeit einer Verletzung in eigenen subjektiven Rechten erforderlich. S ist nicht Adressat des erlassenen Verwaltungsaktes, sondern E. Die sog. Adressatentheorie hilft nicht weiter, da der S im Rechtsverhältnis zwischen Behörde und Antragsteller nicht unmittelbar beteiligt ist. Die Klagebefugnis kann im Rahmen der Drittanfechtungsklage vielmehr nur dann bejaht werden, wenn die Möglichkeit einer Verletzung von drittschützenden Normen besteht und der S zum Kreis der geschützten Personen zählt. Ob eine Rechtsnorm als drittschützend zu qualifizieren ist, wird durch Auslegung nach Maßgabe der Schutznormtheorie ermittelt.[251] Demnach ist ein den Dritten schützendes subjektives Recht anzunehmen, wenn ein Rechtssatz vorliegt, der nach seiner objektiven Zielrichtung zumindest auch Individualinteressen und nicht nur der Allgemeinheit zu dienen bestimmt ist und dem Einzelnen die Rechtsmacht zur Durchsetzung der geschützten Individualinteressen verleihen soll.

a) **§ 30 Abs. 1 BauGB i.V.m. dem Bebauungsplan**
S macht geltend, dass das Vorhaben des E nicht vereinbar sei mit dem Bebauungsplan. Es könnte also ein Verstoß gegen § 30 Abs. 1 BauGB i.V.m. dem Bebauungsplan gegeben sein. Zunächst aber stellt sich die Frage des Drittschutzes. § 30 BauGB für sich genommen ist nicht nachbarschützend; anzuknüpfen ist vielmehr an § 30 BauGB i.V.m. den jeweiligen Festsetzungen des (qualifizierten) Bebauungsplans. Dieser enthält weitreichende Festsetzungen. So gibt er als Maß der baulichen Nutzung eine zulässige Geschosszahl von zwei Vollgeschossen vor. Hinsichtlich der Art der baulichen Nutzung setzt er als Baugebiet ein Sondergebiet für Wassersport (§ 11 Abs. 1, 2 S. 1 BauNVO) fest. Dabei ist eine differenzierte Betrachtungsweise anzulegen:

aa) **Art der baulichen Nutzung**
Festsetzungen zur Art der baulichen Nutzung werden durchweg als (generell) nachbarschützend angesehen.[252] Sie bezwecken vor allem, die Eigentümer von Grundstücken im selben Plangebiet vor artfremden Nutzungen durch andere Grundstückseigentümer zu schützen (sog. Gebietserhaltungsanspruch). Die Eigentümer von Grundstücken im selben Plangebiet bilden nämlich eine bau- und bodenrechtliche Schicksalsgemeinschaft. Die Beschränkung der Nutzungsmöglichkeiten des eigenen Grundstücks wird dadurch ausge-

---

250 Dazu § 9 Rn. 45.
251 Dazu § 10 Rn. 24.
252 Dazu und zum Folgenden § 10 Rn. 36.

glichen, dass auch die anderen Grundeigentümer diesen Beschränkungen unterworfen sind. Die Planbestimmungen machen deutlich, dass das Gebiet der Wassersportnutzung dienen soll, jedoch sind auch Wohnbauten inklusive der dazugehörigen Nebenanlagen vorgesehen. Das von E geplante Vorhaben besteht in der Errichtung eines Neubaus zu Wohnzwecken, was sich in dem vorgegebenen Rahmen bewegt. Eine Rechtsverletzung gestützt auf die Festsetzung der Art der baulichen Nutzung scheidet daher von vornherein aus.

bb) Maß der baulichen Nutzung

Anders könnte es sich bei den Maßfestsetzungen verhalten. Die herrschende Meinung hält Festsetzungen über das Maß der baulichen Nutzung nach §§ 16 ff. BauNVO grundsätzlich nicht für nachbarschützend.[253] Dies wird damit begründet, dass das Maß im Gegensatz zu der Art der baulichen Nutzung den Gebietscharakter unberührt lasse, die Grundstückseigentümer nicht zu einer Schicksalsgemeinschaft verbinde und – wenn überhaupt – nur Auswirkungen auf das Baugrundstück selbst oder auf unmittelbar angrenzende Grundstücke habe. Das Rücksichtnahmegebot aus § 31 Abs. 2 BauGB sei dann zum Schutz des Nachbarn ausreichend.[254] Etwas anderes gilt erstens dann, wenn der Wille der planenden Gemeinde erkennen lässt, dass die betreffenden Festsetzungen Drittschutz entfalten sollen. Das ist hier aber nicht erkennbar. Nach den Planbestimmungen erfolgt die Ausweisung des Gebiets als Sondergebiet im öffentlichen Interesse. Beschränkungen des Nutzungsmaßes erfolgen dabei „im Interesse der Allgemeinheit" und dienen der „Erhaltung und Verbesserung dieses landschaftlich reizvollen Gesamtbildes".

Zweitens können Festsetzungen über das Maß der baulichen Nutzung jedenfalls in vor 1960 entstandenen Bebauungsplänen auch dann eine nachbarschützende Wirkung zukommen, wenn sich durch Auslegung des Bebauungsplans ergibt, dass die Maßfestsetzungen nach der Konzeption des Plangebers objektiv in einem wechselseitigen nachbarlichen Austauschverhältnis stehen.[255] Das ist vorliegend zu bejahen. Die Festsetzungen des im Jahr 1959 erlassenen Bebauungsplans über zwei Vollgeschosse sind von wesentlicher Bedeutung für den Charakter als Wassersportgebiet. Sie dienen dazu, den Gebietscharakter als grünes Erholungsgebiet zu bewahren, der durch eine verstärkte – die zulässige Geschosszahl überschreitende – Bebauung gefährdet ist. Dadurch, dass durch den geplanten Neubau des sechsgeschossigen Wohnhauses die nach dem Bebauungsplan zulässige Geschosszahl überschritten wird und dieser Festsetzung nachbarschützender Charakter zukommt, kann der Nachbar – hier S – seine Klagebefugnis damit auch darauf stützen.

b) § 31 Abs. 2 BauGB

Fraglich ist, ob S außerdem hinsichtlich des sich aus § 31 Abs. 2 BauGB ergebenden Gebots der Rücksichtnahme klagebefugt ist. § 31 Abs. 2 BauGB ermächtigt die Baugenehmigungsbehörde nämlich nur dann von den Festsetzungen eines Bebauungsplanes zu befreien, wenn die Abweichung unter Würdigung nachbarlicher Interessen mit den öffentlichen Belangen vereinbar ist. Die nachbarrechtliche Schutzwirkung ist bei § 31 Abs. 2 BauGB schon wegen des eindeutigen Wortlauts

---

253 Dazu § 10 Rn. 39. Dagegen etwa *Faßbender* NJW 2019, 2132 (2133 ff.).
254 BVerwG NVwZ 1996, 170. Kritisch *Mampel* NJW 1999, 975 (979 f.).
255 BVerwG NVwZ 2018, 1808; dazu § 10 Rn. 41.

gegeben.²⁵⁶ Dadurch, dass E von den Festsetzungen hinsichtlich der Geschosszahl durch den Dispens befreit wurde und folglich von dem Vorhaben eine erdrückende Wirkung ausgehen könnte, liegt die Möglichkeit einer Verletzung von S als Nachbar in seiner Rechtsstellung aus § 31 Abs. 2 BauGB vor. Auch insoweit ist er also klagebefugt.

4. Vorverfahren
Das gemäß § 68 Abs. 1 S. 1 VwGO erforderliche Vorverfahren wurde ordnungsgemäß eingeleitet und ohne Erfolg durchgeführt.

5. Klagefrist
Die Klagefrist des § 74 Abs. 1 S. 1 VwGO ist ebenfalls gewahrt.

6. Klagegegner
Der richtiger Klagegegner richtet sich nach § 78 Abs. 1 Nr. 1 VwGO, es handelt sich damit um den Rechtsträger der den Vorbescheid erlassenden Behörde, § 57 Abs. 1 S. 1 Nr. 1 SächsBO.

7. Beteiligungs- und Prozessfähigkeit
S ist als Segelvereinigung S e.V. gemäß § 61 Nr. 1 Alt. 2 VwGO beteiligungsfähig und gemäß § 62 Abs. 1 Nr. 3 VwGO – bei Vertretung durch seinen Vorstand V (§ 26 Abs. 1 S. 2 BGB) – prozessfähig. Die Beteiligungs- und Prozessfähigkeit des Rechtsträgers der unteren Bauaufsichtsbehörde richtet sich nach §§ 61 Nr. 1 Alt. 2, 62 Abs. 3 VwGO.

8. Zuständigkeit des Gerichts
Die Zuständigkeit des Gerichts ergibt sich aus §§ 45, 52 Nr. 1 VwGO i.V.m. § 2 SächsJG.

9. Ordnungsgemäße Klageerhebung
Von einer ordnungsgemäßen Klageerhebung i.S.d. §§ 81, 82 VwGO ist auszugehen.

10. Zwischenergebnis
Die Klage des S ist zulässig.

II. Begründetheit
Die Klage ist begründet, soweit der Bauvorbescheid rechtswidrig ist und den Kläger – hier S – in seinen Rechten verletzt (§ 113 Abs. 1 S. 1 VwGO). Das ist der Fall, wenn der Bauvorbescheid gegen eine Vorschrift verstößt, die dem Kläger als Nachbar eine subjektive Rechtsposition vermittelt.

1. Prüfungsumfang des Verfahrens
Da sich der Bauvorbescheid auf die bauplanungsrechtliche Zulässigkeit des Vorhabens bezieht, gehören sowohl § 30 Abs. 1 BauGB i.V.m. dem Bebauungsplan als auch § 31 Abs. 2 BauGB zum Prüfungsmaßstab.

2. Verletzung einer (drittschützenden) Rechtsvorschrift
a) § 30 Abs. 1 BauGB i.V.m. dem Bebauungsplan
Nach dem oben Gesagten liegt ein Vorhaben i.S.d. § 29 Abs. 1 BauGB vor, das in den Geltungsbereich eines qualifizierten Bebauungsplans (§ 30 Abs. 1 BauGB) fällt. Die zuständige Behörde hat von einer Maßfestsetzung i.S.d. §§ 16, 20 BauNVO eine Befreiung nach § 31 Abs. 2 BauGB erteilt. Diese Befreiung war objektiv rechtswidrig, da sie den Grundzügen der Planung widerspricht.²⁵⁷ Wegen der nachbarschützenden Qualität dieser Festsetzung wird S dadurch auch in seinen Rechten verletzt.

---

256 Dazu § 10 Rn. 42.
257 Dazu § 6 Rn. 50.

B. Rechtsschutz des Nachbarn 283

b) § 31 Abs. 2 BauGB
Ein Verstoß gegen das in § 31 Abs. 2 BauGB verankerte Gebot der Rücksichtnahme lässt sich nicht feststellen;[258] insoweit scheidet auch eine Rechtsverletzung des S aus.

III. Ergebnis
Da die Voraussetzungen einer Befreiung von nachbarschützenden Vorschriften in Bezug auf die Geschosszahl als Maß der baulichen Nutzung nicht vorliegen, wird der S durch den gleichwohl erteilten (rechtswidrigen) Bauvorbescheid zugunsten des E in seinen Rechten verletzt, § 113 Abs. 1 S. 1 VwGO.
Die Klage des S ist folglich zulässig und begründet und hat Aussicht auf Erfolg.

2. Einstweiliger Rechtsschutz

▶ **Prüfungsschema: Einstweiliger Rechtsschutz des Nachbarn gegen eine Baugenehmigung** 61

A. Zulässigkeit
  I. Eröffnung des Verwaltungsrechtswegs, § 40 Abs. 1 S. 1 VwGO
  II. Statthaftigkeit des Antrags, § 80a Abs. 3 S. 2 VwGO i.V.m. § 80 Abs. 5 S. 1 VwGO: Abgrenzung zu § 123 VwGO (Baugenehmigung als Verwaltungsakt, gegen den Rechtsbehelf keine aufschiebende Wirkung entfaltet, § 212a Abs. 1 BauGB); Baugenehmigung als Verwaltungsakt mit Doppelwirkung
  III. Antragsbefugnis, § 42 Abs. 2 VwGO analog: Benennung von nachbarschützenden Normen (Schutznormtheorie), die durch die Baugenehmigung verletzt sein können; Antragsteller = Nachbar
  IV. Antragsgegner, § 78 Abs. 1 Nr. 1 VwGO analog: Rechtsträger der erlassenden (i.d.R. unteren) Bauaufsichtsbehörde
  V. Beteiligungs- und Prozessfähigkeit, §§ 61, 62 VwGO
  VI. Zuständigkeit des Gerichts, §§ 80a Abs. 3 S. 2, 80 Abs. 5 S. 1, 45, 52 Nr. 1 VwGO i.V.m. § 2 SächsJG (= Gericht der Hauptsache)
  VII. Ordnungsgemäße Antragstellung, §§ 81, 82 VwGO analog
  VIII. Rechtsschutzbedürfnis: keine Bestandskraft der Baugenehmigung; vorherige Widerspruchseinlegung (str.); (kein) vorheriger Antrag gemäß § 80a Abs. 1 Nr. 2 Alt. 1, § 80 Abs. 4 VwGO (str.)
B. Beiladung des Bauherrn, § 65 Abs. 2 VwGO
C. Begründetheit
Der Antrag ist begründet, wenn die Interessenabwägung ergibt, dass das Aussetzungsinteresse des Antragstellers gegenüber dem Vollziehungsinteresse Vorrang genießt. Maßgebend sind dabei in erster Linie die Erfolgsaussichten in der Hauptsache, die das Verwaltungsgericht aufgrund einer summarischen Prüfung der Tatsachen zu beurteilen hat. Die Hauptsache hat Aussicht auf Erfolg, wenn die Baugenehmigung gegen eine Vorschrift verstößt, die dem Antragsteller als Nachbarn eine subjektive Rechtsposition vermittelt.
  I. Prüfungsumfang des Genehmigungsverfahrens, §§ 63, 64 SächsBO
  II. Verletzung einer (drittschützenden) Rechtsvorschrift

Hinweis: Wichtiger noch als die Nachbarklage gegen eine Baugenehmigung ist in Prüfungssituationen der einstweilige Rechtsschutz des Nachbarn gegen eine Baugenehmigung; hier sollte

---

258 Dazu § 6 Rn. 50.

nicht „auf Lücke" gesetzt werden. Zu beachten ist, dass in einem solchen Verfahren i.d.R. von der Wirksamkeit des der Genehmigung zugrunde liegenden Bebauungsplans auszugehen ist, wenn dieser nicht offensichtlich unwirksam ist.[259]

62 Für den einstweiligen Rechtsschutz des Nachbarn sind vor allem § 80 Abs. 2 S. 1 Nr. 3 VwGO i.V.m. § 212a Abs. 1 BauGB von Bedeutung; danach haben Widerspruch und Anfechtungsklage eines Dritten – wozu auch die Gemeinde zählt[260] – gegen eine bauaufsichtliche Zulassung **keine aufschiebende Wirkung**; eine **bauaufsichtliche Zulassung** sind zum einen die Baugenehmigung, die Teilbaugenehmigung oder Zustimmung, zum anderen aber auch isolierte Abweichungen, Ausnahmen und Befreiungen gemäß § 67 SächsBO,[261] die die Bauausführung zulassen. Umstritten ist, ob der Bauvorbescheid unter § 212a Abs. 1 BauGB fällt.[262] Dagegen spricht der Wortlaut von § 212a Abs. 1 BauGB, da der Vorbescheid das Vorhaben noch nicht „zulässt". Er beinhaltet lediglich eine Vorabentscheidung über einzelne in der Baugenehmigung zu entscheidende Fragen, enthält aber keine abschließende Entscheidung über ein Bauvorhaben. Insbesondere enthält er anders als die Baugenehmigung keinen verfügenden Teil, mit dem das Bauen freigegeben wird.[263] Eine bauaufsichtliche Zulassung hat dagegen zur Folge, dass der Bauherr trotz Nachbarrechtsbehelf bauen darf und der Nachbar um einstweiligen gerichtlichen **Rechtsschutz nach § 80a Abs. 3 S. 2 VwGO i.V.m. § 80 Abs. 5 S. 1 VwGO** nachsuchen muss, wenn er die Schaffung von vollendeten Tatsachen verhindern will;[264] der Antrag nach § 123 Abs. 1 VwGO tritt insoweit als subsidiär zurück, § 123 Abs. 5 VwGO.

Hinweis: Nach a.A. richtet sich der Antrag statt nach § 80a Abs. 3 S. 2 VwGO i.V.m. § 80 Abs. 5 S. 1 VwGO (= Antrag auf gerichtliche Anordnung der aufschiebenden Wirkung des Rechtsbehelfs) nach § 80a Abs. 3 S. 1, Abs. 1 Nr. 2 VwGO (= Antrag auf gerichtliche Anordnung der Aussetzung der Vollziehung). Da sich zwischen beiden Auffassungen keine wesentlichen Unterschiede ergeben, bedarf es dazu keiner Diskussion. Auch muss der Antrag nicht ausgelegt oder umgedeutet werden – beide Alternativen werden von der Praxis akzeptiert.

63 Der einstweilige Rechtsschutzantrag ist nach h.M. trotz des Verweises in § 80a Abs. 3 S. 2 VwGO auf § 80 Abs. 6 VwGO zulässig, ohne dass der Nachbar zuvor erfolglos einen **behördlichen Aussetzungsantrag** gemäß § 80a Abs. 1 Nr. 2 Alt. 1, § 80 Abs. 4 VwGO gestellt hat;[265] dessen ungeachtet rechtfertigt der wegen § 212a Abs. 1 BauGB jederzeit mögliche Baubeginn eine entsprechende Anwendung des § 80 Abs. 6 S. 2 Nr. 2 VwGO[266], sodass der Streit um die Notwendigkeit eines solchen Antrags i.d.R. keiner Entscheidung bedarf. Kommt es ausnahmsweise auf die Streitfrage an, spricht schon die Effektivität des Rechtsschutzes für die überwiegende Auffassung. Die Verweisung in § 80a Abs. 3 S. 2 VwGO auf die Vorschrift des § 80 Abs. 6 VwGO ist nicht als bloße Rechtsfolgenverweisung, sondern als Rechtsgrundverweisung zu verstehen, mit der Folge, dass auch im Fall des § 80a Abs. 3 S. 2 VwGO die Voraussetzungen des § 80 Abs. 6 VwGO gegeben sein müssen. Da die Baugenehmigung keine öffentlichen Abgaben und Kosten

---

259 OVG Bautzen DÖV 2013, 162.
260 VGH Mannheim NVwZ 1999, 442; OVG Münster NVwZ 1999, 1005. Zum Rechtsschutz der Gemeinde § 10 Rn. 82 ff.
261 VGH Mannheim NVwZ-RR 1995, 489; VG München NVwZ-RR 2001, 154.
262 OVG Saarlouis NJOZ 2019, 270. A.A. OVG Lüneburg NVwZ-RR 1999, 716; Ernst/Zinkahn/Bielenberg/Krautzberger/*Kalb/Külpmann* § 212a Rn. 25.
263 VGH München BeckRS 2018, 30673.
264 BVerfG BauR 2009, 1285: keine Bedenken wegen Art. 19 Abs. 4 GG, da der Nachbar nicht rechtsschutzlos gestellt ist.
265 OVG Bremen NVwZ 1993, 592; OVG Koblenz BauR 2004, 59; a.A. OVG Lüneburg NVwZ 1994, 82; NVwZ-RR 2005, 69.
266 OVG Koblenz NVwZ 1993, 591; OVG Lüneburg NVwZ 1993, 592.

B. Rechtsschutz des Nachbarn

i.S.d. § 80 Abs. 2 S. 1 Nr. 1 VwGO regelt, ist ein vorheriger Antrag bei der Behörde gemäß § 80 Abs. 6 VwGO danach nicht erforderlich.[267]

Hinweis: Setzen Bauaufsichts- oder Widerspruchsbehörde auf den Antrag des Nachbarn hin die Vollziehung nicht aus, kann der Nachbar dagegen eine Entscheidung des Verwaltungsgerichts gemäß § 80a Abs. 3 S. 1 Alt. 1 VwGO beantragen („Maßnahmen ändern"); setzen sie die Vollziehung aus, kann dies der Bauherr gemäß § 80a Abs. 3 S. 1 Alt. 2 VwGO tun („Maßnahmen aufheben").

Das **Rechtsschutzbedürfnis** für den einstweiligen Rechtsschutzantrag kann indes entfallen, wenn aufgrund des Baufortschritts kein Bedürfnis mehr dafür besteht. Gehen die Beeinträchtigungen des Nachbarn von dem Gebäude selbst aus, entfällt das Rechtsschutzbedürfnis nicht erst mit der Bezugsfertigkeit des Vorhabens,[268] sondern grundsätzlich schon dann, wenn das Bauvorhaben im Rohbau fertiggestellt ist[269]. Das Rechtsschutzbedürfnis besteht aber fort, wenn sich der Nachbar auch gegen die beabsichtigte Nutzung wendet; der einstweilige Rechtsschutz dient dann einer Nutzungsuntersagung.[270] Im Rahmen des Rechtsschutzbedürfnisses anzusprechen ist schließlich, ob wegen § 80a Abs. 3 S. 2 VwGO i.V.m. § 80 Abs. 5 S. 2 VwGO in der Hauptsache ein Rechtsbehelf, dessen aufschiebende Wirkung angeordnet werden soll, eingelegt werden muss; dies wird man wie schon bei § 80 Abs. 5 S. 1 VwGO wegen der dadurch drohenden Verkürzung der Rechtsbehelfsfristen verneinen müssen.[271]

64

Bei seiner Entscheidung hat das Gericht eine **Interessenabwägung** zwischen Vollzugs- und Aussetzungsinteresse zu treffen, bei der insbesondere die **Erfolgsaussichten des Nachbarrechtsbehelfs** zu berücksichtigen sind[272]. Erweist sich die Baugenehmigung nach summarischer Prüfung der Tatsachen in Bezug auf nachbarschützende Vorschriften als offensichtlich rechtswidrig bzw. bestehen insoweit ernstliche Zweifel an der Rechtmäßigkeit der Baugenehmigung, hat der Rechtsbehelf des Nachbarn Aussicht auf Erfolg und das Aussetzungsinteresse des Nachbarn überwiegt; erweist sich die Baugenehmigung dagegen als offensichtlich rechtmäßig, überwiegt das Sofortvollzugsinteresse. Die im einstweiligen Rechtsschutzverfahren allein mögliche, aber auch gebotene summarische Prüfung korrespondiert mit der einstweiligen Rechtsschutzgewährung, entbindet aber – da mit der Verwirklichung des Vorhabens vollendete Tatsachen geschaffen werden – nicht von einer umfassenden rechtlichen Prüfung.[273] Sind die Erfolgsaussichten des Nachbarrechtsbehelfs danach offen, ist eine Abwägung der Interessen der Beteiligten im Einzelfall vorzunehmen.[274] Zwar werden durch § 212a Abs. 1 BauGB in einem gewissen Ausmaß die Gewichte bei der Interessenabwägung zugunsten des Bauherrn verschoben, was aber nach zutreffender Ansicht nicht bedeutet, dass sich in den davon erfassten Fällen das Vollzugsinteresse gegenüber dem Aussetzungsinteresse automatisch durchsetzt. Trotz des gesetzlichen Ausschlusses der aufschiebenden Wirkung muss im Hinblick auf die Gewährung effektiven Rechtsschutzes (Art. 19 Abs. 4 GG) bei der Interessenabwägung der Einzelfallbezug gewahrt bleiben.[275]

65

---

267 OVG Hamburg NVwZ-RR 2017, 906.
268 So noch OVG Bautzen NVwZ-RR 1995, 251.
269 OVG Bautzen BeckRS 2017, 118881 m.w.N.; dazu bereits OVG Berlin DÖV 2001, 1055; *Ortloff* NVwZ 1995, 436 (441).
270 OVG Schleswig NVwZ-RR 1995, 252; OVG Saarlouis NVwZ-RR 1998, 636.
271 Dazu § 10 Rn. 15.
272 BVerfG NJW 1980, 35; NVwZ-RR 1999, 217; BauR 2009, 1285; zur besonderen Berücksichtigung des gesetzlichen Ausschlusses der aufschiebenden Wirkung durch § 212a BauGB OVG Frankfurt/O. BRS 65 Nr. 199.
273 Dazu BVerfG NVwZ-RR 1999, 217; VGH München NVwZ-RR 1995, 382; weiterführend *Schoch* in: Schoch/Schneider § 80 Rn. 400.
274 OVG Bautzen BauR 2015, 1126; BeckRS 2020, 22348; VGH München NVwZ 1991, 1002; OVG Bremen NVwZ 1993, 592; *Uechtritz* BauR 1992, 1; a.A. VGH Mannheim NVwZ 1991, 1004; OVG Münster NVwZ 1998, 980; *Huber* NVwZ 2004, 915 (918) m.w.N. (Vorrang der Nachbarinteressen).
275 OVG Bautzen BeckRS 2020, 22348.

66 Ordnet das Verwaltungsgericht gemäß § 80a Abs. 3 S. 2 VwGO i.V.m. § 80 Abs. 5 S. 1 VwGO die aufschiebende Wirkung des Nachbarwiderspruchs bzw. seiner Klage an, baut der Bauherr aber weiter, kann der Nachbar nach § 80a Abs. 1 Nr. 2 Alt. 2 VwGO bei der Behörde bzw. nach § 80a Abs. 3 S. 1 i.V.m. § 80a Abs. 1 Nr. 2 Alt. 2 VwGO beim Verwaltungsgericht beantragen, dass einstweilige Maßnahmen zur Sicherung seiner Rechte getroffen werden (z.b. vorläufige Stilllegung oder eine Nutzungsuntersagung).

67 Bei einem **verfahrensfreien** oder **ohne die erforderliche Baugenehmigung** errichteten Vorhaben, das den Nachbarn in seinen Rechten verletzt, kann der Nachbar mangels eines anfechtbaren Verwaltungsakts keinen Antrag nach § 80a Abs. 3 S. 2 VwGO i.V.m. § 80 Abs. 5 S. 1 VwGO stellen; er muss sich vielmehr mit einem Antrag auf Baueinstellung an die Bauaufsichtsbehörde wenden und bei dessen Ablehnung eine einstweilige Anordnung beim Verwaltungsgericht beantragen.[276] Dies gilt auch für Vorhaben, die dem **Genehmigungsfreistellungsverfahren** unterliegen oder die zu Unrecht von der Genehmigungspflicht freigestellt sind[277]. Der Nachbar hat i.d.R. bereits dann Anspruch auf Erlass einer vorläufigen Baueinstellung, wenn das Vorhaben nachbarschützende Vorschriften verletzt[278] oder die Bauvorlagen unvollständig sind, sodass eine Verletzung von Nachbarrechten nicht auszuschließen ist[279].

Hinweis: Angenommen, die zuständige Behörde hätte in Fall 2 (Mehrgeschosser am Wannsee)[280] statt eines Bauvorbescheids eine Baugenehmigung erteilt, wäre S anzuraten, wegen § 212a Abs. 1 BauGB statt einer Anfechtungsklage mittels eines Antrags nach § 80a Abs. 3 S. 2 VwGO i.V.m. § 80 Abs. 5 S. 1 VwGO dagegen vorzugehen. Besonderheiten bei der Prüfung der Zulässigkeit ergeben sich dann – abgesehen von der Statthaftigkeit – beim Rechtsschutzbedürfnis. Zwar wäre der Antrag nicht an eine Frist gebunden; in Bestandskraft dürfte die Baugenehmigung indes noch nicht erwachsen sein. Zu thematisieren wäre ferner, ob es der vorherigen Erhebung der Anfechtungsklage (§ 80 Abs. 5 S. 2 VwGO) und/oder eines vorherigen behördlichen Aussetzungsantrags gemäß § 80a Abs. 1 Nr. 2 Alt. 1, § 80 Abs. 4 VwGO bedürfte; beide Fragen wären nach hier vertretener Auffassung zu verneinen[281]. Im Rahmen der Begründetheit wäre weiterhin der – im Ergebnis zu bejahenden – Frage nachzugehen, ob die Baugenehmigung den S in seinen subjektiven Rechten verletzt; dies geschieht im Fall des vorläufigen Rechtsschutzes aber eingekleidet in eine Interessenabwägung zwischen Vollzugs- und Aussetzungsinteresse.

III. Anspruch auf Einschreiten

68 Mit einer Klage gegen die Baugenehmigung kann sich ein Nachbar nur dann zur Wehr setzen, wenn seine Rechte durch eine solche Genehmigung möglicherweise verletzt werden. Was aber gilt, wenn das Vorhaben nach § 59 Abs. 1 SächsBO genehmigungspflichtig ist, dafür aber keine Genehmigung beantragt wurde, oder das Vorhaben keiner Baugenehmigung bedarf, weil es nach § 61 SächsBO verfahrensfrei ist bzw. nach § 62 SächsBO keiner Genehmigung bedarf (Genehmigungsfreistellung), oder zwar genehmigt wurde, die nachbarschützenden Vorschriften aber nicht in das Prüfprogramm des Genehmigungsverfahrens (§§ 63, 64 SächsBO) fallen? Die Anfechtung der – überhaupt nur in der letzten Fallkonstellation tatsächlich existierenden – Baugenehmigung scheidet ersichtlich jeweils aus. Stattdessen ist der Nachbar darauf verwiesen, einen sog. Anspruch auf bauaufsichtliches Einschreiten zunächst bei der Bauaufsichtsbehörde geltend zu machen und im Falle der Weigerung entsprechenden gerichtlichen Rechtsschutz zu suchen.

---

276 Zum Anspruch auf Einschreiten § 10 Rn. 68 ff.
277 OVG Münster BauR 1999, 628.
278 OVG Bautzen SächsVBl 1997, 33; OVG Münster NVwZ-RR 1998, 218; *Dahlke-Piel* SächsVBl 1999, 121.
279 OVG Münster NVwZ-RR 1999, 427.
280 Dazu § 6 Rn. 49 f.
281 Dazu § 10 Rn. 63 f.

B. Rechtsschutz des Nachbarn

1. Hauptsacherechtsschutz

▶ **Prüfungsschema: Klage des Nachbarn auf bauaufsichtliches Einschreiten** 69

A. Zulässigkeit
  I. Eröffnung des Verwaltungsrechtswegs, § 40 Abs. 1 S. 1 VwGO
  II. Statthaftigkeit der Verpflichtungsklage, § 42 Abs. 1 VwGO
  III. Klagebefugnis, § 42 Abs. 2 VwGO: mgl. Anspruch auf bauaufsichtliches Einschreiten aus § 79 oder § 80 S. 1 oder § 80 S. 2 SächsBO (i.V.m. mgl. Verletzung nachbarschützender Normen)
  IV. Vorverfahren, §§ 68 ff. VwGO
  V. Klagefrist, § 74 Abs. 2, 1 VwGO
  VI. Klagegegner, § 78 Abs. 1 Nr. 1 VwGO: Rechtsträger der unteren Bauaufsichtsbehörde
  VII. Beteiligungs- und Prozessfähigkeit, §§ 61, 62 VwGO
  VIII. Zuständigkeit des Gerichts, §§ 45, 52 Nr. 1 VwGO i.V.m. § 2 SächsJG
  IX. Ordnungsgemäße Klageerhebung, §§ 81, 82 VwGO
B. Notwendige Beiladung des Bauherrn, § 65 Abs. 2 VwGO
C. Begründetheit
Die Klage ist begründet, soweit die Ablehnung/Unterlassung der begehrten bauaufsichtlichen Verfügung rechtswidrig ist, den Kläger in seinen Rechten verletzt und die Sache spruchreif ist (§ 113 Abs. 5 S. 1 VwGO). Das ist der Fall, wenn der Kläger einen Anspruch auf bauaufsichtliches Einschreiten hat.
  I. Anspruchsgrundlage: § 79 oder § 80 S. 1 oder § 80 S. 2 SächsBO
  II. Formelle Anspruchsvoraussetzungen: formloser Antrag bei zuständiger Behörde (§§ 57 Abs. 1 und 2, 58 Abs. 2 S. 1 SächsBO, § 1 S. 1 SächsVwVfZG i.V.m. § 3 Abs. 1 Nr. 1 VwVfG)
  III. Materielle Anspruchsvoraussetzungen
    1. Tatbestand: § 79 oder § 80 S. 1 oder § 80 S. 2 SächsBO[282]
    2. Ermessensreduktion auf Null
      a) Intendiertes Ermessen bei Verletzung einer nachbarschützenden Norm
      b) Atypische Ausnahme: keine spürbaren tatsächlichen Beeinträchtigungen

Der Anspruch auf bauaufsichtliches Einschreiten ist im Wege der **Verpflichtungsklage** durchzusetzen, da es sich bei den begehrten bauaufsichtlichen Verfügungen um Verwaltungsakte i.S.d. § 1 S. 1 SächsVwVfZG i.V.m. § 35 S. 1 VwVfG handelt. Im Rahmen der Klagebefugnis ist zu thematisieren, ob – abhängig vom Klagebegehren – § 79 oder § 80 S. 1 oder § 80 S. 2 SächsBO möglicherweise einen Anspruch auf bauaufsichtliches Einschreiten gewähren. Das ist grundsätzlich zu bejahen. Zwar sind diese Normen sämtlichst an die für die Bauaufsicht zuständigen Behörden gerichtet, dies geschieht aber zum Zwecke der Wahrung öffentlich-rechtlicher Normen, die z.T. auch als Schutznormen Rechte Dritter schützen sollen. Was die Rechtsfolgenseite betrifft, räumen §§ 79, 80 SächsBO Ermessen ein. Sollte (ausnahmsweise) kein Fall der Ermessensreduktion auf Null vorliegen, bestünde zumindest die Möglichkeit eines Anspruchs auf eine ermessensfehlerfreie Entscheidung, was für die Bejahung der Klagebefugnis ausreichend ist. Vor Klageerhebung zu durchlaufen ist das Vorverfahren; die Klagefrist (§ 74 Abs. 2, 1 VwGO) gilt es zu wahren. Die Klage richtet sich gemäß § 78 Abs. 1 Nr. 1 VwGO gegen die Körperschaft, von deren Behörde das bauaufsichtliche Einschreiten begehrt wird. Beklagte sind also die 70

---
282 Dazu Schema bei § 10 Rn. 12.

Rechtsträger der Bauaufsichtsbehörden, im Regelfall also die Landkreise bzw. Kreisfreien Städte, § 57 Abs. 1 S. 1 Nr. 1 SächsBO.

71 Materiell setzt der Anspruch auf bauaufsichtliches Einschreiten voraus, dass der **Nachbar in seinen Rechten verletzt** wird. Verstößt das Bauvorhaben lediglich gegen nicht-nachbarschützende Normen, hat der Nachbar bereits keinen Anspruch auf fehlerfreie Ermessensentscheidung[283] und kann allenfalls auf zivilrechtliche Abwehransprüche verwiesen werden[284]. Hinsichtlich der maßgeblichen Sach- und Rechtslage ist auf den Zeitpunkt der mündlichen Verhandlung abzustellen; die Behörde kann nur dann zu einem Einschreiten verpflichtet werden, wenn die Voraussetzungen hierfür noch gegeben sind. Im Übrigen bedarf es der Abgrenzung zwischen einem Anspruch, der „lediglich" auf ermessensfehlerfreie Entscheidung gerichtet ist, und einem **gebundenen Anspruch auf bauaufsichtliches Einschreiten**. Die Instrumente der repressiven Bauaufsicht nach §§ 79, 80 SächsBO stehen im Ermessen der Bauaufsichtsbehörde („kann"). Der Nachbar hat daher grundsätzlich nur einen Anspruch auf ermessensfehlerfreie Entscheidung über seinen Antrag, gegen ein rechtswidriges Vorhaben vorzugehen. Das Ermessen kann allerdings auf Null reduziert sein. Dabei ist zwischen zwei Konstellationen zu unterscheiden:[285]

Erstens in Fällen, in denen der Bauherr ohne eine erforderliche Baugenehmigung gebaut hatte oder in denen eine erteilte Baugenehmigung nachträglich aufgehoben worden war, sind die Anforderungen für eine Ermessensreduktion auf Null nach teilweise vertretener Auffassung hoch. So geht das BVerwG davon aus, dass das Ermessen der Behörde nur bei hoher Intensität der Störung oder Gefährdung des Nachbarn (etwa erhebliche Gefährdung wichtiger Rechtsgüter wie Leben, körperliche Unversehrtheit und ggf. Eigentum) so weit geschrumpft sein könne, dass allein ein Einschreiten ermessensfehlerfrei ist.[286] Andere Gerichte, darunter das OVG Bautzen, agieren großzügiger. Danach hat der Nachbar einen Anspruch auf Einschreiten in der Regel bereits dann, wenn ein Vorhaben gegen öffentlich-rechtliche nachbarschützende Vorschriften verstößt und hierdurch geschützte Belange des Nachbarn mehr als nur geringfügig berührt werden.[287]

Davon zu unterscheiden sind – **zweitens** – Fälle, in denen es kraft Landesrechts keiner Baugenehmigung bedarf. Das BVerwG positioniert sich dazu nicht abschließend. Vielmehr entscheide sich die Frage, ob dem Nachbarn bei der Verletzung einer nachbarschützenden Vorschrift ein im Wege einer Ermessensreduzierung auf Null gebundener Anspruch auf behördliches Einschreiten zusteht, grundsätzlich nach Landesrecht.[288] So verwundert es nicht, dass die Obergerichte dazu unterschiedlicher Auffassung sind. Der VGH München etwa hält an einer restriktiven Sichtweise fest. Danach ist dem Nachbarn unter Berücksichtigung des Grundsatzes der Verhältnismäßigkeit ein Rechtsanspruch auf Einschreiten nur bei hoher Intensität der Störung oder Gefährdung des Nachbarn zuzubilligen. Das ist der Fall, wenn die von der (potenziell) rechtswidrigen baulichen Anlage ausgehende Beeinträchtigung des Nachbarn einen erheblichen Grad erreicht und die Abwägung mit dem Schaden des Bauherrn ein deutliches Übergewicht der nachbarlichen Interessen ergibt.[289] Rechtsschutzfreundlicher positioniert sich erneut das **OVG Bautzen**. Verletzen Vorhaben, die verfahrensfrei sind oder dem Genehmigungsfreistellungsverfahren unterliegen, nachbarschützende Vorschriften, besteht danach i.d.R. ein Anspruch des Nachbarn

---

283 VGH Mannheim BauR 1979, 222; VBlBW 1992, 148.
284 BVerwG NVwZ 1998, 395.
285 Vgl. *Muckel/Ogorek* Öffentliches Baurecht § 10 Rn. 62 ff., die die Modifikation der Grundsätze zum Anspruch auf Einschreiten für die untenstehende zweite Konstellation indes kritisieren.
286 BVerwG BauR 1996, 841.
287 OVG Bautzen LKV 2009, 30; OVG Münster BeckRS 2019, 1501.
288 BVerwG NVwZ 1998, 395.
289 VGH München BeckRS 2018, 6996 m.w.N.

B. Rechtsschutz des Nachbarn

auf Einschreiten;[290] begründet wird dies damit, dass der Rechtsschutz des Nachbarn nicht schlechter sein könne, nur weil das Vorhaben nicht baugenehmigungspflichtig sei.[291] Nur in atypischen Fällen kann die Bauaufsichtsbehörde danach von einem Einschreiten absehen, etwa dann, wenn der Nachbar trotz der Verletzung nachbarschützender Vorschriften ausnahmsweise tatsächlich nicht spürbar beeinträchtigt ist.[292] Im Übrigen ist das – auf die Beseitigung der Störung gerichtete intendierte – Ermessen auf Null reduziert und der Nachbar hat einen Anspruch auf bauaufsichtliches Einschreiten.[293]

Hinweis: Die Unterscheidung zwischen beiden Fallgruppen ist nicht zwingend und wird auch in der Rechtsprechung nicht durchweg praktiziert. In Klausursituationen ist zu empfehlen, zunächst von der gesetzlichen Regelung auszugehen, die (intendiertes) Ermessen vorsieht, bevor der Frage der Ermessensreduktion auf Null nachzugehen ist. Handelt es sich, wie zumeist, um einen Fall, in dem es keiner Baugenehmigung bedarf, sollte mit dem OVG Bautzen der Vergleich zum Nachbarschutz bei genehmigungspflichtigen Vorhaben angestellt werden.

Besondere rechtliche Probleme treten auf, wenn der Nachbar mit Erfolg die Baugenehmigung angefochten hat, das Vorhaben in der Zwischenzeit aber – aufgrund von § 212a Abs. 1 BauGB – zulässigerweise errichtet worden ist. Nach der Rechtsprechung des BVerwG kann sich für einen Nachbarn, der durch eine bauplanungsrechtlich rechtswidrige und durch Urteil aufgehobene Baugenehmigung in seinen Rechten verletzt wird, aus einer an Art. 14 GG bzw. dem Folgenbeseitigungsanspruch auszurichtenden Auslegung der bauaufsichtlichen Eingriffsbefugnisse ein Anspruch auf Erlass einer Beseitigungsanordnung oder Nutzungsuntersagung ergeben;[294] die ermessensreduzierende Wirkung des Art. 14 GG und des Folgenbeseitigungsanspruchs können aber nicht weiter gehen, als eine beeinträchtigte Rechtsposition gegeben ist.

▶ Fall 3: „Spirituosenkiosk" im reinen Wohngebiet[295]

Aufgabe: Unterstellt das Vorhaben des E, im vorderen Bereich seines Grundstücks einen „Spirituosenkiosk" zu betreiben, ist bauplanungsrechtlich unzulässig, weswegen ihm der Landkreis Nordsachsen diese Nutzung untersagen durfte, hätte eine auf Erlass einer entsprechenden Verfügung gerichtete Klage des Nachbarn N Aussicht auf Erfolg? ◀

▶ Lösung:

Eine Klage des N hat Aussicht auf Erfolg, soweit sie zulässig und begründet ist.

I. Zulässigkeit

1. Eröffnung des Verwaltungsrechtswegs
   Der Verwaltungsrechtsweg müsste eröffnet sein. Mangels auf- oder abdrängender Sonderzuweisung richtet sich dies nach § 40 Abs. 1 S. 1 VwGO. Danach müsste zunächst eine öffentlich-rechtliche Streitigkeit vorliegen. Streitbefangen ist das Einschreiten der Bauaufsichtsbehörde gegenüber dem E. Dieses müsste auf der Grundlage öffentlichen Sonderrechts, das lediglich Hoheitsträger in dieser Funktion berechtigt oder verpflichtet (vgl. § 80 S. 2 SächsBO), geschehen (sog. Sonderrechtstheorie). Eine öffentlich-rechtliche Streitigkeit liegt damit vor. Mangels doppelter Verfassungsunmittelbarkeit ist die Streitigkeit auch nicht verfassungsrechtlicher Art. Damit ist der Verwaltungsrechtsweg gem. § 40 Abs. 1 S. 1 VwGO eröffnet.

---

290 So bereits OVG Bautzen SächsVBl 1997, 33; ähnlich VGH Mannheim NVwZ-RR 1995, 490 (Kenntnisgabeverfahren).
291 Will Öffentliches Baurecht Rn. 842.
292 Vgl. etwa OVG Bautzen BeckRS 2014, 124995; NVwZ-RR 2019, 584.
293 OVG Bautzen NVwZ-RR 2019, 584; ähnlich OVG Münster BeckRS 2019, 1501; BeckRS 2015, 48054.
294 BVerwG NVwZ 1995, 272; BauR 1999, 735; 2000, 1318; dazu kritisch *Jäde* UPR 1998, 326.
295 Dazu § 6 Rn. 72 f. sowie § 9 Rn. 68 f.

2. Statthaftigkeit
Die richtige Klageart richtet sich nach dem Klagebegehren, § 88 VwGO. N begehrt den Erlass einer bauaufsichtlichen Verfügung in Form des Erlasses einer Nutzungsuntersagung. Dabei handelt es sich um einen Verwaltungsakt i.S.d. § 1 S. 1 SächsVwVfZG i.V.m. § 35 S. 1 VwVfG, mit der Folge, dass die Verpflichtungsklage in Form der Versagungsgegenklage nach § 42 Abs. 1 Alt. 2 VwGO statthaft ist.

3. Klagebefugnis
N müsste nach § 42 Abs. 2 VwGO klagebefugt sein. Das wäre dann der Fall, wenn möglicherweise ein Anspruch auf Einschreiten in Form einer Nutzungsuntersagung besteht. Ein solcher Anspruch könnte sich aus § 80 S. 2 SächsBO ergeben, der sich zwar an die für die Bauaufsicht zuständigen Behörden richtet, die zum Zwecke der Wahrung öffentlich-rechtlicher Normen einschreiten sollen, die wiederum z.T. öffentliche Interessen, z.T. aber auch als Schutznormen Rechte Dritter schützen sollen. Entscheidend ist daher hier zunächst ein möglicher Verstoß gegen öffentlich-rechtliche Vorschriften; im Fall der Klage des Nachbarn N kommt es mit Blick auf eine mögliche Verletzung gerade seiner Rechte auf einen Verstoß gegen drittschützende Normen an. Zum Tragen kommt daher die Schutznormtheorie, wonach eine Norm subjektive Rechte verleiht, wenn sie neben dem Schutz öffentlicher Interessen zumindest auch dazu bestimmt ist, dem Interesse einzelner Personen oder Personengruppen zu dienen.[296]

a) Rüge bauplanungsrechtlicher Verstöße
Es erscheint möglich, dass es sich um ein Vorhaben im unbeplanten Innenbereich handelt. Nicht auszuschließen ist auch, dass die Eigenart der näheren Umgebung einem Baugebiet der BauNVO, konkret §§ 3, 4 BauNVO entspricht und danach Anforderungen an die Zulässigkeit von Vorhaben in Wohngebieten zu beachten sind, wogegen der Kiosk als gewerbliche Nutzung möglicherweise verstößt.[297] Festsetzungen über die Art der baulichen Nutzung nach § 34 Abs. 2 BauGB i.V.m. §§ 3, 4 BauNVO sind auch (generell) drittschützend. Einschlägig ist der sog. Gebietserhaltungsanspruch, wonach der Nachbar N – er ist Eigentümer des unmittelbar angrenzenden Grundstücks und somit „Nachbar" im baurechtlichen Sinne – sich auf die Verletzung des Gebietscharakters berufen kann, ohne dass es auf seine tatsächliche Betroffenheit ankommt.[298] Insofern kann dahinstehen, inwieweit ggf. auch (partieller) Drittschutz über das Gebot der Rücksichtnahme aus § 15 Abs. 1 S. 1 BauNVO und dem „Sich-Einfügen" des § 34 Abs. 1 BauGB zugunsten des N besteht; von vornherein ausschließen lässt sich dies jedenfalls nicht.

b) Rüge bauordnungsrechtlicher Verstöße
Das Vorhaben des E könnte den erforderlichen Mindestabstand (§ 6 SächsBO) unterschreiten.[299] Diese Norm schützt auch N. Bestimmungen über Abstandsflächen dienen ausreichender Belichtung sowie dem Brandschutz nicht nur des jeweiligen Bauherrn, sondern auch des Nachbarn. Daher ergibt sich eine mögliche Verletzung einer drittschützenden Norm auch aus § 6 SächsBO.

c) Möglicher Anspruch des Nachbarn
Auch bei Vorliegen eines Verstoßes gegen drittschützende Vorschriften ist fraglich, ob sich aus § 80 S. 2 SächsBO, der dem Wortlaut nach Ermessen einräumt, zugunsten des N unmittelbar ein Anspruch auf Erlass der begehrten Nutzungsun-

---

296 Zur Schutznormtheorie § 10 Rn. 24.
297 Zu beidem bereits § 6 Rn. 73.
298 Dazu § 10 Rn. 36 u. 43.
299 Dazu bereits § 9 Rn. 69.

tersagung ergibt. In Betracht kommt allerdings zum einen ein Anspruch im Fall einer Ermessensreduktion auf Null, anderenfalls zumindest ein Anspruch des N auf ermessensfehlerfreie Entscheidung.
    d)   Zwischenergebnis
        N ist klagebefugt, § 42 Abs. 2 VwGO.
4. Vorverfahren
Das gemäß § 68 Abs. 2, 1 S. 1 VwGO erforderliche Vorverfahren wurde ordnungsgemäß eingeleitet und ohne Erfolg durchgeführt.
5. Klagefrist
Mangels entgegenstehender Angaben ist davon auszugehen, dass die Klagefrist des § 74 Abs. 2, 1 S. 1 VwGO gewahrt worden ist.
6. Klagegegner
Richtiger Klagegegner gemäß § 78 Abs. 1 Nr. 1 VwGO ist der Landkreis Nordsachsen, § 57 Abs. 1 S. 1 Nr. 1 SächsBO.
7. Beteiligungs- und Prozessfähigkeit
N ist nach § 61 Nr. 1 Alt. 1 VwGO beteiligungs- und nach § 62 Abs. 1 Nr. 1 VwGO prozessfähig; der beklagte Landkreis Nordsachsen ist als Gebietskörperschaft (§ 1 Abs. 2 SächsLKrO) nach § 61 Nr. 1 Alt. 2 VwGO beteiligungs- und nach §§ 62 Abs. 3 VwGO, 47 Abs. 1 S. 2 SächsLKrO – bei Vertretung durch den Landrat – prozessfähig.
8. Zuständiges Gericht
Zuständig ist gemäß §§ 45, 52 Nr. 1 VwGO i.V.m. § 2 Abs. 2 Nr. 3 SächsJG das Verwaltungsgericht Leipzig.
9. Ordnungsgemäße Klageerhebung
Von einer ordnungsgemäßen Klageerhebung i.S.d. §§ 81, 82 VwGO ist auszugehen.
10. Zwischenergebnis
Die Klage des N ist zulässig.

II. Beiladung
Bauherr E ist notwendig beizuladen, § 65 Abs. 2 VwGO; seine Beteiligungsfähigkeit ergibt sich aus § 61 Nr. 1 Alt. 1 VwGO, seine Prozessfähigkeit aus § 62 Abs. 1 Nr. 1 VwGO.

III. Begründetheit
Die Klage ist gemäß § 113 Abs. 5 S. 1 VwGO begründet, wenn die Ablehnung des Einschreitens rechtswidrig und der Kläger – hier N – dadurch in seinen Rechten verletzt und die Sache spruchreif ist. Dies ist der Fall, wenn N einen Anspruch auf Einschreiten, hier konkret in Form des Erlasses der begehrten Nutzungsuntersagung hat.
1. Anspruchsgrundlage
Die Nutzungsuntersagung könnte sich auf § 80 S. 2 SächsBO stützen.
2. Formelle Anspruchsvoraussetzungen
Es bedürfte eines (formlosen) Antrags bei der zuständigen Behörde. N hat sich an die zuständige Bauaufsichtsbehörde des Landkreises Nordsachsen gewandt, § 57 Abs. 1 S. 1 Nr. 1 SächsBO, § 1 S. 1 SächsVwVfZG i.V.m. § 3 Abs. 1 Nr. 1 VwVfG.
3. Materielle Anspruchsvoraussetzungen
Der Anspruch setzt voraus, dass die Anlage im Widerspruch zu öffentlich-rechtlichen Vorschriften steht, sodass ein Einschreiten überhaupt rechtmäßig wäre (§ 80 S. 2 SächsBO); mit Blick auf einen Anspruch des N ist entscheidend, ob dieser dadurch in seinen Rechten verletzt wird, d.h. ein Verstoß gerade gegen drittschützende Normen vorliegt. Darüber hinaus müsste ein Fall der Ermessensreduktion auf Null vorliegen.

a) Tatbestand
Die Nutzung der „Hütte" als „Spirituosenkiosk" steht im Widerspruch zu öffentlich-rechtlichen Vorschriften des Bauplanungsrechts (§ 34 Abs. 2 BauGB i.V.m. §§ 3, 4 BauNVO) einerseits,[300] sowie des Bauordnungsrechts (§ 6 SächsBO) andererseits[301]; jeweils sind nachbarschützende Vorschriften berührt, die gerade den N in seinen Rechten schützen. Hier stellt sich allerdings das zusätzliche Problem, ob sich der Erlass einer Nutzungsuntersagung zur Beseitigung der von der Verletzung der Abstandsregelung ausgehenden Beeinträchtigung der Rechte des N überhaupt als geeignet erwiese (Verstoß resultiert aus dem Bestand dieser baulichen Anlage, unabhängig von ihrer Nutzung). Diese Frage kann allerdings dahinstehen, da der gerügte bauplanungsrechtliche Verstoß gerade aus der konkreten Nutzung resultiert und als solcher bereits die Nutzungsuntersagung rechtfertigte.

b) Rechtsfolge: Ermessensreduktion auf Null
§ 80 S. 2 SächsBO sieht Ermessen der Bauaufsichtsbehörde vor („kann"). Der Nachbar hat daher grundsätzlich nur einen Anspruch auf ermessensfehlerfreie Entscheidung über seinen Antrag, gegen ein rechtswidriges Vorhaben vorzugehen. Das Ermessen kann allerdings auf Null reduziert sein. Dafür eine besonders intensive (d.h. unzumutbare) Störung bzw. Gefährdung oder gar Beeinträchtigung der Rechte des Nachbarn zu fordern, geht zu weit. Der Rechtsschutz des Nachbarn darf nicht schlechter ausfallen, nur weil das Vorhaben – wie hier – nicht baugenehmigungspflichtig ist. Nur in atypischen Fällen kann die Bauaufsichtsbehörde von einem Einschreiten absehen, etwa dann, wenn der Nachbar trotz der Verletzung nachbarschützender Vorschriften ausnahmsweise tatsächlich nicht spürbar beeinträchtigt ist,[302] wovon hier nicht die Rede sein kann.

IV. Ergebnis
N steht ein Anspruch auf Einschreiten in Form des Erlasses einer Nutzungsuntersagung gegenüber E zu. Die zulässige Klage ist insoweit auch begründet und hat daher Aussicht auf Erfolg.

2. Einstweiliger Rechtsschutz

Hinweis: Soweit der Anspruch auf bauaufsichtliches Einschreiten Klausurgegenstand ist, wird regelmäßig einstweiliger Rechtsschutz zu prüfen sein. Insgesamt hat seine Klausurrelevanz im Vergleich zur „klassischen" Drittanfechtung zugenommen, da nach sächsischem Landesrecht vielfach keine Baugenehmigung mehr von Nöten ist.

▶ **Prüfungsschema: Einstweiliger Rechtsschutz des Nachbarn auf bauaufsichtliches Einschreiten**

A. Zulässigkeit
   I. Eröffnung des Verwaltungsrechtswegs, § 40 Abs. 1 S. 1 VwGO
   II. Statthaftigkeit des Antrags, § 123 Abs. 1 VwGO: Abgrenzung zu §§ 80, 80a VwGO; Sicherungs- oder Regelungsanordnung
   III. Antragsbefugnis, § 42 Abs. 2 VwGO analog: mgl. Anspruch auf bauaufsichtliches Einschreiten aus §§ 79, 80 SächsBO (Anordnungsanspruch); mgl. zeitliche Dringlichkeit (Anordnungsgrund)

---
300 Dazu § 6 Rn. 73.
301 Dazu § 9 Rn. 69.
302 Zu alldem § 10 Rn. 71.

B. Rechtsschutz des Nachbarn

IV. Antragsgegner, § 78 Abs. 1 Nr. 1 VwGO analog: Rechtsträger der unteren Bauaufsichtsbehörde
V. Beteiligungs- und Prozessfähigkeit, §§ 61, 62 VwGO
VI. Zuständigkeit des Gerichts, §§ 123 Abs. 2 S. 1, 45, 52 Nr. 1 VwGO i.V.m. § 2 SächsJG (= Gericht der Hauptsache)
VII. Ordnungsgemäße Antragstellung, §§ 81, 82 VwGO analog
VIII. Rechtsschutzbedürfnis: insb. vorheriger, erfolgloser Antrag bei Bauaufsichtsbehörde
B. Notwendige Beiladung des Bauherrn, § 65 Abs. 2 VwGO
C. Begründetheit
Der Antrag ist begründet, wenn gem. § 123 Abs. 3 VwGO i.V.m. §§ 920 Abs. 2, 294 ZPO ein Anordnungsanspruch und ein Anordnungsgrund glaubhaft gemacht wurden. Darüber hinaus darf kein Verstoß gegen das Verbot der Vorwegnahme der Hauptsache vorliegen.
I. Anordnungsanspruch[303]
II. Anordnungsgrund: zeitliche Dringlichkeit des Einschreitens
III. Keine (unzulässige) Vorwegnahme der Hauptsache

Einstweiliger Rechtsschutz des Nachbarn auf bauaufsichtliches Einschreiten ist als Regelungsanordnung i.S.d. § 123 Abs. 1 S. 2 VwGO zu gewähren; §§ 80, 80a VwGO greifen i.d.R. schon deshalb nicht, weil es an der dafür erforderlichen Baugenehmigung, die angefochten werden könnte, fehlt. Im Übrigen entspricht die Prüfung der Zulässigkeit weitgehend der, der in der Hauptsache zu erhebenden Verpflichtungsklage. Es ist freilich den Besonderheiten einstweiligen Rechtsschutzes Rechnung zu tragen. Insbesondere bedarf es schon im Rahmen der Antragsbefugnis – neben einer Darlegung, woraus sich der Anspruch auf bauaufsichtliches Einschreiten ergeben könnte (Möglichkeit eines Anordnungsanspruchs) – der Darlegung der Möglichkeit eines Anordnungsgrundes. 76

Der Antrag ist begründet, soweit der Nachbar Anordnungsanspruch und -grund glaubhaft macht (§ 123 Abs. 3 VwGO i.V.m. § 920 Abs. 2 ZPO). Für den Anordnungsgrund bedarf es eines spezifischen Interesses, Rechtsschutz gerade im Eilverfahren zu erlangen. Darzulegen ist also die Dringlichkeit bzw. Eilbedürftigkeit der Sache, wobei zu berücksichtigen ist, dass der Bauherr jederzeit mit den Baumaßnahmen beginnen und bereits begonnene Maßnahmen fortsetzen kann, was sowohl aus tatsächlichen Gründen (Schaffung vollendeter Tatsachen) als auch aus rechtlichen Gründen (ggf. Unverhältnismäßigkeit der Beseitigung des bereits Gebauten) die Verwirklichung eines materiell-rechtlichen Anspruchs des Nachbarn erschweren kann.[304] Der Anordnungsanspruch besteht, wenn das Bauvorhaben im Widerspruch zu materiell nachbarschützenden Vorschriften steht und das der Bauaufsichtsbehörde nach den §§ 79, 80 SächsBO zustehende Ermessen auf Null reduziert ist. Insoweit ist zumindest in Prüfungsarbeiten eine uneingeschränkte – nicht bloß wie in der Praxis summarische – Prüfung vorzunehmen, die der Begründetheitsprüfung in der Hauptsache entspricht. 77

Problematisch ist schließlich insbesondere das Verbot der Vorwegnahme der Hauptsache, nach dem grundsätzlich keine vollendeten Tatsachen geschaffen werden dürfen. Ausnahmsweise darf die Hauptsache aber vorweggenommen werden, wenn für den Nachbarn anderenfalls schwere, unzumutbare Nachteile entstehen würden und die Erfolgsaussichten seines Antrags in der Hauptsache eindeutig überwiegen. Dennoch wird es für den Regelfall ausscheiden, eine Beseitigungsverfügung im einstweiligen Rechtsschutzverfahren zu erlassen. Der Nachbar ist vielmehr auf die Baueinstellung sowie ggf. den Erlass einer Nutzungsuntersagung verwiesen.

---

303 Dazu das Schema bei § 10 Rn. 69.
304 *Muckel/Ogorek* Öffentliches Baurecht § 11 Rn. 49.

IV. Nachbarschutz bei öffentlichen Einrichtungen

78 Soweit eine öffentliche Einrichtung **aufgrund** einer **Baugenehmigung** oder **Zustimmung** (§ 77 SächsBO) errichtet und betrieben wird, muss der davon betroffene Nachbar Rechtsbehelfe gegen die Baugenehmigung bzw. Zustimmung einlegen. Unterlässt er dies, kann er später keine öffentlich-rechtlichen Abwehransprüche mehr geltend machen.[305] Etwas anderes gilt aber bei einer der Genehmigung nicht mehr entsprechenden Nutzung der Einrichtung,[306] z.B. bei Nutzung eines Kinderspielplatzes für abendliche Treffen von Jugendlichen[307].

Bei einer Beeinträchtigung durch eine öffentliche Einrichtung, die **ohne Baugenehmigung** oder **Zustimmung** geschaffen worden ist, hat der Betroffene die Möglichkeit, Unterlassungsklage zu erheben, sofern er die Beeinträchtigung nicht zu dulden braucht.[308] Als Anspruchsgrundlage dieses **öffentlich-rechtlichen Abwehr- und Unterlassungsanspruchs** wird teilweise allein, teilweise auch nebeneinander Art. 2 Abs. 2 und Art. 14 GG,[309] eine analoge Anwendung des § 1004 BGB[310] oder ein Folgenbeseitigungsanspruch[311] angegeben; die Voraussetzungen für das Vorliegen eines solchen Anspruchs sind jeweils gleich,[312] nämlich dass die öffentliche Einrichtung nachbarschützende Vorschriften verletzt. Als solche nachbarschützenden Vorschriften kommen vor allem die baurechtlichen Vorschriften einschließlich des Gebots der Rücksichtnahme[313] sowie § 22 BImSchG[314] in Betracht.

Streitig ist, ob neben dem Abwehr- und Unterlassungsanspruch gegen die Gemeinde bzw. den sonstigen öffentlich-rechtlichen Träger der Einrichtung auch ein **Einschreiten der Bauaufsichtsbehörde** verlangt werden kann[315] oder ob diese Möglichkeit bei öffentlichen Einrichtungen ausscheidet, weil eine öffentlich-rechtliche Körperschaft nicht der Hoheitsgewalt einer anderen Körperschaft unterworfen ist[316]. Gemäß § 59 Abs. 2 SächsBO bleiben die bauaufsichtlichen Eingriffsbefugnisse auch im Zustimmungsverfahren unberührt. Insoweit kann der Nachbar also ein Einschreiten der Bauaufsichtsbehörde begehren; dies dürfte auch sonst gelten.

79 Die Frage, in welchem Umfang die Nachbarn die Störung durch eine öffentliche Einrichtung hinnehmen müssen, lässt sich nicht einheitlich beantworten, sondern hängt von der jeweiligen **Situation des Baugebiets und der Funktion der Einrichtung** ab[317]. Grundsätzlich besteht auch für öffentliche Einrichtungen kein Sonderrecht. Allerdings muss der Nachbar einer solchen öffentlichen Einrichtung wegen deren spezifischer Funktion ggf. Beeinträchtigungen hinnehmen, die er bei sonstigen, etwa gewerblichen Anlagen nicht zu dulden braucht. Dieses gilt z.B. für **Kinderspielplätze**. Obwohl diese für die unmittelbare Nachbarschaft durchaus störend sein können, musste die Nachbarschaft jedenfalls Kinderspielplätze normaler Größe und

---

305 VGH Mannheim VBlBW 1988, 433; VGH München NVwZ 1999, 87.
306 BVerwG NVwZ 1990, 858; VGH Mannheim NVwZ 1990, 988; OVG Berlin NVwZ-RR 1994, 141.
307 VGH Mannheim NVwZ 2012, 837; VGH München BauR 2015, 1978.
308 BVerwG NJW 1988, 2396 (Feuerwehrsirene); NVwZ 1996, 1001 (Wertstoffhof); NVwZ 1991, 884 (Sportplatz); VGH Mannheim NVwZ 2012, 837 (Kinderspielplatz); VBlBW 2000, 483 (Jugendhaus); VBlBW 1983, 25 (Sportplatz eines Schulzentrums); VBlBW 1985, 60 (kommunaler Festplatz); VGH München NVwZ-RR 1989, 532 (kommunaler Grillplatz); NVwZ 1999, 87 (kommunale Mehrzweckhalle); VGH Kassel NVwZ-RR 2000, 668 (Wertstoffcontainer); OVG Münster BauR 2000, 81 (Bolzplatz).
309 BVerwG NJW 1988, 2396; VGH Mannheim NVwZ 2012, 837.
310 BVerwG DVBl 1974, 239; VGH Mannheim NVwZ-RR 1989, 173; VGH München NVwZ-RR 2007, 462.
311 VGH Mannheim NJW 1989, 2352; OVG Münster BauR 1989, 715.
312 Dazu auch BVerwG NJW 1989, 1291; OVG Schleswig NVwZ 1995, 1019.
313 BVerwG NVwZ 1983, 155; VGH Mannheim NVwZ-RR 1989, 173; OVG Münster BauR 2000, 81.
314 BVerwG NJW 1989, 1291; VGH Mannheim NVwZ 2012, 837; VGH München NVwZ 1999, 87.
315 Dazu VGH Mannheim VBlBW 1983, 25; *Dürr* NVwZ 1982, 296.
316 So etwa *Otto* Öffentliches Baurecht II § 22 Rn. 29; dazu OVG Münster NJW 1984, 1982; VGH Kassel NVwZ 1997, 304; NVwZ-RR 2006, 315.
317 BVerwG NJW 1989, 1291; VGH Mannheim VBlBW 1996, 108.

B. Rechtsschutz des Nachbarn

Ausstattung schon nach alter Rechtsprechung auch im Wohngebiet hinnehmen.[318] Inzwischen hat der Gesetzgeber klargestellt, dass Kinderlärm in der Regel als sozialadäquat hinzunehmen ist, § 22 Abs. 1a BImSchG[319]; daraus folgt, dass gegen derartige Einrichtungen kein nachbarlicher Abwehranspruch besteht[320]. Nicht vorhersehbare Exzesse der Benutzer einer öffentlichen Einrichtung sind der Gemeinde aber nicht zuzurechnen.[321] Bei Mehrzweckhallen wird zum Beispiel an maximal 18 Tagen im Jahr eine Überschreitung der maßgeblichen Immissionswerte als zulässig erachtet.[322]

Besondere Probleme treten bei **Sportanlagen** auf.[323] Sportanlagen werden häufig gerade dann benutzt, wenn ein besonderes Ruhebedürfnis besteht, nämlich nach Feierabend und am Wochenende. Es besteht zwar ein öffentliches Interesse an einer sportlichen Betätigung, was durch günstig zu erreichende Sportanlagen gefördert wird; andererseits darf dieses nicht einseitig zulasten der Wohnruhe gehen.[324] Ein Ausgleich kann auch insoweit nur mithilfe des Gebots der Rücksichtnahme gefunden werden.[325] Nach der Rechtsprechung muss der Anlieger einer Sportanlage eine regelmäßige Immissionsbelastung am Samstagnachmittag hinnehmen, nicht aber am Abend nach 19 Uhr und am Sonntag; gelegentliche Ausnahmen von diesem Grundsatz sind aber unbedenklich[326].

80

Die früher umstrittene Frage, welche Immissionsbelastung den Nachbarn eines Sportplatzes zugemutet werden kann, ist durch die **18. BImSchV** – Sportanlagenlärmschutzverordnung – festgelegt worden,[327] wobei eine Vorbelastung durch Lärm zu berücksichtigen ist[328]. Teilweise wird angenommen, die 18. BImSchV finde wegen § 1 Abs. 2 der Verordnung nur für Sportanlagen Anwendung, auf denen Sport nach festen Regeln ausgeübt werde, nicht aber für Freizeitsportplätze, insbesondere Bolzplätze.[329] Dieses ist zwar zutreffend, lässt aber außer Betracht, dass die Konfliktsituation zwischen sportlicher Betätigung und dem Ruhebedürfnis der Umgebung bei „regellosen" Sportanlagen nicht anders zu bewerten ist. Daher müssen die Grenzwerte der 18. BImSchV ebenfalls Anwendung finden.[330] Bei Spiel- und Freizeitanlagen insbesondere für Kinder und Jugendliche ist eine entsprechende Anwendung nicht von vornherein ausgeschlossen; so kann zumindest das Ermittlungs- und Messverfahren der 18. BImSchV herangezogen werden, das der Besonderheit der bei Sport und Spiel auftretenden Geräusche Rechnung trägt; die Beurteilung der Zumutbarkeit von Geräuschen bleibt wegen der Atypik und Vielgestaltigkeit solcher Anlagen aber der Wertung im Einzelfall vorbehalten[331].

Wenn der Anlieger einer öffentlichen Einrichtung im Einzelfall eine unzumutbare Störung hinnehmen muss, räumt ihm das BVerwG in entsprechender Anwendung der § 906 Abs. 2 S. 2 BGB, § 74 Abs. 2 S. 3 VwVfG einen Anspruch auf eine Geldentschädigung ein.[332] Dabei

81

---

318 BVerwG DVBl 1974, 777; VGH Mannheim NVwZ 1990, 988; VGH München NVwZ 1989, 269.
319 Dazu etwa *Fricke/Schütte* ZUR 2012, 89; *Scheidler* ZfBR 2011, 742.
320 VGH Mannheim NVwZ 2012, 837; OVG Koblenz NVwZ 2012, 1347.
321 VGH München NVwZ 1997, 96.
322 Dazu VGH Mannheim VBlBW 1996, 108; VGH München BauR 1998, 756.
323 Dazu *Berkemann* NVwZ 1992, 817; *Stüer/Middelbeck* BauR 2003, 38; *Stühler* BauR 2006, 1671; *Uechtritz* NVwZ 2000, 1006.
324 BVerwG NJW 1989, 1291; NVwZ 2000, 1050; OVG Münster NVwZ-RR 1995, 435.
325 VGH Mannheim NVwZ 1992, 389.
326 VGH Mannheim VBlBW 1993, 131.
327 Dazu BVerwG NVwZ 1995, 993; 2000, 1050; dazu auch *Rodewoldt/Wagner* VBlBW 1996, 365; zur Bedeutung in der Bauleitplanung BVerwG DVBl 2000, 187.
328 BVerwG NVwZ 2000, 1050.
329 BVerwG BauR 2004, 471; OVG Berlin NVwZ-RR 1994, 141; VGH München NVwZ-RR 2004, 20.
330 OVG Schleswig NVwZ 1995, 1019.
331 BVerwG NVwZ 2003, 751 (Bolz- und Skateplatz); zur sog. Freizeitlärm-Richtlinie BVerwG NVwZ 2001, 1167.
332 BVerwG NJW 1988, 2396 (Feuerwehrsirene 15 m von Schlafzimmerfenster entfernt).

handelt es sich aber nicht um eine **Entschädigung** i.S.d. Art. 14 Abs. 3 GG, sondern um einen öffentlich-rechtlichen Ausgleichsanspruch, für den das Verwaltungsgericht zuständig ist.[333]

C. Rechtsschutz der Gemeinde

82 Für die Gemeinde gelten die Grundsätze des Nachbarrechtsschutzes entsprechend. So können ihr Ansprüche auf Beachtung der sie schützenden Normen im Baugenehmigungsverfahren auf Abwehr einer rechtswidrigen und sie in ihren Rechten verletzenden Baugenehmigung sowie auf Einschreiten der Bauaufsichtsbehörden zustehen.

Hinweis: Der Rechtsschutz der Gemeinden spielt in Prüfungssituationen nur eine untergeordnete Rolle. I.d.R. wird sich die Gemeinde gegen eine Baugenehmigung wenden wollen, durch die das gemeindliche Einvernehmen (§ 36 Abs. 1 S. 1 BauGB) ersetzt wird, § 71 SächsBO. Eine gewisse Relevanz besitzt weiter das interkommunale Abstimmungsgebot des § 2 Abs. 2 S. 1 BauGB, aus der das Recht der (Nachbar-)Gemeinde folgt, sich auf die Verletzung des sie schützenden Gebots im Wege der Normenkontrolle (§ 47 VwGO) gegen den von der fremden Gemeinde beschlossenen Bebauungsplan zu berufen.[334]

Ausgangspunkt ist die sich aus dem Selbstverwaltungsrecht der Gemeinde (Art. 28 Abs. 2 GG) ergebende Planungshoheit. Soweit die Gemeinde durch Normen des einfachen Rechts darin geschützt wird, steht ihr eine subjektiv-öffentliche Rechts-/Abwehrposition zu. Um dies zu ermitteln ist erneut die Schutznormtheorie[335] heranzuziehen. Danach werden neben materiell-rechtlichen Bestimmungen – etwa bei einem Verstoß gegen planerische Festsetzungen – vor allem verfahrensrechtliche Normen – z.B. bei einer ohne Einvernehmen erteilten Baugenehmigung – als gemeindeschützend angesehen. Weiter unterschieden werden kann – wie schon oben – zwischen Vorschriften, die einen generell gemeindeschützenden Charakter haben, weil sie den Schutz der Gemeinde bezüglich der in ihrem Gebiet liegenden Vorhaben betreffen, und solchen, die partiell gemeindeschützend sind, weil sie das Gebiet einer fremden Gemeinde betreffen und es daher auf die konkreten Verhältnisse, d.h. die konkrete Betroffenheit der Gemeinde, ankommt.[336]

I. Hauptsacherechtsschutz

83 Die Gemeinde kann zunächst gegen eine rechtswidrige und sie in ihren Rechten verletzende Baugenehmigung im Wege der Anfechtungsklage vorgehen. Ein solcher Fall ist gegeben, wenn eine Baugenehmigung **ohne** das nach § 36 BauGB erforderliche **Einvernehmen der Gemeinde erteilt** wird.[337] Das gilt unabhängig davon, ob das Bauvorhaben rechtmäßig ist und die Gemeinde daher zur Erteilung des Einvernehmens verpflichtet ist;[338] die Klage der Gemeinde ist bereits deshalb begründet, weil die ihre Planungshoheit schützende Vorschrift des § 36 Abs. 1 BauGB nicht beachtet worden ist[339]. Handelt es sich indes um eine mit der Bauaufsichtsbehörde identische Gemeinde, die die Ablehnung eines Bauantrags nicht mit der Versagung ihres Einvernehmens begründen darf, kann die Gemeinde sich nicht unter Berufung auf ihr fehlendes Einvernehmen

---

333 Vgl. BVerwG NJW 1987, 2884; dazu auch VGH München BayVBl 2003, 241 (Geldausgleich für passive Lärmschutzmaßnahmen gegen liturgisches Glockengeläut).
334 Dazu § 11 Rn. 7.
335 Zu dieser Theorie § 10 Rn. 24.
336 *Otto* Öffentliches Baurecht II § 23 Rn. 2.
337 Zu § 36 BauGB § 6 Rn. 127 ff.
338 BVerwG NVwZ 1992, 878.
339 BVerwG BauR 1999, 1281; 2017, 96.

gegen die von der Widerspruchsbehörde verfügte Verpflichtung, die Baugenehmigung zu erteilen, zur Wehr setzen.[340]

Wird das Einvernehmen nach § 36 Abs. 2 S. 3 BauGB i.V.m. § 71 SächsBO **ersetzt**, kann die Gemeinde ebenfalls (Anfechtungs-)Klage gegen die erteilte Baugenehmigung (die die Ersetzung einschließt) erheben; eine isolierte Klage gegen die Einvernehmensersetzung ist, soweit sie zugleich mit der Erteilung der Baugenehmigung ausgesprochen wird, unzulässig. Zwar handelt es sich insoweit gegenüber der Gemeinde um einen Verwaltungsakt i.S.d. § 1 S. 1 SächsVwVfZG i.V.m. § 35 S. 1 VwVfG, da die Gemeinde in ihrem Status als selbstständige Körperschaft in ihrem eigenen, selbstverwalteten Wirkungskreis betroffen ist.[341] Dem (isolierten) Rechtsschutz gegen die Ersetzungsentscheidung steht aber **§ 44a VwGO** entgegen;[342] die Gegenansicht[343] übersieht, dass die eigenständige Anfechtung der Ersetzungsentscheidung dem Beschleunigungsgedanken des § 36 Abs. 2 S. 3 BauGB zuwiderliefe, was aber dann nicht gilt, wenn die Ersetzung losgelöst von der Baugenehmigung erfolgt. In einem solchen Fall wäre also auch eine isolierte (Anfechtungs-)Klage gegen die Einvernehmensersetzung rechtlich möglich.

Voraussetzung für die Anfechtung der (die Ersetzung einschließenden) Baugenehmigung ist in jedem Fall, dass die Ersetzung rechtswidrig war. Umstritten ist allerdings, ob die Gründe für die Rechtswidrigkeit zugleich eine Verletzung des Selbstverwaltungsrechts der Gemeinde (Art. 28 Abs. 2 GG) darstellen müssen[344] oder ob sich die Gemeinde auch auf solche Gründe berufen kann, die nicht speziell dem Selbstverwaltungsrecht zugeordnet sind[345]. Letzteres trifft zu. Der Gesetzgeber hat § 36 BauGB bewusst – und über Art. 28 Abs. 2 GG hinausgehend – so ausgestaltet, dass der Gemeinde die Befugnis zusteht, eigenverantwortlich die planungsrechtliche Zulässigkeit eines Bauvorhabens zu beurteilen. Die Gemeinde kann also, wenn sie sich gegen die Ersetzung ihres Einvernehmens zur Wehr setzt, eine volle Überprüfung der einschlägigen Voraussetzungen der §§ 31, 33, 34 oder 35 BauGB verlangen, deren Wahrnehmung der Gemeinde außerhalb des § 36 BauGB nicht als Teil der ihr zugewiesenen Selbstverwaltungsaufgaben obliegt.[346]

Die Anfechtungsklage scheidet – wie bei Nachbarn – dann aus, wenn keine Baugenehmigung vorliegt. Es bleibt lediglich der **Anspruch auf bauaufsichtliches Einschreiten**, der im Wege des (Verpflichtungs-)Widerspruchs oder der Verpflichtungsklage durchzusetzen ist. Ein solcher Anspruch steht der Gemeinde zu, wenn die Bauaufsichtsbehörde die Genehmigungspflicht eines Vorhabens verkennt, zu dem die Gemeinde ihr Einvernehmen hätte erteilen müssen. Wegen der Betroffenheit der gemeindlichen Planungshoheit (Art. 28 Abs. 2 GG) wird man insoweit regelmäßig von einer Ermessensreduktion auf Null ausgehen müssen.[347] Schließlich kann sich die Gemeinde dagegen zur Wehr setzen, dass eine Beseitigungsanordnung bezüglich eines Gebäudes im Außenbereich auf ein Rechtsmittel des Eigentümers hin aufgehoben wird, weil sie dadurch in ihrer Planungshoheit, die durch § 36 BauGB geschützt wird, beeinträchtigt wird.[348] Da die Gemeinde eine Baugenehmigung zur Errichtung eines solchen Gebäudes durch Verweigerung des Einvernehmens nach § 36 BauGB verhindern kann, muss ihr auch die Möglichkeit eingeräumt werden, sich gegen eine Aufhebung einer bereits angeordneten Beseitigung eines ungenehmigten Vorhabens im Außenbereich zur Wehr zu setzen. Diese

---

340 BVerwG NVwZ 2005, 83.
341 *Ramsauer* in: Kopp/Ramsauer § 35 Rn. 112a. Zur VA-Qualität gegenüber dem Bauherrn § 6 Rn. 131.
342 VGH Mannheim KommJur 2017, 151; *Scheidler* ZfBR 2019, 543 (548).
343 OVG Lüneburg NdsVBl 2022, 378; OVG Schleswig EnWZ 2022, 138.
344 VGH Kassel NVwZ-RR 2009, 750.
345 OVG Berlin-Brandenburg LKV 2006, 513.
346 So auch *Otto* Öffentliches Baurecht II § 23 Rn. 7.
347 Zum Anspruch auf Einschreiten und der Frage der Ermessensreduktion § 10 Rn. 68 ff.
348 VGH München BauR 2000, 90.

Rechtsprechung wird man auch auf die Aufhebung von Beseitigungsanordnungen im beplanten und nicht beplanten Innenbereich übertragen müssen. Dagegen steht der Gemeinde keine Klagemöglichkeit zu, wenn die Bauaufsichtsbehörde den Abbruch eines rechtswidrig errichteten Gebäudes gegenüber einem Bürger anordnet, obwohl die Gemeinde ihr Einvernehmen zur Erteilung einer Befreiung erteilt hatte.[349]

II. Einstweiliger Rechtsschutz

85   Für den einstweiligen Rechtsschutz der Gemeinde gelten dieselben Grundsätze wie für den nachbarlichen einstweiligen Rechtsschutz.[350] Wie der Nachbar ist die **Gemeinde Dritter im Sinne des § 212a Abs. 1 BauGB**; ihr Rechtsbehelf gegen die Baugenehmigung hat daher keine aufschiebende Wirkung,[351] mit der Folge, dass sie einen Antrag nach § 80a Abs. 3 S. 2 VwGO i.V.m. § 80 Abs. 5 S. 1 VwGO stellen muss. Die Ersetzung des gemeindlichen Einvernehmens fällt zwar nicht unter § 212a Abs. 1 BauGB, weil sie das Vorhaben nicht „zulässt"; dem gemeindlichen Rechtsbehelf kommt allerdings auch insoweit keine aufschiebende Wirkung zu, wie sich § 71 Abs. 3 S. 3 SächsBO entnehmen lässt. Für den Anspruch auf Einschreiten steht der Gemeinde – wie für den Nachbarn – die Regelungsanordnung des § 123 Abs. 1 S. 2 VwGO zur Seite.

---

349   VGH Mannheim BauR 2014, 1470.
350   Dazu § 10 Rn. 61 ff.
351   OVG Lüneburg NVwZ 1999, 1005.

§ 11 Bauleitpläne

Zur Einführung: *Decker,* Zulässigkeitsprobleme bei der Normenkontrolle gegen Bebauungspläne, JA 2010, 653; *Eibenstein,* Grundfälle zur prinzipalen Normenkontrolle nach § 47 VwGO, JuS 2021, 218; *Hufen,* Verwaltungsprozessrecht: Antragsbefugnis im Normenkontrollverfahren, JuS 2021, 711; *Meng,* Zur Überprüfung von Bebauungsplänen in der Rechtsprechung des Sächsischen Oberverwaltungsgerichts, Teil 3, Zulässigkeit von Normenkontrollanträgen, SächsVBl 2020, 137

Zur Vertiefung: *Berkemann,* Die Rechtsprechung des BVerwG zum Umwelt-Rechtsbehelfsgesetz (UmwRG), DVBl 2020, 1; *Bischopink/Weil,* Die Rüge der Unwirksamkeit eines Bebauungsplans durch dessen Nutznießer – ein Verstoß gegen Treu und Glauben?, BauR 2022, 579; *Decker,* Rechtsschutz gegen Flächennutzungspläne nach dem UmwRG – Der Umweltverbände Freud, der Gemeinden Leid, VBlBW 2018, 441; *Hebeler,* Wiedereinsetzung in den vorigen Stand bei Versäumung der Antragsfrist nach § 47 II 1 VwGO, JA 2013, 959; *Hufen,* Verwaltungsprozessrecht: Statthaftigkeit, Klagebefugnis und Präklusion bei Verbandsklagen, JuS 2017, 575; *ders.,* Verwaltungsprozessrecht: Begründungsfrist für einen Normenkontrollantrag, JuS 2021, 1206; *Jäde,* Die Veränderungssperre in der prinzipalen verwaltungsgerichtlichen Normenkontrolle, ZfBR 2011, 115; *ders.,* Zur Bindungswirkung der einstweiligen Anordnung im Normenkontrollverfahren gegen Bebauungspläne, ZfBR 2012, 538; *Kerkmann,* „Klagebegründungsfrist" nach § 6 UmwRG auch in Normenkontrollverfahren gegen Bebauungspläne?, BauR 2020, 914; *Kümper,* Außenbereichsplanung und verwaltungsgerichtliche Normenkontrolle – Rechtsentwicklung und offene Fragen, ZfBR 2022, 333; *Raschke,* Die Reichweite der Statthaftigkeit der Normenkontrolle gegen Planungen mit Rechtswirkungen des § 35 Abs. 3 S. 3 BauGB, ZfBR 2019, 329; *Rieger,* Normenkontrollanträge von Umweltvereinigungen gegen Bebauungspläne, UPR 2021, 321; *Schoch,* Der Prüfungs- und Entscheidungsmaßstab im Normenkontroll-Eilverfahren, NVwZ 2022, 1; *Typer,* Die Antragsbefugnis bei der Normenkontrolle von Außenbereichssatzungen, BauR 2020, 433; *v. Komorowski,* Normenkontrolle bei außer Kraft getretener Norm, SächsVBl. 2003, 33

Zur Übung: *Fontana/Eh,* JuS 2023, 142 (Fortgeschrittenenklausur – Verbandsklage, Flächennutzungsplan); *Hanke/Steinbach,* JA 2011, 202 (Fortgeschrittenenklausur – Verbandsklage, Bebauungsplan); *Heß/Kanalan,* JA 2019, 676 (Fortgeschrittenenklausur – Normenkontrolle, vorhabenbezogener Bebauungsplan); *Hyckel,* JuS 2015, 162 (2. Staatsexamen – Normenkontrolle, Flächennutzungsplan); *Kahl,* Jura 1997, 648 (1. Staatsexamen – Normenkontrolle, Bebauungsplan); *ders.,* JA 2005, 280 (1. Staatsexamen – Normenkontrolle, Bebauungsplan); *Kleider,* Jura 2012, 802 (Fortgeschrittenenklausur – Normenkontrolle, Bebauungsplan); *Klement/Ritter,* Jura 2015, 403 (Fortgeschrittenenklausur – Normenkontrolle, Bebauungsplan); *LJPA,* SächsVBl 2003, 123 u. 148 (2. Staatsexamen, 2001/I – Normenkontrolle, Bebauungsplan); *LJPA,* SächsVBl 2019, 52 u. 83 (2. Staatsexamen, 2016/II – Normenkontrolle, Ergänzungssatzung); *Lohse,* Jura 2013, 307 (Fortgeschrittenenklausur – Anwaltsklausur, Normenkontrolle, Bebauungsplan); *Mengden,* Jura 2015, 863 (Fortgeschrittenenklausur – Normenkontrolle, Bebauungsplanänderung); *Stüer,* Jura 2002, 54 (Fortgeschrittenenklausur – Normenkontrolle, vorhabenbezogener Bebauungsplan) – <u>Inzidentprüfung der Rechtmäßigkeit des Bebauungsplans bei:</u> *Beh,* ZJS 2019, 483 (Fortgeschrittenenklausur – Verpflichtungsklage, Abgrenzung Innen- und Außenbereich); *Goldhammer/Hofmann,* JuS 2014, 434 (1. Staatsexamen – einstweiliger Rechtsschutz); *Hyckel,* Jura 2016, 424 (1. Staatsexamen – einstweiliger Rechtsschutz); *LJPA,* SächsVBl 2017, 60 u. 92 (2. Staatsexamen, 2012/2 – immissionsschutzrechtlicher Vorbescheid, Verpflichtungsklage); *Möller,* JuS 2011, 340 (Fortgeschrittenenklausur – einstweiliger Rechtsschutz); *Möller,* Jura 2011, 54 (Hausarbeit – Rechtsschutz der Gemeinde); *Schmidt,* JA 2012, 838 (Hausarbeit – Erteilung eines Vorbescheids); *Zimmermann,* SächsVBl 2016, 71 u. 94 (1. Staatsexamen – Widerspruch, einstweiliger Rechtsschutz, Rücknahme Genehmigung eines Bebauungsplans)

Hinweis: Der Rechtsschutz gegen Bebauungspläne im Wege der Normenkontrolle ist ein stetes Thema von Klausuren, mehr und mehr auch der entsprechende Rechtsschutz gegen Flächennutzungspläne zum Zwecke des § 35 Abs. 3 S. 3 BauGB – und zukünftig zu den Zwecken des § 249 Abs. 2 BauGB. Auch Normenkontrollen anerkannter Umweltschutzvereinigungen gegen beide Bauleitpläne sind im Vordringen begriffen, in der Praxis wie in Klausuren. Immer wieder standen und stehen aber auch andere Satzungen zur Prüfung an, insbesondere Veränderungssperren oder Innen- bzw. Außenbereichssatzungen. Typischerweise geht es um den Hauptsacherechtsschutz, gelegentlich aber auch um den einstweiligen Rechtsschutz.

A. Hauptsacherechtsschutz

1 ▶ **Prüfungsschema: Zulässigkeit einer Normenkontrolle gegen einen Bebauungsplan**
   A. Zulässigkeit
       I. Eröffnung des Verwaltungsrechtswegs, § 40 Abs. 1 S. 1 VwGO; OVG im Rahmen seiner Gerichtsbarkeit, § 47 Abs. 1 VwGO
       II. Statthaftigkeit der Normenkontrolle, § 47 Abs. 1 Nr. 1 Alt. 1 VwGO: Satzung nach den Vorschriften des BauGB
       III. Antragsberechtigung und Antragsbefugnis, § 47 Abs. 2 S. 1 VwGO:
           1. Jede natürliche oder juristische Person; Möglichkeit der Rechtsverletzung des Eigentums im Plangebiet, durch einen Abwägungsfehler oder durch eine Verletzung des interkommunalen Abstimmungsgebotes
           2. Jede Behörde, die den Bebauungsplan anwendet
           3. Sonderfall: Rechtsbehelfsbefugnis einer anerkannten Umweltschutzvereinigung
       IV. Antragsfrist, § 47 Abs. 2 S. 1 VwGO: ein Jahr nach Bekanntmachung
       V. Antragsgegner, § 47 Abs. 2 S. 2 VwGO: Gemeinde
       VI. Beteiligungs- und Prozessfähigkeit, §§ 61, 62 VwGO
       VII. Zuständigkeit des Gerichts, § 47 VwGO i.V.m. § 2 Abs. 1 SächsJG: OVG Bautzen
       VIII. Ordnungsgemäße Antragstellung, §§ 81, 82 VwGO
       IX. Rechtsschutzbedürfnis
   B. Begründetheit[1]
   Der Normenkontrollantrag ist begründet, wenn der Bebauungsplan ungültig ist, weil er gegen höherrangiges Recht verstößt, § 47 Abs. 1, Abs. 5 S. 2 VwGO, also an einem formellen oder materiellen Fehler leidet, der nach den §§ 214, 215 BauGB vom Gericht zu beachten ist.
       I. Formelle Rechtmäßigkeit des Bebauungsplans
       II. Materielle Rechtmäßigkeit des Bebauungsplans

I. Zulässigkeit

Die Zulässigkeitsprüfung einer Normenkontrolle weist typische Prüfungsschwerpunkte auf. Das ist zunächst die Frage der Statthaftigkeit, wenn es ausnahmsweise einmal nicht um eine Satzung geht. Des Weiteren ist stets die Antragsbefugnis zu prüfen und dazu auszuführen. Gelegentlich bedarf es der Kontrolle der Einhaltung der Antragsfrist. Auch mit dem – oft gemeindlichen – Einwand, dem Antragsteller fehle das Rechtsschutzinteresse, muss man sich auseinandersetzen, dies alles vor dem Hintergrund, dass eine zulässige Normenkontrolle ein umfassendes objektives Rechtsbeanstandungsverfahren eröffnet.

---

1 Dazu § 5 Rn. 97.

A. Hauptsacherechtsschutz

1. Statthaftigkeit

a) Flächennutzungsplan

Da der Flächennutzungsplan weder Verwaltungsakt noch Satzung ist,[2] kann er nicht mit einer Anfechtungsklage nach § 42 Abs. 1 Alt. 1 VwGO angefochten werden[3] und kann auch nicht Gegenstand einer Normenkontrolle nach § 47 Abs. 1 Nr. 1 VwGO sein[4]. Das BVerwG hat allerdings zunächst zu § 35 Abs. 3 S. 3 BauGB und den Zielen der Raumordnung in einem Regionalplan entschieden, dass diese wegen ihrer Außenwirkung Rechtsvorschriften i.S.d. § 47 Abs. 1 Nr. 2 VwGO und daher Gegenstand einer Normenkontrolle sein können, auch wenn sie nach Landesrecht nicht als untergesetzliche Rechtsvorschriften ausgestaltet sind.[5] Dann hat es entschieden, dass auch **Darstellungen eines Flächennutzungsplans zum Zwecke des § 35 Abs. 3 S. 3 BauGB** in entsprechender Anwendung des § 47 Abs. 1 Nr. 1 VwGO der **Normenkontrolle** unterliegen, weil auch diesen Darstellungen aufgrund der in § 35 Abs. 3 S. 3 BauGB geregelten Ausschlusswirkung Außenwirkung zukomme.[6] Dasselbe dürfte nunmehr auch für Darstellungen in sachlichen Teilflächennutzungsplänen der Gemeinde gemäß § 5 Abs. 2b BauGB „zum Zwecke des § 249 Abs. 2 BauGB" gelten, also für kommunale Teilflächenziele zum Erreichen der Flächenbeitragswerte des Windenergieflächenbedarfsgesetzes. Ein Flächennutzungsplan kann darüber hinaus auch auf Antrag einer anerkannten Umweltschutzvereinigung im Wege der Normenkontrolle überprüft werden.[7] Ansonsten bleibt es dabei, dass ein Normenkontrollantrag gegen einen Flächennutzungsplan unzulässig ist.[8]

Hinweis: Flächennutzungspläne – zumal Normenkontrollen von Flächennutzungsplänen – sind selten Klausurgegenstand. Häufiger sind Inzidentprüfungen, die auch bei Flächennutzungsplänen möglich sind[9].

Wenn zu erwarten ist, dass auf der Grundlage des Flächennutzungsplans ein Bebauungsplan aufgestellt wird, der zu schweren Nachteilen für die Nachbargemeinde führt, kann diese vorbeugende Feststellungs- oder Unterlassungsklage erheben, mit dem Ziel, die planende Gemeinde an der Fortführung ihrer Bauleitplanung auf der Grundlage des Flächennutzungsplans zu hindern.[10] Vorbeugender Rechtsschutz ist zwar nur dann zulässig, wenn ein wirksamer nachträglicher Rechtsschutz nicht möglich oder jedenfalls nicht zumutbar ist;[11] dies wird vom BVerwG in diesem Fall aber bejaht, weil sich die planungsrechtliche Situation verfestigt, wenn der Bebauungsplan aufgestellt wird und möglicherweise bereits Baugenehmigungen erteilt werden, bevor über einen Normenkontrollantrag der Gemeinde gegen den Bebauungsplan entschieden werden kann.

b) Bebauungsplan

Gemäß § 47 Abs. 1 Nr. 1 VwGO können Satzungen, die nach den Vorschriften des BauGB erlassen worden sind, im Wege der **Normenkontrolle** gerichtlich überprüft werden. Ein Bebauungsplan,

---

2 Dazu § 5 Rn. 47 u. 56.
3 BVerwG NVwZ 1992, 882.
4 BVerwG NVwZ 1991, 262.
5 BVerwGE 119, 217.
6 BVerwGE 128, 382; 146, 40; 164, 74; dazu auch OVG Bautzen SächsVBl 2003, 84; kritisch dazu und für die Anwendung des § 47 Abs. 1 Nr. 2 VwGO: *Kment* Öffentliches Baurecht I § 6 Rn. 58.
7 §§ 1 Abs. 1 S. 1 Nr. 4, 7 Abs. 2 UmwRG; VGH München NVwZ-RR 2021, 742; dazu *Bischopink/Weil* BauR 2022, 579; *Kuchler* jurisPR-UmwR 2021/8 Anm. 3.
8 BVerwGE 146, 40
9 BVerwG NVwZ 2006, 87.
10 Dazu BVerwGE 40, 323 (Krabbenkamp); VGH München NVwZ 1985, 837.
11 BVerwGE 40, 323; NJW 1978, 554.

aber auch eine Veränderungssperre[12] oder eine Innenbereichs-[13] bzw. Außenbereichssatzung[14] können daher Gegenstand eines Normenkontrollverfahrens sein. Voraussetzung ist, dass der Bebauungsplan **bekannt gemacht**[15] worden ist. Vor der Bekanntmachung ist mangels einer kontrollfähigen Norm ein Normenkontrollantrag nicht statthaft. Eine kontrollfähige Norm liegt erst vor, wenn sie „erlassen worden" ist, wenn also das Normsetzungsverfahren aus Sicht der Gemeinde abgeschlossen ist.[16] Auch i.S.d. § 33 BauGB planreife Bebauungspläne unterliegen daher nicht der Normenkontrolle.[17] Etwas anderes kommt allenfalls dann in Betracht, wenn durch Nachbarklagen gegen Genehmigungen nach § 33 BauGB kein hinreichender Rechtsschutz erlangt werden kann.[18]

Hinweis: Die folgenden Ausführungen beziehen sich auf Bebauungspläne; es ist jedoch daran zu erinnern, dass diese zumeist auch für einen „Flächennutzungsplan mit Außenwirkung" gelten.

2. Antragsbefugnis

4 Antragsbefugt ist gemäß § 47 Abs. 2 S. 1 VwGO jede natürliche oder juristische Person, die geltend macht, durch die Satzung oder deren Anwendung **in ihren Rechten verletzt** zu sein oder in absehbarer Zeit verletzt zu werden. Die Antragsbefugnis gleicht also der Klagebefugnis des § 42 Abs. 2 VwGO,[19] geht aber insofern weiter, als auch eine (mögliche) Verletzung in absehbarer Zeit ausreicht[20]. Das bedeutet, nach dem Antragsvorbringen muss es als möglich erscheinen, dass der Antragsteller durch Festsetzungen des Bebauungsplans in eigenen Rechten verletzt wird.[21]

a) Natürliche oder juristische Personen

aa) Inhaber von Eigentum oder dinglichen Rechten an Grundstücken im Planbereich

5 Antragsbefugt sind zunächst die Eigentümer von im Plangebiet gelegenen Grundstücken, die sich gegen Festsetzungen wenden, die **unmittelbar** ihr Grundstück betreffen und damit nach Art. 14 Abs. 1 S. 2 GG den Inhalt ihres Grundeigentums bestimmen.[22] Sie können sich daher auf eine mögliche Verletzung ihres Eigentumsrechts berufen. Dies gilt in gleicher Weise für Inhaber anderer dinglicher Rechte, die unter den Schutz der Eigentumsgarantie fallen.[23] Auch das Besitzrecht des Mieters an der gemieteten Wohnung ist Eigentum i.S.v. Art. 14 Abs. 1 S. 1 GG[24] und kann daher, wenn es sich um ein verfestigtes, einer dinglichen Berechtigung vergleichbares Recht handelt, eine Antragsbefugnis vermitteln.[25] Auf das Maß der Rechtsbeeinträchtigung

---

12 Dazu § 5 Rn. 101 ff.
13 Dazu BVerwGE 138, 12; VGH Mannheim ZfBR 2009,793 sowie § 6 Rn. 57 ff.
14 Dazu BVerwG BauR 2020, 237; OVG Berlin-Brandenburg BauR 2010, 587 sowie § 6 Rn. 120.
15 Dazu BVerwG BauR 2020, 631 (elektronische Bekanntmachung der Änderung einer Vogelschutzverordnung); zur Internetveröffentlichung eines bereits in Kraft getretenen Bebauungsplans nach § 10a Abs. 2 BauGB: OVG Bautzen SächsVBl 2018, 319.
16 OVG Bautzen SächsVBl 1998, 187; VGH München BayVBl 2020, 24.
17 BVerwG BauR 2002, 445; OVG Bautzen SächsVBl 1998, 187.
18 BVerwG BauR 2002, 445.
19 Dazu BT-Drs. 13/3993 S. 10.
20 BVerwGE 153, 174; NVwZ 2012, 185.
21 BVerwGE 107, 215; NVwZ 2020, 1533; ZfBR 2021, 873.
22 BVerwG NVwZ 1998, 732; 2000, 1413; BVerfG UPR 2003, 143.
23 BVerwG BauR 2014, 90 (dinglich gesichertes Geh- und Fahrrecht); zur Antragsbefugnis eines Grundstückserwerbers mit im Grundbuch eingetragener Auflassungsvormerkung: BVerwG NVwZ 1996, 887; OVG Koblenz DÖV 2005, 483; OVG Bautzen SächsVBl 1996, 113.
24 BVerfGE 89, 1.
25 BVerwG BeckRS 2019, 10716. Zur abweichenden Rechtslage bei der Nachbaranfechtungsklage bereits § 10 Rn. 20.

kommt es bei einer möglichen unmittelbaren Eigentumsverletzung nicht an; ebenso ist es unerheblich, ob die Beeinträchtigung beim Satzungsbeschluss für die Gemeinde erkennbar war. Die Antragsbefugnis ist daher gegeben, wenn der Antragsteller durch den Bebauungsplan an der beabsichtigten baulichen oder sonstigen Nutzung seines Grundstücks gehindert wird, ohne Rücksicht darauf, ob die Gemeinde die Nutzungsabsichten erkennen konnte.[26]

Beispiele:
- BVerwG NVwZ 1989, 553: Ein Bebauungsplan untersagt in einem Kerngebiet die Errichtung von Sex-Shops. Gegen diese Festsetzung kann die Inhaberin einer Kette von Sex-Shops einen Normenkontrollantrag stellen, auch wenn sie das vorgesehene Ladengeschäft erst nach Inkrafttreten des Bebauungsplans erworben hatte; zuvor war dort ein Wollgeschäft.
- BVerwG BauR 1994, 433: Ein Bebauungsplan weist ein Grundstück im Innenbereich als Fläche für Gartenbau aus. Falls der Eigentümer die Fläche mit Wohngebäuden bebauen will, ist er auch dann antragsbefugt, wenn diese Festsetzung auf Wünschen des früheren Grundstückseigentümers beruhte, der dort eine Gärtnerei betrieb.

Ob eine Veränderung der bauplanungsrechtlichen Situation für den Grundstückseigentümer eine Rechtsverletzung darstellen kann, bestimmt sich nach dessen subjektiver Einschätzung; auch Festsetzungen, die ihn im Vergleich zur bisherigen Rechtslage begünstigen, können ihn zugleich in der von ihm gewünschten baulichen Nutzung beschränken.[27]

Beispiel:
- BVerwG NVwZ 1993, 562: Ein Landwirt ist antragsbefugt, wenn er die als Baugelände festgesetzte Fläche weiterhin landwirtschaftlich nutzen will; dieses gilt auch, wenn sich der Wert der Fläche durch den Bebauungsplan objektiv beträchtlich erhöht hat.

Eine Antragsbefugnis wegen Verletzung des Grundeigentums kommt dagegen nicht in Betracht, wenn ein Bebauungsplan, der das Grundstück des Antragstellers erfasst, so geändert wird, dass es von den neuen Festsetzungen unberührt bleibt.[28] Allein aus der Lage des Grundstücks im Plangebiet folgt keine Antragsbefugnis seines Eigentümers.[29]

bb) Plannachbarn

Bei Antragstellern, die nur **mittelbar** von den Festsetzungen eines Bebauungsplans betroffen werden, kann sich die Antragsbefugnis aus einer **möglichen Verletzung des Abwägungsgebotes** des § 1 Abs. 7 BauGB ergeben, dem nach der Rechtsprechung des BVerwG drittschützende Wirkung hinsichtlich der privaten Belange zukommt, die für die Abwägung erheblich sind.[30] Eine Antragsbefugnis kann daher z.B. bestehen, wenn sich Festsetzungen im benachbarten Plangebiet auf das eigene, nicht im Plangebiet gelegene Grundstück auswirken können,[31] z.B. eine von der tatsächlichen Situation abweichende, für den Antragsteller aber nachteilige Festsetzung auf einem benachbarten Grundstück erfolgt[32], Emissionen eines neuen Gewerbebetriebs[33] oder öffentlichen Anlage[34] drohen, dabei ggf. Grenzwerte der 16. oder 18. BImSchV[35] oder der TA-Luft bzw. Immissionsrichtwerte der TA Lärm überschritten werden, der Verkehr auf bestehenden

---

26 BVerwG NVwZ 1993, 561; 1995, 265; BauR 2002, 1199; 2014, 90.
27 BVerwG NVwZ 1998, 732.
28 BVerwG BRS 79 Nr. 63.
29 BVerwG NVwZ 2000, 1413.
30 BVerwGE 107, 215; NVwZ 1999, 987; 2000, 1413; BauR 2002, 1829.
31 BVerwG DVBl 2000, 800.
32 OVG Bautzen SächsVBl 2003, 40.
33 OVG Berlin NVwZ 1984, 188; VGH Mannheim VBlBW 1998, 307.
34 VGH Mannheim BauR 1987, 285 (Spielplatz).
35 Dazu BVerwG BauR 2000, 229.

Straßen zunimmt[36] oder sich die Zufahrtsverhältnisse verschlechtern[37]. Antragsbefugt können daher auch Eigentümer, Inhaber von dinglichen Rechten oder Nutzer von **Grundstücken außerhalb des Plangebiets** sein, soweit sie durch den Bebauungsplan in abwägungsrelevanter Weise betroffen werden, auch Mieter[38], Pächter[39] oder Bauantragsteller[40]. Entscheidend ist,[41] ob der Antragsteller negativ in einem Interesse betroffen wird oder in absehbarer Zeit betroffen werden kann, das beim Satzungsbeschluss als privates Interesse des Antragstellers im Rahmen der Abwägung berücksichtigt werden musste. Dementsprechend setzt die Antragsbefugnis voraus, dass sich der Antragsteller auf einen abwägungsrelevanten Belang berufen kann. Denn wenn es einen solchen Belang gibt, besteht grundsätzlich auch die Möglichkeit, dass die Gemeinde ihn bei ihrer Abwägung nicht oder nicht zutreffend berücksichtigt hat.[42]

Beispiel:

- BVerwG NJW 1999, 592: Der Antragsteller ist Eigentümer eines Wohnhauses am Rande einer bewaldeten Fläche. Diese Fläche wird in einem Bebauungsplan als Kleingartenfläche mit Vereinsheim festgesetzt. Der Antragsteller befürchtet eine unzumutbare Störung durch das Vereinsheim.

Abwägungserheblich sind im Grundsatz nur solche privaten Belange, die in der konkreten Planungssituation einen städtebaulichen Bezug haben und schutzwürdig sind. An Letzterem fehlt es bei geringwertigen oder mit einem Makel behafteten Interessen, sowie bei solchen, auf deren Fortbestand kein schutzwürdiges Interesse besteht, oder solchen, die für die Gemeinde zum Zeitpunkt ihrer Entscheidung nicht erkennbar waren.[43] Insoweit kann auf die Ausführungen zum Abwägungsmaterial[44] verwiesen werden.

Grundsätzlich gilt, dass nur solche Belange eine Antragsbefugnis begründen können, die gerade durch den angegriffenen Bebauungsplan berührt werden können. Andere Planungen spielen keine Rolle, auch wenn die Gemeinde eine Gesamtplanung abschnittsweise durch mehrere Pläne verwirklicht.[45] Ausnahmen von diesem Grundsatz sind angezeigt, wenn eine bereits absehbare Betroffenheit in einem späteren Plangebiet zwangsläufige Folge des angegriffenen Plans ist oder ein enger konzeptioneller Zusammenhang beider Planungen besteht.[46]

Beispiele:

- BVerwGE 140, 41: Die Gemeinde stellt einen Bebauungsplan für einen neuen Stadtteil auf, der nach ihrer Konzeption durch den Ausbau einer Straße unter Inanspruchnahme von Grundflächen des Antragstellers erschlossen werden soll. Auch wenn der Ausbau der Straße erst Gegenstand einer späteren Planung sein soll, ist der Antragsteller bereits gegen den Plan für den neuen Stadtteil antragsbefugt.
- VGH Mannheim VBlBW 2015, 335: Die Gemeinde stellt einen Bebauungsplan für ein Fachmarktzentrum mit Lebensmitteleinzelhandelsbetrieb auf. Zum Beleg der Einhaltung der raumordnerischen Vorgaben beruft sie sich auf den geplanten Ausschluss des derzeit zulässigen Lebensmitteleinzelhandels im Nachbargebiet des Plangebiets. Der Inhaber eines Lebensmitteleinzelhandelsgeschäfts im Nachbargebiet ist bereits gegen den Plan für das Fachmarktzentrum antragsbefugt.

Die Frage der Antragsbefugnis hat das Normenkontrollgericht auf der Grundlage des Antragsvorbringens zu beurteilen; es reicht auch, dass der Antragsteller Tatsachen vorträgt, die eine

---

36 Dazu BVerwG BauR 2000, 243; 2000, 848; NVwZ 2001, 431.
37 BVerwG NVwZ 1992, 974; zur Antragsbefugnis eines Denkmaleigentümers: BVerwG ZfBR 2016, 263.
38 BVerwG NVwZ 2000, 807 (Lärmschutzbelange eines Mieters).
39 BVerwG NVwZ 2000, 806 (Pächter hofnahen Weidelands).
40 BVerwG NVwZ 1995, 264.
41 Dazu mit umfangreichen Rechtsprechungsnachweisen OVG Bautzen SächsVBl 2018, 285 in einem Fall eines Nießbrauchsberechtigten in einem sog. „Ortsrandfall"; vgl. auch Meng SächsVBl 2020, 137 (139).
42 BVerwGE 140, 41.
43 BVerwG BauR 2015, 697.
44 Dazu § 5 Rn. 80.
45 Dazu BVerwGE 117, 58; BauR 2014, 57.
46 BVerwGE 140, 41.

A. Hauptsacherechtsschutz

fehlerhafte Behandlung seiner Belange in der Abwägung möglich erscheinen lassen.[47] Das Gericht ist nicht befugt, in diesem Zusammenhang von sich aus den Sachverhalt weiter aufzuklären, etwa um zu prüfen, ob ein abwägungserheblicher Belang vorliegt. Es darf aber Vorbringen des Antragsgegners berücksichtigen, nach dem sich die Tatsachenbehauptungen des Antragstellers als offensichtlich unrichtig erweisen.[48] Die Frage, ob tatsächlich eine Verletzung abwägungserheblicher Belange vorliegt, muss der Prüfung der Begründetheit vorbehalten bleiben.[49] Daher kommt es für die Antragsbefugnis auch nicht darauf an, ob eine geltend gemachte Verletzung des Abwägungsgebotes nach den Planerhaltungsvorschriften beachtlich wäre.[50]

cc) Nachbargemeinde

Eine **Gemeinde** kann gegen einen Bebauungsplan einer Nachbargemeinde nicht als Behörde Normenkontrollantrag stellen, weil sie ihn nicht anzuwenden hat.[51] Sie kann aber als juristische Person des öffentlichen Rechts antragsbefugt sein, wenn der Bebauungsplan der Nachbargemeinde[52] ihr Selbstverwaltungsrecht, insbesondere ihre Planungshoheit einschränkt, wobei es nicht erforderlich ist, dass die Gemeinde bereits über eine hinreichend konkretisierte eigene Planung verfügt.[53] Insoweit kann auf die Ausführungen zur Planungshoheit und zur interkommunalen Abstimmung[54] verwiesen werden.[55]

Beispiel:
- BVerwG BauR 1994, 492: Die Gemeinde stellt einen Bebauungsplan für einen großflächigen Einzelhandelsbetrieb (§ 11 Abs. 3 BauNVO) auf. Die Nachbargemeinde sieht hierin einen Verstoß gegen das in § 2 Abs. 2 BauGB verankerte Gebot der interkommunalen Abstimmung (dazu auch OVG Münster NVwZ-RR 2006, 450; VGH Mannheim VBlBW 2009, 218).

b) Behörden

Antragsbefugt sind nach § 47 Abs. 2 S. 1 VwGO auch **Behörden**, die den Bebauungsplan in ihrem Zuständigkeitsbereich anzuwenden und ihn bei ihren Amtshandlungen zu beachten haben,[56] z.B. die Bauaufsichtsbehörden[57]. Die Bauaufsichtsbehörde darf einen Bebauungsplan, den sie für unwirksam hält, nach dem Grundsatz der Gesetzmäßigkeit der Verwaltung (Art. 20 Abs. 3 GG) nicht anwenden.[58] Ihr steht jedoch nicht die Kompetenz zu, ihn selbst als unwirksam zu verwerfen, um dann gemäß §§ 34, 35 BauGB zu entscheiden. Sie kann nur Normenkontrollantrag stellen oder die Gemeinde veranlassen, den Bebauungsplan aufzuheben.[59]

---

47 BVerwGE 117, 209; BauR 2013, 753.
48 BVerwG ZfBR 2015, 386; 2016, 154.
49 BVerwG BauR 2011, 1641.
50 BVerwG BauR 2010, 1034.
51 OVG Bautzen NVwZ 2002, 110; zur Antragsbefugnis einer Gemeinde als Grundeigentümerin: OVG Bautzen BeckRS 2016, 119235.
52 OVG Koblenz BauR 2002, 1205 (Sondergebiet Windenergie).
53 BVerwG NVwZ 1995, 694.
54 Dazu § 5 Rn. 43.
55 Zu einem Fall des § 2 Abs. 2 S. 1 Alt. 1 BauGB: OVG Bautzen SächsVBl 2018, 319.
56 BVerwG NVwZ 1989, 654; VGH Mannheim NVwZ-RR 2006, 232; OVG Münster BauR 2009, 1710.
57 BVerwG NVwZ 1990, 57; VGH Mannheim VBlBW 1985, 25.
58 VGH Kassel NVwZ 1990, 885.
59 Dazu BVerwG NVwZ 2001, 1035 (offen gelassen, „wie Behörden grundsätzlich vorzugehen haben, wenn sie überzeugt sind, ein für ihre Entscheidung erheblicher Bebauungsplan sei unwirksam" – Naturschutzgebiet erfasst den Geltungsbereich eines von der Naturschutzbehörde schon im Vorfeld und von einem Gericht inzident als unwirksam erachteten Bebauungsplans); behördliche Normverwerfungskompetenz verneint: VGH München BayVBl 1993, 626; OVG Saarlouis NVwZ 1993, 396; OVG Münster NWVBl 1998, 60; a.A. OVG Lüneburg NVwZ 2000, 1061; VGH Kassel NVwZ-RR 1994, 691; OVG Koblenz NVwZ-RR 2013, 747; dazu auch *Engel* NVwZ 2000, 1258.

c) Sonderfall: Rechtsbehelfsbefugnis anerkannter Umweltschutzvereinigungen

9   Für anerkannte Umweltschutzvereinigungen richtet sich die Rechtsbehelfsbefugnis[60] nach der prozessrechtlichen Sonderregelung des § 2 Abs. 1 UmwRG. Nach § 2 Abs. 1 i.V.m. § 1 Abs. 1 S. 1 Nr. 1 UmwRG, § 2 Abs. 6 Nr. 3 UVPG bzw. § 1 Abs. 1 S. 1 Nr. 4 UmwRG, § 2 Abs. 7 UVPG kann eine anerkannte Umweltschutzvereinigung die Normenkontrolle von Bebauungsplänen beantragen, durch die die Zulässigkeit von Vorhaben begründet werden soll, für die eine Pflicht zur Durchführung einer Umweltverträglichkeitsprüfung (UVP) bzw. zur Durchführung einer Strategischen Umweltprüfung (SUP) bestehen kann.[61] Voraussetzung für die Rechtsbehelfsbefugnis nach § 2 Abs. 1 UmwRG ist – anders als bei der Antragsbefugnis nach § 47 Abs. 2 S. 1 VwGO – keine Verletzung in eigenen Rechten, sondern die Vereinigung muss geltend machen, dass der Plan Rechtsvorschriften, die für die Entscheidung von Bedeutung sein können, widerspricht und sie in ihrem satzungsmäßigen Aufgabenbereich der Förderung der Ziele des Umweltschutzes berührt (§ 2 Abs. 1 S. 1 Nr. 1 u. 2 UmwRG). Bei Plänen, für die lediglich eine SUP und keine UVP durchgeführt werden müsste, muss sie zudem die Verletzung umweltbezogener Rechtsvorschriften geltend machen (§ 2 Abs. 1 S. 2 UmwRG); des Weiteren muss sie sich – da nicht Träger öffentlicher Belange[62] – im Rahmen des Entwurfsauslegungsverfahrens gemäß § 3 Abs. 2 BauGB in der Sache geäußert haben (§ 2 Abs. 1 Nr. 3b UmwRG); der Rechtsschutz ist also „mitwirkungsakzessorisch" ausgestaltet[63].

3. Antragsfrist

10 Die **Antragsfrist** beträgt gemäß § 47 Abs. 2 S. 1 VwGO **ein Jahr nach Bekanntmachung**, auch wenn die Bekanntmachung fehlerhaft war[64]. Wird der Bebauungsplan im ergänzenden Verfahren gemäß § 214 Abs. 4 BauGB erneut bekannt gemacht, läuft auch die Antragsfrist neu.[65] Erfolgt das ergänzende Verfahren während der Anhängigkeit eines Normenkontrollverfahrens und wird dieses nicht für erledigt erklärt, ist davon auszugehen, dass der Bebauungsplan in der Gestalt, die er durch das ergänzende Verfahren gefunden hat, Gegenstand des Normenkontrollverfahrens wird.[66] Der seltene Eintritt der Funktionslosigkeit eines Bebauungsplans[67] setzt dagegen keine neue Antragsfrist in Lauf,[68] was dazu führt, dass eine Funktionslosigkeit i.d.R. nicht mehr mit einem Normenkontrollantrag geltend gemacht werden kann. Einen Hinweis auf die Frist schreibt das Gesetz nicht vor.[69] Bei unverschuldeter Fristversäumnis kann Wiedereinsetzung gemäß § 60 VwGO gewährt werden.[70]

11 Die Antragsfrist kann ihren Zweck, Rechtssicherheit zu schaffen und den Bestand von Bebauungsplänen zu gewährleisten, allerdings nur eingeschränkt erfüllen. Denn auch nach Fristablauf wird die Rechtmäßigkeit eines Bebauungsplans z.B. im Rahmen verwaltungsgerichtlicher Klagen auf Erteilung einer Baugenehmigung bzw. gegen erteilte Baugenehmigungen inzident geprüft.

---

60 Dazu *Meng* SächsVBl 2020, 137 (140).
61 Dazu § 5 Rn. 12.
62 BVerwGE 104, 367.
63 Dazu OVG Bautzen SächsVBl 2019, 352; dazu *Müggenborg* jurisPR-UmwR 2020/2 Anm. 1; zur Verwirkung der Rechtsbehelfsbefugnis einer anerkannten Umweltschutzvereinigung: OVG Koblenz DÖV 2015, 259 u. BeckRS 2015, 40990; dazu *Kuchler* jurisPR-UmwR 2015/2 Anm. 1.
64 BVerwG DÖV 1996, 701; BauR 2020, 631; OVG Bautzen SächsVBl 1997, 56.
65 BVerwG BauR 2015, 1981; OVG Bautzen SächsVBl 1997, 56.
66 BVerwG NVwZ 2010, 782; OVG Bautzen SächsVBl 2018, 33.
67 Dazu § 5 Rn. 30.
68 BVerwG BauR 2016, 1298.
69 BVerwG BRS 64 Nr. 60.
70 BVerwG BauR 1999, 1441 (im Falle eines nicht eindeutigen Rechtsmittelbeschränkungsgesetzes); NVwZ-RR 2013, 387 (für einen innerhalb der Jahresfrist gestellten, aber erst nach Ablauf der Jahresfrist entschiedenen Prozesskostenhilfeantrag); a.A. VGH Mannheim ESVGH 63, 92; OVG Frankfurt/O. LKV 1996, 208.

Diese **Inzidentkontrolle** erfolgt unabhängig von der Einhaltung der Frist des § 47 Abs. 2 S. 1 VwGO.[71] Die Rügefristen des § 215 Abs. 1 BauGB und des § 4 Abs. 4 S. 2 Nr. 4 SächsGemO sind aber auch bei der Inzidentkontrolle zu beachten.[72] Inzidentkontrolle bedeutet dabei nichts anderes, als dass die Wirksamkeit des Bebauungsplans überprüft wird, vergleichbar der Begründetheitsprüfung einer Normenkontrolle; geprüft wird aber nur für den verwaltungsgerichtlich zu entscheidenden Einzelfall.

4. Rechtsschutzbedürfnis

Der Einwand des fehlenden Rechtsschutzbedürfnisses ist – mit Blick auf die Folgen einer erfolgreichen Normenkontrolle – ein typischer Einwand der Gemeinde oder des Vorhabenträgers eines vorhabenbezogenen Bebauungsplans. Wenn aber Antragsbefugnis besteht, liegt i.d.R. auch das erforderliche Rechtsschutzbedürfnis für den Normenkontrollantrag gegen den Bebauungsplan vor. Dafür genügt es, dass sich nicht ausschließen lässt, dass die gerichtliche Entscheidung für den Antragsteller rechtlich oder auch tatsächlich von Nutzen sein kann.[73] Ein solcher Nutzen ist bereits dann zu bejahen, wenn Anhaltspunkte dafür bestehen, dass die Gemeinde bei Unwirksamkeit des Bebauungsplanes einen neuen Bebauungsplan aufstellen wird, der für den Antragsteller möglicherweise günstigere Festsetzungen enthalten wird.[74] Nur wenn der Antragsteller unabhängig vom Ausgang des Normenkontrollverfahrens keine reale Chance hat, sein eigentliches Rechtsschutzziel zu erreichen, fehlt ihm das Rechtsschutzbedürfnis.[75] Das ist insbesondere der Fall, wenn er bei einem Erfolg der Normenkontrolle auch nicht anders bauen kann als bei Anwendung des Bebauungsplans.[76] Ebenso fehlt das Rechtsschutzbedürfnis, wenn sich der Antragsteller nur gegen Festsetzungen wendet, auf deren Grundlage Vorhaben bereits genehmigt und verwirklicht worden sind,[77] denn die Bestandskraft der Baugenehmigungen wird durch die Feststellung, dass der Bebauungsplan unwirksam ist, nicht berührt. Ein Rechtsschutzbedürfnis kann aber dann bestehen, wenn nur ein Teil der Vorhaben verwirklicht ist[78] oder eine Rücknahme von erteilten Baugenehmigungen in Betracht kommt, insbesondere dann, wenn die genehmigten Vorhaben noch nicht verwirklicht sind[79]. Ein Rechtsschutzbedürfnis ist schließlich zu verneinen, wenn der Antragsteller zunächst selbst den Bebauungsplan für sich ausgenutzt hat und dann eine Bebauung des Nachbargrundstücks verhindern will.[80]

5. Antragsgegner

Antragsgegner ist nach § 47 Abs. 2 S. 2 VwGO die Gemeinde, die den Bebauungsplan erlassen hat. § 47 Abs. 2 S. 4 VwGO ermöglicht eine **einfache Beiladung**, wovon meist nur Gebrauch

---

71 BVerwG BauR 2014, 87; 2015, 968; ZfBR 2022, 159; VGH Mannheim NVwZ-RR 2015, 367.
72 OVG Lüneburg BauR 2014, 516 (zu § 215 Abs. 1 BauGB).
73 BVerwG ZfBR 2016, 46; BauR 2002, 1524; VGH Mannheim BauR 2015, 816; OVG Bautzen SächsVBl 2017, 283; zum Rechtsschutzbedürfnis bei Teilbarkeit eines Bebauungsplans: BVerwGE 131, 100; zu Teilanfechtungen eines Bebauungsplans: OVG Bautzen SächsVBl 2012, 114; 2014, 208; 2017, 283.
74 BVerwG NVwZ 1994, 269.
75 Dazu OVG Bautzen BeckRS 2017, 110595.
76 BVerwG BRS 71 Nr. 44.
77 BVerwG NVwZ 2000, 194; OVG Münster NVwZ 1997, 1006 (bauplanungsrechtlicher Vorbescheid); VGH Mannheim DÖV 2018, 340; zum weiterhin bestehenden Rechtsschutzbedürfnis einer anerkannten Umweltschutzvereinigung bei vollständiger Umsetzung eines Bebauungsplans: BVerwG BauR 2023, 1238.
78 BVerwG ZfBR 2000, 53.
79 BVerwG NVwZ 1992, 342; VGH Mannheim NVwZ 1984, 44.
80 BVerwG NVwZ 1992, 974; VGH Mannheim VBlBW 1995, 433.

gemacht wird, wenn es sich um einen vorhabenbezogenen Bebauungsplan handelt; dann wird der Vorhabenträger beigeladen.[81]

II. Begründetheit

14 Ist ein Normenkontrollantrag zulässig, überprüft das Oberverwaltungsgericht den Bebauungsplan umfassend, nämlich **unter allen in Betracht kommenden Gesichtspunkten** auf seine Vereinbarkeit mit höherrangigem Recht und beschränkt sich anders als bei einer Anfechtungsklage nicht darauf, ob Rechte des Antragstellers verletzt werden.[82] Das Verfahren der Normenkontrolle dient nicht nur dem individuellen subjektiven Rechtsschutz, sondern stellt zugleich ein Verfahren der objektiven Rechtskontrolle dar, ein sog. **objektives Rechtsbeanstandungsverfahren**.[83] Das OVG ist jedoch nicht verpflichtet, jedem geltend gemachten Rechtsfehler nachzugehen.[84] Es muss auch nicht „gleichsam ungefragt" auf Fehlersuche gehen.[85]

15 Das OVG entscheidet gemäß § 47 Abs. 5 S. 1 VwGO durch **Urteil**, oder wenn es eine mündliche Verhandlung nicht für erforderlich hält, durch **Beschluss**.[86] Kommt es zu der Überzeugung, dass der Bebauungsplan an einem für seine Rechtswirksamkeit beachtlichen Fehler leidet, erklärt es ihn gemäß § 47 Abs. 5 S. 2 Hs. 1 VwGO für **unwirksam**. Die Entscheidung, dass der Bebauungsplan unwirksam ist, ist gemäß § 47 Abs. 5 S. 2 Hs. 2 VwGO allgemein verbindlich, die Entscheidungsformel ist von der Gemeinde ortsüblich bekannt zu machen.[87] Eine ablehnende Entscheidung wirkt dagegen nur zwischen den Beteiligten des Normenkontrollverfahrens.[88]

16 Beschränkt sich der festgestellte Fehler auf einzelne Festsetzungen des Bebauungsplans, z.B. die Ausweisung eines Grundstücks als öffentliche Grünfläche oder die Festsetzung einer bestimmten Baulinie, kann der Bebauungsplan **teilweise für unwirksam** erklärt werden. Dies setzt voraus, dass die verbleibenden Festsetzungen noch einen sinnvollen Regelungsgehalt behalten, also noch eine sinnvolle städtebauliche Ordnung bewirken können, und dass die Gemeinde nach ihrem im Bebauungsplanverfahren zum Ausdruck kommenden Willen im Zweifel auch eine Satzung dieses eingeschränkten Inhalts beschlossen hätte;[89] ein „Planungstorso" darf nicht zurückbleiben[90]. Keinesfalls darf das Normenkontrollgericht selbst „planerisch gestalten".[91] Bei einem beachtlichen Fehler wird daher i.d.R. von der Gesamtunwirksamkeit auszugehen sein. Ggf. besteht aber die Möglichkeit eines ergänzenden Verfahrens.[92]

17 **Besonderheiten** bestehen bei den Normenkontrollen **anerkannter Umweltschutzvereinigungen** nicht nur bei den Zugangsvoraussetzungen, sondern auch beim Kontrollmaßstab.[93] Insoweit erfolgt keine umfassende objektive Rechtmäßigkeitskontrolle des Bebauungsplans. Vielmehr

---

81 Dazu v. Komorowski NVwZ 2003, 1458; BVerfG DVBl 2000, 1842 (im Einzelfall zwischen Beiladung aller Grundstückseigentümer und Interesse an geordneter Prozessführung zu entscheiden).
82 BVerwG NVwZ 1992, 373; 2001, 431.
83 BVerwGE 131, 100; zum eingeschränkten Kontrollumfang nach § 3 Abs. 4 UmwRG § 11 Rn. 17.
84 BVerwG NVwZ 2002, 83.
85 Dazu BVerwG NVwZ 2007, 223.
86 Dazu BVerwG NVwZ 2000, 810 (Notwendigkeit einer öffentlichen mündlichen Verhandlung gemäß Art. 6 Abs. 1 S. 1 EMRK); ferner BVerwG NVwZ 2002, 87; zu einer (ausnahmsweisen) Entscheidung im Beschlusswege nach Anhörung der Beteiligten in einem offensichtlich zulässigen und begründeten Normenkontrollverfahren: OVG Bautzen BeckRS 2016, 43925, bzw. in einem offensichtlich unzulässigen Normenkontrollverfahren: OVG Bautzen BeckRS 2016, 43954.
87 Dazu Götze/Trautmann SächsVBl 2019, 1.
88 BVerwG NJW 1984, 881.
89 Dazu BVerwGE 117, 58.
90 BVerwG NVwZ 1990, 157; 1994, 272; 1997, 896.
91 BVerwGE 117, 58.
92 VGH Mannheim BauR 2015, 1293; 2017, 1480.
93 Dazu Meng SächsVBl 2020, 137 (141).

prüft das Normenkontrollgericht gemäß § 2 Abs. 4 UmwRG nur, ob Festsetzungen des Plans, die die Zulässigkeit eines nach dem UVPG umweltprüfungspflichtigen (UVP- oder SUP-pflichtigen) Vorhabens begründen, gegen Rechtsvorschriften (bei SUP-pflichtigen: gegen umweltbezogene Rechtsvorschriften) verstoßen und ob der Verstoß Umweltbelange berührt, die die Vereinigung nach ihrer Satzung fördert (§ 2 Abs. 4 S. 1 UmwRG). Für das Fehlerfolgenregime gelten nach § 4 Abs. 2 u. 4 S. 1 UmwRG die §§ 214, 215 BauGB.[94]

Durch ein Normenkontrollverfahren kann nur die Unwirksamkeit eines Bebauungsplans geltend gemacht werden, **nicht** dagegen die **Änderung der Festsetzungen** des Bebauungsplans oder die **Erweiterung des Geltungsbereichs** begehrt werden.[95] Sofern ein Grundstück willkürlich aus dem Bebauungsplangebiet ausgeklammert worden ist, kann allerdings ein Normenkontrollantrag auf Aufhebung des Bebauungsplans gestellt werden, sofern die Gemeinde bei einem neuen Bebauungsplan im Rahmen einer ordnungsgemäßen Planung das Grundstück des Antragstellers einbeziehen müsste.[96]

▶ **Fall 1: Bebauungsplan „Junges Familien Wohnen" (nach u.a. OVG Bautzen SächsVBl 2018, 285 u. BeckRS 2018, 49931)**[97]

Aufgabe: Haben die Normenkontrollanträge von X und Y Aussicht auf Erfolg? ◀

▶ **Lösung:**

Die Anträge haben Aussicht auf Erfolg, soweit sie zulässig und begründet sind.

I. Zulässigkeit
 1. Eröffnung des Verwaltungsrechtswegs
    Auch im Verfahren gemäß § 47 VwGO muss der Verwaltungsrechtsweg eröffnet sein. Mangels Sonderzuweisung kommt nur eine Eröffnung gemäß § 40 Abs. 1 S. 1 VwGO infrage. Öffentlich-rechtlich ist eine Streitigkeit nach § 47 VwGO, wenn es um einen Rechtssatz geht, zu dessen Vollzug im Verwaltungsrechtsweg anfechtbare oder erzwingbare Verwaltungsakte ergehen oder aus dessen Anwendung sonstige öffentlich-rechtliche Streitigkeiten entstehen können. Aus dem Vollzug des angegriffenen Bebauungsplans der Gemeinde G, der vor allem durch die Erteilung von Baugenehmigungen oder im Wege des Genehmigungsfreistellungsverfahrens erfolgt, ergeben sich mögliche Streitigkeiten des öffentlichen Baurechts, für die der Verwaltungsrechtsweg eröffnet ist.
 2. Statthaftigkeit der Normenkontrolle
    Der Antrag müsste sich gegen eine Satzung nach den Vorschriften des BauGB richten, § 47 Abs. 1 Nr. 1 Alt. 1 VwGO. Das ist der Fall: Der Bebauungsplan „Junges Familien Wohnen" ist gemäß § 10 Abs. 1 BauGB als Satzung erlassen worden.
 3. Antragsberechtigung und Antragsbefugnis
    X und Y sind als natürliche Personen zunächst antragsberechtigt, § 47 Abs. 2 S. 1 VwGO. Antragsbefugt sind gemäß § 47 Abs. 2 S. 1 BauGB natürliche Personen, wenn sie geltend machen können, durch den Bebauungsplan oder seine Anwendung in ihren Rechten verletzt zu sein oder in absehbarer Zeit verletzt zu werden.
    Während sich das Grundstück des X mit dessen Gaststätte außerhalb des Plangebiets, aber benachbart zum Plangebiet befindet, liegt das Grundstück, das Y für seinen landwirtschaftlichen Betrieb nutzt, im Plangebiet; es stellt sogar das Plangebiet dar.

---
94 Dazu auch *Berkemann* DVBl 2020, 1.
95 VGH Kassel NJW 1983, 2895; VGH Mannheim VBlBW 1983, 140.
96 OVG Bautzen SächsVBl 1996, 113; VGH Mannheim VBlBW 1995, 204; NuR 2003, 170.
97 Dazu § 5 Rn. 98.

X ist daher nicht Eigentümer eines im Plangebiet gelegenen Grundstücks und wird daher nicht unmittelbar von den Festsetzungen des Bebauungsplans betroffen. Eine Verletzung seines Eigentums kann er daher nicht geltend machen. Y ist nur Pächter, nicht aber Eigentümer des im Plangebiet gelegenen Grundstücks. Auch er kann daher keine Eigentumsverletzung geltend machen. Beide können sich im Grundsatz aber auf eine mögliche Verletzung des Abwägungsgebotes des § 1 Abs. 7 BauGB berufen, dem hinsichtlich abwägungsrelevanter privater Belange eine drittschützende Wirkung zukommt.[98] Besteht im Einzelfall ein solcher abwägungsrelevanter und schutzwürdiger Belang, gibt es auch die Möglichkeit, dass die Gemeinde diesen bei ihrer Abwägung unzutreffend berücksichtigt hat.

Die von X geltend gemachten Belange an der Beibehaltung der bisherigen Situation der Ortsrandlage seiner Gaststätte und dem Erhalt der Aussicht von der Sommerterrasse seiner Gaststätte talwärts in die freie weite Landschaft (ohne „störende" Einfamilienhäuser) lassen solche schutzwürdigen Belange aber nicht erkennen, zumal es keinen Anspruch darauf gibt, dass bisher unbebaute Grundstücke unbebaut bleiben und hier durch den Bebauungsplan nur eine Wohnbebauung ermöglicht wird, die auch das Grundstück des X selbst aufweist. Dass von der künftigen Wohnbebauung erhebliche Auswirkungen auf sein Grundstück ausgingen oder seiner Gaststätte insoweit Einschränkungen drohten, macht X auch nicht geltend. Der „Schutz des Status quo" und der „Schutz der Aussicht" sind im Regelfall keine abwägungsrelevanten Belange. Etwas anderes kann sich hinsichtlich des Schutzes der Aussicht nur ganz ausnahmsweise beim Vorliegen völlig außergewöhnlicher Umstände ergeben, die hier aber nicht vorgetragen sind.[99]

Anders verhält es sich bei Y. Seine Belange als langfristiger Pächter des überplanten Grundstücks, das er – so sein Vortrag – ganzjährig als Weide nutze, auf das er für seinen landwirtschaftlichen Betrieb angewiesen sei und dessen Wegfall die Existenz seines Betriebes bedrohe. Insoweit macht Y schutzwürdige abwägungsrelevante Belange geltend.[100]

X ist folglich nicht antragsbefugt, Y ist dagegen antragsbefugt.

4. Antragsfrist
Die Antragsfrist beträgt ein Jahr nach Bekanntmachung der Satzung, § 47 Abs. 2 S. 1 VwGO. Die Normenkontrollanträge sind alsbald nach dem 14.04.2023 und damit fristgerecht gestellt worden.

5. Antragsgegner
Antragsgegnerin ist die Gemeinde G, die den Bebauungsplan „Junges Familien Wohnen" erlassen hat, § 47 Abs. 2 S. 2 VwGO.

6. Beteiligungs- und Prozessfähigkeit, §§ 61, 62 VwGO
X und Y sind als natürliche Personen beteiligungs- und prozessfähig, §§ 61 Nr. 1 Alt. 1, 62 Abs. 1 Nr. 1 VwGO.

7. Zuständigkeit des Gerichts
Zuständig ist das Sächsische Oberverwaltungsgericht Bautzen, § 47 VwGO i.V.m. § 2 Abs. 1 SächsJG.

8. Ordnungsgemäße Antragstellung, §§ 81, 82 VwGO
Die Normenkontrollanträge sind ordnungsgemäß gestellt worden.

---

[98] Dazu § 11 Rn. 6.
[99] Vgl. OVG Bautzen SächsVBl 2018, 285; dazu *Muckel* JA 2019, 79 u. *Meng* SächsVBl 2020, 137 (139); zu einem solchen Ausnahmefall: VGH Mannheim BauR 1998, 85. Dazu bereits § 5 Rn. 80.
[100] Vgl. BVerwG NVwZ 2000, 806.

B. Einstweiliger Rechtsschutz

9. **Rechtsschutzbedürfnis**
   Für ein fehlendes Rechtsschutzbedürfnis bestehen weder bei X noch bei Y Anhaltspunkte.
10. **Zwischenergebnis**
    Der Normenkontrollantrag des X ist folglich unzulässig, während der Normenkontrollantrag des Y zulässig ist.

II. **Begründetheit**
Die Normenkontrolle ist begründet, wenn der Bebauungsplan „Junges Familien Wohnen" ungültig ist, weil er gegen höherrangiges Recht verstößt, § 47 Abs. 1, Abs. 5 S. 2 VwGO, er also an einem formellen oder materiellen Fehler leidet, der auch nach den §§ 214, 215 BauGB zu beachten ist.
   1. **Formelle Rechtmäßigkeit**
      Der Bebauungsplan ist formell rechtswidrig.[101]
   2. **Materielle Rechtmäßigkeit**
      Der Bebauungsplan ist auch materiell rechtswidrig.[102]

III. **Ergebnis**
Der Bebauungsplan „Junges Familien Wohnen" leidet an formellen und materiellen Fehlern und ist daher unwirksam. Der Normenkontrollantrag des Y hat daher Aussicht auf Erfolg, während sich der Antrag des X bereits als unzulässig erweist.

B. Einstweiliger Rechtsschutz

Gemäß **§ 47 Abs. 6 VwGO** kann das OVG auf Antrag auch im Normenkontrollverfahren eine **einstweilige Anordnung** mit dem Ziel der einstweiligen vollständigen oder teilweisen Außervollzugsetzung[103] des Bebauungsplans[104] erlassen, wenn dies **zur Abwehr schwerer Nachteile** oder **aus anderen wichtigen Gründen dringend geboten** ist. Voraussetzung ist wiederum das Inkrafttreten des Bebauungsplans, ein nur planreifer Bebauungsplan genügt nicht.[105] Auch der drohende Normvollzug als solcher genügt nicht für den Erlass einer einstweiligen Anordnung.[106]

21

Bei der Prüfung ist nach der Rechtsprechung des BVerwG[107] folgender Maßstab zugrunde zu legen: Zunächst sind die Erfolgsaussichten des anhängigen oder noch zu stellenden Normenkontrollantrags zu prüfen, soweit sich diese im Verfahren des einstweiligen Rechtsschutzes bereits absehen lassen. Ist der Antrag voraussichtlich unzulässig oder unbegründet, ist der Erlass einer einstweiligen Anordnung nicht dringend geboten. Ist der Normenkontrollantrag dagegen zulässig und voraussichtlich begründet, spricht dies für die Außervollzugsetzung. Damit der Erlass einer einstweiligen Anordnung dringend geboten ist, muss aber noch hinzukommen, dass ein Planvollzug so gewichtige Nachteile befürchten lässt, dass eine vorläufige Regelung unaufschiebbar ist. Das ist insbesondere der Fall, wenn durch den Planvollzug vollendete Tatsachen geschaffen würden, die den Rechtsschutz in der Hauptsache leerlaufen ließen.

Beispiel:
- BVerwG BauR 2015, 968: Der Vollzug des voraussichtlich unwirksamen Bebauungsplans würde das landwirtschaftlich genutzte Grundstück der Antragstellerin von jeglicher Erschließung abschneiden.

---

101 Dazu § 5 Rn. 99.
102 Dazu § 5 Rn. 99.
103 Dazu OVG Mannheim NVwZ-RR 2000, 529.
104 Zu einer Veränderungssperre: OVG Bautzen SächsVBl 2023, 144.
105 VGH München ZfBR 1999, 347; NVwZ-RR 2000, 469; OVG Münster BeckRS 2010, 49176; OVG Berlin-Brandenburg BRS 79 Nr. 70.
106 VGH Mannheim NVwZ-RR 2015, 367; OVG Münster BauR 2014, 2031.
107 BVerwG BauR 2015, 968; VGH Mannheim NVwZ-RR 2020, 865.

Lassen sich die Erfolgsaussichten des Normenkontrollverfahrens nicht absehen, ist über den Erlass einer einstweiligen Anordnung – in Anlehnung an § 32 BVerfGG – im Wege einer Folgenabwägung zu entscheiden. Gegenüberzustellen sind die Folgen, die eintreten würden, wenn eine einstweilige Anordnung nicht erginge, der Normenkontrollantrag aber Erfolg hätte, und die Nachteile, die entstünden, wenn die begehrte einstweilige Anordnung erlassen würde, der Normenkontrollantrag aber erfolglos bliebe. Der Erlass einer einstweiligen Anordnung ist nur dann dringend geboten, wenn die dafür sprechenden Erwägungen die gegenläufigen Interessen deutlich überwiegen.[108]

Beispiele:

- OVG Münster BauR 2006, 1091: Der Planvollzug wäre mit unzumutbaren Immissionen für den Antragsteller verbunden.
- OVG Münster NVwZ 1997, 923: Die Antragsteller müssten die Errichtung von 240 Wohneinheiten einschließlich der Anlage einer Erschließungsstraße und einer öffentlichen Parkfläche in unmittelbarer Nähe zu ihren Grundstücken hinnehmen.

Ob das **Rechtsschutzbedürfnis** für einen Antrag gemäß § 47 Abs. 6 VwGO entfällt, wenn die Festsetzungen des Bebauungsplans durch die Erteilung von noch nicht bestandskräftigen Baugenehmigungen bereits umgesetzt sind, wird nicht einheitlich beantwortet. Vertreten wird zum einen, dass mittels einstweiliger Anordnung nach § 47 Abs. 6 VwGO der Bebauungsplan nicht vorläufig für unwirksam erklärt, sondern nur dessen künftige Anwendung vorläufig ausgesetzt werde, sodass bereits erteilte Baugenehmigungen und ihre Ausnutzung unberührt blieben; die Verwirklichung der Vorhaben könne daher nur mit einem Antrag nach §§ 80a, 80 Abs. 5 VwGO, bzw., bei Vorhaben im Genehmigungsfreistellungsverfahren, mit einem Antrag nach § 123 Abs. 1 VwGO verhindert werden; für einen Antrag gemäß § 47 Abs. 6 VwGO bestehe kein Rechtsschutzbedürfnis.[109] Zum anderen wird – zutreffend – vertreten, dass – ebenso wie der Normenkontrollantrag eines Nachbarn selbstständig neben einer Nachbarklage stehe – auch das Eilverfahren gemäß § 47 Abs. 6 VwGO grundsätzlich unabhängig davon sei, ob dem Nachbarn die Möglichkeit eröffnet sei, gegen die Baugenehmigung Rechtsschutz nach §§ 80a, 80 Abs. 5 VwGO oder nach § 123 Abs. 1 VwGO zu beantragen.[110] Die Frage des Rechtsschutzbedürfnisses ist letztlich im Einzelfall danach zu beurteilen, ob eine stattgebende Entscheidung dem Antragsteller von Nutzen sein kann. Das ist auch bei einer bereits erteilten Baugenehmigung denkbar, wenn Anhaltspunkte für die Möglichkeit ihrer Rücknahme bestehen, weil z.B. ein nicht ohne Weiteres zu heilender und im einstweiligen Anordnungsverfahren feststellbarer Mangel des Bebauungsplans in Rede steht. Eine einstweilige Anordnung nach § 47 Abs. 6 VwGO spielt deshalb vor allem bei Normenkontrollverfahren von Behörden sowie Mietern und Pächtern eine Rolle, weil diese sich nicht gegen eine z.B. auf Grundlage des § 33 BauGB erteilte Genehmigung wenden können, bzw. bei Nachbarn, wenn diese nicht in nachbarschützenden Rechten verletzt werden.[111]

---

108 BVerwG BauR 2015, 968.
109 VGH München NVwZ-RR 2010, 44; VGH Mannheim VBlBW 2013, 427.
110 VGH München NVwZ-RR 2000, 416; OVG Münster BeckRS 2015, 44198; OVG Lüneburg NVwZ 2002, 109; OVG Bautzen BeckRS 2021, 20367.
111 Dazu BVerwG NVwZ 1995, 598. Zum Nachbarbegriff bereits § 10 Rn. 19 ff.

Stichwortverzeichnis

Die Angaben verweisen auf die Paragrafen des Buches (**fette Zahlen**) sowie die Randnummern innerhalb der einzelnen Paragrafen (magere Zahlen).
Beispiel: § 9 Rn. 10 = **9** 10

Abstandsflächen **8** 3 ff.
- Änderung **8** 7
- Berechnung **8** 9 ff.
- Dachneigung **8** 10
- Gebäude **8** 4 f.
- Grenzgarage **8** 14
- Lage **8** 8
- Maß **8** 9 ff.
- Nachbarschutz **10** 45
- Örtliche Bauvorschriften **8** 13
- Tiefe **8** 11
- Vorrang Planungsrecht **8** 6
- Zweck **8** 3

Abstandsgebot **5** 81

Abwägung **5** 71 ff.
- Abwägungsbereitschaft **5** 73 ff.
- Abwägungsdirektive **5** 71
- Abwägungserhebliche Belange **5** 76 ff.
- Abwägungsfehler **5** 89 ff.
- Abwägungsfehlerlehre **5** 84 ff.
- Abwägungsmaterial **5** 76 ff.
- Ermitteln und Bewerten **5** 76
- Gleichgewichtigkeit aller Belange **5** 71
- Optimierungsgebot **5** 71
- Überprüfung **5** 84 ff.
- Vorabbindung **5** 74

Abwägungsfehlerlehre **5** 84 ff.
- Abwägungsausfall **5** 85
- Abwägungsdefizit **5** 86
- Abwägungsdisproportionalität **5** 88
- Abwägungsergebnisfehler **5** 89
- Abwägungsfehleinschätzung **5** 87
- Abwägungsvorgangsfehler **5** 89
- Europarechtsanpassungsgesetz Bau **5** 89
- Fehlerfolgen **5** 89

Anspruch auf Einschreiten **10** 68 ff.
- Einstweiliger Rechtsschutz **10** 76 ff.
- Ermessensreduktion **10** 71
- Gemeinde **10** 84
- Verpflichtungsklage **10** 70

Anstoßfunktion **5** 11, 17

Antragsbefugnis für Normenkontrolle **11** 4 ff.
- Abschnittsweise Planung **11** 6
- Antragsvorbringen **11** 6
- Behörden **11** 8

- Behördliche Normverwerfungskompetenz **11** 8
- Dinglich Berechtigter **11** 5
- Eigentümer **11** 5
- Möglichkeit der Rechtsverletzung **11** 5
- Nachbargemeinde **11** 7
- Natürliche oder juristische Person **11** 5
- Obligatorisch Berechtigte **11** 6
- Plannachbarn **11** 6
- Umweltschutzvereinigungen **11** 9
- Verletzung des Abwägungsgebotes **11** 6

Artenschutz **5** 46

Aufgedrängtes Fachrecht **9** 22 ff.
- Denkmalschutzrecht **9** 28
- Immissionsschutzrecht **9** 26
- Naturschutzrecht **9** 25
- Separationsmodell **9** 22
- Straßenrecht **9** 24
- Wasserrecht **9** 27

Aufstellungsbeschluss **5** 11

Ausnahme **6** 38

Außenbereich **6** 74 ff.
- Bestandsschutz **6** 108 ff.
- Betrieb **6** 78
- Biomasse **6** 88
- Dienen **6** 79
- Fachpläne **6** 95
- Flächennutzungsplan **6** 94
- Flüchtlingsunterkünfte **6** 118
- Fotovoltaik **6** 90
- Funkstellen **6** 102
- Gartenbau **6** 80
- Gesollte Vorhaben **6** 83 ff.
- Hochwasserschutz **6** 100
- Kerntechnische Anlagen **6** 89
- Konzentrationszonen **6** 105 ff.
- Landschaftspflege **6** 98 f.
- Landwirtschaft **6** 77 ff. 112
- Nachbarschutz **10** 44
- Naturschutz **6** 98 f.
- Öffentliche Belange **6** 92 ff.
- Ortsgebunde Einrichtung **6** 81 f.
- Planungsbedürfnis **6** 103
- Privilegierte Vorhaben **6** 76 ff.
- Raumordnung **6** 104
- Rückbauverpflichtung **6** 119

- Satzung **6** 120
- Schädliche Umwelteinwirkungen **6** 96
- Sonstige Vorhaben **6** 91
- Splittersiedlung **6** 101
- Unwirtschaftliche Aufwendungen **6** 97
- Windenergie **6** 86 f. 107
- Wohngebäude **6** 113, 116

Bahnanlagen **6** 2

Bauaufsichtsbehörde **7** 3, **9** 9 f.
- Selbsteintritt **9** 10
- Zuständigkeit **9** 9

Baueinstellung **9** 64 ff.

Baugenehmigung **9** 18 ff.
- Abweichungen **9** 29
- Erlöschen **9** 37
- Form **9** 33
- Nebenbestimmungen **9** 30 ff.
- Prüfungsmaßstab **9** 19 ff.
- Rechtsschutz **10** 3 ff.
- Rücknahme **9** 39
- Teilbaugenehmigung **9** 44
- Typengenehmigung **9** 43
- Verlängerung **9** 40
- Verzicht **9** 38
- Wirkungen **9** 34 ff.

Baugesetzbuch
- Änderungen **3** 2
- Baunutzungsverordnung **3** 2

Bauherr **7** 3

Baulandmobilisierungsgesetz **3** 2

Baulast **9** 71

Bauleitplanung **5** 2 ff.
- Anpassungspflicht **5** 41 f.
- Anspruch auf Bauleitplanung **5** 40
- Artenschutz **5** 46
- Aufstellungsbeschluss **5** 11
- Ausfertigung des Bebauungsplans **5** 24
- Begründung **5** 12
- Bekanntmachung **5** 25 f.
- Beschlussfassung **5** 21
- Entwicklungsgebot **5** 48
- Entwurf **5** 12
- Entwurfsauslegung **5** 16 ff.
- Erforderlichkeit **5** 32 ff.
- Ergänzendes Verfahren **5** 96
- Erneute Beteiligung **5** 19
- Fachplanung **5** 5, 44
- Fehlerhafte Bauleitpläne **5** 91 ff.
- Formelle Anforderungen **5** 8 ff.
- Förmliche Behördenbeteiligung **5** 15
- Förmliche Öffentlichkeitsbeteiligung **5** 16 ff.
- Frühzeitige Behördenbeteiligung **5** 14
- Frühzeitige Öffentlichkeitsbeteiligung **5** 13
- Genehmigung **5** 22 f.
- Genehmigung unter Auflagen **5** 23
- Interkommunale Abstimmung **5** 43
- Kommunale Zusammenarbeit **5** 7
- Kommunalrechtliche Vorschriften **5** 9
- Konfliktbewältigung **5** 83
- Materielle Anforderungen **5** 31 ff.
- Natura 2000 **5** 45
- Naturschutzrechtliche Eingriffsregelung **5** 77
- Negativplanung **5** 38
- Planerhaltung **5** 91 ff.
- Planerische Konzeption **5** 34
- Plangewährleistungsanspruch **5** 40
- Planmäßigkeit **5** 2
- Planungsermessen **5** 33
- Planungshoheit der Gemeinde **5** 6
- Planungsleitlinien **5** 31, 71
- Planungsleitsätze **5** 31
- Planungspflicht **5** 33
- Planungsprinzipien **5** 53 ff.
- Sicherung der Bauleitplanung **5** 100 ff.
- Strategische Umweltprüfung **5** 12
- Überörtliche Planung **5** 5
- Umweltprüfung **5** 12
- Umweltverträglichkeitsprüfung **5** 12
- Unbeachtlichkeit und Unbeachtlichwerden von kommunalrechtlichen Fehlern **5** 93 f.
- Unbeachtlichkeit und Unbeachtlichwerden von Verfahrensfehlern **5** 92
- Verfahren **5** 8 ff.
- Verhältnis Flächennutzungsplan - Bebauungsplan **5** 47
- Vollzugsunfähigkeit **5** 37
- Zusammenfassende Erklärung **5** 26
- Zweistufigkeit **5** 4

Bauliche Anlage **7** 2, **9** 3
- Werbeanlage **8** 18

Baunutzungsverordnung **6** 14 ff.
- Allgemeines Wohngebiet **6** 16
- Art der Nutzung **6** 14 ff.
- Bauweise **6** 36
- Dorfgebiet **6** 17
- Einzelhandelsbetriebe **6** 24
- Faktisches Gebiet **6** 66 f.
- Ferienwohnung **6** 27
- Freie Berufe **6** 26
- Gebäudehöhe **6** 34
- Gebietsverträglichkeit **6** 29
- Gewerbegebiet **6** 21
- Grund- und Geschossflächenzahl **6** 35
- Industriegebiet **6** 22 f.

Stichwortverzeichnis 315

- Kerngebiet **6** 20
- Maß der Nutzung **6** 33 ff.
- Mischgebiet **6** 18
- Nachbarschutz **10** 36 ff.
- Nebenanlagen **6** 28
- Reines Wohngebiet **6** 15
- Rücksichtnahmegebot **6** 30 ff.
- Sondergebiete **6** 23 f.
- Stellplätze **6** 25
- Urbanes Gebiet **6** 19

Bauüberwachung **9** 70

Bauvorbescheid **9** 45 f.
- Geltungsdauer **9** 46
- Genehmigungsverfahren **9** 46
- Rechtsnatur **9** 45

Bebauungsplan **6** 10 ff.
- Anpassungspflicht **5** 41 f.
- Anspruch auf Aufstellung **5** 40
- Art der baulichen Nutzung **5** 59 f.
- Artenschutz **5** 46
- Aufstellungsbeschluss **5** 11, **6** 124
- Ausfertigung **5** 24
- Ausnahme **6** 38
- Bauordnungsrechtliche Festsetzungen **5** 65
- Baurecht auf Zeit **5** 65
- Bauweise **5** 62
- Befreiung **6** 39 ff.
- Begründung **5** 12
- Bekanntmachung **5** 25 f.
- Beschleunigtes Verfahren **5** 28
- Einfacher Bebauungsplan **5** 58, **6** 10
- Entwicklungsgebot **5** 48
- Entwurf **5** 12
- Entwurfsauslegung **5** 16 ff.
- Erforderlichkeit **5** 32 ff.
- Ergänzendes Verfahren **5** 96
- Erneute Beteiligung **5** 19
- Festsetzungen **5** 59 ff.
- Festsetzungen § 9 Abs. 1 Nr. 3 bis 26 **5** 64
- Festsetzungen - Bestimmtheit **5** 64
- Festsetzungsfindungsrecht **5** 58
- Förmliche Behördenbeteiligung **5** 15
- Förmliche Öffentlichkeitsbeteiligung **5** 16 ff.
- Frühzeitige Behördenbeteiligung **5** 14
- Frühzeitige Öffentlichkeitsbeteiligung **5** 13
- Funktionslosigkeit **5** 30
- Genehmigung **5** 22 f.
- Genehmigung unter Auflagen **5** 23
- Horizontale Gliederung **5** 59
- Inhalt **5** 58 ff.
- Innenentwicklung **5** 28
- Interkommunale Abstimmung **5** 43
- Konfliktbewältigung **5** 83

- Maß der baulichen Nutzung **5** 61
- Nachbarschutz **10** 36 ff.
- Natura 2000 **5** 45
- Naturschutzrechtliche Eingriffsregelung **5** 77
- Negativplanung **5** 38
- Parallelverfahren **5** 49
- Planerhaltung **5** 91 ff.
- Qualifizierter Bebauungsplan **5** 58, **6** 13 ff.
- Rechtsschutz **11** 3
- Satzungsbeschluss **5** 21
- Sektoraler Bebauungsplan **5** 58, 65
- Selbstständiger Bebauungsplan **5** 50
- Überbaubare Grundstücksflächen **5** 62
- Umweltprüfung **5** 12
- Unbeachtlichkeit und Unbeachtlichwerden von kommunalrechtlichen Fehlern **5** 93 f.
- Unbeachtlichkeit und Unbeachtlichwerden von Verfahrensfehlern **5** 92
- Vereinfachtes Verfahren **5** 27
- Verhältnis Flächennutzungsplan - Bebauungsplan **5** 47 ff.
- Vertikale Gliederung **5** 60
- Vollzugsunfähigkeit **5** 37
- Vorhabenbezogener Bebauungsplan **5** 68 ff., **6** 11
- Vorzeitiger Bebauungsplan **5** 51
- Zeichnerische Festsetzungen **5** 67
- Zusammenfassende Erklärung **5** 26

Befangenheit **5** 94

Befreiung **6** 39 ff.
- Atypischer Sachverhalt **6** 41
- Ermessen **6** 46
- Flüchtlingsunterkünfte **6** 48
- Grundzüge der Planung **6** 40
- Härte **6** 44
- Nachbarschutz **10** 42
- Öffentliche Belange **6** 45
- Städtebauliche Vertretbarkeit **6** 43
- Verfahren **6** 47
- Wohl der Allgemeinheit **6** 42

Behördliche Normverwerfungskompetenz **11** 8

Beitrittsbeschluss **5** 23

Beseitigungsanordnung **9** 50 ff.
- Adressat **9** 54 f.
- Ermessen **9** 56
- Formelle Illegalität **9** 51
- Gleichheitsgrundsatz **9** 58
- Materielle Illegalität **9** 52
- Prüfungsmaßstab **9** 53
- Rechtsschutz **10** 12 ff.
- Verhältnismäßigkeit **9** 57
- Verwirkung **9** 59

Bestandsschutz 6 108 ff., 9 51 f.
- Aktiver 6 109
- Außenbereich 6 111 ff.
- Innenbereich 6 68 f.
- Passiver 6 109

Bodenrecht 3 1

Brandschutz 8 33

Bürgermeister
- Ausfertigung 5 24
- Bekanntmachung 5 26
- Niederschrift der Sitzung des Gemeinderates 5 24

Durchführungsvertrag 5 68

Einstweiliger Rechtsschutz
- Aussetzungsantrag 10 63
- Interessenabwägung 10 65
- Sofortige Vollziehung 10 62

Einvernehmen 6 127 ff.
- Amtshaftung 6 132
- Ersetzung 6 131
- Notwendigkeit 6 127
- Rechtsschutz 10 83
- Verfahren 6 130
- Zuständigkeit 6 128

Entwicklungsgebot 5 48

Entwurfsauslegung 5 16 ff.

Ergänzendes Verfahren 5 96

Erneute Beteiligung 5 19

Erschließung 6 134 f., 8 30
- Außenbereich 6 135
- Begriff 6 134
- Innenbereich 6 135

Europarechtsanpassungsgesetz Bau 3 2

Fachplanung 5 44
- Beispiele 5 44
- Prioritätsgrundsatz 5 44
- Vorrang der Fachplanung 5 44

Fachplanungsrecht 6 2

Flächennutzungsplan
- Artenschutz 5 46
- Bekanntmachung 5 25 f.
- Beschluss des Flächennutzungsplans 5 21
- Darstellungen 5 56
- Entwicklungsgebot 5 48
- Fachplanung 5 44
- Genehmigung 5 22 f.
- Inhalt 5 56
- Natura 2000 5 45
- Rechtsnatur 5 47
- Rechtsschutz 11 2
- Sicherung der Flächennutzungsplanung 5 106
- Teilflächennutzungsplan 5 56
- Verhältnis zum Bebauungsplan 5 47 ff.
- Zeichnerische Darstellung 5 57

Funktionslosigkeit 5 30

Gebietserhaltungsanspruch
- Allgemeiner Anspruch 10 36
- Prägungsanspruch 10 38
- Spezieller Anspruch 10 37

Gemeinde
- Einstweiliger Rechtsschutz 10 85
- Einvernehmen 6 127 ff.
- Rechtsschutz 10 82 ff.

Gemeinderat
- Befangenheit 5 94
- Einberufung zur Sitzung 5 94
- Öffentlichkeit der Sitzung 5 93

Genehmigungspflicht 9 2 ff.
- Änderung 9 3
- Bauliche Anlage 9 3
- Beseitigung 9 7
- Entbürokratisierung 9 2
- Errichtung 9 3
- Genehmigungsfreistellung 9 8, 15 ff.
- Instandhaltung 9 7
- Nutzungsänderung 9 3, 7
- Verfahrensfreiheit 9 5 f.
- Vorrangige Verfahren 9 4

Genehmigungsverfahren 9 11 ff.
- Anhörung 9 13
- Bauantrag 9 11
- Baugenehmigungsverfahren 9 20
- Einvernehmen 9 13
- Genehmigungsfiktion 9 12
- Nachbarbeteiligung 9 14
- Sachbescheidungsinteresse 9 21, 36
- Vereinfachtes Baugenehmigungsverfahren 9 20

Generalklausel 8 29, 9 67

Gesetzgebungskompetenz 3 1

GIRL 10 35

Grundstück 7 2

Horizontale Gliederung 5 59

Immissionsschutzrecht 8 32

Immissionswirksamer Flächenschallleistungspegel 5 59, 81

Innenbereich 6 51 ff.
- Außenbereichsinsel 6 52

Stichwortverzeichnis 317

- Bebauungszusammenhang **6** 55 f.
- Bestandsschutz **6** 68 f.
- Eigenart **6** 62
- Einfügen **6** 61 ff.
- Faktische Gebiet **6** 66 f.
- Gemengelage **6** 65
- Nachbarschutz **10** 43
- Nähere Umgebung **6** 61
- Ortsteil **6** 53 f.
- Rücksichtnahmegebot **6** 64 f.
- Satzung **6** 57 ff.
- Wohn- und Arbeitsverhältnisse **6** 70
- Zentrale Versorgungsbereiche **6** 71

Innenentwicklung **3** 2

Interkommunale Abstimmung **5** 43

Inzidentkontrolle **11** 11

Kommunale Zusammenarbeit **5** 7

Konfliktbewältigung **5** 83

Konflikttransfer **5** 83

Landesentwicklungsplan **5** 41

Landwirtschaft **6** 77 ff.

Lärmemissionskontingente **5** 59, 81

Lastenverteilung **5** 82

Maßgaben **5** 23

Musterbauordnung **3** 3

Nachbaranfechtung
- Frist **10** 53
- Klagebefugnis **10** 50 ff.
- Prüfungsmaßstab **10** 57
- Rechtsmissbrauch **10** 56
- Staathaftigkeit **10** 49
- Verwirkung **10** 54 f.
- Verzicht **10** 52

Nachbarschutz **10** 17 ff. 23 ff. 51
- Abstandsflächen **10** 45
- Anspruch auf Einschreiten **10** 67 ff.
- Art der Nutzung **10** 36 ff.
- Außenbereich **10** 44
- Baunutzungsverordnung **10** 36 ff.
- Bebauungsplan **10** 36 ff.
- Befreiung **10** 42
- Brandschutz **10** 46
- Entwicklung **10** 18
- Gebietserhaltungsanspruch **10** 36
- Genereller Schutz **10** 24
- Innenbereich **10** 43
- Maß der Nutzung **10** 39 ff.
- Nachbarbegriff **10** 19 ff.
- Öffentliche Einrichtungen **10** 78 ff.
- Öffentliches Recht **10** 17
- Partieller Schutz **10** 25
- Personell **10** 20 ff.
- Privates Recht **10** 17
- Räumlich **10** 19
- Rücksichtnahmegebot **10** 32 ff.
- Stellplätze **10** 47
- Subsidiärer Schutz **10** 26 f.
- Verfahrensvorschriften **10** 28 f.
- Verunstaltung **10** 46
- Verzicht **10** 52
- Wohnungseigentümer **10** 22

Natura 2000 **5** 45

Naturschutzrechtliche Eingriffsregelung **5** 77

Negativplanung **5** 38

Normenkontrolle **11** 1 ff.
- Antragsbefugnis **11** 4 ff.
- Antragsfrist **11** 10 f.
- Antragsgegner **11** 13
- Bebauungsplan **11** 3
- Beiladung **11** 13
- Einstweilige Anordnung **11** 21
- Entscheidung **11** 15
- Flächennutzungsplan **11** 2
- Inzidentkontrolle **11** 11
- Objektives Rechtsbeanstandungsverfahren **11** 14
- Prüfungsumfang **11** 14
- Prüfungsumfang Umweltschutzvereinigungen **11** 17
- Rechtsschutzbedürfnis **11** 12
- Teilunwirksamkeitserklärung **11** 16
- Unwirksamkeitserklärung **11** 15
- Zuständigkeit **11** 15

Nutzungsuntersagung **9** 60 ff.
- Adressat **9** 62
- Ermessen **9** 63
- Voraussetzungen **9** 60 f.

Öffentliche Einrichtung
- Kinderspielplatz **10** 79
- Sportanlage **10** 80

Örtliche Bauvorschriften **8** 13, 21

Parallelverfahren **5** 49

Planreife
- Formelle **6** 125
- Materielle **6** 125

Planungshoheit **5** 6

Planungsverband **5** 7

Raumordnung **5** 41

Rechtsschutz **10** 3 ff.
- Anfechtungsklage **10** 13, 14, 48 ff.
- Bauaufsichtliche Verfügung **10** 12 ff.
- Bauherr **10** 3 ff.
- Beiladung **10** 7
- Einstweiliger Rechtsschutz **10** 10, 76 ff. 85
- Feststellungsklage **10** 6
- Gemeinde **10** 82 ff.
- Genehmigungserteilung **10** 3 ff.
- Hauptsache **10** 4 ff. 12 ff. 48 ff. 69 ff. 83 f.
- Nachbarn **10** 17 ff.
- Sofortige Vollziehung **10** 15 f.
- Verpflichtungsklage **10** 4 ff.

Regionalplan **5** 41

Rücksichtnahmegebot **6** 30 ff. 64 f.
- Nachbarschutz **10** 32 ff.
- Verwaltungsvorschriften **10** 35

Sächsische Bauordnung
- Änderungen **3** 3
- Durchführungsverordnung **3** 3
- Verwaltungsvorschrift **3** 3

Selbstständiger Bebauungsplan **5** 50

SEVESO-III-Richtlinie **5** 81

Sicherung der Bauleitplanung **5** 100 ff.
- Aussetzung **5** 106
- Veränderungssperre **5** 101 ff.
- Vorläufige Untersagung **5** 106
- Zurückstellung **5** 106

Sonderbau **8** 34

Standsicherheit **8** 31

Stellplätze **8** 24 ff.
- Ablösung **8** 26 ff.
- Lage **8** 25
- Nachbarschutz **10** 47
- Zahl **8** 24

Störfallbetrieb **5** 81

TA Lärm **6** 31, **10** 35

TA Luft **10** 35

Teilungsgenehmigung **5** 108

Trennungsgebot **5** 81

Umweltbericht **5** 12

Umweltprüfung **5** 12

Umweltrechtsbehelfsgesetz **3** 2

Veränderungssperre **5** 101 ff.
- Ausnahmen **5** 102
- Außerkrafttreten **5** 104
- Entschädigung **5** 105

- Erneute Veränderungssperre **5** 104
- Faktische Veränderungssperre **5** 104
- Geltungsdauer **5** 104
- Materielles Veränderungsverbot **5** 102
- Rechtsfolgen **5** 102
- Rechtsschutz **5** 101
- Sperrwirkung **5** 104
- Verlängerung **5** 104
- Voraussetzungen **5** 101

Vergnügungsstätte **6** 20

Vertikale Gliederung **5** 60

Verunstaltung **8** 15 f. 19

Vorhaben **6** 3 ff.
- Änderung **6** 8
- Aufschüttungen **6** 5
- Bauliche Anlage **6** 3 f.
- Errichtung **6** 7
- Nutzungsänderung **6** 9
- Werbeanlagen **6** 6
- Wohnboot **6** 6

Vorhabenbezogener Bebauungsplan **5** 68 ff.
- Durchführungsvertrag **5** 68
- Durchführungsvertrag - Änderung **5** 70
- Einleitung **5** 69
- Schadensersatz **5** 69
- Verfahren **5** 69
- Vorhabenträger **5** 68
- Vorhaben- und Erschließungsplan **5** 68

Vorhabenträger **5** 68

Vorhaben- und Erschließungsplan **5** 68

Vorkaufsrechte **5** 107 f.
- Kraft Gesetzes **5** 107
- Kraft Satzung **5** 107
- Wohl der Allgemeinheit **5** 107

Vorzeitiger Bebauungsplan **5** 51

Werbeanlagen **8** 17 ff.
- Außenbereich **8** 20
- Bauliche Anlage **8** 18
- Innenbereich **8** 20
- Örtliche Bauvorschriften **8** 21
- Verunstaltung **8** 19

Windenergieanlagen an Land-Gesetz **3** 2

Windenergieflächenbedarfsgesetz **3** 2, **6** 86, 107

Ziele der Raumordnung **5** 41

Zurückstellung
- Rechtsschutz **5** 106
- Zeitweiliges Verfahrenshindernis **5** 106

Zusammenfassende Erklärung **5** 26